王以哲之死

# 东北军参与西安事变始末 [上]

施原 —— 著

中国出版集团　现代出版社

图书在版编目（CIP）数据

王以哲之死：东北军参与西安事变始末：全2册 / 施原著. — 北京：现代出版社，2017.7

ISBN 978-7-5143-5978-7

Ⅰ.①王… Ⅱ.①施… Ⅲ.①西安事变－史料 Ⅳ.①K264.806

中国版本图书馆CIP数据核字（2017）第069400号

**王以哲之死：东北军参与西安事变始末**

| | | |
|---|---|---|
| 著　　者 | 施　原 | |
| 责任编辑 | 姚冬霞 | |
| 出版发行 | 现代出版社 | |
| 通信地址 | 北京市安定门外安华里504号 | |
| 邮政编码 | 100011 | |
| 电　　话 | 010-64267325　64245264（传真） | |
| 网　　址 | www.1980xd.com | |
| 电子邮箱 | xiandai@cnpitc.com.cn | |
| 印　　刷 | 三河市宏盛印务有限公司 | |
| 开　　本 | 710×1000　1/16 | |
| 印　　张 | 38 | |
| 版　　次 | 2017年7月第1版　2017年7月第1次印刷 | |
| 书　　号 | ISBN 978-7-5143-5978-7 | |
| 定　　价 | 85.00元（全2册） | |

# 目　录

## 上　册

1936 年 11 月 4 日，此时正是陕北的初冬时节。洛川以北黄土高坡上，一队戴着灰军帽、穿着灰色军大衣的骑兵冒着凛冽的寒风急急地赶路。马群奔腾，干燥的黄泥道上扬起滚滚沙尘。风沙弥漫，使人难以辨别骑兵队中的每个人。但是，从服装的新旧和颜色来看，其中有一位骑兵战士较为醒目：与其他的彪形大汉不同，这位身着新军装的战士身材较矮小，浑身整洁干净，脑后的军帽下檐似乎还露出半圈短发。像是害怕掉下马似的，这小个子骑兵紧紧地勒着缰绳，全身机械而拘谨地压在马鞍上！

东北军第六十七军军长王以哲个人与中共原本没有矛盾。他早就认识了不少中共党员朋友，更不用说，他军队中下层官兵中就有一些中共党员和进步青年，就连身边的副官参谋也有好几个中共党员。甚至在三年前，他的六十七军还在河北时，就组建过一支共产党领导的特务大队。当然，东北军本质上只是一支军阀的部队。当兵吃饷是绝大多数官兵的习惯性思维，他们必须接受国民党政府的命令，参与"围剿"当时遍布中国山区农村的苏维埃政权和红军。王以哲的六十七军也就因此卷入了"围剿"红军的战争，而且他的对手就是徐海东的红二十五军！

## 第三章　在洛川与肤施进行的秘密谈判 // 033

王以哲为了保密，特地为六十七军组织了一次野外战术演习。他把军部其他成员全派到现场参加演习。这样一来，所有闲杂人员都被排除出洛川城。然后他热情地接待了抵达洛川的这批中共客人。为防消息泄露，客人被安排住在军部柳营后面的一个三进四合院内，与六十七军前敌司令部比邻，并由六十七军参谋处代处长佟铁肩、副官长宋学礼陪住院内，院外加哨兵把守，戒备森严，绝对保密。只有他的亲信参谋长赵镇藩知道详情。副官王政负责招待红军代表，另一个副官刘宗汉协助电台和通信。不识刘宗汉的真面目，显然是百密中的一疏：副官刘宗汉出现在最致命的岗位上了。

目录

# 第四章 "《活路》事件"与瓦窑堡之让 // 079

刘翰东、吴克仁和刘多荃就这样进驻了红军根据地蟠龙、永坪等地。这永坪就是红军长征与陕北红军第一次会师的地点,徐海东和刘志丹就是在这里实现了永坪会师!蟠龙镇则是苏区一个后勤据点,驻扎着红军大量后勤机关和伤病员,集中了一批红军医院和兵工厂。加上东北军进军的通知来不及传达到蟠龙的各部门,所以蟠龙镇的丢失导致红军蒙受重大损失。但更危险的问题是:蟠龙镇、永坪以北几十里就是瓦窑堡,而瓦窑堡是当时陕北苏区的首都!如果东北军继续进攻"红都"瓦窑堡,苏区军心民心必将受到震动并引发恐慌。

# 第五章 洛阳"避寿"与山城堡之战 // 133

王以哲此时正远在宁夏豫旺堡和陇东山城堡一带与红军打假仗。自山城堡之战后,胡宗南退兵了。尽管王以哲与红军打假仗的事早被蒋介石看穿了,但老蒋听从了身边人的劝告,不要对前线的王以哲流露出内心的本意。同时,因胡宗南兵败退阵,此时还是需要东北军的,于是老蒋按住心头怒火，平静地催促王以哲单独出头与红军决战。蒋介石通过电台警告王以哲，服从命令。否则，新账老账一起算，军法从事！王以哲只好按张学良的要求去伪装，继续去打假仗。

## 第六章　华清池的枪声 I // 173

可惜，眼前这位蒋介石先生是天生一副冷酷的铁石心肠，任你千呼万唤、痛哭流涕，他毫不动容。他老蒋绝不是忠厚老实的鲁肃或诸葛瑾，这点，张副司令和他的谋士幕僚事先也不是没有估计到。但张学良还是一如既往地坚持"哭谏"。其实，不断地出现在老蒋面前"哭谏"，就给人一个假象：一个劲儿地胡搅蛮缠的小张就没有时间去动坏心思了。老蒋就不至于要怀疑张学良会在背后搞什么阴谋诡计。后来，西安事变发生的前夕，陈诚来报警，老蒋自己也注意到疑点，但他没有逃离的念头。甚至他遭到张贤弟的卫兵追杀而狼狈逃窜时，依然急切盼望张学良来救他！这正证实"哭谏"达到了效果。

## 第七章　华清池的枪声 II // 211

驻守金家巷张公馆的缪澂流通知机要秘书，以张学良的名义把预先拟定的电文分别发给保定的五十三军万福麟及洛阳炮兵六旅的黄永安:定于明日清晨6时同时起事!另以于学忠名义,发一份内容相似的电报给兰州五十一军参谋处。在同一时刻,杨虎城新城公馆临时指挥部的赵寿山拿起电话,向孔从周传达了张学良和杨虎城的命令:"时间已到,发信号并开始行动!"

孔从周放下话筒,立即命令:发射信号!

## 第八章 背叛 // 265

而从杨虎城角度,也猜测冯钦哉喊出拥蒋和拥护中央的口号,主要还是因为畏战,而向国民党"中央军"妥协。杨虎城不希望大荔、朝邑和渭河以北大片地面落入"中央军"之手,他需要冯钦哉守住。同时,张学良、杨虎城就西安事变发的声明是"兵谏",依然是要拥护蒋介石领导抗日,拥护中央领导抗日,而不是公开反蒋,也没有公开与国民党中央彻底决裂。所以冯钦哉高调拥蒋拥中央的口号,虽然听起来刺耳,但张学良、杨虎城也是绝对不会反驳的。

# 下　册

## 第九章　电台的故事

这年，中统特务对上海的中共中央局和江苏省委采取"打进去，拉出来"的办法，在中央局和省委机关潜伏了一批特务，监视了党内领导人的动向，造成江苏省的机关遭到严重破坏，进而又造成上海中央局和总工会领导机关的沦陷，中央局书记李竹声被捕变节。大量重要文件被中统特务缴获，其中包含共产国际七大的代表名单、共产国际副总书记兼联络部部长皮亚特尼茨基同志给中共中央的电报等。虽然共产国际远东局、上海中央局与共产国际联络的电台设备保持完好，但因担心密码泄露，上海中央局同瑞金中央苏区电信被迫暂时中断。共产国际与上海中央局的电报联系也切断了。

## 第十章 囚蒋与释蒋 // 403

自 12 月 22 日宋氏兄妹到来之后短短三天之内，张学良、杨虎城这对原本是生死与共的战友，为了如何释蒋问题，几乎已经闹到了反目成仇的地步。他们一度争论得非常激烈，据张学良回忆，几乎是到了"拔枪相向"的地步。最后是杨虎城表示十分不满，愤怒离他而去。这真是上山容易下山难，捉蒋容易释蒋难！不论是张学良还是杨虎城，此时都为"骑虎难下"的问题费尽心机。

## 第十一章 王以哲之死 // 461

成功了！于文俊和戚排长完成任务了。以"三剑客"为代表的东北军内法西斯秘密团体在 2 月 2 日发动叛乱，杀害东北军高级将领王以哲和一批东北军骨干的事变就这样发生了。这起法西斯叛乱，历史上称为"二二兵变"或"二二惨案"。

王以哲当时正在家等一份电报，他希望能得到中共中央军委主席毛泽东答应援兵的回电，以最后确定在宝鸡、凤翔一带反击胡宗南向东进攻西安的作战方案。可惜，他听到的是：抢先杀上门来的"三剑客"杀手于文俊他们的喊杀声和枪声！

事件就发生在中华全民族实现团结一致、共同抗日的前夕。

1937 年 2 月 2 日上午，古城西安寒风凛冽，阴霾深沉，大街上戒备森严，武装士兵穿行如梭。忽然，城中不显眼的粉巷胡同内响起一阵沉闷的枪声，卧病在床的东北军第六十七军军长王以哲中将身中九弹，倒在血泊中，时年四十二岁。

像是历史夜空上的一抹流星，瞬间化为烟尘，消失了。

这天，发生了震惊中外的"二二兵变"，王以哲将军死了。五十天前借"双十二"西安事变而荣登中国现代史明星舞台的东北军和西北军，也在顷刻间因之分崩离析。

第一章

通往陕北 "红都" 之路

1936年11月4日，此时正是陕北的初冬时节。洛川以北黄土高坡上，一队戴着灰军帽、穿着灰色军大衣的骑兵冒着凛冽的寒风急急地赶路。马群奔腾，干燥的黄泥道上扬起滚滚沙尘。风沙弥漫，使人难以辨别骑兵队中的每个人。但是，从服装的新旧和颜色来看，其中有一位骑兵战士较为醒目：与其他的彪形大汉不同，这位身着新军装的战士身材较矮小，浑身整洁干净，脑后的军帽下檐似乎还露出半圈短发。像是害怕掉下马似的，这小个子骑兵紧紧地勒着缰绳，全身机械而拘谨地压在马鞍上！

这小个子兵莫非是个女的？

的确，不出旁观者的猜测，她果然是个女的。她不是别人，正是上海滩中国左翼作家联盟中的女作家丁玲！仔细看，紧跟在她身后的，还有一个女的，显然是来全程陪伴她的女伴。其实这队骑兵此行就是来护送她的。

此刻，迎面吹来强烈的北风，像是要把她从马背上刮走似的！她更贴低了身子：千万不能从马上掉下来啊！这可是她第一次骑马，第一次行走在黄土高原沟谷间这条崎岖不平的公路上！

丁玲是9月中旬从上海出发的，先是由中共地下党员、作家聂绀弩陪同到达西安。当月先后到达西安的还有丁玲的朋友史沫特莱等人。张学良的副官刘鼎和东北军第六十七军军长王以哲的副官刘向三、少校秘书孙达生分别接待和安置了她们。刘鼎、孙达生原本是丁玲在上海的熟人和同志。在西安，丁玲先扮成德国牙科医学博士赫伯特·温奇的女佣，住进西安市七贤庄1号。此前七贤庄1号只是一处平常的地址，但第二年，就变成八路军西安办事处了。丁玲在此度过了一个月的时间。出发前她还住过安居巷17号"六国饭店"。"六国饭店"其实就是第六十七军西安留守处，用来解决后勤供应和军官来往接待的。王以哲的副官王政在此经营和安家，那里的面上事务归其夫人于文英张罗。其时，北平和上海各有一家"六国饭店"。北平那家是洋人开的，是下野军阀及落败政客归隐的地方。他们表面上躲在那儿搓麻将，消磨时光，实则是窥测风向，盼有朝一日东山再起。三年前，湖南军阀张敬尧暴毙，引起了世人对那家饭店的注意。上海的赌枭朱顺林也开了一家"六国饭店"，不用说，那是大赌场。所以东北军的军官在西安开的"六国饭店"，往往会给人相同的感觉：那是军官休假、搓麻将、推牌九、消磨时光的去处。但此处玄机暗伏：陕北红军代表钱之光、刘向三在西安的地下交通机关也设在此。中央红军代表叶剑英、彭雪枫、朱理治也曾一度在此暂住，后来叶剑英被张学良接到金家巷张公馆去住。

第六十七军在西安还有一个驻西安办事处，由王以哲的亲信副官宋学礼负责。从中共上海中央局或天津的北方局给红军采购的东西到达西安，都由宋学礼以第六十七军后勤名义运至洛川，让红军来领取；很多中共的干部如刘向三、孙达生等就隐蔽在这家办事处内；从各地经西安到苏区去的人员，如不久前上海来的埃德加·斯诺和马海德等，以及中共干部董健吾、涂作潮等同志，也由副官宋学礼掩护着进进出出。甚至，中共中央政治局成员邓发等，也是经过这里转道新疆去了苏联。

史沫特莱是宋庆龄的英文秘书，她被张学良的副官刘鼎安排在西安城东临潼的华清池疗养，等待时机前往陕北苏区采访红军。一年前，中共中央党组织遭到严重破坏，中央特科二科副科长阚尊民在中共地下党同志的掩护下，以"周教授"身份进入路易·艾黎家避难。路易·艾黎是宋庆龄与史沫特莱的亲密朋友，史沫特莱因此与"周教授"相识。宋庆龄知道"周教授"的背景后就将他推荐给了张学良。1936年初春，"周教授"化名为刘鼎，来到西安当了张学良的副官。史沫特莱此行正是应刘鼎邀请而来的，只有知情者才知道刘鼎就是阚尊民。

11月1日，丁玲决定去苏区，由王以哲的副官刘向三和五个随从同车护送出西安城，向黄土高原进发。第一天，一部汽车把她们一路送到耀县过夜。第二天继续靠汽车赶路到达洛川。那时，洛川是东北军第六十七军军长王以哲的"剿匪前敌司令部"所在地。洛川不是她此行的目的地，她们还得继续赶路，路程还很长。于是，她们决定在洛川休息一天。不论是在耀县还是在洛川，丁玲都按规定待在屋内不出门。她们在等待下一站接送队伍，这支队伍就是由一位红军骑兵连长率领且穿着清一色灰布东北军军衣的小队骑兵。她们面临一段长达一百多里的公路，必须骑马通过。她们走完公路后，还要经过一段更长的崎岖绵延的山路，深深地穿进陕北的黄土高坡，最后才能到达陕北"红都"保安。

在洛川，丁玲把头发剪短了，戴了东北军军帽，穿了东北军军衣。晚上她还和同行的女伴一道，以土坑为马背，练习着骑马的技术要领，跳上跳下，咯咯地笑个不停。她们怕被人笑话：连马都不会骑，还要到陕北去！

第二天一早，迎接她们的红军骑兵和运送行李的民工就来了，他们总共十来个人。这支队伍先骑了两天马，然后改乘毛驴。他们翻山越岭走了八九天之后，也就是 1936 年 11 月 10 日这天，才到达陕北苏维埃政权的"红都"保安。保安就是保安，而不是后来人想象的延安。原本陕北苏维埃"红都"在瓦窑堡，前不久，因形势不利，红军主动把瓦窑堡转让给东北军而搬迁到保安。保安如今改名为志丹，以纪念陕北苏维埃根据地创始人刘志丹。那时延安叫肤施。肤施当时是东北军的占领区。西安事变之后，为反击南京"中央军"的进攻，东北军和西北军放弃包含肤施在内的整个陕北而南下西安，中央红军于 1936 年 12 月 21 日乘机进驻肤施，并南下到渭河平原，增援张学良和杨虎城。从此延安大名取代肤施被叫响，延安成了陕北"红都"！

此时的"红都"保安是个山谷间的小镇，总共不过六百户居民。虽说是中共中央、中央军委和苏维埃政府所在地，但并非所有的机关都设在镇上，更不是所有的领导都住那里。除驻守红军和董必武领导的中央党校在保安镇外，其他多数领导和红军干部还是分散住在保安周边的各山坡窑洞内。

保安正面的山坡上有一排相连的窑洞，有半里多长，那是中共中央办公地点，是张闻天、毛泽东、周恩来、朱德、张国焘这些领导人办公和开会用的窑洞，他们有时也在那窑洞内熬夜不回家。

丁玲刚一到达，就被热情的人们迎进了一间当地最大、最好的窑洞，那就是"红都"的"外交部"！

所谓外交部，其实就是李克农为局长的中共西北（中央）联络局。从李克农的身份，大家一定可以猜着中央联络局肩负的重大历史使命。当然，其一切是围绕着"统一战线"这项使命的。工作重点是面对红军正面的二十多万东北军和西北军进行"联络"，争取他们站在红军一边进行反蒋！其实，读者会发现，本书涉及的内容与这有一定的关联。

联络局说起来是主持统战工作的，说它是"外交部"，也缘于这"联络"二字。既然是"联络"，那就是"打进去，拉出来"：既要派干部打入敌后，也要迎接敌方重要人物到自己一边来，从而它也负有迎来送往的职责。这样一来，联络局也要管进出根据地的中央外派干部及从白区来的同志。

其实，就在前几天，就在这"外交部"窑洞，一位国际友人刚刚被送走，他就是美国记者埃德加·斯诺。原本在大上海广慈医院从医的乔治·海德姆（马德海）医生与斯诺同来，但他留在陕北没走，成为陕甘宁苏区的一员，加入了中国共产党。这年6月，他们由宋庆龄安排，走一条与丁玲相同的进陕北"红都"的朝圣之路。斯诺经过四个月的辛勤劳作，遍采中共领导人后满载而归。他的采访资料写成《红星照耀中国》（中译版《西行漫记》）传遍世界，使他一举成名，更让全世界第一次得知经过二万五千里长征的红军和共产党人。想到这将是一部人类史上最难得且最丰富多彩的史诗，就不能不说，这是陕甘宁苏区"外交部"的一项丰功伟绩！

左联作家丁玲是在敌后工作的同志，又是第一位来自大上海的女作家，中央联络局理应隆重欢迎。其实，不仅是中央联络局，整个党中央都重视这件事。这里早已准备了一个茶话会来隆重欢迎她。

丁玲一到会场，就看见周恩来坐在窑洞的门槛上。周恩来马上站起来说："欢迎你，欢迎你！"此后，丁玲注意到，整个招待会进行过程中，周恩来都坐在门槛上！

茶话会过程中，军委主席毛泽东来了。他一进窑洞门就问："我们的女作家在哪儿呢？"

1924年，毛主席和杨开慧在上海的甲秀里住过，杨开慧还是丁玲在周南女中的同学，同住甲秀里的还有李隆郅夫人李一纯，李一纯也是杨开慧、丁玲在周南女中的同学，甲秀里楼上的向警予是丁玲的九姨，更有英年早逝的王剑虹！毛主席亲眼看到恩爱夫妻瞿秋白与王剑虹生离死别的最后一刻。而丁玲正是王剑虹在中学和上海大学最亲密的朋友，也是瞿秋白与王剑虹的红娘。或许丁玲不想当"电灯泡"，她在瞿秋白与王剑虹结婚之际，离开了上海。当年任党中央秘书的毛润芝晚来一步，因此没在上海与丁玲会面，只闻其名而未曾见面。

丁玲见到来人个子很高，气度不凡，而且一口很纯正的湖南话，知道这就是毛泽东，于是迎了过去，两人双手紧握。

"丁玲同志，我们欢迎你！"

尽管丁玲是首次来到这里，而且距她生活过的上海城有千里之遥，但此刻的她只有一个感觉：到家了，真的到家了！

茶话会结束后，她转到毛主席办公的窑洞里，谈了很多，谈到很晚。

几天后，毛主席问丁玲还想做点什么。

她说："我想当红军，上前线去，看看打仗。"

他沉思了一阵："还来得及，还赶得上最后一个仗。明天有队伍上前线去，你就跟着杨尚昆主任他们走吧！"

就这样，丁玲跟着工农红军前线政治部出发，上了前线。这最后一仗，也就是随后发生的山城堡战役。1937年1月29日，她在《新中华报·副刊》二版上刊发了随笔《记左权同志谈山城堡战斗》一文。山城堡战役也是本书的一个重要组成，我们随后将做深入讨论。

1937年年初，丁玲在陇东前线收到了一件意想不到的礼物。原来是毛主席看了丁玲的文章后，勾起了不尽的回想，挥笔写下《临江仙·给丁玲同志》一词，用军事电报拍发给前方的丁玲，词曰：

壁上红旗飘落照，西风漫卷孤城。保安人物一时新。洞中开宴会，招待出牢人。纤笔一枝谁与似？三千毛瑟精兵。阵图开向陇山东。昨天文小姐，今日武将军。（武俊平：《毛泽东诗词品读》，乌鲁木齐：新疆人民出版社，2003年）

　　才女丁玲当红军上前线看看打仗的愿望实现了，她的故事到此就说完了。当然她阅历丰富，故事说也说不完，但不是本书继续叙述的范围。她虽也被领导人誉为"昨天文小姐，今日武将军"，但她那"武将军"也并非本书将要叙述的那些悲情将军。她的故事远不是我们将在以下要展开的全部故事。本书不过借用她和斯诺等许多人通过的西安—洛川—甘泉—肤施—保安那一条穿越东北军防地的朝圣之路，而引出东北军、西北军与红军之间的许多故事。

第二章

鏖战陕北高原，东北军连战皆北

# "围剿"与反"围剿"，东北军、红军会战黄土高坡

20世纪60年代，一条"胡志明小道"扬名世界。当时，南越民族解放阵线（National Liberation Front of South Vietnam，简称"越民阵"，实际就是越共）遭南越政府军和美军海、陆、空的立体封锁。"胡志明小道"就是"越民阵"通过北越、老挝及南越、柬埔寨边界，穿越巴特寮和"红色高棉"的根据地而与社会主义阵营连在一起的一条重要通道。通过"胡志明小道"，"越民阵"打破封锁，得到整个社会主义阵营的全力支持，从而赢得越南战争。

1936年，中国陕北苏维埃根据地也有一条秘密通道联结外部世界，那就是纵贯陕北黄土高原的保安—肤施（延安）—甘泉—洛川—西安的红色通道。与"胡志明小道"相同的是，两条道路都成功地打破敌对势力对共产党根据地的封锁。不同的是，"胡志明小道"经过的巴特寮和"红色高棉"地面，也是兄弟国家共产党的根据地。保安—西安的红色通道则是红军穿越东北军王以哲的地面，而东北军与红军原本是杀红了眼的敌对双方。显然，能开通这条秘密红色道路，是一场化敌为友的努力奋斗的结果。这种奋斗，就是采用中共党史上所说的统一战线策略。统一战线是一场包罗广泛的斗争，它包含震天动地的战场厮杀，更是一场没有硝烟的战争。有人从"没有硝烟的战争"的字眼联想到情报战或谍战。其实，枪炮的战争与情报战、谍战，都仅是其中一部分，统一战线策略更重要的是充分贯彻党的政策，大打攻心战：在宣传共同利益的基础上，充分摸透对方的处境，掌握对方的意欲，对症下药，做到以诚服人、以理服人，最后达到化敌为友的目的。统一战线，真是顶上功夫！陕北苏维埃红军运用统一战线策略，成功争取到

东北军第六十七军军长王以哲，然后进一步联络到东北军张学良和西北军杨虎城，从而开通了这条秘密红色通道。陕北苏维埃的成功并非到此为止，既然中共苏维埃的统一战线团结了东北军、西北军，则必又进一步造成并加剧他们与蒋介石政权的矛盾。由于这种矛盾的深化，一起震惊世界的重大事变戏剧性地发生了，那就是西安事变！西安事变改变了中国的命运。

东北军第六十七军军长王以哲个人与中共原本没有矛盾。他早就认识了不少中共党员朋友，更不用说，他军队中下层官兵中就有一些中共党员和进步青年，就连身边的副官参谋也有好几个中共党员。甚至在三年前，他的六十七军还在河北时，就组建过一支共产党领导的特务大队。当然，东北军本质上只是一支军阀的部队。当兵吃饷是绝大多数官兵的习惯性思维，他们必须接受国民党政府的命令，参与"围剿"当时遍布中国山区农村的苏维埃政权和红军。王以哲的六十七军也就因此卷入了"围剿"红军的战争，而且他的对手就是徐海东的红二十五军！

1933 年，从抗日战场退出来的王以哲的六十七军被调到河南驻马店、信阳，开始了"围剿"红军的战争，"围剿"的对象是大别山区的苏维埃鄂豫皖边区。当时，张国焘已率主力红军长征到四川，留守根据地的就是红二十五军。就这样，王以哲的六十七军与徐海东的红二十五军成了"围剿"与反"围剿"的冤家对头！

1935 年，红二十五军也开始长征，转战到秦岭南麓的商洛地区建立鄂豫陕根据地。六十七军尾随过去。这年 9 月，三千人规模的红二十五军撤出鄂豫陕边区，甩开王以哲，北上陕甘边区找刘志丹和陕北红军，最后与之会合。9 月 18 日，延川县永坪镇举行两支红军会师庆典，由徐海东的红二十五军与刘志丹的红二十六军、红二十七军组成红十五军团，总兵力达七千人。原红二十五军军长徐海东、政委程子华任军团长和军团政委，原中共陕甘边军事委员会主席及红二十六军军长刘志丹任副军团长兼参谋长，高岗任政治部主任。红二十五军参谋长戴季英没有进入红十五军团，而改任新组建的西北保卫局局长。这西北保卫局就是陕甘晋省委的伴随机构。

小说《水浒传》中提到梁山频繁发生排座次的事件。英雄好汉往往在排座次问题上表现得十分谦让大度。但革命大会师是革命行动，不能与江湖人物的聚义相提并论。革命组织的人事安排必须由党组织指导。其程序是：先由上级委派的朱理治、聂洪钧、程子华三人宣布成立"中央代表团"，然后由"中央代表团"提名候选人。会师庆典前一天，9月17日，永坪镇红军干部学校的教室里，由"中央代表团"主持，北方局代表、鄂豫皖省委、陕甘晋省委、红二十五军、西北军委等一起召开联席会议。会上以批判右倾为旗帜，撤销了刘志丹的中共陕甘边军事委员会主席职务，改由聂洪钧接任，并宣布了红十五军团领导成员的名单。

这"中央代表团"的成员中，程子华是长征前夕派到红二十五军任政委的，无须多说。聂洪钧原先在上海中央局工作，9月刚从天津"空降"到陕北。这些人中，朱理治同志是最早从华北局"空降"来的领导干部。他到达陕西的时间是1935年7月，也就是在永坪会师两个月前。朱理治原是共青团江苏省书记，也是先从上海中央局调到北方局，然后以北方局代表的名义到陕北指导根据地"肃反"工作。红二十五军进入刘志丹的根据地保安县豹子川后，也就是1935年9月7日，朱理治、郭洪涛、聂洪钧等同志把陕北、陕甘两边区特委改为陕甘晋省委。就此，陕甘晋省委正式设进陕北根据地。

红军永坪会师大庆典后不到一个月，陕甘晋省委和西北保卫局就在陕北根据地掀起一波巨大的政治风浪，即"肃反"运动，后果相当严重。但就在此时，王以哲率领的六十七军又跟过来了，形势更加严重，我们把这"肃反"的话题押后再做讨论。

六十七军本来就是东北军的劲旅，人员充足，装备精良，拥有刘翰东的一〇七师、何立中的一一〇师、吴克仁的一一七师及周福成的一二九师。随后，王以哲部又补充了何多荃率领的独立第一〇五师。这独立第一〇五师拥有的三个旅，每个旅的编制与一个师没有差异。独立一〇五师事实就是一个军！王以哲接到西北"剿总"的追击令，就率部从陕南向陕北进发。一路上，杨虎城的西北军第十七路军向他移交洛川、鄜县（曾合并于洛川，今富县）、甘泉和肤施等县城。由于陕北红军采取坚壁清野、诱敌深入的方针，六十七军的一〇七师、一一〇师、一二九师三个师沿途没有遇到抵抗便长驱直入。六十七军军部及吴克仁的一一七师驻洛川，刘翰东的一○七师驻守鄜县，王以哲亲率一一○师、一二九师两师进驻肤施。六十七军一路顺风，成功挺进陕北。战报传来，西北"剿总"大喜，任命王以哲为第一路军总指挥，催促他继续向北进攻。东北军进军陕北，标志着对陕北根据地的第三次"围剿"开始。

红二十五军和六十七军离开陕南后，"中央军"的陈继承出任豫鄂陕边区绥靖主任，继续"清剿"当地游击队。此时，中央红军突破了腊子口天险，继续向陇东高原和陕北挺进，要与陕北红军会师。西北"剿总"任命骑兵军军长何柱国为第二路军总指挥，尾随红军进入甘肃、宁夏、陕西边界地带。

## 水土不服，首败劳山之战

我们提过，红十五军团由刘志丹的陕北红军红二十六军、红二十七军及来自大别山的徐海东的红二十五军合并而来。它改编后包含第七十五师、第七十八师、第八十一师三个师。红七十五师是原红二十五军，集中了全军最精良的装备，而留给原陕北的红七十八师、红八十一师装备略逊，但他们依然有自己的优势。红七十八师、红八十一师就是原来刘志丹领导的红二十六军、红二十七军，这两军是土生土长的本地军队，熟悉这里的自然环境，又能与本地老百姓打成一片。这使红军相对国民党东北军来说，有天时、地利及人和的优势。

因此，远道而来的王以哲的六十七军马上就出现了诸多问题，他遇到麻烦了。

他乡异俗容易使军队产生水土不服，长驱直入便有了后顾之忧！

深入黄土高原腹地的王以哲的六十七军依赖从洛川、鄜县、甘泉和肤施的山间公路线提供后勤给养，这条公路成了东北军的生命线。为保持这条生命线，六十七军沿线排成一条长蛇阵。殊不知，这长蛇阵两边均是红军游击队出没活动的区域，而长蛇阵中部的任何一点都是薄弱点，红军可以随时在公路的任何地点集中优势兵力发动突然袭击，切断交通。任何这类袭击都会令东北军第六十七军损失惨重！

红军当然也有麻烦。那就是陕北贫瘠寒苦，物资极其紧缺。在此情况下，会师增加了红军数量，生活就必定会出现困难。尤其是此时已是秋冬时节，主力红七十五师又来自南方，没有御寒过冬的棉衣。好在扎根本地的红军眼线多，消息灵通，情报来源广泛，加上原红二十五军过去与六十七军作战时，优待俘虏，常把俘虏教育感化后释放回去，这自然在东北军内部自动潜伏了地下工作者。这种地下工作者也能向红军提供情报。这些情报对红军来说都非常有用。红军可以借此对国民党政府军发起突然袭击，夺取粮食和物资装备，达到自己养活自己的目标。

就在红十五军团成立的第三天，消息来了：深入肤施的敌六十七军一一〇师、一二九两师急需的棉衣、装备，正从西安起运，发往肤施。这条运输线中有个薄弱点，那就是肤施与洛川之间的甘泉县。甘泉县路段崎岖险要，东北军防御单薄而周边却正是红军穿梭活跃的区域。运送军需的车队又非经过甘泉县不可。还要知道：东北军的这批军需物资是他们急需的，更是红十五军团迫切需要的。冬季即将来临，从南方初到陕北的红十五军团七十五师正愁无法解决冬装！如何过冬的问题，对他们来说尤为急迫。但红十五军团想要夺取这批物资，就必定面临如何攻克甘泉城及如何打败援军的问题。

听到军需和设备在运输途中，王以哲立即派周福成的一二九师第六八五团从肤施南下，以图接下车辆和物资，然后押运到肤施。考虑到第六八五团在途中还可能遭受多重拦劫，他又计划派重兵增援。

在肤施与甘泉之间交通线上长长的一字长蛇阵要如何操作，才能防备红军，确保交通安全呢？王以哲费尽心机！而红军更有周密的安排。

针对王以哲长蛇阵存在的问题，红十五军团制定了作战方案：拦腰斩断，围点打援！那就是用一部分兵力将首先到达甘泉城的六八五团实施包围，并大造声势发起佯攻。试猜测：东北军六八五团任务就是保护物资的，必是死守甘泉而不敢出击，更不敢冒险上路突击运送物资。所以红十五军团用来围攻甘泉的兵力不用太多，只要虚张声势拖住敌军就行，而集中全部红军主力在公路的险要地段伺机伏击援军。

9月21日，红十五军团从延川县永坪镇秘密出发，23日悄然到达甘泉西北的王家坪地区待命。

9月28日，得知东北军六八五团接应运输车队到达甘泉后，原红八十一师一部和地方武装果然出其不意地包围了甘泉县城，虚张声势发动进攻。红八十一师二四一团则在城北白土坡设埋伏，既防东北军六八五团出城突围，又打击肤施方向来的援军。

果然，遭遇红军大造声势的佯攻之后，甘泉守军就紧急呼救，要求增援。王以哲接到甘泉求援后十分着急：甘泉被围，鄜县至肤施间的交通就中断了，沿途分布的部队就有被各个击破的危险。于是他立即派何立中率领一一〇师三个团去甘泉解围，自己南返洛川进行部署，以确保洛川与肤施间的通道。

红十五军团指挥部得到王以哲派出援军沿公路南来的情报后，马上开会研究。研究的问题就集中在：肤施到甘泉之间的公路线很长，红军如何选择伏击地点。

被红军称为"活地图"的红十五军团副军团长刘志丹，提出一个伏击援军的理想地点：连绵不断的大劳山和小劳山。甘泉县城北的大、小劳山地区，群山连绵、树木茂密，易于红军隐蔽埋伏。同时通往肤施的公路穿越其间，两边地势险要，给伏击一方提供了必胜的机会，一旦援军落入伏击圈，只能被动挨打，很难突围。

10月1日晨，何立中的一一〇师奉命从肤施出发南下。行至三十里铺时，何师长知道此处的九燕山（又名湫沿山）地势险要，为确保后路的安全，他留下李东坡的六三〇团在该地守备警戒。何师长亲自率师部及余下的两个团直奔甘泉。眼看自己顺利通过山高路隘、林木茂密的九燕山后，全师上下都以为险要地带已过，不觉放下心来继续前进。14时许，疏于防范的何立中和他的一一〇师到达大劳山西南的公路段，立刻遭到预先在此处埋伏的红军四面夹击。东北军第六十七军与红十五军中的红七十五师是内战三年的老对手，双方几乎是彼此喊得出对方团营以上的军官名字，在此次冤家路窄之际，一场血腥的绞杀在所难免。

常言道："射人先射马，擒贼先擒王！"埋伏在两边山坡上红军的多位神枪手瞄准了马匹上的最高指挥官——师长何立中！一阵枪响，何立中翻身落马。随着猛烈的枪声四面响起，东北军顿时大乱。没多久，在小劳山村和榆树沟口挣扎的一一〇师两个团被红军分割成多个互相孤立的部分。六二九团团长杨德新指挥残部全力向山上发起数次进攻，全部被红军机枪和手榴弹打下来，几乎每个冲锋队都全军覆没。最后，杨德新亲自率少量士兵拼死冲锋时，被手榴弹炸成重伤。他担心当俘虏而开枪自杀身亡。红军的骑兵发现负伤落马的何立中和参谋长范驿洲还在顽抗时，就集中火力猛烈射击，结果阵地上两个东北军最高指挥官双双毙命。师长何立中仅颈项一处就中弹多颗。

激战延续了五个多小时。夜晚 9 时，天色昏暗，双方士兵已无法瞄准射击，红军乘机紧逼，冲上前去。此时，李东坡的六三〇团听到枪声赶来增援，却遭到占据优势地形的红军猛烈的阻击。李东坡连续发起的两次进攻都因伤亡严重被打退。在第二次进攻的时候，李东坡听见伏击圈里面枪声已经很零落，知道大势已去，随即率部退回三十里铺。此时，被困的一一〇师东北兵又饿又累，惊惶不安，在阵阵喊杀声和劝降的政治攻势下斗志全无。许多东北兵在大别山时，原本就是当过红军俘虏再被释放归队的。这些人再次带头选择了缴枪投降的出路。原先在前头开路的六二八团团长裴焕彩当了俘虏。因裴焕彩屡次参与"围剿"红军，他被认了出来，被战地法庭判死刑执行枪决。

此战，东北军一千余人战死，两千三百余人当了俘虏。红军缴获到长短枪三千余支、轻重机枪一百八十余挺、炮十二门、战马三百余匹和电台一部，还有大批其他军需物资。

对红十五军团来说，这是自永坪会师后，他们联手打的第一次大胜仗。军团领导徐海东和刘志丹有多高兴就不用提了。不过此时，在根据地内部，因"左"倾机会主义肆虐，空降在根据地的陕甘晋省委一些极左人物闲得无聊，开始无事生非，自乱阵脚，酿出了灾祸，以致刘志丹等人被捕，差点遭处决。从而，后来继续发生的几场战斗就没有刘志丹这几位前红军领导参与指挥了。

极左的事情是这样开头的。

劳山战斗胜利三天后，也就是 1935 年 10 月 5 日清晨，刘志丹接到来自陕甘晋省委的调令："调你回瓦窑堡担任西北军委代理主席，指挥北线作战。"

刘志丹马不停蹄地回去复命。傍晚时分，当他到达安塞县真武洞时，突然遇见往前线传送陕甘晋省委信件的通信兵。通信兵见到这位红十五军团的主要领导刘志丹，忙把信件递上。刘志丹揭开信封一看，信件内容赫然是："已确定刘、高为反动无疑，速调刘、高回来！"刘志丹看毕，平静地把信件交给通信兵，叮咛他继续奔向甘泉前线，把文件送抵红十五军团指挥部。这"刘、高"就是刘志丹和高岗！刘志丹知道形势严重，决定星夜驰至瓦窑堡，以图说服省委不要干傻事，立即制止"肃反"！

第二天凌晨，刘志丹刚进入省委大院，即遭保卫局逮捕。次日，前线也将高岗、习仲勋、杨森、杨琪、刘景范、马文瑞等高级干部六十余人秘密逮捕，押至瓦窑堡保卫局（原汇川通商号，如今子长县副食公司院内）。为录口供，他们被戴重镣手铐，昼夜审讯，施以酷刑。

随后，红二十六军营以上军官、陕甘边苏维埃政府区以上干部及一些白区过来的青年知识分子二百三十人遭到杀害。

极左的捕杀使陕北苏区陷入人人自危的恐慌之中，陕北苏维埃隐藏危机。

## 东北军再败榆林桥

陕甘苏区的"肃反"当然也影响到红十五军团，并因此而产生了内部隐患，原红二十六军、红二十七军与红二十五军之间出现一些误解和危机。但究竟是一支刚取得劳山战斗重大胜利的军队，加上党组织的坚强领导，红十五军团在整体上依然士气旺盛，斗志昂扬。

相反，经过此战，王以哲的主力——一〇师基本全军覆没！他遭受沉重打击，再次栽倒在老对手红军的马下。同时，王以哲经营的洛川至肤施的南北交通线处于随时被切断的状态。驻守肤施的东北军第六十七军军部和一二九师、驻守甘泉的一二九师第六八五团、留守洛川和鄜县的一一七师及一〇七师之间失去了稳定的地面联系。为了维护南北交通线的安全，王以哲决定重点部署兵力，构建榆林桥防御工事。榆林桥位于鄜县与甘泉之间，属鄜县茶坊镇。它南距鄜县县城十公里，距当时红十五军团部所在地道佐铺（道镇）也仅仅十余公里。进驻榆林桥并负责构筑碉堡工事的是一〇七师的六一九团团长高福源。他奉命率领本团及六二〇团的一个营在那里驻守已有半个月。榆林桥背山面水，西安到包头的西包公路沿村而过，是洛川、鄜县通往肤施的必经之路，加强了榆林桥，也等于加强了甘泉的防卫力量。

榆林桥不仅是维系六十七军的南北交通的据点，也对红十五军团大本营道佐铺构成威胁。如果驻道佐铺的红十五军被挤出去，王以哲的南北交通就又恢复了。所以徐海东下决心集中优势兵力，主动进攻，打一场攻坚战拔除它。为打这一战，徐海东三次前往榆林桥周围观察地形，侦察敌情。他认为，应该乘榆林桥碉堡工事尚未全部完成、火力点之间依然存在死角之际，彻底破坏它！

红十五军团决定：由红七十五师主攻榆林桥，重点放在攻破守军的东山碉堡；红七十八师由洛河西岸渡河向榆林桥进攻；红八十一师部署在榆林桥北面作为预备队；鄜县游击队占据西山，监视东北军一〇七师在鄜县的动态。

1935 年 10 月 24 日晚，红十五军团七十五师、七十八师、八十一师和鄜县游击队全部进入阵地。10 月 25 日拂晓发起总攻，战斗打得非常激烈。七十五师和七十八师均遭受高福源团的重火力打击。隔河的红七十八师虽经浴血奋战，拼杀消灭了部署在西岸的东北军六二〇团的一个营，但自己蒙受了相当大的损失。到了中午，战场依然处于胶着局面。

但，一个机会终于被发现了。

高福源在榆林桥驻守的榆林桥寨子主要是面向南方，重点控制村前公路。而寨子背靠的后门山就是北山，北山山顶建有配重火力的碉堡俯瞰四周，碉堡内有防守部队，那就是高福源的预备阵地。除榆林桥寨子的北寨门有一条路通向山顶预备阵地外，陡峭崎岖的北山几乎是无路可通。

午饭时间，红十五军团领导发觉，榆林桥寨子有人通过北寨门向山顶预备阵地送饭。根据送饭的人数与分量，估计出山顶守军大约是一个排！

这给红军指挥员提供了一个希望：可以通过偷袭占领兵力不多的北山预备阵地，然后利用北山山顶碉堡居高临下，用重火力压制高福源的榆林桥寨子，从而出奇取胜！

徐海东把这任务交给了部署在榆林桥北面作为预备队的八十一师！要红八十一师师长贺晋年、政委张达志从榆林桥后面探出一条路来，利用正面激战的枪炮声为掩护，偷袭高福源在山顶的预备阵地，占领碉堡，从上而下攻打榆林桥寨子。

山再高再险也总有可攀登的途径。红八十一师就是原红二十七军，是活跃在陕北高原的红军劲旅。师长贺晋年、政委张达志特别熟悉当地道路环境和民情风俗。他们通过当地山民带路，果然出奇兵登上险峰，出其不意占领预备阵地，然后利用碉堡里的重机枪，瞄准榆林桥寨子扫射！借地理优势，红八十一师成功地打垮了高福源组织的反扑，并一鼓作气反攻占领了榆林桥寨子的北寨门，高福源手下彻底崩溃了。下午3时，战争结束了。

榆林桥战役，全歼东北军一〇七师的六一九团及六二〇团的一个营，生俘六一九团团长高福源和营以上军官六名、营以下官兵一千八百多人，缴获轻重机枪一百多挺，步枪两千余支，另外，还有无线电台一部和其他战利品。

人们也许会问：榆林桥离一〇七师驻地鄜县不远，仗也打了快一天了，高福源的顶头上司师长刘翰东怎么没来救援？不会说是因为没有无线电台吧？红军缴获的战利品中分明就有"无线电台一部"！甚至，电台人员就成了贺晋年的俘虏，后来还成了韩先楚团的报务员。

的确，榆林桥原来配置有一部电台。只是，恰好到要用的时候，它偏出故障了。高福源巴不得刘翰东早早发兵来救，可就是发不出信号！在电台紧急抢修的过程中，又飞来一颗流弹，不偏不倚击中了电台的发报机！结果，它成了只能收听不能发报的哑巴电台。

实在无奈，高福源派出多名"神行太保"分路奔向鄜县、洛川求救。但这些"神行太保"个个落入了红军的手中。原来徐海东早派出骑兵密植巡防，布下天罗地网。

刘翰东也是在第二天，收集到逃回鄜县的溃兵时，才知道前一天发生的事，但为时已晚。

榆林桥之败，又给了王以哲当头一棒！

## 中央红军到达吴起镇，刘志丹获救

在同一时期，经历战败教训的不止王以哲一家。尾随中央红军进入陕甘宁边区的第二路军总指挥何柱国，被红军看成眼中钉，他也麻烦不断。9月，何柱国部下骑兵第七师第二十一团胡竟先的两个连在静宁青石嘴与红军纠缠时，被红军打败。

1935年10月19日，中央红军长征到达吴起镇。何柱国骑兵军下属的骑六师、骑三师的两个团及国民党军第三十五师的马培清团分路尾追红军，也逼近吴起镇，他们几乎成了红军甩不掉的"尾巴"。10月21日清晨，彭德怀在西面的平台山设立了指挥所，决定不顾疲劳，打一场"切尾巴"战斗。东北军骑六师师长白凤翔率部正面推进吴起镇附近的头道川、二道川之间的五里沟地带时，落入红军的伏击口袋。激战一整天，东北军骑三师和骑六师虽因马匹行动快捷而逃离战场，但都遭遇严重损失。第二路军总指挥何柱国承认：伤亡一百余人，损失驮马、战马很多。

而红军公布的战果是：歼灭了一个团，击溃三个团，共歼敌六百余人，俘虏一千余人，缴获战马数百匹。这场"切尾巴"战斗，切断了长征途中一直甩不掉的"尾巴"。毛泽东很高兴，挥笔为彭德怀写诗一首："山高路远坑深，大军纵横驰奔。谁敢横刀立马，唯我彭大将军！"

东北军骑六师师长白凤翔等被迫撤回。本来设在庆阳一线的东北军骑兵军指挥部也后撤到陇东西峰镇。红军终于斩断了尾巴。

吴起镇是刘志丹的根据地之一，中央红军到达这里，却没有刘志丹的任何消息！正在惊讶之际，毛泽东和周恩来等中央领导找到了赤安县游击队队长张明科和原红二十六军骑兵团政委龚逢春。这才知道根据地出现了严重的状况：刘志丹等陕北苏区和红军领导遭逮捕后，下落不明！知道这情况后，中央领导内心十分沉重。于是，中央紧急派罗迈（李维汉）、贾拓夫（中革军委总政治部白军工作部部长）带一个连队红军和无线电台作为先遣队，出发找寻陕北红军和刘志丹。10月底，中央红军也向着保安方向进发。

先遣队终于在甘泉县下寺湾与闻讯前来迎接的郭洪涛、程子华相遇。得知刘志丹等被关押于瓦窑堡，暂时性命无忧后，罗迈立刻通过电台向中央做了汇报。

1935年11月3日，总书记张闻天、博古、毛泽东和周恩来在甘泉县下寺湾，召开会议，听取聂洪钧、郭洪涛、程子华就"肃反"问题的汇报。他们以党中央名义下令：刀下留人！停止逮捕，停止审查，停止杀人！一切听候中央来解决。

中共中央当即任命王首道为西北保卫局局长，与贾拓夫、刘向三一道带一个排的兵力及一部电台先行，去瓦窑堡接管西北保卫局，以防止事态发展恶化。由于真正的中共中央到来，原先由朱理治、聂洪钧、程子华三人宣布的"中央代表团"自动失效。11月3日的会议还决定，红军成立西北革命军事委员会，毛泽东任主席，周恩来、彭德怀任副主席。红十五军团编入红一方面军。这样，红一方面军总兵力达一万一千人。从这天开始，毛主席的称呼就一直延续下去。当然，再过几天开完瓦窑堡会议之后，西北革命军事委员会就逐步地被理解为中央军委。

11月5日，王首道、贾拓夫、刘向三接管了西北保卫局及被捕的全部人员，开始了审查和平反工作。接着，总书记洛甫代表中央任命董必武、李维汉、王首道、张云逸和郭洪涛为审理"肃反"案件的"五人小组"。随后，"五人小组"名单改为：董必武、李维汉、博古、王首道、刘向三。这中间有两人发生变动。其原因是必须考虑受害方的意见：郭洪涛本人是这次"肃反"事件的主持人之一，受害方对他显然十分敏感。张云逸是大别山根据地出来的，既然事件涉及红二十五军与红二十六军、红二十七军的关系，自然还是另换人员更好。中央常委博古出现在"五人小组"中，表明了党中央的重视，而刘向三则是从事第一手调查、取证、核实的重要人物。

案件审查结果宣布：这起涉及刘志丹、高岗、习仲勋等陕北红军及陕北苏区领导人的"肃反"案是一起冤假错案，是"左"倾机会主义错误的产物。刘志丹、高岗、习仲勋等无罪释放，重新安排工作。犯严重错误的戴季英、聂洪钧分别处以最后警告、严重警告处分。朱理治、郭洪涛各做了深刻检查。

在大众的视野中，"五人小组"名单中的刘向三不算知名人物。事实也的确是这样，他不太知名的缘由，很可能是新中国成立后他一直在国务院任副部长一职，是一位一直活跃于第一线的工作人员。其实，本书一开头提到丁玲去苏区的途中，就有位名叫刘向三的东北军副官，这副官刘向三就是原苏维埃红军的刘向三。他那时受中共中央派遣，打入东北军第六十七军，以王以哲少校副官身份为掩护，从事地下交通工作。

这次中央选择刘向三参与处理"肃反"错案是有根据的。

刘向三本是在冯玉祥第二十六路军的中共地下党员。因参与季振同、董振堂、赵博生领导第二十六路军的宁都起义而归队，出任红五军团、江西军区无线电队队长。当时，著名的"龙潭三杰"李克农、钱壮飞和胡底正好转移到江西根据地，创建了红军的军委保卫局。军委保卫局当然是负责谍报和反间谍工作的。原本就潜伏在第二十六路军内从事地下工作的刘向三，自然十分对口地转到红五军团保卫局工作，他担任了预审科长并代理军团保卫局的执行部长。刘向三也因此有机会接受李克农、钱壮飞和胡底这些名人的培训和教育。

当年极左思潮一度严重干扰了红军的各项工作，保卫工作尤其如此。从事保卫局工作的刘向三，头脑却相对地保持清醒。他没在当时肆虐横行的"左"倾思潮影响下迷失自己。当时，因"左"倾机会主义思潮的泛滥，苏区的"肃反"运动一度被滥用到毫无节制的地步：长征前夕，红五军团总指挥季振同同志就因"肃反"无辜地牺牲了。季振同就是宁都起义的总指挥，应该是红军最出色的将领之一。受季振同牵连，红五军团三十四师政委蔡忠也受到审查。刘向三十分熟悉蔡忠这个人，他顶住"左"的压力，坚持实事求是，向上级提出暂不逮捕蔡忠的报告。事实证明，在长征中阵亡的蔡忠烈士是经得起考验的；事实也证明，宁都起义的总指挥季振同更是无辜的。刘向三因此得到领导的肯定。从而，当时选中他去处理这起"肃反"错案，是最合适的。当然，包括他自己在内，没人会预料到，这次获救的人当中，有一位是自己的河南邓州籍同乡习仲勋！他们为革命各奔南北，却最终因这起磨难而相逢。

就在刚审理完陕北"肃反"错案的时候，苏区红军总部成立了以李克农为部长的"外交部"（西北联络局）。李克农的"外交部"自然是负责统战工作的，也自然负责信息情报相关的工作。刘向三也对口地转到"外交部"出任交际科科长。

一批榆林桥战斗的俘虏交到刘向三的手中，让他负责审讯。审讯敌方人员是交际科的一项日常工作。对交际科来说，通过深入敌后去刺探、监听、偷拍照片、收买线人等获得敌方情报当然重要，但还有更重要的，那就是审问俘虏！俘虏是送上门的无价之宝，就看你用得好不好！

交到刘向三手中的俘虏，有一名就是榆林桥战斗中敌方的指挥官高福源上校。

高福源上校引起了领导的重视，刘向三把他及审问记录一并上交到"外交部"领导李克农的手中。李克农正在开办战俘的学习班，他把高福源也编进学习班，通过开导和启发，终于化腐朽为神奇，高福源上校派上了大用途！高福源的话题在此暂时按下不表。

## 王以哲、董英斌又败直罗镇

在此同时，情况正在发生变化。11 月 1 日，国民党在南京召开国民党四届六中全会和五大。张学良带何柱国一道乘飞机前往。张学良带何柱国参加国民党中央会议的事，表明老蒋十分欣赏何柱国，也表明张学良与他彼此之间十分融洽、十分知心。事情也的确如此，许多有关东北军的大事，张学良也都与何柱国有商有量的。比如，这次东北军来西安的事，张学良就是听取了何柱国的建议。原本，张学良就任武汉"剿总"副司令。1935 年，因各路红军全部撤离根据地开始长征，蒋介石决定撤销武汉"剿总"（即后来的武昌行营），曾提议张学良带东北军到贵州驻防。但何柱国觉得其中大有问题。一旦去了贵州，就等于把东北军变成"西南军"了，加上贵州地瘠民贫、气候恶劣，北方人到那里也难以适应；同时东北军也难以摆平贵州的割据豪强王家烈，将来难免摩擦不和，势必导致军心士气难以维系。而此时因红军长征，王以哲已率第六十七军跟踪入陕，不如趁此机会要求将东北军调往洛阳以西地区。自古以来，秦晋的洛阳、西安均是兵家重地。至少从目前来说，驻防豫陕一带，一可以稳住军心，二可以等待时机返回东北。张学良于是采纳了何柱国的观点，与蒋介石商议后，双方一致同意撤销武汉"剿总"，改建西北"剿总"，把大部东北军随王以哲之后调往到西安周边。

1935 年 10 月底，张学良到达南京。11 月 1 日上午，在南京丁家桥国民党中央党部发生孙凤鸣刺杀汪精卫事件。该事件让张学良一扫四年来连连挨骂的颓气，突然有了正面报道，人气陡增。

原来这天清早，国民党四届六中全会预备会议召开。一百多名中央委员相继步出大礼堂，一起来到中央政治会议厅门前摄影。他们分五排站立，第一排是汪精卫、张继、张静江、阎锡山和张学良等人。他们对面的中央安置了照相机和电影摄影机，记者和工作人员面对着这些国民党大员站成了一个半圆形，注视着整个摄影过程。

9时35分，摄影结束。正当委员们陆续转身走上台阶，打算入室继续开会时，青年记者孙凤鸣突然跨出人群，拔出手枪，对准正在转身的汪精卫连开三枪。这三枪，枪枪命中，一枪中左臂，一枪中左颊，一枪打在背部肋骨上。最后这一枪在汪精卫身体内留下了致命的子弹头。

汪精卫应声倒地，场上大乱。坐在轮椅上的张静江因惊吓而滚倒在地上，孔祥熙则顾不上新马褂被扯破，慌忙钻到附近一辆汽车的底下。唯独一辈子耍笔杆子的张继突然猛扑到刺客身后，拦腰抱住枪手。这下倒弄慌了刺客，慌乱中的他挣扎着又开两枪，但未伤及人。这时候，一个青年军人急奔上前，飞脚踢落刺客的手枪。卫士这才来到张继身边向刺客连发两枪，击倒刺客。此时大家才看清那身手不凡的军人是张学良。这场紧急事态中，一位老张和另一位小张给众人留下了好印象。张继虽是老朽文人，却长得虎背熊腰，天生一股拼命三郎的架势。他从小好勇斗狠。1903年之前，他在日本留学，就已是反清革命党的成员。就是他与邹容、陈独秀等人一道，在深更半夜把大清监督学生的官员姚文甫捉奸在床。在奸官的求饶声中，三位年轻人挥刀割了鞑官的头顶辫子！那辫子正是大清官员的政治性命！随后一次，张继在东京与康梁维新派对台辩论。他一反君子动口不动手的规矩，挥拳猛揍保皇党，打得对手落荒而逃！回国后他又是暗杀党的头目之一，亲自出马去刺杀王之春、慈禧和湖南巡抚等。知道内情的人，对张继的这次表现绝不会感到意外，倒是对小张刮目相看。这些年，张学良给国人的形象糟透了。四年来，他先后丢失沈阳、长春、哈尔滨；在举国上下要他死守锦州之际，小张又不战而逃；两年后张学良再次畏战溃逃，照样拱手把热河送给日本人。从而在全国招致骂声一片，被迫在一片嘘声中下野走人。这次是他首次亮给国人一个"不怕死"的好形象：虽然花拳绣腿，但在关键时刻派上了用场！比平常慷慨激昂、一派正人君子模样的张静江、孔祥熙强多了。他自然让记者感觉一新。

当然，从人心向背的角度来说，青年记者孙凤鸣才是民众心目中真正的英雄！孙凤鸣这一枪，本该结束中国历史上头号大汉奸的性命！只可惜，偏了一些，加上手枪子弹杀伤力太小，孙凤鸣最终成了另一个壮志未酬的荆轲！救了汪逆一命的，不是汪逆的私党心腹，却是与他不同道的张继和张学良。历史就是这样爱恶作剧！

由于汪精卫此时仍以反蒋的左派面孔出现，偏左媒体对他认识模糊，依然把他视为正面人物。张学良总算有了九一八事变以来第一篇正面的新闻报道。但张学良高兴不起来。被红军在劳山战斗中消灭的东北军王以哲部的一一〇师，不但没得到蒋介石的抚恤，反而连番号都被撤销了。更有甚者，新的败仗消息又传来，王以哲、董英斌的东北军在黄土高原的深壑里又吃了败仗：五十七军一〇九师的牛元峰师长连同他的全部官兵又报销在保安的直罗镇！王以哲及他的东北军同僚董英斌又多了一笔失败的记录。在直罗镇黑水寺之战中，东北军又败了。

原来，西北"剿总"的参谋长晏道刚逞能，趁张学良不在西安之际发号施令，让王以哲、董英斌夹击集结在直罗镇的红一军团和红十五军团，结果遭惨败！

直罗镇位于陕西省鄜县西四十五公里，大会师后的主力红军在此集结。那时，董英斌的东北军五十七军驻扎直罗镇以西的陇东庆阳、合水一带，与驻扎在鄜县、甘泉的王以哲六十七军互相呼应。但因此前王以哲六十七军与何柱国的骑兵军均连吃败仗，西北"剿总"副司令张学良担心，如果前方部队太冒进的话，就又必将遭到红军打击，于是命令王以哲和董英斌两路"围剿"部队就地集结，停止前进，不得随意向红军开战。此命令的含义王以哲清楚，但董英斌不见得太明白，而张学良又不好说得太露骨。

不几天，张学良去南京开会。西北"剿总"指挥大权交到参谋长晏道刚手中。晏道刚发现红军主力出现在直罗镇时，认为是个彻底"剿灭"红军的好机会。他来不及与张学良通报，就下达了作战命令：董英斌五十七军的四个师为西路，自庆阳、合水出动，经太白镇沿葫芦河东进；王以哲六十七军的刘翰东一〇七师进驻甘泉牵制红一方面军总部，而吴克仁一一七师为东路，由洛川出发，经羊泉镇沿葫芦河西进，合击红军。

晏道刚企图以东西合进的办法，将全部红军于围歼葫芦河、洛河之间的峡谷中。

董英斌接到命令后，在一〇九师驻地太白镇召开军事会议。会上，平素作风骁勇的一〇九师师长牛元峰自告奋勇，要带本部人马抄近路，从北路穿越红军根据地到友军王以哲所在的洛川大本营会师。但其沿途要经过黑水寺、直罗镇、张村驿等地，这些道路狭窄且崎岖艰险，而且全控制在红军手中。军长董英斌认为牛的方案风险太大，不可行。但董英斌的话缺乏权威性，因为他不是张学良嫡系且刚登上军长宝座没几天，而这位太"牛"的牛元峰师长是张学良的亲信。董军座见拉不下面子，就只好妥协了。不过为安全起见，董英斌调拨一一一师的于一凡团归牛元峰指挥，增加实力，配合一〇九师作战。其实，急着要东进与六十七军会合的不止牛元峰一人。此时，大家都希望牛师长心想事成，马到成功。就连包括董英斌在内的"稳健派"，他们的内心甚至比牛元峰更急。其原因就在于：此时，五十七军的四个师及何柱国骑兵军五个师因战线长，又处于交通不便的陇东地区，所以后勤给养出现困难。他们巴不得马上沿葫芦河杀过去，接通王以哲所在的洛川地面，改善改善生活！就此，董英斌采纳牛元峰的建议，率五十七军全部到达黑水寺。

作为指挥官，谨慎是好品格。五十七军全部进驻黑水寺后，董英斌再次召开军事会议，会上他与牛元峰约定：一〇九师作为前锋占领直罗镇后，牛师长必须回黑水寺军部研究下一步行动部署。

11月20日拂晓，离开黑水寺的一〇九师就遇到且战且退的红军。牛元峰不知红军采用的正是诱敌深入策略，反而以为红军是屡战屡败。于是，当天下午，他就毫不客气地占领了直罗镇。牛师长此时牛气冲天，忘记了前一天在黑水寺会议上的约定。他不但不回军部商量下一步计划，反而觉得身边多出一一一师于一凡团显得多余。他感觉好极了，凭自己神勇无比的一〇九师对付红军已绰绰有余。多一个属于别人的于一凡团，不但碍手碍脚，反而将来要被人分去一份大功。于是毫不客气地把它退回一一一师。他还盲目地让全师在原红军据点直罗镇过夜。他不曾料到，周边山头布满了包围直罗镇的工事，就在直罗镇内也有通向周边的便捷通道。

果然，第二天拂晓，直罗镇四周山上枪声大作，红一军团和红十五军团发起南北夹击，把一〇八师全部人马团团围住。激战到下午 2 时，红军采用穿插战术步步逼近，原红十五军团的韩先楚团首先突入直罗镇，随后大部队蜂拥而入，控制了基本战场。一〇九师大部被歼，余下五百多人随牛元峰死守一隅。东西两路东北军听到牛元峰呼救，急忙逼近直罗镇奋力营救。此时，红军大概是觉得，做困兽之斗的牛元峰已是死定了，不如将他暂时留下慢慢啃，于是分兵去对付援军。红一军团抽出部分兵力抵御吴克仁的一一七师。该师在红军阵地前强攻无果。吴克仁与红军有过多次交锋的经验。他料到：此时一〇九师已是凶多吉少，如果自己继续在阵地前迟疑不决的话，肯定不是上策！于是，他率一一七师退出战场，返回鄜县。红一军团也迅速抽回主力，转身向西攻击五十七军的援军，红军反守为攻，一直追杀到黑水寺，并沿途在张家湾地区歼灭了东北军沈克的一〇六师的一个团。23 日下午，绝望的牛元峰率残部突围，但在次日白天遭到追歼，牛元峰自杀，参谋长刘德裕被俘。团长中，石世安被歼，郑树藩自杀，仅马镇夷带领残部两百多人突围。

红军通报直罗镇一仗的战果：共歼敌一个师又一个团，俘敌五千余人。

此时，新的喜事又降临陕北苏维埃身上。共产国际执委会总书记季米特洛夫同志和中国驻苏代表团王明同志已经派张浩回国。“张浩”是林育英离开莫斯科时临时取的化名，此前是“李福生”。林育英曾经参加早期上海工人运动，参与上海三次工人起义的领导工作。林育英还有林育楠、林育容两位堂房兄弟。其实，林育楠比林育英出名更早，他是二七大罢工的领导人。1923 年，他一度与陈独秀、蔡和森、王荷波、彭述之一道当选为中共中央五位主席团成员。而林育容就更是知名人物，他就是长征到达陕北的红一军团总指挥。林家三兄弟在中共党内地位不可低估。

一路上，张浩扮成商人，头脑中默念着一套无线电台密码及共产国际七大会议精神，带着在苏联受过无线电台训练的赵玉珍，牵着骆驼，经过外蒙古回国。他们经过一个多月的艰难跋涉，于 1935 年 11 月 7 日到达陕北边界的定边县，并很快与当地党组织取得了联系，得到了红一方面军刚到达陕北的消息。他在 11 月中旬到达瓦窑堡，给经历长征的同志们带来了好消息：苏联正要通过外蒙古向陕北红军提供援助！他还向中共中央正式移交了与共产国际秘密电台通信的密码。1935年12月17日，中共在瓦窑堡召开了政治局扩大会议，欢迎张浩胜利归来。张浩在瓦窑堡会议上传达了共产国际七大会议精神和莫斯科制定的《八一宣言》。他在这次会议上被选为政治局委员。

张浩来到陕北，也等于共产国际承认了陕北红军是中央红军的地位。张浩以国际代表的身份并以林育英的真名呼唤张国焘到陕北会师，中共中央和红军因此化解了一场分裂。

在南京的张学良听到了直罗镇的败讯。东北军遭遇如此惨重的失败，他自然面上无光。他就向蒋介石报告败讯，要求政府拨款优抚死亡的东北军家属和帮助重建被消灭的东北军一〇九师和一一〇师。但是，何应钦奉蒋介石的命令，不但分文不给，反而取消了一一〇师的番号。

因此，张学良内心极其愤怒。

其实，张学良此行明显感到自己受冷落了。当初东北易帜，他以"东北王"的身份来南京的时候，蒋介石夫妇率朝中大臣到机场迎接，沿途又是军乐队，又是欢呼的人群，何等风光！可是，这次张学良参加国民党四届六中全会到南京，下飞机时，仅有老朋友钱大钧一人到场，何等冷清！这种巨大的反差，让这位目中无人的"东北王"气愤不已，他为蒋介石的翻脸无情和势利而恼怒。

挨到国民党四届六中全会、五大及五届一中全会结束后，已经是12月8日。从西安到南京开会，并选上国民党中央执委的除张学良外，还有邵力子、杨虎城和曾扩情。驻扎同州（大荔）的另一位西北军军头冯钦哉本也是热门候选人，但因国民党内上层文秘人员嫌他吝啬，故意把他同时列为中央委员和中央监察委员候选人，结果是两边参选，两边票数均不够而落选。冯钦哉为此十分懊恼。不过，张学良的心情比冯钦哉还糟。心急如焚的张副司令此时顾不得招呼同僚，独自登专机返回西安。匆忙中，他连气象情况都没摸清就决定起飞。他这次南京、上海之行，听了许多朋友的建议，有了新的想法。此时他最担心的问题是部下因兵败而复仇心切，那势必赔光东北军那点儿老本。他要稳住局面，等待机会，尝试着找出一条与红军休战的途径。飞机一路上在云雾中盲目飞行，到河南省过孟津、河曲一带时，因山高雾深、河谷狭窄，飞机差点儿撞在一座山上。随后，又因倾盆大雨，飞机不得已在洛阳迫降。次日，飞机无法起飞，张学良才改乘火车到西安。

　　气愤至极的张学良怒斥直罗镇战败的参谋长晏道刚和军长董英斌。因为此战再败，王以哲也羞愧不已。但张学良没有向部下透露心中新产生的念头。

第三章

在洛川与肤施进行的秘密谈判

## 客从远方来

千万年来,黄土高原顶天立地,一年四季经历着严寒酷暑的折磨、雷轰电劈的锤炼。它身上千沟万壑的壮丽,正源自这种"天地交,万物通"的造化。但细细地观察和研究却会发现,不论是严寒酷暑,还是雷轰电劈,这些"硬碰硬"的强硬自然力,并不是造成它身上那种千沟万壑、沧桑刚毅之美的唯一力量。相反,看似相对柔和的风雨却起了更重要的作用,风吹来的泥沙不断地堆积着黄土高坡,而又长年累月耐心地摩擦风蚀,切削着每个山体的侧面,留下了岁月的万种风情。雨水滋润着大地,原本又干又硬的黄泥,遇水就变松、变软。在流水山洪的冲刷下,黄土高坡被切割得沟壑纵横。哪怕是最坚硬的山石,也因身边的黄土潮湿变软而不得不放弃顽固立场,下沉滚落,最后随波逐流而去。看似"温和"的风与雨,才是造就黄土高原奇异景观的鬼斧神工!

东北军与陕北苏维埃红军的"围剿"与反"围剿",是一场硬碰硬的生存战争,一场血与火的大拼杀。王以哲及他率领的那部分东北军遭到沉重打击,造成的伤害难以估量。同样,红军也因战争而蒙受严重损失。同时陕北高原土地贫瘠,人口稀少,物资紧张,红军兵力无法大量补充,供给源头枯竭,苏维埃政权因此十分艰难!就拿红军的总数来说,9月18日永坪会师时,红十五军团总兵力有七千多人,而10月19日中央红军到达吴起镇时,红一军团也有八千人马。可是,11月3日在甘泉县下寺湾开会决定红一军团、红十五军团合并时,红军总数只有一万两千人,此时,直罗镇战斗还没有开打,可见红军减员就已经十分严重。如果双方旷日持久地"硬碰硬"搏杀下去,那艰难必将继续维持着,历史就不会出现后来所展示的那种丰富多彩的局面。

能不能放弃僵硬的较量，而换一种思维，采用柔和的非战争方式来改变局面？

这问题同时摆上了红军和东北军第六十七军王以哲的案头。

1935年10月底，张学良刚动身去南京参加国民党的四届六中全会，此时东北军与红军的直罗镇战斗还没打响，但王以哲已经深受战斗失利的折磨。他在苦闷中徘徊、苦苦思索，寻求摆脱困境的途径。正当此时，远方的客人来了。

来者是两位东北老乡，其中一位是高崇民，另一位是孙达生。

高崇民是王以哲的老朋友。王以哲曾当过张学良卫士队队长，而高崇民也曾是张学良的秘书，他们不仅是朋友，更是多年的同僚。九一八事变之后，王以哲先后被张学良任命为北平军分会军衡处中将处长和第六十七军军长，随后的两年时间他就在北平和华北地区抵御日本侵略。那时高崇民正在北平与阎宝航、车向忱、卢广绩、王化一等一道组织"东北民众抗日救国会"，从事抗日宣传活动。那些年月，王以哲与高崇民来往密切，成了无话不谈的好朋友。

高崇民此来，还与另一个人有关，那人是杜重远。杜重远原本是海外学习陶瓷美术工艺的专业人员。但他与高崇民一样是东北籍的左派人士，也当过张学良秘书。原本，他在辽宁拥有一家大型陶瓷工厂。九一八事变后，日军占领东北，他失去了产业。幸得张学良出资帮助，他又成了江西景德镇一家瓷器厂的老板。杜重远是个成功商人，又是社会活动家。他在上海霞飞路附近的金神父路安和新村8号的家，堪称豪宅。只要杜重远在上海，那里就经常高朋满座，是上流社会的交际场。其实豪华只是一种掩护，杜重远常与潘汉年、胡愈之、高崇民、孙达生等人在客厅搓麻将，其实他们是在麻将桌上进行秘密交流。

提起杜重远，王以哲自然不会忘记这位知心朋友。他们之间一直多有往来。1933年，张学良下野，老蒋为笼络王以哲而请他上庐山，赠送了一笔丰厚的礼金。王以哲决定把这笔钱用来给全军少校以上军官每人定做一套瓷器茶具，每件茶具上烧制这名军官的姓名，并向这些军官加送一套《曾国藩全集》和一支派克金笔，礼金余款部分用来给全军每个官兵加发一套军服。当他下庐山应杜重远邀请参观景德镇的瓷器厂时，就把礼金交给了杜重远，委托他的工厂制备瓷器茶具并协助采购办理其他赠送的物品。

不过就在1935年上半年，杜重远因"《新生》周刊事件"而陷牢狱。

《新生》周刊是杜重远出资创办的。1935年，《新生》第二卷第十五期发表了署名易水的文章《闲话皇帝》，称大倭天皇只是傀儡，实际一切均由倭军方和财阀决定。日本驻上海公使借此文造事，向中国抗议，并策动日本浪人在上海租界内外以游行为名挑衅滋事，无事生非。日本军方在上海扬言要动用军事手段回应。法租界巡捕房也屈从日本的压力而对《新生》周刊施压。杜重远和中共文化工作委员会的孙达生担心文章作者艾寒松（笔名"易水"）遭日本浪人毒手，就协助他避难走。在法国殖民当局的默认下，日本方面以"诽谤天皇"的借口把《新生》周刊告上法租界法庭。此时法租界的"会审公廨"已由中国当局收回，改名为"江苏省第二特别法庭"。虽然法庭的全部法官和检察官由中国人担任，但凡涉及与外国人相关的案子，依然不采用中国政府的法律而继续沿用法租界的条例。杜重远先生因连带责任被无理判处一年两个月徒刑。尽管辩护律师吴凯声博士认为法庭判决是"屈从恶势力，丧失了正义"，并提出强烈抗议，但一切无济于事。此事引起大众的强烈抗议。为平息舆论，杜重远先生随即获得法院批准：保外就医。他转到上海虹桥疗养院养病，法院的审判也只是一种敷衍日本人的手段。案后，孙达生被迫离开上海，应北平朋友的邀请而北上。

1935年10月，高崇民来慰问杜重远。

此前，杜重远受中共的委托，准备写信给张学良、杨虎城，希望张、杨能以抗日的名义，联合中共，结束内战。

杜重远见高崇民到来，不觉眼睛一亮：他正是向张、杨传达这种建议的最适合人选。于是杜重远就和盘托出肺腑之言。高崇民见杜重远的意见与己竟然不谋而合，就欣然受命。于是老杜分别写下亲笔信，托高崇民带给张学良、杨虎城。同时杜重远也另为朋友孙达生写一封推荐信，孙希望能进东北军从事兵运工作。

受托的高崇民即起程西去。

恰此时，张学良因国民党中央会议而去了南京。利用会议的间隙，张学良特来上海虹桥疗养院看望杜重远。

寒暄之后，坐了下来。

"真不敢想张副司令竟屈尊来看望我这个落难之人！"杜重远的口气显得有些意外，"看你的气色好像也不太好哇！"

"最近烦心事多，睡眠不好，气色自然差了！"张学良并不介意，解释着。

"张副司令是堂堂西北'剿匪'副总司令，一人之下，万人之上啊！除了蒋委员长，哪个中国人能企及？怎么还会有烦心的事情呢？"这位曾经的秘书依然不依不饶。

"杜大哥不要取笑了，我这次是专程来看望你的。"

张学良听出杜重远话中有话。但想到，自己本就是来慰问人家的，于是耐心地表白着，自己很想抗日，打回老家去。但如今身陷困局，远道西北与红军作战，结果损失惨重，导致进退两难。怕就怕轮不到见日本人，东北军那点儿家当就赔光了。

听到这里，杜重远换了口气，推心置腹地劝告面前这位自己原来的少东家。他说："目前蒋介石不过是想借助红军将东北军弄垮，如果你想抗日，打回老家去，就必须放弃一条心跟蒋介石走的想法，走另外的道路！"

"这话固然有道理，但如今我们东北军沦落在大西北的荒凉之地，四面受敌，光靠我们十几万流离失所的军队，如何能对抗他人？况且如今东北军没有地盘了，每月军费高达两百多万元，如果没有中央政府拨款，用不了三个月就会支持不住了。再说，武器弹药也得靠中央政府补充，如果没有武器弹药，这仗怎么打？总不能跟红枪会一样拿大刀、长矛跟人家拼命吧？我张学良现在是人在屋檐下，不能不低头哇！"

杜重远自然不是故意让张学良垂头丧气的，他对曾经的少东家说："你的想法错了，东北军实力固然无法叫板中央，但是西北仍然有其他实力，可以跟他们联合啊！"

"谁？"

"第一就是与你们同在一个屋檐下的杨虎城十七路军。他拥有五万兵马，又是陕西的地头蛇，控制着十万民团武装和地方政府财政，他如果肯跟你合作，陕西南部就是你们的地盘，即使没有中央的军费，支撑上半年一年绝对没有问题。

"第二就是山西的阎锡山，阎控制山西和绥远，一向视'中央军'为敌。晋绥军有十多万部队，如果跟你们合作，那么陕西、山西、绥远三个省就是你们控制了，西北最富裕的两个省就是你们的地盘。

"第三就是新疆的盛世才。新疆天高皇帝远，盛世才又一向亲苏亲共，与中央对抗，加上他还是我们东北老乡，有共同利益。如果和这三方搞好关系，那么你张少帅的盟军就控制了西北的陕西、山西、绥远、新疆、甘肃五个省的地盘。青海和宁夏的马家回族势力向来依附汉人政府中的强者，这种情况下，他们也会保持中立，甚至加入我们。这样整个西北都是我们的地盘，足以叫板'中央军'了，也可以抗日为号召，积蓄力量。"

张学良苦笑着："老哥的分析虽有道理，但是还有个重要的问题没有考虑。就算西北联合起来有五十万大军，但根据西北各省贫穷落后的程度，军火物资补给肯定没有着落。按照东北军的规模，打起仗来一个月至少要几百吨军事物资，靠几乎没有工业的西北根本不可能支撑。这种情况下怎敢叫板'中央军'？更不要提日本人了。'中央军'也用不着真的动刀动枪，只要以讨逆为号，摆个架子，估计不到一年，东北军自己就会垮了。"

杜重远笑了。他说张学良忘了还有另一股势力，有了它，一切问题都会解决。

张学良惊奇地又问了一声："还有谁？"

"自然是苏联和中共。"

"你说的是那衣衫褴褛、没吃没喝的红军？这怎么可能！"

杜重远解释说，中共现在情况很不好，但他们希望联合地方实力派一起反蒋。

"区区不到一二万人的陕北红军恐怕自身难保……"

"表面是这样的，"杜重远说，"但在中共身后有苏联。苏联有世界第四强大的工业力量，有数百万军队，连日本都不敢招惹。只要中共能够开通和北方苏联的运输线，假以时日，肯定能建立一支数十万规模、有重武器的强大部队！最值得注意的是，联合中共以后，苏联肯定会给予东北军帮助。这样，东北军的物资和军费问题也可以解决，西北联合局面就形成了。"

一席对话，让张学良大为欣慰，随即跟杜重远交了底。

　　不过，张副司令最初的念头也只是想和中共保持和平局面，互不进攻而已。

　　"能够达成这样的结果是最好了……"张学良知道，这些只是纸上谈兵，现在就连如何与中共和苏联联络都不知道！

　　杜重远交底说，他虽然不是共产党员，不过各界的朋友很多，也认识共产党员，他可以想办法帮忙。

　　张学良离开了上海虹桥疗养院，但一路上，他耳边有关西北大联合的对话声却停不下来。

　　他此次到南京，从各路军头的窃窃私语中知道，老蒋的心腹陈立夫正千方百计想和中共负责人联系，而蒋委员长侍从室秘书邓文仪正以外交官的名义被派驻苏联，悄悄地与中共中央驻共产国际代表王明密谈。

　　老蒋谈得，为何我谈不得？

　　面对与红军交手的失利，张学良想到的是如何抓紧机会，试着与中共谈谈看，争取达成互不侵犯协议，不让东北军再出现损兵折将的局面。

　　倘若真能更进一步与中共等实力派达成联合，并且得到苏联的军事支持和物资支援，那我张少帅便确实有实力与强敌顶一顶了。

　　张学良与杜重远的一席谈，可称为"虹桥对话"，它对张少帅今后一年的行动起了支配作用。但第一步如何迈开？实现"虹桥对话"需要机会，机会又在哪里呢？

　　提起"虹桥对话"，很容易让人联想到一千八百多年前刘皇叔三顾茅庐之举与诸葛孔明的《隆中对》。不同的是，刘皇叔是全面依照《隆中对》来行事的。由于他的努力，天下被一分为三，战乱不休，山河破碎。但就刘皇叔个人来说，不论成也好，败也罢，他终是天马行空，横行一生。对于张少帅来说，随后一年的多数时间他也是按"虹桥对话"来行事的。而且，因西安事变，他终于得到了十四天指点江山、叱咤风云的机会。但他没有把"虹桥对话"贯彻到底，而是在最后七十二小时，改变了主意。他选择了维护国家统一和民族大团结的抗日立场，中华民族从而有了近十年大统一、大团结的抗日局面，并赢得了抗战胜利。张少帅为此付出了代价：牺牲了个人的终身自由。他不是搞三国鼎立的刘皇叔，而是促成统一与和解的张学良。

1935 年 11 月，高崇民与张学良阴错阳差地来了个换位旅行：张学良离开西安去南京到上海，而高崇民却从上海到了西安。到西安，因见不到张学良，他住进了西北饭店。此时，来西安为张学良送行的王以哲正好还没回洛川。于是，王以哲由副官刘宗汉伴随着来到西北饭店看望高崇民。

身穿青色长袍的王以哲进了高崇民的客房。他身材高大，额宽脸长，或是战事的缘故，他左目有疾，却因此右目格外有神。当然，他还不是独眼将军。对于军人来说，独眼战神就更有风范了。只是，那不是我们的话题。

王以哲直人快口，见面就问老兄此来有何公干，是否需要兄弟效劳点儿什么。

高崇民则开门见山地讲明自己此来的目的就是搞抗日救亡。

王以哲叹口气，表示了自己的无奈："我若不是军人，情愿同你一道搞救亡！"

"军人怎么啦？军人才更好！"高崇民动情地说，"你才大有可为！你有人、有马、有枪，就看你怎么干！"

"怎么干？"王以哲问道，"你知道，有人劝我去说服张副司令保住实力，独立自主，联合北方友军（红军）和民众救亡团体，组成抗日联军，摆脱蒋介石，打到哪儿算哪儿！我倒很想这样干，可是怎么个干法？经费也是个大问题呀！"

对此问题，高崇民早是胸有成竹。他按事先与杜重远交换过的意见，试探王以哲的立场，他们逐渐把话题引向深入。

副官刘宗汉在一旁监视着王军座。

王以哲并不知道，此时他的副官刘宗汉已经被西北"剿总"的政训处处长曾扩情收买了，他已成为监视自己行动的内线了。刘宗汉在王军长身边协助文件传送，他表面上是只为军长服务，背后总有一份秘密的报告是交给别人的，比如，西北"剿总"政训处的曾扩情，甚至远在南京的蒋委员长！这次与高崇民的对话，显然也是刘宗汉最为关注的！

与王以哲见面后，高崇民被安排到西安双仁府 8 号居住。就在此时，孙达生也从北平来到西安。他此行是由中共地下党员南汉宸推荐到西安从事兵运工作的。高崇民感到出生在东北的孙达生更适合在东北军内开展工作，况且此时王以哲身边也正需要一个中共党员，以便打开局面。于是第二天，他领孙达生与王以哲见面，并拿出杜重远的亲笔推荐信。王以哲爽快地安排孙达生为六十七军少校秘书。

孙达生虽也是东北老乡，但他中学毕业后到上海上大学，在上海参加工作，所以与王以哲不相识。孙达生本名宋秉全，到上海后学的是农业专业，也就改名宋介农。大学毕业后，他入党当了上海左翼教联党委兼党团组织委员。与大名鼎鼎的中国左翼作家联盟一样，上海左翼教联是上海中央局与进步团体的联系机构，从事学运工作，领导对象是学生、教师及艺术工作者。所以，根据需要，他不断地变换着身份和名字，就像孙悟空那样拥有七十二变。他因而得了"孙大圣"的雅号。后来，他干脆用"孙大圣"的谐音"孙达生"当化名。所以，绝大多数人几乎忘记了"孙达生"还有"宋介农"这个名字。20世纪70年代末，蓝苹女士为证明自己的党籍时，提到证明人是"宋介农"，专案组为找到"宋介农"而费尽功夫！这事超出我们的话题，没必要多说了。

孙达生此次来西安，除了与高崇民和杜重远有关外，还与另外一个东北老乡有关。那就是在北平为抗日而组织东北流亡学生进行军事训练的张希尧。张希尧是在北平的东北大学地下党领导成员，与王以哲熟悉。他也曾经介绍过党员和爱国青年到东北军第六十七军参军入伍。上海"《新生》周刊事件"后，孙达生受牵连。张希尧就邀请孙达生到北平开展对东北流亡学生的军事训练工作。孙达生到达北平后，首先帮助张希尧建立了更隐蔽的秘密工作机关。张希尧也介绍孙达生跟南汉宸认识，南汉宸与王炳南一样，都是中共安排在杨虎城身边从事地下工作的。南汉宸果然要介绍孙达生到西安从事兵运工作，并协助化解东北军与西北军之间的矛盾。孙达生因此被派到西安。他首先想化解东北军与西北军两军之间的误会，并进行了一些活动。出于某些原因，一开头，高崇民和孙达生这两位东北同乡化解两军关系的努力并不算成功，但也有重大收获。他们因此认识了杨虎城西北军内部的许多中共党员，如杨虎城的秘书王菊人、军需处处长王惟之、特务营营长宋文梅等。随着张学良逐步"左"倾，对红军态度渐有变化，加上杨虎城本就倾向中共，西北军与东北军的关系也渐趋融洽。孙达生和高崇民又把注意力放在如何转化东北军方面。

自孙达生任六十七军少校秘书之后，他与高崇民多次劝说王以哲促进东北军与红军和谈，并认真听取王以哲的意见。

1935年12月，蒋介石寄给王以哲一份国民党的《救国时报》，其中刊载中国共产党的《八一宣言》。由于《八一宣言》是王明与邓文仪在莫斯科秘密会谈后发表的，蒋介石注意到这一点：《八一宣言》强调了"抗日"和"抗日统一战线"的问题！虽然宣言中依然把蒋介石、张学良、阎锡山都列为卖国贼，但不再提"彻底消灭蒋介石反动派"了。于是，老蒋把《八一宣言》登在国民党的报纸上，并发给他的高级将领，让他们研究共产党的动向。这当中，老蒋依然可能是把《八一宣言》当作"反面材料"而已。王以哲把"宣言"交给孙达生和高崇民，并针对"宣言"把张学良同蒋介石、阎锡山都列为卖国贼一事认为，共产党对张学良很不了解。

但此时，最关键的问题是，国民党的将官同样对红军不了解，甚至怀疑红军的立场：红军提出联合抗日的主张是否真心？

孙达生和高崇民解释说，张学良一枪不放丢掉了东北，又追随蒋介石打内战，因而形成历史的误会，只要东北军改变态度，误会不难消除。

这话题引起王以哲对自己的军队在九一八事变中不战而丢失沈阳北大营的愧疚。他深悔自己执行了不抵抗的命令，认为是自己的奇耻大辱。

孙达生和高崇民对此也叹息不已，但表示，只要有一颗爱国之心，王将军和东北军就一定有雪耻之日。孙达生还向王以哲保证，共产党联合抗日的主张是坚定不移的政策，完全是真心实意。

王以哲听了解释后，承认以前进行的内战的确是一场历史的误会。他表示，只要能停止内战，他可以从大局出发，不再对自己的部队被红军消灭而耿耿于怀。

孙达生注意到，王以哲六十七军在"围剿"战争中减员严重，同时很难从西北地区获得兵力补充，于是大胆地向王以哲建议，吸取北平的学生补充到六十七军来。其实，把北平的学运与西北的兵运相结合，正是孙达生与张希尧在北平时共同的设想。

王以哲爽快地同意了。这样，首批20多人的"中华民族解放先锋队"（简称

"民先")队员由张希尧的派遣而来到西安。他们基本都是流亡北平的东北大学和中学学生,其中不少是共产党员。王以哲接受了这批投笔从戎的学生,进入洛川六十七军教导团学习。值得注意的是,其中有位名叫于文俊的学员,后来经王以哲推荐,进了张学良卫队新成立的二营,并当上了手枪连连长。就是这位连长,最终结果了王以哲军长的性命。随后,孙达生又向张希尧要来了来第二批十几个人,他们直接补充到六十七军董彦平旅。孙达生还为东北军五十七军的万毅第七团补充了新生力量。万毅后来加入中共,并率部转为八路军。王以哲为孙达生能帮助东北军补充到有知识的东北兵员而十分满意,一度提名孙达生为新兵的教官,从事训练和教育。随着"中华民族解放先锋队"成员的不断到来,王以哲补充了队伍,中共也在"围剿"红军的东北军队伍中建立了党组织。

## 高福源荣归

1935年冬,就在高崇民和孙达生劝说王以哲与红军秘密媾和之际,中共中央也把对国民党特别是东北军、西北军的统战工作放到议事日程的首位,并决定由周恩来、叶剑英直接负责。为此,成立了以周恩来为主任,李克农、朱理治协助工作的"东北军工作委员会",专门从事对东北军的统战工作。此时,原本负责红军情报工作的李克农出任西北联络局局长。西北联络局又称为"外交部"。我们注意到,前文我们提到王首道是西北保卫局局长。其实,西北保卫局和西北联络局都是负责谍报工作的。两者的差异是:保卫局重点在于反谍报、保卫自己;而联络局则是对敌开展分化瓦解的使命,这使命正式的说法也就是统战工作!在党内,这两个局长都是谍报和反谍报的权威。原先在保卫局工作的刘向三此时正在前线,任中央驻红三十军的特派员。西北联络局一成立,李克农就把刘向三调回苏区任联络局交际科科长。

李克农走马上任后,第一项工作就是在瓦窑堡举办了学习班。联络局的任务不就是要分化瓦解对手吗?那就从俘虏入手,先对俘虏进行转化。如何才能转化俘虏?那就给他们办学习班,主管转化俘虏学习班的就是叶剑英和李克农。这学习班办得好，以至于事过三十年之后，毛主席在"文化大革命"中还向全国发出最高指示："办学习班是个好办法！"当然，那是后话。

学习班的第一班是由一百二十名东北军中下级军官组成的，称"解放军官学习班"。其中有一名就是榆林桥战斗被俘的东北军六一九团团长高福源。

开班第一天，这一百二十名军官抬头看见四周贴满了革命斗争标语。比如，"停止内战，一致对外""打回老家去"等。解放军官学习班周边整整齐齐站着几十名红军小战士，等一宣布学习班开课，小战士放声高歌《打回老家去》！歌声让这些背井离乡当俘虏的东北军军官忍不住满眶热泪。这就是对他们上的第一课。第一课没有训话，没有批评，就这么简单。

接着，博古、彭德怀、邓颖超等人来给他们讲课，连毛泽东也来了。毛主席有句话令俘虏印象深刻："拿着枪是敌人，放下枪是朋友！"

随后，学习班就有了进展，转化开始了。这批白色军官自发地成立了抗日同盟会。

终于有一天，有人忍不住了，他突然提出要见红军的负责人，说有要事相商。

这人就是东北军六一九团团长高福源。他找到李克农，提出要求加入中国共产党，还表示愿意回到东北军去做工作。

这真是奇迹！

高福源在榆林桥受伤被红军俘虏以后，料定必死，于是抱着横竖横的态度，面对战胜自己的红十五军团司令徐海东时，竟口出狂言，破口大骂，以至于当场挨了两记大耳光。随后他被带到苏区首都瓦窑堡受刘向三的审问。当时高上校自以为必被枪毙无疑。他不愿意接受红军为他疗伤，更对红军教导员处处抵触。这样过了几天，高福源发现红军不虐待侮辱俘虏，更没有杀他，反而是让自己跟红军受伤士兵一起养病，享受相同的伤员待遇！红军医生还替他开刀，把子弹头从他左肩伤口内取出，并供他好吃好喝地养了一个多月。接着，他看到战俘营又来了一大批俘虏，一打听，原来是五十七军一〇九师的。他知道了连一〇九师师长牛元峰这样的东北军悍将都战死在战场。高福源服帖了，知道自己的东北军不是红军的对手。

陕北冬天奇冷，四处都是冰雪，红军发给高福源一套好棉衣。高福源起初不觉得有什么，但稍后他发现很多红军士兵都没有棉衣穿，只能依靠每天跑步提高体温。再看吃的，陕北贫穷，一般红军士兵就吃点儿小米和咸菜；相反，作为战俘的高福源，伙食却荤素搭配，相对好多了。他为此非常感动，而学习班领导全是红军的高级军政要员，他们更是与自己坦诚相见，诚恳待人。高福源发觉，红军尊重自己，也需要自己！

高福源的变化，使学习班领导很高兴。叶剑英和李克农重视这种变化，就让高福源毕业分配工作。红一方面军司令员彭德怀知道后，亲自把他接到红一方面军总部，与自己相邻而住，并多次与高福源促膝长谈。彭德怀还调来东北籍的干部周桓，让他对高福源等学习班出来的同学进行帮助与管理工作。我们知道，周桓来自红三军团，善于做思想工作，是彭司令信任的老部下，新中国成立后他是开国上将。周桓到来后，与高福源相处得很好。

此时，正值直罗镇大胜后的一个月，彭德怀司令员率红一方面军围攻甘泉县城。红一方面军总部也就设在甘泉前线。原本甘泉城由东北军周福成一二九师六八五团防守，红十五军团的红八十一师曾经进行过围攻。此时，甘泉改由东北军刘翰东一〇七师的两个营防守，彭德怀司令员率红一方面军进行围攻。担任主攻的是红一方面军杨得志的陕甘支队，虽围困多日，但因甘泉地势险要，城池坚固，攻了几次未能攻克。

东北军一〇七师师长刘翰东正在甘泉城内。他是为稳定军心才来督战的。而高福源正是刘翰东的直属下级，个人关系密切。于是，周桓建议高福源利用这种关系到城下与刘翰东对话，争取东北军的这一部不与红军为敌，对话方案很快得到彭德怀和杨尚昆的批准。于是当夜，周桓与高福源来到甘泉城，报出高福源的名字进行喊话，要求与刘翰东师长谈谈。刘翰东闻言，果然出现在城头上。

"高福源，你是被枪口逼着喊话的吧？"

"不，我是自愿来的。"

"要是真的自愿，他们可否放你进城，咱们单独谈谈？"

显然，刘翰东是在试探，当然也想救出高福源。

这下，高福源被难住了。他一时不知该如何回答。

周桓想到，如果此时不马上放高福源进城，就会加深刘翰东对红军的疑虑，以后喊话就没用了。但是，倘若高福源有去无回，自己冒的风险就太大了。权衡之下，周桓当机立断，宁可冒风险也不要错过机会。于是，他决定放高福源单独进城。

高福源进城后，刘翰东摆压惊酒接待。这里有一层亲密关系：刘翰东这人特讲哥们儿义气，而高福源恰恰是刘翰东的铁杆亲信。前次榆林桥战斗，刘翰东距离榆林桥不过十公里的路程，但高福源全军覆没的消息，刘翰东是到了第二天才知道。如果事前谨慎些，自己能派些骑探走动走动，就不至于让高福源惨败。他为那场失利而深深内责，如今看到高福源毫发无损地回来自然高兴。酒桌上两人无不尽兴，酒后他继续留高福源私下细谈细谈。不知不觉中，高福源转过了话题，他要围绕自己的任务来谈，刘翰东也不回避，于是两人谈着谈着，不觉到了凌晨1时。高福源想到周桓还在城外等他，便不顾刘翰东百般挽留，执意要出城。刘翰东也感到所谈问题十分严重，自己也不便答复，还需要请示王以哲军长才能定夺。于是也不再强留，便送高福源出城。出城后，高福源见周桓还在等他，一种信任感使他深受感动。他紧紧握住周桓的手，久久没有放开。

回营后，他俩将此行情况向彭德怀和杨尚昆做了汇报，得到了充分的肯定。当彭德怀听说甘泉城内东北军的生活艰苦，吃的、烧的都难以维持时，彭德怀说："要慰问他们！"

几天后，周桓亲自带着二三十驮子猪肉、牛羊肉、柴米和总部的问候信送进城内。此事令守城的东北军官兵十分感动，这也改变了刘翰东对红军的敌视。统战第一招果然立竿见影！

高福源初次成功，便想要再接再厉立大功。他主动向周桓表态："只要你们放我回去，我会说服军长王以哲甚至张少帅联合红军。"于是彭总写了请示报告，报告马上送达中央，中央也决定把高福源放回洛川去见王以哲。

1936年1月初，获释的高福源再次进入甘泉见到刘翰东，由刘翰东派人把他送到洛川王以哲面前。这里又有一层亲密关系：刘翰东是王以哲的铁杆亲信！有刘翰东的面子，王以哲自然不会再追究高福源被捕投降的事，更不会难为他。高福源向王以哲报告了他在红军中的情况，并递上彭德怀给王以哲的信。彭总在信中表示愿意和东北军停火，共同组织抗日。

其实张学良此前早有与中共和红军秘密联络的打算，只是苦于没有机会。他曾秘密嘱咐王以哲在前线找共产党的线索。彭德怀的这封信及从红军那边回来的高福源，当然是要找的共产党的线索！王以哲不敢擅作主张，于是，给张学良发去一封紧急密电。

当晚，张学良与四小姐赵媞在共赏美国电影。正看得有趣，突然传来副官谭海的报告声。

这突如其来的报告让张学良面露愠色："什么事？"他最不喜欢人家在关键时刻打断自己的乐趣。谭海小声地宣读王以哲突然发来的一个密电："前被红军俘去的高福源团长现被红军派回，据云有机密要事，要求向副司令面陈。"

高福源回来啦？从王以哲的紧急电报中，似乎那打了败仗的团长身负某种特殊的使命。张学良脸色顿时由阴转晴，大喜过望！

张学良顾不及赵四小姐脸上的晴雨表，马上下令准备次日出行。他要亲驾专机飞抵洛川，去见见这位突如其来的红军使者、曾经的老部下高福源。张学良当然想尽快知道怎么回事。自参加国民党五大及与杜重远面谈之后，他就一直想沟通一下与红军的联系，就是一时理不出头绪，如今红军方面派人来了，能不见吗？但，作为东北军的最高统帅，他又不愿笑脸面对一个投降敌方的老部下。为此，他纠结了一个通宵。

第二天，高福源被传到王以哲在洛川城内柳营的前线司令部。他一见到张学良，就立即啪地一个立正："报告副司令，我回来了！"

"怎么回来的？"过了好一阵，一声冷冷的问声传来。问话的人就是张学良，他板着面孔，神情十分严肃。

"是红军派我回来的，我有许多情况要向副司令报告。"

"什么？红军派你回来的，你好大胆！"张学良见他大言不惭，好像他不是打了败仗当了对方的俘虏，倒像是得胜回朝的英雄。副司令不禁大怒，高声喝道："你当了俘虏，还要通'匪'当说客，看我毙了你！"

高福源突然感到背脊一阵冰冷，冷意直逼后脑。但此时已无退路可走，他豁出去了。只见他扑通一声跪下，痛哭流涕陈情："请副司令息怒。我这次冒死回来，确实有话要对您说，我是为了您和东北军好，绝不是为我自己。至于您怎样对待我，我是不在乎的。我不怕死，怕死我就不回来了。您想杀我，还不跟踩死只蚂蚁一样。但副司令，您可不能忘记我们东北被日本鬼子强占了，不能忘记三千万东北同胞已沦为亡国奴，也不能忘记先大帅是怎样惨死在日本人的手中！现在共产党和红军主张团结抗日，并诚心诚意帮助我们东北军打回老家去，我们有什么理由拒绝人家的好意？又有什么理由骂人家为'匪'？难道非要把我们东北军这点力量全消耗在自相残杀的内战中才心甘吗？"

　　高福源说到这里，泪流满面，既激愤，又悔恨，因而哭得很伤心。这一定是高福源真心的眼泪、真诚的哭泣！因为此时不但是他此行胜败的关键时刻，也更是命悬一线的瞬间。这是本书第一次写到五尺男儿痛哭流涕的事，以后到末尾阶段，我们将发现，"男儿有泪即轻弹"的情节是很多很多的。哭是女人的专利吗？其实，男人善哭也是一种好性格，许多艰险都将因男人的眼泪而化解。你看，高福源的处境马上发生了变化。

　　难得见到男儿如此动情的眼泪，况且还是自己手下一名原本十分威武的军官。张学良本就没有处罚他的意思，现在见他这样，也就不再演戏了。他走过来，温和地安慰道："你回来很好！你说得很对！我基本上同意你的意见。你休息一两天就赶快回去，请红军方面派一位正式代表来，我们正式商谈一下。你今后可放心做这一工作，如果你有不测，你的家属生活和子女教育都由我和王军长负责。"

　　一个多月后，1936年1月16日，高福源从洛川搭乘运送给养的飞机回到甘泉。刘翰东派马匹送高福源回到红一方面军总部。高福源带来了王以哲给彭德怀联络的电台频率及亲笔信。信中表示赞同红军停止内战的建议，并通报了有关东北军的内部消息。其中有：日本退还了五十三军军长万福麟被没收的财产；蒋介石委任五十一军军长于学忠为甘肃省政府主席，以阴谋分裂东北军。彭德怀将情况向中央做了汇报，中央决定派李克农去洛川会谈。作为互信的象征，毛泽东答应将瓦窑堡政治局会议的文件送一份到洛川给王以哲军长。

# 洛川会晤

1936 年 1 月 19 日，按高福源带回的电台频率和联络方式，彭德怀给王以哲发了第一封电报。电报告诉他，李克农即将去洛川。从此，红军与王以哲的秘密电报联络开始了。

1 月 20 日，李克农一行来到洛川城内柳营司令部，把中共中央政治局的决议郑重地面交王以哲，中共中央政治局的决议是党的核心文件，这充分表明了共产党的诚意。

第二天，张学良来了。他与李克农会谈了三小时。李克农再次表示红军的诚意后提出，东北军只有在抗日反蒋的基础上才有生路，如愿意，可以在西北先组成国防政府和抗日联军。张学良沉默点头。

随后，由王以哲与李克农就细节问题进行了协商，达成三点口头议定。

据时任东北军第六十七军参谋处代处长佟铁肩后来的回忆，会晤中，李克农与王以哲口头议定的内容是：（一）东北军与中共红军双方同意立即停火；（二）红军即由西安至延安公路上向两侧各撤出五华里以外，并保证公路交通和东北军驻军补给运输的安全；（三）东北军同意补给中共红军一部分药品、医疗器材、通信器材和弹药等军用物资，由洛川六十七和一〇五师仓库运至肤施（延安）再转交中共中央。

达成这一协议，完全基于双方互利互惠——王以哲希望被红军切断的交通能恢复通行，而中共方面希望获得一些急需的药品、医疗器材、通信器材等。

为保守秘密及受本身环境限制，张学良表示，东北军在作战方面将采取消极态度，并提出两方就地划界，各守一方。红军决定继续派李克农长驻洛川王以哲军部担任红军代表。至此，王以哲的洛川前线司令部成为东北军与红军交流意见的秘密场所。

一月会谈成功结束时，张学良交给李克农一万元作为赠给中共中央的礼金，对于军阀出身的东北军首领张学良来说，那自然是一种江湖义气，是花钱买朋友，买平安。不过，这样的开头，标志着从此开启了东北军接济中共和红军的大门。

李克农于 1 月 21 日从洛川返回，向毛泽东、周恩来、彭德怀汇报并研究了进一步会谈的问题。于是，新一轮的洛川会谈又开始酝酿。

2月20日，彭德怀再以信函方式通知王以哲：红军代表李克农、钱之光、戴镜元等4人于21日从瓦窑堡动身，25日可抵洛川，望妥为接待，并保证安全。

2月21日，李克农一行加上高福源共五人，在东北军的护送下，冒着大风雪从瓦窑堡出发赶赴洛川。个头不高的团长李克农穿着中山装，神态不严而威。知道他的人，总会联想到中共谍报专家"龙潭三杰"。李克农的秘书由徐之光扮演，他戴礼帽，穿长衫，其实他此来是负责与东北军达成物资互通贸易等协议，并采购红军急需物品和药品。徐之光当然不是真名。他实际上是苏维埃贸易总局局长、红军军需部的负责人钱之光。新中国成立后，钱之光出任国家轻工业部部长，他也是新中国纺织工业管理体制的奠基人。十七岁的戴镜元身着学生装，他的身份是随行译电员。别看他此时还是娃娃兵，其实已经是中共中央军委二局副局长，负责红军最机密的电信工作，但他用的是最真实的姓名。戴镜元堪称是红军、八路军和人民解放军的一个传奇人物。他九岁加入共青团，同年参与邓子恢、张鼎丞领导的闽西暴动，次年就成为中共党员，并先后任乡儿童团团长、区儿童团团长、共青团金丰区委书记，他是真实的"潘冬子"。新中国成立后，出于某种缘故，在1955年授军衔时他没份，但后来依然恢复为中央军委的部长。中央军委的部长没有军衔，他是唯一的例外。这次与李克农、钱之光、戴镜元同行的还有一位警卫员。他们一行五人于25日下午5时左右到了洛川。

王以哲为了保密，特地为六十七军组织了一次野外战术演习。他把军部其他成员全派到现场参加演习。这样一来，所有闲杂人员都被排除出洛川城。然后他热情地接待了抵达洛川的这批中共客人。为防消息泄露，客人被安排住在军部柳营后面的一个三进四合院内，与六十七军前敌司令部比邻，并由六十七军参谋处代处长佟铁肩、副官长宋学礼陪住院内，院外加哨兵把守，戒备森严，绝对保密。只有他的亲信参谋长赵镇藩知道详情。副官王政负责招待红军代表，另一个副官刘宗汉协助电台和通信。不识刘宗汉的真面目，显然是百密中的一疏：副官刘宗汉出现在最致命的岗位上了。不过，为不影响大家的兴趣，我们暂时不计较这位刘副官，其实人各有志呀！

　　王以哲安置好李克农等人之后，马上向张学良汇报。但张学良回电说，他有事去南京，让王以哲先同李克农等商谈六十七军与红军局部合作问题，其余重大问题待他回来时再谈。

　　从而，洛川会谈分成两个阶段进行。

　　其实，张学良是准备与中共和红军更高层的领导谈一些更重要的大事。当听到红军方面代表还是原来的李克农，他有些不太乐意了。或许以为，像李克农这种身份，与王以哲谈一些具体的事情，解决六十七军与红军之间的停战共处、互利互惠之类的事倒也差不多，但要李克农就重大问题拍板决定恐怕就勉为其难了。张学良也觉得自己在全国是仅次于老蒋一人的重要人物，中共必须派出能当场拍板决定的一、二号的重要人物来，才能彼此交底。说张学良另有要事，当然也是事实，而不只是借口。其时，的确有一项重大使命让他难以脱身。但那事不是要他去南京，而是有信使从上海、南京来。那人带来宋庆龄和孔祥熙的信件和证明。其中涉及一项重大使命，需要张学良去接待和提供帮助。张学良当然十分关切那事，正全力以赴地帮助那位来自上海的信使。在张学良心目中，上海信使的重要性绝不亚于李克农。

　　当然，张学良并不轻视李克农。自1月20日张学良与李克农见面后，他对中共高层的领导人，做了一番了解。他回西安后，就知道了第一次与自己会谈的李克农原来就是中共著名的"龙潭三杰"之一！张学良是武侠迷，看过"光华电影公司"的武侠片《燕山侠隐》。当他把电影武侠片主演及发行人与中共地下三大侠钱壮飞、胡底、李克农联系起来时，着实吃了一大惊！

　　张少帅是从哪儿弄到中共内部的消息的？

　　原来张学良身边有一批"前共产党人"。要讲这事，还得先从一个人谈起。那人是黎天才。黎天才原名李渤海，1923年二七大罢工后，李渤海经何孟雄、高君宇介绍参加中共。当时，李大钊是中共在北方的负责人（中共顺直省委），李渤海担任李大钊的联络员。李大钊牺牲后，王荷波、蔡和森和彭述之先后接替他出任中共顺直省委书记，李渤海就出任顺直省委下属的北平市委书记。这"顺直"是一个历史地名。清代，在如今的河北和天津、北京一省两市的地面上设立直隶省和顺天府。中共在此设立顺直省委，领导华北地区革命。李渤海的北平市委书记没当多久，就因被捕而叛变。不过，张学良手下开恩，觉得人才难得，就留用李渤海。叛变后的李渤海，一是害怕中共"红队"（打狗队）锄奸，二是害怕国民党中统特务不放过他，于是改名换姓用了黎天才的化名。他很快得到张学良的好感而提为心腹。张学良一度下野周游欧洲，接受了法西斯的观点，回国后又想研究马列主义。于是，黎天才介绍了一批因被捕叛党而与自己同病相怜的人到张学良跟前宣讲马列理论，分别挂上张学良秘书和随员的头衔。他们是：前中共中央宣传部秘书（相当于副部长）兼中央机关刊物《红旗》周刊的创办人潘文郁、原北方地下党重要负责人李希逸、京汉铁路工人二七大罢工领导人及上海总工会组织部部长吴雨铭等。甚至，此时担任河南大学教授的罗章龙也以讲学为名，时常被邀请到东北军兼职指导政治工作。罗章龙曾是党中央重要成员，因反对王明而另立"中央"。当然，敢叫板"太上皇"米夫的"中央"注定得不到第三国际的认可，所以他的"中央"很快破产了，他本人遭开除出党。尽管如此，他依然有一些影响力。这吴雨铭、李希逸、黎天才继续组成的小团体，愿意接受罗章龙领导。原本成为孤家寡人的罗章龙也乐于当那个"党小组组长"。后来，除潘文郁因暴露身份而被蒋介石强令枪杀外，其余各人都与张副司令保持密切往来。特别是黎天才，因能干和忠心，如今已被张副司令委任为西北"剿总"政训处少将副处长。他被张学良用来对付老蒋任命的西北"剿总"政训处处长曾扩情中将。谁都知道，谍报专家曾扩情是老蒋派来收集东北军、西北军及红军情报，暗中监控张学良、杨虎城的大特务。张学良身边有了心腹黎天才，曾扩情的神通就大打折扣了。张学良正是从身边这些中共叛徒口中，了解了不少中共的内部情况，也打听到了李克农的身份。

　　既然张学良因公务忙而无法参加会谈，第一阶段就由王以哲及赵镇藩当家，与李克农就红军和东北军第六十七军停战及互相合作问题进行深入的会谈。

　　次日，也就是 2 月 26 日，王以哲及参谋长赵镇藩与李克农进行了政治会谈。李克农再次表示了红军的诚意后提出，东北军只有在抗日反蒋的基础上与红军合作才有出路。如愿意，可以在西北先组成由东北军、西北军、红军三方代表组成的国防政府和抗日联军。这国防政府和抗日联军，就是后来所称的"三位一体"或"西北大联合"的基本思想。王以哲表示这是大事，将由副司令在下一步会谈时定夺。而眼前就先从两军之间的互信、互不侵犯等问题谈起。

东北军与红军之间的具体问题谈得十分顺利。2月26日至28日，双方顺利地就六十七军与红军之间的具体问题达成了六项口头协定。

（一）确立红军与六十七军互不侵犯、各守原防的原则（包括六十七军在陕甘边区及关中区的防地）。

（二）红军同意恢复六十七军鄜县、甘泉、肤施（延安）公路上的交通运输及经济通商。

（三）肤施、甘泉两城与周边恢复正常关系。肤施、甘泉两地六十七军所需粮食、木柴等物，一是六十七军自己向当地苏区群众购买，二是红军转饬当地苏维埃发动群众送粮、送柴进城出售，以便利东北军。

（四）双方都可互派人员到对方驻地办货。双方对办货人员要负保护之责，并给予方便。但为掩人耳目，办货人员应身着便装。

（五）红军同意在甘泉被围达半年之久的六十七军两个营重新换防，不加阻挠。

（六）东北军送给红军一部分弹药、服装、通信器材和医药用品等。

第一阶段的谈判取得预想的效果。全面停战，促进全面合作，是这次会谈最重要的特色。圆满完成任务后，李克农一行返回陕北苏区汇报工作。

在两军谈判过程中，高福源也没闲着。原来，谈判正在进行的中间，王以哲抽身到肤施机场接张学良派来的专机，专机内有贵客周继吾和张子华。王以哲十分重视，立即派出一个骑兵连，交由同机而来的高福源带领，保护着远方来客悄悄转移到中共中央所在地瓦窑堡。高福源很高兴，他知道红军和东北军的和谈进行得很热烈，他的任务完成了。他也知道，他参加中共的要求也得到了批准。

周继吾、张子华肩负重大历史使命从南京、上海来到苏区。他们随身携带宋庆龄给中共中央的亲笔信和南京中央行政院副院长孔祥熙出具的中央专员身份证明而来。王以哲后来知道，张学良没参加与李克农的第二次谈判，就与接待这二人有关。周继吾陕北之行的使命，我们将在《信使董健吾》一节详谈。

张学良办好这一桩例外公事后，决定抽出身来出席下一阶段的洛川会谈，谈的内容依然是有关东北军与红军双边合作关系问题。不过他把题目搞大了，把级别提得更高。3月3日，张学良决定第二天就乘专机去洛川。

　　3月4日下午3时，洛川会谈的第二阶段正式开始。说是会谈，其实就是张学良礼节性地会见红军代表李克农，要传递的消息是要约见更高级别的红军领导人。会面在六十七军部后院一间小房子里进行，王以哲安排李克农住在此处。

　　张学良头戴礼帽，鼻架墨镜，身穿银灰色长袍外套、黑丝绒马褂，手提文明棍，活像一位风流倜傥的富商小开。他在王以哲的陪同下走进来。

　　他进门就对李克农拱拱手："李先生辛苦了，我这次来搞'整销'，不搞'零售'。"

　　李克农会意：这张小开表明自己不再过问第一阶段达成的口头协定。他此次来，就是要搞大的，要来个全面的一揽子交易。于是诙谐地说："张将军解甲从'商'了。"

　　"你是干什么工作的？"张学良突然问李克农。其实，李克农的不凡经历，他早就从身边的朋友那里知道了。

　　"红军政治部组织部部长。"这是李克农此行的公开身份。

　　"组织部是对付敌人的吗？"张学良认定李克农该是对敌斗争的情报部而非组织部。

　　"不是。"

　　"你到我这儿来，毛先生知道吗？"

　　"我正是奉他的命令来的。"

　　"好！"张学良站起身来在房间内踱着方步，边走边说，"那就请解答几个问题。一、你们红军是不是真抗日？是一个幌子呢，还是真的？二、红军内部是不是团结？三、你们说是抗日的，为什么一定要反对蒋介石？"

　　面对张学良咄咄逼人的连珠炮，李克农心里清楚，虽然要坚持以诚待人，但绝不能示弱！于是他顿了顿说："红军当然是抗日的，不是为了抗日，何必二万五千里长征到此？至于第二个问题，红军是团结的。但内部的确有些争论。但那是我们党内的斗争，张先生不是共产党员，不可能体会。"

　　李克农知道，遮遮掩掩不好，红军内部团结不团结的问题，主动挑明了也好。反正他张学良也没必要卷进去。果然张学良点点头，不再多说了。

　　"抗日为什么要反对蒋介石呢？"李克农解释说，"就是因为他不抗日嘛！凡是抗日的我们就团结，这是我们的方针。"

对这个解释，张学良摇摇头。他认为，要抗日，没有蒋介石先生不行。中共要抗日，就不要反蒋。还有，山西阎锡山是张学良要联络的朋友，他也不赞成红军东征去打阎锡山，而且打了阎锡山，老蒋的"中央军"会趁机进入山西，那不但对阎锡山不利，还会危及红军在陕北的根据地。这些话题双方有点对立。长期在一旁不插嘴的王以哲于是提议，先吃晚饭再说，因为此时天快黑了。

吃完饭继续会谈。

张学良又问："我不知道李先生能不能负责？要能负责，再谈下去。"

"当然能负责。如果我不能负责，早就声明了。既然派我来，我就是代表。"到此时，李克农感到张学良有逐客的意思，但他不能放弃，要走也要把张学良的意图摸透再走。

"那么，我要问一问，你们红军能不能放下武器，接受政府的改编？"看来这是张学良为谈判挖下的一个深坑。但那问题也不是没有根据，小张此次得到各方面的消息，知道老蒋已经派侍从室秘书邓文仪充当驻莫斯科外交官，在1936年1月3日与中共的共产国际代表王明秘密谈判。而且，张学良刚刚用自己的专机把一个肩负重要使命的代表团从西安送到肤施，再由王以哲派人将这一行人马悄悄送往瓦窑堡。代表团领头人叫周继吾，表面上持着行政院副院长兼财政部部长孔祥熙签署的财政部西北经济专员身份，事实上是宋庆龄从上海派往苏区的秘密信使，重要性不言而喻。周继吾此行正是要把国共已经进行谈判的信息传递给苏区和红军。这点，忙于到六十七军谈判的李克农可能一时不知道，但开辟那条通道的张学良当然知道了。同时，张学良还探知了蒋介石的底线：老蒋与中共谈判的目的是招安红军！他要中共苏维埃政府的官员进入南京政府做官，就是要中共放下武装换官当。

"张先生，你误会了！我不是投降代表，是谈判代表！这一点你可不要弄错了！"说完，李克农立起身就往外走。

张学良眼看话题触及红军的底线了，连忙起身相劝："不要走！不要走！我们继续谈，继续谈！"接着小张又来一手，指着地图说："能不能把瓦窑堡让给我？"

"如果副司令要此地，为什么不多要一些地方？我们共同抗日，收复的失地不是更多了吗？"

不能不说，李克农的答复再高明不过了。其实，张学良对李克农最后两个问题表示的态度，是称心如意的。如果中共愿意被解除武装换官当，那将来就不再是一支独立的武装力量，就不可能成为东北军的盟友。张学良需要的是一支盟军，而不是另外一支被老蒋改编的军队。还表明，红军志向高远，绝不是鼠目寸光，把眼光局限于黄土高原的一沟一坡之上。从而，他发觉自己有与红军领导进一步谈合作的必要，他张学良绝非代替老蒋来招安红军！

表面看来，张副司令在交谈中似乎处处占主动，处处以势压人。如果读者以为那是张副司令的智慧和魄力，那就大错特错了！这里李克农是本着要完成对东北军争取、利用、改造的大原则而来的。小不忍则乱大谋，他不愿图个人一时口舌之快而错过机会。同时，张副司令的策略早就由身后摇鹅毛扇的军师策划好了。那摇鹅毛扇的狗头军师不是别人，正是中共的变节分子黎天才。黎天才是个有谋略、有心机的人。他此时是西北"剿总"训政处少将副处长，依靠张少帅的支持，把老蒋派来监督东北军、西北军两军的大特务曾扩情中将纠缠得浑身不自在。这是副处长领导正处长、少将让中将不舒服的特例。谁让那黎少将是张副司令心目中的"刘伯温"呢？

洛川会谈的第二阶段没有就重大问题匆忙做出决定，主要因张学良要做更大的买卖，需要同最高级别的中共中央领导谈。所以，随后的谈判改由王以哲及随行的黎天才出面，代替张学良与李克农继续就一些附带问题进行协商。

在3月5日凌晨5时，谈判结束了。黎天才传达张学良的想法：最好由毛泽东或周恩来为中共全权代表，与他进一步商谈抗日救国大计。张学良确定地点，选在肤施（延安），中共方面确定时间，什么时间合适就选择什么时间。

此外，张学良同意与盛世才交涉红军代表借道新疆去苏联的事。这是指中共中央派邓发去莫斯科的问题。同时张学良也提议中共派代表常驻西安，由他提供灰色名义加以掩护。

李克农和戴镜元利用从王以哲处借来的电台，立刻把会谈情况向山西石楼的中共中央及红军领导进行汇报。说红军总部在山西石楼，那是因为这段时间，毛泽东主席带领红军发起东征，强渡黄河，奇袭山西，占领了山西一大片地方。山西石楼县地势险要，于是红军就把总部设在那里。

3月5日，中共中央革命军事委员会和王以哲分别把口头协定通知自己部队。为了保密，王以哲采用了变通的说法。他对下级官兵说，红军是中国人，我们不应其豆相煎，遇到红军的时候，务必采取友善态度。王以哲对于入境的红军人员，名义上施以检查，实则暗中保护；驻甘泉、鄜县和榆林桥间的部队一旦换防，他都及时通知彭德怀，以防发生误会。

自此，王以哲及其部下与红军保持了亲密无间的关系。自"围剿"大别山根据地开始，六十七军与红军的矛盾和积怨，终于冰消雪融了。

## 红军秘密通道

这次与李克农同在洛川的戴镜元，也如愿以偿地借用东北军的大功率电台，试验与国际电台接上关系。虽然此时六十七军与红军已经化敌为友，但中央与共产国际的正式公文通信是绝对机密，依然不允许在东北军的地面进行。戴镜元只是验证了这点：一旦红军拥有大功率电台和发电机，就能与苏联及共产国际直接通信！当然，戴镜元事实上接通的国际电台是宋庆龄设在上海国际友人路易·艾黎家的电台。接通了该电台，就等于接通了陕北中共中央与共产国际的联系。当时，对于红军电台工作人员来说，接通的电台究竟是设在苏联国内，还是设在上海的宋庆龄电台，这一点其实不重要。包括戴镜元在内，绝大多数人都猜测那就是设在伊尔库茨克或阿拉木图，甚至就是莫斯科的苏联电台。

戴镜元所在的二局主要是以监听敌台，破译并截获敌方情报为主，而且此后，他一直从事这项监听、破译工作。而当时红军内部保密通信（包括与苏联通信）是归由王诤任局长的军委三局负责。瓦窑堡会议前后，军委三局成立了专门的电信十一分队，负责人赵玉珍就是与张浩一道从莫斯科回国的。他们利用劳山战斗中从王以哲部缴获的一部50瓦电台及一台汽油发电机配合工作，与共产国际联络。需要汽油发电机的原因很简单：当时苏区没有电力照明供应，更没有发电系统。报务员廖辉，收听通信时信号时断时续，但发出去的消息则没有回音，显然是因对方没收到而得不到回应。这次戴镜元在洛川接通"共产国际电台"信号，红军很受鼓舞。与共产国际联系上了，这对于另立"中央"的张国焘来说就更占有优势。中国红军恢复与苏共及共产国际无线通信的事非常重要，也有很多惊险的故事。我们将在《电台的故事》章节里做专题讨论。

洛川协议的签订，给红军与东北军带来双赢。王以哲对维护洛川会谈达成的四项口头协定十分认真。

3月5日，张学良与李克农的会谈刚结束，王以哲就把事先派人收购来的南京、上海、北平、天津出版的报纸、杂志，连同山西、绥远、河北、察哈尔各省的军用地图交给李克农、戴镜元，让他们带回红军总部作为礼物赠给红军。送给初来陕北的红军山西、绥远、河北、察哈尔各省的军用地图，堪称是雪中送炭。只有带兵的高级指挥官才会想得如此周到。大家还知道，处于敌人包围中的红军领导多么迫切地想了解外部世界。当时陕北苏区没有电，更没有电视和半导体收音机，红军自下而上没有人能得到新闻消息。就算在白区，报纸、杂志就算是最重要的信息源，但红军照样得不到。每逢红军打了胜仗，毛泽东主席最关心的战利品就是过时的报纸和期刊。当然，毛泽东主席的这种爱好，王以哲是从李克农、戴镜元那里知道的。所以，他收购的报纸、杂志，成为送给毛泽东主席最珍贵的礼物。

3月10日，刚向中共中央传递信息之后的周继吾由高福源护送着返回肤施，王以哲奉张学良命令也赶到肤施机场迎接，并把他们送回西安。

与周继吾同去瓦窑堡的还有另一人，就是张子华。张子华继续到山西石楼的红军总部汇报工作，一个月后才返回。与张子华同时返回的还有周小舟，仍由王以哲将他们送回西安。张子华与周小舟后来都蒙受冤屈，1959年反右倾时，周小舟的大名被大众知晓，张子华却鲜有人知，因他蒙冤更早，很少有人听说过那个名字。

3月16日，李克农和戴镜元也回到山西石楼向中共中央做了汇报，并带回王以哲的礼物。毛泽东、彭德怀得到王以哲的报刊及军用地图，当即给王以哲复信表示感谢：

　　得悉吾兄、张先生对抗日救国有进一步之计划，甚以为慰，对于惠赠之图书甚为感谢。中央决定派周恩来同志为全权代表到肤施与张学良将军会面，共商停止内战，一致抗日之根本大计。（高存信，白竞凡：《王以哲》，《辽宁党史人物传》第九卷，中共辽宁省委党史研究室主编，2003 年）

　　这也意味着，红军最高决策层已对张学良的提议进行响应，定好肤施会谈的最高代表和会谈时间。从此，王以哲与毛泽东主席及彭德怀保持着密切的书信往来。

　　红军也应王以哲的要求，对其在肤施的驻军提供粮、草、盐等的支持，帮助六十七军就地解决粮秣、柴草供应的困难。

　　我们接着看看化装成李克农秘书的钱之光如何完成自己的任务。

　　当时苏区物资奇缺。虽然，根据 1 月的洛川协议，红军以退出公路而换得王以哲部分急需品，但那不能解决全部问题。多数物品急需从国民党统治地区购买。在会谈期间，苏维埃政府国民经济贸易总局局长钱之光就急着要到西安去采购西药、布匹等物资。3 月 6 日，王以哲为了掩护钱之光和红军采购员，就让他们换上六十七军的军装，扮成东北军军官模样，还派一名亲信副官一路随行。到西安，王以哲还指示副官把钱之光一行安排到六十七军驻西安办事处处长宋学礼宿舍里，并叮嘱他们不要轻易上街，以免因南方口音而暴露身份。红军需要采购的物品要预先开出单子，交给副官去办理。买货的钱不够，由宋学礼副官垫付。

　　钱之光在西安住了两个多月，托关系从上海买来印票证的石印机、无线电器材、烈性炸药、贵重药品、高级纸张等物品，交由六十七军的汽车运到洛川军部。然后王以哲派人调集二十多匹牲口把钱之光连人带物送到苏区交界处。经王以哲的帮助，红军在洛川、界子河、茶坊等地加设秘密交通站。王以哲的亲信副官王政甚至负责替红军进行枪支弹药、军火武器、棉布等各种军需物资的秘密运送工作。

　　这期间王以哲知道正在进行东征的红军生活困难，枪支弹药不够用，就主动提供支援。有一次，他把军械处处长范长庚找去，让他调用六十七军的汽车，把存在洛川的两千多支步枪运送给红军。从而，红军与东北军完全一改以往两军对峙的状态，变成了互相默契配合的友军。

从此，王以哲驻防的肤施—甘泉—鄜县—洛川—西安成了一条重要的红色秘密通道。为了防备国民党特务的监视破坏，保持与红军经常的联系，掩护红军过往人员，王以哲还在西安设立了两个联络点。一个联络点是由亲信副官宋学礼负责的六十七军驻西安办事处。地下党从天津、上海给红军采购的东西经过西安，都由宋学礼以六十七军军需为名运至洛川。很多中共的干部如刘向三、孙达生等都经常隐身这个西安办事处里；从各地经西安到苏区去的人员，如上海的张子华、周小舟，还有埃德加·斯诺、马海德和史沫特莱等，也都是由宋学礼掩护并送往洛川。另一个联络点是王以哲的另一副官王政在西安市安居巷 17 号的"六国饭店"，"六国饭店"是一处从上海沟通苏区之间的秘密联络站。来往居住过的中共人员有潘汉年、邓发、董健吾、涂作潮、张子华、周小舟、梁明德、卢玮良、金敬英、施月琴、丁玲，还有红军供给部部长吴自立、吴德峰、王立人等。叶剑英初从苏区来到西安时，也住在"六国饭店"。为便于叶剑英开展工作，王以哲事先还交给自己副官王政一部电台，供叶剑英与中共中央通信使用。

等到后来，刘鼎当了中共在东北军的代表后，他购置了一部大客车，张学良援助红军的军用物资、苏区购买及全国支援的各种物品集中到西安，用这客车运走。从而，通往苏区的这条交通线更加繁忙。

这肤施—甘泉—鄜县—洛川—西安交通线，成为中国历史的一项奇迹。

王以哲是什么人？当然，他是国民党军队的一名中将军长，是国民党员。但是，他履行的却几乎都是中共领导干部的职责，他以后会是共产党员吗？

同时发生在王以哲身边的这一切没能完全瞒住政训处特务的目光。

3 月 5 日，张学良与李克农再度秘密会谈的当天，驻洛川的六十七军副官处副官、秘密蓝衣社分子刘宗汉就将李克农到洛川的情况及达成的协议内容密报到了蓝衣社总部。秘密报告中，除了张学良两次见李克农的内幕不大了解之外，其他内容十分详尽。

告密情报写道：

现在陕北之"匪"已大部窜山西中阳、石楼、隰等县，张学良氏有与"匪"

合作消息。

1. 六十七军前三日曾接"匪"电令购大批书报。

2. "匪"中央曾派来"伪"外交部部长李克农来洛川与王军长协立多项口头协定，宗汉窃视"伪"李部长发与"匪"中央之电，内云"略有协定，彼此不相攻打，采买给养可随意，但我军（"匪"自称）可着便服，以掩外人耳目。大体须俟张来后，始决定"等语。

3. 该"伪"部长李克农于本（五）日回"伪"中央部，携去大批文电与地图。

4. 此次"匪"与张部之接近谈判，系壹零柒师陆壹玖团被俘团长高福源所为。

5. 李"匪"皖人，目力不佳，谈锋极健，对外界活动力颇强，常有函致沪平两地学校，其来洛川已三次矣。

6. 现六十七军一般人对"剿匪"颇黯淡，处处表示一种反领袖与中央之意态。


可见，这位特务副官刘宗汉不仅是偷听、偷看，甚至是偷偷记录了无线电报。被偷录的无线电报正是红军破译专家戴镜元发的，这令人愤慨不已！

或许到后来，王以哲发觉自己识察有误，才调换了刘宗汉的职务，或是将其"礼送离岗"了。从王以哲身边离开后的刘宗汉，其职业生涯也到头了。


## 信使董健吾


3月5日，张学良会见李克农后，他心中带着想象和疑虑离开洛川回到西安。

此时，陕北红军与红二方面军、红四方面军还没有会合，蒋介石的大批部队正在川北地区与红四方面军激战，红四方面军人数众多，还有张国焘、朱德、徐向前、陈昌浩等重要人物，张学良一时也拿不准红军内部的关系。同时，他还对中共中央的枢纽机关究竟在上海还是在陕北心存疑问：因为不论黎天才还是罗章龙，都是中共的弃儿，是另类，没有声誉，更没有号召力。他们对中共的了解都只是过去的陈芝麻烂谷子，其价值显然要打折扣。恰恰就是这些人本身，他们内心还在狐疑：中共的枢纽机关是否仍然在上海？

还有，张学良发觉身边这位足智多谋的"刘伯温"黎天才有致命缺点，那就是在正牌的共产党人面前，这"刘伯温"膝盖发抖，拿不出手。张学良突然间想到要请个正牌中共党员来当自己的顾问。那人要从中共中央原来所在地的上海去寻觅。由此，他想到了执行特殊使命的周继吾，想到派遣周继吾来陕北根据地的宋庆龄。

1936年3月10日，从肤施回西安的专机带回了周继吾。张学良马上邀周继吾去府上做客。张学良和赵四小姐对周贵客十分热情，设家宴款待，还一同打麻将谈心。

这周继吾不是别人，他有两个大名：一个就是斯诺在《红星照耀中国》(《西行漫记》)中提到的"王牧师"；另一个是董健吾。而周继吾仅仅是这次西北之行的化名：在行政院副院长兼财政部部长孔祥熙亲笔签署的介绍信上，显示他的官方身份是财政部西北经济专员周继吾。但这个周继吾是个子虚乌有的人物。既然如此，此后我们用真姓大名董健吾来称呼他。

董健吾出身上海青浦的一个基督教世家。在上海圣约翰大学求学时，他与宋子文是同窗好友。1928年，他秘密加入中国共产党，是中共中央特科的"红队"成员。他与宋庆龄保持着密切联系。他曾与中央特科其他成员陈赓、顾顺章一起消灭过叛徒白鑫。1930年，他开办"大同幼稚园"收养中共领导人和烈士的子女。他的公开身份是上海市北京西路、新昌路口的圣公会圣彼得堂牧师，所以董健吾又被称为"红色牧师"。此时，南京政府名义元首是林森主席，但实权操控在行政院院长蒋介石和副院长孔祥熙手里，而宋子文则出任中国银行董事长的职务。这样一来，蒋、宋、孔家族把持朝政大权的局面业已形成。派信使向陕北中共中央传达国共谈判的信息，自然是蒋介石的主意。但是，他们想要与中共直接联系，还得找宋庆龄才行。显然此事得到宋庆龄的赞成，所以她派董健吾做这次西北之行。

尽管董健吾后来还有其他曲折的经历，但他无疑是中共历史上最富传奇色彩的人物之一。董健吾的文化修养，深受张学良和赵四小姐的倾仰。张学良和赵四小姐十分喜爱收藏古玩，有一次接待董健吾时，赵四小姐因失手摔坏了几件明代的瓷器而懊恼。董健吾心中暗想，最好找个机会搞到一两件古代瓷器作为礼物送给他们，以答谢张学良将军这次用专机接送自己来回苏区的情谊。不久，他果然在西安城找到一位老朋友，此君与上海古董行"松柏斋"有过生意往来。董健吾看到这位朋友家珍藏的整套二十四件小型镀釉彩瓷十分精致，确认是明代珍品。朋友见到董健吾如此爱不释手，便低价成全了他。董健吾将这套珍品送给了赵四小姐。张学良和赵四小姐见后欢喜万分，一定要回赠以重金，但董健吾坚持分文不收。

董健吾完成任务了，他要回上海缴令了。张学良设家宴为他饯行。席间，张学良问董健吾对他有何要求。董健吾说："你能在停止内战、一致抗日上做出贡献，我愿足矣！"张副司令点头称善。不过，张学良是个重名气的官二代和富二代，平时总是出手宽绰，对人慷慨，哪有白收别人厚礼的事？

董健吾猜到张学良因那套明代的镀釉彩瓷过意不去而一定要报答，于是想起自己的确有难办之事：那就是"大同幼稚园"无法维持之后，毛岸英、毛岸青还寄养在自己家里。眼下自己家庭生活艰苦，而两个孩子自幼在湖南长大，口音太重，一进上海的学校必然暴露，因而无法上学。于是董健吾实话实说："我有三个孩子，分别名岸英、岸青、寿琪。两个是归我抚养的革命子弟，一个是我的儿子，如果张将军能送他们出国赴苏联读书，那么将来学成回国，也可为国家出力。"

张学良听后，略作思索，马上面露笑容。临行，张学良也托董健吾一件事：从上海找一位中共代表来西安。

董健吾回到上海，把张闻天、毛泽东、彭德怀回复电报及苏维埃主席林伯渠的礼品交给了宋庆龄，他完成了使命。接着，他向宋庆龄转告了张学良希望从上海找个中共代表的愿望。宋庆龄于是向英文秘书史沫特莱说起。史沫特莱说那正巧呀！她有个朋友自称是"周教授"，正在路易·艾黎家中避难，他就是共产党员。

于是宋庆龄通过史沫特莱的安排，让董健吾在法租界一家咖啡馆与"周教授"见面。董健吾一到咖啡馆，见有人已经坐在约定的茶桌前，正想上前搭讪。那人一回头，董健吾不由得愣住了："原来是你！"这所谓的"周教授"，竟是老战友，原来中央特科的二科副科长阚尊民！阚尊民后来化名刘鼎，曾在江西方志敏根据地工作，目前在上海受到国际友人史沫特莱及路易·艾黎的掩护。面临1934年到1935年中共上海中央局和特科"红队"连遭破坏的严酷局面，特科战友能在险象丛生的环境下重逢，太出乎意料，太令人感动了！

阚尊民是刘鼎的原名，他还有一个名字是阚思俊。刘鼎是江西人，1923年就加入社会主义青年团，后来去德国留学。经朱德、孙炳文介绍，他转为中国共产党员，后又去苏联东方大学学习和工作。1929年，他回国任中共中央特科二科副科长，协助科长陈赓工作。1932年，他在方志敏领导下的闽浙赣苏区政治部任组织部长，后改任兵工厂政委，亲自研制并动手生产了红军的第一门大炮。他随方志敏长征失败后，秘密住在新西兰友人艾黎家中。董健吾立即向宋庆龄做了汇报。这样，当时上海的中共地下组织决定派刘鼎到西安去与张学良联系，搞统战工作。张学良的部将李杜此时正在上海，他从董健吾那儿了解了情况后，打电报给张学良说："寻找的朋友找到了。"张学良大喜，立即派其高级参谋赵毅到上海将刘鼎接到西安。到了西安后，张学良把他迎到西安西门里金家巷5号自己的公馆里。

本书开头提到刘鼎迎请史沫特莱到西安的情节，就是接在这段经历之后的事。

与刘鼎去西安的同时，董健吾以"王牧师"的身份，护送埃德加·斯诺及马德海等来陕北苏区，途中再次经过西安。埃德加·斯诺及马德海西行的事，是中共托宋庆龄多方努力的结果。董健吾上次把国民党当局决定与中共中央及红军谈判的消息送到陕北苏区时，知道了进出苏区的通道及联络方式，而且在瓦窑堡，他也向红军领导人讲过斯诺将要来陕北的事。通过秘密的红色通道，斯诺和马德海由红军接到苏区。斯诺此行，果然非常成功。他的一部《红星照耀中国》红遍世界，中共及红军的形象也因此闪亮在全世界面前。

董健吾再次与张学良在西安相会。张学良利用这机会当面履行了诺言：他的部将李杜就要从上海经巴黎去苏联了，这是一次安排三个孩子出国的机会。张副司令随手交给董健吾一张十万法郎的支票，叫他一到上海就做准备，好让李杜将军带孩子经巴黎去苏联。但好事多磨。后来他们出发了，但在巴黎遭遇意外：因为李杜曾因东北路权问题与苏军打过仗，他的护照遭拒签！同时，三个小孩去苏联的事也遇到麻烦，董健吾自己的儿子寿琪被迫退回上海，只有毛岸英、毛岸青两兄弟因父亲是中共领袖，顺利进入苏联留学。当然，那是后话，我们在这里提前说了。

张学良把刘鼎接到西安，但他们素不相识，彼此都不大了解。性情开朗而又为人豪爽的张学良并不拘束，一见面，便接连向刘鼎开"连珠炮"。如"为什么你们共产党骂我投降卖国不抵抗"，"为什么红军打我打得那么厉害"，等等。刘鼎答复也丝毫不客气："你张将军手握几十万大军坐镇东北，本负有防边守土之责。日寇犯我，一夜之间，沈阳沦陷，进而东北尽失。面对外侮不放一枪，全国人民怎能不骂你？共产党同全国人民一气，当然不能例外。"

接下来，刘鼎与张学良讨论共产党的政治主张、军事工作方针和战略战术原则等，毕竟刘鼎是留德又留苏且学习军事和武器装备的，自然对答如流。这让考察过德国、意大利的张学良十分佩服。为此，张学良曾对他的卫队二营营长孙铭九说："刘先生胆识超群，绝非等闲之辈。听说共产党内有个王稼祥，颇有本事，莫非刘先生就是王稼祥？"张副司令不认识阚尊民，闻王稼祥之大名而不认识王稼祥，这说明他身边那批"马列班底"黎天才、李希逸、吴雨铭等究竟不上档次。唯有潘文郁和罗章龙认得王稼祥和阚尊民。可惜，潘文郁被副司令枪毙了。而罗章龙则继续在开封当大学教授，他虽认识阚尊民，却没听说过刘鼎这名字。

刘鼎到西安后不久，就通过史沫特莱从上海请来德国牙科医学博士赫伯特·温奇，在七贤庄 1 号建立张学良的牙医诊所，烈士遗孀、邓中夏夫人夏明充当牙医诊所"护士"。这名义上的牙医诊所，实际是中共秘密交通站，后来大名鼎鼎的八路军西安办事处。"护士"夏明就是秘密交通站工作人员。刘鼎在诊所接待和安置了史沫特莱等人，还从上海购买大批药品和医疗器械等急需物资，再从这里中转运送到苏区。后来，丁玲从上海去"红都"保安前，也在此处当了一个月左右的"保姆"。

七讲八讲，讲到这里，我们依然没涉及董健吾与张子华从上海到瓦窑堡的"官方使命"。他们此行是怎么回事？

这些事，我们不妨简略地从头说起。

自九一八事变以来，日本占领东北三省，接着又把矛头指向锦州，指向热河，再进攻长城，侵略内蒙古。野心越来越大！蒋介石害怕了，苏联也紧张了，于是，蒋介石想到要联合苏联制止日本的侵略步伐。

的确，蒋介石原本与苏联有一定的交情。只是在 1927 年后，他的反共政策激怒了苏联，中苏两国关系变差了。一度还因东北铁路事件，中苏断交了。但此时，苏联也面临日本的威胁，因共同的危机感，中苏又复交了。但是，老蒋想要联苏抗日，那事情还得从头做起。

1935年10月，蒋介石秘密会见苏联驻华大使鲍格莫洛夫，表示愿意和苏联合作抗日。同时表示希望苏联压迫中共同政府谈判，合并武装。鲍格莫洛夫表示愿意向斯大林汇报。

中苏两国关系的最大障碍是国共矛盾。所以1936年1月3日，蒋介石命令侍从室秘书邓文仪以外交官身份与中共在苏联的负责人王明联系，讨论合并中共的条件，以排除中苏两国关系的障碍。同时，他派出CC派头子陈立夫带着外交官张冲赶赴柏林，等待邓文仪和王明谈判出具体方案，他们就立即赶赴莫斯科，进行中苏两国合作的谈判。

邓文仪按蒋介石的命令，向王明提出的谈判条件如下：

（一）取消中共的苏维埃政府，所有苏维埃政府的官员进入南京政府工作。

（二）取消红军，所部编入国民革命军，军官可以保留，但必须接受中央派出的政工干部。

（三）中共可以保留现有的政党，要么保持以前国共合作，要么保持中共作为独立党派存在。

（四）红军将来会被安排到内蒙古参加抗日作战。

（五）中央政府可以提供给红军一些武器装备和补给。

对此方案，王明表示，目前很难接受，不过他提出了继续谈判的要求。

此时，苏联对日本还持观望态度，所以并不十分积极与中国合作，还趁机出兵占领外蒙古，这又引发中国政府的抗议。这样一来，中苏达成协议的可能性，看起来又显得十分渺茫。

虽然苏联这边停滞了，蒋介石终究还是讲现实的人，他想到王明不过是个常驻苏联的代表，他更多考虑苏联利益，而不能代表毛泽东领导的中共中央。于是他双管齐下，在布置邓文仪与王明谈判时，又指示中统直接和陕北的中共中央联系，讨论国共两党和谈的问题。他把与中共接触的任务交给宋子文、陈果夫、陈立夫等少数几个人，让他们偷偷摸摸地进行。

　　这陈果夫、陈立夫的中统是中共的头号死敌，出面联络中共党员谈何容易？于是陈立夫想起自己的朋友曾养甫。曾养甫早年留学美国，获矿冶工程师资格，是个技术专家，当过南京国民政府建设委员会副委员长，就是他负责钱塘江大桥的筹建工作。曾养甫虽也属CC派，但与陈果夫、陈立夫这些人相比，他的政治色彩不是十分强烈，所以他被选出来当国共谈判的政府方面代表。但如何联络中共方面则依然是个问题。接着陈立夫找交通部高级部员谌小岑，请他帮助寻找与共产党接触的渠道。谌小岑在五四运动时期是天津觉悟社成员，与周恩来、邓颖超相识。谌小岑通过各种渠道，反复辗转，终于找到了一个中共地下党员，那人就是时任国民党中央宣传部征集部主任的左恭。谌小岑向他通报了国民党希望与中共谈判的意愿。左恭即时把这一重要情况向中共党组织做了汇报，上海临时中央局选派了组织部秘书张子华担任国共两党中央谈判初期的秘密使者。张子华原先在全国总工会华北办事处负责人王蛮子（是故意取的外号，实际上就是饶漱石）身边工作。因张子华是甘肃人，还有个叔父是国民党政府高官，所以1935年北方局另一负责人孔原推荐张子华代表北方局出面，促成陕北红军刘志丹与谢子长的联合。之后，又是孔原推荐张子华到上海临时中央局组织部工作。

　　1936年1月3日，就是邓文仪与王明谈判的同一天，左恭陪同谌小岑与化名黄君的张子华一道，在上海四马路惠中旅社进行第一次会晤。谌小岑传达了国民党的意思，并请张子华帮助与中共中央搭桥。三天后，张子华通告谌小岑，中共方面愿意接受国民党和谈的意愿，同意两党和解，一致抗日，并建议由国民党方面派出代表与自己一块儿前往陕北，与中共中央领导人直接面谈。国民党不干，但又不愿意错过和谈的机会。于是宋子文出面，请宋庆龄设法从中帮忙。宋庆龄给毛泽东、周恩来写了亲笔信，委托董健吾以国民党中央政府财政部西北经济专员周继吾的身份与上海党组织派往陕北的联络员张子华一同前往陕北。张子华一路上都以为同行的这位周继吾是国民党财政部高官，而不知道他是董健吾同志，是中共地下党秘密党员和大名鼎鼎的中央特科骨干。

　　二人到西安后辗转多方，因封锁太严，又不知道当时已开通的秘密红色通道，所以对进入苏区的问题一筹莫展。董健吾只得铤而走险，拿着孔祥熙的介绍信上门找圣约翰大学的老同学钟可托。钟可托此时是西北禁烟处处长。禁烟处是肥缺，特别是在西北这个地方。带兵的人几乎没有不与鸦片打交道的，从而没有不与他来往的，所以张学良也把钟可托视为心腹。想见张学良，就找钟可托，董健吾这路子，对头！

钟可托带着董健吾拜见张学良。张学良看着递来的公函是孔祥熙签署的，上面标明来者身份是财政部西北经济专员周继吾。

"啊，失敬失敬！周专员是中央政府的人哪，不知找张某人有何贵干？"

叫周继吾的人向边上的谭海副官和卫队营营长孙铭九扫了一眼，没有回话。

张学良摆了摆手让两人出去。他猜想，那位孔财神一定是要利用陕甘宁边区的烟土问题敲竹杠捞钱。

大西北穷，大大小小军阀多，拿什么充军饷？军头不约而同地动起了烟土交易的坏脑筋。自陕北榆林老军阀井岳秀开始，直到高桂滋、高双成，就连第十七集团军的大小军头，个个都脱不了干系。去年年底，张副司令去上海看望杜重远时，也特地看望过大毒枭杜月笙，谁敢保证副司令没动那念头？

"这次拜见副司令，是想让您派人将我送到瓦窑堡。"

"你说什么？"张学良大吃一惊，眼睛睁得大大的，再想捞钱，也不能捞到红军根据地去吧？他补充提醒一句："瓦窑堡可是'匪'区哇……"

"实不相瞒，我去瓦窑堡不是为了考察什么，而是要见见毛泽东、周恩来。"

"你到底是什人？"张学良像突然醒悟过来似的，一声吆喝，"来人哪，把他先押起来。"

谭海和孙铭九冲了进来，就要动手。

"副司令息怒，请让他们先出去。"周继吾低声说道。

张学良发觉周继吾颇有来历，摆手示意孙铭九等退出。

周继吾这才对张学良说："实不相瞒，在下真名董健吾，此次奉孙夫人之命而来，作为国民党代表给中共送信。孙夫人说张副司令是好朋友，会帮忙的。"

哦，原来国民党中央真的在与中共暗通款曲！

张副司令觉得自己是受骗了：委员长"剿共"的命令一个接一个的，根本就是故意让我们这些东北子弟兵去送死呀？

他越想越气，真是岂有此理！

稍后，张学良留下董健吾细谈了几天。他弄懂了：以前的传闻不假，老蒋确实正在与中共秘密谈判！张学良想：既然老蒋与共党谈得，我为何不能谈？

这下，张副司令定心了。到2月下旬，张学良让高福源陪同，用飞机把董健吾、张子华送到肤施，再吩咐王以哲派一个骑兵连将他们护送到苏区。从肤施到瓦窑堡，董健吾、张子华又花费了几天时间。

2月27日，董健吾、张子华进入苏区，到达中共中央驻地瓦窑堡。林伯渠、秦邦宪等接待了客人并听取汇报。包括张子华在内，这里的人都不知道董健吾的真实身份，不知道他是原党中央特科的成员，只以为他是孔祥熙的人，甚至是国民党的人，是国民党派来的财政部西北经济专员周继吾。认识董健吾的周恩来此时却正与张闻天、毛泽东等一道去了东征前线山西。于是，林伯渠、秦邦宪决定让中共党员张子华专程赶到东征前线的山西交口镇，向中央详细汇报他与国民党方面几次接触的情况。而等收到张闻天、毛泽东看到宋庆龄来信发回的电报后，就把电报当回文交给周继吾专员，让他回上海和南京复命。周恩来并没意识到，留在瓦窑堡的国民党财政部西北经济专员周继吾就是自己的老部下董健吾！毛泽东会见张子华并夸奖道：你做了一件很了不起的大事！决定继续派张子华作为中央的联络员与国民党接触。他也不知道收养自己儿子岸英、岸青，并设法把他们送到法国巴黎再转道苏联留学的人，此时正在瓦窑堡，而且即将离开了。

此处既然说到董健吾这个传奇人物，就不妨交代一下相关的一些后事。毛岸英、毛岸青到苏联后，有一个正在苏联的人物知道了这事。正好此时，王明就要派此人回中国。于是，他一到陕北苏区，就马上向最高领导报告了毛岸英、毛岸青到苏联的好消息。他得到了受重用的机会，此人就是康生。而负责养育并具体筹款组织孩子留苏的董健吾，后半辈子却命运坎坷。其实那也不能全怪别人。抗日战争进行到最艰苦的时刻，董健吾在生活极端贫困之际，利用变节朋友李士群的关系，一度"打入"南京的伪中央警校去。一步错，耽误了后半生。

到"文化大革命"年代，老年的斯诺再次访华，寻找那位带自己到陕北苏区的引路人"王牧师"时，人们费了九牛二虎之力，才查清"红色牧师"就是那位最具有传奇色彩的中共特科"红队"成员董健吾。可惜，洋记者斯诺来得不是时候。此时"王牧师"虽没死，但政治身份十分尴尬，还在医院内动手术。斯诺错过了与"王牧师"最后见面的机会。

## 肤施会谈

3月16日，红军最高决策层已经对张学良的提议进行回应，张闻天、毛泽东、彭德怀联名发电报给王以哲，通报了中共中央参加肤施最高会谈的代表是周恩来。中共建议肤施最高会谈的时间就是3月17日。

但事实上，肤施最高会谈延迟了二十天，直到4月初才最后确定改在当月8日进行。延迟的主要原因是张学良。

原来，洛川会谈后，在张学良飞回西安的路上，专用飞机出现问题了，故障飞机被迫送到武汉修理。张学良最近公事繁忙，既忙于几次洛川会谈，又忙于接送上海到苏区的特别信使董健吾等人，这飞机的确是疲劳过度了，又来不及检修，所以闹了点儿情绪。3月17日这日期要向后推迟了。好在这次故障没酿出事故！而且这飞机故障不严重，很快就修好了。可是会谈还是没有进行，因为张学良在上海方面又有要事等待处理，那就是要接中共代表刘鼎来西安。刘鼎接来了，会谈还要推迟。原因是张副司令自己突发感冒了，喉咙发哑，几乎不能开口说话，不得不看医生。直到4月6日，日期终于到了，王以哲收到张闻天、毛泽东和彭德怀联名给自己和张学良的电报：

> 甲：敝方代表周恩来偕李克农于八日赴肤施，与张先生会商救国大计，定七日由瓦窑堡启程，八日下午六时前到肤施城东二十里之川口，以待张先生派人至川口引导入城。关于入城以后之安全，请张先生妥为布置。
>
> 乙：双方会谈之问题，敝方拟为（一）停止一切内战，全国军队不分红白，一致抗日救国问题；（二）全国红军集中河北，抵御日帝迈进问题；（三）

组织国防政府、抗日联军具体步骤及其政纲问题;(四)联合苏联及先派代表赴莫斯科问题;(五)贵我双方订立互不侵犯及经济通商初步协定问题。

丙:张先生有何提议,请预告为盼。

(江明武:《一代天骄:周恩来的历程》,北京:解放军文艺出版社,1996年)

王以哲向张学良请示,回电同意在4月8日这天会面。中共和红军方面电报中讨论的问题也正是张学良在3月提出过的。而且4月8日这个日子,也是不能再推迟了!

张学良已深恐局势的变化。原先,整个大西北只有他东北军是拥兵二十万之众的强大军事集团。老蒋方面虽然不断电令催逼他"剿共",但张学良不为所动,就是按兵不动或者打"假仗"敷衍塞责。此时蒋介石的中央也拿他无可奈何,究竟他的嫡系"中央军"在四川激战,而在西北没有什么力量,奈何不得东北军。

但局面马上发生变化了。原本,张国焘率领的那支拥有八万人马的红四方面军南下重返四川,想恢复根据地时,不但遭到近十万地头蛇川军的顽强阻拦,还吸引来了蒋介石十万"中央军"的围堵打击。红四方面军遭到严重损失,被迫会合了贺龙、任弼时的红二军团、红六军团,重新向北长征,进入西北地面。蒋介石的十万"中央军"也趁势北进,进入西北,剑指陕西。"中央军"来了,东北军和西北军与陕北红军一样,同时感到"中央军"的威胁迫在眉睫。面临共同威胁的张、杨两军也下决心不再闹矛盾,而齐心协力共同对付老蒋了。张学良当然想抓紧和中共谈判,争取达成合作的协定。实现东北军、西北军两军和红军"三位一体"的设想,稳住陕西,再稳住大西北。

红军张、毛、彭这份给东北军的电报中,"组织国防政府、抗日联军具体步骤及其政纲"就是"三位一体"的"西北大联合"计划的核心内容。这些正中张学良下怀。"三位一体"思想的雏形最早是张学良与杜重远对话时受启发的。后来与李克农首次会谈时,不想中共方面也不谋而合地提到"三位一体"的主张。这真是英雄所见略同!很显然,作为大西北最大的军事集团,"三位一体"最符合自己的利益。张学良不再犹豫了。

如果说，1月至3月间，张学良、王以哲与李克农会谈达成的协议停留在两军停止军事敌对的层面，那4月8日张学良与周恩来的谈判则是希望两军成为战略盟友。那就是要形成背靠苏联，实现东北军、西北军和红军"三位一体"，共同对付蒋介石和他的"中央军"。

就要举行的肤施会谈，将改变未来中国的命运。

王以哲为张学良、周恩来的肤施会谈做了周密的安排：他首先下令驻肤施守军一二九师参谋处处长乌庆霖、副官处处长吕伟绩率部队抢修肤施飞机场；接着，他又派人在4月8日那天到肤施城外的川口迎接红军代表，并在肤施城内至川口地区都布置了亲信和卫队人员执行警卫任务，保证周恩来一行的安全。他自己赶往西安迎接张学良。

为了在4月8日赶到肤施，周恩来、李克农带着电台和一个小分队于约定时间来到肤施城东北二十里的川口。不料这天，天公不作美，雨雪交加，道路泥泞，与张学良的电台联络又中断了，代表团被迫留在川口过了一夜。

其实因雨雪，张学良也是在4月9日上午，才亲驾飞机带着手下大将王以哲和中共地下党员刘鼎来到肤施机场。由于天气不好，无线电台工作不畅，与周恩来的呼叫不通。王以哲放心不下，派参谋带着自己的信，去川口迎接周恩来。周恩来拆开信，以下文字映入眼帘：

兄等平安到川口，弟闻之，慰甚，慰甚！为避人耳目计，可简从进城，是祷！一切面谈。面谈亦可作竟夜，未尝不可，于明午前四时离城即可也。一切安全不成问题，弟均负责，谨请放心！

看毕，周恩来放下心来。当晚8时，街面已十分宁静，周恩来、李克农一行随六十七军的参谋人员进入肤施城。肤施城内钟鼓楼东北侧一座基督教堂，历史性的会谈就在这里举行。张学良首先与周恩来见面，他幽默地说："周先生，我这里给你带来了一位共产党的代表刘鼎先生！"周恩来初听，不由得一愣：谁是刘鼎？等到见面，看到出现在面前的是原特科二科副科长阚尊民，周恩来才哈哈大笑："原来是你呀，想不到我们在这里又见面了！"说罢，上前热情握手。

当晚，会谈在极其秘密的情况下进行，参加会谈的就是五个人——周恩来、李克农、张学良、王以哲、刘鼎。与历来谈判不一样，谈判桌边少了张学良的军师黎天才。黎天才因为是叛徒身份，他愧于面对正宗的中国共产党人。况且周恩来、李克农和刘鼎都是专门惩治党内叛徒的特科"红队"的领导骨干，坐在一起会是一种什么感觉，只有黎天才自己心中有数。

周恩来和张学良进行了彻夜长谈。讨论了国内外形势和中国出路以及停止内战、组织国防政府、抗日统一战线等重大问题。对国内外形势及实现东北军、西北军两军和红军"三位一体"，背靠苏联，稳住大西北及组织国防政府和抗日联军等均没有分歧。唯一发生争论的是如何对待蒋介石的问题上，周恩来当然提出要张学良一道反蒋抗日，而张学良坚持要在蒋介石领导下抗日。周恩来述说了蒋介石的许多罪行。看起来，双方当然不容易达到妥协。但又不能让好端端的谈判局面破裂，于是，周恩来缓过口气表示：只要蒋介石愿意抗日，共产党是愿意在他的领导下，捐弃前嫌，一致对外的。

对此，张学良十分高兴，他说："你们在外面逼，我在里边劝，一定可以把蒋介石扭转过来。"

其实，周恩来的目的就是要让张学良对蒋介石施加影响，要他放弃敌视共产党的态度，改变"攘外必先安内"的政策。这事，早在2月底3月初，张学良用专机及骑兵把周继吾、张子华送到瓦窑堡，中共中央接收了他们带来的国民党与中共和谈的信件时，张闻天、毛泽东、周恩来等已经研究过，同意与蒋介石谈判。所以，张学良坚持要在蒋介石领导下抗日的事，中共方面早已经有了讨论意见，此时已是胸有成竹。周恩来在如何对待蒋介石的问题上，采用以进为退的手法，十分成功，以至于让张学良主动表达了劝蒋介石放弃"攘外必先安内"的政策。公子哥张学良有个"言必信"的好品格：许人一诺，必全身以报。从此，他不仅一而再，再而三地履行"劝蒋"放弃"围剿"红军的诺言，后来还把"逼蒋"的事当作自己的义务，最终激起了中国现代史上的一阵惊涛骇浪。这事，我们届时再讨论吧！

翌日清晨，周、张会谈顺利结束。两人谈妥了红军与东北军联合抗日的部署，一致达成八条协议。

（一）关于组织国防政府和抗日联军问题。张学良同意这是中国当时的唯一出路，对于《八一宣言》中的十大政纲，则表示俟加以研究后再提出意见。

（二）关于红军的集中问题。张学良承诺赞助红军集中河北；红四方面军出甘肃，东北军可以让路；至于红二方面军、红四方面军北上路线问题，因须经过国民党"中央军"防区，张愿任斡旋之责。

（三）东北军方面派出赴苏代表，取道欧洲前往；中共方面的代表由张负责保护，从新疆前往。

（四）关于停止内战问题。张表示完全同意，并谓红军一旦与日军接触，则全国停战运动将更有力量。

（五）在张未公开表明抗日以前，不能不接受蒋介石命令进占苏区。为此，张准备以王以哲军入肤施，沿路筑堡，双方交通仍旧。如此一个月后，再看形势发展决定。

（六）关于通商问题。普通货可由红军设店自购，军用品由张代办，子弹可由张供给。

（七）双方互派代表常驻。

（八）张认为红军去河北恐不利，在山西亦难立足，不如经绥远较妥。但如红军决定出河北，张可通知万福麟部不加阻挠。

八条协议的核心是第一条，张学良同意把"组织国防政府和抗日联军"看成中国当时的唯一出路。在大西北，实现红军、东北军、西北军"西北大联合"的国防政府和抗日联军，正就是中共的"西北发动"计划。

4月10日，周恩来一行怀着极其满意的心情准备离开肤施。

临别，张学良送给周恩来一本精制的大地图，并深情地说："共同保卫中国。"

接着张学良又问周恩来："贵党有几位中央领导人？"

当时，通过瓦窑堡会议确定的中共中央常委是：洛甫（总书记张闻天）、博古（秦邦宪）、毛泽东、周恩来、王稼祥。于是，周恩来回答说是五位（另有说法是张闻天、毛泽东、周恩来、朱德、彭德怀，但此说不靠谱，因为此时朱德还在红四方面军的长征路上）。

"那我就送点儿生活费给五位领导人，表示一下意思。"哦，原来张学良要用经济手段来联络感情！于是，他立即派西北"剿总"粮秣处处长张政枋用两辆汽车将两万枚银圆分装在二十三个麻口铁桶中，沿途送到红军的边界。这张政枋原先是师长，现出任西北"剿总"粮秣处处长这要害职位。他是张学良的族亲，本书以后部分，不乏他登台亮相的机会。

周恩来、张学良两人就此挥手告别，彼此大有相见恨晚而又相聚苦短之感。12日，周恩来率中共代表团及刘鼎返回瓦窑堡。

与会的王以哲深为周恩来的谈判魅力而折服，更为他的宽广胸怀而感动。王军长事后说："若果全国各党派皆能如中国共产党以救国为先，我们便用不着对日寇怀什么恐惧了，我们中国也就可以得救，我们流亡的东北人也就可以回老家了！"

经过肤施会谈，红军与东北军的联合局面已经形成。王以哲对张学良逼蒋抗日的思想表示完全赞同。会后，当知道宁夏马家军的马鸿宾师长表示愿意与红军结为友军时，他立即联络红军，从中撮合。中共中央当即采纳了王以哲的建议，对马鸿宾师长报以友好态度并建立了联系。红军也因此少了一个对头，多了一个朋友。

从双方达成的肤施协议第八条看，张学良认为红军东征去山西、河北会遇到很多麻烦，在山西亦难立足。后来事实证明张学良的预见不错。当然，山西因晋商而颇有财富，红军东征虽然没能最终立足，但收获也颇为丰盛。同时因东征，中共和红军在山西产生了影响，这为后来中共在山西从事新军运动打下基础，红军东征还是有积极意义的。

其时，红军东征战场正深入山西。惊恐万分的阎锡山被迫让汤恩伯等"中央军"入晋营救自己。汤恩伯率"中央军"涌进山西，从而金身不破的山西被"破"了。国民政府军委会委员长蒋先生企图借此机会将红军围堵在山西一举消灭，便下令张学良，要他抄红军后路，迅速完成在陕北的延长、延川一线对黄河西岸的封锁，把东征红军堵截在山西，断红军西归的希望。而延长、延川的黄河沿岸恰就是王以哲六十七军的防区。此前的洛川会谈，王以哲已与红军签下了互相友好的"口头协定"，于是六十七军对老蒋的命令采取阳奉阴违的态度：口头上含糊应对，行动上却按兵不动！在这关键时刻，红军利用王以哲部队留下的巨大空隙，顺利渡过黄河，退出山西，安全回到陕北根据地。

至于条文中"不如经绥远较妥"一句，就有了后来的西征。只是红军西征时，选择了更偏西的宁夏方向而不是绥远。注意，那时的宁夏幅员辽阔，包含了如今内蒙古的整个西部地区。其实不论东征去河北还是西征去宁夏，都是为了到达外蒙古边界。张浩刚到苏区时，就带来了苏联调一批物资装备到外蒙古以支援红军的消息。当然因东征、西征均没成功，苏联援助物资也就从外蒙古转到盛世才控制的新疆去了。

肤施会谈后，李克农随周恩来回瓦窑堡。根据第七条协议，刘向三到洛川接替李克农出任中共驻六十七军代表。刘向三是南方人，王以哲担心他不是东北口音，容易被特务发现而遭意外，于是让他穿上东北军军装，以少校参谋的名义住在军部，对外就说是他的同学。为了保密，王以哲不让刘向三与外人接触。后来，刘向三转到西安活动时，也由六十七军的副官宋学礼特别保护。不久后，中共中央考虑到刘向三因口音不同，与东北军交流起来不方便，加派辽宁省籍的项乃光来到六十七军。项乃光原与王以哲熟悉。从而，刘向三与项乃光一起任六十七军联络员。

4月26日，党中央正式任命刘鼎为中共中央驻东北军代表。他回洛川的当晚，就向张学良递交了周恩来的亲笔信。周恩来给张的信中着重提及："兹如约遣刘鼎同志趋前就教，随留左右，并委其面白一切，商行前订各事。寇深祸急，浑忘畛域，率直之处，诸维鉴察。"张学良亲切地握住刘鼎的手说："我估计你会回来，也盼望你回来，果然你回来了，好哇，你不再是我们的客人，而是我的助手，真好哇，这要感谢周恩来。"

当晚，他们进行一次彻夜长谈。张学良这人对朋友毫无保留，甚至把自己认为最痛心的事、最对不起朋友的事也和盘向刘鼎托出。去年在武汉，因蒋介石的紧逼，张学良不得已"挥泪斩马谡"，处死了原先在自己身边工作的中共党员潘文郁！张学良痛心地向刘鼎说："杀朋友是最不应该的，也是最难过的。"

有关潘文郁的故事，我们不想在此处展开，以后另找机会进行补充。但从张学良对潘文郁的念念不忘，可见他十分注重朋友的私人感情。刘鼎也认识到张学良对人的真诚与坦白，两人从此成为至交。

肤施会谈一个月后，张学良、王以哲又与周恩来举行了第二次肤施会谈。这次会谈延续到 5 月 13 日结束。彼时，红军东征遭遇挫折，刘志丹也不幸牺牲了，红军全部退回陕北。汤恩伯、阎锡山军队也企图过黄河进入陕北追击红军。因此，东北军成为红军可借助的力量。5 月 13 日的再次会谈，不但解决了王以哲六十七军在直罗镇筑碉堡而与红军发生误会的问题，中共方面甚至是进一步向东北军开放苏区，主动提出让六十七军进入苏区建筑堡垒以对付异变。另外，也提出由东北军向红军供应子弹的问题及要求东北军保护中共代表经新疆前往苏联的问题。

有关东北军进入苏区筑碉堡达成契默的前因后果：中共中央和红军总部考虑到汤恩伯、阎锡山军队即将从山西渡黄河进入陕北的局面，决定除原定的直罗镇一带、甘（泉）肤（施）公路线以外，另把一片红军军事据点移交给王以哲。5 月 15 日，周恩来代表中共中央给王以哲发电报，决定把靠近黄河西岸的干谷驿、交口镇向延川、清涧一线的红军据点移交给他，并要求他指挥的东北军迅速抢占，并抢先构筑碉堡，以强行隔开汤恩伯、阎锡山的白军与红军的接触。接电报后，王以哲立即调兵遣将，大张旗鼓通过"激烈的"假战从红军手中"抢过"这一线的重要据点和防地，并向西北"剿总"报功。从山西尾随红军而来到黄河边的汤恩伯、阎锡山六个师的军队，眼睁睁地望着黄河流水直跺脚，"剿匪大胜的功劳"就这样被王以哲抢去大半。

王以哲立即派人给红军驻六十七军的联络员刘向三送去一个装满十万元钞票的大麻包，让他送回苏区。这是他对红军出让地面的报酬！对旧军队来说，"让徐州"这样的交易是需要支付酬金的，那是一项规矩。不过，对经费困难的红军来说，那也是"雪中送炭"了。可见，中共中央的统战策略发挥了不可估量的战斗力。

但汤恩伯军队并没全停在山西，汤恩伯的中央第十三军的一支分队尾随红军，从鸦片军阀高双成、高桂滋防地绥德、榆林一带过黄河到达陕北。虽然汤恩伯的"中央军"再次威胁到陕北"红都"瓦窑堡，但经过如此这般的一番周折，拖延了许多时间，红军已经做好了抵抗的充分准备。而且，高双成、高桂滋也是军阀，在军阀的地面上，汤恩伯的"中央军"也颇受制约，对红军的威胁也就大打折扣了。

5月13日，新肤施协议第六条是有关东北军向红军提供子弹的问题。红军从东征前线回来后，一部分红军打算重新回到陕南秦岭的商洛一带去发展，并伺机转进河南争取在大别山创造再次发展的条件。当时，十万之众的老蒋嫡系"中央军"正紧逼红二方面军、红四方面军，向甘肃、宁夏北进。红军向陕南、河南发展，也正是从南面牵制这批企图进入大西北的"中央军"，以保卫陕甘苏区。为此，周恩来要求张学良放红军南行并支持红军弹药，张学良果断答应提供79式子弹十万发，其中六万发直接运送至肤施城，由红军来取。另外四万发将送给向陕南进发的红军部队。尽管后来因形势变化，红军取消南下计划，但在6月1日，张学良仍按约定将六万发子弹运到肤施。为此事，王以哲主动联系红军，并通知六十七军军械处长范长庚，动用运输手段把这批子弹秘密送到了城外的红军手中。周恩来为此致电感谢王以哲："承拨子弹，足证兄等待人如己，不分界限，有如兄弟手足，曷胜感纫。"

6月3日，周恩来在肤施城外的川口镇把邓发介绍给刘鼎。刘鼎把邓发经肤施、洛川带往西安。6月10日，张学良离开西安去兰州，让学忠替邓发办前往新疆之各种手续。邓发终于转道新疆去苏联。邓发是红军长征到达陕北后第一个到达苏联的代表。同时，张学良也主动派出自己的代表分别经上海和新疆与苏联进行联络，了解苏联对红军、东北军、西北军"三位一体"的"西北大联合"计划的态度。

杨虎城的西北军原本就与中共保持着良好关系。他身边有许多中共党员在开展工作，甚至连杨虎城夫人谢葆贞都是中共党员。红军到达陕北后，中共党员南汉宸、汪锋、王世英、王炳南等分别代表中共中央陕北方面、中共北方局和苏联第三国际先后同杨虎城谈判。1935年底，双方达成反蒋抗日的秘密协议。杨虎城从而成为又一个接受中共抗日民族统一战线政策的国民党高级将领。后来毛泽东秘书张文彬也多次来往西安，同杨虎城秘书王菊人商谈，达成了互不侵犯等一系列口头协议。

两次肤施会谈后，不但王以哲的这支东北军与红军建立了秘密的友军关系和战略伙伴关系，杨虎城西北军也表示支持中共提出的建立"西北大联合"的政治主张，采取了联合红军的实际行动。

第四章

## "《活路》事件"与瓦窑堡之让

## "《活路》事件"

其实，上节说到的张学良与周恩来第二次肤施会谈时，红一方面军已结束东征回师陕北，随即发起征战宁夏、甘肃的西征之战。红军西征有两个目标：一是向南迎接长征的红二方面军、红四方面军北上，实现红军三大主力会师；二是向北把进攻的矛头直指宁夏阿拉善旗定远营，以打通与外蒙古、苏联的联系通道。根据刚从苏联回国的代表张浩传达的共产国际精神表明，苏联已答应把援助红军的物资装备移送到外蒙古境内。所以，通过西征占领定远营是非常重要的。我们注意，当年中国不设内蒙古自治区，所以宁夏的行政区域面积相当大，包括黄河两岸、贺兰山东西南北各个方向。其中贺兰山以西覆盖定远营，直达居延海，既接甘肃和新疆，更连通外蒙古；贺兰山以北则直达外蒙古边界；贺兰山以东、以南，才是目前的宁夏自治区。

红军西征是在后方安全得到充分保障的条件下发动的：当时东北军已控制了黄河西岸，隔开了山西方向的国民党军队；汤恩伯的中央第十三军虽然有少量军队进入陕西北部绥德高桂滋的地面，但此时他们也不敢轻举妄动。这是因为，察哈尔省的德穆楚克栋鲁普亲王（俗称德王）此时已投靠在东北的日本关东军，成立了伪蒙古军政府，自任"总司令"和"总裁"。在日本军队的支持下，他蠢蠢欲动。因此，汤恩伯的十三军主力必须用来对付分裂叛国的德王和日本人，而不敢大举进攻陕西红军。还由于，自肤施会谈之后，东北军与红军之间大体上能够遵照秘密的口头协议，各守原防互不侵犯。东北军六十七军有时为敷衍搪塞蒋介石"剿共"命令，也偶尔向红军放空枪、打打假仗，但东北军与红军之间基本上处于相安无事的状态。当然，因通报不及时也有擦枪走火的事件发生，然而那仅是偶然。原本战乱不休的陕北地区一下子变得十分平静，红军主力顺利发起西征进入宁夏、甘肃地面。

不过，外部相对太平的东北军及西北军，他们大本营所在的西安却不怎么平静。你看，那里闹出了一起热热闹闹的"《活路》事件"。

5月12日这天，西安城内西北绥靖公署的参议郭增恺失踪了。这失踪事件非同小可！

郭增恺是杨虎城的心腹，也是宋子文任命的全国经济委员会西北专员，从而他身兼宋子文、杨虎城之间的联络官。他的失踪，使张学良、杨虎城及东北军、西北军两军人士深为震惊。

读者可能要发问：前面说的都是东北军内部的事，可此处提到的郭增恺是杨虎城的人，是西北军内部的事，这与东北军有关系吗？

的确，郭增恺是西北军方面的人。而当时西安发生了一起称为"《活路》事件"的案子，那案子的主要对象应该是东北军方面的人。但办理这起案子的特务张冠李戴，抓错了人，把郭增恺当作主要嫌疑人。这样，东北军方面出的事，却整到了西北军头上，郭增恺蒙冤，倒了大霉！结果，这"《活路》事件"把蓝衣社特务、中统特务、东北军和西北军全卷了进去。

要说"《活路》事件"这个案子，要先从西北"剿总"内的特务系统及这批特务的一些傻事说起。聚集在大西北的这批特务，他们最早的矛头就是指向杨虎城及其西北军。

与"中央军"不同，东北军与西北军都是原军阀队伍，均采用近于封建家长制的方式管理。后来，蒋介石以发军饷为手段，规定这些军队必须接受"中央"委派参谋长和建立国民党党务机构，以达到控制他们的目的。而所谓军内的国民党党务机构，就是诸如政训处这样的特务机构。此外，"中央"还向各大地区加派宪兵团、警察厅（局）、蓝衣社和复兴社两特务组织的区、站等分支机构，再加上各省党部的中统特务系统，这样就形成了一个庞大的特务网。对于西北地区，蒋介石钦点的西北"剿总"参谋长晏道刚就是西北特务网的总管。

西北"剿总"的前身是武汉"剿总"，其主力军就是东北军。曾经，武汉"剿总"因出现了国际间谍"怪西人案"及中共北平特科潘文郁的案子，让蒋介石胆战心惊。所以，西北"剿总"一成立，蒋介石就通过手下抓紧特务机构的配置。

国民党此时的特务系统不外两家：中组部调查统计科（中统）和蓝衣社（后称军统）。陕西中统大本营就是陕西省党部，归陕西省主席邵力子主管。邵力子是国民党元老，也是中共的发起人，他在北伐时，在蒋介石的北伐军总司令部任秘书长，1927 年和 1928 年还代表老蒋出任国民党驻共产国际代表。因是同乡，他与蒋介石私人关系一直很好。同样，他与杨虎城、张学良也相处得和和气气。当然，因派系不同，他们之间面和心不和的状况是难免的。

讲到蓝衣社，大家一定会想到戴笠。但蓝衣社内部关系有点复杂，此时蓝衣社最大的头目是国民党中央军委政训处的贺衷寒，而不是戴笠，戴笠只是蓝衣社内的一个特务处处长。只是由于戴笠与蒋介石的特殊关系，贺衷寒管不了蓝衣社特务处。就西安来说，西北"剿总"的政训处是最主要的特务机构，顾名思义该是西北"剿总"的"军事党部"，处理的是军内的党务，但事实上就是军内特务机构！

西北"剿总"就是武汉"剿总"迁西安后改的名。迁移后，武汉"剿总"原政训处主任贺衷寒提升为国民党中央军委政训处主任，而原北平军分会的曾扩情接替贺衷寒当了西北"剿总"政训处主任。从垂直关系看，曾扩情从属于贺衷寒；但从横向关系看，曾扩情还得归西北"剿总"参谋长晏道刚管。曾扩情与贺衷寒的党内、军内的身份基本相同：同样具有国民党中央执行委员和中将的身份，也都拥有蒋委员长学生的那份"黄马褂"——黄埔军校的荣誉经历。而西北"剿总"参谋长晏道刚却不是中央执委，他的中将身份也只是到西安后才提拔的。因此，曾扩情的身份丝毫不逊于晏道刚。蓝衣社特务处处长戴笠同样不是中委，甚至连国民党员都不是，军内也不过个少将。所以在蓝衣社内部，曾扩情不论将衔还是资历，都高于戴笠。由此可见曾扩情在特务系统中的真实地位。但由于西北"剿总"的副司令代总司令是张学良，张学良也另委派亲信黎天才充当政训处副处长，派陈昶新任二科科长。他们以背靠张副司令的优势，处处掣肘曾扩情；同时参谋长晏道刚既不谙间谍之道，又为人庸碌，帮不了曾扩情的忙，这使曾扩情难有作为。所以，晚年张学良回忆西安事变时，他用"扯淡"两个字轻蔑地形容大西北的这帮特务。

西北"剿总"的办公厅文书与机要等科处当然是属于特务机构，但那都是内勤系统。负责跑外勤收集情报的是情报与调查两个科：代号为二科和三科。这两个科分别效忠于张学良和蒋介石。三科前科长是拥有蒋委员长"黄马褂"的陈郡年，副科长是蓝衣社"江山帮"的毛人凤。而二科科长陈昶新是张学良亲信，他大哥就是担任过东北军第二军参谋长的陈再新。陈再新曾拒绝参与郭松龄叛乱，促使郭松龄惨败，所以他是张作霖的悍将和功臣。陈昶新在东北讲武堂毕业后，到日本的炮兵学校镀过"金"。在武汉"剿总"时，陈郡年和陈昶新这两位就是两个对立的科长。当时流行一种说法：三科陈郡年是蒋委员长的"耳朵"，二科陈昶新是张副司令的"眼睛"，这"耳朵""眼睛"老是打架。一个举着"中央"的旗号，总想打压陈昶新。而陈昶新自恃是张学良的得意门生，是代总司令身边的人，又具奉将门第，自认为身价比陈郡年高一些，不把对手看在眼里。因而，"强龙"与"地头蛇"两系特务之间的关系闹得很僵。那时毛人凤只是陈郡年手下的少校股长。三科科员中，有个小有名气的人物名叫周养浩。不过此时，不论是毛人凤还是周养浩，都影响不了局面。

到西安后，江雄风取代陈郡年当科长，毛人凤升副科长。由于毛人凤处事灵活善变，对陈昶新客套有加，据说此后，二科、三科关系有所缓和。江雄风面上的职务是科长，实际是蓝衣社特务处的西北区区长。说起来，这江雄风也是莫斯科东方大学的出色学生，他的许多同学都是中共重要机关的骨干。比如，如今张副司令的座上宾刘鼎就是同样来自苏联东方大学的。江雄风也在黄埔军校当过职员，也拥有蒋校长的那份荣誉"黄马褂"。至于身份改为蓝衣社特务，是他改换门庭之后的事。随同陈郡年和毛人凤一道来西安的，还有原三科科员周养浩，不过他此时已提升为西安公安局三科科长。还有记载表明，贺衷寒曾安排一个叫作周保黎的人在此处当过科长，只是时间较短，一下子弄不清其从属关系如何。不过的确有一份涉及王以哲的情报直接上报到蒋介石和贺衷寒手中，那份情报提交人就是由周保黎署名的。可见他的确在西北"剿总"当过差。不久，周保黎就转到胡宗南手下，改当军校的教官。

在西安的蓝衣社成员，除曾扩情、江雄风和毛人凤这股特务外，另外的特务力量是驻扎在西安的两个中央宪兵团和西安公安局。

西安的中央宪兵团一团团长杨镇亚上校和从北平迁来的中央宪兵团三团团长蒋孝先少将都是大特务，他们与中统和蓝衣社两边均有关系。

西安公安局也是重要的特务机构。公安局局长马志超另有一个秘密身份是蓝衣社陕西站站长。马志超虽然是黄埔首期毕业的，还有于右任这样的强力推荐人，但他一度被看成一个昏庸无能的局长，一个"扯淡"的特务。他当西安公安局局长，也是走后门，靠戴笠的牌头才上位的。将熊，熊一窝。这话对马志超来说，一点儿也不过分。后来事实证明，"扯淡"且昏庸的马志超，其手下的特务多数也是扯淡昏庸的。当然，也有例外，比如，他手下第二分局局长喻耀离就比他精明，还有三科科长周养浩。周养浩就是后来军统的著名人物，上一年，周养浩从南京调到武汉协助审问一个嫌疑叛徒。在审问陷入僵局，毫无结果之际，他突发奇招：允许嫌疑人通过秘密信箱对外写信发消息！这"无心插柳"之招，居然让一个死案复活！最终演绎出一个惊世骇俗的"怪西人案"。不过，周养浩在随后发生的西安事变中，除了保住自己的性命和地位之外，没有大作为。这里说到喻耀离和周养浩，是为了以后他们再次出场时，大家不至于觉得太突然。

1936 年，大西北的特务系统就这样拼凑了起来。这个系统的组成人员，还有几个与 1935 年 7 月让中国人屈辱的"何梅协定"有关。1935 年 5 月 3 日凌晨，汉奸文人胡恩溥、白逾桓被发现横尸天津街头。日本的战争罪犯为此故意颠倒是非，无端指责此系国民党策动的排日行为（事实上，胡、白两奸是被他们的日本主子指使他人杀的。1946 年审判日本战犯酒井隆时，他的口供证实了这点）。接着，日本人挑起更多的事端，然后由驻天津的日本侵略军头目梅津美治郎出面，指使手下参谋官酒井隆于 5 月 29 日向国民党政府提出交涉。酒井隆用流氓手段企图强逼何应钦在他们的无理要求上签字。由于何应钦拒绝签字，酒井隆就把军刀架在何应钦脖子上威胁，随后还放肆地在何应钦客厅前解裤子撒尿，其目的是激怒何应钦动手杀他，以挑起战争。何应钦强忍愤怒没签字，也没动手收拾酒井隆，但他收下了梅津美治郎开列的涂鸦文稿。日本人和汉奸分子纷纷炒作说，那就是所谓的"何梅协定"。梅津美治郎用涂鸦方式单方面开列的无理要求被中方保存了下来。其要求十分蛮横无理，其中第一款是：

一、中国方面对于日本军曾经承认实行之事项如下：

（一）于学忠及张廷谔一派之罢免；（二）蒋孝先、丁昌、曾扩情、何一飞之罢免；（三）宪兵第三团之撤去；（四）军分会政治训练处及北平军事杂志社之解散；（五）日本方面所谓蓝衣社、复兴社等有害于中、日两国国交之秘密机关之取缔，并不容许其存在；（六）河北省内一切党部之撤退，励志社北平支部之撤废；（七）第五十一军撤退河北省外；（八）第廿五师撤退河北省外，第廿五师学生训练班之解散；（九）中国内一般排外排日之禁止。

你看，这就是日本战犯梅津美治郎和酒井隆还没有当上中国"太上皇"之前，就公然对中国的内政发号施令。当时，由于南京政府没有做好战争准备，而采取息事宁人的态度，在不签约的前提下，他们事实上按日本人的条件屈辱地做了人事安排。

1936年，河北省主席于学忠、军事委员会北平分会政治训练处处长曾扩情等以职务调整为由被调离北平，分别改任甘肃省主席、西北"剿总"政训处处长。蒋孝先及其宪兵第三团也被迫从北平调往西安。所以，西安庞杂的特务系统就出现了曾扩情和蒋孝先等一批人马。

大批特务一集中到西安，就想做出点惊天动地的大事。他们从此搅得西安城十分不太平。

此时，在西安的张学良也因周边的特务滋扰不休而头痛。为了避开特务监视，他特地到远离西安的洛川设立前进指挥所，名义为指挥"剿匪"，实则为了"联红"方便。于是，中共地下党员宋黎、栗又文、苗浡然、刘澜波等一批激进青年也跟着聚集过来。宋黎、栗又文、苗浡然是1935年在北平发动一二·九运动的主将，刘澜波此时在西北"剿总"第四处任科长，原本是东北军骑二师师长黄显声的秘书。

洛川原来是王以哲的六十七军军部所在地，王以哲的朋友高崇民、孙达生等就常在此活动。随着张副司令前进指挥所的到来，这里成了西北另一个抗日活动的中心，大量的共产党员和积极分子聚集在一起。其中，中共党员刘澜波、孙达生、苗浡然等经多次酝酿，准备成立中共东北军工作委员会。最后，中共东北军工作委员会得到北方局批准，在西安正式成立。刘澜波为书记，孙达生、苗浡然为组织、宣传委员，不久又补选宋黎为委员。这些人思想激进，行动坚决，他们到洛川后，立即对东北军开展团结抗日的教育。他们既辅导军官学习辩证法，也到部队去做形势报告，介绍北平一二·九学生运动等。因他们的积极活动，中共对东北军的改造进行得如火如荼。这些活动自然引起西北"剿总"政训处、三科及西安公安局马志超的注意。

曾扩情、江雄风和毛人凤等在西北"剿总"系统内广布耳目，收集情报，眼线甚至连到了军内重要机关和头脑人物。特务照样来到洛川，活动同样十分普遍，甚至把手伸到基层连队，几乎到了无孔不入的地步。特务也通过无线电报，把情报提供给老蒋、贺衷寒和戴笠。这些来自西安的小报告一再声称：东北军和中共私下通商、打假仗、彼此通过秘密电报联络。比如，前面已经提到了王以哲副官刘宗汉就秘密监视了张学良、王以哲与红军的来往，偷窃了电报信息与文件。

马志超、江雄风和毛人凤更是把主要矛头指向杨虎城。其实，杨虎城与蓝衣社特务处之间的恩怨由来已久。早在底层特务还不认识杨上将之前，他们的上峰针对杨虎城的秘密侦察活动就已经展开了。那还是武汉"剿总"时期，蓝衣社特务就与中统特务勾结，利用胡逸民小妾向友新（即向影心）为突破口，大整杨虎城的黑材料。到西安后，马志超、江雄风和毛人凤更是利用胡逸民、向友新所提供的材料及他们留在西安的关系网，继续侦察杨虎城。

讲到这里，不可避免要牵涉军统"艳谍"向友新的一些故事，但我们不想在此处铺开，而只把要点集中在特务与杨虎城的恩怨上。提起向友新，我们又不能不涉及那个老牛吃嫩草的胡逸民。

胡逸民又名胡逸发，是中国现代历史上的一个问题人物。他一生因利益驱使而不断改换门庭，效忠不同的对象，从而造成他不停地在天堂与地狱间进进出出。在早年，他也堪称是国民党元老，还是老资历的法官和典狱官。但我们不能不提醒大家，他后来更是一个劣迹斑斑的大汉奸！1946年，著名大法官赵琛在主持第二次世界大战汉奸法庭时，便以汉奸罪判处胡逸民十年有期徒刑。此后胡逸民是关押进天牢的汉奸，没有丝毫荣誉可炫耀。

1927年四一二反革命政变后，胡逸民当过国民党中央"清党"审判委员会主席和多个监狱的典狱长，他多次对政治异见者进行集体屠杀。在那期间，他还因叛逆和投机的本性，不断更换后台，既效忠过蒋介石，也效忠过诸多蒋介石的不同政敌。显然，他在老蒋心目中是个不忠不孝的异类，被打入另类。后来以贪污和其他不干净的劣迹，被多次打入监狱。

20世纪30年代，胡逸民劣性难改，多次鲸吞监狱建设费，中饱私囊，捞取了大量不义之财。不过此时，蒋介石不计较他的污点而继续加以利用。派大用场不可能，就派他点儿小用处吧。于是，胡逸民被派到陕西省，以出任省政府委员的名义监督杨虎城。老蒋或许觉得，有辫子抓在自己手中的人好用。但时间一长，杨虎城觉察出其中奥妙，就倒过来用金钱、美女收买胡逸民。1935年初，胡逸民娶了西安美人向友新当小妾。此事令众人大跌眼镜！美人向友新如花似玉，又出身一个小康家庭，绝非贫困潦倒到非要嫁给一个糟老头当小妾的地步！况且，漂亮配潇洒，美女爱才子，那才符合本性。还别提，这位胡姑爷竟然比丈人泰山还大一岁。这太不可思议了！

人们自然想到，这段姻缘或许与"西北王"杨虎城上将的威力有关。

糟老头娶美女的新闻引发了一阵纷纷扬扬的舆论。杨虎城充分理解此时新娘与新郎官的微妙处境，于是出高薪，派胡逸民出任西北军驻武汉的办事处处长。这样，胡逸民离开西安回到老蒋的军事重镇武汉。他是蒋先生派到杨上将身边的卧底，如今倒过来，他回到老蒋的大本营旁边，当杨上将的耳目。

好一个老革命胡逸民！他在金钱美女面前，渐渐迷糊了。他弄不清：此时在杨虎城与蒋介石之间，我胡老革命应该效忠谁？谁才是真正的主子？

其时，蒋介石正在指挥张学良、陈继承等几十万大军"围剿"红军。他发觉胡逸民不请自来，竟然来到当时的"剿匪"重镇武汉，不由得不怀疑：这老狗是否又变节了，倒过来成了替杨虎城收集我武汉"剿总"情报的间谍？于是，老蒋手下的特务出动了。蓝衣社特务处处长戴笠决定亲自出马，要把胡逸民与杨虎城之间的那些事查他个水落石出。戴笠等人经过几天观察，发现胡逸民新娶的小妾向美女是个水性杨花之人。于是，决定从她身上打开缺口。

武汉是当时的军事重镇，情报斗争激烈，间谍高手云集。中统和蓝衣社特务中的高人自然不少。中级的特务就有武汉"剿总"情报科科长陈郡年等一大批；小一辈的，不胜枚举，其中就有在武汉"剿总"三科任股长的毛人凤和初出茅庐就一鸣惊人的情报员周养浩等，他们个个都很突出。但此时，戴笠还不敢让这些人担纲派大用场。因为这儿还有许多老奸巨猾的高级人物。比如，挂职湖北省警察署署长的蓝衣社特务处武汉站站长周伟龙及武汉"剿总"侦缉处少将处长兼武汉警察局局长蔡孟坚，就不是寻常人物。特务周伟龙的大名如雷贯耳，不提他大家也知道。至于那个蔡孟坚，只要提起四年前顾顺章在武汉登台表演而落入他手心的故事，就知道他是什么身份了。更不用提，两年后，守株待兔的蔡孟坚又捞上了中共最高级别的叛徒"焘哥"张特立。老是交好运气的蔡孟坚迅速提升为武汉警备司令，最后成了台湾政权的高级参议。蔡孟坚在美国逝世后，宋美龄、连战、萧万长、王金平、吴伯雄等人还特地以个人名义向他寄送花圈匾额以悼念，可见此人一生非同寻常。

戴笠、蔡孟坚、周伟龙决定联手对付胡逸民。经幕后策划决定，由地头老大蔡孟坚设局，然后戴笠、毛人凤先后出马把向友新"摆平"。大美人向友新哪堪这帮豺狼虎豹的突袭？她即使不甘心也得老实躺下，浑身污浊的向美人雌伏了，并参加了蓝衣社。向友新终于被彻底搞定了！从此，她成为军统一颗惊艳的美女炸弹，一个笑面杀手。按以后军统的习惯叫法，我们改用"向影心"来称呼她。通过向影心，再利用那位戴着绿帽子的胡逸民，特务终于把杨虎城及其周围人的政治面貌、习性等摸个透彻。随后，胡逸民不再有任何使用价值了。为了"解放"向影心，1935年下半年，特务找个借口将胡逸民关进大牢，解除了向友新与他的婚姻关系。

还真是阴错阳差，胡逸民因这次坐牢，居然结识了一位红军领袖。从而，这次坐牢给他的名声带去了一丝丝的亮点。传说中，胡逸民在监狱中认识的红军领袖就是方志敏。他们因关在同一监狱而互相认识并有了交流。然后，胡逸民把方志敏的《可爱的中国》等狱中遗作收留保管，出狱后带出来，交给了鲁迅。有人认为，那是胡逸民的正面形象。

我们暂不评价他的功劳有多大，但细细分析，恐怕那事还有些误会。胡逸民出狱时间是1936年秋天，而鲁迅先生是1936年10月19日逝世的，所以胡逸民出狱时，鲁迅已逝世或至少是临危了，胡逸民与鲁迅没有照面的机会。他最大的可能是把方志敏的遗物交给其他人，再间接地传到左联成员的手中，而不是交到鲁迅手中。所以胡逸民无法沾到鲁迅的丝毫光辉。他的一生，总的来说，依然是一无是处。有关胡逸民的事，暂且搁置一下，以后的事就留到以后再说吧！

因继续堕落而当了女特务的向影心，后来终于成了蓝衣社攻城略地的一颗威力无比的肉弹！她最终也如愿以偿地成为毛人凤的老婆。

就这样，特务到西安之前就从胡逸民和向影心手中弄到杨虎城的不少隐私，如今这些材料和秘密关系都落到马志超手中。马志超也进一步通过向影心留在西安的关系，探知更多有关杨虎城的秘密。他发现，杨虎城的太太谢葆贞和秘书王菊人等都是中共党员。杨虎城手下许多重要岗位也握在中共党员手中。于是，马志超向蓝衣社特务处的南京总部发出多份指控杨虎城、张学良"通敌"的小报告。但由于马志超的昏庸无能，这些小报告中夹杂着许多无稽之谈，如有的材料捕风捉影地说毛泽东与张学良会面了，有的捏造事实说杨虎城与苏联特使密谈等。这些在一定程度上造成了蒋介石的困惑，也使马志超秘密报告的可信度和价值都大大地打了折扣。

其实，特务想通过这些黑材料扳倒杨虎城、张学良、王以哲等人，又谈何容易？因为蒋介石在一定程度上能容忍张学良与中共来往，甚至是容忍张学良在物资上暗助红军。他理解，张学良那样做，都只是为了保存实力。那不算稀奇，几乎所有的军阀都会那样。红军长征一路过来，陈济棠、龙云、刘文辉、刘湘、杨森等军阀无不和红军秘密联络，试图减少损失。所以，老蒋在一定程度上还是相信那些将领的，他还是要利用军阀向红军开战。从而，蒋介石不把特务的警告当作一回事。老蒋的内心是绝不相信张学良等人竟然敢与中共结成联盟而掉转枪口向国民党开战的！

大批上报的材料石沉大海后，马志超也觉得，太大的山头搬不动，该改改方针，去弄点儿小的。弄不动杨虎城，就去弄杨虎城秘书宋绮云。于是他向戴笠报告：

> 西安绥靖主任杨虎城绰号杨九娃，土匪出身，不大识字，机智过人。他思想左倾，关系复杂，在政治上八面玲珑，各方面都拉，来者不拒。他身边什么人都有，刘湘、龙云、韩复榘都有代表在西安和他联络。他包庇利用大批共产党左倾人物，对他的影响很大。杨虎城的秘书宋绮云，徐州人，共产党员，为杨虎城亲信等。

戴笠得到报告后，立即指令特务注意监视。

宋绮云是谁？看过《红岩》的人都知道有个叫"小萝卜头"的孩子，宋绮云是"小萝卜头"的爸爸。宋绮云是中共党员，这点千真万确，说宋绮云与杨虎城关系非常密切，那也不假，但说宋绮云是杨虎城的秘书就不太准确。杨虎城此时的秘书是王菊人，而宋绮云的身份是《西北文化日报》的社长兼总编辑，还在第四集团军内任少将参议。马志超觉得宋绮云是条大鱼，于是把监视宋绮云的任务交给自己选拔的侦缉队队长许忠五。

但许忠五马上就闹出麻烦来了，因为他把任务压到了侦缉队分队长白冠五身上。白冠五奉命跟踪宋绮云，不过他的跟踪行动是在大吹大擂的气氛中进行的。他还自鸣得意地向周边的同伙吹嘘自己肩负的重任：负责监视宋绮云，负责钓宋绮云身后的大鱼。于是，这重大消息就在不知不觉中传开了。地下工作老手宋绮云还能蒙在鼓里吗？他立即向"西北王"杨虎城上将汇报。

后来知道，白冠五本人就是潜伏在西安公安局的中共地下工作者。1930年底，刘志丹在陕西策动兵变时不慎被捕，得到南汉宸与白冠五等伙伴的积极营救。他们通过西北文化名人和政治活动家杜斌丞的关系，向杨虎城说项，最后经杨虎城批准，刘志丹被释放了。不久，刘志丹在陕西发动起义，兵变成功。白冠五就到刘志丹的红军队伍中担任副大队长。1935年，白冠五又通过关系潜入西安公安局。到1936年，因刘志丹牺牲，白冠五失去了组织关系，但他初衷不变，依然是潜伏的中共地下党员。这种事，他能不设法事先警告宋绮云？

马局长露馅了，杨虎城震怒了，问题严重了！

马志超整不倒别人，却暴露了自己。他近乎在找死，自动把脖子伸到杨虎城的刀口下。

他难道没查清楚？这杨九娃出身刀客世家，十四岁那年，父亲被官府处决，就是这杨九娃孤身一人赶去收尸。他借了一辆板车，长途跋涉，忍饥耐渴，把父亲拉回老家安葬。此后，他声名远扬，成了关中第一刀客！

经历如此这般一番折腾，这"扯淡"的马志超脑袋还继续留在脖子上，还真算他命大。

暗算宋绮云失策了，特务又盯上了下一个目标郭增恺。前面说5月12日郭增恺失踪，其实郭增恺是被马局长手下逮捕，并且秘密押送到南京陆军监狱去了。

郭增恺的被捕，全因一份在东北军内部秘密发行了一个月的刊物《活路》。

原来，不久前，西北"剿总"政训处收到基层密报称：有一份铅印刊物《活路》在东北军内秘密流传。特务首先怀疑到东北军内部。但毛人凤凭经验判断，这个情报不准确，刊物不是在东北军内部印刷的。因为此前西北"剿总"政训处二科科长陈昶新想编印一些军事情报学、炮兵测量学之类的讲义，却找不到门路。他曾请求毛人凤帮找路子。这说明，东北军内部根本就没有印刷设备。那么，这份铅印的《活路》印刷品又是从哪里出来的呢？

毛人凤猛然想西安绥靖公署军需处有印刷厂，他马上向三科科长江雄风请示，并一道商量了侦察办法：先找西安公安局马志超，从他的侦缉队里借来廉栋臣等两个侦探冒充失业工人，然后托关系找熟人，介绍进这个印刷厂。做了一番精心乔装打扮的廉栋臣等两个密探，确实不含糊，他们经过一段时间的留心观察，发现《活路》确实是在这家印刷厂里印制的。

原来，他们进这家属于绥靖公署的印刷厂不久，就有了机会：该厂又接到指示，要秘密印刷一批文件了。由于厂方担心工人私自把印刷品带出厂外造成泄密，就对参与印刷的工人和原料纸进行了严格的清点程序，确保付印的白纸与印出来的成品及废品张数相同。而且，印刷都在夜晚开班秘密进行，天亮停止。于是，两个密探在一天晚饭后上班进车间时，各自悄悄带进一份白纸，印刷时，用白纸换出了一份印好的成品。两个密探就这样抓住了一个破解谜团的机会，拿到了他们所需要的证据。

得手后，廉栋臣两人躲在军需处后面的城墙上偷阅，这就是特务急于得到的军需处印刷厂印刷《活路》的直接证据。这期《活路》的内容，全是指责蒋介石让东北军、西北军与红军互相残杀，并称其目的就是借红军消灭东北军、西北军。印刷品还称，东北军的"活路"就是停止内战，西北（三方）大联合起来共同抗日，否则就没有活路！

显然，它散播的全是"不良"信息，是地地道道的"违禁印刷品"。于是，这两人通过秘密渠道，把样品送交西北"剿总"调查科科长江雄风。江雄风获得如此重要的"反动文件"，顿时兴奋不已，即向"剿总"参谋长晏道刚报告。晏道刚不敢迟疑，立即召集江雄风、马志超、曾扩情等特务头子开紧急会议，会上，他们集中分析"反动作者"是谁。

与会者纷纷发表看法，在集思广益的基础上产生了相同的见解。他们认为，既然是十七路军印刷厂印的小册子，当然是十七路军的人编写的。从内容上看，说话的口气是东北人的，宣传主要对象也是东北军。于是，他们拿出花名册逐一比对，最后分析来分析去，摊到郭增恺头上。郭增恺言论偏"左"，特别是他平日老是爱吹自己与杨虎城的关系如何之"铁"，还吹自己文采如何之"牛"。到此，根据《偷斧子》寓言的逻辑去演绎，特务越想越觉得像，越分析越觉得有道理，一致认定这个"偷斧头的邻居"郭增恺是铁案难移了，《活路》作者非郭增恺莫属。报功心切的特务头子立即向蒋介石做了报告，蒋委员长于5月10日电令："着即将郭增恺逮捕送南京。"接令后，晏道刚不敢含糊，在12日这天亲自打电话邀请郭增恺到总部来喝喝茶，还说顺便有要事商谈。郭增恺终于"落网"了，他被塞进公安局的警车，连夜被送到临潼，押上火车解往南京。

郭增恺到南京后，特务立即进行审讯，逼他招供为何要编印这份如此"反动"的《活路》小册子，还企图从他口中套供杨虎城和张学良怎样密谋联共抗命。郭增恺被问得浑然摸不着头脑。特务用了各种威胁、利诱、刑讯，也问不出所以然来。

南京的特务只得如实转告晏道刚。晏道刚觉得，此事还是向杨虎城打个招呼为妙。于是晏参谋长约杨虎城将军来"剿匪"总司令部面谈。他先谈了一些与主题无关的陕北军事情况，接着隐喻道：何敬之（何应钦）在江西"剿共"时，随从人员中就有共产党，把军事计划偷送到红军方面，结果吃了大亏。你对你左右的人要常加注意呀！

接着他拿出《活路》给杨虎城看，他说："郭增恺因此事已被调南京问话。"他还强调《活路》是十七路军印刷厂承印的，杨将军你理应查出个头绪来。

晏道刚此举着实不算高明。他等于给杨虎城通风报信了。

杨虎城本来对郭增恺的失踪感到非常紧张。如今得知是被蒋介石下令捕走，更加不安：郭增恺虽然不是共产党员，然而杨虎城有一套试图联络北方各路军阀共同对抗南京的完整计划，郭增恺具体参与这些计划的联络和跑腿工作，自然十分清楚。到这地步，杨虎城知道，现在最好的态度只能是：一切都不认账！再说，本将军识的大字不满一箩筐，《活路》那劳什子与我何干？杨虎城断然否认，坚称本将军的军需处绝对不会印这种东西。如果晏参谋长要查的话，还是请到市面上彻底查一查，别指桑骂槐地冤枉我！当然此时，这些《活路》是否真的是十七路军印刷厂印刷的，杨虎城自己也心中无数。他气冲冲地赶回绥靖公署，立即派人去印刷厂好好地查了一遍。事情有眉目了：内部出了奸细，有人告密！告密者是两个工人，其中一人的名字是廉栋臣！

杨虎城明白了，这些人又是来暗算自己的。于是，下令将廉栋臣二人秘密关押到十七路军军法处。我老杨抢先抓走了你马志超和毛人凤的活口人证，看尔等如何红口白牙地来指控我！

晏道刚在杨虎城这边碰壁，又去找张学良。张副司令一见《活路》小册子，不禁拍案大怒：此等"反动"的东西理应严查！我倒要看看，后台究竟是何人？

他命令部队全面查禁收缴。东北军内把材料集中后，又发到孙达生手里令其处置。孙达生不敢耽搁，他把这些收缴回来的《活路》，再通过各种形式发到原先没分到小册子的部队中去。

杨虎城关押了廉栋臣二人后，情知特务已断了人证。于是，他主动上门来到陕西省主席邵力子府上，痛斥蓝衣社特务胡乱抓人！杨虎城绝非糊涂人：邵力子是西安一带中统特务的总管，而中统一直与蓝衣社争风吃醋、闹矛盾。说蓝衣社的坏话，邵力子绝不会觉得刺耳。所以，杨虎城此举一则是在中统与蓝衣社之间多插些楔子，二则是让邵力子把话带到南京去，让老蒋和他的中央听听。

不过，特务随后就发现抓错了人。原来，江雄风和毛人凤等人，重新启动以前向影心留在西安的旧关系再进行明察暗访，终于又有了新结论：主张"西北大联合"、联共抗日的小册子《活路》是由东北军军部方面的高崇民、孙达生、栗又文和马绍周等人合编的！

其实，《活路》是由中共地下党员和高崇民一起办的一种不定期的政治刊物，刊名的意思是东北军的活路在哪里。前面已经讲过，这高崇民、孙达生就是专门在东北军内从事兵运工作的。编制反战的小册子《活路》并让它在东北军内部流通，那正是兵运工作的一个部分。他们四个人也正是《活路》的撰稿人。其中高崇民写了《抗日问答》的文章，表明了反对蒋介石"攘外必先安内"的政策，指出东北军必须联共抗日，不然就会灭亡；栗又文写了《关于如何解决抗日经费问题》；孙达生写了《论西北形势》和《整顿东北军内部的两个问题》。这些文章，在特务眼中都是非常极端的。

《活路》既然是受中共东北军委员会刘澜波、孙达生、苗浡然等支持并参与组织的政治宣传刊物，当然事先曾征得张学良的默许。不过，张学良表面上还是采用公开查禁的方式以遮盖特务耳目。所以，这个刊物本身是处于地下状态，印刷、发行，都冒着很大的风险。

原先《活路》是采用刻蜡版油印。如今既然副司令默许了，那就准备铅印。

但是，在西安找不到敢印刷这种革命刊物的工厂。因为国民党陕西省党部有命令，印刷《活路》这样的内容，就违反了《危害民国紧急治罪法》。所以《活路》不能拿到外面去印。正巧，杨虎城的秘书王菊人造访高崇民。《活路》另一位编者孙达生出面与王秘书商量印刷《活路》的事。王秘书告诉他：绥靖公署军需处有个印刷厂，专印军内的材料，比较安全、保密。他答应帮助孙达生去请示杨虎城。杨虎城果然是慨然应允，并让王菊人通知军需处处长王惟之负责监印，注意保密。按照实印册数发给纸张，不许多印。《活路》经过几夜突击印完了八千本。绥靖公署军需处处长王惟之和交际处处长申伯纯用小汽车把小册子运到双仁府高崇民家发行，秘密散发到东北军和十七路军各部队中。当然，这种刊物一旦发出，必然很多人知道，特务也肯定会收集到手，有反战宣传品的事就谈不到什么保密了，只要不暴露编写、印刷和流通渠道就行了。杨虎城也认为只要保密工作做得好，抓不到印刷厂，特务也没办法。他对张学良说：这本小册子发到前线官兵手里，作用很大。秘密保不住的时候，特务无非拿枪杆吓人，咱也有枪杆对付。有勇气抗日，不怕特务。特务来软的，我们软对付；来硬的，便和他们硬干。

所以，当晏道刚拿着《活路》找上门时，杨虎城公然与他叫板。

其实，令特务紧张的刊物远不止《活路》一种。张学良为宣传抗日，还办了一个《文化周刊》。他委托刘鼎物色编辑，恰好上海左翼作家吴奚如（席儒）刚来西安，刘鼎请示周恩来后，把他留了下来。张学良立刻接见了吴作家。《文化周刊》发行后，很快成为西安、兰州地区的畅销刊物，每期印五千份。其中吴奚如写的《蒋委员长身上有日本人的血液吗？》一文，特务上报到老蒋手里，引起了蒋介石夫妇的极大愤怒：损坏领袖的人格。

同样，特务把《活路》作者的最新发现密报给蒋介石。老蒋于是下令通缉高崇民、孙达生和马绍周。

南京方面也直接给王以哲去了一封警告电报："不得在军部窝藏共党分子。"王以哲立即把电文拿给高崇民等人看，提示他们预做准备，并把孙达生等介绍的来自北平、天津的二十余名激进学生和秘密党员接到洛川，以士官身份安插在六十七军教导队中，使特务无从下手。

高崇民知情后转由杨虎城保护。他辗转多处，最后离开西安来到天津租界南汉宸住处，到了 10 月风头过去才回到西安。特务头子江雄风负责逮捕《活路》事件"其他参与者孙达生、苗浡然、马绍周等人，但处处碰壁。马绍周利用东北老乡掩护经常变换住处，特务几次扑了空；苗浡然因为是张学良卫队二营营长孙铭九的同乡好友，就与张学良卫队住在一起而平安无事；而孙达生此时通过刘澜波的关系住在新城坊 15 号，那是东北军独立一〇五师师长刘多荃的公馆，特务哪敢惊扰兵强马壮的刘师长？虽然这"《活路》事件"闹得纷纷扬扬，特务什么也没得手，只有郭增恺彻底被冤枉了。不过，你最好别急着当出头替别人鸣不平，特务不会有认错的事。郭增恺照样被关着，哪怕他还沾一些皇亲国戚宋子文的光。

本书在后面"释蒋"那一节中，会再次提到郭增恺。而特务继续搜捕孙达生、马绍周等人，抓捕行动一直延续到两个月后的 8 月 29 日，并再次引发严重冲突。我们将在《"艳晚事件"》那一节继续讨论那天发生在西安城的事。

## 瓦窑堡之让

"《活路》事件"抓捕高崇民、孙达生和马绍周的命令是蒋介石签署的。也可以说，整个"《活路》事件"是老蒋亲自抓的。但通缉令发了之后，却陷入不了了之的局面，当事人高崇民、孙达生和马绍周暂时躲避几天后，又似乎没事了。这是怎么回事？

原来，国民党中央政府出大事了。陈济棠、李宗仁和白崇禧反了。这些人造反非同小可，是事关江山是否立即易主的大局，《活路》事件"便显得无足轻重了，自然被冷落一旁。

1936 年 6 月 1 日，两广事变发生。广东陈济棠联络广西李宗仁、白崇禧亮出"团结抗日"的旗号叫板蒋介石，并以"北上抗日"的名义，出兵湖南、湖北。张学良、杨虎城、阎锡山、韩复榘、宋哲元、刘湘、盛世才等都收到陈、李、白的邀请，同时两广方面也特向红军发出呼吁。于是全国一阵震荡，各方或明或暗，直接或间接地支持两广势力。这次事变让蒋介石一阵慌乱。

张学良、杨虎城也采取了同情两广的立场,并有了应变计划。在两广事变发生的第二天,也就是6月2日晚,张学良、杨虎城就如何响应陈济棠、李宗仁、白崇禧做了研究,提出应对方案,并派出代表与各方秘密交流协商。至于与红军的关系,他们没有做出另外决定,而继续按肤施会谈的协议发展关系。因为不管两广事变如何发展,实现"西北大联合",把东北军、西北军和红军联成一体,已经是不可动摇的方针。

当然,西安的这批军事大亨没有匆匆忙忙发表声明,而是暂时静下心来,继续办军官训练团,搞训练。他们也举起抗日的大旗,间接批判老蒋"攘外必先安内"的反动本质,从舆论上促进东北军和西北军的思想转化,然后达到与红军实现"西北大联合"的目的。

要进行思想转化是基于这样的原因:东北军和西北军原本是以"围剿"红军为宗旨的。但自肤施会谈后,就要求东北军和西北军的立场转变过来,变"剿共"为"联共",逐步实现"西北大联合"。红军、东北军和西北军团结一致,达到"三位一体"的目标。这当中就有一个重要的思想转变过程。还由于肤施会谈是秘密进行的,放弃"剿共"为"联红"的立场是必须对蒋介石和南京政府隐瞒的,从而肤施会谈的协议条文是不能公开宣传的。所以思想转化要从军官开始,在内部通过秘密训练的办法来实现。然后从军官灌输给士兵,最后达到全军一致。其实,办思想转化训练班是周恩来建议的。张学良对这点很信服,他的部下高福源就是成功地从红军办的"战俘学习班"转化出来的典型。他对高福源的思想变化非常惊喜,对训练班十分信服,所以他一下子就接受了周恩来的建议,计划成立军官训练团,实现对东北军和西北军的改造。

自肤施会谈回西安后,张学良就与杨虎城商议,决定在西安长安区王曲镇北堡寨村成立王曲军官训练团,对东北军、西北军干部进行政治轮训。他和杨虎城出任王曲军官训练团的团长、副团长。张学良的心腹王以哲任军官团教育长,具体负责训练团的筹建和日常训练工作。

筹办王曲军官训练团的过程中,中共党员刘鼎、刘澜波、孙达生、宋黎等出了许多力。张学良身边的副官、秘书和卫队成员孙铭九、应德田、苗剑秋等也是训练团的重要成员。为不让蒋介石怀疑，他们特地将此事向国民党中央报批，只不过改称是办普通军校。于是王曲军官训练团又称黄埔军校第七分校。训练团选择在长安区王曲镇北堡寨村，主要因为这儿是西安近郊，离西安中心城区近，又比较安静，同时还因为张学良在王曲镇备有一处公馆，这样便于他亲自处理王曲训练团的事务。

第一期训练团开班有一百零八人参加，编成一个干部连，正副连长就是兼任教育长的六十七军军长王以哲和缪澂流。一百零八人中有各部队的师长、正副团长、营长和总部的处长、科长、参谋、秘书、科员等，共编为十二个班。班长大都是上校级军官，担任副班长的为中校级军官，其余为列兵。干部连的学员中，有中共地下党员贾国辅（又名贾陶）、解方、万毅、栗又文等人，所有学员一律着灰布军服，不戴军阶。

西安王曲军官训练团学员起居处离太师洞没多远。他们利用土崖挖成一长排窑洞，每班住一个窑洞，每洞可容纳二十人。入口处有门窗，纵深约有十五米，挖掘时留出土炕当作床铺，炕宽两米，地宽一米五。挨出口处，按班长、副班长、列兵的军阶顺序放置被褥。窑洞尽头是风雨无阻的交通洞互相连通。窑洞是黄土高原特有的民居，是风俗遗产，冬暖夏凉、廉价实用！

饭厅是一条长三十来米的露天长坑。中间留出高一米二左右的土台当餐桌，两边留着矮土台当座位。为了增进互相了解，大家饭后坐在一起随意议论，交流思想，联络感情。

这时的王以哲把注意力全放在王曲军官训练团上。他当然是按照张学良的意图，把军官的"剿匪"思维换成"联红"行动，实现"西北大联合"的目标。不过，他不是一开头就提出"反蒋""团结红军"或"停止剿匪，共同抗日"这些容易招特务注意的口号，而是讲历史，颂扬史可法、文天祥和岳飞，提倡民族气节，增强参训军官的抗日卫国意识。在这些基础上，他说："兄弟阋于墙，外御其侮，打内战不行，我们永远打不回老家去。我们现在都应肝脑涂地，紧密团结在张将军的领导下，努力实现他的团结抗日主张，我们才有出路！"王以哲的话这样说，其实与他的朋友高崇民、孙达生在《活路》中宣传的意思是完全相通的。

王曲军官训练团第一期开班时，蒋介石想用开五届二中全会的办法化解两广事变，发电报要张学良、杨虎城两人参加会议。张学良、杨虎城对两广事变内心有所准备，两人商量后决定去一个留一个，也就是要留一手，让杨虎城留守西安以应付局面。张学良临走，特地吩咐王以哲，会议期间，全体东北军要服从杨虎城指挥。

张学良离开西安，先去兰州为邓发办手续经新疆去苏联，然后于11日转去南京、上海。11日当天，张学良到达南京。但蒋介石召开中央全会来制裁两广军头的目的没能实现，因为彼时两广事件还没有眉目，形势不明朗，多数委员以消极的态度抵制国民党中央全会，全国许多军政大员没来南京，所以那次"五届二中全会"因不"全"而夭折。

对于张学良能到会，蒋介石十分满意。但究竟这陈济棠、李宗仁、白崇禧太可恶了，搅得自己心神不宁，加上还有其他许多要紧的事要办，他没能亲自多陪陪这位结拜兄弟到处玩玩，散散心，而是从上海唤来熊式辉司令和吴铁城市长，命令他俩好生款待这位劳苦功高的西北"剿匪"张副司令。让他在上海会会朋友，放松放松，娱乐娱乐，喝喝酒，跳跳舞。相对于半年前到南京参加五大时张副司令遭到冷遇，这趟委员长够哥们儿了。

张学良这次"悠闲"的上海旅行，有如当年孙权借招亲为名，把刘皇叔款待于南徐北固山甘露寺的先例，看似张副司令也中了老蒋的调虎离山计。他一去，就十几天没与西安通消息。这急坏了许多人：既让远方的陈济棠、李宗仁、白崇禧感到疑惑，也让红军领导和西北军首领杨虎城内心焦急。这样一来，东北军与红军的良好关系差点被搅乱。

首先心急的是陕北的中共中央。

我们说过，陈济棠、李宗仁、白崇禧发动两广事变的时候，也给中共中央和红军发了电报，表达他们反蒋的目的，要求中共中央和红军响应并与他们携手合作。

中共中央也发觉，两广事变搅得蒋介石手忙脚乱，他根本就无力过问西北的事态。这正是落实肤施会谈，实施"西北发动"计划，组织"西北国防政府"和

"抗日联军"的最好时机。于是，中共中央在 6 月 16 日，把前次与张学良商定的计划书内容详细上报共产国际，请求批准。报告内容如下：

> 我们与东北军间的统一战线上层方面，业已坚定了张学良抗日反蒋的决心。……西北国防政府的局面，目前因两广的发动，华北宋哲元与四川刘湘等的酝酿，西北发动有加快的必要。……宁夏、青海方面是打通我们与苏联地理关系的重要关键，目前还没有有利的情况，然而以红军与东北军两个西北主力起而举事，西北局面已能控制，西北国防政府已有他坚定的基础了。……为了策应两广及华北的局面，西北发动决定提早。发动的时机拟在两个月内。发动的部署以接近苏联与解决西北蒋介石力量为原则，大体以红军一方面军经于甘北，二、四方面军经于甘南，以东北军一部入兰州，解决朱绍良，并控制兰州到哈密要道。因黄河的障碍，在结冰以前红军没有办法出兵至黄河以西或以北，因此只能使用东北军。西北国防政府应以兰州为中心，此政府主席及抗日联军总司令推张学良，我们则任其副。（中共中央书记处：《致王明、康生电》，1936 年 6 月 16 日，中心档案 495/74/281）

报告中，中共中央指出主要困难是经费和装备问题。因为这不仅是中共中央担心的问题，也是历次谈判中张学良最关心的问题。一旦西北事变发动后，没有苏联的援助，几十万大军粮草弹药将无以为继。中共中央自然也深为此种情况而担忧。因此在同一份汇报中提到：

> 东北军一旦脱离南京政府，则财政来源完全断绝，加上红军，每月至少应得到国际 300 万元的资助。同时，东北军脱离南京后，武器装备的来源也完全断绝，故飞机、重炮、各类步枪、机枪、架桥设备以及各种弹药，都需要来自国际的援助。（中共中央书记处：《致王明、康生电》，1936 年 6 月 16 日，中心档案 495/74/281）

为得到共产国际的支援，此时，红一方面军正在西征的战场上，要把根据地扩张到外蒙古边界，打通连接外蒙古、苏联的通道。

中共中央在向共产国际请示报告的同时，也积极与西安的东北军和西北军联系，希望能积极响应陈济棠、李宗仁的"西南发动"。在向共产国际汇报的同一天，中央就向张、杨提议，立即按肤施会谈精神，实施"西北发动"计划，组织"西北国防政府"和"抗日联军"。中共中央希望张学良和杨虎城能迅速做出回应。

杨虎城接到中共中央的建议后，就去找东北军留守王以哲商量。

当然，他俩都知道：这事要得到此时在南京的张学良的许诺！但问题在于，他们老得不到回音。

杨、王两人面对面，沉默了好一阵。他们内心有数，没有张副司令的点头，这事还真不好决定。但红军方面为这事又催得很急。怎么办？

许久，王以哲说，副司令临走把一切决定大权委托于你，你就决定吧！

杨虎城沉默了一阵，摇摇头，还是等张副司令回来再说。

由于张学良和杨虎城没有及时回应，中共中央和红军除通电对两广事变发表声明外，没有能通过实施"西北发动"，组织"西北国防政府"和"抗日联军"等实际行动来响应。这事，一时让红军领袖心中不快，但那不是主要的。而且，没几天，两广事变就夭折了，不实施"西北发动"，就保住了中共中央与东北军、西北军两军之间的秘密不暴露，这反而是一桩好事。但糟糕的事还是发生了：蒋介石利用张学良不在西安之际，通过"剿总"参谋长晏道刚严令东北军向红军的后方发动进攻。此时红军主力正发动西征，中共大本营瓦窑堡空虚！蒋介石的这一步骤的确在一定程度上起到了破坏作用。

张学良也猜测到此次上海之行，是老蒋故意滞绊自己，背后或许是要耍点儿什么花样。但那时张少帅不甚担心。东北军这班底，老蒋一时是消化不了的。张少帅倒觉得，西安闭塞，而上海消息灵通。在这动乱之际，他不妨将计就计，在上海观察事态的变化。

张学良特别注意到，那个"潇洒""滑头""贪财"却又老成持重，表面与自己一样风流豪爽，内在却城府极深的钱大钧，这次却没缘会面。钱大钧是军中的风流将军，著名的富家小姐欧阳藻丽、欧阳生丽这对美女姐妹花双双心甘情愿地嫁给他，二女共侍一夫！这点颇让风流少帅张学良羡慕不已。钱大钧与小张副司令堪称交情颇深、志趣相投！以往张学良和赵四小姐与他们一家来往密切。去年冬天，自己参加国民党四届六中全会时遭冷落，就是钱大钧一人到机场迎接自己。可这次，来机场接自己的人员不少，偏他没出现！

张学良与钱大钧的来往开始于1932年，那年发生长城抗战，钱大钧出任保定行辕主任。保定行辕指挥的第十三军有孙元良、汤恩伯等枭将。当时，相继发生的锦州、承德失守导致热河沦陷，张学良遭举国上下一致谴责！那正是张少帅最难堪的时候。1933年，蒋介石、宋子文到钱大钧的保定行辕逼张学良下野以承担失败责任。张学良记得当时钱大钧宴送自己出国考察的情形。一年后，1934年，蒋介石成立武汉"剿总"，自任司令，起用张学良为副司令，卸下保定行辕主任的钱大钧当了武汉"剿总"参谋长。老蒋起用张学良，是履行当时劝张学良暂时下野时许过的诺言。让钱大钧当参谋长的原因更简单，钱大钧是黄埔军校本部参谋长，原本就是蒋校长在黄埔的台柱和心腹。从武汉开始，张学良、钱大钧开始密切往来。后来，武汉"剿总"撤销，成立西北"剿总"，张学良照样当副司令。临走，张学良向钱大钧告别时说："慕尹，我先走一步，在西安等你！"可是，张学良左等右等，就是不见钱大钧来，等来的却是晏道刚参谋长。钱大钧改任军事委员长侍从室主任。是什么原因让钱大钧与自己分手？张学良颇费思量。不过此后，因不再有同衙门关系，张学良与钱大钧来往倒更亲热、更自然了。

可这次怎么啦？私下没见到钱大钧，张学良甚是疑惑。改任军事委员长侍从室主任的钱大钧，竟然不在老蒋身边，这点更让张学良费心思。后来，张副司令终于知道了，老蒋又给了钱大钧一次全权处理广东事变的机会。

北伐战争时期，钱大钧任广州卫戍司令，替蒋总司令打理革命的大后方基地广东。接着，1927年四一二反革命政变时期，钱大钧与李济深一道配合蒋介石的"清党"行动，也在广东省策动"清党"事件。后来还是这个钱大钧，破坏了八一南昌起义军的南征。他先率两个团在江西南部冒险与起义军纠缠，阻挡并拖延起义军南征的步伐，并挑拨离间造成参与八一起义的蒋光鼐、蔡廷锴等率领的北伐军第十一军脱离起义队伍。第十一军就是那支攻克武昌城的北伐军劲旅。它的脱离使起义军很受伤。接着又是钱大钧在闽粤赣边界的三河坝伏击并暗算了八一起义军！因此，钱大钧是老蒋的铁心分子，而且在广东留下许多重要的人脉关系。比如，长期在赣南与红军周旋的粤军第二号头目余汉谋就是他的私人朋友。果然这次，钱大钧南下广东直接挖了陈济棠的墙脚，成功地鼓动余汉谋宣布效忠南京政府，与陈济棠翻脸。此时，广东空军的头子黄锐光和所有的飞机被蓝衣社特务分子戴笠收买，广东空军摇身一变成了国民党"中央军"的空军！陈济棠一下子成了孤家寡人，被迫接受体面下野的安排。余汉谋取代陈济棠执掌广东军政大权，广东被招安并退出两广联盟。广西李宗仁、白崇禧孤掌难鸣，只好退缩。区区半个月，两广事变就这样夭折。

张学良庆幸自己没有盲目随大溜起事，没有匆忙宣布"西北发动"。蒋介石却注意到，在上海的张公子正专心一意地忙活声色犬马，而西安的东北军也没有异动的征兆。他觉得这位公子哥胸无异志，基本忠诚可信。虽诸多特务提供的秘密报告表明，东北军首脑张学良、王以哲已经在与红军秘密媾和，但老蒋对这批黑材料持怀疑态度。他不相信张学良会走得那么远，只认为军阀本性造成他的山头主义，为保存实力而畏战。当然，由于张学良的东北军不听话，蒋介石内心依然十分不满！何不趁张学良不在西安之际，把东北军逼向"围剿"红军的战场？蒋介石这么想，也早已这样做了。事实上，张学良一脚踏进南京的那天，蒋介石的第一道命令就已直接下达洛川的六十七军各师师部：进攻"红都"瓦窑堡，抄陕北红军的后路！他的这道命令经西北"剿总"参谋长晏道刚的手，跳过张学良和王以哲而直接下到一〇七师师长刘翰东、一一七师师长吴克仁和独立一〇五师师长刘多荃的手上，要他们火速向红军根据地蟠龙、永坪、安塞、瓦窑堡行进。他的命令立即得到执行，而张学良、王以哲却浑然不知。因为此时张学良不在西安，王以哲不在洛川。

虽然刘翰东、吴克仁和刘多荃隐隐约约地知道一些张副司令及王军长与红军的幕后交易，但此命令来得突然，又是蒋委员长签署的，而且顶头上司又不在，所以他们不敢迟疑。

但刘翰东知道，与红军达成的规矩还是要照办：军事行动要预先通知对方！于是刘翰东派副官何东升给红军送去公函："敝部奉命向蟠龙镇及永坪镇、瓦窑堡各地前进，乞贵军予以方便！"

此时红军退出东征搞西征，全部红军主力正西征甘肃与宁夏，两省交界处的战火正旺，陕北苏区后方十分空虚。东北军大举推进，特别是进攻"红都"瓦窑堡，势必对红军及苏区群众造成心理上极大的损伤。因此，中共中央将这件事看得相当严重和急迫。周恩来连发几封电报给东北军六十七军军部王以哲，却没让局面出现转机。不得已，发电报给刘鼎要他查明真相。刘鼎不敢怠慢，匆忙出发去前线。

12日，赶到洛川了解情况的刘鼎回电说明，六十七军向苏区推进的事是来自西北"剿总"的命令，现已通知停止。六十七军军部允许暂待两三日，等张学良返回西安时再行定夺。

可是，13日这天，一〇七师司令部，仍派何东升副官送来公函，重复前一天的要求。原本，当时正是推动"西北发动"计划的大好时期，如果发生红军与东北军的激战，势必使此前的一切努力泡汤！况且负责后方防卫的红二十九军和红三十军距离瓦窑堡较远，调防不及，周恩来等研究后不得不委曲求全，争取和平解决危机。

为此，周恩来派联络局局长李克农直接与刘翰东联系，说明与张学良、王以哲此前约定之双方地域范围，要求该军停止继续向前推进。李克农为了证明双方高层已建立统战关系，就将王以哲与周恩来的通电直接出示给了刘翰东等人。

事实上，刘翰东是直接收到西北"剿总"参谋长晏道刚传达的命令，严格说，也就是蒋介石的命令。因此，他不会因见到周恩来、王以哲的通电就停止部队行动。刘翰东表示说，无论从执行"剿总"命令的角度，还是从指挥部下的角度，他都难以取消此次行动。他还说，不如红军适当配置兵力，摆出架势，迟滞东北军前进，"以释群疑"。刘翰东把看到张、王、周之间秘密电报的事，报告给在西安代替张学良值守东北军大本营的王以哲本人。单方面向自己部下公开自己与中共之间的秘密关系，这事引起了王以哲内心不满。就东北军的战和问题，不管怎么说，张学良才是东北军的当家人。没有张学良的撑腰，王以哲是无法对抗晏道刚的，更何况晏道刚身后就是蒋介石。此时，王以哲无论如何也联系不到远在上海的张学良，从而他无法制止西北"剿总"发出的命令。

刘翰东、吴克仁和刘多荃就这样进驻了红军根据地蟠龙、永坪等地。这永坪就是红军长征与陕北红军第一次会师的地点，徐海东和刘志丹就是在这里实现了永坪会师！蟠龙镇则是苏区一个后勤据点，驻扎着红军大量后勤机关和伤病员，集中了一批红军医院和兵工厂。加上东北军进军的通知来不及传达到蟠龙的各部门，所以蟠龙镇的丢失导致红军蒙受重大损失。但更危险的问题是：蟠龙镇、永坪以北几十里就是瓦窑堡，而瓦窑堡是当时陕北苏区的首都！如果东北军继续进攻"红都"瓦窑堡，苏区军心民心必将受到震动并引发恐慌。

瓦窑堡形势危急！

瓦窑堡以南，是东北军刘翰东的一〇七师、吴克仁的一一七师和刘多荃的独立一〇五师。前面说过，刘多荃的独立一〇五师战力相当强，不输于东北军任何一个军。对瓦窑堡构成军事压力的，除东北军外，还有北面和东面的地方军阀高桂滋和高双成的部队及渡黄河而来的汤恩伯的"中央军"。

即使是考虑到通过与王以哲交涉，可以约束瓦窑堡南线这些东北军的行动，那红军还得面对北线的高桂滋和高双成两个师的压力。当然，最严重的威胁来自国民党"中央军"汤恩伯部。汤恩伯部有两个团也正奉命从东北部绥德向瓦窑堡逼近。

李克农再次来蟠龙镇面见刘翰东。刘翰东还是表示军令难违。他还说，"中央军"汤恩伯部正从山西渡河大举西来，纵然东北军和北面"两高"袖手旁观，瓦窑堡终不可守，红军不如干脆放弃，这也便于东北军用以宣传，消除南京方面的怀疑。

李克农使命所在，也只能在言语上坚不退让。他说，东线之敌并无进占瓦市企图，"我军奉命决在官路坡、杨高坡、涧山地进行顽强防御，巩固瓦市"。这就是说，红军要在瓦窑堡以南与东北军死战一场。

谈判似乎陷入了僵局。6月15日，周恩来急电询问王以哲，要求解释。

王以哲接到电报，急忙回洛川。看了蒋总司令的命令和晏道刚的电文，又调查了作战情况后，马上给周恩来连发数份回电。第一份电报表示制止部队继续进攻瓦窑堡。

"此次部队前进，弟确不知，兄我两方精诚相见，事实俱在。但法西斯利用张不在西安，弟不在洛川，急催前进，现在急电前方负责者令前进部队停止前进撤到蟠龙以南。"

王以哲很快收到周恩来回电："知此事出于法西斯之捣乱，兄我两方关系绝不因此事件有所损失，弟与兄方已是一家，休戚与共。"

接着王以哲对红军遭受的损失表示歉意："尚请谅之。"

王以哲又通报了对红军伤病员的安排情况："对兄方伤病员待遇已令前方负责者转令各部队优待之，请放心。"

王以哲亲临蟠龙等地视察后，于 17 日下令东北军暂退出蟠龙镇，苏区民心才稍安。他再发电报向周恩来表示："弟认为此一点小误会障碍不了兄我大体之方针，望兄宽恕并向各方多作解释，尔后行动，弟决负责。"周恩来回电称赞："吾兄为东北军之柱石。"随后，远在南方的张学良听到了汇报，知道彼此之间出现了误解，也托刘鼎带信给周恩来。信中称：

恩来同志：

　　贵我两方，屡生误会。必须互谅互信而调整之。外间情况等，嘱刘同志面达。特此敬祝努力并乞代问候诸同志为盼。

张学良启

注意，此后张学良与中共中央领导人通信均以同志相称。我们不妨借机会说明一下：或许，那同志名单中还有东北军成员，其中一人是王以哲。不过，王以哲是同志的事，是他逝世半世纪以后由叶剑英和中共中央组织部确认的。而张学良那同志的称呼，虽然此时总书记洛甫已确认，但据说并未获得当时共产国际的同意。然而这并不影响双方电报往来的称谓。后来双方约定，在电报中称东北军为"甲军",红军为"乙军"。用赵东、赵来代替毛泽东、周恩来,而用李毅、李仁、李忠称张学良、王以哲和于学忠。不了解情况的人,即使破译了电报密文,还以为是两赵、三李两家门的兄弟之间的生意往来。至于李忠是否进入同志的范围,没书面答案,但李忠身边的中共党员解方等人,有一度显然是大权在握。

当天,刘翰东果然按新的命令停止进攻,并致函李克农:一〇七师已经收到王军长电令,并于现地停止前进。而后,刘翰东的一〇七师和吴克仁的一一七师两师分别退出永坪、蟠龙两镇。眼看就要发生的战争危机顷刻化解。

说起来也凑巧,在6月15日,陕北红军军事委员会已看到瓦窑堡的危局,估计瓦窑堡迟早必失,于是决定先搬空瓦市再说,以准备易地再战。具体部署是:调彭德怀、林彪前来协助周恩来,将中央机关全部迁出,随主力西撤。

幸亏当天的这一及时决定,不因为东北军的后撤而犹豫不决,并得到果断执行,否则中共中央的损失将不可估量。因为,东北军后撤了,红军放松警惕了,但还有其他部队没有后撤。他们依然把瓦窑堡当作进攻和掠夺的目标!四天之后,瓦窑堡就猝不及防地被一支来路蹊跷的武装占领了。这支队伍既不是此前来势凶猛的东北军,也不是可怖的国民党"中央军"汤恩伯部,而只是一群失控的鸦片兵!

事情是这样的。瓦窑堡面临多路军事威胁。原本汤恩伯的第十三军在晋北戒备亲倭的德王叛军,此时也派出两个团由山西渡黄河进入陕北绥德。他们与地头蛇高桂滋的八十四师合兵一处,目的是监视西北"剿总"各支部队的动向。17日,王以哲的六十七军停止向北进攻,并退出蟠龙、永坪两镇后,就引起蒋介石的警觉。于是,汤恩伯给王以哲发电报警告,意思是说,军座老兄要是出兵有困难的话,兄弟我就将当仁不让了!他扬言自20日起就要向瓦窑堡进军。王以哲立即回电解释说,六十七军现正忙着修碉筑路,再说给养有点困难,等后方交通线巩固之后就会立即向前推进。王以哲估计,汤恩伯见电报后就不会急匆匆来抢功。同时王以哲把汤恩伯的意图向红军通报。他明确表示,希望红军在瓦市不保的时候,能首先让东北军进占,以便借此向南京方面表功,掩盖南京的耳目。当然,从红军角度看,既然知道瓦窑堡必定不保,与其被汤恩伯占领,还不如主动送给王以哲。因此，中共中央也很快答应了王以哲的这一要求，给王以哲的回电称："无事不好商量也。"双方并且约定，一旦两军靠近时，应各自向天放枪，以资掩饰。至于东北军进入瓦市的时间，则等待红军视东线的作战具体情形而定。中共中央还建议王以哲提前向西北"剿总"谎报六十七军已占领瓦窑堡的消息，以杜绝别的国民党军队因贪功而产生幻想，盲目地进攻瓦市。按此建议，东北军一〇七师的刘翰东果然抢先谎报了自己攻占瓦窑堡的功劳！

各路白军都看到了西北"剿总"的战报：刘翰东占领瓦窑堡！于是，进攻瓦窑堡的全部军队都因不知虚实而变得迟疑不决，这包括汤恩伯的那支分队。

而东北军撤退后，红军把注意力转向瓦窑堡东北绥德汤恩伯的"中央军"身上。当红军集结在瓦窑堡东面的老君殿附近准备打击汤恩伯部的前头部队时，发觉对手仅有两团兵力。而且这两个团也因刘翰东已"立功在前"而止步不动。汤恩伯出兵的目的是督战，是逼东北军进攻红军而非去抢大功！

见汤恩伯部队不动，红军方面也改变主意了，于是另发一份电报给王以哲："兄部是否须要进入瓦市，俟弟与张先生见面时再定。十日内兄部在蟠龙、肤施间集结修路筹粮为便。"

此时，瓦窑堡北面石湾镇的高双成第八十六师也因得知刘翰东抢得"首功"而止步不前。高双成本与中共红军也有默契。再说，既然刘翰东已经抢功到手，八十六师何必不知进退去凑热闹。于是他约束手下，不让他们浑水摸鱼。看来，瓦窑堡的危机就要化为一场虚惊。

在和平女神就要降落瓦窑堡之际，意外发生了。

殊不知，就在汤恩伯、高桂滋、高双成等"四十大盗"止住步伐、犹豫不决之际，贼眼溜溜地窥视着瓦窑堡的"阿里巴巴"之类，还大有人在，只是不被人们重视而已。高层军爷的默契，不等于下层也融会贯通。于是，有一个"阿里巴巴"冒头了，他就是高双成手下第八十六师炮兵营营长张云衢。张云衢是炮兵营营长，其实，此炮非彼炮，烟枪、烟炮才是他们手中的"炮"。玩那"炮"的军队，总是需要捞外快来维持的。张云衢一听说东北军刘翰东已经占领了瓦窑堡，便估计瓦窑堡周边已经没有红军主力了。没有红军主力，那就没有打大战的风险。在他看来，此时正是大显身手的时刻。他算定，瓦窑堡的红军机关、学校及后勤人员，正携带着大量的物资、钱财奔波在撤离的道路上。于是他决定趁机拦路抢劫，发一票横财！张云衢这炮兵营虽然连一门火炮的影子也没有，却有大量的军马和驮骡！他的炮兵营更像是个骑兵营，从而他的绰号也就是"骑兵张"。骑兵，适合在陕北地区剿土匪，抓毒贩，没收赃物，也适合自己犯奸作科，拦路抢劫。骡马多，适合黄土高原来回运送物资，也适合自己搞走私贩毒。加上八十六师师部所在地榆林城是黄土高原黄河边的重镇，是当时联络陕甘宁晋绥五省的咽喉之地，也是沟通大烟产地陕北与大烟流通中枢包头之间的重要通道。驻扎在这塞北荒漠之地的国民党军八十六师就几乎是一支黑白两道交融、与鸦片交易脱离不了关系的军队。缉毒贩毒及走私的好处，自然是张云衢的炮兵营独占鳌头。几年来，依靠自己的特殊身份，张云衢与活跃于榆林周边各土围子的民团、镖局、高原的胡子、陕北的刀客更是关系密切。这次，他想发财，自然忘不了这批英雄好汉。于是他广发绿林帖，招来一批由关中刀客和骑士组成的乌合之众。张云衢清点一下人马，连自己的"炮兵营"在内，不下千人。

21 日，这支上千人马的乌合之众上路了，但红军、东北军、西北军甚至"中央军"，对此事态均一无所知，连八十六师师长高双成自己也被蒙在五里云雾中。一群混编的"鸦片军"倾巢出动，在他们逼近瓦窑堡之前，派出探马先行侦察敌情。为察看动静，这批化了装的"小阿里巴巴"潜伏在瓦窑堡近旁。他们发觉瓦窑堡外无军队守卫之后，就壮着胆子混入城内。出乎他们的意料，瓦窑堡城内连一个东北兵的影子也没有。原本在机关单位任警卫的红军战士也难得见到几个。

抢财不如抢城，张云衢果断地下令攻城。众"英雄好汉"连一声"芝麻请开门"也来不及喊，就冲入空城。张营长下令电台发电报报功：国军八十六师炮兵营张云衢营长率先攻克"红都"瓦窑堡！

神差鬼使，瓦窑堡就这样落入高双成八十六师名下的这批"鸦片兵"手中！

红军领导听到瓦窑堡失守而急调萧劲光的红二十九军、阎红彦的红三十军及卫队营星夜回援，但为时已晚。张云衢那批乌合之众已经据城固守。红军围城进攻，无奈坚城易守难攻，打了三天三夜没进展，只好转而再去请东北军。已经离开蟠龙、永坪回师的刘翰东的一〇七师半路折返赶来。6月23日，以解围为名强行开入瓦窑堡。但此事被国民党特务视为东北军与红军幕后交易的证据，加深了老蒋对张副司令和东北军的猜疑。刘翰东虽然进了城，但不高兴。因为当他以占领瓦窑堡为名向南京"表功"之际，没让他进城。结果是因张云衢报了头功，西洋镜穿帮了！这使刘翰东落得虚报战功的坏名声。如今他从高双成的部下接防瓦窑堡，其意义显然大不相同。尽管李克农去信，劝刘翰东不妨"夸解围之功，以坚宁方之信"，而刘翰东却对此建议不屑一顾。他回信埋怨道："敝军虽入瓦市，以张营获得先机的关系，于政治上毫无号召价值。关于此点，不能不谓贵方之失信！弟在蟠龙与兄见面时，曾再三声明：'要送人情，必须干脆！'而贵方一再延迟，竟将良好机会，坐送他人！吾兄函谓：'贵军此次入瓦，应夸解围之功，以坚宁方之信。'弟以为不夸尚佳，夸则实彰其丑而坚其不信！此事乃贵我两方最大之损失也！"

这说明，虽然红军与东北军双方战略伙伴关系正在巩固中，上层关系很好，而中下层的关系还有待进一步磨合。再加上这刘翰东只是一个以江湖义气为号召的人物，很难与中共和红军一条路走到底。果然，半年后的西安事变发生时，刘翰东反而与被拘押西安的南京政府军政部副部长陈诚套近乎，最后脱离东北军随陈诚投靠国民党"中央军"而去。那自然是后话了。

1936年2月1日，国民党军八十六师创立者"榆林王"井岳秀离奇地死了。他死得很蹊跷。据说是他腰间的手枪不慎落地，意外走火射出了子弹，不偏不倚，从下而上穿透他的上身！井岳秀暴毙之后，八十六师第二代掌门高双成接班。"榆林王"井岳秀死亡四个月后，因张云衢首进瓦窑堡立大功，第三代"榆林王"王储的桂冠注定要落在张云衢头上。后来，高双成升任国民党军第二十二军军长，张云衢果然接替高双成当八十六师代师长，成了榆林八十六师第三代掌门。1945年，高双成死后，第三代"榆林王"张云衢正式"登基"。他从此坚守在陕北高原的榆林城，直到1949年和平解放。后来，张云衢虽成为"摘帽右派"，但也总算是新中国的公务员。他一生比多数东北军、西北军的军长、师长过得潇洒。张云衢与这场瓦窑堡危机，堪称是奇人奇事一件了！

张学良是在 6 月 20 日才返回西安的。此时正是红军瓦窑堡沦陷之前夕。不过，他最关心的事还是王曲军官训练团办得怎么样。

三天后，就是 22 日，他赶到王曲军官训练团，发表了抗日讲演。他高声说："中华民族的生死关头已经到了！抗战是中华民族唯一的出路，抗日是东北军最大的使命，时间已不容我们谈准备了！我们要马上将准备与行动联系起来！""宁肯因斗争致死，绝不束手待毙！"

这天吃饭时，张学良与学员一样，分坐土台餐桌的两边，吃着同样的一饭一菜。饭后，张学良留下与学员聊天。"列兵学员"黄冠南营长向少帅跪下，埋头痛哭。他泣不成声地请命："请副司令领导我们走上抗日战场，打回老家去，拯救东北父老兄弟姐妹于水深火热，收复沦陷五年的东北老家！"

人们都说，眼泪是女人的专利品。女人流泪，悲悲戚戚，让人心软，令人生怜，极易打动人心。似乎，男人铁石心肠，是另一类不会哭的动物。男人如果爱哭，则被视为懦弱，被看成没出息，被讥为"娘娘腔"。

但其实，那是偏见！男儿有泪不轻弹，只缘未到伤心处。背负家仇国恨，壮志未酬的男儿，能不哭吗？感情冲动的黄冠南的哭，哭到了好汉埋藏在心头的最伤心处。这一声痛哭，感动了在场所有的军官，包括与黄冠南营长一道从天津来的孙铭九、贾陶，在场的所有人都跟着哭，动人的哭声连成一片。不常落泪的男人落泪了，不爱哭的哥们儿哭了，那才更感动人。于是，学员们争先恐后地提出同样的请求。张学良见状，非常感动，站起身来慷慨激昂地说："大家的心情和意见很好，请你们相信我，我张学良国仇家恨集于一身，不会忘掉报仇雪恨，收复东北！大家不要急，要做好抗日打回老家的思想准备。我一定能够带领大家走上抗日收复失地的征途，披甲还乡，重返家园！"

黄冠南营长与孙铭九、贾陶俩东北铁哥们儿都是队友，他们原来就是天津市警察局的警察。少帅四弟张学铭原本任天津市警察局局长，所以他们都是张学铭的心腹。后河北省主席兼东北五十一军军长于学忠也被调离了，东北军大部撤离华北地区，黄冠南、孙铭九、贾陶等哥们儿跟随张副司令先后转移到武汉和西安。

此时孙铭九、贾陶已是张副司令的随身中校参谋，是贴身亲信。张副司令这次视察王曲军官训练团，他们当然随行。办王曲军官训练团不是简单为了学唱几首特色歌，而是为了培养一支紧跟张副司令的军队，是为了实现"西北大联合"的大局。副司令身边的精英孙铭九、应德田、苗剑秋、贾陶等人都为王曲军官训练团付出了巨大的心血。他们都觉得办军校就必须找出共同语言，创造共同的前提，最终达到团结一致拥护张副司令的目的。黄冠南自然能得到孙铭九等人的暗点玄机，率先找出最合适的话题，增强少帅的号召力和凝聚力。这场哭诉，是一场政治动员课！这一课开得很理想。王曲军官训练团开办以来，黄冠南营长带头的这节实践课，算是最出色的了。

我们以后会注意到：不只是黄冠南营长，副司令身边的孙铭九、应德田、苗剑秋三大精英，都是现场发挥、调动大众激情的高手。用满腔热泪感动人，激起悲情带动人就是他们在内部克"敌"制胜的高招。这些人年轻气盛，言语激烈，冲劲十足。逐渐地，这批有理想的年轻人对王以哲以古喻今，讲岳飞、文天祥，把爱国主义与忠信礼义结合起来的教育方法十分不满，觉得很不过瘾，不解气。这样一来，他们的目标及办学理念与王以哲也产生了分歧。这种分歧随着军训团一期一期地延续而逐渐暴露，逐渐扩大。黄冠南营长带头哭诉，就是表达了改革王曲军官训练团教育方针的强烈愿望。不过，特务不知其中内在的细微差别，依然把王曲军官训练团"左"倾化的功劳全部记在王以哲头上。

当然，王以哲主持王曲军官训团期间，学员"联红"反内战的情绪高涨的确是事实。西北"剿总"政训处特务收集的大量相关情报，雪片般飞向国民党中央新闻检查处处长贺衷寒手里。贺衷寒还有一个身份是国民党军委会政训处处长。显然，此时他才是军内最高级别的特务头子。他立即全部密报给蒋委员长。一份报告说：

据西北政训分处科长周保黎面报称，长安军官训练团自王以哲军长主办以来，以联俄容共相号召，对称呼总理及委员长均不立正而规定称呼副司令则应立正。又行营少将参议张翼即前江西"匪"区逃出投诚之师长，现亦在该团工作。其言论颇多荒谬。

此时因陈济棠、李宗仁、白崇禧的"西南发动"戏剧性地破产而扬扬自得的蒋介石先生，不急着处置张学良、王以哲等人。他还要以召开国民党五届二中全会为名，召集各路诸侯来朝庆贺，并部署彻底解决两广问题的余波。所以，蒋先生暂时把密报压在案下。

刚从上海、南京回西安的张学良又得停下身边的事准备再次南下，参加国民党五届二中全会了。

## "艳晚事件"

前文提到，这年 5 月，江雄风指挥的特务因查禁刊物《活路》而秘密逮捕了郭增恺。后来发觉这事弄错了，又把矛头指向高崇民、孙达生和马绍周。不料，他们抓捕高崇民、马绍周均落空，而孙达生住在东北军独立一○五师师长刘多荃的公馆，他们无从下手。加上此时两广事件爆发，蒋介石分不出心思过问大西北的这些小事，江雄风等特务一时也不知所措。但特务也没有闲着，他们正在思索：孙达生与刘多荃究竟有何关系？做了一番秘密打探后，他们终于有了新线索：原来刘多荃有一族弟叫刘澜波，刘澜波就住在刘多荃公馆，孙达生正是通过刘澜波住了进去的。对于刘澜波，如今的人都知道，小平同志在 20 世纪 80 年代就表扬过水电部一位领导，这位领导既选拔了革命接班人又主动退下让贤。这位水电部领导就是刘澜波。以前，刘澜波因同乡关系，当了原沈阳公安局黄显声局长的秘书。后来黄显声改任骑兵二师师长和骑兵军副军长时，刘澜波也随在他身边。1936 年初，刘澜波也来到西安，他经黄显声向张学良推荐，来到"剿总"司令部任科长。此前已经在西安从事兵运工作的高崇民、孙达生与他联系上了，于是大家一道从事秘密工作。为消除东北军、西北军两军之间的误会隔阂，他们利用关系来到西北军，与杨虎城等将领沟通。这样，为便于开展工作，这几位中共地下党员聚集一起商议，向上级建议：建立中共东北军工作委员会以统一领导东北军内的工作。经北方局批准，刘澜波、孙达生、苗浡然等三人为中共东北军工作委员会的负责人。

特务江雄风虽然不知道东北军内地下党的事，却因逮捕孙达生不成而注意到刘澜波。联系起来，特务发现刘澜波被捕过。原来在1934年2月，刘澜波与另一名中共党员孙志远在北平隆福寺遭到蒋孝先中央宪兵三团的特务跟踪追捕。危急之际，刘澜波为掩护孙志远脱险而自己被捕，并被宪兵团关押起来。刘多荃、黄显声闻讯立即与宪兵团交涉，要求放人。但蒋孝先仗着是委员长家族的侄孙，态度蛮横傲慢，一口拒绝。刘多荃、黄显声既恨又怒，但束手无策！不得已，他们横下心，以强硬态度向北平军分会委员长何应钦讨人。当时，何应钦因担忧东北军军心不稳，而不愿过分得罪，就松了口，刘澜波才被安全保释出来。

在跟踪刘澜波的过程中，特务又发现原来在北平参加过"东北救亡总会"的栗又文、宋黎等人也是中共党员，他们到西安不久，却活动频繁。栗又文常在东北军与亲苏的盛世才之间从事联络，而宋黎与刘澜波、孙达生等人秘密打成一片。而且，特务查清了宋黎就是上年冬天北平一二·九学生运动的总指挥。于是，江雄风把逮捕目标扩大了，把这一干人的名单抄下来上报南京。或许，江雄风的那份黑名单中还包含那位苏联东方大学的校友刘鼎。8月下旬，批文来了。蒋介石下令陕西省党部：速将共党分子栗又文、刘澜波、孙达生、马绍周四人逮捕，押送南京审讯。

或许此时，老蒋只想对张学良来一次"清君侧"，给他"剃剃头"，借此对他进行一次警告，所以还留了一手，并不想搞到少帅特聘的中共代表刘鼎头上。

蒋介石把命令下达到中统系陕西省党部而不是西北"剿总"政训处，可能是对情势做了一番深思熟虑之后的决定。此时，整个西北方向最大的特务头子是西北"剿总"政训处处长曾扩情，这点没有疑问。但西北"剿总"政训处受张学良、杨虎城的制约，特别张学良的心腹黎天才就是政训处的少将副处长。政训处的特务也是我中有你，你中有我。一有行动，张、杨一定是在第一时间就有警觉，那就不好办了。蓝衣社西北区头子江雄风也挂职在政训处。《活路》事件"中，他连一个相关人员也抓不到，就因政训处这条渠道有问题。至于马志超的西安公安局更是成事不足败事有余的衙门。所以出其不意地使用国民党陕西省党部中统机构和宪兵团的便衣,成为首选。

1936 年 8 月 28 日,国民党陕西省党部的中统特务联系上杨镇亚的宪兵一团,就联合派出便衣秘密捕人。他们事先知道,25 日这天,栗又文已乘飞机去了新疆,因此可以暂时不管他。于是,特务首先瞄准了最不容易逮捕的刘澜波。为防止刘多荃警卫的干预,特务预先在新城坊 15 号刘多荃家附近设下埋伏,等刘澜波出门一离开哨兵视野就进行绑架。

刘澜波失踪了。他的突然失踪,让张学良十分担忧。因为自 1931 年九一八事变以来,刘澜波就参与东北军的活动,知道的东北军与中共内部活动的秘密相当多。张学良认为是自己的特工头目黎天才失职,一阵痛斥后,令黎天才立即找人。

杨虎城也觉得大有蹊跷,立即通过自己的军情系统全面出动探听。当他得知,此时西安城的中统特务正在谋划抓人时,马上布置自己的西北军宪兵营上街巡逻,并通知西北军内中共党员少出头露面。杨虎城知道宋黎和马绍周此时就住在西北饭店,这家饭店就是西安绥靖公署的招待所。于是,他让时任交际处处长的中共党员申伯纯暗示宋黎、马绍周等人:小心提防特务的袭击行动。

宋黎、马绍周接到电话以后不敢怠慢,紧急商量对策。为安全起见,他们决定分头转移:马绍周先走,宋黎则先回自己房间把机密资料带上后再岔开时间走。双方约定,下一个碰头地点是西安金家巷 5 号张学良公馆。

此时是晚上七八点光景,刚刚迈出西北饭店大门的马绍周,突然感到胸前背后被两枪口顶住了:两个特务一前一后架住了自己。初出茅庐的白面书生马绍周哪经历过这种场面?一下子就蒙了,他被拖进数百米外的国民党陕西省党部。马绍周被捕时,其余特务冲进西北饭店。他们中一些人进入马绍周的房间翻箱倒柜,进行彻底查抄。查抄后,特务就密守房间内准备"钓鱼"。果然不久,鱼儿上钩了:穿着便装的"剿总"参秘室科员关时润(关沛苍)正巧来找宋黎和马绍周。关时润看似是无意间串门访问,其实是奉命而来。原来,因为这两天风声诡异,张学良心中不安,便派他来找马绍周和宋黎,想取走相关秘密材料。特务看到关时润一副学生打扮,误以为是马绍周同伙,遂上前将他扣押扭送到国民党陕西省党部,而不知道他就是张学良的随从，是西北"剿总"的军官。

同时冲进西北饭店的另两个特务直冲宋黎的房间。他们虽然不认识宋黎，却照样要捕人。一个特务就在破门而入的一刹那，突然大吼一声："宋黎！"

正待出门的宋黎知道不速之客就是要抓捕自己的特务，于是镇静地回答："宋黎？他不在，刚刚出去了。"

"宋黎就是你，跟我们走吧。"中统特务自然是老奸巨猾，这点小烟幕瞒不了他们。

当时宋黎内心非常着急。因为他正和刘澜波、孙达生、马绍周一道协助张学良筹建学兵连。学兵连是中共在东北军内进行兵运工作的最重要的一个项目。学兵连成员多数是共产党人和革命青年，他们要被培养成反蒋骨干，通过他们，逐步使东北军朝着革命军队方向转化。所以，他们将是实现"西北大联合"的重要力量。此刻宋黎身上携带的就是有关学兵连的成员名单和其他秘密文件。这些资料一旦落入特务之手，后果不堪设想。与刚参加革命的马绍周不同，宋黎更成熟一些。他原是流亡北平的东北大学地下党支部书记。上年北平发生一二·九游行，他就当了各校学生游行队伍的总指挥。他遭特务劫持后，就一面挣扎，一面大呼："土匪绑票哇，救命！救命……"但此时西北饭店已经被中统特务控制，喊声未能招来保安或见义勇为的住客。另一个特务同伙上前，将宋黎拖出西北饭店大门，向着对面的国民党陕西省党部大门拉过去。宋黎一路挣扎着，不断喊叫，但无济于事。很快，他被拖到国民党陕西省党部门口。

危急之际，杨虎城西北军宪兵营的一个骑兵巡逻队出现在国民党陕西省党部门口。说巧就巧在这里。我们刚才提到杨虎城这几天安排自己的宪兵营上西安大街巡逻，恰在最关键的时候，巡逻队就到了！西北军宪兵营是杨虎城的亲信队伍，也是西北军内中共党组织最齐备的队伍。以前，中共在西北军中建立的"西北特别支部"就是在原中共西北军（即十七路军）宪兵营党支部的基础上成立的。党支部书记谢华，支部委员徐彬如、李木庵、宋绮云、金闽生、童陆生等都以宪兵营为活动的大本营。宪兵营营长金闽生正是中共"西北特别支部"的委员，前面提到过，宋绮云主持的《西北文化日报》是他们的宣传刊物，同时，"西北各界救国联合会"（简称"西救会"）也是中共"西北特别支部"的外围组织。

宋黎看到十七路军宪兵营的骑兵巡逻队，觉得有救了，顿时大叫："土匪绑票，快来救人，救人哪！"

当年陕西这地方社会秩序混乱，土匪、刀客横行，就连西安城内，抢劫、绑票的案件也是层出不穷。听到呼救，宪兵骑巡队中的五六个骑兵立即勒马改向逼近过来，其中有四个士兵跳下马，同时拉上枪栓并举枪，将三个特务团团围了起来。

特务见势不好，慌忙收起手枪，连声解释："别误会，别误会……我们是省党部行动队，正奉命执行公务，逮捕共产党要犯。你们只管自己巡逻去！别多事……"

"别听他们花言巧语，他们是绑匪！我才不是共产党要犯呢。我叫宋黎，是张副司令秘书。"宋黎赶忙驳斥三个特务。

宪兵营这次出巡，目的就是暗救共产党员。此时巡逻队中恰有士兵认得宋黎，当然主张要马上救他，巡逻队队长发问："你们是省党部的？有证明吗？说是执行任务，能把逮捕证拿出来给看看吗？"士兵乘机上前从特务手中抢过宋黎。

秘密逮捕哪能弄得到逮捕证？陕西省这个地方，是"西北王"杨虎城上将的天下。向地头蛇申办逮捕证不就泄露机密了吗？为首的特务眼看挣不开巡逻队的纠缠，就指着省党部大门威胁说："我们奉蒋委员长命令逮捕共党要犯，还要什么逮捕证？你们别来碍事，不信的话，我们一同去省党部说说清楚。"

巡逻队队长丝毫不退缩，看到特务虚张声势，顿时大怒，厉声喝道："什么东西，没有逮捕证还冒充执行公务？我看你们就是绑匪！来呀，都给我抓起来。"

三个特务被如狼似虎的巡逻队拖回西北饭店对面宪兵营下属的一个连部。此时在连部值班的正是副营长谢晋生。巧就巧在谢晋生就是中共党员，而且与宋黎相识。他见状，马上下令把宋黎押进连长室"审问"。宋黎一进连长室，立即将身上的秘密文件和名单交给谢晋生，要求保护，并让谢副营长立即给杨虎城、张学良打电话。

谢晋生打电话给绥晋公署交际处处长申伯纯。中共地下党员申伯纯同志大吃一惊，赶忙汇报张学良：马绍周被秘密抓进省党部，宋黎被捕途中获救！

张学良勃然大怒，立即派卫队二营营长孙铭九把宋黎接到金家巷张公馆。

正处于极度激愤中的张学良，此时又收到情报头子黎天才的一项密报：根据可靠情报，国民党"中央军"第三师和补充旅已经从郑州上火车，很快就会赶赴西安三原一线。这"中央军"第三师和教导总队是蒋委员长手中最精锐的两张王牌，第三师师长正是老蒋的亲信宋希濂，如此精锐的"中央军"要开入陕西，主管西北军务的副司令张学良竟然一无所知！宋希濂率军进驻西安三原，那不就是向我东北军和西北军胸口扎刀吗？莫非蒋介石开始部署消灭异己啦？

正在狂怒中的张学良，又得知自己的亲信关时润遭潜伏在西北饭店马绍周房间进行"钓鱼"的中统特务逮捕。

一旁的黎天才还就这几位被捕者的命运添油加醋地说，他得到中统内线消息，等天一亮，几个被捕者就要用飞机押送到南京！

老蒋派特务，以除间谍的名义，把自己手下抓出去审判、处决的事，去年就已经多次发生。那时，张学良任武汉"剿总"副司令，蒋介石的特务利用在上海和武汉破获的"怪西人案"，一口咬定自己手下的黎天才、潘文郁、刘思慕和陈绍韩是第三国际的军事间谍。弄得张学良十分被动。少帅不得已，拿出自己的面子硬保，才勉强保住黎天才并放生了刘思慕，而潘文郁和陈绍韩等人保不住，他们最终还是命归西天。而且，连累下狱的人还不知有多少。

这局面绝不能再次发生！张学良知道，一旦这些人被特务押到南京受审，其结果必是不可收拾：姑且不论这些人是否性命难保，一旦泄露了酝酿已久的"西北大联合"计划，那后果就难以估量了。于是，张少帅立即命令随身副官谭海紧急行动，以一○五师副师长的名义调动该师驻扎在西安近郊王曲镇一个团的兵力，立即跑步进西安城。加上相当于团级编制的卫士营，共有两个团。张学良准备以救人为名，出动这两团人马把国民党陕西省党部包围起来。这位副司令担心自己调兵遣将的消息会泄露到参谋长晏道刚的耳中，便派人将晏参谋长请到金家巷张公馆，好吃好喝地将他招待在客厅里，不许离开半步。

从王曲调兵进城的谭海回到张公馆复命。此时大厅内，张副司令的亲信谭海、孙铭九、应德田、苗剑秋等人领命待发。大楼外的院子里，满载着全副武装士兵的卡车已经发动。激愤之际，张学良放言，一定要捉住国民党陕西省党部特务行动队队长，就地枪决！一旁的黎天才此时已经冷静了下来，他劝张学良不要因泄"一朝之愤"而鲁莽行动。他说，如果有更伟大的计划，比如，响应绥东实行抗战，那借此而起义反蒋，杀几个人也无妨；倘若尚无那步计划，而只图一时痛快，杀人就只能给他人提供借口，陷自身于不利之境，那就犯了所谓"小不忍则乱大谋"之大忌。张学良听罢点头，收回了成命，并询问该如何收场。黎天才的主意是：人照样要救，省党部仍要去搜查，文件还要搜检，特务照样抓来，全案交军法处办理，但要避免直接行动杀人。张学良称善，于是下令行动！

行动前，张学良用电话喊来了国民党陕西省政府主席邵力子，愤怒地指责道："你知道省党部在街上抓走我的学生和部属吗？我绝不能容忍，已派队去搜查，请你负责查明，限天明以前把抓去的人送回我处。"由于此时国民党中央还没最后明确省党部归谁管，邵力子表明自己事前没有干预此事。张学良于是又召集"剿总"调查科科长江雄风、宪兵第二团团长杨镇亚、西安公安局局长马志超及军警督察处处长谢珂，询问此事根由。当然，这是在为即将包围省党部而找话头。注意，军警督察处处长谢珂此时刚从苏联回来，他本就是张副司令的心腹。而且这四人中，唯独他不是国民党南京方面的特务。

凌晨，谭海率队包围了国民党陕西省党部，并带领张学良卫队营一个连的士兵，冲进党部内，以迅雷不及掩耳之势查抄了省党部的电台、译电密码、机密档案等黑文件、黑材料。除抢出被捕的马绍周、关时润外，还意外地救出了刘澜波。

这天，8月29日。由于汉字韵目顺序中的第二十九韵是"艳"，所以"29日晚上"的电报码是"艳晚"。这天，张学良武装查抄国民党省党部的事件，在历史上就记为"艳晚事件"。我们知道，与"艳"相关的另一起历史大事件，是汪精卫叛国投敌的"艳电"。"艳电"也是与"29"有关，它是发生在1938年12月29日的事。

谭海率兵查抄国民党陕西省党部后，黎天才又前来复命了。他证实说，所谓"中央军"三师开赴西安三原一线的情报不实，系误传。几乎同时，邵力子从南京和西安两方面调查后，了解到了详情。他告诉张学良说：省党部确实是奉委员长命令，要逮捕栗又文、刘澜波、孙达生、马绍周四人。

宪兵团一团也将南京方面指令逮捕刘澜波、孙达生二人的正式公文交给张学良。

张副司令这才冷静下来，意识到自己惹祸了。武装围攻并抄抢了执政党的省党部，无异于发动了一场武装叛乱！他立即致电蒋介石请求处分，同时下令孙铭九，遵从蒋委员长的命令，重新逮捕刘澜波、孙达生二人，与马绍周一并交军法处审问。

蒋介石当然对张学良的行为极为震怒。但他深谙"无度非丈夫"的戒条，转而表示原谅张学良。他对张学良请求处分的电报进行了批复："我弟处理此案，甚为莽撞；既然知道错误，后当注意。至于你申请处分一事，应免谈。至于马绍周等审理方式，我给予批准。"

虽然此时蒋介石基本就要搞定两广事变，可以回头对付张学良、杨虎城。但真的要动手对付这张、杨哥儿俩，还需要靠武装说话！而广西善后还需要一些时间，调动几十万大军赴大西北更是需要两三个月时间，所以老蒋不便轻易发作。

张学良自然知道老蒋对他的怀疑。但蒋介石利用"《活路》事件"和"艳晚事件"不过是敲山震虎，给张、杨发点警告而已。老蒋不想让张副司令过分紧张。为了安抚张学良，老蒋甚至将贺衷寒、曾扩情指控张学良暗中"联共"的"小报告"批上"胡说"二字后，原原本本地交给张学良，表示自己对张学良的信任。不过，这样一来，更让张学良感到惶恐不安。他找参谋长晏道刚诉说苦衷。参谋长是委员长派来的人，副司令当然是想让他替自己多多美言。

其实早在"艳晚事件"前一个月，也就是1936年7月20日，张学良就给晏道刚去了一封亲笔信：

> 旬樵吾兄：弟自入关以后，对蒋委员长极端忠诚，弟曾替他解决许多困难，万怨不辞。今日弟处此痛苦环境，这些特务人员对我严密监视，挑拨离间，令人气愤。譬如王曲军官训练团的学员对提起"蒋委员长"四字没有立

正，岂是我教给他们的吗？前线官兵与共产党私有来往，这是秘密，我何能知道？我又哪能管这许多？他们甚至说我与共产党曾有联系，真是无中生有。兄自动去电替我解释，爱我之情，不尽感激。

晏道刚是厚道人，他明知副司令对他隐瞒了真实意图却满口好话，其目的无非是要利用自己。但他也不便明说，反而一边安慰着，一边向蒋发电报替张学良解释。

事实上，张学良下令逮捕并审问刘澜波、孙达生等人的事不过是走个过场而已。然而，执行逮捕命令的孙铭九到刘多荃公馆逮捕刘澜波时，也没有将张学良秘密逮捕的实情告诉他，所以刘澜波也不知祸福，一心为掩护战友而拒绝透露孙达生的隐蔽处，所以孙达生后来被发现而遭逮捕，完全是出于其他原因。联想两年前在北平隆福寺，刘澜波与一名战友遭蒋孝先的宪兵三团追捕时，他舍己救人，宁可自己入狱，可见刘澜波为人相当够朋友！刘、孙、马被假抓后，张学良悄悄告诫军法处不得用刑，还告诉刘澜波"要理直气壮，慷慨陈词，说明自己是抗日分子，并无罪状"。

二十多天后，也就是"九一八"前夕，张学良以"在外听传不误"为保证，让黄显声出面保刘澜波，次日让车向忱、卢广绩出面保出孙达生。江雄风没有办法，只得眼睁睁地看着刘澜波、孙达生这两个中共党员从牢门走了出去。然后，他顺水推舟把马绍周也放了，当然马绍周从此以后走上了另一条路。

这就是著名的"艳晚事件"。

孙达生在西安获释后，被调回陕北根据地。这时候，中央决定派叶剑英、彭雪枫、朱理治到西安对东北军、西北军两军开展工作，因处理刘志丹而犯错误的朱理治被中央派往西安担任中央驻东北军特派员，领导"东工委"工作。东工委相应进行改组，因孙达生退出而增选宋黎为委员，由刘澜波、苗浡然、宋黎组成新领导班子。朱理治推荐项乃光充当苗浡然的副手。项乃光是前中共北平南区区委书记出身，也是东北人，在语言上能补充刘向三的不足，所以中央红军加派他为驻东北军第六十七军的另一个联络员。抗日战争发生时，项乃光随中原局刘少奇与河南省委书记朱理治南下河南，转到新四军工作。因新四军最高领导项英是大年龄的"老项"，刘少奇身边的项乃光就是"小项"，所以，当时军内有"老项""小项"之称。不过随后不久，"小项"叛变了，他随身携带着何基沣发给新四军的一笔军饷，主动叛变投向第五战区司令李宗仁，当了国民党的特务。他是继张国焘叛逃后又一个无故叛逃的中共上层干部，成为"张国焘第二"，从而"小项事件"轰动一时。最后他随国民党逃往台湾。这里提到他，仅因为他的身世曾与"张国焘及项英"这种大人物相提并论，我们姑且说几句。

孙达生调到陕北苏区后不久，女知青蓝苹同志也自上海来到苏区。他们不曾提起曾经有过的领导与被领导的关系。直到"文化大革命"后，孙达生因蓝苹的党籍问题而引起注意。从叶永烈写的《江青传》知道，原来江青在1976年10月被捕后，中央专案组审查她的党籍问题，她就说"党籍的事，宋介农最清楚"。原来在上海重新入党时，她的介绍人就是左翼教联组织部门的负责人宋介农。而她在山东已经入党的事，也已经向宋介农讲清楚了。中央专案组查来查去，一时查不到宋介农此人。后来几经周折，才查明宋介农早已改名叫孙达生了。

孙达生是当时中共上海中央局的左翼教联党委兼党团组织委员，那时使用的名字就是宋介农。江青到上海加入共青团之后，要求恢复党籍。当时局面复杂，调查组织关系不容易，上海左翼教联党委同意江青重新办理入党手续。宋介农成为她第二次入党的介绍人。这事对孙达生的一生来说，显然是福少祸多。前面讲到，王以哲的六十七军到陕北后，首先进入六十七军从事兵运工作的就是孙达生。红军改八路军后，他由苏区转到部队，深入抗日敌后战场，出任八路军一二九师民政科科长。他的事就说到此为止。

## 少壮派与元老派

故事讲到现在，才注意到张副司令身边的孙铭九、应德田、苗剑秋这三个人物。他们的出现似乎有点姗姗来迟。只因为这三人是张副司令身边的副官、秘书、参谋和卫队营营长，是年轻人，是少壮派。前面所讨论的事情，基本涉及红军与东北军之间的战争与和平问题,战争靠军、师、团长等老资格军官指挥,而和平谈判更不是那三个年轻人能左右的。代表东北军参与谈判的是张副司令自己、王以哲及参谋长赵镇藩等资深人士,最多是偶尔让黎天才这些智囊团人物来到现场摇摇鹅毛扇。战争与和平问题基本上由老资格元老派包办,摊不到少壮派头上。故事讲到现在,对少壮派有点怠慢,有点不公平。事实上,他们早就出现在张副司令身边,对张学良的言行举止发挥了重要作用,他们对张副司令的影响力,绝不逊于元老派的王以哲等人。本书确实有点疏忽了他们。

张副司令身边有两类人最重要。第一类就是东北军元老派的将校班子,比如,各军正军长王以哲、于学忠、何柱国、董英斌、万福麟、缪澂流及副军长黄显声,以及几乎等于军长的独立一〇五师师长刘多荃。当然,也可认为黄显声也属于少壮派,因为他是少壮派寄托希望的第二领袖。但黄显声的归属并不影响元老派的基本成员。这些人是东北军的核心,也是张副司令的基本班底。第二类就是身边的随从。这批随从又有两种。一种是幕僚,比如,李杜、杜重远、高崇民等都是。我们前面提到的几个中共叛党分子黎天才、潘文郁、李希逸、吴雨铭等也是。这些幕僚老成干练、足智多谋,他们堪称张学良的大脑,但因并不总是在张学良身边,所以他们是顾问却不是心腹。随从的另一种人是后来对张学良决策起作用的"三剑客"及何镜华等所代表的少壮派。也就是说,少壮派与元老派的互动,决定了"西北大联合"的走向。

人们常说,屁股决定脑袋。

其实根据本书所叙述的人物和故事,那话可以换过来这样说:心腹安排了帅帐中的虎皮椅朝向,虎皮座椅的朝向确定了统帅屁股的定位,屁股的位置又决定了统帅脑袋的朝向!这样的说法才更切合话题。

孙铭九、应德田、苗剑秋被称张学良身边的"三剑客",原因就在于他们起了安排帅座朝向的作用,从而影响了副司令的目光,也就影响了东北军和西北军在关键问题上的决策。

我们先简单地说说三位剑客大侠的来历。

前文提到,孙铭九中校、贾陶、黄冠南营长等铁哥们儿本是天津的警察,远道而来投奔武汉"剿总"张副司令之后，才转到少帅的麾下。其实，渊源还要早。原来，孙铭九本是四少爷张学铭在日本军校留学时的同班同学。后来，张副司令代表蒋介石坐镇北平时，少帅的四弟张学铭当了天津市警察局局长。孙铭九就投奔张学铭，来当"禁军枪棒教头"——武术教官。孙铭九拳脚不错，枪法精准，这"禁军教头"十分合格，深得小张局长的赏识。

当年，国民党海陆空军副总司令兼中央军事委员会北平分会委员长张学良，从南京回北平，路过天津时，张学铭派孙铭九当张学良贴身护卫。初看，孙铭九脖子肥厚，面相浑圆而微黑，身材不高但浑身壮实，肉乎乎的，像是孔武壮实的猛熊，更像是憨态可掬的大熊猫，有着可亲可爱、忠厚老实的好形象。张学良自己是帅哥，他更爱美女，但与所有的男士一样，对男人的看法与对女人的审美目光是截然不同的。张学良并不喜欢自己身边的随从全是一色粉头白脸的奶油小生。相反，张学良接触下来，觉得孙铭九这模样更好：与憨厚壮实的外表形成反差，孙铭九武艺高强，身手敏捷，矫健过人，处事坚决果断！与孙铭九交谈起来，也更让张学良惊讶：别看他外表显得有点儿"木"，像不容易表达感情似的，但那只是表象，孙铭九其实是个十分善于表达内心世界的人，是个极富有感情色彩的人。

有人说，微笑和眼泪是女人最有力的工具！但事实将证明，眼泪同样是孙铭九最有力的工具。他善于在不同场合通过流泪和痛哭来宣泄自己的情感，向人表达自己的忠心、诚恳、可怜或无助，借以感动人。事实上也是这样，洒泪的五尺男儿更容易调动别人的同情心、正义感和替他献身的激情。我们不妨看一看《三国演义》中刘皇叔的眼泪，那不但能得到孔明和关、张、赵、黄、魏的忠心，还能让敌国索荆州的鲁肃、诸葛瑾连连摇头叹息。相反，敌手曹操、孙权就因冷血、寡情、缺乏眼泪而成孤家寡人一个。满腔热泪，那才是真英雄。

孙铭九用这种方式表达对朋友的忠心，表白自己的无助与可怜，从而证明自己需要朋友做靠山。这正是高高在上的张副司令最乐于接受的情感表白。

通过考察，张少帅还发现，孙铭九在日本求学时，与多数留学军校的中国学生一样深受大倭国的军国主义理论家北一辉和大川周明思想的感染。孙铭九对昏庸的世道表现出一股强烈的愤世嫉俗的情怀,这更能引起少帅的共鸣。1935 年,张学良考察欧洲,深受意大利和德国激进思潮的熏陶。少帅惊讶地发现:孙铭九的想法竟与自己从欧洲领略过来的法西斯主义的观念如此一脉相承!

是个人才呀!张学良暗赞不已。分手时,张学良送他一块印着自己头像的瑞士名表。

1935 年,海外归来的张学良重新出山,当了武汉"剿总"副司令。孙铭九领着他的朋友远道而来投奔张副司令。接替张学铭任天津市警察局局长的宁向南,原本就是张学良的秘书。宁局长的推荐书赞扬孙铭九为"一是正派纯洁,二是忠诚勇敢,三是抗日坚决,四是踏实肯干"的好青年。于是,孙铭九被张学良留在身边担任中校随从参谋,几个月后进入新成立的"随从参谋秘书室",负责东北军军官的人事档案管理和调查考评。乖巧灵活的孙铭九由于处处显得忠贞不贰,加上适合少帅想法的主意、建议提出颇多,进入了张学良的心腹圈。

"三剑客"之二是应德田。张学良在沈阳办有东北大学,应德田就是东北大学毕业的。因成绩优秀,他考试获第一名,从而见到张学良,并被保送留学美国伊利诺伊大学和密歇根大学。九一八事变后,东北失陷,应德田失去经济来源,被迫离开美国回来。1934 年 7 月,应德田到汉口,遇到张学良的高级幕僚卢广绩。卢广绩主动向张学良进行推荐应德田:"这是个人才,你不用他太可惜!"张学良笑笑,把应德田留在身边任少校科员。其间,应德田按张学良指示,出任东北大学校友会主席,以民众团体的名义在舆论上支持张学良工作。当时社会舆论因为东北丢失和放弃锦州、承德及整个热河省而对张学良十分不利,应德田为进行舆论导向,做了许多工作:他注重研究如何塑造张学良主张抗日的正面形象,反击对张副司令不利的传言;他还为张学良提供了许多用于宣讲的抗日理论和口号,以让张副司令面向群众多多发表宣传抗日方面的演说,以证明自己坚定的抗日立场。令人瞩目的是,应德田还编造了九一八事变那天"蒋介石命令张学良坚决不抵抗的电报"原文,并写进他的回忆录,以作为历史的铁证。据说在这期间,应德田编写了一本名为"抗日理论与实际"的小册子,阐述了日本帝国主义必定灭亡,最后胜利一定属于中国人民的预见。中共中央驻东北军联络员刘鼎读了这本小册子后赞不绝口，还带回到苏区去当作参考资料。这样一来，应德田理所当然地成了张学良最得力的心腹。

自孙铭九出任卫队二营营长后，应德田接替孙铭九任中校参谋。随后，应德田一再得到张学良的重用和提拔。

那第三个"剑客"苗剑秋又如何呢？

苗剑秋，也是东北人。他此时是张学良随从参秘室的额外秘书。早年，他曾受东北首富周文贵的资助到日本留学。九一八事变前，中国东北的铁路线就完全被日本占据和控制，日本人在东北享有特殊权利。周文贵为了得到与在东北的日本企业"平等的皇民"的权利，就到日本的东京法庭去打官司，求日本法律能一视同仁。当时在日本留学的苗剑秋也积极参与周家的诉讼活动。由于周文贵求日本法律保护的行动，符合"天皇良民"的行为规范，日本本着让更多中国人自动转为日本皇民的目的，判周文贵胜诉！于是苗剑秋得到周家的器重并被招为女婿。这个时候，张学良迫于对日本侵略东北的深重忧虑，希望能通过向日本议员和高官赠"政治献金"的办法，改变日本侵占中国东北的决策。在日本留学的苗剑秋也成为帮助张学良打点一些日本的人际关系的助手。当然，那点儿小钱改变不了大倭侵略中国和亚洲的雄心壮志，"政治献金"毫无意义，九一八事变照样发生。九一八事变后，日本人查抄了张学良的家，五十三件张学良的"政治献金"收据被日本媒体曝光。其中一些"政治献金"收据就证明了苗剑秋的一份"辛苦"。苗剑秋被迫回国找张少帅，张学良安排他在锦州的辽宁省政府任秘书长，以便于与日军打交道。

1932 年，日本占领东北全境后，又发动侵略上海的一·二八事变。原本在锦州会集有二十万大军的张学良突然间不顾各界保卫国土的强烈愿望而弃守锦州，撤出军队。他让辽宁省政府秘书长苗剑秋继续留在锦州，想利用他与日本人的关系，企图在锦州保留一个在日本军队监视下的"中立的辽宁省政府"。但日本军队毫不犹豫地接管了锦州，一脚踢开"中立的政府"。苗剑秋见日本人不肯让他保留"辽宁省政府秘书长"的身份，经一番等待和观望后，只好悻悻地离开锦州入关去找张学良。

入关后，张学良又利用苗剑秋与日本人的关系，让他携私函秘密去日本，造访原先接受过"政治献金"的日本"政友会"领袖床次竹二郎和陆军大将寺内寿一等人，探听自己沦陷在东北的家产，同时劝阻日军不要扩大侵略华北，不要继续挤压少帅的地盘。但是，床次竹二郎和寺内寿一这些人根本不肯领情，继续坚持扩大侵略的行动。正是这寺内寿一随后出任侵华日军华北方面军司令官，指挥了侵略华北的战争。

与孙铭九一样，应德田和苗剑秋也是善于运用眼泪来发挥演说威力的行家。

就这样，在张学良身边，这三个年轻人很快走到一起。应德田首先想到用"三剑客"这个称呼来进行自我标榜。"三剑客"这个称呼十分贴切，很快被大家接受了。应德田回忆，"那时候，许多老同学和旧日熟人遇到一起，不一定能谈得投机，而与苗剑秋、孙铭九一见即能倾心吐胆，原因我想没有别的，就是共同的激昂的抗日思想"。而苗剑秋也概括他们三人的特点："我有主张，应德田有头脑，他制订计划，孙铭九是个实干的人。"苗剑秋除了出主意、提思路，还协助应德田写文章、做演讲，并在家中办起政治沙龙，宣传理念。他最擅长的则是"突击性的宣传鼓动工作"。在这"三剑客"中，唯有苗剑秋是与日本始终保持特殊关系的一员。

一次，卢广绩与张学良闲谈，想到自己推荐的应德田，便随口打听一下："比起苗剑秋、孙铭九，你看应德田这个人怎么样？"张学良见屋里没有旁人，往沙发上一仰，感慨地答："这三个人各有所长，也各有不足。孙铭九是个娃娃，有热情，不大动脑筋；苗剑秋是个'疯子'，没高没下，无法无天；应德田是个'骡子'，浑身是本事，关键时刻能踢能咬。这三个人哪，用得好了成事，用之不当就败事。"

不过，张学良还是想通过这些人在东北军内形成一个核心，以便把东北军和分散的各股势力掌握在自己手中。据应德田回忆，大约是在1936年7月底，张学良找到应德田和孙铭九，说要建立"抗日同志会"。他说："在当前的形势之下，有这样一个核心机构，是完全必要的，它可以把分散的抗日力量紧紧地团结在自己的周围，并把领导核心意见和指示有组织、有系统地传达下去，做到上下相通，行动一致。"

这群哥们儿记得，那天，张学良打开十六开大小的黑色硬皮本子，首先签上了自己的名字。孙铭九和应德田也跟着签了名。这黑色本子就是"抗日同志会"的签名簿。以后发展的每位会员都将在上面签名。首签字的三人分配好了自己的位置：张学良将军是主席，应德田为书记，孙铭九当行动部部长。这天，"抗日同志会"的筹建正式开始，应德田和孙铭九是执行人。

接着，刘鼎也参加了，并由他拟写了"抗日同志会"章程，提出了"联共抗日"的宗旨。章程经讨论修改后秘密内部传阅。1936年9月初，"抗日同志会"正式成立，首批正式成员有张学良、孙铭九、应德田、苗剑秋、高福源、刘鼎、刘澜波、苗浡然、卢广绩、车向忱、何镜华、贾陶、黄冠南等十五名。这里，高福源、刘鼎、刘澜波、苗浡然都是中共党员。苗浡然是孙铭九的同乡，虽然刘澜波、孙达生、宋黎、马绍周、关时润等多次遭逮捕，但他托孙营长福，总归太平无事。高福源被红军释放回来后，就留在张学良身边听差，所以也是"抗日同志会"首批成员。"抗日同志会"中除张学良、孙铭九、应德田三人作为发起人已经安排位置外，还决定了其他骨干。何镜华是军事部部长，刘澜波、苗浡然、苗剑秋分别为联络部、组织部、理论宣传部的副部长。军事部部长何镜华是骑兵军军长何柱国的副官处长，我们以后关注"三剑客"特殊能力的时候，不要忽略这个军事部部长的能力，当然还有在王曲初露锋芒的黄冠南及在洛川会谈、肤施会谈中起穿针引线作用的高福源。

正因为有了这个"抗日同志会"，"三剑客"孙铭九、应德田、苗剑秋及何镜华后来才以为自己拥有东北军内"执政党领导成员"的资格。在张学良缺位时，他们自然而然地把自己当作"没有张学良的张副司令"。

我们前面已经提到，"三剑客"所代表的少壮派与元老派之间的龃龉表面化事件发生在王曲军官训练团。少壮派参与了王曲军官训练团的一些具体工作，但元老派的王以哲却在缪澂流的协助下主持了前两期的王曲军官训练团的事务。在此期间，王曲军官训练团有许多工作遭到少壮派的不满和质疑，双方难免产生了不愉快。但对于张学良来说，不论少壮派还是元老派，都是他的人。手背是肉，手心也是肉，伤了哪块肉，都疼得慌，如今出现了少壮派与元老派的龃龉，他自然感到十分不安。

按少壮派的愿望，把王曲军官训练团交给"三剑客"主持显然行不通。王曲军官训练团的学员是营以上直到军一级的军官，不少是中将、少将级别的。而少壮派这些军人往往都是营级或中校以下的底层军官。那时的军队，官本位思想当然十分严重，少壮派显然上不了那台面。再说，王曲军官训练团是中共中央周恩来建议，由张学良、杨虎城合办的，王以哲是各方面都赞成的人物，不能单方面想改就改。

于是，张学良为降低少壮派对王曲军官训练团的过多插手，就正式开办酝酿已久的"学兵连"当作另一所军校，让少壮派与中共在东北军的各级联络员和代表合作开办。当然，"学兵连"就是用来训练新兵的，最高的军官级别是连以下的。正巧这时，张学良为自己新设了一个卫队二营，让孙铭九任营长，并决定卫队二营的兵源就由"学兵连"出来的成员补充。从而这"学兵连"也就设在西安城东的卫队二营营房内。这样，"学兵连"的教官就适合由孙铭九等"三剑客"来担任。取名"学兵连"而不用"军官学校"的名义，其原因是这样的："军官学校"的名字属老蒋的专利，他的"中央陆军军官学校"的权威不容挑战！王曲军官训练团是通过一再报批，最后才有中央军校第七分校的"封号"。级别较低的"学兵连"显然拿不到有国民党中央封号的军校。名字取"学兵连"就是参考了"王曲军官训练团"的名称，体现了学员的级别和身份的差别。

张学良知道，在办学问题上出现的分歧是表面的，深层次的问题是元老派想保持住自己的支配权，而少壮派希望得到更多的发言权。

从一件事情上看得很清楚。那就是五十七军军长的人选安排问题。自直罗镇失败后，五十七军军长董英斌就提出辞职，张学良也有换将的念头。但换谁上去？就产生严重分歧。少壮派有他们的主意：要提黄显声。但王以哲建议的人选是缪澂流，而且建议自己王曲军官训练团教育长的位置由董英斌接替。

张学良也考虑到，直罗镇一仗，董英斌为何就败啦？败就败在五十七军的师长如牛元峰等人太"牛"，不把董英斌看在眼里。牛元峰敢违令的原因，就是新任的军长董英斌不是老奉系的，而是第二次直奉战争中才从孙岳部下转过来的，但在东北军内只有老奉系的人马才吃得开。所以五十七军内"牛"的师长也绝非牛元峰一个，董英斌自然不敢对他们严厉约束。既然董英斌当不好，原来不任军职且只是沈阳公安局局长的黄显声调到五十七军，那还不是重蹈覆辙？同时，他也发觉，王以哲在东北军中有很好的人脉，他不但与何柱国同是保定陆军军官学校的校友，关系密切，还与缪澂流的关系也非常好，同时独立一〇五师师长刘多荃也是他的同学且是他的老下级。因此，王以哲等在东北军中，隐隐然形成了一个"保定系"的派别。张学良觉得王以哲建议有理，也有一定的分量，所以，最后决定提升王曲军官训练团副教育长兼五十三军副军长、一一六师师长缪澂流为五十七军军长。但为了安抚少壮派，张学良任命王曲军官训练团的原大队长黄显声接替王以哲任教育长。结果是缪澂流和黄显声同样升了一级。照理，这是照顾到双方的诉求，该大家满意才对，却不料双方对此都不满。

黄显声的确在反蒋和坚持抗日方面表现很不错，在地下党和少壮派心中威望甚高。就连中共中央新派任驻东北军的联络员朱理治，黄显声在他的心目中也是如此。朱理治曾向中央介绍过情况："以黄（按：黄显声）过去的历史地位与思想、才干，他是能够在东北抗日团体中，造就成 C（按：约定字母 C 代表张学良）之下的第二个领袖。"朱理治甚至断言，黄显声"最近有成为第二个老吉（按：吉鸿昌）的可能"。

但双方角力的结果是缪澂流提升为五十七军军长，而不是黄显声。这使少壮派军人和东北军内左派人物感到很不满。于是有传言指控缪澂流"贪污"的，还传说他"不能带兵，在军中全无信仰"等。黄显声也因不满而大发牢骚，暗指张副司令在华北前线时不讲抗日而到后方西安才提抗日口号，是假抗日。甚至，当张学良的亲信动员他加入"抗日同志会"时，黄显声竟予以拒绝。这导致他与副司令之间的关系闹得很僵。黄显声只任了第三期的王曲军官训练团教育长，就又被撤换了，第四期教育长改由董英斌接任。

中共西安地下党同志意识到黄显声这样一来将导致严重的不良后果，便耐心劝他：勿要采用"孤高"的策略孤立自己。结果黄显声意识到自己的失误，主动加入了"抗日同志会"，重新得到张学良的谅解。张学良起用黄显声到河北万福麟的五十三军任一一九师师长。

同样，元老派代表王以哲因不是董英斌而是黄显声接替自己任王曲军官训练团教育长而有所埋怨。王以哲以为，让董英斌接替教育长，作为一种过渡，可弥补他的失衡感，对稳定军心有利，同时也可降低董英斌对自己的猜疑，谁都知道缪澂流是王以哲铁杆弟兄。因此，王以哲对应德田、孙铭九等人对高层领导人事安排问题过多干预也十分不满。他私下埋怨张学良在这些问题上"举棋不定，并有些偏听青年人的意见"。他指责应德田、孙铭九、苗剑秋等人是"宦官包围皇帝"。

由于王以哲在东北军中内部的人脉，所以，他的埋怨，使少壮派感到压力很大。

陷在各种矛盾是非旋涡中的张学良自然对此十分不安。张学良意识到，如果青年人过分锋芒毕露，他自然该加以约束。但对于年龄稍长、资历较老的军长之类的高级将领，他感到很难与他们做到推心置腹。于是，他打电话，请甘肃第四区行政督察专员兼天水县县长卢广绩回西安。见面就说："我们东北总部内部，新旧老少之间，近来意见分歧、互不团结，很不好！希望你来后能做些团结工作！"卢广绩自然着急，连忙造访王以哲。王以哲也忧心忡忡地谈到东北军内部这种情况。他希望卢广绩远离这是非之地："不要到总部来，一旦搅进去就麻烦了……"

果然，入秋以后，王以哲渐渐感到西安城内气氛不对，谣诼繁兴，少壮派传言王以哲反对张副司令的"联红反蒋"政策，甚至谣传王以哲"确想做第二个余汉谋"。

在这多事之秋，陕北的毛泽东主席也听到传闻，于是写信给王以哲表示：

　　谁要反对张副司令及我兄，不但弟等所率领的红军必以全力出而声讨蒋氏及东北军中叛逆分子之罪恶行为，即全国爱国人民及国际革命势力亦决不容蒋氏等胡干。至于东北军最大多数官兵抗日复土之决心及其坚固的团体，亦必不容东北军中极少数无志节之分子逞其私欲而任其作叛国叛乡叛团体之万恶的勾当……但兄等仍宜严密警戒，十分团结自己的团体，预先防止东北团体中某些居心不正分子的趁机捣乱，则以全国与西北的有利形势，以东北军与红军的联合力量，决不怕外间若何之风波也。（《毛泽东书信选集》，北京：人民出版社，1983 年）

可见，毛泽东主席表示了坚定支持王以哲的态度。信中的"极少数无志节之分子"和"某些居心不正分子"系有所指。的确，从更高角度看问题的领袖人物，目光锐利！

元老派与少壮派的纷争，究竟谁是谁非，究竟谁更想"联红"？谁真的愿意抗日？仅凭这三言两语也还难以进行证明，我们也不想过早地为他们下结论。反正来日方长，大家不妨耐心看下去，或许双方都能通过行动为自己写出合适的结论。

第五章

洛阳"避寿"与山城堡之战

# 陕甘宁红军大会师

我们议论"艳晚事件"和王曲军官训练团里东北军元老派与少壮派分歧的同时，长征中的红二方面军、红四方面军就要到达川陕甘青宁边界了，红军大会师的时刻就要到了。同时，国民政府"中央军"对红军的大围攻又要开始了。

1936年8月9日，红二方面军、红四方面军翻过腊子口，到达甘南地区，准备冲破国民党军队的拦堵，翻过秦岭北上与红一方面军会师。原本在四川与川军一道夹击红四方面军的"中央军"，也奉蒋介石的命令大举进入川陕甘交界处，打算与东北军、西北军配合，消灭红军。蒋介石的军委会委员长侍从室也正紧锣密鼓地制订"围剿"红军的计划。

1936年9月，围堵红军的所谓"通渭会战"计划制订完毕。该计划要调集胡宗南、王均、毛炳文等"中央军"的三个主力军及关麟徵、杜聿明的第二十五师等共十余万"中央军"组成左路军，又下令王以哲指挥东北军骑兵第三师、第十师及东北军步兵一〇七师、一〇八师、一一五师、一一七师、一二九师共七个师组成右路军，对红二方面军、红四方面军实行全面围追堵截，企图乘红军立足未稳之际，一举将共产党和红军围歼在陕甘宁边区狭小的地域里。附带说明一下，这关麟徵、杜聿明指挥的第二十五师曾在1933年从数千里外江西省仓促北上到达长城，在日军猛烈的炮火下接防王以哲六十七军的古北口阵地，与日本人打了一场惨烈的消耗战。在古北口的三天激战中，该师战死在阵地的战士高达四千名！这死亡数远超东北军正规部队自九一八事变以来三年中死在对日战场的总数。二十五师以如此高昂的代价也只换得杀死两千个日本兵的结局，那场战争的惨烈是不言而喻的。当然，古北口战役后，日军暂停了侵略步伐，溃败的东北军也终于撤离了战场。随后，二十五师也得到补充和休整。不想，这支原本在抗日战场上奋战的军队，如今却来到西北的内战战场！

此时形势十分危急。虽然东北军和西北军秘密与红军签订协议，但此时依然没达到可以撕开面孔公开对抗蒋介石的地步。所以他们还不能公开站在红军一边，把枪口对准"中央军"。于是，张学良立刻把蒋介石秘密发下来的"通渭会战"计划的详情通报给中共中央和红军，提醒红军早做准备。另外，张学良和王以哲尽量拖延右路军的组成和调动时间。

蒋介石同意让王以哲当右路军司令的原因，并非对王以哲特别信任，也不是他对张学良、王以哲跟红军的幕后往来没有听闻，而是他见惯了原军阀部队行事的潜规则：为避战保实力，不惜使用任何手段，包括暗中与敌方媾和。东北军与红军的秘密往来，老蒋认为，那是预料中的事，但只要适当地施压，就可以让东北军与红军打起来。此外，在蒋委员长眼中，王以哲虽然败仗连连，但他的军队还是先后解决了红军的大别山鄂豫皖根据地和鄂豫陕根据地，不久前还是他的部下控制了黄河西岸原来属于陕北红区的大片地方，还占领了"红都"瓦窑堡。在蒋委员长心目中，王以哲的六十七军在东北军各军中，战绩也还是比较强的。同时，蒋委员长觉得，把王以哲部队驱赶到"围剿"红军的第一线，也更容易受到国民党"中央军"其他部队的监视。如不服从军令，或有证据显示他们同红军秘密来往，老蒋就可以乘机抓辫子，撤职查办，严厉处置，甚至可以借机遣散、肢解东北军，从而达到"一石二鸟"的目的。

王以哲被蒋介石提为右路军指挥，自然要离开西安而进入宁夏、甘肃，那也正就是他要交出王曲军官训练团教育长的原因。

张学良也觉得王以哲适合当右路军司令。其原因自然是王以哲与自己一道参与红军的全部谈判，知道东北军与红军的下一步共同目标。那就是：红军、东北军和西北军实现"西北大联合"，打通与外蒙古、苏联相接的"国际交通线"，得到苏联的武器弹药及物资装备的援助，形成可靠的战略大后方。而在与红军的谈判过程中，王以哲以外的其余东北军高级将领基本上处于"事外"状态。所以，将来处理与红军的军事接触问题，只有王以哲能妥善解决。

此时红一方面军正集中力量发动西征，争取与红二方面军、红四方面军会合，红军也希望"友军"王以哲能出现在自己身边。但是，一旦王以哲奉命西调，必调走驻肤施、瓦窑堡的六十七军作战部队，而由别的军队换防，那包括"红都"保安在内的陕北根据地就会完全暴露在完全陌生的"敌军"面前。因此，红军和中共中央特地向东北军方面提出：六十七军调防之后，要保证双方交通不受阻碍，最好肤施一线要交由一支对红军比较友好的军队驻防。红军方面认为那这支东北军就是刘多荃的独立一〇五师。一〇五师曾与六十七军一道参加过对红军的联合行动，与红军有过很好的往来，而且中共方面可以通过刘澜波与其族兄刘多荃联络。这事终于办妥了：等到10月间，六十七军作战部队撤离肤施时，刘多荃的独立一〇五师通过王以哲的电台与彭德怀的红军总部建立了联系。这样一来，即使王以哲六十七军作为右路军调离肤施，保安和其他红军的后方根据地也基本保持和平状态。

蒋介石"围剿"红军的"通渭会战"计划9月制订，而六十七军直到10月间才出动，其实这并不是问题。因为，当时川、陕、甘、宁、青一带的交通十分不便，蒋介石要将他的十万"中央军"弄到那边更费周折。真正实施"通渭会战"，还须待以时日。红军自从得到张学良通报的"通渭会战"计划详情后，就在9月13日抓紧制订了"静会战役"计划以应对，把打击矛头对准将首先出现在战区的胡宗南部队。

这时候，长途跋涉的红二方面军、红四方面军还在甘南。因疲惫而行军艰难，经西征进入通渭地区接应红二方面军、红四方面军的陕北红军彭德怀，不时向王以哲提出要求，要他想一切办法，给胡宗南的军队弄点儿麻烦，以迟滞其行军进度。同时也让相邻的其他东北军的前进速度放慢些。这其他的东北军就是指何柱国的骑兵军。

何柱国与老蒋关系较密切，张学良、王以哲此前与中共中央及红军的秘密协议均没有告诉他。自红一方面军进入陕甘宁以来，何柱国骑兵军就不断与红军打打停停，停了又打。在7月中旬，驻扎在固原的何柱国，他手下的骑六师白凤翔部和"宁马"马鸿宾部骑兵团配合，就向驻扎七营附近的杨得志和萧华的红二师发动大规模进攻。经一番苦战，杨得志和萧华以七营反击战的胜利打退了他们的进攻，但危险始终没有解除：因为当时，何柱国骑兵军的三个师分驻在甘肃的固原、海原及同心城一带，新的进攻还是随时会发生。而且这支骑兵军对远道而来的红二方面军、红四方面军威胁非常大。长途奔战而疲惫不堪的红二方面军、红四方面军进入甘肃以后，被迫插入何柱国骑兵军的各部之间穿行，经常与东北军骑兵部队发生碰撞和摩擦。何柱国骑兵对行进中的红军实施骚扰袭击战术，极其令人厌烦。针对这种情况，彭德怀写信给何柱国军长，说明抗日救国的大道理，要他让出海原、同心城，全部撤到固原城及其以南，不要扰乱红二方面军、红四方面军北上抗日。彭总保证在何柱国骑兵移动时，红军给予方便，绝不进攻。周恩来为此致电正在起程西行的王以哲，提到何柱国部屡与红军为难的事，提议王以哲部进驻固原，而让何柱国骑兵改驻后方的平凉。

为此事，王以哲亲自到西线，劝说何柱国。何柱国是王以哲在保定军官学校的校友兼老师，一向得到王以哲的尊重。这次，经王以哲一番推心置腹地劝说，何柱国表示接受张副司令指示，下令所部不主动对红军采取敌对行动。正在此前，彭德怀指挥的陕北红军与白凤翔骑六师发生激战，白凤翔师遭受重大损失。红军趁此机会派朱瑞为代表，来到彭家庄骑六师十八团阵地，与骑六师进行谈判，签订"中国工农红军与东北骑兵六师的停战协定"。何柱国批准了这协定后，率骑兵军部退出固原南下平凉。而根据停战协定，白凤翔的骑六师原地留下，驻守黑城、七营一带。因原来规定白凤翔的骑六师必须协同檀自新的骑十师"作战"，既然如今檀自新的骑十师已明确划归王以哲指挥的右路军，所以骑六师也连带拨归右路军王以哲节制。自此，何柱国手下的骑兵军与红军关系大为改善。10月6日，王以哲告知彭德怀：张副司令知道后，已调何军长离开固原，派刘多荃师长暂为代理。

朱瑞代表红军与白凤翔的骑六师签订停战协定的时间大抵就是1936年9月18日前后，那时，因"艳晚事件"而遭逮捕的刘澜波正好由黄显声出面担保而获准保释。由于刘澜波留在西安还有危险，于是，他随本家亲戚刘多荃来到宁夏的固原。东北军骑六师的防地离固原很近，刘澜波就顺道来骑六师董源彰的第十六团看看老朋友。董源彰是黄显声的老部下，刘澜波长期在黄显声的骑兵部队从事地下工作，与董源彰结下生死之交。董团长见到刘澜波就问："将来一旦与红军遭遇怎么办？"刘澜波告诉他："不要打，连人带枪拉过去！"这董团长是个心直口快的汉子，平时说话办事，总是口无遮拦的，他就把刘澜波这些话说给部下听了，还直截了当地把自己所在的骑兵六师与红军有秘密约定的事也说了出去。

董源彰的头脑太简单了，他以为，既然与红军停战的协议是上峰签的，自己和部下执行就是了。再说，这个团不就是我董源彰说了算吗？部下知道了只有省事！他不知道祸从口出，他这没遮拦的大嘴，马上招来了杀身大祸！

10月，甘肃、宁夏高原气温骤降。王以哲从红军领导人电报中得知远道而来的红二方面军、红四方面军还穿草鞋和单衣时，立即征得张学良同意，以六十七军急需为名，让东北军西安军需被服厂赶制一万套棉衣和皮帽子、五千双棉鞋，运送到前线右路军军部，由王以哲设法转交给急需的红二方面军、红四方面军。历尽长征艰难困苦的红二方面军、红四方面军万万没料到，是"围剿堵截"自己的东北军雪中送炭，送来了最急需的冬装。

这时候，在川青陕甘宁一带，为准备大战，敌对双方部队都处于频繁调动的过程中。王以哲为配合红军行动，每天均与彭德怀交换函电。他冒险把自己的部队及胡宗南左路军的行止、驻地、行军路线等都通报给彭德怀。

10月12日，就在红一军团前来接应首先到达的红二方面军、红四方面军先头部队红六军团时，西北"剿总"下令胡宗南和王以哲的左、右两路军夹击红六军团。董源彰接到作战命令和作战方案后，立即派宋任远等几个骑兵前往附近宁夏海原西面的古西安城（注意：那是宁夏的一个古老小城镇，非陕西省会）的红军联络站送去以下情报："蒋介石命令东北军配合胡宗南部围歼红六军团。骑六师十六团、十七团奉命参加……"并附上详细作战方案、兵力部署和路线图，并提议红六军团就从自己所在的骑六师十六团的防地附近突围！

红一军团领导立即派人飞马向红二方面军总指挥贺龙报告这一情况，同时组织部队绕道迂回到东北军骑六师的后侧发起攻击，以策应红六军团。下午4时许，东北军骑六师遭红一军团的一部包围袭击，双方发生激战。就在这时，红二方面军、红六军团果然川流而至。骑六师见势不妙，不敢坚持死守，遂下令撤退，骑十七团落荒而走。右翼高地上的董源彰骑十六团行动迟缓，还没来得及后撤就遭到红军包围，全体官兵主动缴械当了俘虏。尾随追击红二方面军的胡宗南"中央军"第九十七师孔令恂到达现场时已是黄昏，他们也分不清敌我，见人就打，与溃退的骑六师十七团自相混战一场，红军趁势撤离战场。这样，红六军团顺利突破围堵，与红一军团会师。其实，红军俘虏董源彰及骑十六团，那完全是大水冲了龙王庙！红一军团政治部主任朱瑞知道情况后赶来，马上把俘虏编为班排，组织学习，揭露蒋介石欺骗东北军打红军，妄图使之两败俱伤的阴谋。还宣传大家都是炎黄子孙，应该抗日救国，一致对外的道理，并专门派医生为伤兵治疗看病。

几天后，毛泽东、彭德怀等决定将俘获的东北军骑六师董源彰团长及其十六团全部释放。而且，明确指示："要原枪、原马地送回！"

红一军团首长决定给释放的士兵每人发三块大洋，军官每人发五块大洋，临行时还组织了会餐，吃喝之间，红军宣传队还为他们举行了专场演出。

临走，彭德怀司令员亲自对董源彰说："此次战斗实属误会，不知你们是东北军。枪马以后一定送还。"

不料，董源彰一行人返回途中，误入胡宗南部孔令恂九十七师的防地，立即遭到"中央军"的扣押，并被提交军法处审讯。问讯中，军法官问："你们的人马到哪里去啦？为什么又被放了回来？"

这要怪董源彰平时口无遮拦，一股脑儿地把自己知道的那点儿东北军与红军的来往秘密全说给部下听。国民党"中央军"的军法官这一问，穿帮了，这些士官全如实交代了。

胡宗南立即向洛阳的蒋介石报告，称东北骑六师白凤翔、董源彰通共铁证如山，请予严惩。同时胡宗南还给张学良发电报：把人领走。

"把董团长领回去枪毙！"胡宗南要挟道，"不杀，就不承认你们是国军！"

董源彰回来后，一时没有遭到张学良的处分，但自己感到很没面子，内心也颇不平衡。于是，他四处传播说，他们全团当了红军的俘虏，不是因为自己是孬种，怕死而屈膝投降，而全因东北军高层长官与红军有秘密协议。他信口开河，胡说八道，导致军内"暴露秘密颇著"。他给张副司令捅了大娄子！

由于战地形势危急，我们暂且搁下董源彰因贪嘴多舌而导致性命不保的事，而把话题转移到战场上。很显然，红六军团是主力红军长征打前站的尖兵部队，身后还有红二军团和拥有六万人马的红四方面军。红六军团顺利穿过东北军骑六师的防线后，随后到来的就是主力红军红四方面军。"中央军"也料到这点，他们把全部精力集中在后续的红军主力身上。于是，"通渭会战"的关键之战华家岭阻击战在 10 月 21 日拂晓打响了。从 21 日到 23 日，董振堂、罗南辉率领的红四方面军第五军团的主力在通渭马营、华家岭、会宁大墩梁一带组织了一场艰苦激烈的阻击战。仗整整打了三天三夜，他们挡住了气势汹汹的毛炳文的"中央军"第三十七军的轮番进攻。在这场阻击战中，红五军团伤亡严重，连副军团长罗南辉也牺牲在战场上。这就是红军长征史上著名的华家岭阻击战！投入华家岭阻击战的红五军团就是前面提到的那位由中共中央派到东北军六十七军当联络员的刘向三原先所在的部队。红五军团的领导季振同、黄中岳、董振堂、赵博生是当年宁都起义的领导人，其中赵博生首先牺牲在江西战场上。1934 年 10 月红军长征前夕，首任红五军团军团长季振同、红十五军军长黄中岳又错被当作反革命被押往于都梅子山杀死，董振堂接替季振同任红五军团军团长。在长征中，红五军团改随张国焘的红四方面军同行。

华家岭阻击战的胜利，保证了红二方面军、红四方面军与红一方面军的胜利大会师。

## 苗剑秋发威王曲军官训练团

入夏以来，陈济棠、李宗仁、白崇禧以抗日为号召发动的西南事变，一度让蒋介石手忙脚乱。

眼下这危机过去了，他终于腾出手来化解在西北面临的危机。为对付红二方面军、红四方面军与陕北红军会师，老蒋主持制订"通渭会战"计划，他要以西北"剿总"总司令的名义亲临西安和洛阳，亲自坐镇督战。但是，由于红军预先掌握了情报，对战争进行了充分的准备，红五军团还把国民党"中央军"挡在华家岭一线以南达三天三夜，就在老蒋到达西安的第二天，他阻止红军会师的企图失败了。

不过，事前他离开南京时，并没有亮出"督战"的旗号，而是挂了"离京避寿"的招牌。蒋介石生于 1887 年 10 月 31 日，中国人的习惯是按秩祝寿，而且从五十大寿做起，同时风俗上还是庆"九"不庆"十"的习惯。也就是说，在四十九岁生日那天做五十大寿。按这规矩，蒋介石五十大寿提前到 1936 年 10 月 31 日举行。给蒋介石祝寿的事，没有忙在宋美龄、蒋纬国身上，却是忙在陈果夫、陈立夫兄弟身上。这也有道理：陈果夫、陈立夫是老蒋盟兄陈英士的侄儿。陈英士当了革命烈士，陈果夫、陈立夫就由蒋介石一手栽培成长。如今，知恩图报，替"爷叔"操办寿典，理所当然。这哥儿俩想出了一个好主意：发动全国各界人士捐款购买飞机，以此作为给蒋介石的寿礼。

这不涉及公器私用，利用国家权力为蒋介石祝寿吗？

他们认为话不能那么说。自九一八事变日本侵略东北，一·二八事变又侵略上海，接着是锦州、承德丢失，热河沦陷，日军步步紧逼，国防形势吃紧。借祝寿为名整顿军备，能够引起广大民众的共鸣，不能算是坏主意。这事，当时还真的收到了良好效果，截至 1936 年 10 月底，收到捐款六百多万元，买进美国军机三十多架。于是老蒋的"初度荣庆"，改名为"献机祝寿仪式"，定于 1936 年 10 月 31 日在南京明故宫机场举行。

这事，又给老蒋提供了一个谦虚的机会。面对即将到来的"大典"，他在日记中写道："闻京中将有盛大庆祝，乃决意离京！"

1936 年 10 月 22 日下午 3 时，蒋介石和夫人宋美龄在侍从室主任钱大钧等人的陪同下，由南京飞抵西安，下榻在西安临潼华清池五间厅。蒋总司令说是"避寿"，但张学良、杨虎城并没有把此事看得那么轻松。胡宗南、王均、毛炳文等率领十余万"中央军"，已经杀气腾腾地进入甘肃、宁夏。说是对付红军，但明显也是冲着东北军、西北军两军而来，目的是破坏酝酿中的"西北大联合"。同样，老蒋摆平两广事变后，共二百六十个团计三十万兵马的"中央军"精锐部队全部北调，部署在平汉铁路的郑州至汉口段、陇海铁路的开封至潼关段一带，这不仅对西安形成东西夹攻的势态，就连山西阎锡山也感到惶惶不可终日。

这天，蒋介石一下飞机就热情地握住张学良的手说："西北的事，我完全交给你了，谁说什么我都不听。"然后，他当着众人面，把曾扩情大骂了一顿。前面说过，老蒋已经将曾扩情举报张学良"秘密联红""纵容共党"的小报告全部批转给张学良，以试探张学良。张学良、杨虎城知道这是在演戏，自然一笑了之。邵力子则上前来打圆场："这都是以前的事情，算了，算了，委员长您这边请。"

虽然彼此心怀鬼胎，但一场历史大戏就这样在一种略呈尴尬的气氛中开场了。

老蒋在机场批特务头子曾扩情的这一番表演，更让张学良不敢对特务表现出丝毫怠慢。特别是眼下，平定了两广事变后意气风发的蒋先生派军北上，其矛头所指，各人自然清楚。当陈济棠、李宗仁闹事时，包括张、杨在内的北方各路军头与南方勾结、彼此秘密串联的那些事，岂能瞒得住老蒋手下那些千里眼和顺风耳？当时，蒋某人只因大敌当头，故意睁只眼闭只眼装糊涂而已，绝非是当真不知道。如今正是深秋，算账的日期到了！

张学良、杨虎城当然知道老蒋此来是"善者不来，来者不善"，事先也确实研究过如何应付老蒋的几手方案，甚至考虑到了极端措施。此时，阎锡山与张学良、杨虎城同病相怜，他的山西和绥远地盘同样面临老蒋的威胁。年初红军东征时，在保定的汤恩伯部等十万"中央军"趁机开进山西境内，从而结束了该省几十年来没有"中央军"的历史。阎锡山知道，蒋介石一直将双眼盯着山西和绥远两省，无时无刻不在想收归国民党管辖。他的地位岌岌可危！好在那时，中共领导干部彭雪枫、南汉宸、王世英等高级统战大员实现了团结杨虎城的工作后，就乘胜前进到达太原，他们与阎锡山会谈，双方达成默契。阎锡山也实现了与中共及红军化敌为友的目标！到了1936年9月18日，阎锡山的"联红"迈出了实际行动的一大步：他和中共合作成立了"山西牺牲救国同盟会"，这就是著名的"牺盟"。中共北方局派薄一波等共产党人从北平回到山西，负起了"牺盟"的实际领导责任，组建了以中共党员为核心力量的新军。所以这"牺盟"表面上是阎锡山为总领导，但实际操作掌握在中共党组织手中。从而，阎锡山在与中共联合的问题上，比张学良、杨虎城走得更快、更远。自此，阎锡山多了一个强有力的朋友：中共！两广事变刚一发生，阎锡山更与张学良、杨虎城多有秘密沟通，准备响应。这样，不论是阎锡山还是张学良、杨虎城，彼此之间与中共的合作自然是"心照不宣"。

这次，张学良、杨虎城备好了应对老蒋的"极端措施"后，当然就要与同病相怜的阎锡山通气。早在 10 月初老蒋还没离开南京之际，张、杨就分别造访太原，与阎锡山进行过秘密商讨。当时张学良已经明确提出"联共抗日"的主张。他向阎锡山提出：如蒋不同意"联共抗日"，则晋绥军、东北军与红军联合抗争。阎锡山当下表示支持张少帅，甚至还主动提出愿意将绥远的河套五县给红军做通往外蒙古和苏联的通道，便于接受"苏援"。于是张学良满心欢喜。

既然阎锡山也赞同这"联共抗日"的"既定方针"，张学良、杨虎城面对这位从西安机场下飞机的蒋先生，心里就踏实多了。

一开始，双方都尽量表现得十分缓和，张学良、杨虎城、邵力子陪着蒋介石夫妻及钱大钧游览了秦陵、黄陵、周原等名胜。但委员长不是来玩儿的，不免渐渐露出真面目。白天游览回来，晚上蒋介石就约见张学良、杨虎城、邵力子等，部署军队围堵阻截红二方面军、红四方面军与中央红军。只因东北军、西北军两军与红军订有协议，制订了"西北大联合"的计划，要东北军、西北军重新向红军开战，张、杨断难从命！于是张学良向老蒋"进谏"：要求"停止内战，共同抗日"。这就是与中共和红军联合起来，而不是"剿共"。不出所料，话一出口，就遭到蒋先生的厉声痛斥。据说老蒋在盛怒之下，用"军人以服从为天职，我叫你去死，你就得去死"这样极端的话来训斥张学良。

张学良的"进谏"遭拒！他原先向周恩来许下"逼蒋抗日"的诺言没能兑现。但他们知道，此事不能操之过急，要慢慢来。于是，为缓和彼此之间的关系，他们暂时放下话题，乘闲暇之际，张学良、杨虎城继续陪同蒋介石游潼关，登终南山，晚上又去欣赏了宋代名画《长江万里图》。

但好气氛没能延续下去，蒋介石在王曲军官训练团的一番讲话，把矛盾激化到顶点。

10 月 27 日下午，蒋介石在张、杨的陪同下，来到王曲军官训练团视察，并在训练团第三期开学典礼上发表训话，强调要集中力量消灭身边的"敌人"共产党。他一再重复年轻人不爱听的"明礼义，知廉耻，在家应当孝敬父母，为国应当尽忠"之类的言辞，反复强调"日本是外患，共产党是内患，内患不除不可能抗击外敌"等陈词滥调。最后，他还指责"不努力'剿共'而主张抗日的人，是内外不分，缓急不当，是非不清，是对国不忠、对家不孝的人，国有国法，家有家规，一定要法办"。作为国民党总裁、行政院首脑和军事委员会委员长的蒋介石的这个讲话，使学员情绪大受波动，思想发生混乱。这与办王曲军官训练团是为实现"西北大联合"的宗旨完全是针锋相对的。新到任的王曲军官训练团第三期教育长黄显声及"抗日同志会"执行部部长孙铭九等人极为恼怒。

接下来的事情就要牵涉一个人，那人就是苗剑秋。不过此时，张学良已经暂时限制了他的行动自由。

由于事先考虑好了应对老蒋的方案，张副司令所有言行举止都十分谨慎，对部下也有事先的约束，生怕被老蒋的特务抓住把柄而露馅。前些时候，因在《活路》事件"和"艳晚事件"中出现与特务恶斗的情形，已经足以让张副司令吓出一身冷汗！当然，张学良内心还是十分佩服那两起事件中的共产党人。"左"倾的高崇民与中共党员孙达生、宋黎、刘澜波揭露蒋介石"只反共不抗日"。他们公开提出的反蒋抗日口号，张学良能理解，也同情，更是钦佩。可张学良没料到身边这位心腹苗剑秋近来十分不安分，此人并非中共党员，却总在外边大喊大叫要"联共抗日"，大骂蒋介石是卖国贼，活像是个"疯子"。张学良对苗剑秋的这种表现，感到十分诧异。谁都知道，苗剑秋为人聪明有才干，留学日本多年，是个与日本有相当渊源的人，也是张学良身边难得的"日本通"，是储备在人才库中的精英，是有朝一日派大用场的人。张学良一贯重用他，并一直视之为心腹。但既然苗剑秋是自己的贴身随从，言行如此不谨慎，不加约束显然不行。张学良感到，这事弄不好，就会坏自己的大事。这次，在老蒋难得一趟来西安之际，绝不能让苗剑秋信口开河地去大骂蒋介石卖国贼，去高喊"联共抗日"的口号。于是，张学良命令卫队二营营长孙铭九把苗剑秋暂时看管在卫队营部，以免他节外生枝，给大家添麻烦。

蒋介石在王曲军官训练团大放厥词的事，使包括十七路军和东北军的一部分年轻军官不满，认为老蒋逼人太甚。其中"抗日同志会"的少壮派尤其义愤填膺，他们私下悄悄议论，要学日本的血性军人，也在中国来个"二二六"兵变，把蒋介石抓起来！张学良听到这风声，生怕这些愣头儿青打草惊蛇闯出祸来，当晚就召集所有在王曲的主要军官谈话："大家要明白，蒋委员长的讲话针对的是我，不是你们。希望你们安下心来！"少壮派军官这才打消了轻举妄动的念头。

黄显声和孙铭九回到卫队营部与苗剑秋谈起此事，感到不出几口气，难平此愤。既然张副司令不许动手，那么动口反击老蒋几句，也未尝不可。于是他们决定，让苗剑秋出场，到王曲军官训练团上开它几炮，消消毒，杀杀老蒋的威风，把王曲军官训练团的正能量重新发扬起来。苗剑秋听言，欣然允诺。

次日，"抗日同志会"理论宣传部副部长（正职暂空）、少壮派军官苗剑秋出现王曲军官训练团讲台上。他发表了言辞激烈的公开反蒋演说。他称："昨天有人在这里说日寇是外敌，共产党是内患，内患之害甚于外敌，要我们不去抗日，不去收复东北，要我们做亡国奴，为他们打内战，打共产党，这简直是放屁！现在，我们东北被占领了，我们东北人变成了无省无家之人，可是我们所有的东北军军官竟然如此怯懦，难道我们连一个比得上日本'二二六'事件中的英雄的人也没有吗？"

说到激动之处，苗剑秋不禁振臂高呼，慷慨激昂："我们东北人稍有血气的，就不该让他站着走出去，而应当让他爬着滚出去！"

苗剑秋对蒋介石的指责，在愤慨之际表达的情绪，完全是正当的。在当时，全民性团结抗日的确是唯一正确的方针。如果他因言论生命遭到威胁，那是不正常的。当然由于苗剑秋长期受的是日本教育，他的理念更接近日本人而不是中国人，这点作为中国人的我们也是要注意的。我们赞赏他的血性与气概的时候，还应该要认识到彼此的差异。

所以，就日本"二二六"事件来说，本书有必要表明自己的立场：绝不苟同！而且必须与其划清界限！就这话题，我们认为有插入几句议论的必要。

苗剑秋在发言中反问中国人：难道我们连一个比得上日本"二二六"事件中的英雄的人也没有吗？

这句话，我们中国人是不能赞成的。日本"二二六"事件中冲锋陷阵的激进人物，不是什么好鸟，而恰是把亚洲和世界引入灾难的法西斯匪徒！他们不该是中国人心目中的"英雄"。他们同样是日本民族的灾星，而绝不是日本人的英雄。这点，我们必须讲清楚。日本因为"二二六"法西斯兵变，走上了一条法西斯军国主义的不归之路，危害了中国人民，危害了整个太平洋和东亚地区，也最终让日本成为这个世界上唯一独吞两颗原子弹的国家，成为一个至今仍然脱不下"亡国奴"帽子的国家。

当然，话说回来，我们也可以不从反对法西斯主义的那个大道理看问题，回过头来按善良的愿望来想象苗剑秋及其血气方刚的少壮派伙伴孙铭九、应德田等人，他们的一切愿望，或许正是出于百分之一百的爱国热情。这帮"三剑客"搭子深受日本"二二六""英雄气概"的激励，而确实想当救国英雄。在他们看来，中国政局在蒋介石等人的把控下一片死气，毫无生气。如果中国也能经历一两次类似于日本"二二六"那样的"火与血的洗礼"，杀掉一批他们心目中像蒋介石那样的懦夫庸人，以号召中国人，或许就能改变中国的面貌，让中国从此自强发达。他们说不定因此成为名垂青史的中国式"二二六"英雄。这或许，正是他们的初衷。因为彼时，我们没有任何理由去怀疑他们的动机。也因为彼时，我们对法西斯主义的危害性知之甚少。

日本有两个法西斯理论家，一个"草根"法西斯理论家北一辉和另一个"御用"法西斯理论家大川周明。不过，归根结底，大川周明的法西斯理论源头还是北一辉的，只不过把北一辉理论按皇室的态度修正了一下，加点儿拥护皇室贵族利益的条文而已。原汁原味的北一辉法西斯理论更激进，在草根阶层更有影响力。与两种法西斯理论对应，日本军队的法西斯团体也有两派。一派是"皇道派"法西斯军人，这派是"草根"性质的，基本上全是由出身贫苦农民、工人家庭的成员组成。他们是军队的士兵和尉级以下的军官，能取得少佐、中佐军衔的寥寥无几。他们接受的是北一辉征服亚洲、征服世界以达到强国强军的理论。另一派是"统制派"法西斯军人。"统制派"是御用性质的。"统制派"源于1921年以永田铁山、冈村宁次与小畑敏四郎等三位少壮派军人秘密组成的"巴登巴登三羽乌之盟"。后来，这"三羽乌之盟"扩大为包含东条英机、梅津美治郎、山下奉文、中村小太郎、中岛今朝吾、下村定、松井石根和矶谷廉介等在内的"十一羽"！当时裕仁还只是没登基的皇储，他需要这些少壮派军人的支持，于是，这"十一羽"就成为东宫的基本家底。1926年，裕仁摄政后就立大川周明为"国师"，大川周明就成了给这"十一羽"进行法西斯启蒙的"黄衣主教"！不久，裕仁正式登基为天皇，取年号昭和。历史就把这派系军人称为"昭和军阀"。以裕仁为后台的"昭和军阀"的"十一羽"法西斯巨枭给世界带来的灾难，如今大家都知道了。

苗剑秋赞扬的日本"二二六""英雄事件"是发生在这场讲话前的八个月。因不满九一八事变以后日本内阁侵略中国和侵略世界的步伐太慢，处于最下层的皇道派军人于1936年2月26日在东京发动兵变。兵变军人冲进内阁，以拥护天皇为口号，见人就"统统死了死了地"开枪射杀。其中被认为不得力的内阁大臣斋藤实、渡边锭太郎和高桥是清等都当场毙命，场面既血腥又恐怖！结果，御用的"统制派"的法西斯军人趁机动武，进行了更加血腥的"平叛"。他们屠杀了参与"二二六"兵变的草根法西斯军人，连带把他们的理论家北一辉和相泽三郎判处死刑执行枪毙。一场由激进的"皇道派"法西斯军人发动的兵变被镇压下去了。许多没遭杀戮的"草根"军人被退入预备役或清除。这就是"二二六"兵变的过程。把"皇道派"军人发动"二二六"法西斯兵变看成英雄行为，显然是大错特错了。但反过来，如果有人因此从非左即右的"路线斗争"来衡量，以为日本"草根"派的覆灭是一场法西斯政变被挫败了，就更加错了。那不过是一场"御用"法西斯战胜"草根"法西斯的悬殊战争罢了。"草根"法西斯杀光了不得力的官僚，扫除了法西斯篡政的障碍。但他们乱了政却无力执政，于是喊着"天皇万岁"的口号去受死，任凭对手肆意虐杀自己。他们慷慨的自我牺牲，让更加凶残狡诈的"御用"法西斯分子东条英机、冈村宁次、梅津美治郎、松井石根、山下奉文、中岛今朝吾和矶谷廉介等人控制朝政，得到进一步施展手脚的机会。法西斯内争，毫无是非标准可言，仅此而已。我们知道，日本自"二二六"兵变之后，法西斯体制不是弱了，而是强化了，侵略中国、侵略世界的步伐不是慢了，而是加快了。随后，"十一羽"法西斯巨枭中绝大多数成了日本军国主义的台柱，他们立即强化了侵华战争，再挑起珍珠港事件，发动太平洋战争。这就是法西斯主义的可怕之处，我们绝不能对之姑息同情，更不能盲目跟着苗剑秋的思路走！

所以，从这个角度来看，我们对苗剑秋这个人不能简单地看他的外表。他批判蒋介石为卖国贼，喊"联共抗日"并不意味着他思想进步、信仰共产主义或是对中共、对红军真有好感。其实他所迷恋的理论基础是日本的北一辉主义，是法西斯主义。这点，要区分清楚！

苗剑秋在王曲军官训练团的军官面前大讲"联共抗日"，反对蒋介石，公然发出让老蒋"爬着滚出去"这样的豪言壮语，怎能不让在西安的蓝衣社特务"立刻惊呆了"？

莫非他们在煽动兵变？特务立即向"剿总"参谋长晏道刚报告。晏道刚紧急要求张学良把苗剑秋逮捕起来法办。接到投诉，张副司令也觉得苗剑秋太过头了，把事搞大了，当下拍案大骂："这两个小子不是东西！"非得立即枪毙苗剑秋，严惩孙铭九不可！

张副司令绝对不是不想搞"联共抗日"，否则，他办这王曲军官训练团干什么？只是眼前条件不成熟哇！张学良深知，条件不成熟就不能蛮干，更不能在自己没动手之前就向敌方喧喧嚷嚷，那还不等于故意"通敌"？

张学良一直否认自己与中共有秘密协议，否认自己有联俄和占据西北闹独立的动机。不久前，就是 10 月 3 日，张学良对英国记者发表谈话，讲到中日问题，张学良认为，关键全在日本方面。张学良公开否认有控制西北四省闹独立和联俄的传闻，就把社会传得纷纷扬扬的"西北发动"归入谣传之类。张学良说，他只不过是希望共军投诚而已。

张学良要枪毙苗剑秋、严惩孙铭九的传言令教育长黄显声大吃一惊！他立刻去见张副司令。他连忙解释事故的原委，表示一切责任应由他来负，要严惩就应惩办他，与苗剑秋、孙铭九无关，更不能因此就结束苗剑秋的小命。

张学良果真舍得杀苗剑秋不成？他那表面文章本就只是做给晏道刚看看而已，岂须如此当真？黄显声显然太多虑了。

张学良赶忙把苗剑秋送出西安。据说，苗剑秋出发之前还对张学良说："我看干脆把老蒋捉住，强迫他抗日算了，不同意的话，我们就也搞它个'二二六'！"

张学良连忙喝道："不许胡说！"

送走苗剑秋后，张学良告诉晏道刚："苗剑秋已经畏罪潜逃，下落不明，无从拿办！"

苗剑秋被秘密转移到华北。张学良曾长期主持北平军务，而且东北五十三军目前仍驻扎在保定、石家庄一带，在北平也有相当的基础，在那边保证苗剑秋的安全不成问题。同时，苗剑秋本人在北平有一定的人脉关系。比如，张学良前财务主管荆有岩就是苗剑秋的朋友，当年还就是这位荆有岩把苗剑秋推荐给张学良。曾经，荆有岩利用张家的权势当上长芦盐运使。长芦盐场是当时中国最大的盐场，盐又是百姓生活必需品，所以，代表国家垄断销售的长芦盐运使自然是肥缺。荆有岩长期在此位置上，既为奉张家族提取军饷，又为自身谋取钱财。不料因树大招风，财多而让人眼红，荆有岩遭人弹劾而去职。但有广泛社会关系的荆有岩依然是一棵可利用来保护苗剑秋的大树。荆有岩去职后，张学良的前秘书兼管家会计林文龙接替荆有岩留在北平打点张家财产事务。这位林管家并非等闲人物，他不但是张少帅的心腹，还与日军驻北平武官今井武夫关系密切。今井武夫是日军东京总参谋部派出的军事间谍，八个月后，正是他和日本驻军首领牟田口廉也大佐两人共同策划了七七事变（卢沟桥事变）。后来今井当了侵华日军总司令部的副总参谋长。据战后今井武夫回忆录表明：林文龙管家恰是他从事间谍活动的重要线人和情报的主要提供者。凭林管家的这种特殊身份，自然不会不额外关照苗秘书。苗剑秋住在北平本该十分太平才对。

但苗剑秋和伙伴感到北平的气氛不对。因为此前此后一段时间，蓝衣社特务王天木、陈恭澍、白世维、吴安之在北平、天津一带横行无忌，草菅人命。他们不但秘密逮捕了冯玉祥的部将吉鸿昌，还枪杀了与日本特务勾勾搭搭的大军阀张敬尧，其他一些亲倭人士也屡遭毒手。既然苗剑秋得罪了老蒋，大家感到他留在北平显然不是上策。

于是，苗剑秋被立即转移到天津租界内。天津是日本的华北驻屯军司令部所在地，只要能得到日本人的关照，天津租界内的苗剑秋自然无虞。这下，苗剑秋在平津一带一蛰伏就是两个月。所以后来西安事变高潮之际，我们见不到苗剑秋的身影。

不过，苗剑秋在王曲军官训练团的讲话连累了接班不久的教育长黄显声。他被"下课"了。原来从五十七军军座高位上"下课"的董英斌接任了后两期的王曲军官训练团教育长职务。

# 蒋介石"避寿"洛阳

蒋介石在张学良、杨虎城面前显示了极端强硬的态度。张学良、杨虎城为此感到相当为难。他们也知道老蒋此行，含有"避寿"的说法，既然如此，何不留老蒋在古都西安过一个不张扬的寿典？但他俩费尽口舌，也没能挽留住老蒋。10月29日，蒋介石带夫人宋美龄东去了洛阳。离开西安时，老蒋忧心忡忡地在日记中写道："学良如此无知，可为我心病！"

洛阳是中原战略重镇，是扼守河南、陕西、山西、河北四省通道的军事要地，也是蒋介石直接控制区域内最靠近陕西和山西的大城市。一年前为表示抗战的决心，政府一度决定迁都洛阳。蒋介石也早就留下心腹祝绍周在此经营。一是让他组织沿黄河的国防工程建设，为将来抗日战争准备；二是此处靠近陕西、山西，也便于控制这两省，所以也顺便让祝绍周留心阎锡山的晋绥军、张学良的东北军、杨虎城的西北军及中共红军的动向。

10月30日，张学良特约阎锡山、傅作义等以向老蒋祝寿为名，尾随到洛阳。

次日，蒋介石五十大寿的日子到了。说是"避寿"，却避不开爱拍马屁的属下。当天，南京国民政府组织了"国人献机"活动，为他贺寿。而在洛阳，在西工兵营操场举行了庆典仪式。阎锡山、张学良、陈诚、钱大钧、邵力子、傅作义、刘峙、商震等军政大员到场贺寿。中央陆军军官学校洛阳分校的教职员工和学员列队为蒋祝寿，国民政府空军出动五十架军用飞机进行飞行表演，摆出了一个"壽"字的阵列。蒋介石兴高采烈，登台发表了《思亲与报国》的讲话，主要宣扬"忠孝仁爱""礼义廉耻"等一套礼教，还不忘宣讲"攘外必先安内"的国策。他还警告那些不忠于职守、不积极"剿共"的军人，要认清当前形势等。许多听众隐约感到，委员长的警告目标有所指。当面聆听的张学良表面神态自若，似乎不为所动，但内心知道，那"警告"部分，明显是讲给他听的。

会后，张学良与阎锡山一道去拜见委员长。刚见面，三个人还没说上几句，张学良又提到了"联共抗日"问题。蒋介石顿时收起笑脸："抗日，又是抗日，你讲了多少回了。你作为一个军人，应该分清敌人的远近。共产党就在你的身边、面前，而日本远在千里之外。我们应该先消灭眼前的敌人，免除后顾之忧，然后再去消灭远处的敌人。"

蒋介石顿了一下又说："现在'共匪'已经成强弩之末，短期内不难消灭。一旦消灭'共匪'，我们就永绝后患，再回头对付日本是事半功倍的。"

张学良完全不睬蒋介石的话，继续陈述东北军目前的困境，说到将士不愿意与中共打仗，还说最大的敌人是日本。这一番苦谏，张学良声泪俱下，蒋介石却不为所动。

蒋介石摇头，转问阎锡山："百川，你说说看，最大的敌人是谁？"

阎锡山此时正为国民党"中央军"赖在山西不走的问题而寝食难安。自红军发动东征以后，国民党十万"中央军"开入山西，红军结束东征退出山西，而"中央军"就赖下不走了。如果蒋介石宣布停止内战对外抗日，山西就有不被国民党吃掉的希望。所以阎锡山回答说："我看还是学良讲得有道理，停止内战，实行全民族抗日才好。"

蒋介石对这回答极为不满，他恼怒地问："这样，你们就回答我一句话，到底是我该服从你们呢，还是你们该服从我？"话讲到这个地步，也就没法说了。阎锡山背后拉了张学良一把示意：走路！

他们告辞出门，走了很远，阎锡山这才开口："委员长一意孤行，固执己见，是说不通的。我回山西后，部署我的军队，希望你自己也打算打算。"阎锡山暗示自己准备搞"山西发动"了。

第二天，张学良应邀参加洛阳分校阅兵。蒋介石照例上台发布训话。这次老蒋搞上纲上线了。他指责提出"联共"的人都是汉奸！他说："汉奸有两种，一种是无知识的低级汉奸，如李守信、王英；另外有一种有知识、有组织的高等汉奸。他们出卖整个国家与民族，实为汉奸之最！"他还说："现在断不能以任何理由去主张'联共'，否则就要出卖国家民族，存心与'共匪'同声相应，甘心做共产党下面的二等汉奸。共产党不要祖国，不要祖宗，难道你们也不要祖国不要祖宗了吗？共产党是要亡中国的。这种敌人不打，还要什么抗日？当面敌人不打，要打远处的敌人，这种军队还有什么用处？连大汉奸殷汝耕都不如。"

当时张学良站在最前面，在场的人都向他偷望，唯张副司令神态自若。庆典的司仪、陇海铁路局局长钱宗泽中将站在张学良右边。上年，钱宗泽任武汉"剿总"参谋处处长，与张副司令交情颇深。他恐怕张学良不好受，会后即邀张副司令去古董市场散散心。张副司令虽故作悠闲，但内心十分郁闷。与会的人后来回忆说："蒋委员长这一番话，实在让张少帅过于难受！"后来张学良也说过，那是他有记忆以来，首次受到张作霖以外的人如此当面指责自己。但此时的张学良已经没有回头的余地了。因为按照当时的局势，与红军实现"西北大联合"，已经到了"箭在弦上，不得不发"的地步。

蒋委员长在洛阳没有歇着，他正在遥控军队向红军进行"最后五分钟"的战争。

当时，因为听说苏联援助红军的六百吨物资装备已经运抵外蒙古边界附近。于是毛主席和中央军委决意让红军向黄河以西的宁夏和甘肃方向发展，力争夺取宁夏定远营，或打通连接新疆的"国际交通线"。等取得苏联援助的大批武器弹药后，红军再杀回河东。为此，中共中央军委制订了"宁夏战役计划"，决定由陈昌浩、徐向前率领的红四方面军主力和彭德怀率领的红一方面军一部打过黄河进行西征。

结果，红四方面军渡河之后遭国民党"中央军"王均、毛炳文及"宁马"地方军马鸿宾、马鸿逵的夹击，而沟通黄河两岸的中卫黄河渡口，遭国民党"中央军"第二十五师的突袭而丢失。彭德怀率领的红一方面军无法夺回中卫渡口，被挡在河东，没能渡过黄河。过了河的陈昌浩、徐向前红四方面军也失去了走回头路的可能。这样一来，红军就兵分河东、河西两支，同样国民党"中央军"也分成两部分：一部是王均、毛炳文两个军及关麟徵、杜聿明的第二十五师。他们或固守黄河沿岸各渡口或尾随到河西追击，以应付红四方面军。我们且不说红四方面军在继续西征的途中与白军的惨烈战斗，而转回来看看红一方面军、红二方面军与国民党"中央军"的较量。红一方面军、红二方面军面对的是胡宗南的国民党"中央军"第一军及王以哲的东北军。

区区一万人的二十五师在宁夏战役中屡建"战功"，甚至抢占战略要地黄河的中卫渡口，将红军截成两段。而堂堂胡宗南的第一军此时却两手空空。胡宗南因此心有不甘，急着要向中央红军在陇东最后的根据地进攻，捞点战绩。但他又不愿与红军单打独斗,他需要拉上王以哲为自己陪打。为了迫使王以哲右路军配合自己一道行动,胡宗南便向蒋介石报告,控告东北军消极怠工。他企图借老蒋之力压王以哲率东北军与他齐头并进。但右路军王以哲不为所动,照样裹足不前。

气恼中的胡宗南决定报复。他把从红军营地缴获到的情报和作战部署文件作为证据上报。他给蒋介石的报文称:"共匪"获得我们的情报太详细、太迅速,一定是内部有人泄密,最有可能的就是张学良和王以哲!胡宗南还控告东北军骑六师师长白凤翔和团长董源彰通敌,指名道姓要求枪毙董源彰。

这时,前线各部东北军在面对红军时总是全线按兵不动,冷眼看着国民党"中央军"与红军对杀而袖手旁观,见死不救!对这种事,张学良也总是千方百计替自己的军队辩解,尽量掩盖。所以,胡宗南提供的那些证据,张学良的确难以否认。从而,他内心十分烦躁,长期抑郁不安。

但蒋介石处决董源彰团长的命令还是在 11 月 14 日这天下达了。万般无奈的张学良接到命令后,就让卫队二营营长孙铭九出面,把刚从前线被传唤到西安的原骑兵十六团团长董源彰抓起来,接着又拿下总部的秘书张潜华和中校科员张健中等一批军官。第二天,张学良下令枪毙董源彰!

董源彰给张副司令捅娄子的事,前面已经说了。那是张学良继去年枪毙潘文郁之后又一起惩罚手下心腹的事件。其原因,是董源彰口无遮拦,随便泄露东北军与共产党停战合作的内部消息。被捕的另外两人也牵涉同样的泄密问题。

关键时刻,来个"挥泪斩马谡",严格纪律,守住阵脚,保住机密,张副司令英明果断。这董源彰团长与骑六师师长白凤翔都是出身绿林。后来跟随黄显声,编入东北军,开始与黄显声的秘书、地下党员刘澜波结成朋友。其时,黄显声因受"苗疯子"在王曲军官训练团"炮打"蒋介石的讲话连累,从军官训练团教育长位置上"下课"已一个月。这董源彰的事偏又给黄显声添乱。为平息谣传,张副司令只好找机会将黄显声打发出西安。由于五十三军驻扎华北,他任命黄显声为五十三军一一九师师长,黄显声必须到石家庄上任。让黄显声暂时远离西安这块是非之地,也是张副司令的一片苦心。由于董源彰事件对刘澜波也影响颇大,于是,为避风头,刘澜波也跟随黄显声去了石家庄。

右路军王以哲在巨大的压力下出动了，只因他与国民党"中央军"的目标不一样，所以走走停停，没有配合"中央军"打仗的愿望和动力。左路军的胡宗南却耐不住功勋章的诱惑决定孤注一掷，他冒险下令让一支孤军深入红军腹地山城堡。结果，胡宗南的这股部队落入了中央红军的口袋。而配合行动的王以哲右路军当然是见死不救。红军瞅准机会，果断地当头一棒，打在胡宗南头上：国民党"中央军"第一军的大半个旅，在山城堡被彭德怀指挥的红一方面军包围歼灭。

胡宗南的国民党"中央军"第一军挨宰，痛到老蒋的心头。此时张学良报来枪毙董源彰的事，分明不解他心头恨。在老蒋的感觉中，董源彰只不过是皮肤上的小痒痒，他的切肤之痛是那个王以哲。王以哲不仅坑了胡宗南的那些精锐部队，还打乱了自己全部围歼红一方面军、红二方面军、红四方面军的全套如意算盘。

对此，老蒋震怒不已，电斥张学良，追究责任，限期电复，意在惩办王以哲。

因为这事，张学良所受到蒋介石的压力之大可想而知。西北"剿总"参谋长晏道刚也发觉到张学良表现异常："上卜为难，惶恐不安，数日不至总部。"

不过，张学良不到"总部"，却有别的去处，那就是"抗日同志会"和杨虎城官邸。该是他们做"最后一搏"决定的时候了！这"最后一搏"如何搏？这该是天大的机密。这里千万不能再出一个董源彰。事实上，张学良、杨虎城和"抗日同志会"对这道"最后一搏"的机密保守得很牢。他不但没有告诉中共代表，就连心腹大将王以哲也是最后才知道。

王以哲此时正远在宁夏豫旺堡和陇东山城堡一带与红军打假仗。自山城堡之战后，胡宗南退兵了。尽管王以哲与红军打假仗的事早被蒋介石看穿了，但老蒋听从了身边人的劝告，不要对前线的王以哲流露出内心的本意。同时，因胡宗南兵败退阵，此时还是需要东北军的，于是老蒋按住心头怒火，平静地催促王以哲单独出头与红军决战。蒋介石通过电台警告王以哲，服从命令。否则，新账老账一起算，军法从事！王以哲只好按张学良的要求去伪装，继续去打假仗。

11月下旬，红军已退至环县、曲子、洪德城、盐池、定边一线最荒凉偏僻的甘北死角。左路军胡宗南因山城堡一战吃了败仗，退下休整，曾万钟率领的国民党"中央军"第三军接替了胡宗南左路军的位置。或许读者感到奇怪："中央军"

第三军军长不是王均吗？怎么突然变成了曾万钟？原来，王均就在这个 11 月因飞机失事去世了，师长曾万钟代理了军长的位置。他们稍作调整，就继续进攻红军。左路军动，王以哲的右路军在蒋介石和西北"剿总"的压力下也要继续同步推进。

但王以哲始终与红一方面军总指挥彭德怀保持密切联系。就在胡宗南兵败山城堡的同时，也就是 11 月 22 日，王以哲通知彭德怀："现奉令必须于 24 日中午以前推进至环县及山城堡一线，上峰严催，谴责备至，实在无借口可推延，务请通知二、四方面军所部火速撤退，以免误会。"23 日，西北"剿总"又连续电令王以哲前进，王以哲关闭电台后，西北"剿总"动用飞机给他空投指令。遭蒋介石催逼的王以哲再次发电报给彭德怀：

（甲）弟部无日不奉飞机投令并电令严催，今日更甚。（乙）弟部由预（豫）旺堡至环县、山城堡、洪德城做三日行程，兹意延六七日，实在无法再缓。（丙）张先生意如过于延缓，于各方也似不便，总以于协同之中间能不露痕迹为当。（丁）基上数点，弟部定于有日午（按：指 26 日中午）进至洪德城、环县。（戊）弟进兄让，兄已言之，务请兄克践诺言，并向朱、张、肖、贺诸同志解说，勿生误会，是为至盼。

电报中的宋、张、肖、贺或许就是朱德、张国焘、萧劲光和贺龙。

红军此时已是退无可退，若再逼，就又只能是再次长征一条路了。因此，彭德怀、周恩来乃至毛泽东再三电告张学良、王以哲，恳求他们"本友军之谊，成全弟方之战略方针"。

张学良这时既要暗中配合中共，又要在蒋介石的严令下不露痕迹，做起来也确实太难了。比如，此次蒋介石 23 日下令张学良督促王以哲务必于 25 日前占领山城堡。张学良则过了两天，才在 25 日复令遵办。然后逐日将真真假假的战况进展报告给老蒋，以敷衍其事。

26 日，张学良报告："王军刘（翰东）吴（克仁）两师养日（按：指 22 日，"养"的韵目排序为 22）占领郭家大湾南北之线，与'匪'约两千激战中。檀（檀自新）

师（按：指22日早上）占领杨家岔，正向山城堡攻击前进。郭张两师马未（按：马日未时，指21日午后1：00—3：00）进占苏家台王家原之线，正向毛居井东北地区推进中。"

27日报称："有日（按：指25日，后同，免注）我王以哲军已推进张家中沟余家湾胡家湾之线，'匪'大部由洪德城向河莲湾西南运动，似有与我抗战之企图。"28日报称："曲子附近为伪二十九军萧劲光部及伪独立师千余人，感日被沈（克）师击溃，我已占领曲子镇春公庄一带，'匪'向东窜。王军已迫近环县二十里铺……据报环县'匪'万人有日分两股，一股由河莲湾经黑城岔东窜，一股由木钵东窜。""感午飞机报告，山城堡青岗峡甚家畔石专沟之线烟火冲天，似有大股藏匿山城堡。"

张学良看似无计可施，只能照转老蒋的命令并假意严督，又回身敷衍。一切的一切，都不过是为了掩人耳目，个中用心之苦，只有自知。

这样的电报游戏一直拖到30日，王以哲依然没有进入曲子镇、环县、山城堡一线，算是帮了红军的大忙。就中共方面强烈要求工以哲部队停止继续推进的问题，张学良只是表示同意尽量使军队停一停，就是不能长期停。最后，张学良向中共表示了某种暗示。他告诉红军方面："从各方面看，一二月内定有变动，红军只要能设法牵延一二月，则西北之联军可成矣！"

张学良这"一二月内定有变动"的话，是根据什么来说的？那"变动"是何种"变动"？只有他自己和极少数人才知道。当然，是否可以与下月发生的双十二事变联系起来？是个大疑问。反正，张学良不那样说，别人是无论如何也说不清的。

事实上，此时红军的确无退路可退了。这一两个月如何坚持？够难了。

当时，林彪早已回保安了，红一军团军团长已经改由左权担任。毛主席、周副主席正和林彪等商量下一步棋怎么走：重新长征出河南，还是进入河北打入敌后？

而张学良这种演假戏、打假仗的做法，更是难为了王以哲等人。他反复地被命令推进、推出，折腾得昏了头脑。此时王以哲已被老蒋列入军法严办的黑名单。如果后退，他违抗命令的证据又增加了一条，也就向老蒋威胁的"军法严办"靠近了一步。如果步步进逼，他就会被红军将领误解成缺乏党性的可疑同志。因为每前进一步，红军就离最后一步棋近了一步。在如此艰难之际，王以哲见张学良老是玩"捣糨糊"、敷衍塞责的一套，不禁产生埋怨情绪：张副司令是否"举棋不定，并有些偏听青年人的意见"啦？也难免怀疑一批"抗日同志会"成员又在"宦官包围皇帝"了。其实此时，王以哲、张学良各有苦衷，他们很难体会别人的处境。

东北军与红军订有"西北大联合"的秘密协定，蒋介石却下死命令强迫张学良进攻红军。这使张少帅陷入两难的困局中。他表面上得服从蒋介石命令，而实际上又不能与红军为敌。虽然，张学良、杨虎城和阎锡山已经有与老蒋最后破裂的预案，但事不到万不得已，张学良总下不了决心，他要尽量避免走上那一步。

张学良的行动让蒋介石的疑心越发加大。他和王以哲对蒋介石的电报游戏既骗不住老蒋，当然也没能瞒住身边的"剿总"参谋长晏道刚。

晏道刚是厚道人。他去见张学良，劝他再去见蒋委员长。张学良回答说："我遭受国难家仇，对不起国家，对不起百姓，对不起部下，处此环境，有何面目？"晏道刚一边安慰，一边劝说张学良当面向老蒋解释，而不要依赖电报汇报。晏道刚告诉他说，电报作用不大，"电报恐不能说明详情，解决问题"。晏道刚还暗示张学良：不妨借绥远抗战问题替自己解围。他提示张学良可以向老蒋请缨，把东北军调离"剿匪"战场，直接参加绥远抗战。

张学良无奈地说，只得如此。

绥远抗战爆发，西北形势顿时大变。

战事是这样发生的。此前，就是 1936 年 11 月 13 日，日本扶持的汉奸王英伪军向绥远省发起地面进攻，引发了战争。绥远省主席傅作义急调主力部队给予迎头痛击。汤恩伯率国民党"中央军"第十三军和炮兵部队按蒋介石命令开赴前线。

晏道刚也向老蒋发出电报，利用绥远抗战向蒋总司令去一电报替张学良说情。电文称，东北军因一一〇师等番号被取消，而对"中央"颇有怨意，对"剿共"心怀畏怯，而对日寇敌忾同仇是东北军官兵普遍心理。前线官兵已有许多与共产党联系。张副司令心中痛苦，指挥确有困难，万望对于张副司令不要督责过严，使他难以忍受。张副司令曾经请求开赴绥远前线抗日，此时可否考虑将东北军开赴绥远、察哈尔一带，担负抗日前线作战任务？

晏道刚的确是在为张学良求情，其实也是间接为山城堡事件中的王以哲找一条活路。但他的电报发出后，没下文。晏道刚只好去找钱大钧咨询，钱大钧回复的信息是：蒋介石接到电报后，曾有较长时间的考虑，然终未转变态度。

11月27日，张学良也写了《请缨抗敌书》，劝说蒋介石统率全国军队进行抗战，并向蒋介石说明东北军官兵求战心切，如果不同意抗日，东北军将士将不好驱使。当然，请缨赴绥远抗敌，也只是张学良试探风向的气球，不论是人力物资，他根本没做丝毫准备。

当然，如果蒋介石果真同意就近调动东北军过黄河参加绥远抗战，张学良就不用继续为"剿匪"的事而苦恼，同时根据上月与阎锡山达成的秘密协议，绥远省河套的包头等五县可开放给红军，作为与外蒙古、苏联联络的通道。那就实现了与苏联的连通，与"西北大联合"的目标完全一致！

但张学良请缨抗敌的试探也落了空。此封书信转到在洛阳的蒋介石手后，老蒋在书信上批了"时机尚不成熟"六个字后，就搁在一边。老蒋不同意。

来自洛阳的各种消息使张学良感到绝望，他决定再次面见蒋介石。

晏道刚回忆说，11月29日，张汉卿由洛阳打一长途电话来，叫他召集东北军旅长以上的军官于12月2日以前到西安听蒋委员长训话。

晏道刚回忆的这句话，只意味着张学良在11月29日这天已经不在西安，但说张汉卿的长途电话是从洛阳打来的，就不可信。张学良的确决定去洛阳，而且是自己开飞机去的。他说是去洛阳，但可能是先去了甘肃的平凉或固原，去见他的心腹大将王以哲、何柱国、缪澂流和刘多荃等，听听他们的意见后再走，而不是直达洛阳。史料记载表明，张学良是12月2日才到达洛阳的，而且在12月1日这天，张学良又回到西安听取黎天才的秘密汇报，也正因为黎天才报告了重要情况，张学良才铁了心要去洛阳找蒋介石。只因为晏道刚消息不灵，连12月1日张学良又回到西安的事他都不知道，所以误以为11月29日的电话，是来自洛阳。再说，新中国成立后，晏道刚写这回忆录时，把老蒋10月31日的生日错记成11月29日之后，整整错了一个月。但有一事可以确定：晏道刚通知西北"剿总"各将领集中西安接受蒋介石训话的事，则一定是12月初就落实好了的。

12月2日，张学良到达洛阳，在觐见蒋委员长之前，定例要先见侍从室主任钱大钧，以预先探点儿风。请缨绥远抗敌的话题，虽是一个试探风向的气球，但也要看能不能从钱大钧嘴里透出点儿什么风声。自1936年钱大钧出任委员长侍从室主任以后，几乎军事委员会所有的军政机密都集中在此处商议决定，委员长侍从室成了蒋氏皇朝的军机处。钱大钧如今身份也不一般：他因在这个夏天成功策反余汉谋，瓦解了两广事变，国民政府特别授他陆军上将；9月1日因广东事变结束，蒋委员长行营迁设广州，钱大钧以侍从室主任兼广州行营参谋长身份，全权处理广东事变的善后事务。对于张学良请缨绥远抗敌的问题，钱大钧没直接向张学良透露什么，而是让张副司令看看国民党中央军委会内定的"援绥军"和"国家对日方案"中使用国内军队的优先序列文件。这两份文件极大地伤了张学良的自尊心：张少帅和他的东北军在这些序列中几乎是"名落孙山"。自九一八事变丢东三省开始，到随后放弃锦州，再丢热河，以及长城抗战和滦东战祸以来，东北军的种种表现令众人失望至极！各方对东北军军纪及战斗力非议颇多，军委会元老综合各方面的情况，排列下来，"援绥之军，未派有东北军"。"国家对日方案"的战斗指挥官序列中连冯玉祥、唐生智等过气的"落水人物"均榜上有名，唯独没有张学良。副司令好不容易看到名单的最后一行，一顶预备队队长的乌纱帽留给了张学良。

这国民党中央军委会内定的优先序列，也正是蒋介石做决定和下命令的主要参考。张学良此来的目的注定落空了。多少年后，失去自由的张学良有机会提笔写回忆时，他羞恨地用文字控诉道："把良置于后方，为预备队队长！"张学良委屈到了极点。

许多文章说张学良此次到洛阳是怒气冲冲而来，是来向蒋某兴师问罪、针锋相对地开展斗争，是来给老蒋开讲党课的。那估计是作者想象力太丰富了。起码，在表面上，张学良是听从了晏道刚的劝告而来的，来的目的是想解释：自己是忠于委员长的，自己对红军的"围剿"也是尽力的，许多谣传都只是出于误会。至于王以哲右路军在山城堡出的问题，那也是事出有因，其中误会甚多。张学良承认东北军内部有矛盾，谓其"部下不稳，势难支撑"。这些话，蒋介石不至于不要听。而且，老蒋周边智囊团已在内部事先定好方针：千万不要惊吓王以哲，以免生变。同时，无论如何也要稳住张学良。所以，蒋介石也不至于一开头就要与张学良弄到大吵大闹的地步。再说，晏道刚求情的电报已事先把这些意思都表达了，老蒋对张学良此来本就心中有数。正因为一开头气氛还可以，谈话过程中，蒋介石会问张学良：社会可有什么传闻？张学良也才敢向老蒋提出释放爱国"七君子"的建议，提醒老蒋不要因此事失去民心，酿成大错。谁知此话一出口，就遭老蒋的驳斥："你是个军人，不要管政治上的事，而要专心'剿共'！"见话不投机，张学良转回来重提要求参加绥远抗战的问题，但得到的答复仍然是"时机尚不成熟"六个字。蒋介石告诫张学良："你的任务就是'剿共'，不许到绥远去，否则，就将你换掉。"听了蒋介石的答复，张学良并没有细细品味其含义，而以为最多是只把他"剿总副司令"的头衔去掉。他或许以为自己还可以待在西安指挥军队做点儿别的事，于是他继续向蒋介石诉说自己实在无力驱使东北军上"围剿"红军的战场。他说："东北军的士气，打日本可以，打内战难。"他进一步说到东北子弟兵在"剿匪"战场上是如何士气低落、如何不听命令，生怕这样下去会酿出变故来，从而希望委员长即日就能出面给大家训训话，提高提高士气等。蒋介石听后，觉得张学良是在诉衷肠，便默不作声。而张学良越说越觉得委屈，越说内心越显得复杂。他想到东北军的状况，想到自己在全国人民面前落了个"不抵抗将军"的屈辱，这次老蒋还因战场的事而迁怒于自己和王以哲。这老蒋不偏心吗？当初自己的一一〇师和一〇九师被红军消灭，没见你老蒋皱过眉头。如今因胡宗南半个旅被红军消灭，你老蒋就对自己和王以哲咬牙切齿，这公道吗？张学良感到十分委屈，于是泪如泉涌，跪在蒋介石面前哭诉。最后说："委员长，不是学良非要违背你的意愿，实在是几年来国难家仇使学良日夜难以入睡，有鲠在喉！委员长，请你正视一下现实吧！全力统率全国抗战吧！"蒋介石很敏感，发觉张学良事实上是把自己"攘外必先安内"的提法去掉"安内"这一半，还影射几年来张学良的"国恨家仇"似乎与他自己毫无关系，而是我老蒋造成的！蒋介石开始不耐烦了，他口气加重了。

据说，张学良这次来，本也就是做好了"尸谏"的思想准备。当老蒋指责自己时，他毫不示弱，顶起了嘴，还说了不盲从的话。控制不住情绪的蒋介石大怒，训斥张学良说："我是委员长，我就是革命政府，不服从我就是反革命，革命的进来，不革命的滚出去！"到此地步，蒋总司令和张副总司令这对拜把的哥儿俩几乎要动粗了。

在隔壁房间办公的钱大钧听到两人的争吵，就推门进来，将张学良连劝带拖地架了出去。钱大钧与张学良是老交情了，张学良知道此事也到了该顺势下台阶的时候了。第二天，张学良平静了下来。他知道，只要蒋介石还在拍台子骂自己，那表明蒋介石一时没有置自己于绝境的念头。张学良一见面就说："如果委员长不满意，随时可以把我当场打死。"老蒋不语。张学良于是说："弟兄们请求援绥抗日，群情愤激，不愿打内战，我已无法控制，请委员长去训话！"蒋介石也显得相当平静，他答应说，我是要去的，你说军官不听你的，不愿意去"剿匪"，我大不了一天请一桌酒，一个一个说服他们。

其实，张学良此来还有一桩心事，他隐隐约约地感到不安。消息表明，老蒋在洛阳期间正不断地笼络自己派驻洛阳的炮六旅旅长黄永安，并许诺提升黄永安的军衔。为此，一个月前张学良抢先宣布晋升黄永安为少将。对于军人来说，少将显示了他的荣誉与地位，是他一生事业中一次最关键的发展。张学良要借此机会正式地为黄永安庆祝一下，以确保自己送礼送到底，能回收到黄永安的一份忠心。顺便提及，张学良的另一心腹高福源与黄永安同批晋升为少将，并升任一〇五师第一旅旅长。

蒋委员长跑进东北军封官许愿，声称要提升炮六旅旅长黄永安的军衔，的确是一种破例行为。须知，此时任洛阳警备司令的祝绍周也只是少将而已。祝绍周是老蒋的心腹，别的不说，1927年4月13日中午，就是出任北伐二十六军第二师参谋长的祝绍周，在上海宝山路师部门口下令军队开枪镇压了上海工人纠察队，替蒋介石的"清党"开了血腥的先例。此后，祝绍周虽受老蒋重用，逐步上升当了中原重镇洛阳的司令，但此时原北伐二十六军的团长赵观涛、邢震南、樊崧甫等都已是中将军长了，唯祝绍周只是少将。显然，昔日的同人，如今个个比祝绍周神气威风。蒋委员长也一时找不到借口提升祝绍周，又觉得过意不去，所以此来洛阳，为了安抚祝绍周，免不了又对他做了一番勉励。在后面，我们将看到，受宠若惊的祝绍周、黄永安果然不负蒋介石的栽培，他们在关键地方、关键时刻发挥了关键的作用。而张学良对黄永安施加的恩惠，却像肉包子打了狗。

原本，蒋介石在洛阳与心腹钱大钧及其他高参制定了一套军事方案，并拟订了人事安排决定。他正要通知所有"中央军"和部分地方军的高级将领到洛阳开军事会议，落实具体部署，宣布人事任免。这次与张学良争吵后，他虽然顽固地拒绝了张学良"联共抗日"的主张，但还是听信了张学良的话，愿意做做张学良部下的思想工作。于是蒋介石突然决定，将会议改在西安举行，这样他可以顺路去处理东北军、西北军两军的问题，并把大批军政要员也集结到西安。

蒋介石在当天的日记中写道：

> 东北军之兵心，为察绥战事而动摇；则剿赤之举，几将功亏一篑。此实为国家安危最后之关键，故余不可不进驻西安，以资震慑，而挽危局，盖余个人之生死早置之度外矣！

蒋介石虽说"个人之生死早置之度外"这样的话，但内心有底：不论到什么时候，自己与张学良这哥儿俩的亲密关系还是好得没话可说。大哥的话，他可以不听，但绝不会做出什么对自己不利的事情来。

## 山城堡之战

1936 年 12 月 4 日，一早，蒋介石决定带着全套随员，与张学良一道乘上专列再去西安。

这事，至今依然疑点甚多。三十六天之前，蒋介石已在西安进行过充分活动后到的洛阳，难道会只因 12 月 2 日晚上张学良的一闹一哭，便同意再去一趟西安？这是一个疑团。特别由于八天后，发生了震惊中外的巨大事件，那疑团越来越大。有人说，老蒋是中了计，才鬼使神差地决定去西安，落入张学良、杨虎城设下的圈套！那计，就是 12 月 2 日，张学良特地驾专机飞到洛阳对老蒋的"哭谏"，是他故意激恼了老蒋，或是他故意给老蒋造成了东北军军心严重不稳的危机感，非得老蒋去解决问题不可。按这种说法，就带有阴谋论的味道。如今世界上，总有人喜欢对难解的历史之谜涂抹上几笔浓厚阴谋论的色彩。所以，1936 年

12月4日，蒋介石带领大批文武随员重返西安的事，就避开蒋介石是否出于本意，而被说得迷雾重重。很可惜，当年没有斯诺登先生那样的FBI人员充斥世界，到处搞监听、监控、偷摄影像。没有斯诺登那样的材料，要还原1936年12月2日、3日两天的真相也的确不容易。我们姑且避开神秘复杂的话题，不对"阴谋与否"加以评说。

12月2日晚上，蒋介石火气特别大，情绪失控，与张学良对话时发生严重的言语冲突，吵得不可开交。这恐怕不能把责任全归到张副司令头上，其实他蒋某人火气大是有原因的。又是什么事让老蒋火气变大？或许是两天前夫人宋美龄生病去上海看医生，不知状况如何，使蒋介石特别心烦。或许还有另一原因，山城堡战役的失败严重地激怒了蒋委员长。其时，蒋委员长虽远在洛阳，但他时刻与战场的左路指挥胡宗南保持无线电联系，既收听汇报又发指示。那场战斗堪称是由他亲自指挥的。战斗失败原因是右路军总指挥王以哲拒不服从自己的命令，故意让胡宗南落入红军圈套。不但如此，他还见死不救。这当中，王以哲甚至故意关闭电台拒收"剿总"的命令。不得已，老蒋指示出动飞机给王以哲空降"铁筒命令"，照样毫无结果。这"铁筒命令"就是作战命令文件封在密封的铁制信息桶中，用飞机直接投放到流动的战地指挥员手中。但这"铁筒命令"毫无作用，胡宗南最终还是惨遭失败。这一战，让蒋介石从王以哲和张学良身上感觉到东北军、西北军两军的严重问题。

即使12月2日张学良不来洛阳，蒋介石也会亲身去西安解决如此严重的问题。

山城堡之战，是蒋介石与东北军之间一个难解的心结。不讲清，随后发生的事件就不容易解释。我们不妨回过头温习一下这场战斗的过程。

前文提到，自10月23日华家岭阻击战实现三大红军主力胜利会师后，红军就强渡黄河进行西征。但由于"中央军"的阻击和冲断，红四方面军和红一方面军、红二方面军被迫在黄河两边分开，红军分成了西路军和东路军。西路军由陈昌浩、徐向前指挥继续西征，而东路军由彭德怀指挥回师保卫陕北苏区。

注意此处是回述10月底的事，当时"中央军"第三军军长王均还没死，所以他的第三军、毛炳文的第三十七军及关麟徵、杜聿明的二十五师也正好与胡宗南的第一军分离出来，或对付西路军，或在宁夏靖远、中卫等渡口防守，防备西路军突然回师渡河。于是，胡宗南指挥"中央军"第一军三万人和东北军王以哲部五万人跟随在彭德怀东路军的身后。此时，彭德怀指挥的红军东路军人数是六万人，其中许多人是久经沙场考验的老红军长征部队，这支红军的装备也相当精良，他们拥有大量的轻重机枪，还有相当数量的小炮。这些装备是每次打胜仗时从国民党军那里缴获过来的。虽然表面看来，国民党军方面有八万人，但真正听从蒋介石命令的只有胡宗南的"中央军"第一军那三万人，而东北军王以哲则已经与红军成为秘密的"友军"关系，完全不会对红军构成威胁。从而，利用与东北军的友好关系，红军与胡宗南军人数上形成了二比一的优势。

红军在宁夏失利后，彭德怀继续实行突围退缩方针。他放弃宁夏同心城之后，再把追兵引向豫旺堡。由于红二方面军长征跋涉，极度疲劳，彭德怀觉得需要东北军提供掩护。于是，他电告王以哲："兄部到予旺堡（按：豫旺堡）后，务请停顿二三日，协助弟之行动，相知之深，谅承鉴察。"接彭德怀电报后，王以哲便把红二方面军可以安全转移的路线交给彭德怀。11月10日，毛泽东电告彭德怀等，让红二方面军"按王以哲所述路线前进"。从而，红二方面军得以安全突围到陇东环县的洪德一带。

此时，"中央军"主力集中在宁夏黄河边靖远、中卫等城市，彭德怀则是一步步地引导胡宗南追兵远离国民党"中央军"主力而深入陕甘宁边境，最后进入干旱、荒凉、贫瘠且交通十分不便的陇东环县地区。

利用环县地域广漠且交通不便的特点，彭德怀就完全可能继续分散胡宗南兵力，最后利用机会，集中兵力，以多打少，全歼其一部。他把歼敌的地点最后选在环县北部的山城堡。

因为他知道，环县山城堡几十里附近都没有可饮用水源，只有山城堡附近有一处泉水可以供大军饮用。国民党"中央军"如果进入环县一带作战，必然全力夺取山城堡。红军就可以在此处集中兵力进行伏击。

如果敌军追，那它就要上当。如果不追，那可就地固守。看你国民党"中央军"能在荒山野岭待到几时？等你疲惫了，照样可以吃下你前沿孤立之军。

彭总司令就是这样规划自己的战斗部署。一旦做好计划，他也总不忘记向友军王以哲通报情况，以协调彼此行动节奏。

胡宗南则是从另一角度看问题。他认为自从"通渭会战"后，红军被拆成黄河以东和以西两股无法互相呼应的部队，而且都在向贫瘠荒漠的地区转移。他认为，红军显然是刚战败，且战斗力已大为削弱。胡宗南还在为自己的第一军在前一阶段的不良表现找教训。在红军定名的宁夏战役中，与自己同行的"中央军"二十五师之所以抢先占据黄河边的靖远、中卫等渡口而大出风头，就是因为他们敢于盲冲。而反观自己的第一军，就因畏敌而缩手缩脚，痛失良机。此次立大功的机会轮到自己手上，哪能轻易错过？

胡宗南的第一军占领宁夏同心城时，就没遇到多少抵抗。与其一路进军遇到的村镇相比，同心城重要多了，如果红军还有实力，他们肯放弃吗？他坚信红军正经历着大败，此时已是穷途末路，用不了多久，就可以把他们全部消灭。

在占领同心城后，他根据蒋介石的指示，立即分兵向豫旺堡一线红军追击。他企图沿甘、宁交界地区向东疾进，直插定边、盐池，威逼陕北红军根据地中心保安。他想象，通过与洛川、甘泉、肤施、瓦窑堡一线的刘多荃东北军联手，与杨虎城及在榆林、绥德的高桂滋、高双成等地方武装配合，定能夹击歼灭红军。

他召集连长以上军官训话："共军由南到北，已是精疲力竭，弹尽粮缺，而且人员损失大半，已成惊弓之鸟，没大力量了。乘此他们跑得不远的机会，只要我们一刻不放松地穷追，一定把当面这股共军消灭在黄河东南地区。"

胡宗南觉得该是大步追击的时候了。他很自信，自己左路的三万人马，加上有右路军王以哲东北军的两个军不下五万人的配合，两军的兵力火力都有绝对优势，无须畏惧红军的伏击战术。他也不担心东北军继续缩手缩脚、止步不前的作风。自从告御状成功以来，张学良被迫枪毙了董源彰，胡宗南觉得此时没人敢继续顶风作案，违抗军令。

17日，胡宗南进入豫旺堡之后，王以哲在蒋介石的再三催促下率右路四个步兵师、三个骑兵师分别向李旺堡、豫旺堡跟进。

胡宗南一马当先，调整部署，他把自己的左路军分成三路突进。左路第一师李正先第一旅由惠安堡东进；中路第一师詹忠言第二旅部向萌城、甜水堡推进；右路丁德隆第七十八师由田家塬向山城堡前进；周祥初第四十三师、孔令恂第九十七师为第二梯队进至豫旺县城及附近地区。

这样一来，胡宗南的三万大军分散成三五千人一个单位，只要某一股比较孤立，就会成为红军的桌上餐。红军已经许久没打胜仗了，特别需要通过这一仗来鼓舞士气！

胡宗南部追击战很不顺利，进入环县后，胡宗南发现问题来了。环县这些地域地广人稀，自然环境极为恶劣，枪声一响，居民知道要打仗就全逃光了。由于交通不便，胡宗南又轻率冒进，后勤供应成了大问题。胡宗南军队的粮食和日需供应无法解决，干渴饥饿威胁到了他的每个士兵。其中最主要的是缺水。陇东地区水比油还要贵，山沟里的水又苦又涩不能饮用，当地老百姓靠窖存雨水过活。一窖雨水供不了几个大兵猛喝一次，三万人马的第一军怎能靠稀稀拉拉的几个干涸的家庭小水窖来解渴？

麻烦远不只这些，胡宗南军队还没进入战场就出师不利。左路第一师第一旅第二团团长杨定南带着两个卫兵在高地用望远镜看地形时，突然从侧面飞来两颗红军狙击手的子弹，他当场毙命。可红军狙击手的影子在何处？谁也没有看到。仗未开打就损大将，胡宗南内心有点不祥的预感。

接着，中路第二旅的刘超寰团，首先遭遇原红四方面军第四军和第三十一军伏击。第一阵射击，团长刘超寰立即中弹，腿部被打成重伤，国民党军官兵伤亡数百人。双方激战多时，胡部李友梅第四团赶来增援，红军撤走。双方互有伤亡，胡宗南的"中央军"损失了六百多人。但胡宗南十分傲气：红军两个军一万人也没能消灭他的两个团，可见战斗力完全不堪一击。

蒋介石于 11 月 18 日来电，催促胡宗南率部速向定边、靖边"剿匪"。因为目前苏区东南西三面都已经被国民党军坚固的防御阵地包围了。如果胡宗南占领定远、靖边一线，以完全封锁苏区的北面，红军则必死无疑。此举还打通胡宗南部队从陕西方向获取给养的便捷路线，确保军需无虞。胡宗南随即命令各部加紧进攻。

此时，张学良、王以哲给彭德怀发来了情报，彭德怀根据情报及实际观察，得知胡宗南的右路丁德隆的七十八师已经孤军突出，决定集中主力，围歼该师一两个旅。

这不是有点冒险吗？胡宗南的右路丁德隆的七十八师虽然与他的左路、中路渐行渐远，有成为"孤军突出"之势，但胡宗南左、中、右三路，在整个战场都只属左路军，还有一支大的右路军是王以哲指挥的那支东北军。丁德隆的七十八师与胡宗南本部渐行渐远，就意味着离拥有五万兵马的王以哲"大右路军"越来越近。丁德隆的七十八师命运如何，就全取决于王以哲。

以前王以哲经常找借口，解释自己赶不上进攻的理由。这些借口不外是军需不继、遭遇红军抵抗或者天气、地形意外等。但如今左右路军一起行动，军需统一配送，左路"中央军"能行军，右路东北军自然也一样，借口也显然不存在了。

所以，王以哲在蒋介石严令和国民党"中央军"飞机的监视下，只能命令东北军和胡宗南部的"中央军"一同行军，几乎是齐头并进。

红军与东北军有"西北大联合"的秘密协议，东北军又必须帮助红军打败胡宗南。但王以哲明白，如果要帮助红军，就只能违抗蒋介石的命令。而蒋介石发给他的电报已经警告过：违令要受军法严处。就是说，要拿性命做代价。

王以哲还是决定全力配合红军，除了将所有战役计划和战场情报提供给红军以外，还准备违抗蒋介石命令停止行军，甚至让胡宗南军队被歼灭。

11月17日，王以哲电告彭德怀："现东北军又奉令向山城堡、环县一带前进，并限20日前完成任务，若有违误，即革职拿办。为配合友方，东北军决于16日进至豫旺堡，然后缓至19日再出发前往山城堡。"王以哲还着重提醒彭德怀：考虑到胡部一向不按指定路线前进，必紧随红军身后急进，应有作战可能。

他再三叮嘱彭德怀："为保存抗日力量，亦似不必做无谓牺牲。"

通知了彭德怀，王以哲又向蒋介石谎报自己已经完全遵命让各部紧急出动。但其实，他指挥的四个步兵师、三个骑兵师全部蜗行了三天之久，没到达指定区域。

19日，红军前敌总指挥彭德怀做出集中优势兵力，求歼孤立深入之右路第七十八师的部署。

红一方面军第一军团在山城堡以南待机；第十五军团一部诱敌东进，主力隐蔽于山城堡以东及东北山地；红四方面军第四军主力于山城堡东南地区，第三十一军于山城堡以北地区隐蔽待机；红二十八军在红井子一带牵制国民党军左路第一师第一旅。可见，以上这些红军精锐部队全是用来对付国民党左路军胡宗南的。

而刚结束长征，极度疲劳还未得到充分调整的红二方面军第六军团和刘志丹旧部第八十一师等部署在洪德城、环县以西地区做做样子，迟滞东北军六十七军和骑兵军。

就在彭德怀调兵遣将准备对付入侵之际，胡宗南指挥的左路军正急匆匆投向彭德怀布下的口袋。

远在洛阳的蒋介石从空军得知东北军蜗行的事实后勃然大怒，一再催令王以哲属下各部加速进军。王以哲立即命令各师关闭电台，随即以联络不上为借口，不下达进军命令。到后来，因实在无法找借口应付老蒋，干脆关闭了自己的电台，不再理会蒋介石。

此时，大雪纷飞，天气严寒，胡宗南的"中央军"士兵向山城堡逼近。一路上极其困难，没有柴草，没有粮食，连饮用水都没有。11月20日，第七十八师第二三二旅旅长廖昂率晏俭的第四六四团先行进入小镇山城堡，发现这一带已经是"居民逃避，十室九空，给养柴草，无处购买，而地区辽阔，人烟稀少，道路困难，后方兵站又不能追送，前方部队时虞断炊，实以严重问题也"。最严重的是一路荒凉干燥，人人干渴难忍。既然知道山城堡有一处大泉水，可以供数千人饮用，所以他们决定在山城堡宿营。

11月21日，第七十八师的后续部队第二三四旅李用章的一个团也开入山城堡。

彭德怀的机会来了。

七十八师师长丁德隆凭感觉意识到了风险，于是下令少将旅长廖昂立即修筑工事备战。廖旅长派出两个连外出侦察，并顺便看看友军王以哲部是否越过洪德。

但两个侦察连马上遭红一军团迎头痛击，大部被歼，少数慌忙逃回报信。廖昂大惊失色，正准备再派部队侦察时，此时国民党"中央军"飞机到山城堡上空，投下一个标有紧急的通信桶。

这里说明一下，前文提到军委二局副局长戴镜元作为李克农代表团的"发报员"参与红军与东北军的秘密谈判，并借用东北军的无线电报系统向党中央汇报谈判情况。其实军委二局就是负责监听和破译敌方无线电报的。而戴镜元就是红军、八路军和中国人民解放军监听和破译的总负责人，他主管的军委二局窃听并破译了国民党军的电报通信。红军的破译工作十分成功，让国民党军十分吃惊。所以，"中央军"担心作战命令被破译，不敢继续通过无线电报来传达，才改用飞机投送通信桶的方式。

通信桶里的紧急情报表明，侦察机已经发现红军大批部队正从东、南、北三面向山城堡运动接近，有包围山城堡的态势，具体人数不明。

国民党军第七十八师经过旅长、团长会议的辩论，决定固守待援。

而彭德怀及红一军团政委聂荣臻和军团长左权决定强攻。

我们注意，红一军团长林彪换为左权了。其实，红军东征回来后，一直在考虑打出包围圈，离开陕北到敌后去发展的问题，考虑到的地点有陕南、河南、河北等地。换出林彪，其实还有徐海东，就是在做这种预备。只因6月发生两广事变，一时形势大好，老蒋前途难卜，重建根据地的想法才一度搁置。后来宁夏战役不顺利的时候，中共领导又曾与张学良商讨过几种方案，其中包括再次长征的设想，也就是易地重新建设根据地问题。岔开说了几句红一军团长的问题后，我们重新把话题转回山城堡战场。

一般来说，胡宗南这支部队武器装备精良，如果凭工事固守，红军在短时间内攻破它也不容易。红一军团第二师师长杨得志看出对方的破绽，敌方临时构筑的土木碉堡工事由于时间仓促，工事之间相距很远，无法互相支援。于是杨得志决定采用各个击破的办法，以火力掩护爆破小分队的办法，逐个将碉堡工事炸掉！按杨得志的主张，山城堡哨马营大部分阵地确实被红军攻陷，取得一定的成果，但是，要全部拔除敌方工事也颇不容易。所以双方激战到黄昏，互有伤亡。

被困山城堡的"中央军"紧急呼救。胡宗南闻讯，大吃一惊！随即向王以哲求援。但王以哲诉苦道，因前进部队采用无线电静默，自己已和前方部队失去联络，无法知道自己各师在哪里，无法下达命令。

胡宗南当场惊得目瞪口呆，说不出话来。

在是否固守待援的问题上，被困山城堡的国民党"中央军"旅长廖昂和团长晏俭再次发生辩论。

又饥又渴且弹药就要耗尽的守军按廖昂旅长的意见，决定突围。

这犯下大忌，溃逃的军队全部暴露在火力下，极易被红军全歼。

果然，放弃阵地的"中央军"遭到红一军团第一师、第四师和红三十一军主力连夜突袭，最后被包围在山城堡西北的山谷中。此时，他们连简易的工事也没有了。红军凭夜战肉搏打到第二天上午9时，国民党军二三二旅损失严重，兵员损失大约占三分之二，伤亡三千多人，晏俭在混战中阵亡。

国民党"中央军"旅长廖昂和周保团长等几个军官带领剩下的部队绕过红军突击部队，从红十五军团的一个空隙中逃了出来。

遭红军当头棒喝的胡宗南令全军收缩集结于惠安堡、同心城一线，进行休整。山城堡之战意义重大，红军经此战之后等来了西安事变的好局面！

此战最大的功臣就是东北军六十七军军长王以哲，如果他按照蒋介石命令率领东北军四个师和国民党"中央军"一同行军，红军就不可能有机会围歼国民党军二三二旅。即使包围了二三二旅，也无法从容地作战。从而，蒋介石对王以哲极为痛恨。山城堡战役中王以哲公然违抗军令，就充分证明了他勾结红军是事实。

蒋介石处分完败军的师长丁德隆、旅长廖昂之后，曾准备直接命令张学良把王以哲押送南京以失地纵匪罪处决。后经身边幕僚劝告，如今既然已经准备对东北军动手，就没必要先杀张学良最亲信的大将王以哲，以免打草惊蛇。

蒋介石权衡了一下，点头。

所以，让话题返回到12月2日的洛阳，我们可以重新猜测蒋介石和张学良两人各自不同的心态。张学良听闻一些风声决定到洛阳来，绝不是要兴师问罪去讨伐蒋介石，而只是试探蒋介石的口风：是否要对我张学良动手，对我东北军动手？同样，事隔一天，蒋介石就动身去西安，也并非是被张学良花言巧语骗过去的，而是他主动出击，想要最后试一试，把东北军、西北军逼上"围剿"红军的战场。或者把东北军、西北军踢出去，让国民党"中央军"接管西安，以达到最后解除红军武装并统一"大西北"的目标。

第六章 / 华清池的枪声 I

## "哭谏"：要抗日，不要"攘外安内"

12月4日，蒋介石的专列开过潼关，一路直驰西安临潼。其时，以全国名义为老蒋五十大寿而捐献的三十多架飞机也一并开到西安机场停下来。

蒋委员长下榻的地点仍是临潼华清池园内的五间厅。他的临时行宫五间厅是一套砖木结构的仿古建筑，位于荷花池南边、骊山北麓一处树木葱郁的庭院内。之所以取名五间厅，是因为这套建筑是由相连的五个单间组成。这五个单间分配给蒋介石和他的贴身随从使用，五个房间依序是：秘书室、蒋介石卧室、蒋介石办公室、军事会议室、钱大钧办公室。这年12月，蒋介石在此度过了他一生中最难忘的八天。

事前，蒋介石的安全警卫工作做了周密的部署：委员长卫队的二十多名贴身警卫安排在五间厅的院内警卫，并把守华清园内第三道门。五间厅院外有座禹王庙，宪兵三团团长蒋孝先率四十多名官兵在此负责警戒，重点把守华清池的二道门。张学良的卫队一营营长王玉瓒上校率全营官兵负责警戒华清池头道门及以内外区域，防卫范围从二道门外开始经头道门直到西安城的十里铺和灞桥。具体是：卫队一营步兵连防卫华清池头道门和附近公路；骑兵连驻十里铺，担任从十里铺到临潼城的巡逻警戒；手枪排驻灞桥镇，担任该地警卫。这天开始，华清池停止对外开放，里面的人，头两天就被杨虎城、邵力子和晏道刚派来的士兵清空了，五间厅及周边也被收拾得干干净净。杨虎城还派人收拾好西安城内的西京招待所，用来招待老蒋的其他随从。原先由刘鼎安排住在临潼华清池的国际朋友史沫特莱，也从华清池迁往城内西京招待所安置。同时，晏道刚已经按张学良29日的电话通知，把各战场的东北军将领集中到西安等待接受委员长训话。

安排完毕，杨虎城、邵力子和晏道刚三人一早从西安来到临潼等候。他们猜测，此番老蒋必将是摆出一副盛气凌人的姿态。考虑到邵力子是蒋介石的浙江同乡且年龄上略高几岁，在老蒋面前能说得上话，晏道刚于是对邵力子说："希望我们一致要求蒋委员长对张副司令不要督责过严，使之难受。"邵力子点头称是。

下午4时许，委员长专列到达临潼。列车刚停稳，月台上的杨虎城、邵力子和晏道刚三人首先见到张学良从蒋介石的车厢走下。他面红耳赤，一边走，一边对三人说："我正被委员长骂得不得了，你们快上去，我在钱慕尹车厢里等你们。"

三人上车问候了蒋介石。蒋介石话有所指地对邵力子、杨虎城、晏道刚说："当前，'剿共'已经进入最后五分钟成功的阶段，一个月内将可完全消灭红军。无论如何，此时须讨伐共产党，若有人违抗命令，将给予适当的处置。"三人唯唯而出，退到站台上继续恭候。

这时，站台上出现大批同车而来的国民党军政要员。他们是：军事委员会军事参议院院长陈调元、中央委员蒋伯诚、军政次长陈诚、晋陕绥宁边区"剿匪"司令卫立煌、西北"剿匪"前敌总指挥蒋鼎文、甘肃绥靖公署主任朱绍良、铁甲车司令蒋锄欧、豫鄂陕边区绥靖主任陈继承及文职高官邵元冲和中统的总干事张冲。这里，晋陕绥宁边区"剿匪"司令卫立煌、西北"剿匪"前敌总指挥蒋鼎文及兼任前方各路总指挥的陈诚的新职务，就准备在西安军事会议上正式宣布。晏道刚见蒋介石带了一个如此庞大的随行文武班子，不禁狐疑起来。他立即到钱大钧的车厢去约张学良同行，并低声问钱大钧："委员长到西安邀集一些将领同来，他是一个什么做法？"

钱大钧说："大概是对各将领打打气，并做'进剿'布置吧！"

钱大钧可算是张学良的挚友，可到这份儿上，他依然是把话说得滴水不漏。难怪晚年，张学良对这个人的评价是两个字："油条！"其实，张学良如何不知道蒋介石早打定了对付自己和东北军的主意？还知道准备把自己和东北军撵出西安，再流放到福建的命令，正是钱大钧草拟的。这消息早就传到张学良的耳中。张学良有自己的耳目，那就是西北"剿总"训政处少将副处长黎天才主管的军情系统，此外还有杜重远、高崇民、阎宝航、王化一、卢广绩、车向忱这批替自己拿主意、通消息的幕僚和智囊。到此，我们还不曾提到王化一这人，其实，他与高崇民、阎宝航一样，是张学良的心腹，也是"东北民众抗日救国会"的主要负责人。只是此时，王化一没随张副司令到西安，而是留在武汉。张学良到西安后，辛亥革命出来的国民党军界元老何成浚出任豫鄂皖三省"剿匪"总司令，总司令部仍设在武汉。王化一就成为张学良与何成浚的联络员。这联络员当然是通消息的，有些消息传到西北"剿总"训政处黎天才手里就是重要情报。

就在张学良前往洛阳"哭谏"蒋委员长的前一天，也就是1936年12月1日，黎天才向张学良汇报了一个重要情况。原来是王化一来了一份密报，密报称，驻武汉的豫鄂皖三省"剿匪"总司令何成浚到洛阳向蒋介石祝寿的时候，顺便去看望钱大钧，他正巧看到钱大钧在起草一份重要命令，命令的大意是12月初将东北军调往福建、十七路军调往安徽。谁不知道三年前，陈铭枢、蒋光鼐、蔡廷锴的十九路军在福建是个什么下场？张学良看到这个情报，大惊失色，随即告知杨虎城，两人为此感到十分愤怒和焦急。所以第二天，也就是12月2日，张学良怀着极其愤慨的心情去找老蒋"哭谏"。而12月4日，老蒋这浩浩荡荡的文武随员大队来到西安，说是请客做思想工作，但张学良内心清楚：善者不来，来者不善！

愤懑的张学良和杨虎城难免会产生强烈的抵触情绪，并考虑采用强力对抗的措施。但强力对抗的决定是何时做出的？那又是一桩历史的谜案。一周后，张学良、杨虎城动用武力消灭国民党中央在西安、兰州的直属宪兵和军警，围歼蒋介石警卫队并逮捕蒋介石及随从大员的行动计划是蓄意预谋的，还仅是一时的感情冲动？至今依然众说纷纭，莫衷一是。

原本，张学良并没有反蒋的念头。即便东北军一一〇师和一〇九师被红军消灭，而蒋介石、何应钦不但不加抚恤，反而将有关番号取消时，张学良也只是不满，而无反抗。甚至是与红军达成秘密协议时，张学良提的口号依然是"逼蒋抗日"。这所谓的"逼"估计也没想到要动刀动枪来干，而还是通过自己的消极怠工去表达，用"哭诉"去逼蒋。

但后来张学良有了变化。6月，两广事变发生，陈济棠、李宗仁亮出抗日的大旗进行反蒋。这时，张学良、杨虎城与其他军阀一样，也都心动了，产生了响应陈济棠、李宗仁，与红军一道搞"西北发动"的冲动。搞"西北发动"就是背靠苏联、联合红军、割据西北五省，接受苏援。那样做，就必定与蒋介石分庭抗礼，这当然就是反蒋。在这问题上，陈济棠、李宗仁、张学良、杨虎城能心有灵犀一点通，其中道理只有一个：老蒋鼓吹的"攘外必先安内"口号不仅仅是针对红军的，更是针对他们这些同时拥有地盘和军队的实权人物。老蒋借"追剿"红军的名义，要一路顺风地撸平陈济棠、李宗仁、王家烈、龙云、杨森、刘湘、阎锡山、韩复榘、宋哲元及杨虎城、张学良等各路豪强，把他们统一在自己的手心之中。老蒋"安内"的重头戏，就是这"各路诸侯"和"豪强"！

观察到这种形势，杨虎城早就对张学良说，红军长征走到哪儿，蒋委员长的"中央军"就打到哪儿。红军还健在，地方势力就被铲除了。不论是哪路军阀，要么像王家烈一样被红军打残了，要么被"中央军"挤了地盘，最终都是要变得像王家烈一样被老蒋收编。

事实也的确如此。自江西"围剿"红军开始，老蒋的"中央军"一路收拾理顺了原来属于朱培德、程潜、唐生智的滇军和湘军，摆平了何健、许克祥、王家烈、杨森、刘湘，震慑了龙云等各地势力派。接着，"中央军"汤恩伯部借红军东征的机会开进"土皇帝"阎锡山苦心经营多年的山西省，随后又来了陈诚，破了阎锡山山西"金身不破"的神话。就在这时候，又传开了1935年底，蒋介石派侍从室秘书邓文仪到莫斯科与中共中央代表王明秘密谈判的消息。各路军头更感觉到自己受老蒋的欺骗：老蒋逼大家"剿"红军，而他自己却秘密与红军讲和。这表面上针对红军的"攘外必先安内"，其实指向各路军头！老蒋的矛头所向，令各路豪强十分不安。

进入9月之后，红二方面军、红四方面军长征进入陕甘宁，准备与红一方面军会合。"中央军"胡宗南第一军、王均第三军、毛炳文第三十七军及关麟徵、杜聿明的二十五师等十万大军从川北尾随而来，控制了西安至兰州的公路。而东面，老蒋更是调集了刚处理完广东事变的三十万"中央军"北上，进入河南，控制了潼关以东的陇海铁路。这样一来，"中央军"从东西两面对张学良、杨虎城形成夹击之势，局面十分严峻。张学良、杨虎城意识到，蒋介石收拾他们是迟早的事情，如果此时不做准备，最终估计就像贵州王家烈、四川杨森一样，要么老老实实地交出地盘，成为听命于蒋介石的军长、司令。要么老老实实地交出军队，做个空有头衔的地方大员。那才是老蒋"攘外必先安内"的最终目标！

10月22日，蒋介石完成军事部署后来到西安督促张学良和杨虎城"剿匪"，而张、杨则针锋相对，反过来劝说蒋介石放弃"攘外必先安内"转而联共抗日。他们因此遭到蒋介石的怒斥，这事闹得非常不愉快。为此，张学良就十分沮丧地向杨虎城诉苦并问计："有何方法可以停止内战？"

杨虎城说："你对天发誓：决心抗日！我就对你讲。"

张学良仰天发誓后，杨虎城沉吟了一下说："我那些小家伙倒有一个计策，等待蒋委员长来西安时，我们不使他离去，我们来一个'挟天子以令诸侯'之故事。"

杨虎城这话，说明他对张学良的内心有相当程度的了解。杨虎城记得，一个月前因老蒋下令抓捕刘澜波、孙达生等人，而酿出"艳晚事件"：气愤至极的张学良居然从王曲调兵进西安，武装围攻国民党陕西省党部，既抢人又抢档案，制造了这起严重的兵变！那次，张学良是够"胆大妄为"了！接着，张学良手下的心腹苗剑秋利用王曲军官训练团的讲台，反击蒋介石上一天的训话，鼓吹也要搞一个日本"二二六"那样的兵变，不让他（指老蒋）"站着走出去，而应当让他爬着滚出去"。而且苗剑秋被张学良秘密送走时，还提议"捉蒋"。虽然张学良觉得时机不成熟而否决了苗剑秋等少壮派的主张，但杨虎城那边对这些情况是再清楚不过了，因为究竟西安这地面是杨虎城的，他有广泛的信息渠道。而且那天，西北军的军官就是参加那期王曲军官训练团的主要学员，甚至受杨虎城重用的炮兵团长孔从周就在会场上。所以，杨虎城提"挟天子以令诸侯"，不过就是重提一下张学良手下"抗日同志会"的"剑客"们那套秘密"捉蒋"主张而已，虽说只是一起流了产的密谋，但张学良自己是一清二楚的，作为西安的地头蛇，杨虎城也心知肚明。

不知张学良在听完那话时，内心的真实想法如何？晚年张学良在回忆录中写到这件事，说他当时听了杨虎城这句话时，非常愕然，沉默不语，还露出惧色说：

"我们不是卖友求荣的人，这种计策我是做不到的。"

杨虎城随即讽刺他说："这是感情作用，以私忘公。"

张学良沉吟一阵后说："让我仔细思考思考。"并表示自己不会出卖朋友，绝不会把适才所言泄露给任何一人。

其实，"挟天子以令诸侯"的典故，几乎不可能从杨虎城头脑想出来。甚至到晚年，张学良也认为，杨虎城出身草莽，不会懂得"挟天子以令诸侯"这种历史掌故。杨虎城的确不具备那样的文化素养。杨虎城原名杨九娃，自小贫穷，只上过两年私塾，后来被父亲杨怀福送到镇上当童工，被迫弃学。他先在一家小饭店里为锅灶拉风箱。那是一项重体力活，目的是谋得一日两顿饭，以减轻父亲的一份负担。父亲杨怀福和伯父杨全新是反清地下组织哥老会成员。清朝父母官借口杨怀福和杨全新参与当地一场出了人命事故的械斗，先后将杨怀福、杨全新捉入大牢。一年以后，杨怀福被清政府判处绞刑虐杀。杨虎城从同乡那里借了一辆手推车，忍饥挨渴，走两百里崎岖山道将父亲尸体运回家乡。长大后，杨虎城当刀客、拉杆子，靠勇敢和胆略，终于成了大气候。他坐镇西安当十七路军总指挥，成为雄镇一方的封疆大吏。但他几乎不认识字，所有公文、电报自己看不懂，都得靠秘书读给他听，然后根据秘书的提示，或签字，或不签字。据说，杨虎城身边有个别调皮秘书，利用这点，在公文中塞点私货，让杨虎城签字后自己捞油水。即使后来有人因此露馅，杨虎城也从不追究。既然杨虎城自己也承认那主意是"那些小家伙"出的，张学良就想到"那些小家伙"应该就是杨虎城身边那批由年轻人组成的智囊团。

的确，就像张学良身边有王以哲、何柱国、于学忠等大将一样，杨虎城身边也有王劲哉、孙蔚如、赵寿山、孔从周等贴心将领；张学良身边有孙铭九、应德田、苗剑秋等少壮派心腹，杨虎城身边也有王菊人、宋绮云、宋文梅、许权中等少年知己；张学良身边有军师黎天才，杨虎城有张慕陶；张学良身边有刘鼎等中共代表，杨虎城身边更有中共党员南汉宸、王炳南及毛泽东秘书张文彬等，甚至杨虎城夫人谢葆贞就是中共党员；张学良与红军有秘密协议，杨虎城同样与红军签有友好协定。正是这样，确定了东北军、西北军与红军之间"三位一体"的"西北大联合"的根本方针。所以，张学良与杨虎城所处的政治环境十分相似，他们所做的政治抉择也非常相近！

我们前面谈了不少张学良军师黎天才的事，但从来不曾涉及杨虎城幕僚张慕陶。中共历史上有两类人物被视为另类人物，那就是叛徒和托派。黎天才是投降反动政权出卖同志的叛徒，而张慕陶则是托派。托派，顾名思义就是托洛茨基派。它是国际共运中的极左派，也就是所谓"布尔什维克列宁派"。他们主张彻底的革命、持续不间断的革命，将革命传遍世界。关键问题是他们支持托洛茨基立场，而反对斯大林的路线。在中国内部，托派的代表人物是彭述之和陈碧兰这对夫妇，还有尹宽、郑超麟等人，陈独秀也因坚持托派立场而被开除出党。而张慕陶则是中共北方局的一名托派分子，曾因此被开除出党。后来他重新入了党，并参与冯玉祥、吉鸿昌的察哈尔抗日同盟军事变。事变失败，他被第二次开除出党。于是他流亡到阎锡山身边挂名当幕僚，1936年红军东征山西，张慕陶怕被红军抓捕处死，就借口妻子有病逃到北平闲居。由于杨虎城知道张慕陶是陕西籍著名谋士，特地派人找他来商议军政事务。从此，张慕陶成为一名杨府"食客"，"食客"也就是幕僚。张慕陶言辞激烈，他的主意也十分极端。我们后面还会讨论到他。

这样说来，能替杨虎城想出"挟天子以令诸侯"主意的"小家伙"不会只有一两个。

从这可以说，1936年10月底至11月初，张学良、杨虎城两人私下确实交谈过"捉蒋"话题。至于随后几天，张学良与杨虎城是否继续就此话题交换过意见，商谈过分工安排，那不得而知。但从以后的准备工作来看，杨虎城的西北军方面似乎没有牵涉"挟天子"的本身，而是专管"清君侧"。也就是说，他的西北军把目光转向西安城内所有从属于国民党的驻军、宪兵、警察、特务机构，最重要的目标是老蒋的大批随从。而事实上，"挟天子"的大事则是张学良一手操纵的。

杨虎城着手准备行动了，其中第一件事就是提拔炮兵团团长孔从周为西安绥靖公署警备第二旅旅长兼西安城防司令。

孔从周回忆起当时的情况。他称，1936年的一天，他接到绥靖公署来的电话，说杨虎城主任要他去一趟。孔从周立即赶到杨虎城的公馆。杨虎城亲切地说："今天让你来，是要告诉你，准备将你调离炮兵团。"

孔从周听了很惊愕："主任不让我使炮啦？"

杨虎城笑了笑："你可能也知道一些，西安的情况更为复杂了。你不要只会打炮，在新的职位上，你要学会做许多事情。"

这天，孔从周按杨虎城命令出任第二旅旅长兼西安城防司令。

1936 年 10 月 29 日，也就是蒋介石去洛阳过生日的当天晚上，杨虎城又把孔从周叫到新城绥靖公署，同他进行了长谈。杨虎城讲到与红军的关系，讲到西北军、东北军共同面临的严峻形势，还说到他与张学良"总要想个共同对付蒋介石的办法"。最后杨虎城指出："他（蒋介石）的大军压境，企图一石三鸟的用心，我们不可不防啊！"孔从周跟随杨虎城多年，杨虎城深知他平时沉默寡言，但观察敏锐、分析精辟，为人老成持重。今天孔从周听他的肺腑之言后，对蒋介石的阴谋诡计的认识加深了，对杨虎城的意图领悟得更透彻了。他表示："杨主任，我一定谨慎，小心！"

12 月 4 日，蒋介石和他浩浩荡荡的随从来到临潼西安之后，情况发生了变化。与 10 月 22 日到西安不同，蒋介石这次一到临潼，头几天既没有去西安城，也没有召见张学良、杨虎城，更没有兴趣去游名胜古迹了。12 月 5 日，《大公报》总编辑张季鸾来了，他与蒋介石之间有着特殊关系，从而获准到华清池访问。不过，在 1927 年，张季鸾与蒋介石原本是一对冤家。因为张季鸾在四一二反革命政变上曾严厉谴责过蒋介石。但自 1928 年后，张季鸾逐渐与蒋介石接近，并最终成为挚友。这既与双方观点的逐步一致有关，也与张季鸾主办的《大公报》的影响力有关，还要加上张季鸾是蒋介石秘书陈布雷的特殊朋友这一条。由于张季鸾与蒋介石的这种特殊关系，他的言论和建议也特别受到老蒋的重视。从而，他也被时人誉为"布衣宰相"。蒋介石每有重大举措，多数是先听取张季鸾传达的民意，然后又第一个把决定先通报给《大公报》，让其造风声。张季鸾这次到华清池来，就告诉老蒋："西安谣言甚盛，流行的政治气氛以'停止内战，联共抗日'为标志。"蒋介石回答说："我来西安的目的，就是要平息东北军、西北军的分歧论调。"

到临潼后，蒋介石在华清池五间厅分批召见陕西省主席邵力子及东北军、西北军的军、师级军官，请他们喝酒，与他们拉家常，套近乎。所问的问题基本是千篇一律："你父母在否？兄弟和儿女几人？你现在看些什么书？有什么心得？家中生活怎样？……"并说些鼓励"剿共"之类的话。他不知道，这些表面毕恭毕敬的东北军将领对这样的话题毫不感兴趣。他们时刻提防着自己与老蒋过分接近带来的不良后果，也注意蒋委员长的面孔何时多云转阴。果然，谈话末了，蒋介石总是强调同一句话："'剿共'已达最后五分钟成功的阶段。"并警告说："如果有人反对'剿共'，就要严加处置！"从另一个角度上讲，蒋介石兑现了分批给军官请酒说服的诺言。但产生的问题是，一连两天蒋介石分别召见这些人时，张学良、杨虎城均不在座，这致使他们产生疑惧。

于是，张学良和杨虎城在12月6日召集东北军和十七路军的军官，请蒋介石训话。目的是听听蒋的口风，同时也可避免老蒋在明里暗里讲不同的话。当然，训话现场是再也不能出状况了。为避免出现10月28日王曲军官训练团苗剑秋事件，两人事先商定，所召集的人中，不能有过于激动的人，或者社会关系复杂的人，要求到时发言的人不准对"委员长"有任何不敬之处。因此在训话会场，提问的人并不多，原本一些想出风头的人也不敢多话了。

老蒋训话说："我们眼前的敌人是共产党，日本人离我们很远，我们打仗要先近后远；如果远近不分，或者是先远后近，那便是先后倒置，一定失败，便不是革命。无论如何，我们此时必须讨伐共产党。如果反对这个命令，中央不能不给予处置。东北军和十七路军现在只有两条路可走：一条就是到陕北'剿匪'，中央军做你们的援军；另一条是调往闽、皖地方，听中央调遣，你们不要自误。"

讲着讲着，蒋委员长果然摊出底牌了。这几天，张学良和杨虎城已经不是第一次听到部下传来这种话了。他们想象，自己一旦被赶出西安，就将面临一种怎样的下场。1932年，十九路军不就是被遣送到福建去的吗？如今十九路军到哪儿去啦？张学良和杨虎城不寒而栗。这场训话证实了他们头脑中的疑虑。

这天下午，蒋介石在邵力子的陪同下，视察了西安市政建设，并游览了长安东南的温泉胜地汤峪。至于有些传说提到张学良和杨虎城想利用这机会对老蒋采取行动，这点是否确实还很难说。再说，既然委员长训话后毫发无损地回到华清池，我们再多说也就没多少意思了。

然而，蒋介石方面也有人发觉当时的气氛有些异常，但又说不出异常究竟表现在什么地方。12月6日，就是在蒋介石专列停在临潼车站的第三天，张学良便不请自来，主动参拜蒋介石。临走，张学良顺便对钱大钧说："据委员长专列司机讲，机车车头气泵有点儿毛病，要到西安车站维修一下，时间不长，很快就会修回来，你看如何？"钱大钧一向与张学良私人交情较深，不虞其中有何蹊跷，竟未加任何思考就一口答应了。事后钱大钧想到需要向蒋介石报告这件事，继而一想，没有必要拿芝麻大的小事干扰总司令，更何况修车也是件好事。

专列的车厢很快被甩下了，机车开进了西安车站。当火车头开走之后，钱大钧又若有所思地想到要找张学良说什么，可是犹豫一会儿，欲言又止。

这次，老"油条"钱大钧反过来被张副司令"油条"了一回。

等到出事那天，有人想逃命时，即使能登上专列，也没有车头了。看似无关紧要的事，却关系到若干人的性命。平素精明过人的钱大钧，却怎么不去想想：停在临潼的专列有问题，司机找我钱大钧说一声，有困难吗？更何况，可以告诉卫士队队长啊，还有守卫专车的宪兵一团团长杨镇亚、三团团长蒋孝先。司机把这屁大的事汇报给三十公里外西安城内"剿总"副司令张学良，再由张副司令转告自己，这有必要吗？如果从第三者的眼光看问题，钱大钧难脱与张学良幕后交易的嫌疑。

隔天，副司令张学良又来了。是因为蒋委员长的冷落造成张学良内心疑虑重重，还是张学良要坚持逼蒋抗日的决心不动摇？反正12月7日下午，张学良来了。他后来回忆说，自己是抱着破釜沉舟的决心驱车来到临潼华清池，要再次见蒋介石。张副司令声泪俱下地慷慨陈词："日寇侵略我国，步步进逼，继东北沦陷后，华北已名存实亡了。最近，绥远又复告急，国家民族的存亡已到最后生死关头。非抗日不足以救亡，非停止内战，举国团结一致，不足以言抗日。继续'剿共'断非出路。当今抗日是第一大事，红军问题可用政治方法解决，只有一致对外，才能安内，一旦抗日，就能统一。"张学良失声痛哭道："东北军是亡省亡家的人，他们的抗日情绪不可再压制了，我对委员长是一贯忠诚的，面临国家民族的生死存亡我不能不据理力争，希望委员长能慎重考虑。"

张学良的眼泪丝毫没能打动老蒋。蒋介石勃然大怒。只见他烦恼地把正在看的《曾文正公全集》线装书丢在桌子上，厉声训斥曰："一派胡言，你知道什么！共产党的那一套我比你清楚，你是受了共产党的'迷惑'，当今中国最大的敌人不是日本，而是共产党！'剿共'是既定的国策！"并说，"你现在就是拿枪把我打死，我的政策也不能改变！"

张学良问："委员长真的不能听我们的一点儿忠告吗？"蒋介石置之不理，拔脚便走，把张学良"晾"在了一边。至此，张学良发觉自己已经被逼到了墙角，走投无路。其实，经张学良这几天一连串的"哭谏"，蒋介石同样是每夜被恼得噩梦连连，睡不安宁。他俩的心态都坏极了。

在离开临潼回西安的路上，张学良横下一条心：扣蒋！

"我要教训教训这个老头子！"

读者或许会发觉，张学良离开临潼这 时刻的内心想法才符合他的为人。他的一生虽然评价多样化，但不愧是个铁骨铮铮的男子汉！他经历的近百年历程中，虽大半部分是没有自由、满心委屈的，他何曾是整天痛哭流涕的？所以，笔者虽然引用了以上许多有关他跪地痛哭流涕、求老蒋"纳谏"的记录，但内心总感到那样的记录多少有点儿矫情。是否记述者把自己内心的感受生硬地嫁接到张学良身上？当然，少帅也可能是真的哭了，真的闹了。而且这真哭、真闹，正可能是智囊团为副司令出的主意。他们一定是参照了《借荆州》中诸葛孔明给大英雄刘皇叔出的那个给人印象深刻的"哭计"：真诚地哭，哭得让忠厚的鲁肃和诸葛瑾也陪着落泪，让他们拉不下脸索讨荆州。可惜，眼前这位蒋介石先生是天生一副冷酷的铁石心肠，任你千呼万唤、痛哭流涕，他毫不动容。他老蒋绝不是忠厚老实的鲁肃或诸葛瑾，这点，张副司令和他的谋士幕僚事先也不是没有估计到。但张学良还是一如既往地坚持"哭谏"。其实，不断地出现在老蒋面前"哭谏"，就给人一个假象：一个劲儿地胡搅蛮缠的小张就没有时间去动坏心思了。老蒋就不至于要怀疑张学良会在背后搞什么阴谋诡计。后来，西安事变发生的前夕，陈诚来报警，老蒋自己也注意到疑点，但他没有逃离的念头。甚至他遭到张贤弟的卫兵追杀而狼狈逃窜时，依然急切盼望张学良来救他！这正证实"哭谏"达到了效果。

既然如此，遭老蒋呵斥的张学良此时一点儿也没有真的沉浸在失望情绪中。见惯不惊的他一回到西安，就把劝谏蒋介石的情况全告诉了杨虎城。他们终于认定老蒋是不会轻易改变他的计划了，现在唯一的办法就是对老蒋实行"兵谏"，用武力逼迫他改变错误决定！

于是张、杨二人商定：临潼的蒋介石及其卫队由东北军负责解决。这主要是因为临潼周边驻军都是东北军，如果让十七路军去"捉蒋"，怕产生误会，发生自己人打自己人的意外。西安城内的国民党中央大员和国民党中央其他军、警、特武装力量交由十七路军的孔从周旅、赵寿山旅两个旅来解决，这当然因为西安是杨虎城的十七路军驻防。动手时间日后由双方共同商定，同时下手！

考虑到，12月4日蒋介石到临潼以来还未曾与杨虎城单独会过面，也为了做到仁至义尽，张学良建议杨虎城明天也去劝蒋介石一次，算是最后的努力。而正在这时，张学良接到通知，明天蒋委员长要请王以哲吃饭。张学良知道，自胡宗南兵败山城堡后，蒋委员长一度恨得牙齿痒痒的，巴不得把王以哲吃了！或许让杨虎城出面与老蒋谈谈，蒋委员长或许会把王以哲的事看得淡一些。

明天要与蒋介石见面了，但自己还有很多事没落实，杨司令难免心中暗急。这天晚上，刚与张学良分手的杨虎城，一边吃饭，一边命副官紧急召来孔从周。孔从周接到电话，紧急赶到杨虎城的住处。他应召来到内室，看到杨虎城双眉微蹙，心事重重地来回踱步。孔从周轻轻地报了一声："主任，我来了。"

两人坐下，杨虎城就问警备旅的情况。听过简短的汇报之后，杨虎城说："你要抓紧好夜间训练，懂吗？现在'中央军'在西安有多少部队，都住在什么地方，西安城里的交通要道警戒需要多少兵力，都清楚吗？"对这些突然提出的问题，孔从周一时无思想准备，迟疑了一下才老实说："这些情况有的掌握了，有的还不是很清楚。"

杨虎城对这样的回答非常不满意，急躁而又厉声地说："你这个城防司令是干什么的！你负责城防，不掌握城防的具体情况行吗？"

孔从周连忙补充说："'中央军'在西安驻有宪兵团、公安总队、交警总队、保安团，这些都是公开的单位，情况我都掌握了。至于那些没有公开的特务系统有的还不十分清楚。"

杨虎城又追问："公开的都驻在哪条街？哪些巷子？"

他说："西安的巷子很多，他们驻的那些比较大的巷子，我能说得出来，至于那些小的巷子……"

没等他说完，杨虎城便打断他的话，不满地说："当然，东大街、西大街、南大街、北大街，不用你说我也知道。我要知道的是：他们是什么部队，什么番号，都驻在什么地方，哪条街、哪个巷子里的哪些院子。这些都必须搞得一清二楚，不能有半点儿含糊。听明白了吗？"

孔从周忙点着头："听明白了！这几天，我命部队在城里连续几天进行夜间'演习'，我保证很快把'中央军'的驻地、番号摸得清清楚楚，请主任放心！"

"那好，抓紧时间，赶快去准备吧！"杨虎城的脸上缓和了一些，又继续说，"演习的时候，既要弄清楚'中央军'在城里驻扎的具体情况，又不要影响老百姓，务必悄悄地进行，注意保持市内的平静。"杨虎城盘算着，孔从周的警备旅足有三个团五千名兵力，只要瞅准驻西安国民党"中央军"的所有军宪警特所在，一举擒来，毫无问题，关键就是一网打尽，不能有遗漏！

当晚，孔从周回到城防司令部之后，立即召开了警备旅的连以上军官会议，传达了杨虎城的指示并部署了夜间"演习"任务：从晚上11时开始演习，摸清"中央军"的军、警、宪、特的全部情况。

8日凌晨5时，第一次夜间"演习"顺利结束。孔从周带着参谋根据各支"演习"部队的报告，把国民党"中央军"在西安城内外的兵力、驻扎位置详尽而又准确地标示在一份西安市区的军用详图上。天亮后，孔从周又带领参谋人员拿着标好的地图，跑遍了西安城，一一核对"中央军"驻地、兵力等，同时察看了鼓楼、钟楼等制高点及对方主要驻地周围的地形。

接下去的一个晚上8时，孔从周警备旅又按既定方案继续"演习"。这是一次针对性强，带有战前预习性质的"演习"。

就这样，杨虎城紧锣密鼓地忙碌着。其实，孔从周并非杨虎城身边最核心的人物，从他的忙碌程度，可以猜测到杨虎城心腹大将李兴中、赵寿山及秘书王菊人、特务营营长宋文梅的忙碌程度。

但张学良的事后回忆中，对事件的叙述有前后不一致的地方，特别是晚年，他把策划西安事变的时间改到一二·九周年纪念日之后。他在回忆中说，12月9日晚，蒋介石威胁要用机枪对付去临潼向他示威的游行队伍时，自己才狠下决心要"捉蒋"。可能，对张学良来说，只有他下令执行的那一刻，才算西安事变的开始，以前的准备阶段是不算的。是呀，准备归准备，行动归行动，只要张副司令没下命令执行，西安事变就不会发生！事情确实可以那样解释。但更明显的事实是，东北军与西北军早在一二·九周年纪念日之前已经做了周密的部署和预演，而且是有明确的分工的。虽然，西北军孔从周警备旅只针对西安城采取行动，而不是参与直接抓捕蒋介石。但此时，东北军方面能丝毫没有动作，完全不说不做吗？

杨虎城是爽快人，他检查督促过孔从周等部下的行动之后，就稳稳地睡了一夜好觉。12月8日上午，杨虎城一早驱车到临潼。他步入华清池，登上五间厅前的平台，向穿着长衫、边看书、边晒太阳的蒋介石谦恭地表示问候。蒋介石欠了欠身子，请杨虎城坐下，两人寒暄了几句后，不等杨虎城把话引入正题，蒋介石就先开了口："虎城，张汉卿年轻幼稚，容易受人欺骗，你和他一地共事，要多加开导，以免他误入歧路。"

"张副司令年轻有为，思想敏捷，指挥果断，甚孚众望，是一位难得的将才，很值得虎城效仿……他主张停止内战，团结抗日，我认为是有道理的。"杨虎城控制着自己的情绪，尽可能让语句平缓一些，"委员长请听虎城进一言，我们的国家和民族已经到了危急关头，只有抗日才是唯一出路。依我之见，对于红军的问题，宜采用和平政治方式解决，而不宜用兵。不然，鹬蚌相争，渔人得利……"

不等杨虎城把话说完，蒋介石就连连摆手："荒谬之论，你也是荒谬之论！对于共产党唯一的办法是军事解决，我有绝对的把握消灭共产党，他们现在已经是穷途末路，'剿共'大业指日可待！"

杨虎城今天是不速之客，他此来不是老蒋原有的安排。为了不影响自己的情绪，蒋介石一点儿也不顾及别人的一片好心，便不耐烦地用几句严厉的言辞打发了这位关中刀客出身的部下。这样做的结果，或许，蒋委员长该表示后悔了。

杨虎城原本就料到这次努力难有结果，白费口舌无益，于是起身告辞。其实，最近以来，张、杨二人早已看透老蒋的固执己见而不抱任何奢望。他们的轮番"哭谏"，只不过是让委员长产生这样的错觉：单调而徒劳无益地重复"哭谏"的张、杨已是"黔驴技穷"了。

## 一场虚惊

其实这天，蒋介石早已约好王以哲，招待他"吃饭"。他反复考虑过，对付这位忤逆的王军长，最好还是采取"大棒加胡萝卜"、恩威并施的手法来对付。想到当初，自己在盛怒之下曾扬言要严厉惩处他，这难免会造成对方过度紧张，于是就特约王以哲好友刘多荃一道来。

蒋介石在餐桌上对他们说："自从'九一八'后，国人对你们东北军都很不原谅，现在'剿共'战事仅剩最后五分钟了，我是给你们东北军一个立功的机会，你们要理解我的用意，服从命令，努力'剿共'，方是你们应持的态度。"

蒋介石没直接提山城堡那场战役。他可能知道王以哲会解释说，在战场上不打开电台是秘密行军的需要，从而收不到总部的命令，也不知道红军在围歼友军，所以山城堡之败，是意料不到的事。但蒋介石毫不掩饰且十分严厉地威胁王以哲："王军长，你不遵守我的命令，就是抗命，你怎么当的军人！你的军队里面有电台跟红军联络，你以为我不知道？"

张学良在西安正十分着急地等待王以哲回来，他对王以哲此去十分担心。不过，这天下午他等回了王以哲和刘多荃：老蒋并没有把王以哲拿下押往南京。但，情绪略有些紧张的刘多荃一回来就向副司令谈起蒋介石严厉警告的情形。

张学良告诉他，矛头不只是指向你们，更是针对自己的。蒋介石不仅对自己训斥有加，就连老蒋的跟班，小小的宪兵三团团长蒋孝先也敢公然对自己无礼！张学良气愤地说："蒋孝先这小子太狂了，他对黎天才说，你告诉张副司令，西北的'剿共'任务如不愿担当，即请张退出西北，不要误了大事。如若还愿意干，就好好干。蒋孝先有什么资格教训我！"

张学良想到要把自己的决定告诉王以哲，于是说："我一定要扣蒋，你快去把鼎芳找来。"

鼎芳就是王以哲的字，他到后也向张学良汇报："坏了！咱们与红军的往来通电，委员长都晓得了。从今以后，他不允许咱们和红军联络，他叫我们服从他的命令，努力'剿共'，将来由他领导我们收复失地，打回东北去。"

张学良向王以哲表示，把东北军调出西安或积极"剿共"这两条都不能接受。在万不得已的情况下，只有扣蒋、"逼蒋抗日"一条路！

王以哲说："副司令有决心，就干吧！"

1936 年 12 月 9 日，临潼。

一早，蒋介石让卫兵把一封紧急信件送到陕西省政府主席邵力子手里。信中，老蒋让邵力子向《大公报》爆料：张学良、杨虎城"剿共"兵权将被剥夺，出任西北"剿匪"军前敌总司令的蒋鼎文将取而代之。信的内容如下：

力子主席兄勋鉴：

可密嘱驻陕《大公报》记者发表以下之消息：蒋鼎文、卫立煌先后皆到西安。闻蒋委员长已派蒋鼎文为西北"剿匪"军前敌总司令，卫立煌为晋、陕、绥、宁四省边区总指挥。陈诚亦来陕谒蒋，闻将以军政部次长名义指挥绥东中央军各部云。但此消息不必交中央社及其他记者，西安各报亦不必发表为要。

中正　十二月九日

[黎天才：《黎天才自传》未刊稿，转引自《西安兵变与前共产党人》，香港银河出版社，2000 年版。这封信件有多处来源，内容相同，但对信件的披露源头说法不一。中国社会科学院编的《西安事变资料》第一辑有相同信件内容，却特地注明："这是蒋介石尚未发出的一封信。西安事变前夕，蒋介石在华清池五间厅亲笔给邵力子写了这封信，当他仓皇逃到南山时，原

信仍留在卧室桌上。"陈元方、史础编著的《西安事变与第二次国共合作》赞同："这个'手谕'是 1936 年 12 月 12 日晨在骊山战斗现场发现的。"杨虎城秘书王菊人在《记西安事变前后的几件事》中说："此项部署（指密嘱），见于十二月十二日在临潼华清池蒋室内缴获的致邵力子函中。"]

不过，蒋介石的通信兵出发不久，就传来西安城游行示威的消息。原来，1936 年 12 月 9 日是一二·九运动周年纪念。西安学生万余人在中共地下党的发动下举行纪念一二·九爱国运动一周年活动，并在宋黎、孙铭九等人的策划下，由学生领袖李连璧当总指挥，组织游行队伍沿西安向临潼道路前进，向蒋介石请愿。张学良卫队营的二十名士兵，以保护学生为由，参加游行，他们夹杂在游行队伍中向临潼开进。这事得到张学良的同意后，由卫队二营营长孙铭九特地进行了安排。

蒋介石听说学生请愿队伍要来找他，便震怒了。他向宪兵三团团长蒋孝先下令："对不听劝阻的暴徒，一律格杀勿论！"少将团长蒋孝先立即率领宪兵三团开到西安城东十里铺和浐河桥一线严阵以待，在两旁的高崖上架起一排排机关枪，并出动了大批骑兵，准备对学生进行镇压。蒋介石还打电话给张学良说："西安的学生娃子受共产党的煽动，要到临潼来找我闹事，令你立即出动部队，途中加以阻拦，如有暴徒不听劝阻，格杀勿论！听到没有？格杀勿论！"张学良知道蒋介石的铁石心肠，为避免引发生流血事件，就开车赶到临潼道上的十里铺挡住学生队伍。同时，他也真心不想此时就把事情闹大，以影响自己的行动计划。于是他向学生们说："你们不要去找委员长，我是副司令，可以代表委员长考虑你们的要求。你们有什么都可向我说，我决替你们转达。"接着张学良又是一番苦口婆心劝说。最后他面对李连璧等学生大声说："我不是某某人的走狗！我在七天之内，用实际行动来回答你们。如果我做不到，你们在任何地方，可以置我于死地！"于是全场轰动。有人引导众人高喊口号：拥护张副司令抗日！打倒日本帝国主义！喊完口号以后，李连璧等决定让大家散开各自回家。此时天色已暗，凛冽寒风中的游行队伍经领队的安排，部分立即回城，部分留宿十里铺。游行队伍中的二十名卫队营士兵也一道在十里铺住下。张学良处理好游行队伍后，就去向蒋介石汇报。结果依然是话不投机，老蒋没给他好脸色。张副司令愤愤不平地带人回城。他烦闷地对孙铭九说："委员长太差劲了，竟要开枪杀死爱国的青年学生！"同时，他仍担心留宿十里铺的部分学生因心血来潮，再到临潼去请愿。要是真的把事闹得不可开交，或者把老蒋赶回洛阳，那就一定会严重地影响计划中的军事行动！于是他就让孙铭九带士兵去城东临潼公路巡街，再检查一下，遇到学生行动就好言劝退。

西安一二·九游行示威的发生很正常，顺利收场也很合理。突发事件的发生，让老蒋和他的特务把全部注意力放在这个游行示威上面，而不怀疑张、杨是否还会玩其他花样。但，这件事的发生，或许正巧配合了张学良、杨虎城策划中的那起重大行动。从最小的角度来看，孙铭九已经把"捉蒋"的先头部队掺在游行队伍中神不知鬼不觉地调到十里铺！

学生白天的游行示威，并没有影响南京军政大员对高雅的秦腔戏剧艺术的好胃口。这天晚上，杨虎城请南京来的大员在易俗社看戏。舞台上上演着著名的秦腔传统戏《三滴血》。在明快的梆子声中，高昂激越的唱腔震撼了整个剧场。演出体现了关中人的爽直、豪放、粗犷，博得了南京来的文武大官及随从的掌声和喝彩。陪坐在陈诚身旁的杨虎城也笑容满面地与他们一道鼓掌。西安绥靖公署杨主任这几天陪着国民党中央大员看戏喝酒，给钦差大臣灌迷魂汤，他已稳稳地把这批神仙笼在一道了。但今晚，他发现剧场里缺了一位重要人物，他就是张学良！杨虎城注意到张学良没有到场助兴，不免心里嘀咕：不会有什么情况吧？

自从7日晚，张、杨联合制订好共同行动计划之后，十七路军特务营营长宋文梅定时与张学良卫队二营营长孙铭九沟通联络，交流消息。今晚，宋文梅按时到达张学良卫队二营时，看到孙铭九正好奉张学良命令，带着一群全副武装的卫兵乘坐几辆军车开上临潼大道。宋文梅注意到车上的孙铭九裤腰上别着两支毛瑟手枪，正忙着在指挥队伍，于是赶忙上前问道："要到哪里去？"孙营长不便多说，只举手朝东一指："到临潼去！"我们刚才正好提到：张学良担心游行示威队伍剩余人员会继续跑到临潼去惊扰老蒋，那可就坏了自己的"捉蒋"计划。所以他命令孙铭九晚上去巡路、劝阻。但孙营长用手一指而不说缘故，这造成宋文梅又不明就里，而产生了错觉：东北军方面有紧急行动。孙营长带兵出发去临潼，又不肯讲明，那肯定是去临潼"捉蒋"了。宋文梅不向孙铭九继续打听，就慌慌张张赶回绥靖公署报告。这天的值班军官是杨虎城的机要秘书王菊人。他听了报告，就觉得这是个重大事件，立即打电话请杨虎城回来处理。杨虎城听到这突如其来的情况，也不禁大吃一惊。杨虎城正注意到张学良没来看戏，便根据经验判断：张学良可能已经先动手了。既然如此，自己方面应该马上配合行动。于是他立即命令王菊人通知孔从周旅长，让各营各团立即停止演习，原地待命。根据之前的计划，抓捕南京来的军政大员是宋文梅特务营的任务，他也立即让特务营暗中警戒易俗社，准备到时候一举抓捕国民党中央各大员！

　　大批军人悄悄集结到易俗社的情况并没有惊动看戏的军政大员。当然，即使有人发觉也不会引起惊慌。因为在外人看来，易俗社外增加了兵马，也不过是加大了警卫力度，以确保易俗社内众多高官的安全而已。

　　杨虎城签署的行动命令立即到达孔从周手里。

　　白天的游行示威及蒋介石扬言要派兵镇压的消息，使西安城里的气氛显得十分紧张。晚上8时，孔从周的第二警备旅进行的第三次夜间军事演习正按计划进行。他三个步兵团和一个炮兵团总共五千人马全部投入演习。正在此时，孔从周中途收到命令，马上下令各团各营改演习为戒备状态，各自在暗中监视直属国民党中央的各武装力量驻地，还把炮兵布置到城墙上俯视全城。孔旅长要他们不要分散，不许乱动，静候命令，准备行动。安排停顿，他自己火速赶至绥靖公署，等待下一步命令。一进门，他只看到正在公署值班的王菊人秘书而没看到杨虎城司令本人。原来为了不被南京方面的军政大员看出破绽，杨虎城发出命令后又返回易俗社陪他们看戏去了。

　　孔从周不知情，忙问杨主任在何处。

　　"杨主任刚在这儿，下了命令后，又回到易俗社去了。"王菊人解释道。

　　"那，命令怎么说？"孔旅长又问。

　　"杨主任让你按照原定计划做好西安城防的各项军事行动的准备工作，随时与他联系，待命行动。"王菊人转述了命令。

原来，杨虎城回司令部部署完毕，又心神不宁地赶忙回到易俗社，他不能让南京贵客发觉有何异常。一进剧场，他惊讶地发现：张学良已经坐好位置，跟周边的陈诚、朱绍良兴高采烈地大声说笑。杨虎城一愣：这是怎么回事？张学良看见杨虎城回来了，向他点了点头，算是打招呼。张学良来晚了，他刚劝回游行请愿的学生。那事，易俗社的各位戏友是不知道的。

这时已夜深，眼看就要到散戏的时候。杨虎城既不知张学良是否已有行动，又不便当着大员发问，更不能下令门外特务营动手抓人。他灵机一动，请在场的几位陕西绅士再点几出戏以拖延时间。他随即赶回绥靖公署查问真相，并一再向王菊人交代说，部队行动时，事先必须向他报告，以便届时能领张学良一同离开剧场。

王菊人根据杨主任的指示，让宋文梅赶快找孙铭九问个清楚。孙铭九二营的营部在西安东城门的城楼上。宋文梅急匆匆赶到此地看到值班就问："你们孙营长干啥去啦？"值班回答说："孙营长已经睡了。"宋文梅立刻追进去把孙铭九叫醒。半醒半迷糊的孙铭九好不容易看清来人是宋文梅，就说他去临潼是为防止学生出现意外。

宋文梅返回报告时，已是深夜11时左右。此时，戏还没听完，杨虎城和贵宾还在易俗社剧场。王菊人不等向杨司令请示报告，就自行下令孔从周立即结束军事行动，限拂晓前完全回原驻地，恢复原建制。包围易俗社的特务营也连忙撤了回来。

杨虎城回到绥靖公署已是次日凌晨1时。听过情况汇报后，吓得满头大汗，连连斥责王菊人和宋文梅太鲁莽，把大事当儿戏！

孔从周的演习部队在凌晨3时回到驻地。他得知详情后大大地叹了一口气："幸而今晚未出意外，否则贻误大事，把我杀了事小，后果不堪设想哟！"

一场虚惊就这样过去了。

## "命令你去把蒋委员长请进城来，要抓活的"

1936年12月10日凌晨，随着孔从周的最后一支演习部队顺利归营，一场差点"假戏真做"的危机过去了。一二·九这晚"假戏真做"的危机没有暴露，全因整个西安地区的特务系统处于全面懈怠状态。

为什么这样说？你看，首先是主管党务和军队系统两个特务机构的头头分别是邵力子和晏道刚，这两位都是老实人，老实人其实都缺乏特务的职业精神，对特务行当也缺乏基本知识。加上不久前的"《活路》事件"及"艳晚事件"两事件中，邵力子和晏道刚都夹在老蒋与张、杨之间频吃轧头，弄得两边得罪，两边不讨好。自然抱着多一事不如少一事的处世态度。不管事的特务主管，自然是大家都乐于接受的，他们的手下就更不用说了。国民党陕西省党部就是邵力子主管的中统特务系统，在"艳晚事件"就遭张副司令东北军的武装抄家缴械、档案被没收销毁、人员被捆绑关押的奇耻大辱，而远方的老蒋却装聋作哑。中统的小小毛特务还敢在东北军张军头和西北军杨军头面前继续造次？

晏道刚手下"剿总"政训处曾扩情是特务大头目。凭国民党党内地位说话，曾扩情是国民党四大中央候补执行委员、五大中央执行委员，晏道刚什么都不是；凭军阶来说话，晏道刚只是新提升的中将，而曾扩情中将资格胜过晏道刚，晏道刚不管事，曾扩情理应当仁不让地管起来才是，但曾扩情也懈怠了。曾扩情也的确不知搜集到有多少张、杨及东北军与红军秘密联系的情报！可是情报上去了，还经贺衷寒之手交到了最高负责人手中。结果怎样？老蒋在情报原文批上"胡说"二字，退给张学良，这何等难堪！更有甚者，10月22日在西安机场，蒋介石当着张、杨的面痛斥曾扩情。虽说主子对走狗打是疼骂是爱的道理多少懂些，但那滋味什么人能忍受？再说，"剿总"政训处副主任黎天才是张学良的主力干将，十分强势，而且这黎副主任不但不是曾扩情主任的助手，反而是对头。曾扩情的确难以施展手脚。

"剿总"三科科长江雄风本也锋芒毕露，但经《活路》事件及"艳晚事件"的打击后就产生跳槽的念头，凭他与黄埔军校胡宗南学长的情谊，胡宗南已邀请他到第一军工作去了，目前只等待王新衡来接替自己蓝衣社西北区区长的位子。一二·九游行正发生在这关节，江雄风已收到"调令"了。只是王新衡还没上路来接班，这个职务青黄不接的，谁也摊不上责任。至于蓝衣社陕西站站长马志超，这个披着西安公安局局长外衣的特务有多草包就不用提了。其实，杨虎城早已对马志超恨得痒痒的，早就内定由自己的爱将赵寿山兼西安公安局局长了。从而，懈怠的特务没能觉察到一二·九这个晚上的异动。即使是有点儿什么预感，也不想出头自找麻烦。一二·九这晚闹出的那么大的动静就这样在无形中消弭了。

12月10日清晨，张学良也听说了，他立即就打电话到杨虎城绥靖公署，打听昨天晚上究竟发生什么事情而致全城突然大戒严。杨虎城回答说，这个情况在电话上不好说，面谈吧。于是他直奔张公馆，告诉张学良，现在部队情绪非常不稳定了，随时一点儿风吹草动都可能造成一个大的事件，我们必须下决心了。

这事让张、杨深感恐惧。他们知道，只要计划继续拖延着，就不可避免地会再次发生这种事故。一旦被人看出破绽，后果不堪设想。

同时，一条来自《大公报》的重要消息印证了问题的紧迫性。张学良、杨虎城一直与《大公报》保持着良好的关系，他们与其驻西安记者更有密切联系。《大公报》驻西安记者一得到西安权威方面的消息后，张学良、杨虎城在第一时间就知道了全部。他们已经知道《大公报》将在12月12日发布的头条新闻是"蒋鼎文、卫立煌先后皆到西安。闻蒋委员长已派蒋鼎文为西北'剿匪'军前敌总司令，卫立煌为晋、陕、绥、宁四省边区总指挥。陈诚亦来陕谒蒋，闻将以军政部次长名义指挥绥东中央军各部云"。这消息验证了，12月1日王化一从武汉鄂豫皖"剿总"何成浚处得到的情报不虚！

在如此危急关头，张学良、杨虎城立即决定抢先在12日凌晨对蒋介石实行"兵谏"。于是两人击掌为定：今日马上准备，11日晚下半夜同时动手！12月10日清晨这次张、杨会面，估计给副司令留下深刻印象，所以，他后来肯定地说，"捉蒋"的决定是一二·九游行示威之后决定的。

但"兵谏"必须由哪些人去执行？前面提过，未来计划的行动中，东北军和西北军是有分工的。西北军杨虎城方面负责清除西安城内国民党中央的军、宪、警、特武装及抓捕集中住宿在西京招待所的全部南京军政大员。这件事，只要做好充分准备，出其不意地动用武力解决就行。讲到现在，我们已经大致清楚了他们的安排：杨虎城直接全盘负责；秘书王菊人等负责司令部夜间值班，联络各部门；特务营营长宋文梅负责抓捕全部军政大员；李寿山和孔从周各带自己的旅全面控制西安城内外，解除异己的武装。

这里，我们简要介绍一下几个人。宋文梅于1927年加入中共，1933年在察哈尔参加抗日同盟军，与张慕陶相识，后参加杨虎城西北军，任特务营营长。孔从周、赵寿山跟随杨虎城近二十年，对杨虎城忠贞不贰。赵寿山此时是十七师五十一旅旅长，驻扎在西安周边。

在临潼抓捕蒋介石，则由东北军方面负责。从前面的介绍到西安一二·九那晚发生的事来看，似乎张学良的卫队二营营长孙铭九是负责抓捕蒋介石的主要人物之一。这猜测不错，孙铭九的确肩负抓捕蒋介石的重担。

10日上午，孙铭九命令王协一连长亲自率领沈连峰排士兵三十人到十里铺去，会合王振东排长，加强力量，再向前进到灞桥，夜间不要撤回来，其用意是尽量缩短与华清池的距离。这卫队二营的王振东排就是昨天安插在一二·九游行示威的学生队伍里，然后留在十里铺过夜的那二十多名士兵。很明显，孙铭九为避免引人注意，正有计划、有步骤地分批派出王协一连长和王振东排长利用学生游行队伍掩护向灞桥方向转移队伍，目的就是不让特务发觉。同时，孙铭九自己要亲自到华清池察看一下周围的形势，以熟悉地形环境。他们马上就要执行任务了。

别小看了孙铭九这个卫队二营中校营长的表面职务。前面提到，张学良在下野的一年中，多数时间考察了德国、意大利，他深受当时流行于德、意两国的法西斯主义思潮的影响，也一度认为只有法西斯主义才能救中国。1936年夏天，张学良成立一个以法西斯主义为宗旨的秘密组织"抗日同志会"作为东北军将来的核心。首批签字入会的就是三个人：张学良将军是主席，应德田为书记，孙铭九当行动部部长。这以张学良为首脑，以孙铭九、应德田、苗剑秋这"三剑客"为核心的重要的决策机构，甚至左右了东北军军级首脑的任命。凭此，他们可以挑战东北军元老于学忠、何柱国、王以哲、缪澄流、董英斌等人的权威。可见此时孙铭九的影响力有多大。

原本，张、杨秘密碰头时形成了不能把蒋介石打死而要活捉的约定，要干这大事，还得有其他人才行。所以张学良这次安排参加"捉蒋"的人绝非只有孙铭九及其卫队二营。他回来后就首先与"抗日同志会"的骨干交底，如应德田。12月10日这天，张学良对应德田重复了他对孙铭九的话："委员长太差了，竟要对爱国学生开枪！"他还告诉应德田："昨晚我把学生的请愿内容向他报告，他不但不接受，反而说我不代表政府而代表学生，失掉了国家大员的身份。我尽到了最大的努力，他坚持错误到底了，非强制不能扭转。"应德田问："那么，我们怎么办呢？"张学良斩钉截铁地说："把他抓起来逼他抗日！"当然，应德田这人不能拿枪上阵，而只是出主意和提笔杆子写文件的文人。张学良对他挑明话题，目的是要听听他的主意。于是，他取出事先拟订的"活捉蒋介石"方案给应德田看，并一道推敲研究了一番。

其实，张学良这"捉蒋"方案早已在安排布置中。

因为刘多荃是张学良一手提拔起来的心腹将领，而临潼是刘多荃一〇五师的防区，这事交由刘多荃直接指挥是再妥当不过了。考虑到要活捉老蒋，就必须有与蒋介石卫队进行贴身肉搏的思想准备。他们想到蒋介石卫队中必有一批"大内高手"，所以东北军"捉蒋"的头领也必须有一等一的武林高手或绿林豪杰。张学良知道，自己的东北军中，不乏这种高人，细选择下来，他认定孙铭九、唐君尧、白凤翔、刘桂五才是名副其实的武林高手、绿林豪杰！

前文提及，张学铭出任天津警察局局长时，孙铭九就是天津警察局的武术教官。天津是霍元甲的故乡，警察局就是天津神捕聚集的地方，要在此处当"枪棒教头"，没有十二分过硬的本事，那是挨不下去的。后来张学良到天津，张学铭就派孙铭九当张学良的贴身保镖。从此，孙铭九就得到张学良的高度赏识。加上孙铭九是自己的心腹，又是"抗日同志会"的骨干，他是"捉蒋"的最适合人选。

唐君尧是刘多荃独立一〇五师第二旅旅长。一〇五师军力相当于军，第二旅也是三个团编制，相当于一个普通师。唐君尧是东北军张家二代的老臣，在张作霖时代就是东北军著名的"唐二虎"。当时，东北军还有位号称"汤二虎"的大人物，他就是张作霖的拜把兄弟汤玉麟。能把唐君尧与汤玉麟相提并论，可见"唐二虎"的名气并不逊于"汤二虎"。张副司令选上唐君尧，当然因为唐君尧身材高大、作战敢打敢拼，更因为他具备"执行命令不拐弯"的风格。

东北军骑六师师长白凤翔和骑六师第十八团上校团长刘桂五本同是绿林出身，他们是一对亲密朋友，又都是神枪手，尤其是骑射技术超人一等。有一次，骑六师战败，白凤翔一人一马遭一群步兵贴近相逼，他双手挥动两柄手枪，左右开弓连连射击，乘这十几个步兵躲闪不及之际强行突围，终于死里逃生。关键是张学良对他特别信任。原来，白凤翔曾到庐山训练团受训，蒋介石直接向他表露出收买的意思，但是他不为所动。张学良对他的赏识和信任来源于此。骑兵团团长刘桂五同样有一身好武艺，他的枪法甚至比白凤翔还要高明。由于绿林生涯多是"夜生活"，刘桂五可以凭微弱星光做到弹无虚发。这次"捉蒋"正是要利用对方夜间入睡之后动手，所以白凤翔和刘桂五及他们原来的绿林部下是最适合的部队。特别是，他们原本不过是绿林草寇出身，张学良不但不歧视，还作为抗日义勇军编进正规东北军，甚至当了师团级的军官。他们为此心存感激，并把那些看作张少帅对自己的栽培和器重，从而他们都对少东家表现得忠贞不贰。还必须提醒一下，前文提到张学良"挥泪斩马谡"，把骑八师的董源彰团长枪毙了。尽管董源彰与白凤翔、刘桂五同来自绿林，彼此关系密切，但董源彰的事丝毫不影响白凤翔和刘桂五，他们继续深受张学良信任。

张学良对刘桂五的器重，可以从刘桂五对骑六师十七团团长李崇忠的一段话中得到解释。李崇忠当过刘桂五的副手，也是一对铁哥们儿。刘桂五曾讲过："在王曲军官训练团受训时，我就参加了'抗日同志会'，在副司令面前宣过誓，保证为副司令粉身碎骨，赴汤蹈火，在所不辞。副司令也曾用各种方法考验过我。记得有一次，我同副司令在一起，他拿出一个小盒子，盒内忽然冒烟，他赶快跑开，并连声说：'不好，炸弹！炸弹！'我拿起来急速扔到窗外。他到我身边说：'你怎么不跑？'并摸摸我心口跳不跳。我说：'我能自己跑开，丢下副司令不管吗？'他笑着说：'你真行，有胆量。'"从此以后，张对刘桂五格外重视。

副司令这次"选秀"选到刘桂五身上时，又受到一次"考验"。那天，刘桂五奉命来到西安金家巷张公馆会客室，看到随后进屋的张副司令，就一个立正报名，却冷不防当胸挨了张学良的一记重拳。这种不礼貌的行为，哪怕就是出自东北军的最高长官，也是不能忍耐的。刘桂五当然生气，他挺了挺胸脯，大声问道：

"我犯了什么错误，请副司令指正！"张学良望了望神情沉着的刘桂五："你没犯什么错误，是想看看你遇到意外时究竟慌不慌。"接着，张学良拉着刘桂五坐在身旁，神情严峻地说："我有一项重大、机密的任务想让你去执行，但此去恐怕凶多吉少！"刘桂五又站了起来："愿听司令明示，卑职愿为司令赴汤蹈火，万死不辞！"张学良盯着刘桂五说："蒋介石不打日寇，又逼咱们打内战。我想让你去刺杀他！你敢不敢去？"说罢，伸手摸了摸他的大腿，看看是否在打哆嗦。"这可是个大题目！"刘桂五坦然答道。他想了想又说："我去。可我不认识蒋介石，再说我也见不着他。"张学良见刘桂五依然一副沉着的荆轲模样，就是一声："好！"

刘桂五没有告诉李崇忠，他奉命来见张学良的确切日子，但我们可以从刘桂五被传唤到西安进行面谈的过程粗略地推断张学良组建"捉蒋"队伍的时间。我们知道，东北军骑兵军驻扎地是从甘肃的平凉到宁夏的固原、海原、同心一带。当时那片地方不通火车，从海原、同心单程来到西安，花在路上的时间起码要两天。而刘桂五在西安张公馆会客室接受命令的时间是 1936 年 12 月 8 日下午 2 时，从而可知刘桂五收到回西安通知的时间最迟也得是 1936 年 12 月 6 日之前。

最后还有一位重要人物，那就是谭海。谭海是张学良的副官长，又身兼独立一〇五师副师长，军事行动一展开，张学良就需要他与前方沟通联络。

所以，张学良这次安排参加"捉蒋"的英雄好汉是刘多荃、唐君尧、谭海、白凤翔、刘桂五和孙铭九。当然，还有一个人非提不可，那人是张学良卫队一营营长王玉瓒。此时他正带领卫队一营充当蒋委员长的外围警卫，保卫整个华清池。出于这种原因，此事不能过早地向王玉瓒透风。

布置停当，张副司令叫来了白凤翔、唐君尧、刘桂五，正式向他们宣布命令：活捉蒋介石！白凤翔立即报告说："只见过照片，没见过本人，到时候乱军之中怕出错误。"张学良沉思片刻后说："没问题，我明天带你和刘团长一道去见识见识。"

就在张学良忙于排兵布阵之际，止园别墅的杨虎城刚想坐下抽支烟放松一下，却意外地迎来了陕西省主席邵力子的拜访。哦，杨虎城想起：明晚，又轮到自己做东，再次宴请西京招待所的贵宾。宴会厅设在陕西绥靖公署新城大楼内，省主席邵力子当然也算是宴会的主人。他是来商量此事的？其实，此事大可不必，这些不就是秘书张罗张罗就成啦？省主席邵力子当然不该把心思操到那上面去才对。那他来干什么？莫非果真是应了"无事不登三宝殿"那句话？

果然，邵主席是有事而来的。前文提及，12月9日，老蒋通过传令兵直接给邵力子去信，让他向私营报刊《大公报》爆料，陈诚、卫立煌、蒋鼎文即将取代张学良和杨虎城。收信后，邵力子左右为难。他作为空降西安的国民党中央大员，自然要对蒋介石负责，老蒋的嘱托，自己不能不在第一时间照办。但他回来后就想到，自己一把消息透给《大公报》，张学良、杨虎城就一定在《大公报》发布新闻之前得到消息。同时，邵力子毕竟是地方的父母官，深知大西北特有的那股粗犷和桀骜不驯的政治气氛，而且他已经隐隐约约闻到西安令人不安的火药味。但他不是爱打小报告的曾扩情，也不想惊动蒋介石，而只是想找杨虎城谈谈，把心中的不安消弭化解。最好是让未知永远成为未知，永远不要让未知演变成事实！

邵力子与杨虎城见面，一阵寒暄后，就一脸严肃地转入话题："我怕这里马上会发生'二二六'兵变那样的事情！"

"二二六"话题绝不是邵力子凭空想出来的。在10月26日王曲军官训练团的讲台，"苗疯子"苗剑秋就慷慨激昂地号召过。后来，苗剑秋走了，大家的激动情绪慢慢淡化了。但"二二六"的疑团却留在邵力子头脑中。

杨虎城显然早就从周围的精英谋士那里知道了一些"二二六"的典故，听邵力子这么一说，不由得吃了一惊，夹着香烟的手指不由得一颤，烟头落到了地上。

不过，杨虎城马上稳住情绪，伸脚踩灭了烟头，若无其事地和邵力子把话题接过来继续攀谈下去。试探了几句以后，杨虎城断定邵力子只是凭空猜测，而没有掌握什么线索，于是放下心来。他立刻信誓旦旦地劝邵力子放心，一再担保西安绝对不至于失控，绝不会发生什么不测之事。

虽说邵力子是当年老蒋从兰州派到西安的"空降长官"，目的是用于监视西北豪强杨虎城的，但自1933年4月，邵先生卸任甘肃省政府主席，到西安接任陕西省政府主席以来，与杨虎城关系不错。后来张学良领东北军到西安，邵力子则与张学良、杨虎城同样保持良好关系。邵力子虽然思想新潮，其革命资格也远比蒋介石、汪精卫要老多了，甚至比老蒋的师兄陈英士更老，但他为人十分老实谦和。他早年考进南洋公学特班，与黄炎培是同学，是蔡元培的学生。由于受民主思潮的熏陶，1902 年，南洋公学爆发中国历史上第一起反清大学潮——墨水瓶事件，邵力子在蔡元培带领下参与了这起反清的民主革命运动。随后他经历了爱国学社运动和 1903 年的《苏报》案"。同盟会成立后，他就是同盟会元老。同盟会派别众多，内部分歧很大，邵力子是激进却不极端，始终与诸同志保持良好关系。邵力子和戴季陶又是中国最早公开宣传马克思主义学说的人物，也同是 1920 年上海共产党早期组织的发起人，但他与极端的戴季陶截然相反。当戴季陶翻脸与陈独秀等针锋相对时，邵力子则继续留在中国共产党内。邵力子一生主张国共合作，他是中国最早同时身兼国共两党身份的人。这些在他主持创办上海大学的时候最明显。起初上海大学内部左右派斗争激烈，但在他手里，上海大学却事实上办成了不折不扣的中共党校！所以，他绝非小心眼儿的人，而是善于与各种不同立场的人合作共事的典型。

从而，邵力子此来不是来给杨虎城挑刺的。他向杨虎城提起"二二六"的危险动向，不是因为发现了杨虎城手下有什么异动或蛛丝马迹，而只是想和杨虎城交换一下意见，提请他注意东北军少壮派"三剑客"或许会继续给张学良添乱子，甚至采取不利于张学良的行动，需要早做准备。不料那"无心插柳"的随意却几乎产生了"种豆得瓜"的收获，差点儿把杨虎城吓坏了。好在，这里没有关兆南，也没有周养浩，更不会因邵力子的几句话就冒出一个"怪西人案"。相反，这里只有同样老练豁达的邵力子和杨虎城，他们的言语交锋随即便以句号告终。有关"怪西人案"、关兆南和周养浩这些人和事，也将是本书的一部分，只是不想在眼下如此紧张的时刻去分散大家的注意力，留到以后再讨论吧。

第二天已经是 12 月 11 日了。

这天清晨，刘多荃师长和"唐二虎"唐君尧一早登上骊山，四下瞭望。正巧，蒋介石也起了个大早。他在院中散步时，隐约中注意到骊山山巅上出现了两个人，还注意到他们从山上向这边望了十分钟之久！只是因为逆光，距离又比较远，老蒋辨别不清对方的面目。自蒋介石住进华清池以来，这一带几乎没有陌生的平民百姓游园，今日看到有人登山，难免产生狐疑，于是急忙返回五间厅室内。心静后，他马上想到那可能是警卫的流动岗哨，也就觉得见怪不怪了。

上午，张学良坚持履行例行公事：继续苦谏不动摇。

不过，这次他是让黎天才打头阵的。这黎天才，去年曾因"潘文郁间谍案"遭到蒋介石下令拿办的威胁。后来老蒋看在张学良的面子上，不了了之。这次既然来到，蒋介石倒也想看看黎天才这个诸葛孔明究竟是何模样。于是招手请进，并安抚勉励一番。不想，黎天才开口又是重复张学良一再说的话。老蒋终于板起面孔，一顿训斥。黎天才黯然而退。当然，张学良派黎天才拜访蒋介石，不存在指望凭黎天才的三寸不烂之舌说动老蒋的奢望。黎天才此来，不过是观察一下，蒋介石是否对张、杨起了疑心。接下来，又是张学良来了。他还顺便把白凤翔引荐给蒋介石，并声称此人准备去绥远组织敌后游击队进行抗日。蒋介石一听，态度马上变得十分和蔼，他热情地接待了这位未来的"抗日志士"。

接着张学良又向蒋介石引荐刘桂五："这就是我说的要回热河老家组织抗日游击队的刘桂五团长，他特来向总司令辞行，请总司令做指示。"接着，张学良又如此这般地为刘桂五美言一番。蒋介石见刘桂五仪表堂堂、英气逼人，很是高兴，就嘘寒问暖起来。张学良见他俩谈得热络，就乘机到五间厅的第五间找钱大钧去了。此时房间内仅蒋介石和刘桂五。

刘桂五向委员长表达了他回热河组织敌后抗日的热切心情。蒋介石鼓励说："你回热河组织游击队，遇到什么问题，缺钱缺枪都给我打电报，我一定支持你。你这个工作做好了，对抗日确是有用处。"他们彼此之间交谈得不错。

委员长见的这两人，后来的政治面目截然相反：刘桂五后来是抗日烈士，他的颅骨被日本人弄到东洋去了，而白凤翔却沦落为伪军。在西安事变脱险后，蒋介石曾与人讲起张学良把白凤翔、刘桂五引来见自己的事。他笑称那是为事变"画活地图"！但凭委员长那双火眼金睛，既没觉察出这三人来访的动机和背后潜伏的杀机，也没能区分出刘桂五、白凤翔这两人一正一邪截然相反的品格。看来，这位领袖人物的眼光与凡夫俗子没有多大差别。

面对面与蒋委员长对上号之后，张副司令把白、刘这对骑六师的哥儿俩送回西安张公馆。由于晚上蒋介石还要召集自己和杨虎城、于学忠等将领会餐，商议"进剿"计划，届时，陈诚、卫立煌、蒋鼎文、朱绍良等国民党中央大员也将从西安来作陪，张学良因此也就留在临潼不走了。下午 4 时左右，他来到华清池头道门喊住正在值勤的卫队一营营长王玉瓒上校："王营长，等换岗后，你跟我回城去！"

晚上，蒋介石餐桌上的军事会议按时举行，但发觉杨虎城、于学忠未到。这事引起蒋介石的不快，他询问张学良。张学良如实回答说："他们今晚也宴请来陕的中央长官，等这里散了，我们还要到那边去！"

委员长的盛宴进行到晚上 8 时才结束。张学良亲自驾车，把几位军政大员送到陕西绥靖公署新城大楼再次赴宴。车过灞桥，张学良说："你们的命都在我手心里攥着呢！"众惊，问何故，张副司令笑着说："我的手一偏，汽车就会掉到桥下，你们不就都完了吗？"大家为之一笑。

我们忘记说了，此车还多了两位倒霉的不速之客，他们本不该到此处凑热闹，却不约而同地来了。你道他们是谁？原来两位都姓蒋！他们是蒋百里和国民党内政部部长蒋作宾！

蒋百里是民国著名的军事家，还是大科学家钱学森的老泰山，这是妇孺皆知的事实。不论民国的哪路军阀，不论直系、皖系、奉系，还是张作霖、孙传芳、吴佩孚等人，都对他敬仰有加。你看，别看蒋介石发誓要消灭一切军阀，蒋百里照样是蒋介石的座上宾。蒋百里刚刚从欧美各国考察军事回来，此次是专门来向蒋委员长汇报考察情况的。12 月 11 日上午他才到西安，下午就到临潼华清池汇报，恰巧赶上了这份热闹。

内政部部长蒋作宾或许有点陌生，其实他是地地道道的民国开国元老。说到民国元老，许多人马上想起胡汉民、汪精卫和宋教仁，其实那不是一回事。

胡汉民和汪精卫应该是 20 世纪 20 年代《孙文越飞联合宣言》发表，宣布国民党接受苏联援助之后，才因相互斗争而声名远扬的。辛亥革命刚发生时，他们并没到场。辛亥革命最初一个月，大清连遭败绩，朝廷被迫起用袁世凯。袁世凯出山后，因大清资政院已经发布大赦令，赦免所有被捕的改良派和革命派，所以他从监狱中保释出汪精卫养在家中，并让大儿子袁克定与汪结拜金兰，纳为资本。同时他动用媒体大肆宣传自己释放汪精卫的事，这位暗杀英雄汪精卫才扬名民间。不过此后到民国临时政府成立，汪精卫是充当大清朝廷和袁世凯的北方代表团成员到上海与南方革命党会谈的。他不是南方革命党代表，他的重要使命是代表老袁开条件劝孙中山让位。胡汉民确是同盟会元老，但因黄花岗起义失败，孙中山命令胡汉民等退到国外，准备1913年再回国革命。所以他们多数人没有参加辛亥革命。南方十七省革命政权中，广东自治政府是最后一个成立的，而且任命为都督的人竟然是大清两广总督张鸣岐！张鸣岐是镇压黄花岗起义的刽子手，他担心遭秋后算账就逃了。广东议会发电报到伦敦找孙中山。当时主持伦敦同盟会总部的吴稚晖越俎代庖回复广东议会，提名当时正在香港的胡汉民出任广东总督。孙中山要吴稚晖撤回电文，因其中有涉及孙中山哥哥孙眉及胡汉民之间谁上的话题。然而吴稚晖不让，两人还动了手，但最终是孙中山让步了。胡汉民因此当过十天的广东总督，然后让位给陈炯明。辛亥革命中，宋教仁的确是积极分了，但不论是在武汉还是在苏州，他均只是一般工作人员，最高的地位也不过是南京临时政府司法部下属的法制局长。当时，真正属于同盟会的开国内阁成员就是临时总统孙中山、陆军部总长黄兴、教育部总长蔡元培、外交部总长王宠惠、总参谋部代总长钮永建、陆军部次长蒋作宾和交通部次长于右任。所以说蒋作宾地位远高于胡汉民、汪精卫和宋教仁，说他是民国开国元老，一点儿也不为过。到1936年，这些元老中，继续任部长以上的，就只有蔡元培、王宠惠、钮永建、于右任和蒋作宾五人。二次革命后，钮永建曾经与黄兴一道不赞成孙中山的"党员签字画押宣誓效忠领袖个人"决定，从而他后来很少参与国民党中央的事务，实权有限。比如，他当军事委员会委员长就毫无声息，而一旦军事委员会委员长位置交给蒋介石后，蒋委员长就非同小可。钮永建改任内政部部长不久又换给蒋作宾，蒋作宾接手内政部后就显得很有实权。内务部相当于如今的公安部，就是主管警察的最高行政机构。蒋作宾这次来西安，全因为次日，也就是1936年12月12日，这天内政部要在西安举办警察和义勇队的检阅仪式。蒋部长理所当然地成为主检阅官，所以他匆匆赶来准备登台检阅。既然来到西安，他自然要到临潼向老蒋请安。

就这样，蒋作宾与蒋百里，赶上了张学良的这一趟车！他俩同时被安排住在西京招待所。从而二蒋成为次日事件主人公蒋介石委员长的陪衬。

当然，次日事件中姓蒋的人除了蒋介石、蒋作宾、蒋百里、蒋伯诚、蒋鼎文外，还有交通部队警总局局长蒋锄欧中将，以及低一档次的蒋孝先、蒋孝镇、蒋和畅、蒋尧祥等共计十名蒋氏家族成员。我们将发觉，在这里，一个人身份的高低将决定他的命运，与老蒋关系密切的程度也决定了他的生死。这个断言就等待次日的事实来证明。

张学良把权贵送到杨虎城宴会厅后抽空回到张公馆与应约而来的白凤翔、刘桂五见面。二人到后，张学良沉吟许久，又站起来不停地在房间里走来走去，似乎心情十分沉重。最后，张学良说："我想了好久，才选择了你们两个人。现在我正式交给你们两人一个重大任务，完成得好坏，将关系到东北军的存亡问题。"

白凤翔说："只要副司令下命令，我白凤翔就是粉身碎骨，赴汤蹈火，也在所不辞。"刘桂五接着说："我们一定完成任务。"

张学良听了很满意，他说："现下我决定停止内战，一致抗日。令你两个到临潼去，请蒋委员长进城来共商国家大事。"

张副司令特别叮嘱："千万注意，不要伤害委员长。"

二人诺诺。张学良让白凤翔驾车先走。

白凤翔临走，回头肯定地答了一句话："反正就是要活的不要死的！"

"要活捉委员长，捉他是为了逼他抗日。万一失手打死了，也要严加保密。"送走白凤翔，张学良回头再叮嘱刘桂五一句，接着换过语气安慰刘桂五："你不必惦着家人，你的亲属就是我的亲属。"

"请副司令不必多虑。我出事不要紧，只要能促蒋抗日，他们就可以回到老家去了。"刘桂五慷慨回答。

张学良派车送刘桂五回家，让刘桂五安排一下家事，到约定的时间再派车接他。

这令刘桂五深感意外："少帅如此信任我，让我扛着天大的事儿，还放我回家！"全身顿时涌起一股"士为知己者死"的豪迈之情。

晚上 10 时，陕西绥靖公署新城大楼的盛宴才告结束。权贵或继续消遣娱乐或被送回西京招待所自行休息。额外应邀参加宴会的宪兵一团团长杨镇亚、三团团长蒋孝先及侍从室的财务人员蒋和畅等三位，则继续留下来搓搓麻将，或玩其他所想玩的，玩够了再任他自己驾车回去。这杨镇亚、蒋孝先及侍从室的蒋和畅当然不够中央大员的资格，这次把他们抬高资格上宴席，还不是让他们与宪兵团士兵分开？拉个侍从室的蒋和畅作陪，当然可以迷惑老蒋：张、杨不过是把全部心思放在酒桌上搞"公关"，他们想腐蚀、拉拢国民党中央高官和委员长身边的亲信。

散席后，张学良立即回到金家巷公馆召开东北军高级军官会议。他们是五十七军军长缪澂流、六十七军军长王以哲、独立一〇五师师长刘多荃、西北"剿总"副参谋长董英斌、东北军总参议鲍文樾，年轻军官则有"抗日同志会"的骨干孙铭九和应德田。第五十一军军长于学忠以前没有参与商议过"捉蒋"的事。他刚奉命从兰州来西安，赶到会场略迟了一些时间。而另外的两个军长中，石家庄的五十三军军长万福麟没得到张学良的通知，骑兵军军长何柱国也缺席，或因传令兵没有找到，抑或其他原因而不便为难他。

会上，张学良直截了当地进行了动员："我今天把大家找来，要跟大家商量一件事。咱们东北军亡省亡家，又背上了不抵抗的罪名，不为全国人民所谅解。究竟是谁不抗日呢？到现在，罪名却由咱们背上了。我屡次请求委员长停止内战，一致抗日，共产党的问题应该用政治方法解决，先安内后攘外是给日本造机会等，反倒多次挨他的训骂。最近我在洛阳痛切陈词，请求准许东北军去察绥支援打日本，他反骂我是反革命。说什么他就是革命，违反他的意志，就是叛国反革命。骂共产党不要父母，说我也不要父母；骂共产党不要祖国，说我也不要祖国。在临潼，他还拍桌子骂我，说：'等我死后你再去抗日。'逼得我连话也不能说。现在他来西安死逼着东北军继续去打内战，'剿共'，不听他的命令，就调咱们到福建去。实在逼得我们没办法了。我现在已与杨主任商量决定把他扣起来，逼他停止内战，一致抗日。你们大家有什么意见？"

讲完以后，张学良再一次问大家有什么意见。

这些将领中大部分人已经知道了"捉蒋"这个计划正在实施中，而且有些已经在私下表示过拥护的态度，所以没必要争先恐后地起身表态。一时间，没人先开口。

众人沉默了好一阵，姗姗来迟的甘肃省主席于学忠进门了。

于学忠一进屋，张学良劈头就说："我要造反了！"

于学忠一时蒙住了，他不明白张学良的情绪为何如此反常。

张副司令解释说："为了停止内战，我已决定要扣蒋，逼他抗日！"

于学忠问："如蒋不同意，下一步怎么办？"

张学良回答说："先扣了再说，只要他答应我们抗日，还拥护他做领袖。"

随后，又是一阵沉默。

缪澂流终于问出了一句话："副司令是否决心把这件事干到底？"

"是的，不干则已，要干起来当然不会半途而废，是一定要干到底的。"张学良起立郑重地说，"我已和虎城谈过，此举成功则大家之福，如不成功，我张学良拿头去见他！"

听到张学良说了这番话，所有人都不再说什么了。

张副司令把卫队二营营长孙铭九喊了进来，当着众人的面发命令："孙营长，我令你跟白凤翔师长一道去华清池。你要听白师长的话，服从他的指挥，要谨慎当心！"

没等孙铭九回答，副司令又郑重吩咐："你千万不可把委员长打死了，万不得已时，只能把他的腿打伤，不要叫他逃跑了。"孙铭九奉命正待转身退出时，张学良又回过头来，眼睛紧紧地盯着他："你的卫队营，准有把握吗？"

"有！"

"明天这个时候，说不定我和你不能再见面了，你死，还是我死，是说不定了。不过报纸上能登这么大的字。"张学良用右手拇指和四指圈成一个鸡蛋大的圆圈，又严肃地说，"若是弄不好，那我们都得上山了。你要小心注意！"

"一定完成副司令给我的任务，不然我就不回来见副司令啦！"孙铭九敬个礼就要走。

一旁的王以哲说："孙营长，就看你的啦！"

当白天张学良开车带国民党中央贵客回西安时，王玉瓒随即开着三轮摩托跟在张学良的汽车之后进了西安城。随后他奉命来到西安市金家巷张公馆，张学良主持的指挥会议刚结束。张学良看到王玉瓒就招呼："来！"王玉瓒跟张学良走进客厅时，没有关门。张学良压低声音说："关上门。"张学良用十分严峻的眼光上下打量着王玉瓒，宣布命令："我命令你把蒋委员长请进城来，要抓活的，不许打死他！"王玉瓒在一阵震惊之后，立正回答："保证完成任务！蒋的侍卫只二三十人，华清池外的宪兵也不过几十人，我带步、骑三百多人去包围，保证捉来。"张学良点点头，深沉地说："明天，是我死、是你死都说不定。我们都要有准备，做好部署。你和孙铭九要互相配合，把事情办好。你营是华清池头道门守卫者，应先行动！"并嘱咐道："你们要改穿蓝色军衣，以便打起来能跟蒋的侍卫穿的黄色军装区别开。具体事情由谭海副官告诉你。"

王玉瓒退出客厅，谭海对他说："开始时间定在明天拂晓，你先换衣服吧！"王玉瓒没有回家，一直在谭海办公室内待到12日凌晨2时。

命令发布完毕已是12月12日零点。张学良派人请来中共代表刘鼎，让他赶紧向中共中央发报："我已发动'捉蒋'，请予以支持。"刘鼎闻讯，兴奋不已。不过，此时西安突然停电，无线电发报机无法工作。他想起了涂作潮给自己安装的一台袖珍发报机可以使用干电池工作，于是赶忙从金家巷步行到南院门口电料行敲开门买电池。此份电报在12日凌晨2时发到保安，当时临潼的第一枪还没打响。

命令下达了，部队派出去了，张副司令该做的事都做了，以后的事就是熬夜等喜报了。于是，他让缪澂流一人留在金家巷张公馆坐镇指挥，自己带领王以哲、于学忠、西北"剿总"副参谋长董英斌、秘书长吴家象、总参议鲍文越、办公厅主任洪钫、行政处处长卢广绩、政训处处长黎天才、秘书应德田等十一名军政人员来到杨虎城新城公馆。我们已经注意到，东北军骑兵军军长何柱国不在其中。张学良知道，蒋介石与何柱国关系较密切，但他同样对东北军感情深厚。这种事，如果何柱国不想知道的话，就没必要一定勉强他直接卷入。

张学良进门之后就问杨虎城："虎城兄啊，你干不干呢？你要不干的话，我把我的十一员大将全带来了，你拿绳子把我们一个一个捆起来，就可以请功！"

孙蔚如答道："副司令，我们这些人绝不会出卖朋友。"

张学良介绍说，他已派白凤翔、刘多荃、唐君尧、刘桂五和孙铭九五人去临潼做准备，就是不知虎城兄进展如何。

杨虎城回答："我们准备好了，专等你来了之后再下命令。"

于是二人商定，西安的发动时间为凌晨4时。并商定由黎天才、卢广绩、高崇民、王菊人、应德田、洪钫等人起草准备向全国说明发动"兵谏"的原因和要求。那就是次日发表的西安事变《八点声明》。

于是，杨虎城新城公馆成为随后发生的西安事变的最高指挥部。他们静待古城夜空升起那"一红一绿的两颗信号弹"。


这天晚上，钱大钧照例陪蒋介石在华清池园内吃消夜。用完点心，他送委员长回五间厅后，就没回自己与蒋介石相邻的办公室。华清池二道门警卫由住在禹王庙的宪兵一团和三团的四十多人负责。但这夜，杨镇亚和蒋孝先两位宪兵团长应邀参加杨虎城在西安举办的盛宴至今没有回来。这蒋孝先团长也是侍从室主任手下的一个组长，他们不在，钱大钧当然要去禹王庙顶班。按如今的机构来解释，钱大钧似乎是身兼中央办公厅主任和中南海警卫团司令两种职务。他这侍从室主任还兼蒋委员长的侍卫队队长。

蒋介石睡前有写日记的习惯。他想起刚才席间，张学良精神恍惚，有点怪怪的。于是打开日记本写下："今日汉卿形色急遽，精神恍惚，甚觉有异。此殆彼昨来见时受余责斥，因而不快欤？或彼今日已闻余训黎天才之言而不安欤？"他又想起清早，骊山上有不速之客登山向五间厅这边张望的事，再联想到白天，陈诚不知从何处得到消息，说是张学良将有异动，劝自己离西安去洛阳。于是他后悔了，刚才用点心时为何不与钱大钧谈谈？但此时已过11时了，派人去禹王庙找钱大钧有点不便，于是作罢。蒋介石事后回想那时情景，在其他场合，补充写下以下文字：


注意：早起在院中散步，见骊山上有二人向余对立者约十分钟，时心颇犹豫，及回厅前，见有军用汽车由西向东者甚多，心又疑虑。但以批阅公文之时间已到，乃即入室批阅，亦不复深究此种种发现之状态。（蒋介石：《西安半月记》。后人都认为《西安半月记》是蒋介石事后补写的）

今日蒋先生忙了一整天，的确有点累了。他洗洗脸，卸下假牙，换上睡袍，上床睡了。他希望今晚不要再做噩梦。

第七章 / 华清池的枪声 Ⅱ

# 一红一绿的两颗信号弹

　　杨虎城此前也已经布置停当。

　　日前，他已将西北军主力孙蔚如十七师调回西安附近的三原，其中赵寿山第五十一旅就直接部署在西安城外。他们是用来戒备咸阳万耀煌的"中央军"二十五军。孔从周的警备二旅经过连续几天的演习，摸清了直属国民党中央的七千人所在的各军、宪、警、特的分布地点、各点人数、武器配备及周边环境，制订了周密的计划。警备二旅是正规军，本身有五千人，对方的七千人基本不是正规作战部队，而只是警察、特工分队，其多数成员夜间是分散回家过夜，仅留少数人在机关值勤。做了充分准备的警备二旅在夜间解决那批军、宪、警、特是不成问题的。

　　不过，即使此时已经到了 12 月 11 日晚 10 点多钟了，孔从周还是不知道自己这些日子忙忙碌碌的最终目的是什么。这年 12 月夜间的西安，气候已经十分寒冷，街上行人极其稀少，孔从周终于接到了要他马上面见杨虎城的命令。一种莫名的预感笼罩着他的脑海，他立即开动汽车疾驰向杨虎城新城公馆。他意识到：今晚肯定要发生什么重大事件。

　　杨虎城一见孔从周步入客厅就问："这几天演习得怎么样？街道情况都弄清楚了吗？"

　　"报告！完全清楚了。演习还顺利，没出什么乱子，没有暴露意图。"孔从周顺手从皮公文包里将西安城郊地图拿出来摊开在茶几上。杨虎城急切地看着地图上标注的西安城内外的军、警、宪、特的驻地、兵力和装备等详情，高兴地连连拍大腿："好，好，很好！……"

杨虎城在沙发上坐定了，他拉孔从周紧挨自己坐下，久久沉思着没开口。孔从周在一旁默默地坐着不敢开口，猜度着：杨主任一定有什么重要的话要说，不然，怎么会沉思这么久呢？

果然，过了一会儿，杨虎城抬起头来打量着孔从周，一本正经地说出一套大道理："蒋介石不顾国家民族的危亡，一意孤行，坚持内战……为了挽救国家民族的危亡，也为了部队的前途，必须停止内战，一致抗日。我和汉卿多次要求他放弃打内战的政策，领导全国抗战。面谏，苦谏，甚至苦苦哀求哭谏，他都不听。不得已，只好采取'兵谏'。我们已共同决定采取行动把他抓起来，逼他抗日，而且就在今晚动手！你的意见怎么样？"

说罢，杨虎城目光炯炯地审视着孔从周，等待回答。

听到要捉蒋介石，孔从周不禁吓了一跳。他做梦也没有想到这一步。自杨主任把自己从炮兵团长升为旅长兼西安城防司令一个月以来，自己经常按命令执行夜间演习刺探情况，心里知道杨主任等长官正在策划重大"行动"，但自己始终对核心"内容"一无所知。没料到目标居然就是蒋介石，而且是今天晚上就要干。孔从周头脑飞快地转了一大圈之后便镇定了下来，表现出异常兴奋而坚定的神情："坚决执行主任的指示，一切听从主任的命令！"

"就叫你去捉蒋介石，敢吗？"杨虎城问。

"敢！什么时候去？绝不含糊！"

"好！我这是在打个比方，并不是叫你去捉。你的任务是西安城防，担子是很重的！"

原来如此！孔从周心定了，思想也完全放开了，就问："孙蔚如、赵寿山已由三原回到西安了。这样大的事情，他们是否知道？"

杨虎城说："那你不要管，你只管你。谁叫你操我的心？你先到副官室等着，等会儿叫你再来。"此时，副官室值班副官是王成仁，孔从周便到值班室坐下待命。

由此可见杨虎城与张学良办事方式的不一样。几天前张学良选将调兵时，不用说是对贴身心腹孙铭九，就是刘多荃、白凤翔、唐君尧、刘桂五等人，张学良也早在两天前就全部交底了：捉蒋！与此相反，杨虎城的准备工作极端保密，他下命令的时候，只是告诉指挥员准备些什么，而不讲真实意图。就连把孙蔚如第十七师、赵寿山第五十一旅从前线调回三原，这二位也不知道意图是什么。杨虎城把一切机密放在自己头脑中，即使是身负重任的心腹大将，也是等到行动前的两个时辰才交底。可见杨虎城的城府真够深！

果然，杨虎城召见的第二个人是五十一旅旅长赵寿山少将。

赵寿山是由杨虎城派小车接来的。他刚进门，就见到杨虎城秘书王菊人、副官王成仁及警备二旅旅长孔从周，就问："主任找我有何事？"

"主任要亲自对你讲。"王成仁让他先坐下等候。

赵寿山内心有数，就对孔从周说："从周，请你给我找一张西安市的地图来。"

"我这里带有。"孔从周随手从衣袋里掏出一张图递过去。

"寿山，快来！"赵寿山正展开图细看时，就听到杨虎城喊他。于是走进内室。

"今晚要行动，叫你来商量作战准备。"杨虎城言简意赅，但他与赵寿山之间早已是心有灵犀一点通。赵寿山已经知道这"作战准备"就是就要动手"捉蒋"。

原来，杨虎城向张学良讲到的"挟天子以令天下"的话题，正是 1936 年 10 月赵寿山首先提议的。那时，蒋介石正好在西安督促杨虎城和张学良"围剿"红军，而赵寿山就向杨虎城提出了"捉蒋"的大胆想法。其实赵寿山早与红军有来往。1935 年秋，红四方面军由鄂豫皖苏区转移川陕时，赵寿山就是与红军作战的。这期间，赵寿山就与红四方面军密订了互不侵犯协定。

既然杨虎城提到"捉蒋"的大事，赵寿山就想到冯钦哉和孙蔚如。他问杨虎城："是否通知了冯钦哉师长？"杨虎城对冯钦哉有点儿忌讳，也不信任他，就怕对他交了"捉蒋"的底，冯钦哉就会去告发自己。于是杨虎城借口时间太紧："没有通知，来不及了。"

"那，孙蔚如师长、李兴中参谋长知道吗？"

"没有通知他们。"

于是赵寿山说："冯钦哉远在同州，来不及可以另派人通知；孙蔚如、李兴中是否现在可以请来予以说明，共举大事？"

杨虎城反问：“把他们请来，他们如果不同意怎么办？”

这冯钦哉和孙蔚如都是杨虎城的老班底，冯钦哉的四十二师与孙蔚如的十七师就是西北军的两大主力。要举大事，是不能忽视了他们的。特别是这个冯钦哉，历史证明杨虎城对他的疏忽是不妥当的。赵寿山也知道杨虎城与冯钦哉之间有点儿别扭，也就不再提他，而把话题转到孙蔚如、李兴中身上：“孙蔚如与你在一起多年，他心里也许不同意你的主张，但是你下了干的决心以后，他会跟着你走的。把他找来在你左右商量些大事有好处。”

“那么李兴中呢？”

“时甫比我还激烈。我这次回陕以后，跟他谈过多次，曾和他谈到蒋逼我们‘剿共’，是要消灭我们的，我们必要时可以扣蒋。他听了非常高兴，积极表示赞同。我看他是真正赞同，没有问题。”

这“时甫”就是李兴中的字。杨虎城听到了感到很高兴：“时甫还是这样！”

杨虎城同意后，即令赵寿山和王成仁马上把孙蔚如和李兴中一起接到绥靖公署。

11 点多钟，孙蔚如、赵寿山、李兴中来了。当杨虎城把“捉蒋”的主张告知他们之后，孙蔚如和李兴中一阵惊愕，最终他们都表态支持。接着，杨虎城让孔从周汇报了西安双方兵力分布的情况，然后自己宣布了今晚的任务安排：孙蔚如在绥靖公署里面主持大局，让李兴中和赵寿山配合部署具体的军事行动。

具体执行上由两个人负责安排，底下分工是这样的：特务营营长宋文梅负责带领特务营和杨虎城的卫队营各一部，负责逮捕西京招待所的国民党中央大员；孔从周旅长率领警备二旅消灭西安城内中央宪兵一团、保安司令部、警察大队等国民党中央武装力量，同时派出一部分兵力监视火车站，阻止国民党“中央军”的过路部队。

任务确定后，孙、赵、李、孔等人都不约而同地问杨虎城：“谁去捉蒋介石？”

杨虎城说：“东北军去捉，他们已经有了安排。我们负责西安里，明日决定成立戒严司令部，戒严司令由孙蔚如担任，负责拟订十七路军所属各部队的布防及向西安集结的计划；赵寿山兼西安市公安局局长；孔从周仍任城防司令，负责西安城防。"孙蔚如和李兴中忙外出做准备，屋内只留下赵寿山、王成仁和孔从周，杨虎城特别指示孔从周："要掌握好机动兵力，特别要注意国民党地下武装的扰乱破坏。"

到这时候，杨虎城才把时间安排向他们交了底："我和张副司令决定，部队明日凌晨3时部署完毕，4时开始行动。你们注意，争取在明天早晨8时以前解决战斗，10时恢复城内外正常的交通秩序、社会秩序。"

杨虎城安排完毕，正等待东北军方面消息的时候，张学良带领他的十一名大将来了。

孔从周回到他的行动指挥所。行动指挥所设在西安市内西仓门户县会馆的原炮兵团团部。这里位置适中，四通八达，便于与开赴全城的行动部队联系。

秒针嘀嗒嘀嗒，时间过得真慢哪！好不容易，行动时间到了。1936年12月12日凌晨4时，临潼方向传来了枪声！

驻守金家巷张公馆的缪澂流通知机要秘书，以张学良的名义把预先拟定的电文分别发给保定的五十三军万福麟及洛阳炮兵六旅的黄永安：定于明日清晨6时同时起事！另以于学忠名义，发一份内容相似的电报给兰州五十一军参谋处。在同一时刻，杨虎城新城公馆临时指挥部的赵寿山拿起电话，向孔从周传达了张学良和杨虎城的命令："时间已到，发信号并开始行动！"

孔从周放下话筒，立即命令：发射信号！

顿时，西安城漆黑的夜空升起了一红一绿两颗信号弹。随着这两颗信号弹在夜幕中闪亮，西安城内与临潼华清池方面的枪声猛烈了起来。张学良、杨虎城统一指挥的西安事变发生了！

信号弹升空后，警备二旅对包围中的各目标发起攻击。

按事先的安排，孔从周的陕西警备第二旅的任务是：解除宪兵团、保安司令部、警察大队、省政府长驻宪兵连和西关飞机场驻军的武装，并占领火车站和飞机场。由于进攻发生得突然、猛烈，又是在凌晨，对方多数处于沉睡状态，所以各处大都只激战了一个多小时，属于国民党中央的武装力量基本被解决，大部分军警举手投降了。只有驻守北桥梓口的宪兵团一营两个连负隅顽抗，死不交枪，战争进行了好几个小时。此时，负责全盘指挥的赵寿山命令增兵，派出教导营支援，还动用了平射炮，在宪兵团的院墙上轰出一个洞穴，然后架上机枪向内扫射。对方因死伤惨重被迫缴械投降，顽固的"钉子户"终于被拔除了。这夜，较激烈的战斗还发生在西安钟楼附近、火车站及宪兵团五连的驻守阵地，这些战场双方均出现较大的伤亡。

上午 8 时，西安城内的行动基本结束了。孔从周警备二旅各团的战绩如下：第四团占领警察局，解除了公安大队的武装；接着，该团还接管了西关飞机场并扣留了全部作战飞机及飞行人员。当时西安机场停有大批战斗机和轰炸机，其中包含蒋介石洛阳"避寿"为他祝贺的五十多架飞机。

第五团除在西安南城、西城、北城（东城门由东北军负责）各设一个连担任城防守备任务外，其第一营一部已解除了北大街警察局和派出所的全部武装；一营另一部控制了中正门外火车站，并解除了护路队的武装；该团第二营一部解除中央宪兵一团第二营营部及第四连的大部武装，二营另一部及机枪连占领钟楼，用重机枪封锁西大街，并支援步兵解除钟楼附近警察保安团第三大队的武装；二营还有一部解除了西大街公安分局和派出所的武装。

第六团解除了军警联合督察处以及保安团的武装。

旅直特务连解除了公安第一分局的武装。旅直属军事训练队除配合特务连行动外，还解除了保安训练大队和长安县政府的武装。

炮兵团团部控制了国民党省政府常驻宪兵连的武装，其下炮兵营两个连占据北城门楼上，对付东来的火车，另一个连设在西城门楼上，对付西来的火车。

国民党中央宪兵一团团长杨镇亚昨夜被抬高规格，参加杨虎城举办的招待中央大员的盛宴，酒喝多了，没回宪兵队部而在家留宿，不料在梦中被捕获。因他是特务头子，警备二旅的士兵当即将其毙杀。尸体就近埋在杨府马厩的地下。

孔从周出色地完成了任务。他向杨虎城报告说："从凌晨 4 时起，不到四小时，西安城的中央军政要员全部扣留，毙敌两百余人，我伤亡六十余人。现在，西安市的局面已牢牢控制在我们的手里了。"

西安城的另一出大戏是抓捕昨晚被杨虎城灌得酩酊大醉的南京中央大员。这一任务由营长宋文梅带领的特务营完成。

凌晨2时，特务营接到命令以后，宋文梅就亲自带领士兵直扑西京招待所，包围了里面的全部国民党中央大员。

西京招待所位置在西安市中正路（今解放路）路口。西安原是古都，当年八国联军侵华之际，慈禧太后曾在西安避难，所以她又认西安为陪都，把西安再次称为西京。西京招待所取名就缘于此。它是两层楼的砖石建筑，内饰豪华，归绥靖公署交际处管理。杨虎城修建西京招待所的目的就是用来招待来往西安的各路贵宾。南京国民政府的官员来西安，多数在此接待。这次，蒋介石的高级随员除钱大钧外，全部住在这家招待所。

西安上空升起红绿信号弹后，行动开始。此时未及黎明，大部分国民党中央大员都在酣睡中。宋文梅立即指挥大部分兵力完全将该招待所团团包围。

他命令连长李锦峰在外面负责严密监视，不准任何人出招待所，然后自己带领四十多名官兵冲进招待所。当时西京招待所门口只有几个国民党中央宪兵团的宪兵站岗，他们还没明白是怎么回事，就被宋文梅特务营解决了。宋文梅的手下，个个如狼似虎，一窝蜂拥入招待所。

一阵枪声响起，蒋鼎文、卫立煌、万耀煌等将领立即醒了。他们判断了一下，认为这枪声不是枪支走火，而是出事了，但已来不及了。特务营官兵持着登记表，每三五个门牌为一批，对贵宾套房破门而入，逐个对号点名。除了让那些尴尬羞耻的家属女眷继续留在房间里，招待所中所有的人都集中在大餐厅内进行清点。当场查到的是：陈调元、卫立煌、蒋鼎文、蒋作宾、朱绍良、蒋锄欧、蒋伯诚、陈继承、蒋百里、萨镇冰、张冲。接着又搜到陈诚和万耀煌，邵元冲因翻墙抗捕而遭枪击，不治身亡。随后是晏道刚等被带到，曾扩情看押在陕西银行里，邵力子已关押在杨虎城卫队长室，抓捕任务顺利完成。

西安城内成立了以孙蔚如任司令的西安戒严司令部，赵寿山接管西安市公安局并兼任局长，孔从周继续为城防司令。戒严公告立即在城内四处张贴。戒严司令部派兵接管国民政府在西安的所有机关和各大银行，同时搜查潜逃的特务分子。按照戒严令，火车站上堆积如山的"中央军""剿匪"用的后勤物资全部没收了，各银行实行军事管制，西安戒严司令部接管金库。

其实，接管银行的事早已完成。原来，刚刚完成抓捕国民党中央大员任务的宋文梅，亲自带领士兵查封了属于国民党中央系统的中央、交通、中国、农业等四大银行及一些小银行。结果忙中出错，大水冲了龙王庙，自家人抢了自家银行。一家东北人开办的边业银行顺带遭冲击，因纪律不好，不但抢了钱，还枪杀了两个管理人员。这家银行恰就是东北军的一个小金库。因此，宋文梅得罪了少帅和高崇民。不过，整体来说，西安事变的开头还算顺利。

事前，杨虎城与张学良二人担心的就这是些国民党部队能否顺利解决，人员是否能一网打尽。得到孔从周和宋文梅的捷报，他们不由得长舒了一口气：压在心头的一块石头终于落地了。

正在此时，从临潼方面传来的蒋介石失踪消息，使杨公馆总指挥部的紧张气氛异常浓重。听完孔从周的汇报后，杨虎城命令他继续率队乘汽车赶到骊山以东的油坊街一带布置警戒，严密封锁，防止蒋介石溜掉。杨虎城同时命令十七路军卫士队队长白志钧带兵乘一部小汽车和两部卡车，沿西安到临潼的路上协助搜捕蒋介石。


## 西京招待所

上节是 12 月 12 日清晨西安城发生事变的概要，但实际情况并非那么简单。这节，我们选几个人物和几个地点看看，事件发生的当时情况究竟如何。

我们第一个想谈的是陕西省政府主席、"老好人"邵力子及他主管的陕西省政府和国民党陕西省党部。陕西省政府和国民党陕西省党部均由宪兵一团站岗放哨。蒋介石住在临潼华清池，所以宪兵一团上校团长杨镇亚更不敢含糊，他率宪兵一团的部分精锐驻华清池园的禹王庙，亲自为委员长站岗放哨，守卫华清池园的二道门。由于宪兵一团把注意力放在华清池，城里自然松懈一些。加上这晚，杨虎城盛宴招待中央大员，把杨镇亚也请上了。受宠若惊的他被灌得酩酊大醉。半夜了，他去不了临潼华清池值班站岗，就回家睡觉。分散在西安城各处为党政机关站岗放哨的宪兵一团成员，此时也是最松懈的时刻。所以清晨，守卫党政衙门的这些宪兵很快就被解决了。

据邵力子回忆，那天半夜，他因为被杨虎城拉去参加陕西绥靖公署新城大楼的招待酒会，吃喝到晚上10时，接着又被拖住消遣了好一阵，直到半夜12时才回来就寝。因为喝了酒，又很疲劳，他睡得很沉。他回忆说："夜半忽被枪声惊醒，枪声很近，远处也有，我猜想是几天来所忧虑的东北军不稳的情况发生了。无法查问情况，因即下楼，进入藏书室，在书柜旁坐待天明。"

邵力子这里说到的"几天来所忧虑的东北军不稳的情况"，就是他白天提醒杨虎城的事，他担忧孙铭九和应德田等人会蠢蠢欲动，企图模仿日本法西斯制造"二二六"兵变。所以他的第一反应是起床，然后进入书房静观其变。

为陕西省政府站岗的宪兵有一个排。就在天空亮出信号的时刻，他们发现十七路军警备二旅的士兵包围了过来。由于措手不及，宪兵并没有抵抗，就全部被缴械。他们看到警备二旅一本正经地收缴武器时，不解地问：都是自己人，你们开的是什么玩笑？

政变士兵进入邵公馆。邵力子夫人傅学文听到外面的骚动，就在卫兵掩护下想翻过省政府的围墙逃走。此时，远处恰有一阵子弹飞来，有一发击中邵夫人的右手。因伤手失力，她从墙上摔了下来，顿时断了气。

冲进来的杨虎城西北军告诉邵力子："您受惊了！我们是奉命行事，身不由己，要委屈您了……张副司令、杨主任已宣布，说是要对老蒋实行'兵谏'！"他们还说："他们要求停止内战，一致抗日，提出了'八项主张'……"这些话就像突如其来的响雷，把邵力子惊得张大嘴巴，不知所措！就这样，省政府主席邵力子被士兵"请"到了绥靖公署新城大楼，暂时软禁在杨虎城卫士队队长白志钧的办公室里。

第二个要谈的人是西北"剿匪"总司令部参谋长晏道刚。晏道刚也是一派老实人模样。由于西北"剿匪"总司令的职责就是由张副司令代行，所以西北"剿总"不是这次行动的目标，但西北"剿总"里的晏道刚、曾扩情和徐芳是蒋介石派来的，是南京中央方面的人，属于这次行动的对象。所以，就在晏道刚惊醒时，曾扩情和徐芳已经落网。

我们说过，西北"剿匪"总司令部是在 1935 年 11 月 1 日正式成立的。蒋介石任总司令，张学良任副司令，平时代行总司令职权。除参谋长外，接下去的位置是政训处处长和秘书长。政训处表面类似于军队系统的国民党党部，其实是特务机构，负有监视军队动向的职责。曾扩情是国民党中央执委，又是蒋介石特务系统的"十三太保"之一，所以 12 月 12 日凌晨的兵变马上逮捕了他。"剿总"秘书长吴家政是张学良的人，加上平常小心谨慎，仅从事文字笔墨工作，为人不像武汉"剿总"的杨永泰那么嚣张，所以吴家政没有风险，倒是参谋处处长徐芳也被"请"了。

晏道刚原本与武汉"剿匪"总司令部不搭边。武汉"剿匪"总司令部整体迁移西安，改名西北"剿总"之初，谁也没料到会与晏道刚发生什么关系。偏是钱大钧坚辞参谋长之职，久不到差。张学良于是向蒋介石要人，并保举晏道刚、林蔚、贺国光三人，请确定一位出任参谋长。张学良这样做，无非是希望与蒋介石联系密切，便于合作共事，而不是与这三人有什么特别的感情与联系。于是，蒋介石和张学良共同敲定让晏道刚当西北"剿总"参谋长。

晏道刚答应到西北就职，就向蒋介石辞行，并说："我的能力薄弱，恐怕做不好。"蒋介石叮嘱道："与张汉卿协商合作，有困难之事，你可告诉我，没有做不好的事。"这参谋长其实就是代蒋介石暗中监视张学良。晏道刚在犹豫中选择了这份自己无法胜任的苦差，但毕竟因为这份选择，他的军衔升到了中将。

晏道刚家就在西安城内通济南坊，那天夜里，他回家休息。他记得事发下半夜 2 时许，西安城内忽有枪声响起，时疏时密。下半夜 2 时这个时间，或许是他估计上的误差，我们也不想去较真校准，因为这无关大局。晏参谋长连忙打电话向办公厅第二科科长江雄风询问。江雄风住在西安五味什字街，他回答说，他也没消息。约过了半小时，江雄风来电话报告："杨虎城的队伍有一部兵变，正在抢银行！"

随后，枪声愈加紧密，紧张起来的晏道刚打电话到西门里金家巷 5 号找张学良，可是张学良不在自己的公馆内。

由此，晏道刚推测是杨虎城的十七路军发生兵变，张学良或者是听到消息就躲避开了。

晏道刚打电话到临潼联系老蒋想汇报情况，但接线员推说线路不通。最后不得已，他给杨虎城打电话。令他惊讶的是：接电话的人居然是张学良！电话里说："我是汉卿。外面发生枪响，我不明原因，我也不自由。委员长也在此地。你不要动，也不要管。"晏道刚正待问清情由，电话挂了。

张学良这番话，好像是杨虎城的十七路军发生兵变，他现在不自由了，且暗示他与蒋介石均被杨虎城俘获！

这样，晏道刚一开头也以为张学良被杨虎城捉去了。于是赶忙再打电话给江雄风，说："可能是杨虎城叛变捉了张学良！了解一下，是否东北军和十七路军打起来啦？"

但放下电话，晏道刚仔细想想，就发现了破绽：倘若张学良真的失去自由，怎能代杨虎城接电话呢？晏道刚断定是张、杨合谋反蒋，大难即将发生！

晏参谋长住宅周边驻有东北军一个排担任警卫。这卫兵听到枪声也顿感紧张，正抓紧布置警戒，保护住宅周围。左右的参谋干事也再三劝参谋长暂避他处，以免危险。但晏道刚急着想面见张学良，以弄清真相。

估计，原先张学良丝毫没有难为晏参谋长的意思，只是老晏急着要自投罗网，弄得小张实在无奈。7时左右，张学良派副官和卫兵开车前来把晏参谋长接到张公馆。

留守张公馆的五十七军缪澂流军长拿出一张油印纸递了过来，晏参谋长接过一看，只见上面写着"兵谏"的"八项主张"。不用缪军长开口，老晏也明白了：东北军、西北军全反了！缪军长还是说话了："中央对东北军太不公平。你看胡宗南军队是双人双饷，我们则是粮饷不够，兵也不补，到处流离，还要我们打内战。蒋委员长见着副司令便骂。我们今天是'兵谏'，要委员长联共抗日。"晏道刚坚持要面见张副司令，缪军长无奈，只好派车把晏道刚送往西京招待所。此时西京招待所里的贵宾已是各就各位，围着餐厅长桌，在刺刀的威逼下当幼稚园的好宝宝，大家"排排坐，吃果果"。晏道刚仿佛觉得还缺了什么人。细细清点，原来缺陈诚，还缺邵元冲。

果然过了不久，陈诚来了。他浑身沾满尘土，被两个士兵押着走过来。

昨天陈诚不是已经闻到一股不祥的硝烟味，而且亲自到临潼劝老蒋离开避难吗？所以他有警觉。一大清早，一听到枪响，他就马上想到要逃命，但他发觉招待所已被围得水泄不通，于是改变想法，决定先找地方躲避一下再说。他住在楼下114号房间，去餐厅较方便。他抱头鼠窜地跑向餐厅，窜进后面的烧火室，看到一个贮藏啤酒瓶的木柜。陈诚是个大人物，却是小个子。此时活命要紧，他也顾不得体面与否，就钻了进去，这一躲，就在里面闷了许久。他听得到外边翻天覆地的大搜查过程，吓得直打哆嗦。特务营营长宋文梅首先发觉少了陈诚。别人少得，这陈诚少不得！于是下令：就是挖地三尺，也要抓他出来！

最终，身材非常高大魁梧的汪国鑫班长用枪托撞击啤酒瓶木柜，把陈诚吓出来了。汪班长拎着军政部次长陈诚的衣领来见宋文梅，问："营长，这不是陈诚吗？"被押过来的陈诚闷声不响地在餐桌旁边的空位上坐好，成了"排排坐"队伍中一个新到的乖宝宝。

当时，陈诚衣衫凌乱，形容尴尬。还因为过分害怕，脸色苍白，腿软无力。虽因钻了啤酒瓶木柜再被搜出来，陈诚将军显得丑态百出，十分没面子，但最终还是免了一死。他这一钻啤酒柜，值！

大搜查、大抓捕从凌晨4时开始。此前的搜捕，就已出现过许多故事。但因事情发生在晏道刚到来之前，他当然看不到，从而他的回忆录就没写到。由于特务营士兵一开始到陈诚房间搜不到人，所以继续搜查时就特别留意陈诚这个名字。当搜查到陈继承房间时，特务营的士兵看到一男一女，就问男的："你叫什么名字？""我是陈继承。""好哇，你是陈诚啦！"一个士兵立刻拉枪栓，举枪对准陈继承就要射击，吓得陈继承的老婆大声呼叫："别……别开枪！他不是陈诚，是陈继承，打不得呀！"这位士兵才把枪放下。看来，这陈诚在西北军这边，堪称是臭名昭著了。好在这陈继承有个反应敏捷且口齿伶俐的老婆，不然，这天陈继承的阳寿就已尽了！

接着，士兵又从住有女眷的房子里找到了万耀煌军长。万耀煌夫人周长临女士原本是要随军去咸阳的。因万耀煌要留下参加蒋介石召集的军事会议，所以夫妻俩住西京招待所。房间外的抓捕声紧，令夫妻俩紧张不已，老婆在慌乱中，把老公藏在衣橱内。

于是，这天，西京招待所变成了高官集中营。他们是蒋鼎文、朱绍良、陈诚、卫立煌、陈继承、陈调元、蒋百里、蒋作宾、蒋锄欧、萨镇冰、万耀煌、李基鸿、张冲等。

突如其来的大搜捕，吓得那批国民党中央大员惊慌失措。别看他们都是千军万马的指挥官，人人身经百战，不知经历过多少凶险，但此时他们只得束手就擒。他们有些人带来了家眷，但除万耀煌、蒋百里、蒋作宾等人到西安是因其他公务有卫兵外，其他随行人员没有人带卫兵。敢带卫兵吗？蒋委员长不过带着二十多名侍卫，谁敢在委员长面前抢风头？没兵的将帅在失势的时候也就是一个任人宰割的肉团。京戏《斩韩信》里，刘邦老婆硬是让宫女用菜刀将百万大军的统帅韩信砍死。虽然那只是戏说，但在中国没人不信。

反正，"双十二"这天，平素威风凛凛的军头人人成了池中鱼、瓮中鳖，个个当缩头乌龟老实就擒。

这里还缺的另一个人就是邵元冲。可惜，他挨枪子来不了。这事发生在宋文梅领士兵冲进西京招待所的第一时间。邵元冲不是当兵出身，只是文人。他在惊慌之际的本能反应是"逃跑"，他成了唯一抗拒抓捕的典范。

邵元冲住在楼下西端朝南的113房间，紧挨招待所西面围墙。听到一片抓捕和搜查的喧闹声，他就觉得大事不妙。接着是撞自己房门的声音，迫于威胁，本想拉开插销开门说几句好话，可是房门插销就是拉不动！原来士兵撞门撞得厉害，房门被挤压，把插销卡死了。士兵听到房间内有动静，却不开门，于是开枪射击，子弹破门而入，射在对面墙上。惊慌中，邵元冲跳窗外逃。不料，到窗外一看，大事不妙！守在大门口的大量士兵持枪逼过来，朝他吆喝。邵元冲无路可退，就转身向西墙跑去。西京招待所围墙不高，墙外就是革命公园。他想继续攀墙外逃，不料，就在他升墙向外欲跳之际，发觉墙外还有士兵巡防！只听士兵一阵呐喊，伴随着枪响，他随即中弹，翻身落在招待所西面的革命公园围墙根。长官宋文梅听到枪声赶来，见多颗子弹命中邵元冲的下身紧要部位，忙吩咐送医院抢救。途中邵元冲一度清醒，取出身上全部大洋，求护送人员急救自己。无奈，还没送到医院，他就一命呜呼了。

邵元冲本是蒋总司令身边的红人，想不到竟然如此命薄，连中五枪命丧黄泉。

邵元冲这人不提也罢，既然提到他，那自然就会联想到第一次国共合作期间，两位中共领袖与他有些工作上的关系。原来，在 1924 年蒋介石出任黄埔军校校长时，蒋介石亲信戴季陶和邵元冲当黄埔军校第二任正、副政治部主任，同时因国民党中央党部从上海环龙路 44 号迁到广州后，原来的上海国民党中央党部改为国民党中央上海执行部。国民党上海执行部由胡汉民、汪精卫和叶楚伧三位负责，他们组成国民党上海执行部的"三驾马车"！邵元冲在上海执行部也有一个重要职务，那就是国民党上海执行部的文书科主任。别小看这文书科主任，头衔不大，其实相当于如今的党办主任。还因为胡汉民、汪精卫跟着孙中山长期在广州，上海执行部的"三驾马车"只剩下叶楚伧一个，集体领导险些变成叶楚伧的"个人独裁"。于是孙中山决定由叶楚伧、于右任和戴季陶组成新的"三驾马车"。从而，戴季陶和邵元冲在广州、上海各有一份工作。最终，戴季陶决定放弃黄埔军校政治部主任的职务去上海，而邵元冲放弃上海的党办主任专职黄埔军校，接替戴季陶出任第三任政治部主任。这样一来，邵元冲就来不了上海，他在上海执行部的文书科主任由毛润芝代理。而随后，邵元冲转向右派立场，周恩来代替邵元冲成了黄埔军校的第四任政治部主任。邵元冲此人一生与中共对立，只有在第一次国共合作时，有这么一次机会同时与中共领导毛泽东、周恩来发生联系。如果这次不因跳墙而遇难，他原本可以在十天后与久违的黄埔军校老同事周恩来见见面。

在西京招待所被抓捕的十几个军政大员中，百分之九十是参与"围剿"红军的国民党"中央军"高级将领，杨虎城这次抓捕，百分之九十五是抓了必须抓的人。但有一个人例外，他叫张冲。张冲虽与邵元冲相似，同样属于文官性质，两人历史上均反共，但张冲这次来陕西的使命不是反共，不是来"围剿"红军。恰相反，他是主动来与中共中央和红军进行和平谈判的。杨虎城抓张冲，就有些大水冲了龙王庙的味道。但在西安，恐怕除蒋介石之外，没有人知道张冲是来干什么的。

前文提到，自1935年以来，国民党代表与中共代表已经有过多次和平谈判。第一次是1935年底王明与邓文仪在莫斯科的谈判；接着是中共党员张子华、周小舟等与国民党代表曾养甫面谈交换意见，他俩还与国民党联络人员谌小岑、左恭等进行接触；后来还有"红色牧师"董健吾到陕北传达宋子文和陈立夫的信件；潘汉年自苏联回国后，他又作为中共全权代表与陈立夫在香港和上海直接谈判等。但对于国民党方面来说，他们最迫切的是要与红军领导毛泽东、周恩来的直接谈判，而张冲就是担负这一重要任务的。他此时是和平使者，此后成了中共的朋友，成了周恩来的朋友。

然而，张冲是中统特务机构最大的头子之一，以前的他不但不是中共的朋友，反而是冤家对头。张冲曾多次企图抓捕周恩来和中共中央其他领导人，是中共的死敌。他年轻时是个学习成绩优秀的学生。当年高考，他以全国第三名的成绩考进交通大学北京管理学院，后来他当上国民党四大的中央执行委员和国民党中央组织部调查科总干事。就是说，原本他这中统总干事的身份，绝不适合做中共的朋友。

1931年4月，顾顺章在汉口被捕，供出了上海中共中央及周恩来的行踪。任中统总干事的张冲，领着一帮特务赶赴上海搜捕。在紧急时刻，周恩来从钱壮飞那里得到情报，迅速处理，避免了一场极为严重的危险。张冲搜捕扑了个空。但他不服气，要继续打击中共。于是出现了一场闹哄哄的"伍豪启事"案。

那是在1932年2月中旬，上海《申报》《时报》《新闻报》等报纸，相继登出了一则《伍豪等脱离共产党启事》。"伍豪"谐音"5号"，就是周恩来的一个化名。此事发生得莫名其妙，使人满头雾水。由于这个启事刊登时间是1931年底，而半年前，周恩来和中共中央早已秘密地从上海到达江西苏区。"伍豪启事"炮制者不知底细，离间目的因而破产。但"启事"的策划者是谁？这成了周恩来以及中共特科的一个难解之谜。

1936年春天，上海《申报》又刊登出一则《寻找伍豪启事》。这个启事似乎又是故技重演。但细读起来就会发现，这次启事与前次启事有根本不同。这则启事是出于民族大义，要寻求国共合作之路，特地向周恩来发出的国共合作信号！此人正是国民党中统特务干将张冲。自"寻人启事"刊出后，他便派出特务在约定的地点昼夜蹲守，一守就是几个月。对此，中共中央经过严密侦察后，慎重做出决定，派潘汉年处理此事。后几经辗转，潘汉年、张冲终于实现了在香港会面。而后，双方经过上海、南京多次洽谈取得了一定的谅解。却不想，前来谋求与周恩来直接见面的张冲被杨虎城抓了起来。但"塞翁失马，焉知非福"，或许，这一抓反而起到"玉成其事"的目的，也未可知！

　　事实上，到西安事变结束后，就是这个张冲作为国民政府的代表与周恩来为首的中共中央代表团进行了有成效的谈判，最后实现了新的国共合作，红军改编为八路军，走上全民一致抗日的大好局面。其中，在谈判过程中，当国民党方的代表贺衷寒节外生枝刁难中共方面时，就是张冲建议中共方面采取坚决措施，把问题交到蒋介石手里，罢免了特务头子贺衷寒的资格。也还是张冲建议中共让蒋经国从苏联归国，回到蒋介石身边，为国共和谈创造了良好气氛，所以张冲此后一直被视为中共的挚友。当然，这些都是西安事变以后的事了。张冲的话题就说到这里，我们继续把宋文梅的使命说完。

　　由于绥靖公署交际处留有西京招待所接待的贵宾名册及房间号码，宋文梅行动前夕，早就拿好名单，然后按图索骥、对号点名，最终把抓到的和伤亡的人与名册一对比，一目了然，所以抓捕过程颇为顺利。但到最后对照名册，还有四个房间的贵宾属于其他类型的：其中301室住的是东北军张学良的德籍顾问，121室是美籍商人，还有两间是其他身份。宋文梅担心有人躲在里面蒙混过关，于是决定不讲情面，先对住在301室和121室这两个房间的人进行搜查。搜查过程中，另外两个房间始终把门关得紧紧的，门内毫无声息。为保证除恶务尽，宋文梅命令弟兄们敲开这最后两个房间。这样，冒出了两个不同的对象，其中一个是云南军头胡若愚。

　　胡若愚是有身份的人物，但不是什么中央大员。辛亥革命时，他参加蔡锷领导的重九起义，实现云南光复。随后他成了唐继尧的亲信，不过没多久，他又推翻了唐继尧，成为云南一个著名的军阀，并与另一军阀龙云进行了多年的云南王争夺战。在随后的战争中，他曾活捉过敌手龙云，甚至在另一个战场上，他亲自发炮打瞎了龙云一只眼睛。但胡若愚与龙云经反复较量后，最终遭遇失败，而苦大仇深的龙云获胜。逃出云南后，胡若愚依赖白崇禧一度当了青岛市市长。但胡若愚不是一盏省油的灯，他因一再反蒋介石而遭通缉，随后经李宗仁资助而游历欧洲。这年，胡若愚回国，蒋介石表示了对他既往不咎的态度，但就是不给他安排职务。于是胡若愚想游历西北自找出路，恰巧就住在西京招待所，也恰好赶上宋文梅的大搜捕。胡若愚知道自己不是当事方，能省事就尽量省事，更没有对抗的必要。但作为职业军人，胡若愚总是随身携带武器，夜里睡觉也照例把带子弹的手枪压在枕头下。当宋文梅部下查问他有没有武器的时候，胡若愚顺口说没有。结果枕下的小手枪被搜了出来。带队搜查的头目二话不说，抬手就是给胡若愚一枪，然后大骂他是日本鬼子。射出的子弹正中胡若愚脸部，穿透脸颊两边飞出。胡若愚顿时一头栽倒。抓捕总指挥宋文梅听到枪响连忙赶来，正看到这位满脸血污的军阀躺在地上。好在胡若愚命大，子弹没有伤及脑神经。

接着，又传来一阵枪响及一个外国女人的尖声喊叫。原来搜查的士兵要搜查最后一个房间时，发觉房门始终紧闭不开，任其用枪托砸门也没用。于是士兵一起向门内开枪，然后破门而入。随着一声尖叫，士兵蒙住了，眼前一个高大魁梧的洋女人用愤怒而有些惶恐的目光瞪着他们，张大嘴巴高声用中国话嚷嚷：我不是日本鬼子！

士兵一愣，马上回过神，用枪托紧贴着洋女人的腹部把她往后逼，有的士兵乘机抄家。士兵不知道，这个女人来历不凡，她就是著名的国际主义战士、大名鼎鼎的史沫特莱。宋文梅特务营士兵与国际主义战士史沫特莱发生了误会。

本书开头就讲到，中共与张学良的联络员刘鼎曾经安排史沫特莱住在临潼华清池疗养。刘鼎原名阚尊民，在留德时由朱德介绍入党，是中共留德支部的成员。史沫特莱那时在德国柏林大学攻读学位，直到取得博士学位。此后，史沫特莱参与了以共产国际为背景的"世界反帝大同盟"的筹建，成为著名的国际主义社会活动家，并与罗素、爱因斯坦、罗曼·罗兰、巴比塞、宋庆龄和尼赫鲁等频繁接触。由于同在柏林，又同持左派立场，史沫特莱与刘鼎有了一面之缘。后来，史沫特莱来到中国，兼任宋庆龄的英文秘书。刘鼎回国后，在周恩来领导的中共中央特科任二科副科长。一次，他路过闽浙赣根据地时，被方志敏挽留，出任闽浙赣军区政治部组织部部长、兵工厂厂长等。后来闽浙赣红军长征失败，他被捕，还好得到史沫特莱、艾黎等国际友人的大力营救而脱险。这年夏天，中共中央派遣他到西安充当张学良联络员。而此前，上海连发生过两起"怪西人案"，史沫特莱为营救被捕的共产国际情报人员牛兰夫妇而发起国际声援，招致中统和蓝衣社两大特务系统的监视。随后，她的汉语翻译及其妻子同时失踪。大家都怀疑那是遭中统特务秘密逮捕，并怀疑翻译已经变节，史沫特莱处境危险！于是刘鼎邀请史沫特莱到西安华清池小住，暂避风险。几乎与此同时，史沫特莱前汉语翻译的妻子、著名女作家丁玲也从上海来到西安。这事，我们一开头就说到了。

12 月 4 日，由于蒋介石来西安，华清池必须清场。刘鼎把史沫特莱安排到西京招待所 203 室。不想 12 月 12 日这天，她与宋文梅的部下发生了误会。不过，宋文梅只是不知道史沫特莱的身份，而史沫特莱则错把宋文梅部下当作了前来抓捕自己的"蓝衣社特务分子"。

史沫特莱也写有西安事变的回忆。她在《西安事变》一书中写道：

> 这天夜里我不能入睡，没有脱衣服，通宵在房子里走来走去。我站在窗前望着黎明前的破晓，晨光熹微，我听到一阵机关枪的哒哒声和步枪的噼啪声大作。"好家伙，真干开了！"我想："蓝衣社特务分子按既定方针行事了！"听到招待所里一阵飞跑的脚步声时，我的心脏几乎停止了跳动，接着是喊声叫声大作。步枪射击声就在附近的地方，门窗破裂声，玻璃哗啦声，大祸临头，临死前的哀号惨叫声，女人的尖叫声，汽车引擎突然发动声，混成一片。
>
> 门外面有人在用枪托捅门。坐以待毙，我心不甘，我刚退到墙角里，就飞进三颗子弹，破门穿窗而出，玻璃粉碎，门扇通开了一个洞，我听到几声"日本鬼子"的喊叫声，使我恐怖异常。"我的上帝呀！他们借口我是日本鬼子来杀我了！"一个士兵的头从门洞里出现，鼓着眼睛，东张西望，我拼命

用中国话喊："我不是日本鬼子，我是美国人！"

接着，史沫特莱讲到士兵用枪托顶住她的肚子，逼她后退靠墙而立，然后掠走她的眼镜盒、手电筒、电池、羊毛衫和毛线衣，还抢钱和毛毯等。后来，招待所王经理来解围了。王经理是杨虎城绥靖司令部交际处的官员，也算是士兵的长官。不过，在史沫特莱面前，他也诉苦说自己遭抢劫的情形，连皮大衣也差点儿被抢走。随后，王经理马上找来一位军官，讲明史沫特莱的身份，严令禁止士兵进入史沫特莱的房间。史沫特莱写道：

> 他跑下楼，在大厅里一晃不见人影，很快又上来，背后跟着一个手提自动步枪的青年军官，看来也情绪激动，有点儿吓昏了头脑似的。一个兵冲过去了，那军官喊了一声命令，用手枪指着那个兵，那个兵立即止步，转身立正站在那里。军官对士兵开始训斥，气势汹汹，狠狠臭骂了一道，接着又扬言他再敢让什么人进我的房间就唯他是问，不死也要脱一层皮！
>
> 经理先生找来一张纸、一支毛笔，请军官写通知，军官大笔一挥，写了："不准进入此室，违者枪决！"
>
> 他签了字，经理先生得意扬扬，做了好事似的把纸条贴在我的房门上。

就当天的经历，史沫特莱接着写道：

> 西安市内和招待所里的枪声逐渐稀落，军官终于把士兵赶到院子里去了。我和经理站在招待所的门口，注视着院子里两个军官在一队横眉怒眼的士兵前面来回跑着，把士兵口袋里的战利品、衣物等东西掏出来放在地上。两个军官破口大骂，如江河溃堤一泻千里，经理的脸色一阵发白，非常难看。我从那些伤人恶语中收集到不少兵大爷的祖宗三代老祖母的浪漫题材资料。

显然，领队的军官已经看到这次行动中暴露的纪律问题。

史沫特莱接下来写到自己参与抢救楼上一个被"一颗子弹洞穿双颊"的矮个子男人的事，虽然没写到姓啥名谁，但显然是我们已经说到的人。史沫特莱回忆说：

楼上的电话铃声一直在响，没有人接。现在我们才听到了招待所服务员的喊叫声，经理先生冲上了楼又转回来哭丧着脸说道："上边一个人快断气了，流血不止，你能帮忙急救一下他吗？"

我记起了床下的旅行袋幸好没有动过，赶忙找出我的急救箱，跑出大厅上楼，一眼见到一个矮子躺在那里，满枕头血，一嘴仁丹黑胡子，活像一个日本人。我和经理先生急忙对这矮子施行抢救。与其说他是中弹负了伤，不如说他受惊掉了魂，一颗子弹洞穿双颊，竟没有触及牙齿，也许他正在打哈欠时一弹飞过。经理煮了一杯浓咖啡，我把矮子嘴上的血迹收拾干净，帮他穿好衣服，喂了他一调羹咖啡，他从头到尾向我和经理赌咒发誓说他不是日本鬼子。救护车把矮子送走后，经理把他的大小皮箱搬到我的房子里，他对我解释道："兵油子们还会来的！你是外国友人，你的房间比我的房间要安全，我不收你的房费了。"

从史沫特莱的回忆对照前文，可以断定这矮子就是胡若愚。经史沫特莱插手，胡若愚被紧急送进医院而脱险了。

乱局并没有到此收场。

就在此时，一件意料不到的事又发生了。赫博特·温奇大夫来到西京招待所找人，但他在门口遭到士兵的阻拦。赫博特·温奇名义上还是张副司令的牙医，他哪肯把这些丘八看在眼里？他说与人有约，必须进去，就强行挤过门口的士兵，推门而入。不料，一位小军官见状，拔枪就射，温奇大夫当场倒下了。

赫博特·温奇又叫冯海伯，是德籍犹太人，也是德国共产党员。原来他也在上海，与史沫特莱、艾黎、马德海等同是一个圈子里的国际友人。当年夏天，他听从史沫特莱的建议来到西安找到刘鼎，在七贤庄1号开了一家牙医诊所，由烈士邓中夏遗孀夏明充当牙医诊所"护士"协助工作。但其实温奇大夫的张学良牙医身份只是一种掩护，向陕北根据地的红军输送药品和医疗器材才是目的。同时，七贤庄1号这个诊所也只是一个门面，实际上是红军的一个接待站，起着迎来送往的作用。丁玲到西安，也是在刘鼎和史沫特莱的安排下，以温奇大夫保姆的名义，在七贤庄1号温奇大夫牙医诊所度过了一个月。

谁也想不到突如其来的悲剧就这样发生了。史沫特莱惊呆了，心里充满了悲伤。她立即与中共地下党员、杨虎城的高级参谋王炳南取得联系，请他马上来处理这件事。

这天还没到中午，史沫特莱得到了军方给出的正确解释，刚才发生的事不是蓝衣社捣乱，而是发动的一场针对蒋介石的"兵谏"，是一场革命！史沫特莱拿到了一份"停止内战，一致抗日"的"八项主张"文件，里面写着：改组南京国民党政府，成立各党派在内的共同负责救国的国防政府；停止内战，一致抗日；释放上海七名爱国领袖；释放全国一切政治犯；开放民众爱国运动；保证人民的集会结社言论自由权利；废除一切镇压爱国抗日运动的非常法令；与同情中国独立的国家建立合作关系。史沫特莱一口气读完后，称："我读完这'八项声明'，身受打砸抢遭遇的不幸一扫而空……"

军官还告诉史沫特莱，杨虎城将军会赔偿她的损失，并劝告她"不要到外面去，已经宣布戒严了，街上死伤的人很多"。

一听到外面发生死伤，史沫特莱的态度恰相反。她要求"弄一张军用通行证"，好让她背起急救箱到西安市街道上去"救护伤者，送入医院"。

几天后，史沫特莱登上西安广播电台，对全世界展开英语广播，宣传西安事变真相及抗日的"八项主张"。当人们听到西安电台播出纯正美式英语的女声节目时，全中国乃至全世界都大吃一惊。

赫博特·温奇的后事由王炳南一手处理。他写了一份讣告，自12月19日到12月21日，连续三天刊登在西安的《西京日报》（按：后改名《解放日报》）上。12月21日，温奇大夫的葬礼在西安小南门外公墓举行，王炳南和史沫特莱一道参加了这个葬礼。根据叶剑英的指示，赫博特·温奇的遗体上覆盖着中共党旗。

史沫特莱的回忆是亲身经历，这过程应该是可信的。其实，这正如毛泽东主席十年前在《湖南农民运动考察报告》中写的那样，革命不是请客吃饭，不是绘画绣花，不能那样从容不迫，那样温良谦恭让，革命是暴动，是一个阶级推翻另一个阶级的暴烈行动。

虽然，由于斯大林同志和第三国际的态度，西安双十二事变以后没被定义为革命事件，而统一改称为西安事变，但所有同情张学良、杨虎城发动的双十二"兵谏"的人，几乎都原谅了事变过程出现的一些 bug。相对于中国为革命付出的牺牲来说，这些 bug 又算得了什么？

不管怎么说，宋文梅的特务营成功地将南京的中央大员一网打尽，是张学良、杨虎城的一次重大胜利。

## 抱头鼠窜的大小特务

在西安城大搜捕中，主管特务的邵力子和晏道刚入网了，"剿总"政训处处长曾扩情和国民党中央宪兵一团团长杨镇亚也一俘一毙，从总体上看，十分成功。但也有一点小漏洞，蓝衣社两特务头目江雄风和马志超逃了。

我们说过，蓝衣社特务有两种身份。一种是蓝衣社特务内部的地位，比如，江雄风的蓝衣社西北区区长，马志超的陕西站站长等。另一种是他们公开的社会职务，比如，江雄风的西北"剿总"三科科长和马志超的西安公安局局长。一般来说，称职的特务一定能处理好这两种不同身份。但是，不同的身份，往往表现着不同的性格。久而久之，间谍和特务也往往成了具备双重性格，甚至是多重性格的人。我们暂不讨论性格问题，把注意力放在特务怎么逃跑上。

事变当天下半夜，晏道刚感到了危机。他多次打电话查问"剿总"三科科长江雄风，想听听外面发生了什么状况。江雄风知道，在这关头，蒙头大睡的特务一定是最危险的，因此他不敢怠慢，立即外出活动，整个过程中他的头脑保持高度清醒，想方设法去摸情况，他得到了军队夜间抢劫银行的消息。对此，他最初的判断是杨虎城西北军发生骚乱抢劫，是下层违反纪律兵变引发骚乱，他没想到这当中还有重大政治问题。

而这时，晏道刚打电话呼张学良失败，改呼杨虎城，不料呼到了张学良，这问题复杂了！

晏道刚又把消息告诉江雄风，指示他再探。等江雄风探知事态紧急回来，打电话汇报时，晏道刚却失联了。江雄风知道大事不妙，事态极端严重，于是他赶忙销毁了一部分特务的机密资料，然后安排部下：凡暴露的就分头逃走；没暴露的，就继续潜伏，抓紧搜集此次事件的情报。天一亮，江雄风自己也踏上逃命之路。

江雄风找到秘密地点将自己掩蔽起来。大半天过去了，他没发现有人追捕自己，于是稍安下心来，尝试着找线人。终于，他通过内线，查清此时东北军已经活捉蒋介石。于是他设法找到一处没有被发现的蓝衣社秘密电台，向南京的蓝衣社特务处处长沈沛霖（即戴笠）报告：

十万火急，南京沈沛霖亲译（绝密）：

据确切悉：12日拂晓，张学良、杨虎城突然发动兵变，叛军包围了华清池，领袖已被挟持到新城大楼，生死不明。西安江雄风敬叩。

一发完电报，他马上关闭电台逃向胡宗南部队。他此时脱离西北"剿总"投奔第一军是顺理成章的，因为此前把他调往胡宗南第一军的调令已经下达了。也有人说，江雄风给沈沛霖的电报是交代给副手毛人凤发的，这并不重要，反正他多少算是对自己的职责有所交代。张学良、杨虎城方面虽知道江雄风是特务，但由于他地位不高，也比较隐蔽，所以对他没加以重点防范。从而江雄风逃跑起来自然容易一些。

杨虎城眼中的死敌是西安公安局局长马志超。杨司令早就想要他的命了，却被他逃了，这着实有点儿令人感到意外。如果马志超这天夜里留在西安公安局，那他必落网。如果他住在家里，像往常一样起床上班，那他当时一定还躺在床上，一早冲进家门的士兵就毫无疑问能把他逮个正着。

巧就巧在，这晚马志超不在公安局而在家。而且这天早上4时，警备二旅的士兵上门抓捕时，他恰在前一刻离开了家。士兵扑了个空。如果马志超离家直去公安局上班的话，他一定又是自投罗网了。可是，马志超出门不是直接去公安局，而是要去革命公园附近的西京招待所，接陪一个来自国民党中央的顶头上司，其人就是内政部部长蒋作宾。这样，接管公安局的士兵尽管捣毁了设在公安局内的蓝衣社陕西站，缴获了无线电台和大批档案材料，但没抓到马志超。彼时马局长正好悠闲地到达革命公园。

原来，12月12日，原定是检阅西安警察和义勇队的日子，检阅场就设在西安东校场。昨天，内政部部长蒋作宾就为检阅的事专门来到西安，由于他忙于应酬，没有时间接受马志超汇报筹办检阅仪式的情况，所以马志超一早赶去东校场之前，要先去西京招待所迎接蒋作宾，以陪同前往并在途中抓紧时间汇报。西京招待所在革命公园旁边，所以，马志超去西京招待所必先经过革命公园。

此时西安城内还没有兴庆公园，革命公园算是当时最大的一处市民休闲场所，也是群众集会的主要场所。说起来，革命公园与"二虎守长安"的故事是联系在一起的，这二虎就是李虎臣和杨虎城这两位名字带有"虎"的军事长官。所以，革命公园与杨虎城有一段割舍不掉的关系。1926年，北伐战争发生，匪首刘振华纠集十万人进攻西安。国民军李虎臣、杨虎城率全城军民坚守八个月之久。后来冯玉祥率军入陕救援，西安之围被解。这段历史就称"二虎守长安"。刘振华围城期间，西安城内军民战死饿死数万！于是1927年把死难者的埋葬地辟为公园，以资纪念。

隆冬清晨4时的西安城，街道上只有稀稀落落的几盏路灯露出昏暗的灯光，灯光以外就是一片漆黑的世界。马志超在路灯下步量着路面来到革命公园。冬季的革命公园草木凋零，能在晨曦中看得见的，就只有成片没有树叶的白杨树林，这一排排白杨树的枝干虽参差错乱，末端均直刺天空，像是万箭蓄势待发，在静待某个该死的猎物。眼前此等萧瑟景象，不禁让马志超一阵战栗。他停下脚步，扣上风纪扣，紧了皮腰带。

忽然，远处传来枪响。他看到天上飘起的红绿信号弹。革命公园的大树上，成群的鸦雀被惊吓得一阵尖叫，扑棱棱地飞向天空。被突然惊醒的十几只老鸦，扑腾着翅膀在公园上空盘旋。它们因愤怒而发狂，呱呱地聒噪个不停。马志超不禁大吃一惊，但马上静下心。他想到那一定是孔从周的警备二旅又在连夜搞演习，于是恨恨地骂了一声。

眼看西京招待所就在前面，马志超想加紧步伐走过去。

如果此时马志超贸然闯进西京招待所，也必将被逮个正着。可马志超就是吉人天相，他又躲过一劫。原来就在这时，他发现情形不对。

怎么不对？原来，马局长突然发现西京招待所前面出现了大队兵马，转身一看，身边的革命公园也突然隐隐约约冒出一些可疑的人影。怎么办？马志超犹豫了，他闪身墙角隐蔽处，想看个究竟。

革命公园东墙隔壁正贴着西京招待所，马局长立即听到从西京招待所传来撞门声、吆喝声、哭闹声，接着是一阵阵的枪声！

大事不好！马局长想转身就逃。恰此时，一阵嘈杂的骚乱闹到革命公园这边来了。马志超见人多，马上后缩蹲下，屏息在隐蔽处窥探。原来这正是邵元冲跳窗越墙逃跑并在革命公园围墙边中弹而倒地。马志超是黄埔军校第一期的学生，如果是白天，他一定是立马认出这位前黄埔军校政治部主任邵元冲。可这时，他并没有看清对面任何一张面孔。一是那情景太恐怖，令他颤抖不已，眼睛不好使；二是此时依然夜色朦胧，无法看清远处的面孔。马局长只知道，对面有人忙着喊车、抬人、抢救等，从头到尾，好一番折腾。

此时，马志超当然判断出，发生在西京招待所的事态有多么严重，那里不仅有他的顶头上司蒋作宾，甚至是更多重要的南京中央大员全困在里面！

逃命！这是马志超的第一个念头。但他已发觉，周边到处是杨虎城的部队。他马志超大局长正是杨虎城将军的眼中钉，如果自己从暗处跳身逃出，马上就会被发觉，挨枪子就免不了！于是，马志超乘天色朦胧之际，缓缓移步到公园大门口，正好瞧见不远处来了一辆黄包车，他扬手招呼，摸出身上的全部银元，以高价买下了车子和一身行头。就这样，公安局局长兼特务处陕西站站长就变成了一个黄包车夫。马局长不是拉车出身的，他害怕真有客人纠缠自己，于是就把一边轮胎放气弄瘪，然后拉着破车逃到莲湖公园边的一个熟人家躲下。

　　如此，他该向上峰汇报紧急情况了吧？须知，他的另一身份是蓝衣社陕西站站长，而且马局长就是最先目睹西安事变发生的特务。事变一发生，他本该马上回到陕西特务站并在第一时间向南京特务总部报告紧急情况才对。原先，他主管的陕西特务站既有秘密活动的场所，也有与南京联系的秘密电台。可是，这马站长自上台以来，就自以为是，改变了特务机构的运行规则。他为个人方便起见，取消了陕西特务站本该有的秘密活动场所，而且把秘密的陕西特务站与公开的西安公安局合署办公，把秘密电台也架设到西安公安局内。如今既然杨虎城发动政变，西安公安局必是首要进攻目标。毫无疑问，设在局内的陕西特务站和电台在第一时间就被一锅端了。他很清楚，此时的他没地方去了，也没有电台可用了。他唯一的大事依然是"逃命"两个字。

　　第二天一早，马局长头上包块白毛巾化装为普通陕西农民，日夜兼程逃到潼关县城。夜幕来临之际，他来到潼关县政府传达室求见县长马潜。老马家都是回民，他们本是一家人。

　　其实此时，张学良、杨虎城已经失去了对潼关的控制。西安事变当天，樊崧甫中将的国民党"中央军"第四十六军因从内部得到消息，发觉西安出现严重事态，他们立即从洛阳匆忙赶来并通过突然袭击，于13日凌晨成功占领潼关。这样一来，潼关县县长马潜已经全然不在意张学良和杨虎城的政治立场了。他见到这位丧魂落魄的来人就是同乡马局长时，急忙请进吃饭压惊，然后陪马志超到公道澡堂洗了澡，还派人到商店为他赶制了一套绸缎长袍，给狼狈不堪的马局长换上了新装。次日，凑巧马志超的黄埔一期同学兼同乡郭仰汾（郭景唐）将军又来到潼关。郭仰汾是冯钦哉部的一名副师长。这些年来，冯钦哉对杨虎城也心存偏见，这次在西安事变的态度上，冯钦哉强烈反对张学良、杨虎城。而紧跟冯钦哉的郭仰汾此来就是奉命与国民党"中央军"联络的。遇到郭仰汾，马志超总算安全了。他终于摆脱了西安公安局局长和蓝衣社陕西站站长那苦差使！而且郭仰汾身后是冯钦哉，老冯与老蒋有旧交情，在西安事变中又是南京政府和"中央军"竭力拉拢的力量。所以在西安事变后，尽管马志超在事变中严重失职，但看在冯钦哉的分儿上，蓝衣社总部和戴笠并没处分他，而让他改任兰州警察局局长。抗战发生后，马志超先后任三十四师师长、十九军军长及全国交警总局局长。他是典型的庸才傻福。

西安公安局局长马志超逃了，但没跑的人是大多数。比如，马志超的下属喻耀离和周养浩就留下来了。还有，西北"剿总"三科科长江雄风第一时间就逃了，但副科长毛人凤据说没有逃出西安，而是借助周养浩的掩护在西安留了下来。

我们接下来就说说喻耀离。这并非是说喻耀离是所有没逃跑的人员中地位最高的，而是因为他是其中最有职业精神的特务。喻耀离是黄埔军校第五期学生，一个月前以南昌行营参谋的身份调到西安，在西安公安局任第二分局局长。在这次警察和义勇队的阅兵式中，喻耀离是现场总指挥。阅兵总指挥是一个出风头的差使，但弄不好又容易当众出丑。因此，他不敢马虎，当夜就留在分局过夜。凌晨3时他就起来了，招呼值班的警察起床、吃饭。4时，喻耀离派出警察分头去召集一同参加检阅的义勇队队员到分局来集合。但令人惊讶的是，派出去的警察不一会儿都空手回来报告：局座，大事不妙！戒严了，出不去。

喻耀离觉得很奇怪：戒严怎能不通知警察呀？戒严本就该让警察配合执行才对，怎会反过来禁止警察通行？喻耀离于是决定打电话到总局找马志超。总局值班称马局座没到总局来，但责成喻耀离查明情况及时汇报。喻耀离马上再派出便衣警察去了解情况。不一会儿，他们回来汇报说，街面情况很乱，连四大银行都被军队包围了。

接着枪声四起，喻耀离的公安第二分局也被包围了。于是双方展开枪战，警察方面顿时死伤多人，这批乌合之众立即一哄而散，只留下喻耀离和随从刘明山及公安第二分局的一个会计。

孔从周的警备二旅士兵冲入分局进行搜查，把喻耀离捆绑好押在走廊下。此时，喻耀离最担心的一样东西是密电码本，那是他与特务处联系用的。还好，警备二旅的士兵只注意武器、文书档案或钱财，翻翻那小本子不知是啥，觉得没用，就扔在了一旁。随从刘明山一直守在喻耀离的身边，由于他不穿警察服装，不是抓捕对象，没有遭捆绑，还是自由的。他在喻耀离眼神的暗示下，悄然收起密电码本。

接着，赵寿山接管西安公安局第二分局的接收大员也来了。接收大员同意了喻耀离的请求，首先收殓死亡警察的尸体，然后通过喻耀离的协助找回了一部分警察，继续各就各位保留职务，恢复日常治安。喻耀离的亲信赵和生也被找回来了，他是外事警察，也受过特务训练。他借机把喻耀离带走，悄悄藏到一个安全的地方，并利用喻耀离安置在秘密地点的电台及藏下的密电码本，把西安发生事变，通过电台发到南京。

自12月12日凌晨4时西安城上空升起红、绿两颗信号弹开始，西安、临潼与南京的通信就中断了。由于事出突然，陕西的全部国民党中央机构，没有一个能在第一时间向外界发出消息。就连马志超控制的陕西特务站也被孔从周的警备二旅连锅端，断了陕西特务站与南京通报的希望。所以，江雄风和赵和生向南京发的电报，都已经是迟到的消息了，但有总比没有强，特务江雄风总算因此得到原谅，而原本不是特务大头目的喻耀离，这次算他立功了。

由于喻耀离发出了这份电报，两个月后，他因"敬业精神"受嘉勉。西安事变后，喻耀离顶替赵寿山当了西安警察局局长。这喻耀离与赵寿山职务的转换，我们是不会有疑问的。赵寿山参与西安事变指挥，事成他接替马志超当了两个月的西安公安局局长。随着西安事变的和平解决，轮到赵寿山下课了，而表现出色的喻耀离上位了。

这里的疑惑是，一个西安公安局，一个西安警察局，好像听起来很别扭。当年，全国各城市都用警察局这个称呼。就是西安在事变之前，使用了公安局的名字，西安事变后改称警察局。这其实没有差别，历史资料怎么记载，我们这里就怎么称呼。

喻耀离自西安事变后仕途通畅，20世纪40年代末就当了中将副军长。到海峡那边后，他升任"国防部次长"，其发迹与这次西安事变有关联。

接下来的两个人是周养浩和毛人凤。

在西安公安局里当科长的周养浩因没有暴露而潜伏下来。周养浩还掩护同是蓝衣社特务又是自己老乡的毛人凤躲过西安事变的搜查。前面提过，是毛人凤查出高崇民、孙达生、栗又文和马绍周是"《活路》事件"的主角，并惹出了"艳晚事件"。如果被搜查到，毛人凤绝无好果子吃。但这次老杨没有开展深挖反革命分子活动，他俩因此均得以蒙混过关。

其实，杨虎城因"《活路》事件"抓住马志超派到印刷厂的卧底，也知道了马志超的公安局及身后的蓝衣社不但策反了胡逸民及其小老婆向影心，收集自己的黑材料，还跟踪调查自己的亲信宋绮云，甚至向蒋介石打小报告陷害自己，从而怨恨至极，巴不得把马志超一口吞了。因此，当听说马志超已经逃脱自己的手心时，杨虎城十分懊恼。但杨虎城的懊恼毫无必要，马志超这种水平和能力，能整得了杨虎城吗？其实，对手越是草包，越是窝囊，如果任其发展，地位越高越重要，那才是自己的福气！杨虎城把注意力放在马志超身上，却忽视了马志超手下那位名不见经传的小科长周养浩，以及依靠周养浩掩护而隐藏在西安的毛人凤。只因为这二人此时在西安公安局和西北"剿总"下只是个虾米级的小差使，杨虎城看不上眼。却不料从此，毛人凤、周养浩却与杨虎城结下了终生的"缘分"。西安事变中，杨虎城、赵寿山也没有难为周养浩，也没触及毛人凤皮毛，他俩逍遥自在地混过这一大关。后来，毛人凤成了军统的最大头子，周养浩也逐渐位高权重，他俩最终成为杨虎城的克星。

事实上，毛人凤十分忌讳向别人提及自己的西安经历，也对西安事变中自己到底在何处的问题讳莫如深，他总是尽量掩饰那段经历。这主要是蓝衣社在西安事变中的窝囊表现，实在令人难堪。有种风闻能掩盖毛人凤在西安事变中的窘境，那就是有人说，毛人凤在处理"《活路》事件"的半途就被调回南京，当本部的机要室秘书。仔细分析，戴笠决定重用毛人凤，并安排他当机要室秘书的念头是有的，但那时立即将他调离西安的可能性极小。因为，当时"《活路》事件"真相还没弄清，更没处理完，半路就把最主要的办案负责人调走，显然不妥当。同时，事件前期就已经充分暴露出西安特务系统处于松散无力的状态，况且此时已决定调江雄风科长去胡宗南部，而接替江雄风的王新衡迟迟没到位。在这种状态下再调走副科长毛人凤，等于彻底抽空了西北"剿总"三科的班底，那样做显然是不可取的。再说，其时，毛人凤从少校股长提升为中校副科长还不到九个月。

所以，调他回南京本部当机要室当秘书，起码应该是发生在提升副科长之后有段说得过去的时间间隔。也就是说，起码要延迟三个月，才凑满一年。那就要等到1936年过完，也就是西安事变结束之后。

反正，西安事变的时候，杨虎城只知道马志超和宪兵一团团长杨镇亚是自己的死对头，而忽略了"虾兵蟹将"级的特务毛人凤和周养浩。后来，杨虎城落难了，被军统特务关进息烽监狱。他没料到，息烽监狱主任竟然就是自己脚跟前小小的西安公安局三科科长，而决定自己生死的人就是军统总头目毛人凤！

毛人凤与周养浩不仅是同乡，是上下级，还是亲戚。西安事变和平解决后，毛人凤感激周养浩在危急关头对自己的掩护，在1941年，自做大媒，把侄女毛超群嫁给周养浩，他们因此亲上加亲。抗战后，毛人凤接替戴笠登上军统总头的宝座，乘机推荐周养浩出任息烽监狱主任。当年，特务常用"进小学，读中学，上大学"来隐喻"政治犯"在不同等级的监狱坐牢。这里的"小学""中学"和"大学"分别指重庆望龙门看守所、重庆白公馆和贵州息烽监狱。可见息烽监狱在特务心目中的位置。

到最后，杨虎城不但与毛人凤对调了身份，也与周养浩对调了身份。当年西安城内，周养浩在杨虎城脚跟前连抬头见他一眼的资格都没有，如今反过来，是周养浩吆喝着大批警察和特务监管他。杨虎城在息烽监狱度过生命最后一段时间的日子，其辛酸程度可想而知。不过周养浩的表面文章和技巧却让杨虎城大为欣赏。他平时对杨虎城相当尊重，有说有笑的，很像每一句话都是出于真心。还因为周养浩在息烽监狱当主任的四年期间，建立了一整套监狱管理制度：他让犯人参与劳动生产，从中抽出少量的盈利，按工作量分给犯人当福利，甚至让犯人释放时随身带走一些钱财当出狱后的安家费。这点表面功夫杨虎城看在眼里，他逐渐觉得周养浩越看越顺眼了，甚至产生了一些好感。当年东北军五十三军一一九师师长黄显声也被软禁在息烽监狱。一次，杨虎城对黄显声说："军统局上上下下没一个好人。我就觉得周养浩这个人还有点儿良心。"杨虎城还因此借钱给周养浩用。

但杨虎城不知道，自己是轻信了人。经不住这位面似"书生"的周养浩一番花言巧语，最终，杨虎城一家人全相信了他。在"转移去台湾的过程"的借口下，他们被弄到重庆，落入毛人凤的圈套，最后惨遭毒手！这些均是后话。只因我们全部的故事只讲到1937年2月为止，所以提前把杨虎城与特务间的最后恩仇集中在此做简略叙述。

反正，西安经12月12日一天一夜的大搜捕，反动派逃的逃、抓的抓，作鸟兽散，溃不成军，西安的大局已定。

不但西安的大局已定，兰州也形势大好。既然兰州绥靖公署主任朱绍良已经在西京招待所就范，那甘肃省的局面就顺当多了。甘肃省政府主席兼任五十一军军长于学忠在前往西安之前已经做了部署：兰州与西安同步行动。

当天，东北军五十一军参谋处二科科长解方中校接到于学忠的密电，立即行动。

夜里，他们也在五十一军军部设下宴会，把赴宴的兰州绥靖公署参谋长章亮琛、总参议张春蒲等十多名国民党官员全部生擒活拿。随即，在兰州的五十一军三个师四面出击。中共地下党员解方首先率部进入绥靖公署院内，包围了驻扎在那里的胡宗南的部队并发起突然攻击，在短暂的对峙后，全部解除武装并占领了绥靖公署。

在甘肃军警督察处、甘肃省会警察局等处的军事行动进展也很顺利，没有遇到激烈抵抗。

在兰州东校场和飞机场驻扎着胡宗南两个团一千多人，东北军一一三师以整师兵力发起突然袭击，但顽固的国民党"中央军"依然坚持抵抗，甚至战斗进行得相当激烈。最后实力悬殊，胡宗南这两个团的团长被迫率部缴械投降。结束战斗后，两位"团座俘虏"马上被枪决。与此同时，东北军五十一军其余部队全面控制了电报局、邮政局、中央银行、农民银行、无线电台、民国日报社等部门。由此，甘肃兰州也大局已定！

## 华清池的枪声（根据王玉瓒等人的回忆）

12月12日早上5时一过，西安城内大局基本定了下来，原先焦急地在新城公馆联合指挥部里等待的张学良和杨虎城等人，受到了一定的鼓舞，但依然放不下心。因为他们知道，关键的消息还没有来：那就是临潼那边还没有传来活捉老蒋的喜讯！此时，张学良和杨虎城最担心的，一是军事行动是否出了意外，蒋介石是否还在临潼华清池；二是乱军中蒋介石是否出了生命事故。夜深天黑的突袭行动，人眼都看不清对象，邵元冲就是在糊里糊涂中挨枪死去的。谁能让子弹长个眼睛，遇到蒋介石就拐弯儿？他俩还担心死硬不化的老蒋一时性急，自己开枪自我"光荣"了，那怎么办？只要蒋介石还活着，"兵谏"的事实就不容置辩。但如果蒋介石一旦"光荣"了，那张、杨二人就是跳进黄河也洗不清了，哪怕是有一万张嘴也徒劳！

从凌晨4时听到临潼的第一阵枪响，张学良就在焦急地等待消息。一个多钟头过去了，西安城内局面明朗了，张学良才收到"捉蒋"行动前线指挥刘多荃从临潼打来的第一个电话。张学良激动地伸手拿话筒，但随后便耷拉着眼皮放下。旁人猜出，来的不是喜讯。原来，话筒里传来的声音的确是刘多荃的，只是消息太意外："委员长跑掉了，尚未找到！"张学良此时心情那个急呀，恐怕别人是难以想象的。一会儿，他又让手下挂一通到临潼指挥部的电话，骑六师师长白凤翔来接电话。张副司令开口就问，找到蒋没有？白凤翔如实回报说："还没有。"副司令大怒："如果9点找不到委员长，就以叛逆论罪，把你们的头送来！"前线指挥官刘多荃、白凤翔受的压力之大，可想而知。不过，不堪重负的人首先还是张学良自己。天色渐渐变亮，张学良和杨虎城二人决定到室外去散步，省得坐在屋里干着急。张学良找轻松的话题说："虎城兄，如果委员长到西安后，采纳了我们的意见，我便送他回南京。"杨虎城低头沉思，好一会儿才回答："委员长生死未知，是否能找到？"杨虎城说的，正是他们内心最紧张的。不过，在清晨5时，张学良还是指示手下，给保安的红军总部发了"文寅电"，向中共领导宣布"已将蒋及重要将领陈诚、朱绍良、蒋鼎文、卫立煌等扣留"的消息。这清晨5时是约定中共中央收听张学良电报的时间，张学良不想错过通电的机会，把"喜讯"先做了通报。

既然大家心里关心最多的人是蒋介石，我们就把视角切换到蒋介石所在的临潼华清池。前面提到，昨晚11时，蒋介石感觉有点累了，就上床睡了。

12日凌晨2时许，张学良卫队一营营长王玉瓒首先出发去执行任务。此前，他已经与卫队二营孙铭九营长约定，以三声枪响为号，驻扎在西安城东灞桥的孙铭九营王协一连的五十人即赶往华清池助战。孙铭九卫队二营的人马原本全在城内，王协一连的五十名成员什么时候转移到灞桥的？原来是利用了一二·九学生游行的机会。前文提到，孙铭九把二十多名士兵化装成游行学生，安插在队伍中来到十里铺和灞桥镇，然后住下不回城了。当夜，孙铭九又以巡临潼路为名，调出几十名士兵到十里铺和灞桥。孙铭九的这次行动造成宋文梅的错觉，他以为东北军提前行动，几乎引发西北军的蛮动，酿成大错。张学良指使孙铭九这么做，其目的就是避免集中调动军队而引起特务的警觉。他知道，特务的眼睛一直盯着东北军、西北军两军的所有动作。

王玉瓒的三轮摩托车直达十里铺。我们知道，王玉瓒的卫队一营自12月4日开始就专门调去华清池为蒋介石站岗放哨了。他们警戒的范围从临潼华清池的二道门外直到西安城东郊的十里铺。所以王玉瓒在十里铺留下一个骑兵连警戒西安临潼公路的入口端，连长名叫邵兴基。这次，他要调动这个连一道参与任务。他叫醒邵兴基连长，向他传达了张副司令的"捉蒋"命令：骑兵全连包围华清池外围地带，逮捕一切外逃人员。王玉瓒又赶往灞桥镇，命令手枪排金万普排长，带领全排战士迅速赶往华清池执行"捉蒋"任务。手枪排其实就是侦察排或称特务排，是专门从事侦察敌情及短兵相接时进行擒拿格斗的，派他们去执行"捉蒋"任务十分适合。

就在王玉瓒带着他的部队赶到临潼之际，也就是凌晨3时，刘多荃一〇五师的第二旅旅长唐君尧调集该旅驻临潼的五千人，封锁了临潼进出华清池的全部路口，完成了对华清池的铁桶包围。就在王玉瓒开始进攻华清池的前一刻，唐君尧旅的士兵还解除了在临潼火车站守护蒋介石专列的三十多名中央宪兵的武装。

王玉瓒一赶到华清池大门（即头道门），就叫来在此替蒋介石站岗守卫的步兵连连长王世民，命令王连长召集马体玉等三个排长，秘密部署"捉蒋"行动。

一排长马体玉向王玉瓒请示："本排有一个班与宪兵团的部分士兵是贴隔壁分里外屋住，如果调动这个班，势必惊动了宪兵，怎么办？"

"先下他们的枪，然后派人看守，不让他们出屋！"王玉瓒简要地回答道。

"华清池外西侧禹王庙内，还住着一些宪兵……"

"不许他们外出！"

不等马排长说完，王玉瓒就迅速给出命令，他指示王世民连长马上派人去收缴禹王庙宪兵的枪械。

一切安排妥当后，一排长马体玉撤下华清池头道门的全部岗哨，同住的宪兵在睡梦中被解除了武装并遭扣押。接着，王玉瓒带领步兵连和手枪排的全体兵士，跨过头道门进入华清池园。从头道门哨位下来的马体玉排的战士，熟门熟路，趁夜色带领人马快速摸向二道门。由于二道门归忠于老蒋的宪兵守卫，欲越过二道门，势必要开枪拼杀！因此，步兵连战士个个急着哗啦哗啦地拉枪栓往枪里装子弹。王玉瓒担心，那样一来，就会暴露，于是低声传令："别急着上子弹，听我枪响再动作，赶趟儿！"

此时正值下半夜，埋伏在二道门外的百多名东北军士兵屏住呼吸，紧张地等待着王玉瓒打响第一枪！黎明4时，王玉瓒注视着门内，正好看到有一个蒋介石的贴身侍卫在门内来回走动。是流动哨，还是查哨的军官？就在王营长进行判断时，只听那侍卫大喊一声："什么人！口令？快说！"

沉静了一阵后，这位蒋介石的卫兵还是断定有严重情况，于是鸣枪示警！既然暴露了，王玉瓒果断举起手枪，对着目标连开三枪！蒋介石的贴身侍卫应声倒下。后来查清，这个挨枪子毙命的人，是蒋介石的贴身卫士张华。

这三声枪响，既是卫队一营的百多名士兵向二道门发起进攻的信号，也是通知孙铭九、王协一连官兵赶来增援的信号，更是西北军在西安城发动大搜捕的信号！就在这一时刻，孔从周的警卫旅向天空发射了红、绿两颗信号弹进行响应。西安事变就是在这一刻同时发动！

王玉瓒的枪声一响，士兵冲进二道门。这时候有一个军官从一间房门出来，连喊带问："什么事？什么事？"王玉瓒不应，随即就是一枪，只见他栽倒在地。王玉瓒的步兵连官兵趁势向禹王庙发起进攻。此时，禹王庙内被惊醒的宪兵仓促应战，胡乱地向外开枪射击。卫队营王世民步兵连的一部与宪兵队展开激战。被枪声惊醒的蒋介石贴身侍卫，凭借门窗做掩护，从五间厅拼命地对三道门外开枪。顿时，华清池内枪声大作，子弹乱飞。五间厅外，二道门间，一场激烈的攻防战发生了。王玉瓒等被阻挡在三道门与二道门之间。蒋介石秘书室的速记员萧乃华不谙军事，惊慌地在五间厅墙角处伸头探望，被一颗枪弹准确命中头部而死。

有关"捉蒋"的第一枪，王玉瓒在《扣蒋回忆》中是这样写的："临潼大地，风寒天冷，一片寂静。我朝二道门那边看，只见一个蒋的步哨来回走动。我举起手枪，连打三枪，命令我营战士开始进攻……于是，我由一位保卫蒋介石安全的营长变成一名扣蒋的先行官了。当我率王世民、马体玉等多人冲进二道门时，蒋的侍卫长跑出房门，连喊带问：'什么事？什么事？'我们哪里理他，几枪把他们击倒在地。顿时，枪声大作，子弹横飞，蒋之侍卫惊醒后，凭借门窗拼命抵抗。我营战士奋勇进攻。这时，卫队二营营长孙铭九带领官兵五十余人也已到来，加入了战斗。"

王玉瓒这里提及："蒋的侍卫长跑出房门，连喊带问：'什么事？什么事？'"这房门该是指禹王庙的门，但这侍卫长究竟是指谁？王玉瓒没透露名姓，对此我们也难下结论。但侍从室主任钱大钧理应是兼任蒋介石卫队的最高侍卫长，此人当夜正好亲自顶替宪兵一团团长杨镇亚、三团团长蒋孝先在禹王庙带班，而禹王庙宪兵正是负责把守二道门的。虽然交战双方在夜间彼此看不清面孔，但声音还是能分辨的。而且上一年钱大钧在武汉时，也是由张学良卫队王玉瓒营负责警卫。卫队营营长王玉瓒对他的口音一定相当熟悉。所以，即使是在夜里，王营长凭口音就能判断出那人就是蒋的侍卫长，恐怕就是那位拥有上将衔的侍卫长！王玉瓒在回忆中不提名姓，或许更说明问题。当时，被称为蒋介石卫队侍卫长的还有项传远和宣铁吾，这两少将是老蒋的贴身侍卫。另有蒋孝先和竺培基两少将是侍从室的内卫组长，也算是卫队长官级别的。此外，还有居亦侨和蒋孝镇是校官级侍从副官。竺培基、项传远、宣铁吾、居亦侨和蒋孝镇等人白天与老蒋寸步不离，夜间更是守在身边轮流替老蒋值班放哨。当晚钱大钧却正好到二道门带班，所以被王玉瓒称为"侍卫长"的那人，十分可能就是钱大钧！

枪声传到五间厅。蒋介石是一个久在战场中摸爬滚打的老军人，听到枪声后也大吃一惊！他对各种枪声十分熟悉，一听就知道那枪声与枪支走火无关。他赶忙从床上坐起来。

此刻在五间厅带岗巡防的是中校侍从副官蒋孝镇，他是蒋介石老家的本族侄孙。蒋副官听到枪声凶猛，知道大事不好，赶忙冲入房间向蒋委员长紧急汇报。

"孝镇，哪里打枪，怎么回事？"

"叔公，我也不知道……"

"伯父，不好了，有叛军冲进华清池了。"值班侍卫官竺培基慌忙冲进房间报告。竺培基的辈分比蒋孝镇高一级。

"什么军队？"蒋介石问。

竺培基回答道："戴皮帽子的，都是东北军。"

蒋介石大吃一惊，但马上转过口气："肯定是'共匪'煽动东北军在临潼一部叛变了，我们快走，学良会派兵来救我们的！"

这时又来了几个侍从室的成员，这些人是项传远、居亦侨、宣铁吾、施文彬等人。他们判断进攻的大队"敌军"正从大门通过二道门拥来。既然如此，去抢夺前门冲出去是不可能了，他们想起五间厅侧后有个"昭阳门"，那是公园后围墙通向骊山的一个小门，通过"昭阳门"就可逃出华清池。于是他们拥着老蒋逃过去。可不料，"昭阳门"被锁了！想来也是应该如此，平常"昭阳门"不走人，所以原本就总是锁死的。如今园内住着"国一号"，此处又不设警卫，能不锁吗？这几个警卫又拥着蒋先生转到五间厅正后面，利用五间厅的墙体遮挡弹雨。但总不能老待在后院这块芝麻大的地方啊！怎么才能脱险？

到了上天无路入地无门之际，只有冒险一条路，那就是翻墙！

但须知，邵元冲就是跳窗越墙而被击毙的，委员长也要试一试？

当然，此时委员长还不知邵元冲遭劫，他只想到自己的处境。他需要搏一搏，拼一拼！只是，这华清池的围墙太高了，不像西京招待所，那围墙邵元冲一个人都敢去跳一跳。但华清池这高墙怎能跳过去？

万般无奈之下，项传远指挥其他侍从官居亦侨、宣铁吾、施文彬、竺培基等人，互相脚踏肩膀组成两层人梯，蒋介石被扶上墙顶，让他攀缘出去。登上墙头的老蒋此时慌不择路，加上黎明前的黑暗，使他看不清墙外高低深浅，就往墙外跳。这一跳，出问题了。须知，这园墙是借山势建筑的，墙外挖有一道较深的水沟排山洪。蒋介石仓皇失措，从墙头跳下时虽双脚先落地，但踩在墙沟的乱石上，尖石扎着他脚底的皮层，一阵剧痛！老蒋站不稳，整个身体继续下落并翻下，最后碰到干枯的沟底，翻成四脚朝天，摔伤了腰。

十年前，组织北伐的老蒋在南昌城下也曾摔了个四脚朝天，可没摔出什么事来。那是 1926 年 10 月，四十岁的北伐军蒋总司令正当年。说也凑巧，部下缴获北军一匹良马，就向总司令邀功请赏。蒋介石想借机会在众将士面前出个风头，于是飞身上马，来个惊险动作。不料那畜生突然受惊，硬生生地把蒋总司令摔了个四脚朝天！老蒋在众人哄笑中一拍屁股站了起来，没有受伤。当然，总司令在士兵面前出此洋相倒是一件好事，士兵倒以为这位总司令挺有童趣。但事隔十年，岁月不饶人，今天的蒋委员长不比当年的蒋总司令了。此次的四脚朝天给他留下了终身病痛。这就是翻墙的代价，喜欢搞翻墙游戏的朋友们千万注意呀！

在这次翻墙中，人梯上方的居亦侨、宣铁吾、项传远和蒋孝镇，跟着翻墙跳下，扶起委员长。这时，蒋介石虽说腰疼脚痛，但在逃命的关头，哪顾得了许多？蒋委员长迈步要逃，但走了几步，就发现脚痛难忍。原来自己是光着一只脚，有只鞋不知哪儿去了！但黑灯瞎火的，上哪儿去找？其实，就在墙内上人梯时，他那只鞋已掉在墙内了，只是他自己浑然不知。见委员长喊痛，卫士项传远一蹲，背起他就向山上逃。直到半山腰，实在走不动了，他们就躲在巨大的"虎畔石"后边的灌木丛中。

到这时候，蒋介石想到的还是，眼前这场袭击是红军干的，至少是少数被红军策反的东北军配合搞的。只要张学良知道了，就会派正规东北军来解救自己。他们需要耐心等待，只要张学良一到，一切就云散雪消！就这样，蒋介石和卫士在惊恐万状中，蜷曲着身子躲在荒山野岭寒冷的灌木丛下，瑟瑟发抖地挨过了漫长的两个时辰。

而在翻墙时处于人梯最下层的施文彬和竺培基，无法跳墙。于是想回身继续与五间厅的其他卫士负隅顽抗，但刚一回身，一阵乱枪打来，双双应声倒地。施文彬当场毙命，竺培基中弹重伤。

侍从室的委员长侍卫相当于朝廷锦衣卫吧！不提侍从室主任钱大钧、陈布雷两人凌驾于各部长官头上，就连侍从室的卫士，也个个地位显赫，不是蒋氏族亲就是老蒋拜把子兄弟的遗孤。这里提到的项传远、宣铁吾、蒋孝先、竺培基、居亦侨均是蒋介石钦定的"黄马褂"，黄埔军校出来的。前三位还是黄埔一期与胡宗南、薛岳、刘峙等同等资格的老学长。宣铁吾，此时正是侍从室少将侍卫长，后来官至陆军中将，京、沪、杭警备副总司令。同是少将的还有副侍卫长项传远，后来是青岛、济南的警备司令官。而蒋孝先是国民党中央宪兵第三团团长兼侍从室第三组少将组长。竺培基也是少将，他算是蒋介石外甥，地位与蒋孝先相当，也是侍从室内卫组长。而卫士蒋孝镇则是蒋介石族孙，资历尚浅，但也已经是侍从室的中校副官。

虽然这些"黄马褂"都是一等一的大内高手，且人人佩带德国造的连发盒子炮，但枪战中完全处于下风。这固然是因为东北军方面人多，又是突然袭击，所以委员长这批侍从处于被动地位。更由于，这批侍从卫士平时图轻巧，一律使用德国造驳壳枪！驳壳枪虽然能连发连打，外表看起来威风凛凛，但枪短，射程太短，三百米外就基本没有杀伤力，而使用机关枪和沈阳造步枪的东北军则可以在四百米或五百米外开火，有效杀伤老蒋的卫兵，而反过来，侍卫队虽然乒乒乓乓枪声一片，却伤不着东北兵。所以双方一交火，就呈现一边倒的局面，蒋委员长卫士死伤累累，难以招架。

早在政变军队刚向华清池二道门发起袭击时，被第一声枪响惊起来的钱大钧来不及披挂，就赶出来。他算是"锦衣卫"的兼职"都指挥使"吧！他这时首先想到的是，必须回到老蒋那边去，于是沿着华清池边走廊向着五间厅直奔而去，他还想到要问清开枪的缘由，于是边走边连声"什么事？什么事"地责问个不停。冷不防又是一阵枪响，一颗子弹穿透他的前胸后背，留下一个透心凉的通风孔！他倒下了，宪兵发觉不妙，连忙开枪还击，于是双方激战了起来。钱大钧的伤口大量出血，随后他还是忍着疼痛站了起来，捂着伤口，走过五间厅墙边那段华清池边走廊，急呼双方不要乱打枪。但剧烈的疼痛使他站立不稳，他再次倒下，半卧在地上不断地呼喊不要打枪。

一年前，张学良任武汉"剿总"副司令时，钱大钧是"剿总"参谋长。他十分熟悉东北军的官兵，所以他一听到枪响，就怀疑是张学良的东北军与自己侍从室的卫兵对打。他不知道是怎么回事，更不知道双方为何要开打。但他知道，在蒋委员长身边开枪打仗，后果不堪设想。一旦蒋委员长在火力下有个三长两短，他这个当侍从室主任的，就该是万劫不复了。

这时，东北军投入战斗的已不仅是王玉瓒的卫队一营，孙铭九率卫队二营五十多名卫队士兵也及时赶来了。一时间，枪声和手榴弹爆炸声响彻华清池畔，没人理睬钱大钧的喊声。

不过，尽管枪战激烈，此后却没有第二颗子弹朝钱大钧飞去。估计是此时，双方子弹后面的眼睛都认识他了。更可能是因为，华清池最豪华壮丽的部分就在唐宫和贵妃池一带，唐宫、贵妃池对面的禹王宫宪兵团抵抗力度最大、火力最猛，"捉蒋"指挥员认定蒋介石必在宪兵团的拱卫中，于是集中兵力攻打禹王宫宪兵团，而另一火力集中点是蒋介石办公的五间厅。钱大钧恰是从禹王宫宪兵团出来，沿着毗邻五间厅的华清池边走廊向五间厅走去。东北军的指挥员不能不认为钱大钧是在玩弃车马保将帅的游戏，故意把火力转移开。况且重伤的钱大钧此时没作用了，更逃不了。于是，华清池内职位次高的官僚钱大钧免着了第二枪。

东北军白凤翔师长露面了！他们听了钱大钧的呼声后也担心：乱枪打死蒋介石，就不能圆满完成张副司令"活捉蒋介石"的任务，于是也急呼不要乱打枪。既然是双方长官的命令，双方停了火。白凤翔字瑞麟，他与钱大钧原本相识。相见后，钱大钧拉着白凤翔的手问："瑞麟，是怎么回事？"

"西门已让共军占了，"白师长及时想出这句能让钱大钧相信的话，接着解释说，"张副司令派我来保护委员长进城，委员长哪里去啦？"

"晚间我还和委员长在一起吃点心，以后就不知道了。"钱主任如实答复。

白凤翔也不多问，甩下钱大钧不管，自己忙着指挥部下找委员长去了。到此地步，估计钱大钧内心已是明了，知道大势已去。

接着来的人是东北军的"唐二虎"唐君尧。

按唐君尧回忆，大约是清晨6时，院内战斗停止。唐君尧也正穿过贵妃池经过此地，看见有人坐在地下，面孔显出极其苦痛的样子。唐君尧不识，即俯身询问："你老贵姓，怎么样啦？"那人答道："我是钱大钧。"并示意身已受伤。

唐君尧发觉钱大钧胸前背后，到处血淌淌的，虽没去看伤口，也知道伤情很重。原来，射向钱大钧的子弹十分致命，离心脏很近，但偏低了一些，穿透右肺尖再洞穿身体而去，没伤到心脏和主动脉等致命位置。这说明射手攻击移动目标的能力很强！

"主任受伤了，对不起了！"唐君尧连声抱歉，立即交代一个士兵："快扶钱主任到前院去，赶快用汽车送至西安医院治疗，不要耽误。"转身同士兵共同把伤员扶起。但接受命令的小兵哪有本事调用汽车送钱大钧上医院？彼时，唐君尧话虽然说得好听，实质上不过是让那位士兵来看押一个重要俘虏罢了。刚才唐君尧不认识钱大钧也是事实，钱大钧任武汉"剿总"参谋长时，唐君尧在庐山受训。等唐君尧归队，钱大钧却不当了。钱大钧一直等到上午9时老蒋被捉，他才被押到西安新城公馆卫队长室，与邵力子一道关押。一直等到他奉命在西安事变"八项主张"上签字之后，才获准进医院。他不死，该算运气好，也因为此人平时重视体育锻炼，体格壮实，心肺功能极佳，所以从中弹开始到进入医院大半天过去了，依然能保住小命一条。额外说一句，钱大钧终生爱好体育锻炼是事实，晚年退出政界军界后，依然按他的兴趣，被安排负责海峡那边的奥运事业。

钱大钧受伤的事引起另一人的关注，那就是何柱国。昨晚，何军长没参加西安事变最高决策会议。当他听到钱大钧中弹后，担心他会被暗杀灭口，便亲自出面把他接回自己家中疗伤。何柱国与钱大钧是保定军校的同学，他既担忧钱大钧的处境，也是在进行感情投资。

我们继续把话题转到华清池的搜捕战。华清池三道门外激烈的枪声停下来后，"捉蒋"的部队没能从唐宫、贵妃池和禹王宫的任何地方找到蒋介石，于是把目标指向五间厅。卫队一营的王玉瓒和王世民等人利用廊柱黑暗角落作掩护，翻过荷花池，绕过贵妃池，从侧面突破三道门，跃到五间厅前平台上。他们看蒋介石的卧室三号房大门半开着，于是飞步闯入，只见床上空无一人，被子掀着，伏看床底下也无人。仔细检查，发现衣服、帽子都在，假牙还泡在杯子里，黑斗篷仍挂在衣架上。

王玉瓒断定蒋介石已逃跑，但又猜不出跑向何方，不禁焦灼万端，心急如焚！他急忙命令卫队第一营官兵四处寻找。就在此时，张学良从城内给白凤翔打来语气极其严厉的电话："捉不到蒋介石，以叛逆论罪，把你们的头送来！"对此，王玉瓒的心情越发焦躁。

卫队第一营手枪排士兵石志中跑来报告："三号房后墙下发现蒋介石穿的一只鞋子。"王玉瓒立即意识到，蒋介石可能越墙逃上后面骊山了。他当即命令卫队第一营战士砸开围墙的"昭阳门"，从左侧上山搜查，并让孙铭九率领的卫队第二营士兵从右侧上山搜查。

但许久过去了，依然没有丝毫线索。

刘多荃和白凤翔也离开华清池的指挥所来到墙外的骊山。一看到骊山的气势，顿时没了主意：即使是这些军队全部扑上去搜查，要到什么时候才能搜遍？白凤翔沉不住气了，向刘多荃建议："干脆放火烧山好了，逼委员长出来！"白师长还说，他检查过，蒋介石的车库里面有不少汽油，可以马上让士兵搬上来。

刘多荃摇头否定："万一烧死了委员长怎么办？副司令再三说要活的！"

于是搜山部队继续往上爬，终于搜到了坐在地上站不起来的蒋孝镇。可逼问蒋孝镇，他却死不开口。此时，从左侧上山搜查的第一营手枪排班长刘允政，叫士兵翟德俊向杂草丛附近的大石头打了一梭子弹，枪声刚落，杂草丛内站起三个人，其中一个贴身侍卫掩护着蒋介石："我是委员长，你们不要开枪，不要开枪！"

众人听到消息就围了过来，其中包括在右侧重点搜山无果的二营营长孙铭九和陈至孝班长。他俩跑得飞快，陈至孝还抢先了孙铭九一步。

王玉瓒命令刘允政班长带人把蒋介石架下山来。

以上是根据王玉瓒等人的回忆为线索整理出来的骊山"捉蒋"过程。按王玉瓒的说法，是卫队一营的刘允政和翟德俊搜出蒋介石，而二营陈至孝班长和孙铭九营长是随后闻讯赶来的。但"捉蒋"的传说还有许多版本，最流行的并非以上说法，孙铭九版的骊山"捉蒋"流行更广。

后面，我们根据孙铭九的回忆，整理出另一套故事。

## 华清池的枪声（根据孙铭九的回忆）

12月12日凌晨2时整，二营营长孙铭九和骑六师师长白凤翔、团长刘桂五一同登车，沿着去临潼的道路疾驰而去。2时30分之前，他们到达卫队二营派出分队的宿营地灞桥镇。这时副营长商同昌和连长王协一已将全队集合完毕，整装待发。

俗话说："名不正则言不顺。"带兵打仗非常需要有个名正言顺的理由。特别是牵涉抓捕最高军队统帅的事。但我们知道，这是一支东北人的队伍，东北军有自己的统帅。如果自己的统帅遭遇不公平，则为自己人讨公道，就是一份很好的理由。孙铭九懂得这个道理，他事先已经有了一套进行政治动员的理论依据。他在队伍前慷慨激昂地说："弟兄们！我们都是东北人，为什么回不去老家？那就是因为蒋介石！蒋介石，他不抗日，还把抗日的张副司令扣起来了。我们卫队营的任务，本就是保护长官的安全。我们要把蒋委员长请到城里来，用他来换回我们的张副司令！现在就看你们了！"

孙铭九很有能力，这番话说得既有一份悲情，更有一份人之常情。在场官兵无不为这消息而悲愤交加，有的还哭了。

孙营长最后补充道："副司令告诉我们千万不要打死蒋委员长，要活的。能不能完成任务？"

"能！"

但孙营长的最后补充却画蛇添足，差点儿露出马脚，既然副司令被蒋介石扣起来了，还怎么能"告诉我们"许多"捉蒋"的指示？是在蒋介石设立的监狱中发号施令，还是在张公馆自己家中秘密筹划？孙营长显然是口无遮拦，没加考虑就信口开河。虽然孙营长这些话说得前后矛盾，但并没有影响战士们的情绪，大家依然情绪饱满。

孙铭九对士兵的回答感到十分满意，于是下令："很好，出发！"

孙铭九进行动员的事，也可以从副营长商同昌的回忆中得到证明。商同昌记得孙铭九在动员士兵时说："蒋介石已经把张副司令抓起来了，我们必须把蒋介石抓住，才能把张副司令救出来。"

孙铭九向战士动员之后，就请示白凤翔怎样行动。白师长叫卫队营打头阵，先冲进去，他们随后就会马上跟进。当时卫队二营有一百多人，两辆载重车可乘五十人左右。蒋介石的侍卫住华清池园内有三十人左右，住在园外禹王庙附近的宪兵估计有四十人（以后知道有七十人）。孙铭九认为己方是突然袭击，又是在夜间，而敌方大多数人都在睡梦中，抢进去是有一定把握的。于是孙铭九即命王协一连长随他带人先乘汽车迅速冲进华清池，其余的由商副营长率领随后跟进。具体的布置是：

（一）王连长带领三十人乘第一辆汽车，负责解除华清池大门外岗哨的武装，堵住各门窗的出入口，逐次将院内的岗哨缴械，尽可能不开枪，然后过来协助孙铭九搜捕。

（二）由孙铭九亲自带部分人直接寻找蒋介石的住处，进入房中请他出来，说是因为有叛兵闹事，副司令为着蒋委员长的安全，请其避开这里进城去。如不顺利，则用武力挟持出华清池，架到车上。

（三）由商副营长、张连长带人负责包围院外禹王庙的宪兵，并警戒华清池的周围。

于是，一、二、三分队按顺序先后开拔。

孙铭九回忆说，当王协一的车冲到华清池大门外时，遭到蒋介石的守卫岗哨阻拦。本来打算将车直接冲入院内，但门卫岗哨抢前阻止并开枪威胁。这时孙铭九的车也到了，只见大家一齐跳下车来，其中有一人（是个班长，叫王德胜）开枪把岗哨打倒。这时枪声、喊声混成一片。

蒋介石的侍卫进行抵抗。黑夜中，枪弹从各处的房子里射出来，以后又扩延到其他地方。这时王协一指挥队伍去解决蒋介石的卫兵，孙铭九就进入二门（即上有"华清胜境"四个字的门）内，直夺小桥，想从那儿过去，却被斜对面房中射出的密集子弹堵住，不得不改换方向，顺着飞虹桥下的假山小道沿左边直上。

在寻找五间厅的时候，从侧房中射出的子弹很密，蒋介石的侍卫都是二十响连发手枪，孙铭九的士兵只得匍匐前进。一个随从兵被打伤，但终于到了蒋介石的住房五间厅。可是，当孙铭九进去时，蒋介石已不在了。孙铭九摸摸床上的被褥还是热的，知道蒋介石跑出的时间不会太长，便急令搜查周围各处，但仍不见踪影。孙铭九转身出来，此时天色渐明，王连长跑来报告说，贵妃池抵抗甚烈，可能委员长就在那里。于是孙铭九赶到那里并高声喊话："你们不要抵抗了，快点缴枪！如果委员长在这里，就请出来答话，我们保护委员长的生命安全！"对方长时间无人答话，并连连射击。孙铭九火了，喊道："再不缴枪，我们就扔手榴弹了，把你们全都炸死！"孙铭九继续喊："你们把枪缴出来，我们保证委员长和你们的安全。"这样，对方才停止抵抗，把枪支扔了出来。经过搜查，发现蒋介石不在这里。

这时孙铭九焦急万分，同王协一又回到蒋介石的住房查看，在朦胧曙色中，看见蒋介石的帽子、皮包、假牙等东西杂乱无章地摆在桌子上。孙铭九命令搜查全园，仔细寻找。忽然有一卫士跑来报告说："在后山墙下发现一只鞋。"孙铭九想，可能蒋介石就从那里跳过山墙逃到后山去了，急忙说："我们赶快上山搜查！"并派人通知后续部队一起上山。

这时卫队营已全部到达了，满山上下到处都在搜索蒋介石的下落。

在搜查中，从后窑洞中抓到了蒋介石的侍从室主任钱大钧，他已负伤。孙铭九问他："委员长现在哪里？"钱大钧认出是孙铭九，有气无力地答道："不知道。孙营长，我确实是不知道哇！"当时他脸色苍白，惊慌失措地倚靠在山石旁。

孙铭九正要上山去，一个士兵跑来报告说："副司令派刘师长来了，现在二门对面等你，叫你去。"在路上他又说："蒋孝先从西安跑出来送信，在公路上被我们抓住了，后来把他枪毙了。"孙铭九即说："该毙！这小子杀死的青年学生太多了！"

孙铭九来到二门外，在门外的小房间内看到刘多荃和白凤翔。

一见面，刘多荃便说："副司令叫我来看看你。"白凤翔则说："你是好样的。"孙铭九对刘师长说："我们正在搜查委员长的下落。"他俩不再说什么，孙铭九也无心久留，遂转身出来，从后山墙的小门迅速跑上山去，在半山腰看见被抓获的蒋介石的贴身侍卫蒋孝镇。孙铭九问他："你知道委员长在哪里？"他半吞半吐地说不知道。孙铭九即拿枪对着他说："你不说真话，我马上枪毙了你！"蒋孝镇听了这话，赶紧回头向山上看了一眼。孙铭九按着他目指的方向，指挥队伍往上搜查。同时命一士兵将蒋孝镇押下山去。以后查知他是蒋介石的侄孙，当夜在蒋介石的卧室外值班守卫。他听到枪声后，急忙从床上把蒋介石拉起来，背着往后山墙门口跑，见门锁着，又推着蒋从墙上跳过去，逃到骊山上去了。

此时天色即将全明，可以看清地形地物了。孙铭九同士兵一起急往山上搜索。忽然跑在孙铭九前面的陈思孝（卫队营一个班长，商同昌回忆中记为陈至孝）喊着："报告营长，委员长在这里呢！"孙铭九应声赶紧跑上前去，只见蒋介石刚从洞里出来，弯着腰扶着石头站在洞口边，卫队营的卫士四面包围着，拥护在左右。发现蒋介石的陈思孝和卫士报告说："我们先看见这块大石头旁边像有人在走动，一会儿又没有了。"士兵沿这个方向搜索至大石头旁，见洞里蜷伏着一个人，便喊道："是不是委员长？赶快出来，不出来就开枪了！"里面传来声音："我是委员长，你们不要开枪，不要开枪！"随后钻了出来。

孙铭九走到蒋介石的面前，只见他全身冻得发抖，抬头看了孙铭九一眼又赶紧避开，说："你打死我吧……"孙铭九说："不打死你，叫你抗日！"此时，蒋介石的脸色苍白，赤着双脚，上穿一件古铜色的绸袍，下穿一条白色睡裤，浑身都是尘土。

"你们是哪里来的？"蒋介石问。

"是东北军！是张副司令命令我们来保护委员长的，请委员长进城，领导我们抗日，打回东北去！"孙铭九回答。

"啊，你是孙营长，你就是孙铭九？"

"是我！你怎么知道我的名字？"

"嗯，我知道，有人报告我的。"蒋介石可能看出孙铭九不会伤害他，便说，"你是个好青年……你把我打死好了，你打死我吧。"

"副司令要委员长领导我们抗日，没有叫我打死委员长。"

孙铭九解释并催促蒋介石服软："委员长快下山进城吧！副司令在那里等着

你呢！"

蒋介石一歪，坐在地上，发怒地说："叫你们副司令来！我腰痛不能走！"蒋介石的腰痛是真的，是他从五间厅往外逃跑翻越后墙时摔的。

孙铭九见蒋不走，便劝他："此地不安全，请委员长还是赶快下山去吧。你腰痛，我们背你下山。"蒋介石还是不动，并要马骑。

孙铭九示意左右卫士把蒋介石从地上挟架起来，拥推着下山了。来到华清池，蒋介石又不愿意进西安城。孙铭九和几个卫士便连推带拉把他弄上了小汽车。

在车里，孙铭九坐在蒋的左边，唐君尧坐在蒋的右边，前面是副官长谭海和司机。蒋介石皱着眉头刚说出"太挤了"一句话，随即又把话咽了回去。

车子向西安奔驰着，蒋介石不断地用手抚摸胸前，紧闭双眼，口中嘘嘘地呼着长气。孙铭九问道："今天以前的事过去了，今天以后怎么办？"蒋介石说："你们副司令有办法了。"

"我也没有不抗日呀。"蒋介石小声说，"打共产党是国策，没有错，是我决定的。"

蒋介石显然是动气了。但孙营长是何等人也？他岂容蒋介石信口狡辩？正义凛然的孙勇士丝毫不放松原则，当面对老蒋严正反驳，恼得堂堂委员长的脸一阵青一阵白。

"你……我是国家领袖，我是国家的最高统帅，国策是由我决定的，国策没有错，你不懂！"对此，孙铭九营长再次义正词严地进行驳斥。蒋介石终于忍不住了，他神态剧变，怒形于色，最后高声嚷嚷："你不要再和我说话。你不要再和我说话了！"遂闭上眼睛。

孙铭九回忆的故事显然比王玉瓒的更生动具体，人物对话一问一答恰如其分，几乎看不出与真实经过有任何不一样。孙铭九两个月后就因制造"二二"流血兵变遭东北军通缉而逃窜到北平，在那里他接受了美国记者斯诺的采访，斯诺的文章完全采纳了他的回忆，从而孙铭九的回忆成了西安事变的经典，其本人也成了当之无愧的西安事变英雄，万众瞩目！他以后经历复杂，当了很长一段时间的汪伪山东保安司令，成了汉奸，由此更添了他的传奇色彩。他晚年甚至成为那段历史的见证人和对青少年进行教育的楷模。

与传奇的二营营长孙铭九相比,一营营长王玉瓒逊色多了。或许在后来的历史中,王玉瓒还只能算是一个另类人物,他不像孙铭九那样浑身光芒闪耀。西安事变中,王玉瓒和孙铭九等在动乱中均动枪打死打伤过人。在战乱中打死打伤一些人本不足奇,但王玉瓒打了不该打的钱大钧。如果钱大钧被打死了,那倒也算了,黑灯瞎火的场面,死无对证,也没人会死盯住王玉瓒不放。可偏偏这个钱大钧命大,子弹从心脏边沿穿胸而过却不死!位高权重的钱大钧不死,那对王玉瓒来说,今后就麻烦大了。张学良担心自己一旦失势,就没能力保护王玉瓒了。于是西安事变后期,张学良无法控制事变结局之际,就让王玉瓒埋名隐姓、远走高飞到贵州省的熟人部下处避难。就因此,抗战八年王玉瓒留在抗日的大后方,没跟着孙铭九等人去当汉奸。而且在 1949 年,王玉瓒参加卢汉将军领导的云南起义而回归到革命阵营。但他复员到东北老家后,因暴露了历史上曾是国民党军队上校军官的身份,而被定为"历史反革命"。此后,他成为"地富反坏四类分子"长期接受监督劳动,丧失自由。晚年,他想到自己在西安事变中也曾是堂堂的"捉蒋"英雄,认识周恩来、叶剑英,并为保卫这些中共领导而站岗放哨,为何命运对自己却如此不公正呢?于是就求助中央领导帮他证明一下自己的历史。在死前三年,他终于盼到了叶剑英副主席的回复,得到了政府公正的评价。孙铭九的"捉蒋"回忆得到国际友人斯诺的推介和有关人士的润笔,终成为主流观点。而王玉瓒对"捉蒋"过程的回忆很晚才出来,文采方面与孙铭九的回忆文相比,略显逊色。

尽管如此,本书还是不厌其烦地根据两种有些差异的回忆写出了两种版本的"捉蒋"过程。其目的无非是从尊重历史事实的角度出发,把更多的说法介绍给读者,让大家找出接近真相的史实。起码,两份回忆互相补充更能看出当时的真相。

据说,1981 年 12 月 31 日,全国政协文史办为澄清华清池"捉蒋"真相,曾邀请王玉瓒、孙铭九、郭维城、宋黎、张学铭、朱宗愈、张治邦、陈大年等张学良的亲属和随从进行研讨,以解决"捉蒋"谜题。事实真相因此已渐趋明朗。但相关资料埋藏在文件海洋中，多数人依然以讹传讹，真相依然很难说清。

但，我们对比两者的回忆可以发现——

孙铭九回忆攻打头道门时与"蒋的卫兵"展开枪战，"开枪还击，把他打倒"，这说法显然不靠谱。头道门是东北军王玉瓒一营把守，没有国民党"中央军"，也没有"蒋的卫兵"。蒋介石卫兵总共就是二十多个，分配在五间厅及三道门轮流值班都嫌不够，还要抽四人到二道门值班查验进出人员身份。再说，孙铭九是听到二道门发生枪战的枪声后带二营来助攻的，那时王玉瓒早已撤下头道门的全部警卫领着先头部队打进了二道门。根本不可能让原先头道门还保留有什么"蒋的卫兵"。即使有蒋介石遗漏在外，他们早就该逃命去或借夜色隐藏起来，哪来的头道门这场"交战"的戏剧性表演？同时，同是张学良卫队的一营、二营更不可能发生自相残杀。所以王玉瓒说他在头道门召集此处值班放哨的连、排长，部署进攻二道门实施抓捕蒋介石的行动是合理的，而孙铭九说的头道门发生枪战很可能只是杜撰。

孙铭九的回忆有互相矛盾之处。他先说"我们趁黑夜冲进二道门，直捣五间厅"，然后又说"同蒋的卫队杀成一团时，还不知道蒋住的五间厅的具体方位"。既然此后还不知五间厅方位，那此前怎能摸黑去"直捣五间厅"呢？

孙铭九对进入五间厅的回忆，说自己的士兵在敌方二十响的射击下只得匍匐前进，而王玉瓒和唐君尧都说是双方停火后才进入的。显然孙铭九不知道双方指挥官下令停火的事。由于存在如此明显的逻辑上的矛盾，一些原话被我们从"捉蒋"故事中排除了。

还有，孙铭九说自己在大石头后面发现蒋介石时，蒋介石对他说："你打死我吧……"而他回答道："不打死你，叫你抗日！"

对这事，副营长商同昌也有回忆，他持另一种说法。商同昌在回忆中提到，走近并与蒋介石进行对话的第一个二营士兵是陈至孝而不是孙铭九（按：孙铭九回忆中也提到那个士兵，不过称为陈思孝）。商同昌的回忆是这样的：

　　*蒋问陈至孝："你叫什么名字？"陈答："叫陈至孝！"蒋介石用手指着*

自己的头说："陈同志！你把我打死吧！"陈至孝说："我们请委员长准许我们抗日，打回老家去，我们怎能打死委员长呢？"蒋介石听了以后，闭口无言，身子更加抖颤得厉害。这时孙铭久跑到蒋的跟前，给蒋介石磕了一个头说："委员长你可救了我。"

商同昌对孙铭九向蒋介石叩头时说的话加以注释。他说："我们卫二营是担任捉蒋介石的任务的，如果捉不到蒋，就没法向张学良交代。孙说的'救了我'，是指这而言的。"

我们注意，这里的"孙铭久"就是"孙铭九"。孙铭久后来自己把"久"改为"九"，所以本书一直使用"孙铭九"。我们还注意到，王玉瓒的回忆中提到这样的话："我由一位保卫蒋介石安全的营长变成一名扣蒋的先行官了。"这种身份的转变，不是他自己决定的，而是执行副司令命令的结果。从中国的传统观念，完成这身份的转变是不容易的，必须承受伦理道德的巨大压力！正是考虑到王玉瓒三百名卫队一营官兵的特殊情况，加上老蒋像历代军头一样，往往对警卫人员倍加恩宠，张副司令担心这些卫队士兵一旦与老蒋本人贴身紧逼时心理上会发生意外的不确定性，所以他把动手"捉蒋"的任务交给孙铭九、白凤翔、刘桂五等不认识或与蒋没有情谊的人，而不是交给王玉瓒及其手下。所以在骊山上，王玉瓒手下刘允政和翟德俊把蒋介石从石缝中逼出现身后，没人上前问话和抢功，而是站在一旁，等二营的陈至孝和孙铭九上前"捉蒋"。现场目睹这一状况的王玉瓒，似乎也没出面与老蒋答腔，更没有动手。这可能就是张副司令事前估计的。

孙铭九对事件的讲述中与其他人不同的地方还有，孙铭九回忆说，他们在后门骊山搜捕蒋介石时，在窑洞里发现了钱大钧，那并不令人信服。钱大钧在华清池内二道门被子弹穿胸透背，血流如注，勉强坐在地面喊话。后来东北军"捉蒋"指挥官白凤翔、唐君尧进华清池后，钱大钧被他们救下了。唐君尧派士兵把钱大钧安置于（唐宫）前院。那之前，重伤的钱大钧苦撑到五间厅的小墙外，已是再也没力气上五间厅的平台了！他怎么还有本事也翻越高过一人的华清池围墙，逃到园外的骊山上等孙铭九搜山部队去发现呢？对钱大钧的这情节，其他人回忆几乎没多少差异，唯独孙铭九的说法别出一格。他还把（唐宫）前院说成窑洞就更有意思了。

在孙铭九的回忆中，其他使人产生疑问的地方也甚多。比如，"他（按：指蒋孝镇）听到枪声后，急忙从床上把蒋介石拉起来，背着往后山墙门口跑，见门锁着，又推着蒋从墙上跳过去，逃到骊山上"。但从活下来的老蒋侍卫对同一事情的回忆中得到的信息，则完全不同。他们提到蒋介石是依靠多名卫士搭成两层人梯，才被拉上墙顶，这说法更容易让人相信。而孙铭九说蒋孝镇一人"推着蒋从墙上跳过去"，他这说法缺乏可信度。

当然，两个营长各自夸大其词，证明自己在"捉蒋"时的功劳最大，那都是可能的。我们没必要为那种事称斤论两地去替他们厘定"捉蒋"的"头功"与"二功"，也没有特地推荐读者只相信其中一种说法的动机，把各方回忆罗列出来，只希望为大家多提供点儿参考，扩大一下视野而已。但是，以此去观察一个人的品行却是一种意外收获。孙铭九先生高喊抗日口号，像个英雄好汉，但历史的答案相反，在七七事变一开头他就选择降倭当伪司令，成了汉奸，高唱抗日却不曾抗过一天日，那事本身就十分滑稽、吊诡！只能说明其人品的确太成问题。就此也不难理解，他喜欢在回忆录中杜撰。但是，同在卫队二营的副营长商同昌对同一事件的回忆就相对客观些，他没有在自己的二营与王玉瓒的一营之间选边褒贬，单说其中一方的好话。他还给我们详细地补充了如何活捉宪兵三团团长蒋孝先少将的过程。借此机会，我们补充一下东北军捉拿并处死宪兵三团团长蒋孝先少将的情节。

商同昌回忆中提到，12月12日凌晨2时过后，张学良卫队二营在灞桥的分队出发时，突然发现几辆汽车水箱出了问题。于是孙铭九带一部分人先走，副营长商同昌在十里铺等候修理。检修就在公路上进行，所以，大汽车和部队堵在公路上。在4时多不到5时的时候，从西安方面开来一辆小汽车，被商同昌的大汽车和人马堵在后面开不过去，被迫停了下来。

商副营长上前，就问小汽车上的三个人："你们从哪里来？到哪里去？干什么的？"

小汽车上有人递过名片，回答说："我是宪兵第三团团长蒋孝先，奉蒋委员长命令，到临潼有紧要事情。这位同车的是蒋和昌先生。"蒋孝先没继续介绍下去，但如今知道西安事变的人中，有许多人知道，这蒋和昌是委员长侍从室的会计，是钱大钧的下属，也是蒋介石的乡下亲戚。

递来名片印着来者的两行头衔。一个是"军事委员会委员长侍从长"，另一个是"宪兵第三团团长"，姓名是"蒋孝先"。当然，名片官名"军事委员会委员长侍从长"有点夸大其词，他的第二身份应该称"军事委员会委员长侍从室内卫组长"，反正组长也是长，外人搞不清楚大内机构多么复杂，也没必要过问太多。

商同昌见过名片后，略含歉意地说："对不起呀，蒋团长！我们也是奉蒋委员长命令去临潼执行紧要事情的。请稍等，车子马上就开。"

商同昌马上找来营部政治指导员，告诉他："这小汽车上坐的是蒋孝先，你带两名卫队坐在他的车子上，别让他们跑了。让他的车跟着我的兵车后边走。等捉到蒋介石后，再处理他们。"交代完毕，商同昌带张指导员和两个手枪兵到蒋孝先小汽车前："蒋团长，我们人太多，车子坐不下，我想让三个人搭你的车！"

这一说，蒋孝先和蒋和昌立即面如土色，一句话也没有说。张指导员和卫兵拉开车门，立即缴了他们的枪，然后上了小汽车。此时，大汽车水箱也正好灌满了水。于是，商同昌带自己的兵车先行。张指导员押着蒋孝先后边跟着，不久就到达临潼。

商同昌将蒋孝先送到临潼就把他关押起来，而那个蒋和昌，他脑子还比较快，一看苗头不对，就推说自己只是搭车的，还由于他当时穿便衣而非制服，东北兵就放了他。

此时正好遇到白凤翔、刘多荃来检视俘虏。他们一眼就瞅见蒋孝先。蒋孝先的宪兵三团与东北军一〇五师原先同在北京。当时蒋孝先就出面抓捕过中共地下党员刘澜波。刘澜波是刘多荃堂弟，又是黄显声秘书。刘多荃、黄显声为救出刘澜波，不知在蒋孝先面前费了多少口舌，但不顶用。最后是刘多荃找了何应钦，才将刘澜波保了出来。大家都感觉到蒋孝先不但反动至极，还仗势欺人，处处与东北军作对。

刘多荃还记起张学良几天前曾对他说："蒋孝先这小子太狂了！他对黎天才说，'你告诉张副司令，西北的"剿共"任务如不愿担当，即请张退出西北，不要误了大事。如若还愿意干，就好好干'。他蒋孝先有什么资格教训我！"

想起这些，刘多荃新仇旧恨一起涌上心头。

白凤翔问："把他交给杨虎城收拾？"

"不！还把他送进城里干什么？"

"好吧，"白凤翔对自己的副官说，"把他弄下来给拾掇了。"

蒋孝先狐假虎威，不知好歹，少帅很生气，后果很严重。胆敢冲撞张副司令，处处与东北军兄弟为敌的蒋孝先少将就这样死了。

不过，要说抗战的话，蒋孝先在淞沪一·二八事变时，倒还有一些像模像样的表现。后来他调任宪兵三团团长去了北平。那时候，他虽持反动立场，但也严厉处治了一些另类的人物。他因此惹怒了日军驻华北（天津）最高司令官梅津美治郎及在华的日本大特务酒井隆。所以，宪兵团长蒋孝先及其所辖宪兵三团被迫离开北平来到西安。

蒋孝先极端反共，又仗着与蒋介石的亲缘关系，盛气凌人，做派实在不可容忍。他这次终于被白凤翔收拾了，当然是罪有应得。蒋孝先的死，是对他反共罪行的惩罚，也是他胆大妄为的报应。我们后面在回顾潘文郁案子时，还将清算蒋孝先在北平的反共罪行。

此时天色渐亮，就在刘多荃、白凤翔下令处决蒋孝先之后不久，天上出现了一架隆隆发响的飞机，它不断地在临潼华清池上空盘旋，它没有干扰地面人员，也没人知道它在干什么。转几圈后，隆隆声消失了，飞机也不见了。西安有飞机场，临潼上空有飞机经过，那不稀奇。有它没它，对此时还没告别梦乡的平头百姓来说关系不大，对地面五千名搜捕老蒋的东北军官兵似乎也没有什么关系。它爱来就来，爱走就走，没人在乎它，更没人关心它。但谁也没料到，这不速之客并没有失踪，它正从天而降，停在西安—临潼公路前方的一块平地上。

也就在此时，临潼公路上来了一支车队，晨曦下辨得清，这是一队兵车，敞篷卡车上拥挤着身穿黄色军衣的士兵。来的不是别人，而正是杨虎城十七路军卫士队。领队的是卫士队队长白志钧。此时他并不知道蒋介石是否已经被捕，他正奉杨虎城的命令，带着兵车沿西安到临潼的路上协助东北军搜寻蒋委员长。在快要到达华清池时，他发觉车队前方的一块平地上停有一架军用教练机。白志钧毫不迟疑，吩咐部下上前捉拿，说不准，漏网的委员长就在这飞机上！

扣住飞机后，没有委员长的身影，却只发现一个飞行员。虽然没有捉到委员长，没有捞到大便宜，但意外俘虏到一架飞机，白大队长也不虚此行了！

原来，这架军用教练机正是洛阳空军司令毛邦初和洛阳航校校长王叔铭派来营救蒋介石的，驾驶员是航校技术高超的飞行教官蔡锡昌。飞机原本是要开向华清池五间厅，并在旁边选一块狭小的平地直接迫降，以便让蒋先生登机脱险。由于这难度太高，只有教官蔡锡昌才有冒险一试的技能。但此时，临潼的枪声已经平静，教官蔡锡昌从天上向下看，已不见开枪激战的场面，而只见骊山山坡、华清池园内外布满穿蓝灰布军装的东北军，临潼城也到处都这样。他猜测蒋先生已经逃离华清池五间厅，或许正在外面寻机脱险。正巧此时，有一支载满身穿黄色军装士兵的车队沿临潼公路上疾驰而来。居高临下的蔡锡昌从天上看见了，他虽不知情由，但立马便能判断车上穿黄军装的士兵绝不是叛逆的东北军。于是他抢在车队前头马路边的一块平地上将飞机紧急迫降。他希望那车队的人凑巧正是蒋介石及其侍从室卫队或国民党"中央军"其他部队。不想，蔡锡昌刚停妥飞机，就连人带机被白志钧大队长逮个正着。被押上汽车的蔡锡昌发觉车上并没有他想寻找的蒋介石的影子，也不知道十七路军与东北军是"捉蒋"的同盟军，于是一路上不断地向车上官兵套近乎，企图从他们的嘴里打听蒋委员长的消息。

等白志钧大队长的车队赶到骊山下，老蒋正好被抓回华清池。白大队长虽然没有分享到骊山搜蒋的大功，但也没空手而归，他抓到了一架企图救蒋的飞机！

于是，这从天而降的不速之客连人带机都列入了白大队长请功受奖的战利品清单。

第八章／背叛

## 老婆当家的黄旅长

十七路军卫士队队长白志钧的战利品使张学良、杨虎城大吃一惊：好险哪！在"捉蒋"的现场，竟然有人驾驶飞机从天而降！要是晚一个钟头抓到老蒋，而让这飞机配合侍从室那批"锦衣卫"把蒋介石抢走的话，那今天所有在新城杨公馆指挥部的人就全玩完了！

张学良决定亲自审问被俘飞行员。

张副司令是国内少有的航空爱好者。他有自己的专机，还经常亲自开飞机到战区各处转转，有时也接送朋友和部属。他能如数家珍般地把国内的教练机报个遍，甚至试开过其中的几架飞机，同时也知道各航校的教官。

一听汇报，张学良就知道，今天白志钧缴获的那架"北平"号飞机刚分派到洛阳航校不久，是一架最新的美国造轻型教练机。白志钧报告中提到这位被抓的飞行员蔡锡昌，副司令不但知道此人就是中国最高水平的飞行员，还知道眼下他就在洛阳航校当飞行教官。

一开头，蔡锡昌谎称自己是在练习飞行，只因不熟悉地形才在临潼附近误降。这狡辩显然瞒不了张学良。少帅从飞机内备妥的皮衣、皮帽等一整套飞行装备猜测，蔡锡昌是洛阳派来救蒋介石的！在谎言——被揭穿的情况下，蔡锡昌不得不供出此次飞临西安的真实意图是奉命救蒋，向自己下命令的人是校长王叔铭。更后面的情况，就无从招供了，毕竟他只是航校的一名教官。这点张学良相信了，但他也知道，王叔铭、蔡锡昌此举如此大胆，没有强有力的后台撑腰，简直不敢想象！这是因为张、杨布置的"捉蒋"行动完全是秘密进行的，外人绝对不可能知道，更不会料到事件的中心人物是蒋介石，要害地点是临潼华清池，关键时间是 12 月 12 日凌晨。这起事故唯一的可能是祸起萧墙！有人走漏了风声，有内奸抢先向南京军事当局告密了。以此为疑点，张学良、杨虎城各自派调查人员检查了内部人员和机要通信部门。不久，调查人员宣布发觉了目标，嫌疑内奸就是西北"剿总"交通处处长蒋斌中将！

原本，张学良为保证通信安全，不久前才把这个重要岗位委托给蒋斌。不料，他竟然是内奸！怀疑的根据是，12 月 12 日当天，主管部门起草好西安事变的"八项主张"后，令交通处负责人蒋斌即日发出。可事后发现，交通处竟将此"八项主张"之电文压下来未发，而西安与外界的电信联系被切断了！显然是有人秘密向南京何应钦告发西安事变的情报，这告密的最大嫌疑人就是主管电信的交通处处长蒋斌。"八项主张"没有及时发出去本身就是第一证据，西安与全国电信通道被切断的现状就是第二证据。

可以猜测，南京国民党反动政府得到蒋斌的密报后，才下令全国各城市切断与西安的电信往来。电信联系一被切断，西安事变的真相就难以向全国宣传，从而西安在事变后的第一时间就遭全国各界舆论的大肆抹黑。谣言说，西安已经赤化，蒋委员长已被杀害。军事首脑何应钦更是坚决主张讨伐张、杨，还特地举行白衣誓师的仪式，以煽动气氛。

洛阳航校的王叔铭派飞机来临潼企图救蒋介石的事就是第三证据。

这就不用多解释了。嫌疑内奸蒋斌中将死定了，他在第一时间被逮捕入狱。

然后，天津无线电台台长陈先舟提为少将，星夜赶来西安接任交通处处长。陈先舟是东北籍人士，华北地区和平津也长期是张副司令治下，陈先舟当然是自己人。他到任后，西安方面发现兰州的电信通道可利用。原来，继西安、临潼后，于学忠的五十一军成功接管了兰州全城。兰州电信拒不执行南京反动政府的命令，而保持与西安联系。兰州没有被南京当局剔除，从而留在全国电信网内。这样一来，通过兰州中转，西安与全国的电报联系还是能继续的。既然陈先舟能部分恢复通信功能，大家更坚信蒋斌的内奸身份。

然而，当时谁也没料到，自从有了无线电通信技术后，无线电报可以越过任何土木材料构建的任何墙体！"祸起萧墙"的典故不只是隔开空气中的声波那么简单，还应该从另一个角度去理解。防止隔墙有耳，除土木或砖块构建的女儿墙或屏风外，另有一道是超越时空的人缘关系之间的"萧墙"，那就是彼此之间的"保密"制度。比如，虽然跨地域却同一系统的东北军、西北军也有各自的"保密"制度把自己人圈在一起，而与别的人屏蔽开来。这"保密"制度才是一道可靠的柔性"萧墙"。倘若得到高度机密的人不被困在"保密"的"萧墙"内，那麻烦就大了！

这样看，洛阳航校的王叔铭派飞机来临潼救蒋介石，其消息来源，不能只在华清池的围墙里找，不能只在指挥西安事变的张公馆或杨公馆内找，不能只在西安城的城墙或区分关中、关东的潼关城门内找，而要从形成东北军、西北军体系的各自"柔性萧墙"内找。紧接着潼关的，关外有洛阳，有保定，关内有大荔。洛阳驻有东北军炮兵第八旅，保定驻有东北军第五十三军，大荔驻有西北军第七军（或四十二师）。说这半天，难道是想说，起祸的"萧墙之内"原来就分别在东北军炮兵第八旅、五十三军和西北军第四十二师的内部？

12月12日凌晨，几乎就在陕北的中共中央收到刘鼎从西安发来的有关张、杨就要"捉蒋"的"文寅"密电同时，南京国民党政府的军政部部长何应钦获得一份电报，那电报是由巩洛警备司令祝绍周转发的（按：巩洛狭义是指巩县和洛阳，这里是指含洛阳在内的大片地区），电报内容令何应钦惊出了一身冷汗。凭内容，他猜测，西安一定出了骇人的事故！于是，他立即封锁消息，对通往西安的通信和交通实施了管制，对军队进行了紧急部署。顿时，西安对外的电信和邮政被切断，火车进出被停止。此时，全国不论官绅士民，还是贩夫走卒，都被蒙在云里雾中，绝大多数人犹沉梦未醒。

原来，何应钦获得祝绍周转发的那份电报，是当天张学良给驻洛阳东北军炮六旅旅长黄永安电报命令的拷贝。祝绍周转发那份电报内容如下："着该旅长将洛阳机场监视，不准有一架起飞，并将各银行封闭。指示其迅速占领洛阳机场、军械库、中央银行洛阳分行；并与洛阳军分校东北军教导总队队长刘海波协同行动，攻占陆军和空军军事学校，截断洛阳以东交通。"电令还提及："万福麟所部配合黄永安行动，抢占郑州，卡住陇海铁路，阻止中央军西进威胁西安。"

但是，张学良给黄永安的电令怎么也落到了何应钦手里？

显然，祸根就在这儿！事情就出在黄永安身上。

黎明前，张学良的电报发到洛阳黄永安的旅部。电台当然是处于值班状态，译报员翻译好电文，知道紧急，立刻让副官唤醒旅长。黄永安也没顾及军容风纪，随便披件外衣就接过电报。他想知道报文内容，但又担心影响熟睡中的太太，于是轻轻走到书桌旁打开台灯，不待坐下就读起来。电文内容吓了他一跳，随后浑身一阵麻木，他被惊呆了！一双手脚像是凝固了似的，半晌也没有动作，但大脑在不停地打着转儿：这不是令我发动兵变吗？

他想到的第一个词就是"兵变"。接着，他想到了王以哲。黄永安曾代理过王以哲部队的参谋长，如今，王以哲因暗通红军的事被蒋委员长抓住辫子了。他又回想到张学良在洛阳军校阅兵式挨蒋介石训斥的事，他估计，张学良、杨虎城、王以哲这些人可能对蒋介石采取手段了，那就是已经在西安发动了兵变！

这命令就是要自己跟着"兵变"！想起"兵变"两字，他不禁打了一个哆嗦，马上问自己：我有这能力吗？再讲，自己手下只有两个团的炮兵。俗语说，大炮不能上刺刀。对远方之敌实施轰击，能炸得对方片甲不留，是大炮的优点，但大炮也有缺点，那就是无法在百米之内与步枪和刺刀拼高低！用炮兵来封银行、抢机场、夺军械库，那适合吗？

他感到自己承担不起在洛阳起事的责任。其原因之一，炮兵仅是配合步兵作战的，只能在步兵后方支援作战，如果单独遭遇敌方的步兵，炮兵必定牺牲或遭对方生擒活拿；原因之二，炮兵六旅全旅虽说共有炮七团、炮十二团和炮十七团等三个团，但其中炮兵七团是属于国民党"中央军"的。一发生兵变，炮七团就是敌人！就算张学良指示得到落实，洛阳军分校东北兵四百零八人和在军士教导队深造班的东北兵一千多人能顺利集结，凑起来也不过就是两千多人的光景，这些学员兵是临时拼凑起来的队伍，想依靠他们占下洛阳城，绝非易事！

但张学良是从另外一个角度对洛阳进行分析的，在洛阳能代表国民党中央的只有祝绍周这个光杆司令，他没有直接可指挥的部队。加上祝绍周兵力不多却兼职多，忙于许多事务性工作，可预料他此时一定疏于防范。说祝绍周兼职多，那因为他既是巩洛警备司令，又是军官学校洛阳分校的主任。这司令和校长还不是他目前的首要责任，因为蒋介石交办的一项国家重点工程必须由他秘密督修，那就是将来用来防御日本侵略的黄河国防工事！他必须把全部注意力放在这上面。这任务对祝绍周来说，是分心不得，更马虎不得的！而且因过多的兼职，祝绍周的注意力必定被严重分散。黄永安只要行动时出其不意，就能实现电令的目标。

对这点，黄永安也考虑过。但是他深知，这次参与修建黄河国防工事的不是抡镐头背箩筐的民工，而是樊崧甫指挥的"中央军"主力第四十六军。樊崧甫麾下拥有第二十八师和第七十九师，共有数万兵力，而且富有实战经验，战斗力很强。同时，樊崧甫与祝绍周同来自前北伐第二十六军，彼此关系密切。黄永安盘算着，如果以自己这点人马去起事，虽然用大炮可摧毁机场和铁道，但稍后就必遭四十六军围歼，那还不是自取灭亡？

为此，黄永安绞尽脑汁。他想到了最后一步，在兵力悬殊的情况下执行命令，就势必要通过谋杀祝绍周和樊崧甫的极端手段来实现。巧在今日下午5时，黄永安原定在洛阳北大街万景楼饭店宴请巩洛警备司令、警察局局长等当地的头头脑脑。如果把四十六军军长樊崧甫也一道请来，一个鸿门宴不就可以将他们一网打尽了吗？

但黄永安立即否定了这念头。平时，黄永安与他们关系很好。樊崧甫是辛亥老革命，也是洪门道中人，他为人豪放，特别讲哥们儿义气。此人在江西与红军作战时，部下抓获中央苏维埃和红军的骨干，其中就有最重要的领导人之一。樊崧甫因敬重对方是豪杰，决定凭江湖之道办事，不但不贪功上报请赏，而且送上一笔路费，挥挥手就释放了。同时樊崧甫与黄永安有在同一所军校上学的历史，他对黄永安也特讲义气。两人常在一起喝酒，谈国土沦丧、谈抗战，醉后曾经相抱痛哭。黄永安内心不由得涌起一阵耻辱感，他对樊崧甫下不了手。

面对祝绍周，黄永安同样难下决心去摆那鸿门宴。与樊崧甫以洪门义气交友不同，巩洛警备司令祝绍周靠夫人搞外交。祝夫人刘宦端庄漂亮又性格豪放。此时，她正与黄永安的新婚太太李志全打得火热！司令夫人亲自出马搞外交，为丈夫的事业砌砖铺路，刘宦是一个典型。裙带外交虽不直接过问男人的正事，却总能意外地帮助丈夫办成大事。正因为如此，刘宦后来成了出色的社会活动家。我们不妨考察一下，这次，通过刘宦与李志全之间铺垫的私人情谊，化解了她家先生祝绍周一场未知的风险。

黄永安太太李志全是资本家女儿。父亲曾是哈尔滨面粉厂的东家，家资富有。她从北平师大毕业后就与黄永安结婚。她能说会道，痴迷政治，还是个国民党员。她结婚后随黄永安来洛阳安家，就与刘宦交了朋友。由于夫人的关系，祝绍周与黄永安两家也变得亲密无间。

这鸿门宴的方案，就一直在黄永安内心纠葛着，最终消弭于无形。

黄永安头脑中又浮现出少帅的面孔。张学良对自己还是有栽培之恩。俗话说，养兵千日，用兵一时，自己无缘无故抗命不遵，实在说不过去。特别是，张副司令把自己提升为少将还不到半个月，不知感恩回报，反而背叛，将来自己如何面对东北军前辈和同事？

想到此，他一度决定要按电令马上召集部众商议，但一双脚不知为何如此沉重，黄永安迈不开步子。

李志全早就醒了。看着傻傻发呆的老公，她弄不懂他为何会那副模样。"什么事把你呆成这样？天这么冷，才半夜呢，快睡吧！"李志全提醒着丈夫，她真的是在心疼他。

"我还睡得下去吗？"黄永安叹气了，"我真不知道该怎么办才是！"

"是因为手上那劳什子电报吗？扔开不就得啦？"

"说得轻巧，我能扔得下吗？"

这一来回，李志全睡意全消了："给我看看，到底说的什么呀？"

黄永安是个怕老婆的人。他本就不该与老婆谈电报的事，更不该把如此紧要的电报交到老婆手里。但他以为，现在既然老婆问了，自己也谈了，那就将就到底吧！于是把电报递了过去。看来，因寒冷，黄旅长那"气管炎"的老毛病复发了，而且病得不轻！

自老蒋"避寿"洛阳以来，社会上对张副司令的"哭谏"和老蒋严厉训斥的讨论不少。许多人对张学良表示同情。但这李志全相反，她对张学良的"左"倾表现相当不满。李志全的这种态度又得到祝绍周及其太太刘宦的赞赏。他们之间志同道合，可谓"同志加朋友"。

知道祝绍周是谁吗？他就是中国历史上代替蒋介石抢先伸手"挤柠檬"的那个人。"挤柠檬"是借用的典故，背景较深，就不多说了，但前台事件大家都知道。那就是1927年四一二反革命政变终结了第一次国共合作的革命进程，蒋介石由此独吞北伐胜利的果实，而祝绍周就是该事件的最关键人物之一。其实，北伐军撕开面纱向工人进行屠杀的事是发生在4月13日这天中午，他们用机枪开杀戒的第一道命令就是祝绍周下的！那时，他是北伐军第二十六军第二师的参谋长。

事情是这样的。4月12日这天凌晨，上海黄色工会"中华共进会"一万六千名全副武装的黑社会帮派势力倾巢出动，出其不意地包围了总人数仅有三千人的上海市总工会、工人纠察队总指挥部和各区的工人纠察队。他们凭借先进的武器装备和人数优势，对工人纠察队进行炮击和机枪扫射，抓捕工人领袖。战斗发生许久，驻上海的北伐军第二十六军才派赵观涛、邢震南两个团长，带领北伐军到现场。姗姗来迟的军官满脸笑容，巧舌如簧，以调解为名，收缴了"双方"武器，美其名曰"维和"！其真实目的就是剥夺中国共产党拥有军队的权利！当然，二十六军在当天中午就放回了被捕的中共领导人和工人领袖，没表现出多少敌意，但第二天他们就全变脸了。4月13日，当六万名有组织的工人游行队伍来到上海宝山路天主教堂祝绍周所在的二师师部要求交还工人纠察队武器时，师部门口发生了冲突。第二师参谋长祝绍周悍然下令用机枪扫射示威工人，发射子弹数百发，造成上百名工人的死伤！

就这样，祝绍周开了北伐军用机枪屠杀工人的先例，他被定为"四一三"流血事件的刽子手。

后来，因派系斗争，二十六军的军长周凤岐、副军长兼二师师长斯烈、党代表赵舒、参谋长伍文渊及一师师长伍崇仁等头面人物均因持反蒋立场而被撤换，张国威的第三师被整编，只余下二十六军的师以下骨干。此后原团长赵观涛、邢震南和樊崧甫等人都晋升为国民党"中央军"的中将军长了，唯祝绍周只升到少将。他虽不像赵观涛、邢震南和樊崧甫等实力团长升得那么快，但因四一二反革命政变，他还是深得老蒋青睐，从而得到洛阳警备司令的职位。洛阳是很重要的，前两年上海发生一·二八事变，洛阳曾一度是战时首都，所以这洛阳警备司令不是什么人想当就当得了的。

所谓"近朱者赤，近墨者黑"，祝绍周与老蒋亲密接触，他的思想自然越来越向"右"发展了。这还不算，祝绍周老婆刘宦虽是女人，但夫唱妇随，一点儿也不落后。还有那位本来就思想"右倾"的黄旅长太太李志全与祝绍周、刘宦打成一片，她能不反动吗？这李志全接过黄永安的电报，不看犹可，一看不禁火冒三丈，就大骂张学良无耻，并催促黄永安说："张学良这样做不仅是犯上作乱，而且是以卵击石，你还犹豫什么？你怎么能听他的命令，还不赶快找祝绍周，马上把电报送给他，以洗清干系！"

天一亮，也就是老蒋翻墙逃出华清池之际，黄永安走进了祝绍周的办公室。他们两人长期以来就这样常来常往的，所以黄永安冒冒失失闯进门时，祝绍周并不介意。然而当黄永安把一份电报交到祝司令手上时，他眼睛略略一瞄，顿时脸色剧变，双手发抖，不觉大粒汗珠都落下来了。

"好哇，原来你们反了！"祝绍周立即拔出手枪直指黄永安，"你意下如何？"他内心明白，如果黄永安按命行事，他此时已是地下鬼了。

不过，黄永安的答复出乎意料："这是'乱命'，我是不会执行的。"

"此话当真？"祝绍周仍不放心。

"我心向蒋委员长，怎能执行张副司令的命令？"黄永安这样回答。

祝绍周闻言大喜："君贡献党国，党国决不负君！"于是，两人做了一番细细密谈，互相击掌为定，相约分头行动。

黄永安离开后，祝绍周在震惊之余，火速用专线电话将张学良在西安异动的消息，向南京主持军事工作的军政部部长何应钦做了汇报，并通过电报，把张学良给黄永安的电报内容也发了过去。这样一来，黄永安电报成了西安发生事变的第一个确凿证据，比特务分子江雄风和赵和生发给蓝衣社特务处的电报早得多了，也重要多了。何应钦也成了整个南京政府唯一掌握张学良策动西安事变确实证据的人。何应钦叮嘱祝绍周不得把蒋介石在西安可能已经出事的消息报告给在上海的宋美龄和宋子文，同时要他负责与西安方面进行联络，进一步试探、摸清蒋介石的安危近况，以便南京方面伺机采取军事行动。

祝绍周在得到何应钦的指令后，马上向西安方面打电话核实情况。果不出所料，蒋介石下榻的华清池和随行军政大员住宿的西京招待所电话均无法接通。他再给杨虎城打电话，竟也无人接听。因此，祝绍周断定蒋介石肯定在西安遭遇了不测。他急忙又给黄永安打电话，叮嘱他："南京方面已知委员长的处境，现在正研究对策，你的炮兵旅在这紧要关头是否效忠委员长，就要看你的行动了。"

祝绍周当机立断，在中央军事学校洛阳分校紧急约见四十六军军长樊崧甫中将、陇海铁路局局长兼津浦陇海两路运输司令钱宗泽中将、洛阳航空分校主任王叔铭和洛阳空军最高指挥官毛邦初。祝绍周通报了黄永安输诚的情况，然后共同商定对洛阳军、航两分校及驻洛阳陆军、空军中的东北籍高级军官"加意戒备"的措施。

五人商量以后，决定由樊崧甫立即进军陕西的东大门潼关，由毛邦初派一架飞机去临潼营救蒋介石。

雷厉风行，行动立即开始！

首先，祝绍周迅速调动洛阳军分校两个军官总队的学员两千四百余人和警卫连三百余人，包围了尚未起床的军校内的东北军职员和教导大队学员一千余人。然后，把这些东北军成员集合在操场上宣读命令，军分校放置枪械的库房严加看管，教导大队的学员都不准领取或携带武器。读者请注意这里教导大队与军官总队的区别，教导大队是由来自东北军的学员组成，而军官总队则是由来自其他部队的学员组成，主要成员是国民党"中央军"的军官。

在黄永安的配合下，祝绍周指挥的军官总队和警卫连占领了洛阳火车站及龙门、邙山等军事要地，控制了西工飞机场。

陇海铁路局局长兼津浦陇海两路运输司令钱宗泽中将一回到铁路局，立即下令将潼关以东所有空着的列车车厢全部拉在铁道上西开备用。

樊崧甫命令正在构筑国防工事的军队一律停工，并赶赴最近的火车站，见车即上，往西开拔。四十六军就这样在毫无征兆的情况下突然扑向潼关。

在派飞机去临潼营救蒋介石的问题上，几人经过了反复讨论。我们知道，蒋经国的母亲毛夫人才是蒋介石的原配夫人。驻洛阳空军司令毛邦初本人就是毛夫人的侄儿，因此他算是蒋介石的至亲。他听到姑丈爷老蒋身陷险境之后，非常着急，非得自己驾机去救人不可，但祝绍周、樊崧甫坚决不同意。这小毛贵为皇亲国戚，而且是洛阳空军司令，身份极为重要，出点儿纰漏，在座各位都承担不起责任。虽说毛司令驾机水平超群，但究竟有几斤几两，旁人也说不出所以然。祝绍周、樊崧甫两人一致认为，这一去风险太大，搞不好就会送命，不能让毛司令去冒险，而提议毛司令和航校校长王叔铭自行选择人选。由于"不论临潼情况如何，都有派飞机飞往临潼救驾的必要"，于是毛邦初、王叔铭两人选定"技术精良""思想纯正"的洛阳航空分校飞行教官蔡锡昌去执行救驾任务。王叔铭马上驱车赶到机场向蔡锡昌下达了紧急起飞的命令，此时，刚好清晨6时正。蔡锡昌整备好一切之后，即刻驾驶航空分校的一架轻型教练机"北平"号，沿陇海铁路线越过潼关，冒险飞往临潼。于是，临潼上空华清池外出现了有人驾驶着飞机从天而降的惊人一幕。

祝绍周办事果断利落，雷厉风行。他只用一天多时间就完全控制了洛阳局势，而且从后勤上协助突袭潼关。在蔡锡昌飞机失踪后，祝绍周、毛邦初、王叔铭等知道老蒋情形不妙。于是随后几天，他们连续出动飞机九十六架次飞抵西安做威慑性飞行。只因担心伤到蒋介石而获罪，这些飞机没敢向西安城扔炸弹。

祝绍周、樊崧甫、钱宗泽、毛邦初、王叔铭的大胆作为，使形势向着不利于张、杨的方向转变。此事也奠定了祝绍周和夫人刘宦后来飞黄腾达的基础。

向祝绍周告密后，黄永安回到家里。他把祝绍周的嘉勉和吩咐向太太李志全原原本本地复述了一遍，并坦承自己为刚才的告密行为而感到心里发虚，他不知张学良、杨虎城的兵变结果如何，张学良一旦成功，成了大气候，那他就再无回头路可走了！同时，他也自认为这种背叛行径难以服众，所以希望妻子李志全能出点儿主意。

李志全听完之后，就开导和宽慰老公，张学良和杨虎城是一时头脑发热，而甘冒风险。西北那些兵力怎能是国民党"中央军"的对手？只要南京发兵救蒋，张、杨两股作乱之军肯定不堪一击。到那时，谁跟着张学良作乱反蒋，必然是死路一条。现在手下的几个团营长虽然都是张学良的人，只要你把事情真相告诉他们，只要有点儿头脑，就不会跟着张学良作乱。到南京发兵征讨西安的时候，现在不执行张学良密令的人都是功臣。不过，李志全也理解黄永安的处境，她劝老公暂时对部下封锁消息，拖一拖，静观事态如何发展再说。经太太的一番指点，黄永安遵照祝绍周的命令，对东北军官兵实行了严格保密，好像什么事情都没有发生一样。直到下午4时，黄永安没听到别的传闻，更没有驻保定的东北军万福麟五十三军的任何动静，他才召集炮十二团团长徐德庸上校、独立重炮十七团团长叶筱泉上校和洛阳军分校临时教导大队队长赵云飞上校到自己家中。人齐后，黄永安谎称中午12时收到了张学良的紧急密电，于是向三位通报了来电的内容。

徐德庸问："旅长，对于少帅的旨意我们如何执行？"

"我已经把张副司令的电报给祝主任看了。"黄永安断然回答。

沉默，长时间的沉默。这还有什么话好说呢？三位上校谁也没吱声。过了好半天，徐德庸说："如果调我这个团往西打，我不能服从命令！"

叶筱泉、赵云飞二人见事已至此，也没敢再多话，于是散会。

洛阳军分校临时教导大队队长赵云飞回到军分校后，立即被祝绍周软禁了。

晚上，黄永安在旅部会议室再次召集营、团长会议。黄永安向自己的部下通报了西安发生事变的消息。黄旅长说："张学良劫持蒋委员长，这是叛逆行为，我们不能服从'乱命'！"

当场只有十二团第二营营长张兴华表示拥护黄永安的决定。

"那么，中央命令我们打西安，我们打不打？"炮十二团第一营营长齐长生大声质问道。

"中央命令打就打！"黄永安低声答复说。

但十二团团长徐德庸不赞成："我们东北军是张副司令培养起来的，打西安对不起副司令！"他刚说完这句话，就痛哭起来。十七团团长叶筱泉和十二团第三营营长李春生等人默默流泪。顷刻间，悲壮的气氛弥漫着整个会议室。黄永安打破了会场的沉寂，他说："我们没有步兵援助，不能单独作战。就是全部出动，也只有两个团，兵微势弱呀！再说，我们都携家带眷，有老有小，四面八方又都是'中央军'，我们带着家眷怎能突围？这次我敢负责地说，绝对保证大家老小的安危，绝不会让大家吃亏！再说，目前西安的情况还不十分清楚，我们只应严加警备，不要妄动。"

"四面都是'中央军'，还警备什么？对谁警备？"李春生咬文嚼字地顶了一句。

"事已至此，咱们就别争论了。旅长确能保证我们安全无事吗？"第十七团第一营营长罗文光出头打圆场。

"兄弟们放心，我绝对保证大家安然无事！"黄永安大声说道。

黄永安的倒戈在内部造成意见分歧，部分军官不甘心跟随。开完会，几位营长走出来，李春生说："真不忍心背叛张副司令，明天请假不干啦！"齐长生劝道："看看情况再说，我不会坐以待毙！"黄永安听后，越想越不放心，当晚上了床还做噩梦。次日一早，他即刻下达命令，将团长徐德庸、营长齐长生和李春生撤职，十二团"自动缴械"，余下人员由张兴华等负责。为了表示效忠中央，黄永安将该团的所有大炮、枪弹及马匹都送交对门的洛阳军分校管理。独立第十七重炮团保持沉默，但团长叶筱泉与黄永安联名通电，简述了"未受乱命"的经过。与此同时，驻徐州的东北军炮兵第十五团被国民党"中央军"的炮八旅解除了武装。原来，老蒋事先就向黄永安的炮六旅掺沙子，把国民党"中央军"的炮兵第八旅炮七团编进黄永安旅，而抽走炮十五团，编入徐州的国民党"中央军"炮八旅！既然黄永安的炮六旅"归顺"，那原本属于东北军的炮十五团自然也得放下武器。

除炮六旅及炮八旅中的十五团外，东北军在潼关以东还有一支劲旅，那就是万福麟领的五十三军。万福麟是奉系元老，九一八事变前担任过黑龙江省主席。1933年，张学良下野游历欧洲后，军事委员会北平分会长何应钦就多方拉拢万福麟。1935年，万福麟除了掌管自己的五十三军外，还兼任了军事委员会北平分会副会长。随后，万福麟提升为二级上将。这使万军长认为跟着张学良没有出路，不如投靠蒋介石。事实上，万福麟已经与张学良渐行渐远。此前，张学良重新出山任武汉"剿总"副司令时，其余各军均南下集中到张学良身边，唯万福麟及五十三军留保定不动。武汉"剿总"改西北"剿总"，其余东北军聚集大西北，万福麟依然不动。

正如大家想象的，万福麟有时内心也会想，大家都是国民党军了，同样由国家支付军饷，凭什么我还属于你张家东北军？我听何应钦的命令与听张学良的命令有不一样的地方吗？这种观念上的变化终于发展到彼此心中有数的地步。张学良与万福麟之间产生了"疑似监视"与"疑似反监视"的矛盾。

1936 年 10 月底，因黄显声和孙铭九鼓动苗剑秋在王曲军官训练团大会上发表反蒋演说，喊出"难道我们连一个比得上日本'二二六'事件中的英雄的人也没有吗"的声音，引起哗然。11 月，张学良被迫忍痛驱逐苗剑秋，再撤掉黄显声军官训练团教育长的职务。但黄显声是自己的亲信哪，总不能让他闲着吧。于是，11 月中下旬，黄显声被任命为五十三军副军长兼一一九师师长。可是在万福麟眼中，黄显声是张学良的"眼睛"，显然是用来监督自己的。万福麟并不欢迎黄显声来五十三军。所以黄显声一到，他就感到自己处境十分尴尬。

但张学良总认定万福麟的五十三军是他的部队，此次策动"捉蒋"搞"兵谏"，当然要把所有的力量都拿出来用。既然连小小的黄永安的炮兵六旅都想派大用场，他怎能忘记东北军的看家武装五十三军？

前文说过，张学良是同时在 12 月 12 日凌晨给万福麟和黄永安发电报的。张学良给万福麟的命令是，五十三军迅速挥师南下，抢占郑州，卡断陇海铁路线，然后协助黄永安炮旅控制好洛阳！

但出于前述原因，万福麟早已对张学良和中共合作非常不满，对其身边的少壮派更是看着不顺眼。他接到密令后，首先考虑的不是西安的事，而是他自身的利害关系。万福麟认为五十三军不能轻易动。因为，保定除了五十三军外，更有国民党"中央军"的虎狼之师汤恩伯部，如果五十三军轻易动作，汤恩伯必将尾随攻击，结果是保定、石家庄就可能全被汤家军连窝端了，自己还没到河南边界，就可能已是全军覆没。还不用提，守在开封的刘峙大军正虎视眈眈。老蒋原本用来对付陈济棠、李宗仁、白崇禧的几十万"中央军"此时已经转移到中原地区，就交由刘峙指挥，郑州和陇海铁路绝非唾手可得的免费馍馍！

更令人吃惊的是，当天发生的情况比以上想象的更严重。万福麟不曾料到，就在骊山"捉蒋"的白天一过，当夜11时，樊崧甫率国民党"中央军"四十六军神不知鬼不觉地从洛阳直达潼关并占领了火车站等要害阵地。当夜丑时，樊崧甫部的董钊师已将驻守潼关的七个营的东北军全部俘获。第二天开始，在潼关就陆续出现国民党"中央军"全德式装备的宋希濂第三十六师、中央军校教导总队和财政部税警总团这些国内最精锐的部队。这种状态下，万福麟的五十三军出动与不出动，都已经毫无意义了。

万福麟不但拒绝了张学良的命令，还把黄显声软禁起来。由于这电报离张学良派黄显声来到五十三军不过半个月，他本就怀疑黄显声是按张学良的意图来监视他和五十三军的。跟随黄显声从西安来的刘澜波见状，立即返回西安汇报情况。刘澜波从而赶上了西安事变之后的全部进程。万福麟虽然拒令不遵，但他毕竟是个老将，显得沉着老练，没向南京方面告密。直到西安事变的第三天，即12月14日，发觉西安事变并没有按张学良希望的那样发展而恰是相反，他才致电中央军事参议院副参议长王树常，请他向军政部部长何应钦转达自己"拥护中央"的立场。王树常是老奉系成员，也是万福麟的老朋友，此时自然尽力周全老万。其实，万福麟的不作为态度正是何应钦所希望的。

五十三军是东北军的五大台柱之一，它就这样率先脱离了张学良。

## 大意失潼关

上一节我们说到因黄永安变节而出现了对西安事变不利的形势，但事情远非就此而止，形势还在进一步变坏！我们继续说下去。

西安事变后来没有能按张学良、杨虎城的思路发展，全国舆论的不利及国际上失去斯大林同志的支持，固然是主要原因，但更表面和直接的原因则是黄永安的叛变，从而在猝不及防的情况下，樊崧甫中将的国民党"中央军"第四十六军在第一时间攻占潼关，进而大兵压境威胁西安！

就在钱宗泽中将与祝绍周、樊崧甫紧急磋商后，他回到铁路局立即下令将潼关以东陇海铁路线上所有空载的列车车厢全部拉上沿黄河的铁道上一字排开，西开备用。四十六军军长樊崧甫中将立即下令，所有正在构筑黄河国防工事的官兵一律停工，放下铁锹、镐头、扁担，拿起枪支，赶赴最近的火车站，见车即上，往西开拔。

这里，我们要提到一个人，他就是董钊。董钊是陕西长安人，1924年经于右任的函荐，与关麟徵、杜聿明等人一道进入黄埔军校第一期步兵科。毕业后，他先任孙中山的警卫兵，从卫兵开始他逐步得到提升，此时出任四十六军二十八师师长。樊崧甫的命令中，第一支向潼关开拔的部队就是董钊二十八师。

董钊接到命令后，当即率兵登上火车，直扑潼关。夜间11时，他的前头部队占领潼关火车站及周边阵地。夜半时分，他兵力已超一个团，而且后续六个团的兵力、武器装备和军需品源源不断地运到。于是立即下令将驻守潼关的东北军全部缴械，对潼关实施全面占领！

其实，张学良、杨虎城对国民党"中央军"不是毫无戒备。在12日上午"捉蒋"成功后，为防御"中央军"的进攻，张学良、杨虎城就已经做出防御部署。

张学良和杨虎城按战略安排把西北分为第一线、第二线和第三线防御区域，然后对东北军、西北军两军进行了统一部署。重点放在西部防御陕甘宁交界的胡宗南、曾万钟、毛炳文及关麟徵、杜聿明的十万国民党"中央军"和咸阳万耀煌的二十五军。他们命令：东北军五十一军在兰州附近地区集中，作为第三线战略部队；东北军第六十七军守在陕甘宁边交界处，作为第二线战略部队；东北军五十七军和独立一〇五师在西安周边及东面警戒，作为第一线部队。同时安排西北军（十七路军）孙蔚如的三十八军第十七师为西安警备部队，负责西安城安全；冯钦哉第七军的四十二师为大荔守备部队，负责黄河西岸、渭河南北及潼关一线的安全。这样，他们根据部队的分布情况，正面、左翼、右翼进行分兵把守。另外，他们还对东北骑兵军的两个师做了特别安排：他们置于蒲城、白水等地，掩护左翼并与陕北红军保持联系。

布置双十二事变的时候，因担心将领走漏消息，在11日晚到12日一早，两军的主要军事长官全部被集中在新城指挥部。这些人自然是一夜无眠。所以，直到"捉蒋"成功，军长、师长才定下心。他们接受防御任务后，草草做了部署，就各自睡觉去了。谁也不曾料到，事变消息竟然会提前泄露，国民党"中央军"会比自己动得更早、更快，东大门潼关处于危急中！西安方面的人还在因大事告成而兴奋。

但作为主要军事长官，杨虎城还是首先想到了潼关。

潼关原本是西北军冯钦哉的第七军第四十二师防区，而且四十二师副师长郭仰汾本就率兵驻扎在那里。只因去年成立西北"剿总"，东北军大部队浩浩荡荡开过潼关进入陕西。随后，南京中央给东北军的补给也必须通过潼关送进。但潼关是冯钦哉防地，他又对东北军持有戒心，从而难免与东北军产生龃龉。杨虎城为避免摩擦，干脆让冯钦哉下令驻守潼关的军队退到一边，让东北军驻防。这次因为西安事变发生，在如此命悬一线之际，杨虎城想到让冯钦哉加强潼关防卫，于是嘱咐冯钦哉调一个团兵力去潼关，以防止国民党"中央军"袭击。杨虎城当然知道中"中央军"装备优良，但潼关是天险，地势险要，易守难攻。一个团的兵力据险守卫，哪怕你"中央军"有三头六臂，又岂能奈何得了我？对付路过潼关的军用火车尤其如此：挑个合适的地点，在铁道上堆上石头，加一把汉阳造步枪，在射程之内让射手埋伏瞄准，看到人一枪一响。仅靠打冷枪战术，就可能把铁道交通切断一个钟头以上！况且当时，驻守潼关的东北军拥有大炮等重兵器，其兵力有七个营步兵和炮兵，几乎相当于半个步兵旅，再加冯钦哉调来的一个团，其兵力绰绰有余。

杨虎城想想也觉得问题不大，于是就在12月12日一早以商量的口气向冯钦哉讲了意图。在传达命令的同时，他顺便向冯钦哉通报了昨夜"捉蒋"的消息。但杨虎城不知道，就在此前，樊崧甫的"中央军"第四十六军已经在洛阳紧急集合，随时可以登上疾驰的列车向潼关扑来。而且这边，有关西安事变的迟到通报，令冯钦哉愤怒不已。他老冯发嘎了，事情因而出现了变数。

冯钦哉为杨虎城的不坦诚而埋怨。许久过去了，他犹怒气未消，久坐不动。不过，他究竟是军人，再说，潼关就是他的地盘。最后，他还是拿电话打到朝邑去，命令李子清团长率部布防潼关。不料李团长的回答阴阳怪气，居然声称自己只会当官，不会打仗。老冯此时还在生老杨的气，听到李子清那令人哭笑不得的回话，居然气不起来了，他一摔电话就不听了。朝邑离大荔很近，这李子清还特地跑来给老冯开党课，洗了好一阵脑子，弄得冯钦哉心烦不已。冯钦哉随后召集各级军官开了一个通气会，会上不少人顺着老冯的态度，对张学良表示了一通不满。晚饭后，老冯也只管自己蒙头睡觉，不觉一个夜晚就这样过去了。

此时是 12 月 13 日凌晨丑时，近两千名沉浸在睡梦中的东北军五十七军的步兵和炮兵被董钊的"中央军"第二十八师前锋部队团团围住，不管主动不主动，迷迷糊糊的东北军全部束手就擒。这些被缴械的官兵全属于刘翰东的东北军一〇七师，总编制是五个步兵营和两个炮兵营。

刘翰东的一〇七师原本不是归六十七军王以哲指挥的吗？怎么又归到五十七军呢？原来，直罗镇一战五十七军损失了一〇九师，实力大损。原六十七军一〇七师在山城堡战争后，就补充到缪澂流的五十七军，其中部分被派守潼关，不想遭遇此败！

五个步兵营和两个炮营的编制超过大半个旅了，居然守不住天险潼关，还全部束手就擒。这也太说不过去了！不能说七个营守潼关人数太少，它的实力其实比洛阳的东北军炮六旅强多了。拿黄永安的炮六旅来说，炮六旅被国民党"中央军"掺了"沙子"，三个炮兵团中，有一个是"中央军"的。旅长黄永安只能指挥两个炮兵团共六个炮兵营。一个炮兵营在人数上显然远远不及一个步兵营。这潼关的东北军守军数量上显然比在洛阳的东北军驻军多。如此不堪一击，这东北军的战斗力可见一斑。

但是，要全怪这七个营的东北军的话，他们也觉得冤枉。这七个营的士兵多数是以前从与红军交战的战场上退下来的，多数营遭受过红军的打击，人数不足，编制不全。东北军上层吃空饷成习惯，他们往往不补充基层兵力。据此，有人认为这七个营的总兵力大致是千把人而不足两千。还由于这里远离"剿匪"前线，附近地区没有红军，他们把自己驻守潼关看成退出火线进行疗养的机会。他们全然不知，12 月 12 日凌晨西安和临潼发生的事态有多么严重！从中午洛阳军列开动的那一刻起，他们就被董钊的"中央军"二十八师列入"叛军"名单！

当天晚上，驻潼关东北军按时就寝，大家蒙头睡太平觉。当他们的哨兵和营、连长官知道董钊的"中央军"二十八师前头部队从火车头上纷纷跳下，整队集合时，他们仿佛是见惯不惊了。几天前，万耀煌的"中央军"二十五军的士兵也是这样从潼关经过的。东北军的官兵麻痹了，他们不知道，自己的身份在今天突然变成了"叛军"！这次来潼关的不再是几天前过路的万耀煌的二十五军，而是从洛阳过来的樊崧甫的四十六军的前锋。此时，这批"中央军"官兵只有一个目标：消灭"叛军"！所以，驻守潼关的这批东北军官兵睡梦中发现国民党"中央军"的枪口对准自己的胸前时，还不知是怎么回事：自己遵纪守法，太太平平的，怎一觉没睡醒就成了"叛军"呢？

潼关守军就这样全体被缴械，他们对此觉得十分委屈与冤枉。

这当中，就不能说东北军高层没有问题。首先是这五十七军军长缪澂流，他那晚坐镇金家巷张公馆，辅助张副司令应对西安事变而可能出现的各种乱局，好让张学良集中精力去指挥解决临潼"捉蒋"。他自然是一夜无眠。而12月12日整个白天，缪军长也忙得难得偷闲片刻。革命领袖说，身体是革命的本钱！缪澂流军长虽不怎么革命，但睡觉这事的重要性还是知道的。当潼关丢失，七个营一举被擒的时刻，缪军长正在西安沉醉梦乡。刘翰东师长此时在哪儿？不得而知。他或许在西安到潼关之间的城镇中，也或许不在。但我们知道，原本他与国民党中央大员陈诚是军校同学，彼此常来常往。陈诚到西安，刘师长不可能不去西安与他见见面。而且，陈诚与刘师长的确关系非常密切，等到西安事变和平解决后，刘翰东师长就随陈诚赴南京做高官去了。或许，刘翰东不愿意卷入"捉蒋"事件，从而消极回避战争，结果出现了这种局面。总之，"双十二"这天，驻潼关的东北军处于毫无戒备的状态！

如果有人早几个钟头告诉他们，12月12日凌晨，咱们东北军已经抓住了蒋介石，从此刻开始，对面的国民党"中央军"就可能来报复，或许就会制造屠杀事件，如果这样，哪怕这七个营的东北军再窝囊，再不济，也不至于是一群待宰杀的羔羊！

在一派麻痹大意中，潼关丢失了！

13日傍晚，军长樊崧甫亲率四十六军所属的陈宝安第七十九师和第二三七旅跟进潼关，随后扩大战果，占领潼关以西的华阴。董钊二十八师的前锋部队继续向前进逼华县，而另调兵力攻占渭河南岸的大片地盘，重兵驻守渭河边的关键渡口——三河口。三河口是冯钦哉从同州（大荔）通向潼关、华阴、华县的必经之路。

东北军得知连连丢城失地，不得已，西安方面才仓皇应战，下令严守华县。但14日一早，樊崧甫主力逼进华县城外，发出威胁：要进攻华县！同时国民党"中央军"飞机前来增援，大肆轰炸从潼关到西安之间的赤水车站、渭南县城等地，上千建筑物化为灰烬！轰炸强度之大，令东北军和西北军难以想象。

东北军五十七军军长缪澂流奉命去华县前线指挥，但他的专列刚到渭南县火车站时，就突遇"中央军"六架轰炸机的攻击！见状，感觉不妙的缪军长被迫躲进车站。

至此，国民党"中央军"前头部队包围华县，直逼渭南。过了渭南就是临潼和西安。而在他们身后，联结潼关、洛阳、郑州、开封的铁路大动脉陇海线全程畅通无阻，大量国民党"中央军"精锐部队迅速赶赴前线，越过潼关。这些国民党"中央军"包括最精锐的中央军校桂永清的教导总队、黄杰的财政部税警总团、宋希濂全套德械装备"中央军"三十六师等。这位宋希濂正是刚从闽西"围剿"红军的战场上退出来的。如果联系历史事件来看，就在此前不久，中共领导人瞿秋白就牺牲在宋希濂的手中！

就这样，陕西的东大门洞开。徐庭瑶、刘峙、汤恩伯也迫不及待地拥进潼关看热闹。徐庭瑶还自告奋勇，凭老资格出任进攻西安的总指挥，而选择樊崧甫充当副手。这徐庭瑶就是当年那位长城抗战中古北口战役的中方指挥官。他率领刘戡、黄杰、关麟徵、杜聿明、郑洞国、戴安澜等紧急从南方出发，长途跋涉赶来增援长城保卫战。他们不及换下脚上穿的江西草鞋就进入长城阵地，最终止住日本侵略军进攻势头。原徐庭瑶手下的二师师长黄杰此时也率部进入潼关，他正是税警总团团长。

此时，考虑到正在宁夏、甘肃"围剿"红军的胡宗南、曾万钟、毛炳文及关麟徵、杜聿明的十万"中央军"，西安面临东西夹击的军事压力极大！更严重的是，还有数万人马的国民党"中央军"二十五军驻扎在紧邻西安的咸阳市，如一把尖刀插在中间！这二十五军正因为军长万耀煌被扣西安而焦躁不安，从而逗留在咸阳的这支军队的危险性更加难以预测。这是事实，在西京招待所的俘虏中，就有万耀煌夫人周长临。她曾在 12 月 16 日利用自己的女眷身份避开监视，秘密向二十五军传达了一个来自蒋鼎文的命令。二十五军得到命令后，立即从咸阳城逼向西安！二十五军的异动，打乱张学良、杨虎城的原有布局，迫使东北军、西北军紧急向西安调防部署。从而，夹在潼关的樊崧甫四十六军与咸阳的万耀煌二十五军之间的西安城已无险可守，它俨然已是一座危城。

情势极端紧急！张学良、杨虎城决定，东北军、西北军实行联合指挥，组成抗日联军，孙蔚如、王以哲为抗日联军第一军团正、副军团长，马占山为骑兵总指挥。他们电令驻陕甘宁边区的各部队"火速向西安集中"，原有防务交红军接替。

陕北红军因此解放了陕北大片地区，并首次进入肤施。从此肤施成了"红都"，并正式定名延安。为了配合张学良、杨虎城保卫西安，红军进入渭河平原，把红军总指挥部设到西安城外泾阳县云阳镇，甚至派红军驻扎到咸阳城和三原城以牵制"中央军"第二十五军。尽管如此，军事形势依然不容乐观，四十六军的董钊二十八师和陈宝安七十九师频频从东面发起进攻。面临巨大军事压力的东北军一〇五师长刘多荃，被迫派人到潼关与"中央军"四十六军军长樊崧甫联络，还请南京中央设法调解。

其实，南京政府态度有所改变，主流意见改持和平解决西安事变的态度。受孔祥熙等人的影响，樊崧甫也放缓进攻的步伐。比如，12 月 14 日，樊部董钊占领渭河南岸属于大荔的三河口后，就迅速用电话同西北军冯钦哉联络，劝他"顾念国家艰难，固守原防，静待解决"。冯钦哉也投桃报李，回电表示"同情"。接着，南京方面主和派施加政治影响，与主战派达成了许诺，宽限七天暂不对张、杨动武，以促释放老蒋。由此，西安事变形势略有缓和。接着，从事和平调解的美国人端纳见了蒋介石后，又与张、杨一并进行疏通。张学良提出要求，要国民党"中央军"继续延长停火期限，以便安排释蒋以达到和平解决的目的。同时，张、杨还释放了最讨厌的蒋鼎文，让他充当和平信使。蒋介石也当着张学良、蒋鼎文的面写了一个手令，让国民党"中央军"暂时停止进攻三天。

蒋鼎文将手令送到南京。樊崧甫的四十六军奉命暂停了对西安的军事行动。

但国民党"中央军"并不完全是持同一种态度，樊崧甫暂停了，激进的桂永清来了。桂永清率领的中央军校教导总队随后闯进关中，他们保持着难以抑制的跃跃欲试势头，他们要用战争手段来"救"蒋委员长！

原来，12月13日这天，原本教导总队正在南京军校内举行运动会，总队长桂永清一得知西安事变消息，立即宣布停止运动会，改运动会为战争动员会。经煽动，全总队营长以上军官集体要求进攻西安。于是，教导总队从南京煤炭港上火车开赴郑州，经潼关进入关中。

等到12月20日，缓兵停火的期限一满，战争行动又开始了。樊崧甫派董钊二十八师的一个团攻占华县，将坚守华县车站并进行抵抗的东北军一个营全部就地枪杀，场面十分血腥！

这位董钊师长是内战的急先锋。他攻入潼关后，就一路打下华阴、华县，控制渭河以南大片区域，给西安事变的张学良、杨虎城造成巨大的威胁。此事着实令人十分遗憾！

当然，我们不否认董钊在后来抗日战争中表现突出，堪称是抗日英雄。七七事变后，董钊率二十八师固守潼关，与日军激烈交战，打破侵略军渡黄河的图谋，保住关中地区。接着他率部参加徐州会战和武汉保卫战，表现均十分出色。在台儿庄战役时，董钊率本师人马前往增援李宗仁、白崇禧指挥的第五战区，接受在山东郯城地区担负阻击日军板垣师团的山田联队的任务。在战场上，全师官兵英勇杀敌，以全师伤亡三千余人的代价打退了日军最精锐的山田联队，日军其他方向的进攻同样受挫。遭重创的板垣第五师团落荒而退！板垣师团援救台儿庄日本败军的梦想破灭。随后董钊部又参加了武汉保卫战。武汉保卫战后期，董钊二十八师转战河南，参加罗山、信阳战役。尽管敌我力量悬殊，战斗十分激烈，董钊及其部队还是顽强阻击了日本侵略军。经八年激战，董钊升任三十八集团军总司令。

董钊从孙中山的警卫员起步，最后晋升为集团军总司令、陕西省政府主席兼保安司令和陕西省党部主任。他是个从士兵到将军的典型。他参与内战，攻占潼关，几乎扼杀了西安事变，固然遭一些人士诟病，但他作为旧军人，奉命行事，也是无可奈何的。考虑到抗日战争中，此人的确是个硬汉，战功卓著，我们也不能因一时一事而埋没他的一生，埋没抗战史上屡建奇功的国民党军二十八师。

与二十八师相类似的还有中央军校教导总队。董钊攻克华县后，桂永清率中央军校教导总队进入华县，并从此地步行到渭南东郊准备开战。

次日凌晨9时，教导总队向渭南市发起进攻。炮兵向渭南后方延伸射击，破坏东北军的后方交通线。接着，中央军校附属的交辎军校战车营的战车在第一线展开，掩护教导总队第一团与第二团进攻渭南，骑兵团在翼推进迂回。在机械化部队、炮兵、骑兵和步兵的联合进攻下，刘多荃的东北军一〇五师见状不妙，迅速退离阵地，向临潼退走。教导总队在一个小时内占领了渭南城。战斗造成总队士兵三十九人阵亡，负伤五十人。渭南临西安仅一步之遥！这是中央军校教导总队及军校交辎军校战车营诞生以来打的第一仗。

教导总队占领了渭南城的捷报，送到军政部部长何应钦手中后，他急忙电示总队长桂永清：事变可盼和平解决！原来，20日、21日两天，宋子文以私人探亲的名义到西安探望蒋介石，并与张学良做了幕后交易，和平解决的契机出现了。

教导总队于是奉命紧急收兵，驻屯渭南。次日，因为宋子文、宋美龄要到西安接回蒋介石，为营造和平气氛，教导总队退出渭南。

从另一方面来说，全套德式装备的国民党中央军校教导总队和军校交辎军校战车营是蒋先生的骄子，他们在内战战场上初试啼声，而且对手只是东北军一〇五师这种软弱怯战的杂牌军，结果却太令人失望了。不过，历史很快原谅了他们的这份"原罪"。一年之后，这支众所公认国民党最精锐的部队，在南京保卫战的战火中升华了。在长江边的石头城下，固守紫金山、栖霞山、五台山、光华门等处的教导总队各营团罕有存活官兵！除总队长桂永清等少数人因预先知道总司令唐生智的撤退令而逃命外，部队绝大多数成员均为国殉难、光荣献身了，他们堪称英烈。当然，也有几位因跳崖、跳江仍大难不死，后来又经爱国僧人、贫苦村民、国际友人舍身抢救，躲过延续两个月的南京大屠杀，继续返回抗日战场。他们之中就有廖耀湘、邱清泉、钮先铭、郭岐等抗日和反"东突"叛乱的名将。董钊二十八师及中央军校教导总队的事说明，任何历史事件和历史人物，都很难凭一时一事来下结论。

但渭南一战，给张学良、杨虎城造成了巨大的心理压力，"中央军"各部可以随时不受约束而发起进攻，西安方面的军事实力太脆弱了！

总之，失潼关是张学良、杨虎城在策划西安事变这大棋局中最严重的失误之一。

但这不能全怪张学良、杨虎城，其实在事变发生的第一时间他们就想到潼关，可见他们是有军事头脑的。只是，冯钦哉此时正在埋怨杨虎城不与自己商量就干出那么大的事件，赌气而内心不服。就在这不经意间，潼关没了。所以细说起来，失潼关这事，依然也是一件祸起萧墙的事故！这次的祸根，既因东北军守军缺乏斗志，又因西北军内部有严重的分歧。西北军内部这种分歧的严重后果，不仅影响到潼关的得失，而且危及杨虎城与冯钦哉合作关系是否能继续，关系到西北军本身是否分化瓦解。

在 12 月 11 日晚上，杨虎城与赵寿山布置西安事变的时候，因冯钦哉、孙蔚如两人在西北军内部的特殊地位，赵寿山就反复向杨虎城提起这二人及事前有否沟通的情况。杨虎城考虑到冯钦哉顽固反共的立场很难沟通，所以在"捉蒋"成功之前，始终没有向他透露消息。事实证明，忽视了冯钦哉，为整个事件埋下了祸根。

冯钦哉是山西人，是辛亥革命的元老之一，仅因在反对袁世凯称帝问题上与阎锡山闹翻而分道扬镳，被迫离开山西去陕西。冯钦哉想在陕西发展，需要有杨虎城这样的当地人拉大旗。于是十几年来，这哥儿俩互相配合，终于成了大世面。但冯钦哉思想保守，对中共和工农红军的态度上与杨虎城、张学良有很大的距离。早在张学良、杨虎城与红军秘密签订协议时，冯钦哉就反对。西安事变中，西北军军法处处长张依中在杨虎城、冯钦哉之间制造麻烦，被冯钦哉活捉处死！张依中这一折腾，冯钦哉对杨虎城误会加深了，彼此关系一度破裂。后来到解放战争时，冯钦哉与傅作义同是华北地区国民党军队的最高指挥官，共同发动了北平和平解放。不过由于冯钦哉的固执，起义后他不愿意在新政权中任职，所以世人罕有知道他也是北平和平解放的核心人物。北平和平起义十年后，也就是到1959年，出现了意外，张依中后人揭发已经戴上右派帽子的冯钦哉，说他破坏西安事变，活埋西北军军法处处长张依中，从而冯钦哉被重新清算历史账，当作"历史反革命"关进监狱。虽因傅作义等人士的关照，冯钦哉在狱中没吃太大的苦头，但他必须接受改造是当然的事，为交代自己的反动罪行，他写了回忆录。提到西安事变时，他说："当时我对张、杨的这种做法是完全反对的，我认为张学良是胡闹，杨虎城是盲从，对蒋介石'攘外必先安内'的政策是坚决拥护的。所以，我自认为看清了张、杨的反蒋意图后，也暗中做了些准备，如我过去从不亲自带部队上操，这时也天天同部队一起上操了，以便随时应付事变发生。"

所以，就在西安事变发生的上午，杨虎城给冯钦哉打电话通报昨夜情况，然后解释说："蒋介石不接受联共抗日要求，张副司令已下令扣蒋实行'兵谏'。"杨虎城并提出要冯钦哉迅速派兵一团，开往潼关布防。冯钦哉当场立即顶嘴："小张（按：张学良）的命令我不听，你有什么办法，我们再商量。"冯钦哉说这话的意思要杨虎城不要听张学良的，而要接受他"拥蒋打张"的意见。杨虎城听出这话不投机的苗头，也不再言语而挂上电话。他不想失去冯钦哉这位老朋友，而考虑找人向冯钦哉做进一步解释。

但冯钦哉却是另外一番心思：扣蒋实行"兵谏"，这是一起惊天举动，如此重大举动，事先竟然不与自己商量，这分明是张学良、杨虎城对自己的不信任。他认为那种作风有辱人格，十分愤怒。随后，新一军参谋长续范亭、西安绥署办公厅主任续式甫、西安绥署参议冉寅谷和赵子余、四十二师驻西安办事处处长许海仙等人先后来到大荔，他们代表杨虎城向冯钦哉解释，纷纷劝冯钦哉："你与杨几十年的交情，无论如何不能分裂！"但冯钦哉依然怒气难消。不过，冯钦哉还是执行了张、杨有关"驻陕甘宁边区的各部队火速向西安集中，原有防务交红军接替"的电令。但他是否听从杨虎城向潼关增援命令的问题，则长期以来是个谜，因为他此后从不提起那件事，而别人的说法又不尽相同。但不论怎么说，潼关是冯钦哉的地盘，也是他势力范围内的军事重镇，白给别人，那是无论如何也不会甘心的。所以，我们以上的描述是根据多数人的回忆，而采用冯钦哉在事实上向潼关派兵的说法。

有关1936年"双十二"那天的事，20世纪60年代，冯钦哉在狱中交代自己破坏西安事变的反动罪行时有较详细的叙述。其中提到西安事变那天的活动是这样的：

> 我命令四十二师由朝邑等地向大荔集中，并召开了有副师长郭仰汾、旅长柳彦彪、团长李子清、王钦轩、王明钦、行海亭、黄维华、潘禹九等参加的军事会议。另一旅长武士敏在南京陆大学习，团长张之亭在宜川尚未赶到。
>
> 在会上，我首先讲话，大肆诬蔑张、杨是"背叛党国""背叛领袖""勾结共产党作乱造反，破坏抗战"，等等。并号召大家拥护蒋委员长，反对张、杨。当时有团长李子清、王钦轩积极发言，表示坚决支持我的主张。于是我当即任命李子清为大荔警备司令，指挥该团及四个独立营担任城防。其余六个步兵团布置在城外，由副师长郭仰汾指挥，准备配合"中央军"进攻西安，营救蒋介石。当时大家的意见是，为了分化张、杨，对十七路军暂时采取和平态度，争取他们倒过来，合力消灭东北军。

这里，冯钦哉就没提是否派兵防守潼关的问题。但他的部下王明钦团长后来却认为，此时，冯钦哉、杨虎城并没有绝情，冯钦哉在第一时间还是接受了杨虎城要他派兵守潼关的命令。只因为当时，驻陕北防御红军的部队（如驻延长的王明钦团和宜川的张之亭团等）还没有撤回，冯钦哉虽号称第七军军长兼四十二师师长，其身边仍然处于无兵可调动的局面。

我们注意到，冯钦哉在交代中还提到了工兵营营长潘禹九这人。由于工兵营实际上就是冯钦哉的警卫部队，营长潘禹九当然是冯钦哉的贴身亲信。有关冯钦哉如何派兵守潼关的问题，潘禹九倒有较详细的回忆。他讲述冯钦哉向潼关调兵遣将的情况，听起来感觉挺合情合理。潘禹九是这样说的：

大荔附近根本就没有什么队伍，算来算去，只有在潼关以北六十五里的朝邑有一个补充团驻防。于是冯钦哉打电话到朝邑，命令团长李子清：着即日率全团向潼关前进布防！

不料这李子清是靠冯钦哉的牌头吃闲饭的文人，听说去潼关就慌了。他不但不执行命令，反而跑到大荔找冯钦哉："你原先叫我当团长时，我就给你说我不能打仗，你叫我只负管理团务责任，不叫我打仗，现在一到潼关，就要打仗，我能打得了仗吗？"他这话说得振振有词的，真的让冯钦哉有话说不出。谁知，这李子清团座并不见好就收，他话锋一转，倒过来给冯军座开了一堂政治课："咱们如何能抗拒得过中央？杨先生背叛中央，这是以下犯上，大逆不道，是很不对的，我们岂可盲从？"

冯钦哉没辙儿了。碍着李子清这老同学的面子，不便发作，只好作罢。但另一想，冯钦哉也感到放不下朝邑这个地方，因为它非常重要，整个关中地区最大的粮仓就在这里！老冯部队的全部用粮也是从这里调拨的。放一个团在那里进行警戒也是非常必要的。于是他决定另想办法。常言道，兵贵神速。可李子清这一折腾，就把大半天浪费了。于是冯钦哉只得给在蒲城驻防的王钦轩团长打电话，让该团火速开赴潼关布防。此时已是12日下午，洛阳城樊崧甫四十六军的董钊二十八师已经悄然登上火车向潼关开来。可王钦轩团长因这几年过惯太平日子，丧失斗志，成了一块听说打仗就喊"肚子痛"的料子。他行动缓慢，第二天下午（13日）队伍才到大荔。王钦轩到了大荔也没立即向冯钦哉报到，而是先与李子清见上了面。不知其间李子清给王团座说了些什么话，王钦轩的态度变得更是消极，他迟迟不动，在大荔赖着过了一夜。冯钦哉此时也很着急，亲自出面催王钦轩快出发。14日早晨，这支队伍才出发。下午，当他们走到三河口的北岸时，才发觉，国民党"中央军"董钊二十八师的侧翼部队已经占领了三河口。王团座一看三河口已经丢失，当即驻在渭河北岸不敢渡河，并连忙向冯钦哉告急！此时，不但潼关已失，三河口也被"中央军"董钊部队占领了，甚至更远，华阴也接着丢失，华县被困。

潘禹九认为，此时冯钦哉虽然极其懊恼，但在感情上仍倾向杨虎城，也在调兵遣将备战。

对照冯钦哉 1959 年后在狱中写下的回忆，虽然有些内容与其部下王明钦、潘禹九讲的情况不完全相符，但基本事实是清楚的，杨虎城要冯钦哉调兵防守潼关。冯钦哉及自己的部下误事，把正经事视同儿戏，弄丢了潼关。

同时事实也很明显，冯钦哉在西安事变的一开始是以拥护"委员长"、反对"小张"、包庇"虎臣"的名义来行事的。冯钦哉这里的"虎臣"二字就是他对杨虎城的称呼。因为"二虎守长安"的另一虎是李虎臣。冯钦哉表明自己是把"二虎"同视为英雄。当时，冯钦哉虽然渐行渐远，但他对杨虎城依然没有最后翻脸。就在 12 月 17 日，杨虎城还是派人与冯钦哉面谈，并当面保证，杨主任会绝对负责保护蒋委员长的安全！

得到这口头许诺，冯钦哉立刻向南京中央政府孔祥熙陈情，为十七路军开脱，替杨虎城推卸责任。以下电报表明了冯钦哉这种矛盾的心理。

> 急南京孔部长庸之兄钧鉴：密，筱日（按：筱为 17 韵，代表 17 日）虎城派代表许海仙来，据云：此次西安事变，除虎城外，十七路各官长事前概未与闻。并云：委座甚安，虎城以国家民族为前提，毫无私意。除拥护委座外，绝对负责保护，即至万不得已时，宁牺牲个人，对委座安全，绝不能有丝毫危险。事既如此，我兄速筹善策，营救委座及虎城，弟当勉效驰驱，但事前须密。弟冯钦哉叩筱戍印。

电报中的"孔部长庸之"，就是财政部部长孔庸之，也就是孔祥熙，此时代理蒋介石的行政院院长职务。冯钦哉与孔祥熙同是山西老乡，又都与阎锡山不对路，所以私下关系密切。从电报内容也可看出冯钦哉正脚踏两只船！当然，他的这种立场，各方都看得十分清楚。

国民党"中央军"方面也知道冯钦哉的立场是游移的。他在口头上高调拥护国民党，实际上不愿意与西北军翻脸，其目的仅是免遭国民党"中央军"的直接进攻。但他这样做，符合国民党的目的。包括孔祥熙在内，南京方面的基本出发点也就是要先中立冯钦哉，然后在舆论上利用冯钦哉。

而从杨虎城角度，也猜测冯钦哉喊出拥蒋和拥护中央的口号，主要还是因为畏战，而向国民党"中央军"妥协。杨虎城不希望大荔、朝邑和渭河以北大片地面落入"中央军"之手，他需要冯钦哉守住。同时，张学良、杨虎城就西安事变发的声明是"兵谏"，依然是要拥护蒋介石领导抗日，拥护中央领导抗日，而不是公开反蒋，也没有公开与国民党中央彻底决裂。所以冯钦哉高调拥蒋拥中央的口号，虽然听起来刺耳，但张学良、杨虎城也是绝对不会反驳的。

至于红军方面，冯钦哉也撤离了陕北几个县的驻军，自然这些地方最终由红军接管了。所以，即使到了12月21日，张学良、杨虎城与红军三方都继续把冯钦哉部视联军的一部分。

这么一说，冯钦哉看似在张学良、杨虎城和红军与国民党"中央军"之间保持着一种十分奇特微妙的关系。不过，马上出现了一位不速之客，那人名叫张依中。因为他的一阵搅和，冯钦哉与杨虎城决裂了。

张依中是十七路军军法处处长。因利益关系，他常搞公权私用那一套来为自己或小团体谋利益，而不惜得罪他人。这样一来，就不可避免地与冯钦哉及其朋党结下了冤仇。冯钦哉自然不是软柿子一个。既然你张依中能搞军法的"公权私用"，难道我冯司令不可以也搞枪杆子的"公权私用"？一次，冯钦哉替朋友出气，当众扇了张依中一记耳光。如此奇耻大辱，张依中岂能甘心？于是彼此之间私仇渐渐加深。最近一次就是西安事变前不久，冯钦哉又为部下的事叫板张依中。张依中担心再要吃眼前亏，为避其锋芒，就以到上海看病为由，离开西安，顺便到上海、杭州游玩一通。当张依中在上海听到西安事变消息后，立即连夜返回陕西。他不敢过潼关、华阴那一条被"中央军"控制的主通道，而想穿过依然属于西北军的冯钦哉控制区。正当路过二四七团的防区朝邑时，张依中遇到邢海亭团长。邢海亭外号为邢长眉，因李子清被冯钦哉调任大荔警备司令，邢长眉就接替李子清任二四七团团长。邢团长是老西北军出身的，自然与张依中有一定的交情，也知道张依中是杨司令身边的红人，从而在接风酒席间表示自己依然是拥护杨虎城将军的。邢长眉团座还提到王钦轩团长也是此意。言者无心，听者有意，张依中闻讯大喜。返西安后，他即向杨虎城汇报了，并提出颠覆冯钦哉的主意。仅因此事关系重大，杨将军保持沉默而不点头。但急于求成的张依中自以为杨司令默许了。于是就要拉人一道出马，企图一举策动邢海亭、王钦轩倒戈背叛，顺便拔除冯钦哉。

正当想找助手时，张依中在军法处正巧遇到一个人。他不由得眼睛一亮：有了！

原来此人是冯钦哉手下的前二五二团团长景子勤。他因违规被冯钦哉解职，现正在西北军军法处等待受制裁。不用说，此时景子勤巴不得要与冯钦哉拼个你死我活！

景子勤被冯钦哉解职的事，我们还得从头交代一下。原来，西安事变前，杨虎城在蓝田设西安绥署行营，由冯钦哉代替自己指挥作战。景子勤就在冯钦哉手下任团长。不料此人品格低下，在南山与红军作战时，竟强奸了一名当地苏区的妇女。冯钦哉知道后大怒，以维护军纪为由，当场就要枪毙景子勤！左右劝冯钦哉说，团长是高级干部，应报杨虎城处置。冯钦哉才平息雷霆万钧之怒，命人把景子勤押送回西安，交军法处。杨虎城闻讯，立即下令撤了景子勤的团长职务，押在军法处待审决。显然，冯钦哉成了景子勤的第一大仇人。

仇人的仇人不就是战友吗？张依中认定了这点，于是把想收拾冯钦哉的念头公开对景子勤讲了。他向景子勤打包票："只要景团长肯配合行动，不但可以报仇出气，还能立功赎罪，我张某人包你官复原职！"如此好事，景子勤岂能不干？于是张依中带上景子勤和手下十几个人前往大荔，准备策动兵变，顺便收拾冯钦哉。

路上，张依中让景子勤带其他人先到大荔县城隐蔽起来，自己到朝邑、羌白等处策反邢海亭和王钦轩团。他们约定，等张依中成功策反两团长后向大荔发起进攻时，景子勤趁乱让所带人马混进师部刺杀冯钦哉。这样一来，必定局面大乱，他们就可趁机达到兵变目的。这张依中以为自己聪明，但他不知道，西安事变后，全国已经够乱了，国民党"中央军"打进潼关后，西北的局面更乱了。他如今竟然要乱中添乱，杀掉冯钦哉，把西北军搞得大乱特乱。他不知道，只要冯钦哉还在大荔，他就不至于要与杨虎城最后决裂，西北军也就不会大乱，渭河北面一大片地面就可以稳住，国民党"中央军"也不会找借口穿越冯钦哉地面包抄西安。相反，搞内讧杀冯钦哉，西北军发生内乱，必兵戎相向造成大冲突，甚至开杀戒互相屠杀！其结果必加速西安事变的失败，大家一道完蛋！其严重性，又超过失潼关那一层。所以我们讲着讲着，又讲到了一次更严重的危机。

张依中真可谓是"机关算尽太聪明"了，只是他忘记了还有后面半句话"反误了卿卿性命"！张依中就因这份"太聪明"而最终害了自己一条小命。

说也凑巧，冯钦哉四十二师的武士敏旅长此时正好从南京的中央军官学校返回陕西。武士敏自然是亲蒋分子，而且与冯钦哉关系密切。这个下午，武士敏刚开车过潼关，行至朝邑、大荔之间的路上，恰与张依中的车辆不期而遇。张依中看见了武士敏，顿时吃惊不浅，慌忙低下头缩身在车内。两车交会时，急于躲避的张依中当然不会开口打招呼，武士敏把情形看得真切，觉得事有蹊跷，自然故作不知对面来车是何人。武旅长一到大荔，与冯钦哉一阵寒暄之后，就把路上见到张依中鬼鬼祟祟的模样当作笑话说给老冯听。

我们附带在此说一声，这位武士敏将军不是别人，正就是后来1941年中条山抗日战役中，战死沙场的国民党军第九十八军军长武士敏中将。他指挥的九十八军正是冯钦哉的四十二师扩充出来的。在很长一段时间，历史把武士敏记载为抗日战争中牺牲在火线上的第一名中将军长。但实际上，还有上海八一三抗战中神秘失踪的原东北军六十七军军长吴克仁和山西忻口会战中牺牲的第九军军长郝梦龄将军。当然，在中条山血战中，源于原十七路军的二十七军、九十八军和三十八军、九十六军同样出色。武士敏的事就补充这几句，我们言归正传。

武士敏这一说，证实了冯钦哉刚刚得到的消息。原来，在武士敏归来前一时间，西安方面就有人抢先一步把张依中的神秘行径告诉了冯钦哉。而且消息来源还不止一处。

消息是张依中自己暴露的。他离西安前，就在绥署办公厅当众讲了此事，在场的窦荫三、李百明都是老冯的知己，他们马上到冯钦哉在西安的家中，向冯钦哉的心腹许海仙做了通报。许海仙在第一时间向冯钦哉发了第一道警报。

张依中处长那年代没有私家车，这次带十几个人远行去大荔，没有汽车绝对行不了。他必须向绥靖公署汽车队要车，管车辆调度的车队队长察成章是冯钦哉的好友。察队长知道张依中要去大荔暗算冯钦哉，就故意调一部旧车给张依中，自己开一辆好车提前到大荔向冯钦哉讲了亲眼所见。这成了冯钦哉得到的第二道警报。

武士敏向冯钦哉讲了张依中的可笑模样，这在冯钦哉听来，却一点儿也笑不出来。他认为，这就是第三道警报。这些完全证实了：张依中谋害自己的行动正在进行中！于是冯司令立即采取行动，他派工兵营营长丁志轩带领士兵去捉罪犯！我们注意这里，工兵营营长换人了，不再是潘禹九。原来潘禹九升官了。不是出了个败类团长景子勤吗？景子勤刚刚被撤职，工兵营老营长潘禹九取代景子勤出任二五二团团长，丁志轩顺理接任了工兵营营长。

果然没多久，削职待罪的前二五二团团长景子勤带人悄悄进入大荔。他没料到丁志轩的士兵在此已等候多时！士兵一拥而上，将面如土色的景子勤一行尽数捆绑，押到冯钦哉帐下。

无话可说了。景子勤一见冯钦哉，不用上刑，就一五一十全部交代。交代完毕，他们全部被押进工兵营等候处置。如今是自己送死上门，景子勤知道，再次落到冯钦哉手里，后悔什么都没有用了，闭着眼睛等死吧！

忽然听得一声集合令，一个班的工兵持枪排队完毕。等死中的景子勤一看势头，马上要执行枪决了，他料定自己的小命超不过三分钟了。可万万没想到，士兵开车走了，一会儿又回来了，还押回来一个人。景子勤抬头一看，新来的倒霉鬼不是别人，正是张依中！

原来张依中一到羌白，就与邢海亭团长面谈。其结果，不是邢团长被张依中策反，倒是张依中被邢长眉五花大绑抓了起来，献给冯钦哉。于是，丁志轩营长领兵接走，一路押回大荔。邢长眉昨日私下表示自己继续拥护杨虎城将军，不过是说明自己虽服从冯钦哉，内心同样拥护杨虎城，那无非是表明自己在两巨头间两边都讨好的意思。他可没有说过要背叛冯钦哉！他也不认为冯钦哉与杨虎城这哥儿俩此时已经翻脸到你死我活的地步。面对张依中公然煽动自己造反，再不抓起来，今后如何向冯军座表白？

张依中利令智昏，一厢情愿，结果酿出杀身大祸！一切都只能怨他自己。

景子勤此时才知道，集合出发的武装工兵班不是要执行自己的死刑，而是去"迎接"军法处张依中处长前来受审。

当晚，冯钦哉怒不可遏，愤不欲生。他倒卧床上，辗转打滚，放声大哭。最后他大声地叫嚷：杨虎城，你手段毒辣，对不起朋友！

次日，冯钦哉亲自开庭审问。冤家对面分外眼红，张依中知道辩解毫无意义，不如爽气点儿，表现得像个"光棍"。他对事情毫不保留，一一供认。但在最后，他坚持说自己的所作所为是受杨虎城的指派。冯钦哉要他拿出证据，张依中却拿不出。

到此时，张依中还坚称自己是绥靖公署的军法处处长，要冯钦哉将他交回陕西绥靖公署处置。冯钦哉回答说："既然你到了我这里，就由不得你了。"

随后他把张依中交给大荔警备司令李子清处理。李子清这事办得挺绝，他下令把张依中活埋了。审完张依中后，冯钦哉吩咐把景子勤释放了。

工兵营营长丁志轩对此疑惑不已。冯钦哉对他说："景在南山就该枪毙，如果枪毙了，这回张依中就成不了精啦，留下景子勤把个祸害张依中除了，也算景有功。"

丁志轩以为，冯钦哉历来执法严厉，这次却法外开恩，饶了景子勤，是极其罕见的。

从这以后，冯钦哉自觉自己与杨虎城恩断义绝了。杨虎城多次打电话找冯钦哉，想向他澄清事实、消除误会，但冯钦哉始终拒接电话。

但这两人还仅仅是不见面、不对话而已，他们并没有发展到兵戎相见的地步。地面上没有界线，手下人员往来自由，情报消息照样交换不停。到了西安事变和平解决，杨虎城等东北军、西北军将领发出《有电》，向全国报告"蒋氏离陕"，冯钦哉还是跟策动并参与西安事变的杨虎城、马占山、何柱国、孙蔚如、王以哲、董英斌、缪澂流等一道，联名签署了《有电》。可见，在整个西安事变中，杨虎城与冯钦哉之间并不像如今一些学者炒作的那样你死我活。

次年，杨虎城因西安事变被迫宣布下野，他带着冯钦哉的儿子从上海出国考察。冯钦哉依然不消气，不肯主动去送行。哪怕是要求他以给儿子送行的名义去一趟，也被拒绝。杨虎城无奈，托于右任联系冯钦哉。于老出面好说歹说，才哄着冯钦哉来到上海轮船码头。两人终于在告别的场合见面了。杨虎城面对冯钦哉下毒誓明志，两人重新恢复信任。到此，一场误会才冰释。但历史不会回头重新改写了。

在西安事变过程中，他们私人之间的确矛盾尖锐，但又没有最后决裂。不论冯钦哉第七军和第四十二师，还是孙蔚如第三十八军和第十七师，依然都承认自己同属于第十七路军。而且，他们后来在抗日战争中均十分出色。解放战争中，冯钦哉与孙蔚如又同是起义将军，都成为新中国的民主人士。他们之间没有太大的差别。按毛主席的哲学思想，一分为二是对的，但分了之后，还要回过头来重新归类。就像闺女出嫁后一分为二，产生了娘家、婆家，但要她做出选择时，在其内心，娘家、婆家还是一家。

说了这么多杨虎城与冯钦哉之间的恩怨情仇，总掩盖不了历史上失潼关那件事。说起来，那还只能定义成"大意失潼关"。其实我们也知道，那潼关是必失无疑的。冯钦哉手下畏战的团长王钦轩或李子清，即使带兵赶到潼关，也不过是让董钊多抓三个营的俘虏而已。

## 闯潼关的各路英雄好汉

我们继续讨论与潼关有关的故事。

此时，南京方面的所有判断，都是以张学良给黄永安的电报为依据的，他们以为事变是张学良一手造成的。社会各界对此也存在同样的判断。从而，南京方面以为可以通过杨虎城、冯钦哉从内部着手救出蒋介石。于是，各路文人雅客、英雄豪杰纷纷拥入潼关、大荔，妄图挤进西安以求一逞。他们个个都想策动杨虎城反水，一举救出老蒋，彻底破坏西安事变，最终实现自己的终生抱负。一时间，他们有如八仙过海，各显神通，齐齐拥挤在这条短短的潼关道上！平日偏僻寂寞的潼关、大荔，此时成了无数英雄竞折腰的场所。冯钦哉从而也成了各路英雄争相巴结的核心人物。冯府门前车水马龙，庭院中鲜果堆如山，鲜花积成丛。那些都是客人的见面礼，也更是来自被拘押在西京招待所的国民党中央大员亲属家人所献。他们或亲来或托人给冯钦哉表达敬意，以期自己的亲人能得到优待。善于理财的老山西冯钦哉，对于这些礼品、红包自然一一笑纳。有关这事，有某则故事说到他老冯在西安事变中向被拘的陈诚行贿以期高升。但那说法遭冯钦哉后人反驳，并通过官司来辨是非。此事按我们估计，也认为不符合此时高居救世主地位的冯钦哉的心态及其平日为人极端小气的性格。在当时人的心目中，山西人冯钦哉太善于理财，堪称铁公鸡。

对来到潼关、大荔，或通过冯钦哉去活动西安的各路英豪，我们无法一一列举，下面只能举出其中一二，加以介绍。

最重要的人物莫过于代理行政院院长孔祥熙。孔祥熙原是行政院副院长，蒋介石北上洛阳、西安督战时，他已经代理了院长的职务。孔祥熙是老蒋的连襟，能否成功营救蒋介石，关系到家族利益的根本。同时他又与冯钦哉攀上了山西老乡的亲戚关系，他虽不能亲自出马走这条路，却是利用这一通道的第一人。12月13日，孔祥熙秘密致电冯钦哉，既探询西安之变"究竟如何原因"，又下问"有如何解决善法"，以示对这位山西老乡冯钦哉的借重之意。虽只是试探，但投桃换李，孔祥熙得到了冯钦哉的回应。可以说，孔祥熙是策划冯钦哉效忠蒋朝廷的第一号说客。

第二天，财政部税警总团团长黄杰到大荔与冯钦哉相见，他鼓动冯钦哉领衔发通电攻击西安事变。前文提及，徐庭瑶率第十七军赶赴长城抗日战场时，黄杰是他手下的二师师长，如今改任税警总团团长，后来的抗日名将孙立人也在其手下当团长，只是不知此次是否也来潼关？由于税警总团的重要性，黄杰是西安事变后到大荔的第一位军政大员。

孔祥熙电报与黄杰大荔之行，果然得到冯钦哉的回报。此时率兵驻扎潼关的国民党"中央军"长官是樊崧甫，他是一位能同时与孔祥熙和何应钦保持密切联系的军界大员。冯钦哉也深知与樊军长沟通的重要性。于是在 14 日，冯钦哉派副师长郭仰汾和少校参谋徐思贤到潼关与樊崧甫接洽。郭仰汾等当面输诚："本师追随委座多年，绝不盲从作乱，现集结朝邑、大荔一带，巩固防务。如东北军、'共匪'南犯，决予痛'剿'，对陕军当设法收容，乞转呈层峰，毋以该军为念。"于是，樊军长一方面托冯钦哉打听蒋介石的下落及生死状况，另一方面向孔祥熙、何应钦建议：对冯、郭二人应"宠赐较优名器，以示怀柔"。

接着，郭仰汾等人得到西安事变的详情后，向樊崧甫提供了西安形势及蒋介石的下落。于是樊军长马上给孔祥熙、何应钦发回一份长长的秘密电报：

1936 年 12 月 14 日。限即刻到。南京。代行政院院长孔、军政部长何：密。据四二师郭副师长、徐参谋寒日（按：寒为 14 韵，代表 14 日）先后由大荔来潼面称：

（1）据本师参谋长与驻陕办事处长元由西安回称：此次西安事变初起时，委座在临潼，闻警即微服上山。后经叛军白凤翔部寻回，当由杨主任接赴西安，献衣贩食，尚称优厚。陈参谋长与邵委员元冲在西安北招待所，邵欲起避，当被戕害，据辞公无恙（按：估计是电文译码出错，"据"应是"修"，连起来就是"修辞公无恙"，即"陈诚平安"之意）。钱主任在杨寓与其余诸公亦均平安。邵力子夫人跳墙，弹伤，等语。

（2）本师追随委座有年，绝不盲从作乱。现集结朝邑、大荔一带，巩固防务。如东北军北窜，"共匪"南窜，决予痛"剿"。对陕军，因关系过深，未便反颜。战事果起，对陕军得设法收容。乞转呈层峰，毋以该军为念云。

郭副师长系黄埔一期同学，在该军服务八年，一切当可负责。定册辰回大荔防次，与冯军长商洽后，即与职共同，通电拥护中央。冯军长、郭副师长忠勇卫国，深堪钦佩。拟恳宠赐较优名器，以示怀柔为祷。

樊崧甫。寒亥。参战。印。

这里寒亥表示发电报时间：14 日亥时。开头一句"据本师参谋长与驻陕办事处长元由西安回称"的"元"指 13 日。意思是："根据本师参谋长与驻陕办事处长 13 日从西安的回音：……"这是南京的中央政府得到的第一道表明蒋介石没死的官方消息。从此时开始，他们才知道此时蒋介石在西安遭监禁，还确认西北军内部有反对西安事变的势力。

当天，孔祥熙回电鼓励冯钦哉。在致电中，除赞其"拒受乱命"外，更鼓励冯氏设法早日消弭事变，以建"旋乾转坤"之功。孔祥熙在电文末了还说："吾晋人士忠义素敦，知吾兄必不任昔贤专美于前也。"

接着，一份攻击西安事变并拥护蒋介石的通电在全国到处传播。通电由陆军第七军军长冯钦哉领衔，随后由第四十六军军长樊崧甫、第六师师长周禔、第十师师长李默庵、第二十八师师长董钊、第六十师师长陈沛、军官学校教导总队总队长桂永清、第七十九师师长陈安宝等联名签署。这份通电使全国各地持观望态度的军阀，普遍以为是西安内部出现了重大分裂。于是他们纷纷紧跟附和、自动站队以表明自己忠于老蒋的立场。

亲临潼关，想进一步瓦解西安事变的人物中，资格最老的人莫过于右任。于右任是陕西三原人。1903 年，他因仰慕蔡元培和吴稚晖等人领导的上海爱国学社革命青年反清爱国行动而奔赴上海。辛亥革命胜利后，他当了中华民国临时政府的交通部次长。此后他一直是国民党元老，长期负责西北地区的兵运工作，冯玉祥、杨虎城走上与国民党合作的道路，都与此老有关。这次，于右任是打着"西北宣慰团"的旗号来的。专列抵达潼关后，由于天冷，于先生住宿均在车上，因此十分不便。于右任就给杨将军打电话，让派车来接他。凭他的老前辈资格，让杨虎城为自己跑跑腿，的确是丝毫也不过分。不想，这个"西北宣慰团"的名字过于敏感，杨虎城听了不舒服。于是他回复于老说："您如果以陕西人的身份回三原扫墓、探亲，我派兵去欢迎你。如以'宣慰使'的身份回来，我们不要任何人'宣慰'，还是您老早些回南京去吧。"

于右任这次空手而归了。他是个文人，文的失败了，武的又来，来人是杨渠统。

12 月 12 日，黄永安叛变后，有人来到开封见刘峙。他毛遂自荐说，愿意身入虎穴，到西安探听虚实，设法营救蒋先生。

此人是驻防河南漯河的新编第五师师长杨渠统。杨渠统是甘肃人，原本是杨虎城西北军十七师四十九旅旅长。后来，沉寂多年的老军阀吴佩孚出现在甘肃，他大谈抗日，批评朝政。杨渠统以讨伐吴佩孚的名义随孙蔚如打进甘肃。在甘肃，他又想跳出以陕西人为主的十七路军的环境，于是向国民党中央委派的绥靖主任朱绍良请求外调。朱绍良同意帮忙，于是杨渠统的四十九旅改为"中央军"新编第五师，奉命东调，驻防河南，归刘峙指挥。但在中原地区，杨渠统感到自己处处受歧视。他随时想立个大功，给同僚看看，自己不是靠卖主求荣而换取地位高升的人。所以这天，他一知道西安有异动，马上感到是一个建立大功、改善自身形象的好机会，于是前来请缨。刘峙闻言大喜，并许下诺言，凡策反营救有功者，定满足其要求，保证做到要官给官，要钱给钱！

踌躇满志的杨渠统抓紧时间，于12日深夜出发，由开封搭车西行。13日上午，他到潼关。此时，潼关与西安分别操纵在互相敌对的双方手中，他知道，要回西安，就必须先到大荔。杨渠统想到了老上司冯钦哉，就拨通冯钦哉的电话。他的要求立即得到了冯钦哉的同意。于是，杨渠统向国民党"中央军"第二十八师师长董钊借了一辆汽车，开往大荔求见冯钦哉，希望他能帮助自己与杨虎城取得联系。冯钦哉见到杨渠统，大喜，立即让杨渠统用自己的专线拨通杨虎城电话。电话那边，杨虎城不知有诈，就表示同意与杨渠统见面。冯钦哉见是机会，就让杨渠统携巨额现款去西安，以金钱收买之法来软化十七路军，挑拨杨虎城反张学良，并设法把蒋介石救出来送往三原，再转大荔。

恰好此时，在南京陆军大学高级班受训的陈子坚，也受南京陆军大学教育长杨杰的委派，来到大荔。杨杰也是要让陈子坚当说客策反西北军。陈子坚进陆军大学前是西安绥靖公署办公厅主任，所以与冯钦哉有交情。他也一路来到大荔求助于冯钦哉。正就在这天，孔祥熙也电嘱樊崧甫，要充分利用冯钦哉的关系，运动杨虎城救出蒋介石。既然杨渠统和陈子坚是老熟人，又同一使命、同一目标，去同一地点，于是冯钦哉就把重担压在他俩身上。傍晚时分，他拨一辆专车，送杨渠统和陈子坚去西安。下车后，他们住进西安甜水井49号的杨虎城公馆。

稍事休息后，杨渠统、陈子坚等立即去见老师长孙蔚如，汇报他们此番来西安的目的，并询问了西安的形势。然后当面商定如何晋见杨虎城，如何恳求杨主任乘势建功、释放蒋先生等问题，并立下许诺，参与者将来一定都能得到十分优厚的回报！

14日上午，孙蔚如、杨渠统、陈子坚等相偕面见杨虎城，面陈其意。孙蔚如首先开口说："'中央军'现已开抵华阴附近，正在向西推进。西安城里的东北军不到一团，如果主任下决心，我们可以把蒋先生放了，把张学良和东北军的将领一齐扣留起来。然后我们把军队调集城内坚守，等待'中央军'到达。我们立此大功，蒋先生回到南京，一定会把西北全局，交给主任负责治理。"

杨渠统、陈子坚在一旁也忙着拷边补充一番，并把国民党中央大军在陇海路西段沿线地区集结的状况，以及事变后全国军民的愤慨情绪，添油加醋地大肆发挥。

但，任凭杨渠统、陈子坚口若悬河，杨虎城就是不点头。

看看进展不大，杨渠统又把救蒋的重点移至甘肃老乡李振西身上。李振西是1928年毕业于黄埔军校第四期的学员。他担任十七路军总指挥杨虎城的教导营营长。此时，这个教导营正配合宋文梅的特务营负责警戒西安新城公馆，而蒋介石正被关押在此处。

或许是幕后活动惊动了东北军的情报机构，也或许是李振西部下有人在第一天就策划要救蒋介石，并写了一封劝诚信放在西北军参谋长李兴中的办公桌上，让李兴中配合行动。这事件引起了张学良的高度警惕。蒋介石随即由新城公馆被转移到高桂滋公馆，并改由东北军负责看管和防卫。这样一来，杨渠统行动起来增加了难度。更主要的是南京政府和平解决事变的代表来到西安，杨渠统的营救行动被迫停止。经他千方百计策划，几乎就要上演的一场惊险大戏夭折了。

不过到最后，杨渠统还是策动了西北军王劲哉旅脱离杨虎城投向国民党"中央军"。只因西安事变和平解决，杨渠统、陈子坚的使命最后宣告结束，各自返回。但经杨渠统如此这般一番串联蛊惑，西北军军心涣散了。杨虎城西北军的实际番号第十七路军，名下虽有冯钦哉第七军和孙蔚如第三十八军两军的番号，但第七军和第三十八军都只是空番号，下面各只有一个师。就是说，第四十二师和第十七师才是杨虎城西北军的全部实力。因冯钦哉反对西安事变和孙蔚如遭说客蛊惑，杨虎城到后来已经没有可调动的兵力了。以致东北军骑十师师长檀自新发动叛乱，把杨虎城老娘和兄弟扣为人质时，杨虎城无可奈何，只能向东北军骑兵军军长何柱国求援。这些当然都是后话，这里只是说，潼关被破，后果的确很严重！

西安事变后，虽然蒋介石对南京那批不顾自己死活而主张向张、杨开战的人物非常厌恶，但对孙蔚如、李振西、杨渠统、陈子坚等人还是特别优待。就因老蒋知道孙蔚如有那番对杨虎城的秘密劝告，从而内心暗存好感。最终，他让孙蔚如取代杨虎城当陕西省首脑并晋升为三十八军军长，原十七师以下官也均受优惠。陈子坚回南京陆军大学，结业后，应孙蔚如召唤，出仟三十八军参谋长，抗日战争中升任副军长。令人感兴趣的是，这位陈子坚将军曾是中共领导的八一南昌起义的骨干人物之一。他曾在1924年加入社会主义青年团，1925年转入中国共产党。北伐后期，陈子坚是叶挺二十四师政治部主任并参加南昌起义。八一起义军向南进攻广东时，他曾任潮州革命委员会行政委员长和朱德第九军经理部部长。虽然他后来改投西北军，但就其一生来说，基本上大节无亏。

在千军万马闯潼关的过程中，还有一个不甘寂寞的人，那人就是胡逸民。他受何应钦委托，也挤过潼关来到大荔，想通过冯钦哉捞到点儿什么。

这几年来，胡逸民在蒋介石、杨虎城、蓝衣社之间扮演不同角色。他贪小失大，结果颜面尽失，最后是"赔了夫人又折兵"，还成了别人的工具。工具用完没有价值了，他再被投进监狱。他最近这次官司一直吃到1936年初。不想，脱离牢狱之灾没多久，就恰逢西安事变，于是他再次粉墨登场，赶过潼关，来到大荔凑热闹。不过这次登台，同样没他的好戏。冯钦哉及身边的人瞧不起他，他被冷在一边。

胡逸民不论是被称为老革命也好，老狗、老贼也罢，他都很可怜：昨天赔了小妾又入狱，损失惨重；今日重新粉墨登场，一无所获。接下去他只有卖国求荣当汉奸一条路了，其为人就更贱了。他那些丑事，我们不提也罢。

大批关外来客中还有一批客人是不得不提的。其中有一位是持罗兹（Rhodes）远东旅行奖学金到北平燕京大学的访问学者詹姆斯·贝特兰（James Bertram）。贝特兰其实是新西兰人。那时，新西兰是英国殖民地，贝特兰只能说是英帝国的臣民。1936年11月，他才来到中国，西安事变后他就成功地"闯关"到达西安。与前面提到的英雄好汉、文人墨客不同，贝特兰不持有南京政府的使命，而且他得到"抗日同志会"的"三剑客"之一苗剑秋的力荐，所以他得到了杨虎城和西安事变的"设计委员会"及"抗日同志会"的信任。最后，他与史沫特莱搭档登上西安广播电台充当英语播音员。西安电台唯一的女声英语广播马上变成男声、女声同台广播，打破了国民党中央的新闻封锁，那是对张、杨西安事变的有力支持。凭借亲身进入西安的优势，他后来撰写了《中国的危机：西安事变真相》一文，赢得了声誉，正式签约为《泰晤士报》驻华记者。他还乘机到陕北访问中共和红军领导。一篇文章《和英国记者贝特兰的谈话》还进入了《毛泽东选集》，他因而成为中国广大革命家所熟识和羡慕的外国人。与贝特兰同来的还有美国记者费舍尔（Francis McCracken Fisher）。不过，讲到贝特兰与费舍尔来西安，不能不归功于大名赫赫的"苗疯子"苗剑秋。

久违了，才子苗剑秋！我们已经有好长一段时间没提到他了。我们记得，苗剑秋在王曲军官训练团发表了与蒋介石针锋相对的讲话，他在军官集会上指责蒋介石不让东北军打回东北，而要与红军打内战。他告诉军官："我们东北人稍有血气的，就不该让他站着走出去，而应当让他爬着滚出去！"这话何等大义凛然，何等慷慨激昂！但因此，他被怀疑是企图煽动兵变来反对蒋领袖的危险分子。张副司令被迫无奈，扬言要枪毙苗剑秋，但暗中把他送到北平、天津避难。

原本苗剑秋的岳丈是东北"日铁"势力范围内的大资本家，女婿再落魄，弄点儿生活费和活动费是不成问题的。但是，他岳父是按日本国法律在日本注册的公司法人，家庭和资产在东北和日本。九一八事变后，中国内地与中国东北及中日民间经济关系也基本断绝，躲避在平津的苗剑秋无法得到丈人额外补贴的生活费，经济上就必须完全依赖张学良。而张学良的经济之手依然活跃在北平，那就是管家林文龙。坐掌北平的林总管绝不会让苗剑秋流落街头。苗剑秋的生活自然有保障。前文提到，林文龙是大倭军部间谍今井武夫的线人，这苗剑秋与今井武夫关系也相当暧昧。虽然，苗剑秋一生没提过一句有关今井武夫的话，但今井武夫即使是抗日战争结束二十年后写回忆录时，也没忘记苗剑秋。他在20世纪60年代成书的《今井武夫回忆录》中写上了苗才子。

原侵华日军副总参谋长今井武夫是终身不悔的法西斯分子，是著名的日军大本营参谋部的"支那通"，他曾长期任日军驻北平武官，而日军驻华武官正就是策划侵略中国的军事特务！整个20世纪30年代，今井武夫也正就是坐镇北平策划侵略中国的。西安事变半年后发生的七七事变，就是由他和牟田口廉也大佐共同策划的。后来今井是冈村宁次的副总参谋长。第二次世界大战结束，虽然中国政府宽大为怀，没有把他列入战犯名单，没有清算他的罪行，但他从来没有改变仇视中国、蔑视中国人的立场。今井武夫回国后写的回忆录中，甚至用"麻秆儿打狼"的寓言来比喻那场罪恶的战争。他明确地说"狼就比喻是中国"，悍然把数百万日本侵略军在中国侵略和烧杀奸掠中国人民的罪行说成是"打狼"！他鄙视所有中国人。甚至连那些为日本人卖身的汉奸特务，他在内心同样不愿意高看一眼。在他的回忆中，是否要出卖这批卖身的汉奸，或踢一脚，只取决于其高兴与否。所以在回忆中，今井武夫就出卖了一些为他效劳的中国人。比如，他公开了张学良原来的秘书兼会计林文龙就是他的线人，是重要的情报来源之一。今井武夫还得意扬扬地吹嘘他的日本特务机构如何操纵控制殷汝耕、石友三等汉奸。顺便，他还出卖了靳云鹏、陈子庚等人。他把靳云鹏、陈子庚如何为了大倭的利益去活动宋哲元、阎锡山、韩复榘等军阀的内幕一一公布了出来。这中间就连带提到了苗才子的大名。

今井武夫在回忆录中也提到了12月12日张学良、杨虎城在华清池"捉蒋"的事，今井武夫是这样写的：

> 这时我正在北平工作。过去曾在奉天张学良手下担任过会计、秘书的林文龙，向我送来情报说，这是张学良为阻止关东军南下所使用的苦肉计，希望与日本方面进行秘密交涉。

　　恰巧十二月十二日发生了西安政变，我为了要弄清情况，顺便和张学良会谈一下，打算同林一起到西安去，在欧亚航空公司租用了飞机准备出发，正巧天津军司令官田代皖一郎这时候出差来北平，命令停止，只好打消了原意。事后听说西安事件是张学良军赤化分子搞对日抗战的前奏，万一当时我果真到了西安，恐怕难免遭缧绁之辱，事过境迁，使我不寒而栗。

　　但是根据战后逃亡到日本的当时政变的演出者苗剑秋谈起："万一当时日本武官到了西安，当然会与张学良会面，为调整日华关系，说不定会提出什么最后解决方案吧！"

　　虽然，今井武夫直指林文龙是他的情报网线人而没讲到苗剑秋的身份，但他的回忆意味深长地把苗剑秋的大名提了出来并引出他的言语，不正要暗示点儿什么？

　　其实，此时的林文龙丝毫没有去西安的必要。张学良给他的任务，恐怕就是要他留守北平管理好自家的财产，特别是如何解决张家在东北被日本人掠夺走的那部分财产。林文龙想要向张学良汇报财政事务，恐怕此时少帅没那份闲心思听他的。林文龙自己想去西安玩玩，此时会有好心情吗？他完全没有必要选在西安陷入一派刀光剑影的时期去。林文龙不与张学良事先讲清楚，突兀地将日本大特务今井武夫带到西安去，那不纯粹要给张学良添乱吗？既然张学良、杨虎城发给全国的"八项主张"讲了发动西安事变是逼蒋抗日，那怎能容许日本特务赶进来插一脚？今井武夫一旦在西安出现，势必瞒不住全世界的目光。那会令张学良、杨虎城多难堪！他们如何向全国交代？恐怕最终是叫今井武夫这辈子别想再离开西安。那样的局面绝非西安事变的目的。如果这是林文龙的主意，那他是太胆大包天了。而如果是苗剑秋的主意，那就是另外一回事。所以，我们不知道，苗剑秋为何会在二十多年后，还会对今井武夫保证让日本武官今井去西安是"调整日华关系"。苗剑秋向今井武夫进行的解释，是为林文龙呢，还是为自己？而且他没讲清楚，什么才是今井武夫所需要"调整日华关系"的最后解决方案，而什么是自己所希望的方案，难道可能是同一种方案？须知，能达成解决问题的关键人物正是关押在西安的囚徒蒋介石！如果苗剑秋和今井武夫真实意图正是奔着蒋介石而去，那中国的命运堪忧！

当然那时，今井武夫和苗剑秋的心态都是可以想象的。发生在中国的任何事变，只要对日本人有利的话，今井武夫先生是愿意去蹚浑水的：浑水摸大鱼！那才像个日本人，像个日军参谋本部的"支那通"。至于苗剑秋是否与今井一样想就难以揣度了。我们暂且不从最坏的角度去衡量苗剑秋。而只从最好的角度设想，西安"捉蒋"成功，此时最急着搭飞机去西安的人就是苗剑秋。"三剑客"中唯独"苗疯子"落伍，他是不甘心的，所以苗剑秋想搭便车去西安，因此通过林文龙劝今井武夫去西安冒险的人必定是苗剑秋。如果这样想，今井武夫先生后来难免心中狐疑：苗剑秋这小子不怀好意！

后来，苗剑秋虽成为日本人，但他有时也在台北逗留。恰在 20 世纪 60 年代今井武夫写回忆录的时候，苗剑秋因自身的特殊身份，承受不住台湾当局的政治压力而又回到日本。今井武夫正好就找了苗剑秋，当面把问题问个明白。回忆录中这些话，是否正就是他向苗剑秋表达的埋怨呢？所以，才有苗剑秋的解释性回答。苗剑秋的答话是否是想证明自己的的确确就是为日本的利益来考虑问题的，其对日本国的忠心日月可鉴，而绝非个人图方便想搭便车？

苗剑秋这样的答复严重打击了我们对他的善意估计。

当然，我们对此问题还是有疑问：究竟苗剑秋是想把今井武夫当作礼物送给张少帅，抑或是想把张少帅当作礼物献给今井武夫？

或者干脆是想把老蒋当作孝顺大倭的礼物？

难道苗剑秋仅仅想搭一次去西安的便车吗？

这些问题，只有今井武夫和苗剑秋两人凑在一起才讲得清楚。

任何人的外在语言和口号，都与其真面目相去甚远。慷慨激昂的言辞和壮烈的口号，那些的确很重要，但绝不是本质，更不是全部。甚至有可能，那些都只是假象。对苗剑秋来说，更可能一切都是假象！

田代皖一郎司令官扫了林文龙与今井武夫的雅兴，取消了他们的西安之行。这让苗剑秋感到失望。于是苗剑秋盯上了埃德加·斯诺夫妇。埃德加·斯诺夫妇是美国人，他希望在洋人的陪同和掩护下一道返回西安。但斯诺此时正忙于写作《西行漫记》一书，无暇脱身。于是，贝特兰接受斯诺夫妇的委托，以伦敦《每日先驱报》记者的身份，联络美国记者费舍尔与苗剑秋一同踏上了赴西安的旅程。他们对中国正在发生的历史性变化感兴趣，相信这是一次冒险旅行，而冒险，正是记者观察变化的难得机会。

西安事变四天之后，苗剑秋一行乘火车从北平起程，经石家庄到达太原。去太原的理由很简单，原先听说张学良的座机送重要人物要到太原做做阎老倌的思想工作。如果这样，苗剑秋就可要求搭乘张副司令专机。结果，飞机已经转道去了石家庄，于是他们再追回石家庄，仍然又是失望。于是，他们再度从石家庄乘火车经太原到侯马，转乘黄包车到达黄河禹门渡口，偷渡过黄河。在偷渡黄河时他们被当地民团抓住了，关进当地龙王庙。最后因发现被扣的是洋人，民团就把他们释放了。于是他们踏着黄河的冰面过了河，来到陕西，骑毛驴抵达韩城。途中，他们三个坐上了杨虎城与冯钦哉交涉特使的专用卡车，27日上午赶到大荔。没有特殊说明，这交涉之特使是否正是杨虎城派来接景子勤等人的？因为冯钦哉决定不处死景子勤，而杨虎城愿意派车接景子勤回西安。

贝特兰、费舍尔与苗剑秋他们当晚随车到达西安。可惜来晚了一步，此时西安事变以和平方式解决了。苗剑客回来了，蒋委员长却在张副司令的护送下飞走了。

苗剑秋回到西安后，卢广绩出面向杨虎城主任坚请，要把苗剑秋加入"设计委员会"，杨虎城同意了。所谓"设计委员会"，就是西安事变后成立的以张、杨为首的一个危机处置机构，用以应对复杂的军事、政治、经济和外交形势。就这样，苗剑秋在西安事变的末期，以设计委员的名义参加活动。他除与应德田、孙铭九、何镜华等人相得益彰而外，与栗又文、刘澜波、卢广绩亦都友好。从而他如鱼得水，大展身手。

西安事变不久，高崇民也回到西安。不过，他是自己人，是由张学良和杨虎城秘密地把他接回去的。高崇民回西安后，住十七路军王军需处长家，参与了西安事变后来的工作。

到此，我们把西安事变发生后，从河南、山西方向进入陕北的贵客做了交代，那些人绝大多数都走了潼关道。只有贝特兰、费舍尔与苗剑秋这三位不能走潼关道，而是偷渡黄河到了相邻的冯钦哉地面。既然地理位置如此相近，我们也不用另立类型，依然把他们归入走潼关道的英雄好汉。额外提到这一路人马，那只是因为我们难以割舍对苗剑秋重要性的关注。

# 王以哲之死

# 东北军
# 参与西安事变
# 始末 [下]

施原 —— 著

中国出版集团　现代出版社

第九章

电台的故事

## 意外的舆论反应

华清池"捉蒋"成功后，西安及周边一片喧腾，就连远离西安的黄土高原也不例外。驻在洛川的六十七军就组织当地绅民大闹秧歌，以示庆贺。孙铭九和他的"抗日同志会"同人当然更是兴奋不已。当日，"抗日同志会"等组织以张学良、杨虎城的名义通电全国，宣告西安扣蒋的真相，提出包含"改组南京中央政府"在内的八项解决问题的主张。他们深信，举国欢腾的局面即将出现！

本来相信，这行动能在国际上起码得到苏联的舆论支持，至于在国内，至少像山西阎锡山、山东韩复榘、新疆盛世才、四川刘湘和桂系的李宗仁、白崇禧等人也能站在自己一边。

却不料，西安事变传开后，国内外舆论是一片哗然。不明真相的人声讨张、杨的信件如雪片般飞向西安，这当中包括胡适这种著名人士。那些信件、报刊署名和广播讲话的内容几乎千篇一律，都是大骂张、杨劫持统帅，大逆不道！

疑虑与不满的情绪在全国蔓延，声讨张学良、杨虎城的激烈文章更是一波接一波，甚至在不明真相的人群中出现了谣言，攻击中共与红军参与西安事变的策划。

一向态度稳健且对张学良持友好态度的《大公报》也在 13 日，即事变第二天，对事件的情况做了初步报道。

《大公报》第三版的大标题是"张学良竟率部叛变，蒋委员长被留西安"。"率部叛变"一词反映了报方的基本态度。《大公报》评论说："张、杨之变并非爱国主义，实则亡国主义。”

何应钦之辈就更不用提了。其雷霆万钧的暴怒，那早就在想象之中。不能理解的是，当年夏天以抗日为号召、制造两广事变反对蒋介石的李宗仁、白崇禧也站在何应钦一边！华北的宋哲元、秦德纯则发忠告，要张、杨确保委员长安全！曾经表示同情并支持两广事变的阎锡山，与张学良也有过“联红倒蒋”的秘密约定，甚至在洛阳庆贺蒋介石五十大寿那天，老阎还暗示张学良，自己准备行动了。可是当他知道西安事变发生时，却一反常态，不但不声援，反而发来一份稀奇古怪的电报，阴阳怪气地一连发问了五个“乎”，堆砌大量陈词滥调，凑成一篇旷世奇文。在电文末了，阎老倌还企图将蒋介石骗到手，然后宣布自己效忠老蒋，以捞取政治资本！韩复榘则是明里一套，暗中一套，里外不是人！只有地处边远新疆的盛世才表达了两边不得罪的立场，但以声称事前毫无听闻，来开脱与自己的干系。

国内出现这样的舆论反应，使“抗日同志会”的同人十分愤怒。他们断定是出了内奸！这事，我们在前文已经说到，那“嫌疑内奸”就是西北“剿总”交通处处长蒋斌中将。蒋中将那时兼西安电信局局长和无线广播电台总台长，主管西北地区的有线与无线通信。“抗日同志会”怀疑是他扣压住“八项主张”的电文不发，还怀疑是他秘密向中央政府告发了西安事变，以致南京得到消息后，控制了全国电信，检查并封锁了消息，致使西安方面在舆论上出现被动。

当时西安城里的人很难判断这些怀疑是否有根据。但真相是，的确有人秘密向南京政权告发了西安事变。我们在前文已经详细介绍过，那人就是东北军驻洛阳炮兵六旅旅长黄永安少将。黄永安因这次告密，有了以后飞黄腾达的资本，蒋斌中将却因那起事件而涉嫌内奸。

这两个人不同的命运，都同样涉及当时的高科技装备：无线电台！

西安事变原本指望能得到苏联政府的支持，可没人料到，苏联的态度更严厉。曾经，为表明自己的“捉蒋”是出于一片抗日救国真诚之心，发表了西安事变的“八项主张”。接着，张学良、杨虎城联合宣布，撤销西北“剿总”，成立抗日联军临时西北军事委员会。提名孙蔚如与王以哲、何柱国等组成联合参谋团，组建抗日援绥军第一军团，孙蔚如、王以哲被任命为正、副军团长，随时准备北上对日作战。

对这些行动，苏共《真理报》和《消息报》不是审慎地冷静下来，等待张学良、杨虎城的下一步行动，而是相继发表措辞严厉的社论，抨击张、杨的举动。《真理报》等媒体大肆指责西安事变，甚至指责张、杨是强盗、叛徒，指责他们受日本特务指使！

张学良两次不满地问身边的中共代表刘鼎：苏联的广播为什么骂我受日本人指使？

不用说张学良自己，他身边的中共党员刘鼎和宋黎，同样是摸不着头脑。不仅是刘鼎和宋黎，就连"红都"保安的领袖也一时难以反应过来。

为弄清这件事，我们暂时搁下被困在西安的蒋介石，转而去讨论一下当年中共中央与苏共中央（共产国际）秘密通信的形成与发展过程，以及其中错综复杂的关系。同时，借此机会，也顺便把东北军与大别山红军的恩怨，蓝衣社特务及中统特务的一些破坏活动及国际友人史沫特莱、艾黎等人在中国的经历做一个补充介绍。

## 通向共产国际的红色电波

故事从时通时断的中共中央与苏共中央（共产国际）无线电台电报通信讲起。

1928年1月之前，中共中央及苏维埃红军与苏共中央（共产国际）没有直接的无线电电报联系。这一段时间，联共（布）、共产国际与其驻华人员和机构的联络主要是靠信使传递信件。

但发生的一系列事变，特别是1927年4月北洋军阀袭击北平苏联使馆区内国、共两党领导人李大钊住处，抄缴了大量共产国际收集的资料，使苏共中央一阵措手不及。尤其不能容忍的是当月在上海发生了四一二反革命政变。这一连串突发情况，使苏共感到十分突然。共产国际国际联络部及设在上海的远东局等在中国的无能表现遭到苏共中央的严厉指责。检讨之后，1927年11月，共产国际国际联络部决定派遣经验丰富的谍报专家亚可夫·鲁德尼克（Jakob Rudnik）来华开展活动，首次建立了苏共中央（共产国际）与中共中央的无线电报联系。中国从而有了通向共产国际的第一束红色电波。

亚可夫·鲁德尼克是出生于乌克兰的老布尔什维克。1917年十月革命时，他出任"芬兰团"政治委员并率队攻打彼得堡冬宫。加入"契卡"后，他到欧洲多国执行秘密任务。在调入共产国际前，他有"前科"：因从事无产阶级革命活动，法国反动当局判处他两年徒刑，刑满后才返回苏联。1924年，他调入共产国际国际联络部担任与奥地利、意大利、德国等国共产党联络的秘密信使，这秘密信使类似中国地下斗争年代的交通员，只是更高级些，是国际交通员。1927年，鲁德尼克再次被共产国际选中，成为派往中国的最佳人选。他的秘密身份是共产国际国际联络部下属国际交通处派驻中国的"组织科"负责人。他的上级是共产国际国际联络部交通处主任阿布拉莫夫，更上一层的大领导就是共产国际国际联络部部长，也就是共产国际副总书记皮亚特尼茨基同志。顺便介绍一下，阿布拉莫夫同志后来得到提升，接替皮亚特尼茨基当联络部部长，皮亚特尼茨基同志继续为共产国际副总书记。鲁德尼克在上海的工作坚持多年，直到1932年他出事之后，才改由格伯特（即艾尔文）同志接替。

后来人（包括十分精通苏共内部组织结构的蒋介石）都错把鲁德尼克当作共产国际远东局的首要头头，那显然是弄错了。为指出其错误，这里有必要把共产国际东方部的远东局、共产国际国际联络部下属鲁德尼克的"组织科"（联络站）及苏联红军总参谋部情报总局（GRU，格鲁乌）驻上海的情报机构这三家机构区分一下。

说准确些，当时的鲁德尼克是共产国际国际联络部阿布拉莫夫下面的一名科长。他的"组织科"与共产国际东方部在上海的远东局及苏联红军总参谋部情报总局驻上海的情报机构都是平行机构。这三家都是苏共中央相关的驻沪机构，彼此之间有协作关系，但互不从属。从而，鲁德尼克既没有资格领导上海的共产国际远东局，也不是其下属。而苏联红军总参驻上海的情报机构同样不是那两家的领导，也不是从属。顺便提及，苏联红军驻上海的情报机构也就是如今家喻户晓的佐尔格小组，该小组第一任负责人即理查德·佐尔格。而上海的共产国际远东局归共产国际东方部领导，远东局实际负责人就是兼任东方部副部长的米夫。他就是王明同志的恩师，他对中国无产阶级革命有过不可估量的影响。虽说米夫同志与鲁德尼克同志是并列关系，但鲁德尼克关键时刻，还是会在暗中为米夫或王明同志提供支持，同样也会对佐尔格小组提供帮助。后面为简单一些，我们分别用"组织科"、远东局和佐尔格小组来称呼。

对中国革命来说，远东局偏重于政治领导，属于发指示下命令之类的；而佐尔格小组是专攻军事情报的；而"组织科"则是提供实际援助，既管钱财分发，又管秘密交通和秘密电信，且秘密交通关系和秘密通信系统又同时是三家共享的。比如，在一开头，上海的远东局、佐尔格小组就是共享鲁德尼克"组织科"设在上海的电台。当然，佐尔格军情小组还另有专用电台，只是功率比不上鲁德尼克的电台。所以，鲁德尼克的"组织科"是苏联派驻上海机构的公共平台，更显得有实权和神秘莫测。

鲁德尼克同志是在 1927 年夏天从欧洲出发，以投资移民身份化名来到上海的。他手拿比利时、法国、瑞士等多本欧洲国家护照，他还以商业公司老板、工会活动家和外语教师身份为掩护，开展工作。在上海期间，鲁德尼克使用过多个假姓名，登记了八个邮政信箱，开设了七个电报挂号，前后租用过十处住所、两个办公室和一家商社。他身份神秘多变且在言行上警惕性极高。他还频繁地搬家，不断更换联络地点，不断地更改电话号码。

鲁德尼克夫人也在上海。她原名达吉亚娜·尼克莱维娅·玛依仙柯，出身圣彼得堡的显赫贵族世家，自幼就读于贵族学校，受到良好的文化熏陶，最后接受了高等教育。她精通法、德、英、意语。十月革命中，她加入布尔什维克。经过一段时间的"劳动教育"后，她被委以重任。先后到土耳其、意大利、奥地利等国开展革命工作。1925 年，在维也纳成为鲁德尼克夫人。两年后，也就是1930 年初，她带着牙牙学语的幼儿吉米从维也纳来到上海，在沪西愚园路开了一家服装商社作为掩护，协助丈夫工作。儿子吉米在维也纳出生，除学来的德语外，没有一丝俄罗斯口音。

鲁德尼克夫妇在上海租界向远东各国的共产党分派经费、发展地下交通、设立秘密联络点。经过一段时间的精心操作，他们沟通了苏共中央及共产国际与亚洲其他共产党的联络。同时他们还在上海建立了共产国际国际联络部上海工作站（通常混称为共产国际远东局）与莫斯科的秘密无线电报通信联系，并协助上海的中共中央实现与各省苏维埃工农红军的无线电报通信联系。

鲁德尼克严格遵守纪律，在任何情况下他都不承认自己是苏联人，从来不在苏联驻华的公开机构现身，也不发生联系。他更是尽量避免与中共联络员发生直接接触。尽管如此，因工作性质决定，鲁德尼克与各国共产党的联系是十分充分的。记录表明，他经手的公司从经费上大力支持了各国共产党，其中对中国革命的支持尤其慷慨大方。比如，从 1930 年 8 月到 1931 年 6 月，平均每月援助中共的资金达两万五千美元，高出对其他国家的十几倍。

鲁德尼克夫妇经营的最大商号是"大都会贸易公司"。当时这家公司资金雄厚，相互来往十分注重信用，在生意人圈内口碑极佳。

同时，鲁德尼克还有一个身份是"赤色救难协会"驻沪代表。因为这个身份，鲁德尼克与后面提到的两个人有过一次间接的关联。这两人是王明及潘文郁。

事情是这样的。

1930 年 1 月 12 日，中共领导的上海工联在英租界垃圾桥（按：苏州河上浙江路桥）桥堍附近召开一个会议，刚从苏联回国的王明化装为工人出席。由于会议疏于防范，招致英租界巡捕房的关注。在会议进行当中，一群巡捕突然闯进会场，把与会成员全部押走，关进提篮桥监狱。

此时王明刚从苏联回来，党内地位并不重要，也没几个人认识他，身上又没有搜出任何文件与材料，况且又被看成一个普通工人，照常理，他不用着急，要不了多少时间，就会被释放。再说，地下党不会弃之不管，总归要营救他出狱的。

但王明同志在狱中耐不住寂寞。正巧此时，有个小牢头从上司口中打听到王明只是个"鸡肋"，迟早要被放出去。这小牢头想趁早从王明身上敲点儿钱，就劝王明"花点儿铜钿买通关节换自由"。

王明正愁没路，就凑上话题。几经协商，小牢头答应帮王明送信。于是，王明写的求援信由牢头亲手交给自己的好友兼顶头上司潘文郁。

这潘文郁又名潘东周，此时他已经取代郑超麟出任中央宣传部秘书和中共中央文化工作委员会的负责人。潘同志兼任中央机关报《红旗日报》的总编辑，还是当时中央前后两任最高领导李立三和向忠发的笔杆子。刚回国的王明正好被潘文郁安排到《红旗日报》当一名普通编辑。

这位提篮桥监狱牢头拿着王明的信来到鸭绿路的中共中央宣传部找潘文郁。当知道来人身份就是提篮桥监狱的牢头时，潘文郁不觉大吃一惊！王明严重违反党的纪律，他暴露了党中央最重要地下机关之一——中宣部的所在！潘文郁迅速向中央报警，中共中央果断迁移了中宣部，随即采取紧急预防措施。王明违规的事也报给共产国际东方部副部长米夫。米夫不是别人，他当过苏联东方大学校长，王明正好就是他的得意门生。共产国际东方部的米夫无法直接参与营救，于是马上求助共产国际国际联络部的阿布拉莫夫同志，由阿布拉莫夫找到上海联络站（即"组织科"）鲁德尼克同志，由他出面营救王明。鲁德尼克还有一个身份就是"赤色救难协会"驻沪代表，经他的手营救过许多中共党员，所以他自然是当仁不让地着手营救王明。在交了一笔保释金之后，王明于 2 月 18 日上午出狱。

人是救出来了，但因违反纪律，王明同志必须接受党中央的纪律处分。王明因而迁怒于顶头上司潘文郁。这事，我们先说到这里，潘文郁他们的事，我们随后有机会再说。举这例子，就为说明鲁德尼克这个"组织科"还是一个排忧解难的机构。当然也是解决如何与苏联的共产国际无线电报通信问题的机构，因为在上海设秘密电台正是鲁德尼克的主要职责之一。根据以上介绍，可以很清楚地看出共产国际东方部与共产国际国际联络部各自不同的职能。

鲁德尼克的"组织科"在上海建立了地下联络站，设立了与莫斯科共产国际国际联络部的秘密通信电台。这自然也沟通了位于上海的国际远东局、佐尔格小组及中共中央与共产国际国际联络部的秘密无线电报往来。这里有一部"国际台"，中方通常称为共产国际远东局电台。为实现中共中央与共产国际国际联络部通信，则还需要另一部电台，那就是"国内台"。"国内台"用于与上海的中共中央及中央苏区及各省苏区红军的电报通信。两部电台采用不同的语言和密码。秘密国际电台的建立，鲁德尼克成了中共通往国际红色电波的第一个牵线人。

上海的党中央与根据地红军联络的国内台必须由自己建立并管理操作。所以，自 1928 年以后，中共中央自己设立了无线电台，负责党中央与各根据地红军联系及向共产国际（通过鲁德尼克的电台）进行请示和交换意见。这项工作由周恩来领导的特科第四科操作。特科第四科又称交通科，科长是李强，成员有涂作潮、蔡叔厚、张沈川、邓颖超等。他们就在上海福煦路 403 号（今延安中路 368 号）蔡叔厚的敦电机公司里秘密组装电台，负责并管理通信工作。后来交通科直接改名无线电通信科，科长还是李强，科内几位成员都是中共老党员，其中涂作潮还是 1924 年由张浩（林育英）在上海工作时发展的党员。

中央特科无线电通信科需要自己的电报密码。这第一套密码就是伍豪编制的，所以又称为"豪密"，邓颖超则是中共第一个译电员，使用的就是"豪密"。从此，中共中央的保密通信工作顺利开展，与苏联的共产国际建立了无线电报通信业务。

由于苏联红军总参谋部佐尔格小组需要可靠的中国革命者的配合才能开展工作，而中共中央特科也需要接受他们的指导，就这样，特科第四科的蔡叔厚受特科负责人之一吴克坚的指派参与佐尔格小组，充当电台报务员。中共方面常把苏联红军的佐尔格小组称为苏军远东第四局。从此，蔡叔厚成了苏军远东第四局工作人员。原先，佐尔格因工作需要一位女性工作人员，向周恩来提出要求，张一萍成了最合适的人选。张一萍也成了苏军佐尔格小组成员。后来，德籍华人吴照高来到佐尔格小组，佐尔格改让张一萍与吴照高扮成一对夫妻，从事内部秘密工作。

1931 年，上海发生了著名的"牛兰案"，此案导致秘密电台的中断。

# "怪西人"牛兰 I

1931 年 6 月 15 日上午 7 时 45 分，上海公共租界内的汉口路与四川路交叉路口以南没几步远的四川路 235 号 4 号室，传来一阵急促的敲门声。过了好一阵，屋内一个保姆模样的中国女人赵杨氏才打开房门。身穿警服的公共租界巡捕房的巡捕不由分说闯进房间，喝令房间内一位强装镇静的西洋男人出示护照。这位绅士打扮的男主人自称名叫牛兰（Hilaire Noulens），顺从地拿出自己所拥有的比利时护照。但巡捕们一接过护照，马上指责他身份不符，于是就以出示的护照有"伪"为由将其带走并拘捕审查。讲到这里，请读者不要对四川路这地址表示疑惑：当年的四川路是指如今黄浦区的四川中路。它并不包含苏州河上四川路桥以北的道路。四川路 235 号这门牌就在现今的上海市人民政府参事室的斜对面。

巡捕们同时从西洋男士身上搜出了二十七把钥匙，又从屋内搜查出大量的文件。其中有许多写给 Noulens 的信件，但发觉，所有寄信人姓名都被涂抹了。

随后，也就是当天上午 10 时，巡捕房巡捕又匆忙赶到南京路 49 号的 Central Arcade 大楼。巡捕先从大楼物业管理人员讨来了 C 字 30 号房间钥匙，然后与从牛兰身上缴获的二十七把钥匙逐一比对，确认牛兰拥有 C 字 30 号房间钥匙。

于是巡捕们检查大楼物业的客户租赁登记册，查得 C 字 30 号房间是一位自称 Alison（中译名：爱立生）的人从美国二房东 H.Van Goldson 手里转租来的。开门一搜查，巡捕们发现房间壁柜中的三个保险柜：第一个保险柜保存着"泛太平洋产业工会"秘书处在菲律宾的机密活动资料；第二个保险柜保存有"泛太平洋产业工会"秘书处在日本、朝鲜、印度、澳洲等地活动文件、会计账册及一些与共产党相关机密文件；第三个保险柜保存有各国共产党的各种报告材料。这些材料分装在十六个大信封内，其中大多数是中华全国总工会文件。此外，还有几个分别装有八百美元、二十三美元、一百五十日元、六元八角四分银圆的信封。

据此，巡捕房方面臆断此处为共产国际远东局及"泛太平洋产业工会"秘书处在上海的办事机关。又根据对管理人员进行问讯所得的笔录材料及签署文件的笔迹，巡捕们断定：爱立生和牛兰为同一人！

最后，巡捕又发现一张法文便条，像是其中一个人给另一人的留言。他们猜测，这房间至少还有另一名共同使用人。法文便条的内容是："今天下午2时半再会。"据此，巡捕们相信，不论是谁约谁，这天下午2时半一定会有另外一个人来到这个房间！于是巡捕们决心在屋内守候，钓大鱼。果然不出所料，他们的守株待兔获得成功：下午2时半果然等来了一个人，她从门外用钥匙开门入屋。守候的巡捕们一阵克制不住地激动！

进门的是一位高雅的西洋女士，她没能见到约定中"下午2时半再会"的那人，却遇到一群鸠占鹊巢的不速之客！她不由得在瞬间露出一丝惊讶不已的神色。但很快，她意识到刚才这里一定是发生了什么不妙的变故，高度警觉性给了她转身就逃的本能反应，只听她嘴里嘟囔着法语，像是解释说自己是"走错了房间"，一只脚已经向后倒退。但一切为时已晚，就在她转过身要走之际，屋内这批华洋混合的巡捕拦住了她，不给她丝毫机会。

当年混迹于公共租界巡捕房的巡捕包打听们，全是上海滩上的一批人精，个个奸诈狡猾无比。他们见多识广、身怀绝技、语言能力超强，哪肯如此轻易地放走这条已经咬了钩的大鱼？于是不依不饶，将这位洋女士缠住，并抓住"走错了房间"这句话来找她麻烦。一位精通法语的巡捕马上追问："既然您说是走错了房间，就表明您不是这房间的主人！那，请您帮助解释一下：您怎么会有此房间的钥匙？"

亮出证件的巡捕们逼她非要回答这个问题：您手中开房门的钥匙从何而来？

这不就涉及入室偷盗行窃的犯罪嫌疑了吗？这位高贵的女士一时忙乱，想不出妥当的回话，只好回答说，不清楚。但她一再声称自己是法国人。巡捕们顺着女士的口气转过话题："您是法国人？那再好不过了，我们可以陪您到法租界的法国领事馆去确认一下，以便消除误会！"巡捕们不由分说，逼她马上上车就走。

这又涉及另一种伪冒国籍的犯罪嫌疑问题，这问题不比入室偷窃更轻、更简单。洋女士见状，又连忙改口说自己是比利时人。由此，巡捕们就以洋女士谎言不绝为借口，要进行搜身。他们逼她主动打开手提包，搜查时巡捕们注意到一张留有"MRS Motte，74，Westend Garden"地址的收据票根。

于是，巡捕房巡捕顺藤摸瓜，立刻按地址"MRS Motte，74，Westend Garden"赶到沪西愚园路宏业花园 74 号进行搜查，发现此处正是该女士的住处。这样，巡捕房将该外籍女士拘留盘问，最后弄清她就是牛兰夫人，使用的名字为汪德利曾，沪西愚园路宏业花园 74 号是他们夫妇的又一处住所。

巡捕房根据已查到的牛兰持有的文件和二十七把钥匙，继续扩大搜查范围，清查了其他六处地址，另外缴获了大量文件物品。这些文件、报刊等资料共一千零八十一件（份），许多是各国共产党和红色工会的报告请示文件。其中，在会计文档中记述了支付相关工会的资金明细账。牛兰持有的银行账本，是以不同的中国人名义在多家银行建立的账号，共计有流动资金四万七千五百美元。四万多美元在当初不是小数，不能拿如今美元的购买力进行参考。巡捕房巡捕另查得牛兰以中国人名义开立的中国银行账号账簿八本及大量信封等，并有伪造英国护照一本，伪造比利时护照两本。其中一本比利时护照的名字就是牛兰。

更要命的是，上海公共租界工部局巡捕房根据查到的文件、信件、电报，破获了部分无线电报密码。比如，破译了牛兰与日本共产党收发秘密电报及信件的密码。密码本就是 1929 年 11 月发行的第十五版日本三省堂新《日英词典》。密码的规则是这样的：前四个字指此词典页数，后二字表示词在页内的位置（如 0984/01 为该词典 984 页第一个单词，即 take）。巡捕房据此破解了许多牛兰与日本联系的文件内容。此外，还查获一本以德文书籍为密码的解码手册。

从破获的文件中，巡捕们发现了牛兰有三个助手。其中两人是：化名为 Marie 的法国籍女士，化名为 Alebert E.stewar 的美国人。后者曾在柏林居住过，自称暖气装置材料商人。还有一个是意大利人 Dr O.Fisher，他是在上海地区小有名气的律师，以经常保护苏联人和进步人士而知名。

法国籍 Marie 女士，原本住在上海熙华德路（长治路）35 号，但她已于案发前的 6 月 12 日乘"奉天"号船前往大连，14 日到达大连，在大连暂住一晚后北上，然后不知踪迹。巡捕们猜测，她是回苏联了。

等巡捕们查到另两人身份时，突然发现，在 6 月 27 日这天，他们都已乘上海开往大连的"大连"号轮船离沪，登记的去向是要经由大连转往德国柏林。但此二人真实去向和动机不清，巡捕们同样只能凭空猜想，他们也可能是去莫斯科报告情况。但巡捕们十分惊讶：该案所有相关人员中，没有一个是拿苏联护照的。

到此，牛兰掌握的机密将面临大量泄露的风险，尤其是与牛兰联系的所有通信密码将可能全部遭破解！

随着牛兰被捕，其手下人员先后逃回苏联。莫斯科的共产国际国际联络部也随即得到当面汇报，于是他们决定采取紧急措施：首先将所有与牛兰有关的通信密码作废，接着决定切断共产国际国际联络部上海站纵向、横向的全部无线电报联系。这也就是中共与苏共中央的无线电报通信意外中断的原因。

人们一定感到惊奇，牛兰这么重要的一个秘密机构怎么就如此轻易地被上海公共租界工部局巡捕房破获？

原来，半个月之前，也就是 1931 年 6 月 1 日，英属新加坡警局以违反护照法为由逮捕了一个自称为 Joseph Doorooz 的法国籍人士。他的真实身份是共产国际的一个信使，或称交通员。其实，警方早就监视了 Joseph Doorooz 的行踪，并知道他另一个名字是 Serge Lefrano。这导致一大批与他有过接触的马来西亚共产党人最终遭逮捕，其中就有进步的华侨青年傅大庆等十七名马来西亚当地居民。

Lefrano 时年二十七岁，真实身份确实是共产国际联络员。1931 年 2 月，他先从西伯利亚来到上海。在上海，他有与他人广泛接触的记录。4 月，Lefrano 离开上海到达新加坡参与红色工会及马来西亚共产党组织工作。这全过程没有逃脱总部在新加坡的远东英属殖民地警察的暗中窥视。

Lefrano 被捕后，警方通过检查他所持物品文件，发现了一个在上海接头用的信箱号码"邮政信箱 205 号，海伦诺尔"。新加坡英国殖民当局立即将这一情报通告给上海公共租界总巡捕房的捕头。巡捕房便根据这一线索，对 205 号信箱进行监视，便立刻发现，此信箱的租用者是一个名叫"牛兰"的西方人。通过进一步调查，发现"牛兰"还用不同的假名在上海同时租用八个信箱。通过对"牛兰"跟踪，查明他住在四川路 235 号，同时在临近的南京路 49 号 C 字 30 号房间还有一个秘密活动点。于是就发生了 6 月 15 日那一幕剧情。

上海公共租界工部局通过报刊披露了拘捕西人牛兰的消息，并且接连公布了一批缴获的文件。由于牛兰对自己的活动范围及与他人联络的情况始终缄口不言，警方最终未能摸清牛兰的真实身份及其他联系人的细节。但英国租界当局根据从牛兰处查获的文件，把他与不久前共产国际远东局在香港成立的一个分支机构——"南方局"联系起来，因为就在牛兰被捕前几天，港英当局在香港也抓捕了"南方局"领导人阮爱国。阮爱国就是法属殖民地安南著名的爱国者胡伯伯！另外，从牛兰处查获的文件中，租界巡捕房还发现了好几名与他有联系的日本共产党人与朝鲜共产党人。那几个人也遭到跟踪监控。这样一来，巡捕们以为自己有理由做出判断，牛兰是从事指导和联络太平洋地区共产主义运动的重要人物。他们借此怀疑"牛兰"是共产国际间谍，是苏联间谍。

但这依据不足。你说"牛兰"是苏联间谍，那他是苏联人吗？

牛兰夫妇被捕后，一直说自己是比利时人，从来不承认他们是俄国人。比利时人怎能替苏联和共产党国际当间谍？此乃一大怪也！

当年上海街谈巷议的平头百姓都感到十分惊奇。他们认为，爱祖国的人才有可能为了自己的国家利益而不惜冒险去当国际间谍。但一个比利时人，犯得着为苏联去卖命吗？苏联这个国家与比利时人有何相干？所以，这案子太奇了，这西洋人的动机也太怪了！上海滩于是出现了新闻人物：怪西人！

欧洲人牛兰就是"怪西人"，而"牛兰案"就叫"怪西人案"。

说牛兰是怪人，不仅因为其行为的动机古怪，还因为他扑朔迷离的身份。

牛兰被捕后，拘押在厦门路的巡捕监房里。面对巡捕的提审，他坚称自己是比利时人，今年三十七岁，名叫"Vandwegruys"，上海住址是愚园路宏业花园 74 号，从事教师职业。

前面已经提到，愚园路宏业花园 74 号这住址也就是他老婆汪德利曾做生意的地方。

巡捕房马上就此事联络比利时当局。比国驻沪总领事 Mr J.Van Haute 马上对此进行调查。从比利时国内得到的资料表明，真正的比国公民 Vandwegruys 夫妇此时仍在比利时，他们的护照在数年前丢失了。6 月 29 日，比利时驻沪总领事 Mr J.Van Haute 宣布，"牛兰"是在冒名顶替比国公民 Vandwegruys，他手中的护照纯属伪造。

公民拿本国护照干什么？还不是为了在国外遭遇不测时能得到本国政府的照顾吗？可牛兰拿护照却不是谋求签发国政府的保护，而是另有目的。这在上海市民眼中，自然又很稀奇。

租界巡捕房根据被捕者"牛兰"所描述的国籍和出生地及出生日进行调查，发现该国该出生地确实有 Noulens 这个人，只可惜彼 Noulens 不是本牛兰。而且恰是上海被捕的这个"牛兰"盗用了真 Noulens 的名字。经深入取证调查，公共租界当局还发现上海的这位"牛兰"在 1929 年 12 月由德国柏林经苏联西伯利亚来沪时，持的是 C.Alison 的护照。显然，这位 C.Alison 又是一个持假护照的假人！在租用南京路 49 号 C 字 30 号房间时，牛兰先使用 C.Alison 名字租下，然后再转租给另一名叫"牛兰"的自己。

"牛兰"会使用英语、德语、法语、比利时语，能分别以商业会计师 C.Alison 身份，以德语教师 Hilaire Noulens 身份，以工程师 Marcel 身份在不同场合出现。他还有其他十几个别名，不同的名字对应不同的邮政信箱和多个电报挂号！

怪人牛兰身份复杂，简直赛过七十二变的孙悟空，其真假"美猴王"的演变过程让众人看得眼花缭乱。

自 6 月 29 日比利时驻沪总领事不承认牛兰具有比国民 Vandwegruys 的身份后，牛兰夫妇成了国际弃儿。国际弃儿不就会任人宰割吗？于是，牛兰夫妇 7 月 2 日进行了绝食抗议。抗议谁？是比利时政府，是租界当局，还是别的？我们姑且不论。但弱者的绝食抗议还是很能博得上海民众的同情，况且这对夫妻可能是杰出的无产阶级国际战士，逮捕牛兰的人又正是令上海普通市民极其厌恶的公共租界巡捕房。于是上海的各界进步人士纷纷为此开展活动,声援牛兰。

7月29日,设在公共租界的江苏省上海特区法院不为舆论所动,下令开庭审理"牛兰案"。注意,江苏省上海特区法院的前身就是上海公共租界的会审公廨。虽然在1927年中国人收回领事裁判权,会审公廨改为属于中国的上海特区法院,但法院对外国人的审判量刑标准还不是完全照搬中国法律。比如,1931年3月1日中央国民政府颁布的《危害民国紧急治罪法》就十分严厉,而且正是用来对付"牛兰"这类案件的。自1931年九一八事变后,国家民族处于严重的危难时刻,按惯例,此等时期凡涉及针对中国的国际间谍案将是非常严厉的。但特区法院法官就不采用国民政府的紧急法,而采用较为宽松的租界刑法,他们对"牛兰"的量刑还犹豫在驱逐出境或判处徒刑之间。

但是,情况马上发生了变化。几乎与"牛兰案"同时发生的是中共历史上最严重的领导人叛变案。这些相继叛变的不是别人,而正是党内地位最重要的顾顺章与向忠发两人!随着对他俩审讯文件的披露,"牛兰案"的进程被彻底改变了。

原来,当时在上海的中共中央为加强对蓬勃发展的鄂豫皖革命根据地(即大别山根据地)的指导,决定派曾长期任中共中央常委的张国焘和中央宣传部部长沈泽民及其夫人张琴秋分南北两路进入大别山。走北路的沈泽民、张琴秋化装成巨商夫妇,一个是西装革履的阔老板,一个是雍容华贵的阔太太,经浦口、蚌埠,于5月间到达苏区的中心金家寨。走南路的张国焘和陈昌浩一路由顾顺章护送,先走水路到武汉,然后去大别山苏区,最终要与沈泽民、张琴秋会合。

4月,顾顺章把张国焘、陈昌浩护送到武汉就算完成任务了。照理,这是一件好事,却闹出了大问题,麻烦就出在顾顺章身上。

顾顺章原本是上海机器厂工人出身,在1925年五卅运动中参加上海的工人运动,在李立三领导下成了"工人打狗队"的一名骨干。五卅运动中,有些意志不坚定的工人被坏人收买,而吵着要复工或在内部闹事。他们显然是破坏工人罢工的"工贼"。"工人打狗队"就是负责铲除这些"工贼"的。是年底,中共中央派顾顺章、陈赓等人到苏联莫斯科接受严格的特工训练。1927 年，上海工人第三次武装起义时，顾顺章回国出任工人武装纠察队总指挥。此后，他成为中共五大中央委员，八七会议的政治局候补委员兼中共中央特科的负责人。其间，顾顺章带"红队"除奸，开枪击毙中共的叛徒白鑫。

顾顺章完成护送张国焘、陈昌浩去苏区的任务后，并没有及时返回上海复命。原因是当时中共领导人员生活清苦，顾顺章想利用他高超的魔术技艺，暂时逗留武汉登台献艺，以便挣点儿零花钱。顾顺章就因无组织无纪律的行动，被中统特务发觉并抓捕了。注意，时间是 4 月底，就是牛兰被捕的前一个月。

1931 年 4 月 24 日，汉口新市场游艺厅舞台上，粉墨登场的魔术大师化广奇表演他"枪击活人"的拿手好戏。化广奇枪技高超，陪演者冷静勇敢，场面惊险刺激！台上台下欢声雷动，观众喝彩不迭，化广奇大师不免因之略呈陶醉之态。他万万没料到，欣赏他高超演技的观众中，有他一位老朋友，那人叫尤崇新。此时的尤崇新仿佛遇到什么烦恼而心神不定。只见他在普通观众席上站起又坐下，瞪大的双眼惊讶地盯着化广奇大师。可惜，这种场合下总呈现不对称的关系，观众把舞台明星看得一清二楚，而台上的明星化广奇却看不清台下任何一张观众的面孔。

尤崇新不是别人，两个月前他是中共在武汉的负责人。再往前，尤崇新参加上海市工人第三次武装起义，随后当了上海沪中区区委书记。别小看上海沪中区区委书记这个位置，当时上海各区领导都是中共中央的骨干。比如，中共中央秘书长王一飞同时兼任过中央军委第一把手，第三次武装起义为负责第一线领导，就当了南市区区委书记。张浩就曾是杨浦区区委书记，沪中区区委书记尤崇新的前任就是张耘（康生）。可见，当年上海市的区委书记地位不一般。

尤崇新与台上这位熟人的关系也同样不一般。早在 1925 年五卅运动时，他与这位化广奇大师就一道参加李立三等人领导的上海总工会，从事工人运动。1930 年秋，尤崇新受中共中央派遣，到汉口中共长江局。11 月，长江局分工，他出任中共武汉市市委书记。显然，尤崇新不是一般人。

此时受众人喝彩的化广奇当然不会留心观众中是否有熟面孔，更想不到尤崇新会出现在这种场合。尤崇新却把化广奇看得一清二楚，他为化广奇的胆大包天而惊得目瞪口呆！化广奇不就是那位与自己一道参加革命的顾顺章？单凭化广奇那出神入化的枪法，尤崇新不用看面孔与身材，就能断定他就是顾顺章。而那高挑瘦削的身材，毡帽下沧桑的面孔，哪怕顾顺章的易容术再高明，岂能瞒得过"老战友"尤崇新的双眼？

尤崇新权衡再三，下狠心找武汉市警察局局长蔡孟坚告发了顾顺章。当然，那是叛徒的一种无奈。因为，1931年1月，中统驻武汉特派员兼武汉市警察局局长蔡孟坚逮捕了尤崇新。为保命，尤崇新叛变了。如今，破罐破摔的尤崇新决定再坏一次，他索性一不做二不休，向蔡孟坚告密，把顾顺章给出卖了。顾顺章被捕的事引出前面我们提到的钱壮飞、胡底和李克农这"龙潭三杰"为救中共中央而暴露自己，最后转移到苏区的事。蔡孟坚不是陌生面孔，我们前文叙述蓝衣社特务策反向影心、暗算胡逸民的情节时，已经说到过他。这里顺便说一句，1938年，也是这位出任武汉警备司令的蔡孟坚穿针引线，促成中共最高领导成员之一张国焘的叛变。

一个多月后，1931年6月22日，也就是牛兰被捕一周后，中共中央总书记向忠发也被捕，随即叛变。中共中央总书记向忠发与政治局候补委员顾顺章的相继叛变，使上海局势越来越严峻！党中央已经很难在上海立足并生存下去，同时通往大别山根据地的路也被国民党军严密控制了。于是，中央首脑机关决定全部秘密迁至江西瑞金，闽赣苏区就成了中央苏区。

向忠发、顾顺章的叛变，彻底改变了牛兰的命运。两叛徒在审讯时留下的口供就成为国民党中央国民政府引渡牛兰的依据。其中，顾顺章供词提到共产国际在上海有一个"洋人俱乐部"，其负责人是德国人，绰号"牛轧糖"（Nougat）。向忠发的供词也有类似内容。他称："共产国际驻上海之东方部负责人，前为米夫，现已回国。此刻由一波兰人负责，但自称是比国人，闻已被捕，押在英租界捕房中。"他们的口供虽含糊其词，但均直接、间接供述到共产国际派到上海的重要人物。前头被捉的顾顺章没提到"牛轧糖"被捕，后来入狱的向忠发却说"闻已被捕"。而向忠发、顾顺章先后被捕的时间间隔中,恰是牛兰在公共租界落网并拘押于租界巡捕房!

一开头,由于"牛兰案"归租界巡捕房侦办,而向忠发、顾顺章案由中统特务侦办,他们各搞各的,没有联系。但后来"牛兰案"的浪头越翻越大,不但在上海闹得沸沸扬扬,还把欧洲许多国家牵涉了进去,整个世界舆论被动员了起来,全世界为此议论纷纷。这提醒了中统特务,他们把向忠发、顾顺章供词中的共产国际来人"牛轧糖"与闹哄哄的"怪西人牛兰"联系起来,并假定为同一人!

就此,驻上海的淞沪警备司令熊式辉出面,他代表国民党中央政府向公共租界当局提出引渡要求:牛兰必须到南京审判!

要是牛兰引渡到国民党反动派手里,那必定是凶多吉少。于是,失去比利时护照的牛兰又改称自己拥有瑞士护照,强烈要求瑞士出面干预,救出自己。起先,瑞士领事态度暧昧,曾一度提出要求,希望暂缓对牛兰的审理,但那又引起南京国民政府的不满和谴责。

8月8日,江苏省上海特区法院法官裁定,先把牛兰移交给淞沪警备司令部拘押,等待瑞士政府的身份调查。很明显,租界当局此行是出于扔包袱的目的。他们不愿意招惹麻烦,反正多一事不如少一事,不如先把人交给中国当局,让瑞士当局与中国政府互相纠缠,打外交官司,自己退到一边,落得清闲。不久,也就是8月13日,瑞士政府决定放弃牛兰,因为他们也不愿惹这份麻烦。瑞士驻沪总领事馆发表声明称:"根据本国调查的结果,被捕者非瑞士国籍,并就此向法院通报。"

8月14日晨,上海淞沪警备司令熊式辉下令将牛兰夫妇押上火车,解往南京。

## "怪西人"牛兰Ⅱ

牛兰被捕后,共产国际发出指示,尽一切力量营救牛兰!

国际赤色救济会率先响应,决定发动强大的舆论攻势,营救牛兰夫妇。这国际赤色救济会，顾名思义就是用于救援左翼进步人士的。它是以杰出的国际共产主义妇女运动领袖蔡特金为主席的赤色机构，但又不以党性为标识。也就是说，国际赤色救济会是一个共产国际的外围组织。它宣称，在全世界七十七个国家和地区拥有一千三百万会员，能以十几种文字出版和发行几十种报刊和救援公告。而牛兰夫妇也以赤色救济会的名义到上海开展工作，所以他们正是救济会重点救援的对象。于是，已经七十四岁的蔡特金立即决定在欧洲成立"国际营救牛兰委员会"以开展工作。这个委员会需要一个拥有世界级名望的领袖充当发起人，通过充分的权衡利弊，宋庆龄成为最佳内定人选。

此前，宋庆龄一直在欧洲活动。所以蔡特金主席按原来的地址发电文给宋庆龄，希望她出面营救牛兰夫妇。但出了点意外，没能联系上。于是《法兰克福日报》驻沪记者史沫特莱出面联络宋庆龄。她同样以为宋庆龄还在欧洲，又把邀请函发到欧洲。不想，宋庆龄因母亲逝世，已于1931年7月离开德国回沪为母亲奔丧，彼时她正乘轮船航行于海上。8月13日，宋庆龄才结束一路劳顿，抵达上海。旅途辛劳的宋庆龄并不知道"牛兰"是什么人，到底出了什么事。

由于营救牛兰夫妇的事太重要了，也太紧迫了，而且能肩负重任的人唯有宋庆龄，所以史沫特莱一听到宋庆龄回沪的消息，又马上写了一封信，诚恳求见，希望面谈。

一封英文来信引起了刚抵达上海的宋庆龄的好感。她满意地扬起信件对助手胡兰畦说："这封英文信写得好，英文基础也很高，话虽没几句，但语言和用词都很美。"

这就是史沫特莱的求见信件。史沫特莱在信中恳求孙夫人在百忙中给出五分钟谈话时间，商量拯救的具体方法。

宋庆龄见信后，立即复信，答应了。

就这样，为营救牛兰夫妇，史沫特莱与宋庆龄走到了一起！

其实早在四年前，欧洲布鲁塞尔成立"国际反帝大同盟"的第一次代表大会上，宋庆龄与史沫特莱就彼此认识了。那个"国际反帝大同盟"组织是印度革命党人查托和美国史沫特莱等几位国际同志周密策划的结果。尼赫鲁、宋庆龄和鲍德温等国际著名进步人士成了"国际反帝大同盟"的理事，查托任常务秘书，其他进步的非共人士如艾伯特·爱因斯坦、罗曼·罗兰也被邀请参加了"国际反帝大同盟"大会。当时，查托与史沫特莱正是夫妻关系。

宋庆龄回上海一周后，也就是 1931 年 8 月 20 日，经蔡特金和史沫特莱的远程操作，欧洲成立了以宋庆龄为发起人的"国际营救牛兰委员会"，委员会除宋庆龄、蔡特金、高尔基、史沫特莱外，还有著名人士爱因斯坦、罗曼·罗兰和杜威等人。

于是，在蔡特金等人的组织下，国际赤色救济会一份份声援牛兰夫妇的呼吁书，以宋庆龄和"国际营救牛兰委员会"的名义向全世界发送，而一封封以爱因斯坦、罗曼·罗兰和杜威等署名的抗议电信发到了南京的国民政府当局。营救牛兰的行动演变为一次世界性的运动。

8 月 24 日，身材高大，性格爽朗，时年四十一岁的美国女子艾格妮丝·史沫特莱走进了宋庆龄的寓所。就此，她成为宋庆龄的英文秘书。

在上海，共产国际营救牛兰的指示正得到有效执行。

我们前文提到共产国际东方部和国际联络部，以及它们在上海设立的远东局和"组织科"两个独立机构，也提及苏联红军总参谋部在上海的佐尔格小组。如今，虽说理查德·佐尔格是令许多国人崇拜不已的大英雄，但是，在那个年月，他的影响力还是无法与牛兰夫妇相提并论的。牛兰被捕，米夫和王明不在上海，此时共产国际在沪机构的"三驾马车"中，只余下佐尔格小组完整无缺。共产国际要营救牛兰夫妇，就得通过上海的佐尔格小组及中共中央的特科。于是苏共中央和红军总参谋部责成上海佐尔格小组与中共的中央特科密切配合，制订周详计划，尽快营救牛兰夫妇！

佐尔格小组首先通过公众舆论的渠道，大造声势展开营救活动。在这些公开场合，出头露面发挥作用的人物就是国际著名社会活动家史沫特莱。史沫特莱和佐尔格同以《法兰克福日报》驻沪记者的身份在上海开展工作。她比他大四岁，但在德国时佐尔格就已读过史沫特莱德文版的《大地的女儿》一书，俨然是她的粉丝。帅哥佐尔格风流倜傥，像个电影明星。他游历美国时也的确在好莱坞充当配角。这些很让史沫特莱动心。1930 年 2 月,史沫特莱三十八岁生日那天,他们走到了一起。所以,不论什么场合,只要是佐尔格小组组织的活动,都能看到史沫特莱的身影。

说实在的,孤身一人到上海开展情报工作的佐尔格,如果不是有史沫特莱大姐的东牵西引,佐尔格小组就不会那么容易建立起来并顺利打开局面。就这样,史沫特莱利用自己出色的动员能力,使营救牛兰的声势一浪高过一浪!当然,还有一个很显然的事实,在整个营救牛兰夫妇的过程中,史沫特莱并非领袖人物,而最出色的领导人非宋庆龄莫属。

从始至终,宋庆龄不但带头抗议南京国民政府,要求释放牛兰夫妇,她还亲自出面把牛兰夫妇年幼的儿子吉米从监狱中接出来,并找机会把他送回苏联。

为救出牛兰,宋庆龄放下了私人怨恨,亲自出面到南京找蒋介石本人谈判,建议南京政府释放牛兰夫妇,作为交换条件,苏联当局遣送蒋经国回国。

这就是传说中的“换太子”方案。

原本这事用不着找蒋介石。因为,1931 年九一八事变发生,蒋介石引咎辞职了。但是就在当年年底,日本占领东北后,继续向南侵略中国,时局极其严重。蒋介石重新当上国民政府军事委员会委员长,又成为一个可以对南京国民政府施加影响的重要人物。宋庆龄正是看到这点,才想出这主意。

当时正处苏联国内政治对立比较激烈的 20 世纪 30 年代,“大清洗”风暴在苏联大地蔓延。蒋经国那时正在苏联西伯利亚一家工厂当个小领导。他虽没直接受到“大清洗”风暴的袭击,但他为保证自己不站错队,也颇受考验。所以用蒋经国换牛兰这笔交易,显然符合苏联最高层的愿望,也一定符合老蒋的心意。

此时也正是中国最危急的时期!由于张学良东北军的腐败与窝囊,中国蒙受丧疆裂土的重大耻辱,整个东北丧失,锦州和热河又处于危急中。中国在日本和苏联两大强国的夹击下,危机重重。在苏联看来,那正是迫使中国妥协的最好时期,拿蒋经国换人,是给老蒋莫大的面子。

不料,与宋庆龄见面时,顽固不化的蒋介石对那主意并不认同。他以自己不在其位不谋其政为借口，婉言回绝了宋庆龄。回绝归回绝，但蒋介石心中又的确放不下蒋经国，于是他在日记中留下这事的记录。1931年12月16日，蒋介石在日记中写道：

> 苏俄共产党东方部部长（牛兰），其罪状已甚彰明。孙夫人欲强余释放而以经国遣归相诱。余宁使经国投荒，或任苏俄残杀，而决不愿以害国之罪犯以换亲儿……（肖如平：《蒋经国传》，杭州：浙江大学出版社，2012年）

蒋介石以这种敌视革命的态度，拒绝了"换太子"的好意。或许他觉得"换太子"的做法使他在公众面前很丢脸。但就其内心来说，他依然十分担心拒绝宋庆龄的交换条件将导致蒋经国命运的不测。

这边，佐尔格小组的营救活动也正在积极进行中。就在租界巡捕房与南京当局酝酿引渡牛兰时，他们首先成功地与被关在公共租界厦门路牢房的牛兰夫妇取得了联系，以证实牛兰夫妇的确实拘押地点。然后用自己的秘密电台向莫斯科总部报告营救工作计划。

中共特科密切配合了佐尔格小组的营救活动。1931年8月14日，牛兰夫妇被引渡到国民党手中后，潘汉年又及时安排特科"红队"人员出面，向中统总干事张冲支付三万元酬金，索来了一张牛兰在监狱中的亲笔字条，借此向共产国际方面证实牛兰夫妇还活着。

负责营救的佐尔格经过多方筹谋，最后提出了办法。他洞悉国民政府和军警官僚体制中普遍存在的腐败现象，佐尔格认为这中间有孔可钻，有路子可通，于是他要求莫斯科寄来两万美元，用以收买南京腐败的军警特务和法官。

果然，共产国际派两位德国同志充当秘密交通员，他们各携带一半钱款，分两路准时来到上海向佐尔格交割。佐尔格打开一看，送来的是货真价实的"美刀"，而且一文不差。两位护银的交通员同志诚实可靠。这两位同志随后见到了中共中央领导博古。经博古的挽留，其中一位名叫奥托·布劳恩的同志同意留下支援中国革命。这奥托·布劳恩同志，就是后来指挥江西中央苏维埃红军的最高领导李德顾问！

1932年5月，也就是上海一·二八事变结束后，"怪西人"牛兰夫妇登上了中国江苏省高等法院刑事庭被告席。

南京检方指控牛兰夫妇触犯了中国《危害民国紧急治罪法》，证据就是公共租界巡捕房在南京路49号C字30号房间搜查缴获的七十六份文件和其他物证。

在法庭上，牛兰知道，与顽固不化的中国法官宣传革命道理是毫无意义的。他此时唯一能做的事就是拒绝承认那些证据与己有关，而不是论证那些充满正义的文件包含的真理是多么巨大。

他在法庭上申辩说，南京路49号公寓是向自己的德文学生爱立生租的，房间内的共产党文件都是爱立生的。是爱立生把房间的钥匙给了自己。

法官质问道：爱立生是何人？现在何处？爱立生为何将在南京路49号所保存重要文件交给你保管？

牛兰对这些提问保持沉默不语。但辩控双方在法庭上的辩论局面对牛兰夫妇十分不利，他们在多数场合都只能采取拒绝回答的方式来应对。

检方证人潘阿大到法庭做证，他声称，C字30号房间就是爱立生先生1930年12月25日开始租的，每月给自己四元钱。

而管理这个房间的物业管理人员丁振巽指证说，C字30号房间（的房金）是我们把通告分发出去后，他自己送至账房来的。

他们均认为被告就是爱立生。

经比对，在捕获的许多革命文件中的旁注笔迹，与所谓"爱立生"的签字及牛兰在租界留下的笔迹完全相同。

检察官认定牛兰本人就是爱立生，而且就是牛兰本人在那些革命文件上以爱立生名义做注释。

还有，汪德利曾在南京路49号C字30号房间用自备钥匙进入房间，警察在该房间搜获的文件中，发现有1931年5月27日由新加坡寄至上海的法文密码信一件，而在信中用墨水添注之字，与室内法文字条笔迹一致。

检察官武断地认定，牛兰在 C 字 30 号房间内的文件问题上撒谎。

在最后，牛兰进行了申辩。他称自己是德国柏林一家公司驻上海的代表，从事外贸生意及教授德、法文，并未参与共产党活动。

法官就询问他与中国哪些商人接洽、所教学生的地址在何处，牛兰做了回答，但法官指责他故意含糊其词。于是法官斥责牛兰"其为空言狡诈，至为明了"。

开庭期间，国民党政府驻南非总领事馆又提供了共产国际在南非召开代表大会时的照片，其中就有牛兰和汪德利曾夫妻，证明他们都是共产国际成员。

牛兰夫妇在法庭上依然拒绝承认被指控的所有罪名。

法庭审判的新闻报道通过法国路透社、德国新闻社、上海英文版《中国论坛》《申报》等中外传媒做了大量连续报道。新闻播出后，声援营救牛兰夫妇，谴责国民党的法西斯行径的国际性运动也达到高潮。

爱因斯坦、萧伯纳、罗曼·罗兰、德莱塞、杜威等数百名国际知名人士或联名或单独发出公开呼吁营救牛兰夫妇，抗议国民党当局。

江西瑞金的中华苏维埃临时政府由瑞金致电国民政府，要求释放牛兰夫妇，并以释放苏区所有帝国主义传教士作为交换条件。

1932 年 5 月 27 日，共产国际执委会 224 号文件公开谴责国民党反动派对牛兰夫妇的关押审判。同时苏联《真理报》几乎天天刊登牛兰事件经过和审判过程的报道，文章冠以"工会秘书处于危险之中""绝食第九天""狱中遗嘱"等醒目标题。全世界处处有反对声！

一位西方记者挖苦南京城的国民政府，国民政府和军事当局在审判一对外国夫妇的过程中，一分未得，满盘皆输。

1932 年 7 月 11 日，为做最后的努力，中共中央特科负责人潘汉年按计划在上海公共租界汉口路老半斋菜馆，以请客为名，邀集了上海文化界一些著名人士商讨如何给南京政府施压以达到营救国际主义战士牛兰夫妇的事宜。会上，柳亚子、鲁迅、陈望道、郁达夫、茅盾、丁玲等三十六名著名文化人士联合签名，致电南京国民政府立法院长居正、行政院院长汪精卫、司法行政部长罗文干，要求立即释放牛兰夫妇！

这里，致电名单中没有强烈反共的蒋介石先生。为什么呢？前面说过，因为九一八事变，他宣布下野了。后虽因日本不断挑起侵略战争，他恢复了军队职务，但他不拥有过问政府行政及司法事务的权力。但即使是撇开了蒋介石，这名人联署的电文依然如石沉大海。

次日，史沫特莱到上海四川路216号的302号房间设立办事处，邀请杨杏佛、鲁迅、蔡元培以及在沪的美国记者埃德加·斯诺、伊罗生等三十二人，组成"牛兰夫妇上海营救委员会"，继续大造声势开展对牛兰的最后营救活动。委员会主席就是缺席会议的宋庆龄，委员会书记由史沫特莱自任。委员会成员宋庆龄、蔡元培、杨杏佛都是国民党重要成员，也是中国民权保障同盟的主要负责人。

但一切无济于事，最后宣判的日子还是来了。

1932年8月19日，江苏高等法院刑事第一庭就"牛兰案"进行宣判。尽管牛兰的辩护人陈瑛尽心尽责，做了最后的努力。但是，法庭最后审判时，审判长黎冕、法官林哲长、法官殷日序组成的合议庭对牛兰夫妇按间谍罪进行宣判。判词如下：

> 牛兰在1930年3月，汪德利曾在同年7月先后来华，二人以"危害民国为目的，组织团体，或煽惑军人民众，或勾结叛徒，图谋扰乱治安，并有扰乱治安之实行且以文字为叛国之宣传行为"等，判处死刑。又依大赦条例减刑，改处牛兰夫妇各以无期徒刑。

但是，这审判不能令人信服！因为法庭是在没有弄清被告确实身份的前提下做了判决。所以，审判归审判，"怪西人"牛兰夫妇的真实面目依然是一团迷雾，使人疑虑重重。

不过，审判的结果让佐尔格感到骄傲，通过对腐化的中国法官和政府进行贿赂，牛兰夫妇免受死刑和处决。他的秘密收买成功了。只要牛兰夫妇不死，就完全可以认为佐尔格小组的营救努力没有白费。许多年过去了，奥托·布劳恩（即李德）同志也离开中国回去了。他最后坐下来写回忆录，记录自己在中华苏维埃红军中的卓著贡献，其中也证实自己参与此次营救牛兰的行动。当然，为"牛兰案"审判结果感到满意的还有许多其他人。

但对蒙在五里浓雾中的中国平头百姓来说，那还是一起由糊涂人胡断的糊涂案！特别是其中"以文字为叛国之宣传行为"罪名，就显得莫名其妙。牛兰夫妇是什么国？他们又叛了什么国？他们总不是中国人吧！既然不是中国人，就没有理由要求他爱中国。说他犯叛国罪，那就是指控他叛了他的国家。既然如此，应该邀请其祖国的代表到法庭做证才对！可惜，牛兰拥有的护照统统被所在国否认。他看起来没有祖国，没有祖国的人，哪来的叛国罪？

法庭的检察官内心肯定想指控他俩是苏联人吧？却不敢说出口！一则牛兰夫妇拒绝承认是苏联人；二则苏联政府没出面把他俩当作公民进行保护，也没有通过外交手段干预。更主要的是蒋介石先生不会到法庭做证，而且国民党中央当局也不敢挑开那层面纱。

百年来，中国处于日、俄两强交替不断的侵略和蹂躏下，不断割地赔款，丧失主权，备受屈辱。就在"牛兰案"审理过程中，就发生了九一八事变和上海一·二八事变，日本侵略军不但占领东北全境，还迫使中国十九路军退出上海，反过来是日本侵略军把海军舰队开进大上海的黄浦江，并在虹口地面大量驻军！在如此不利的形势下，如果中国政府通过牛兰事件去激怒另一强国苏联，那不是自取灭亡吗？中国的一个地方法庭，几个基层法官、检察官怎敢公开叫板强大的苏联？哪敢挑起国际争端，陷中国于日、苏两强联合夹击的险境？这样的局面，最终是把"牛兰案"弄成一桩典型的糊涂案！

判决书最后又有"依大赦条例"的减刑判词，那是否因考虑到中国处于两强夹击下的尴尬处境，为自己在未来留一个外交的后门、保留一个机会？

无奈呀！真想强硬去抗日，势必对其他强大的敌手进行妥协。"糊涂"就让它糊涂去吧，那是弱国的宿命论。谁让这个国家只是一个弱国？也或许，法庭保留牛兰活命的判决，也间接地给远在西伯利亚的蒋经国提供了一份安全保证。

审判结束后，这起"怪西人案"的话题渐趋平静，最终淡出上海平民酒后茶余的闲话。

我们有理由对牛兰夫妇表示景仰和钦佩。他们那种坚韧不拔的意志、坚定不移的立场，着实令人心服口服。牛兰夫妇也有理由为自己感到骄傲：因为他们是以生命为代价，为暗存在心中的祖国谋取最大的利益。

当然，他们的祖国不是中国而是苏联，这才是牛兰案的真相！我们只要把本书前面说到的那位乌克兰出身的契卡英雄亚可夫·鲁德尼克与牛兰对照，把鲁德尼克夫人达吉亚娜·尼克莱维娅·玛依仙柯与牛兰夫人汪德利曾比较，再加上一个出生于外国的小男孩儿吉米。前后左右联系起来一看，就一目了然了，牛兰事件就能真相大白！只是，那些是六十年的光阴之后，有关历史档案解密后的结果。而解密之前，外人不知道世间还有鲁德尼克与夫人玛依仙柯的存在，自然无法破解"怪西人"牛兰之谜。

1937 年 7 月，抗日战争全面爆发后，中苏两国重新开始在抗日问题上进行合作。国内出现了国共合作、共同抗日的大好局面。蒋经国也回到委员长身边。有传说，蒋经国夫妻是与牛兰夫妇交换的，这就有所谓"换太子"的说法。倘若真有此事，那就为老蒋的日记把牛兰记为"共产国际东方部部长"找到依据。蒋介石先生或许没弄懂，或者也不想弄懂。他所称的共产国际东方部部长的牛兰，充其量只不过是一个小小的组织科长，一个负责上海联络站的普通谍报员而已。抬高牛兰为共产国际东方部部长身份以表明其身份不是什么狸猫，那是否在掩盖"换太子"的尴尬真相？

但这"牛兰夫妻换太子"的说法在 20 世纪末被排除了。因为后来的说法是，即使到了 1937 年蒋经国已经回到中国了，苏联政府依然没有承认牛兰夫妇是苏联公民。因此牛兰夫妇没有被释放。这样一来，"换太子"就毫无根据了。到 1937 年 12 月 13 日，南京保卫战失败，日军发起疯狂的南京大屠杀。关在南京老虎桥监狱的囚犯或逃了，或被日本人杀死了，但狱中的牛兰夫妇没逃，他们落入日本人之手。1939 年，《苏日互不侵犯条约》进入谈判阶段，共产国际总书记季米特洛夫伸手营救牛兰夫妇，表示愿意付赎金买人。日本人同意了这笔"卖自由收赎金"的交易。他们把牛兰夫妇从南京监狱放出来，让他俩回到上海。恢复自由之后，牛兰夫妇并没有急着回国，而是继续留在上海租界过了一段日子，到太平洋战争发生前后才离开上海。所以，牛兰夫妻不是 1937 年用来兑现"换太子"的筹码。而在苏联释放蒋经国夫妻回国的同时，国民政府对等释放的苏联"间谍犯"另有他人。此人也是一位苏联英雄，名叫约瑟夫·华尔敦。有关这位约瑟夫同志的光辉事迹，牵涉另外一起震动上海滩的"怪西人案"。那事，我们随后找机会再谈吧！

中国民权保障同盟的宋庆龄、蔡元培、杨杏佛及国际主义社会活动家史沫特莱都是营救牛兰夫妇运动中的积极分子，因此他们都遭国民政府的歧视。同盟会元老蔡元培此后在政治上一直不得志，就连宋庆龄也处处遭排斥。更有甚者，1933 年，国民党元老杨杏佛因"第三党"问题，在离家门口不远处遭蓝衣社特务枪杀，凶手赵理君不但毫发无损，还接连升官。史沫特莱同样遭到反谍特务分子的严密监视和跟踪。就在 1933 年，史沫特莱的秘书兼翻译冯达被逮捕，接着叛党变节。那又连累了中共党员、左联女作家丁玲。她被中统特务秘密软禁在南京达三年之久。这些事件最后导致史沫特莱、丁玲等人离开大上海奔向西安。那就是本书一开头提到的丁玲、史沫特莱的故事情节。

因"怪西人案"，中共中央和中国苏维埃红军与苏共中央的无线电报联系被迫中断了。其实这红色国际电台中断通信的事，与牛兰夫妇的"怪西人案"本身相比，其重要性就降低了一层。

当然，牛兰事件之后不久，受苏共中央派遣的格伯特同志又不远万里来到中国。

## 格伯特的努力

1932 年春，共产国际国际联络部派格伯特到中国。国际联络部给格伯特提出的任务是：恢复牛兰同志暴露后同中共中央、苏区和朝鲜业已中断的联系。

格伯特到中国后，经过几个月的努力，建立了三部电台，电台的工作方式与先前牛兰时期相似：一部是国际台，习惯上称共产国际远东局电台，也就是格伯特的国际联络部驻上海工作站的电台，它负责上海与苏联的联系，使用的密码是属于苏联自己的密码；一部是国内台，通过上海的中央特科电台与各苏区红军联系，使用中共自己的密码系统；一部备用。

于是，中共中央恢复了与苏共中央的无线电报通信。

1933年1月，中共临时中央迁入中央苏区后，在上海另外设立中央局。上海中央局也设有三部电台：一部跟"红都"瑞金通信；一部是与格伯特的国内台（即共产国际远东局的国内台）联系，如需要上报苏共中央，则由格伯特的机构翻译成俄文，通过格伯特的国际台发向莫斯科；一部备用。

但自1934年春以后，"红都"瑞金与苏联莫斯科通过上海的无线电报联系又受到严重威胁。

这年，中统特务对上海的中共中央局和江苏省委采取"打进去，拉出来"的办法，在中央局和省委机关潜伏了一批特务，监视了党内领导人的动向，造成江苏省的机关遭到严重破坏，进而又造成上海中央局和总工会领导机关的沦陷，中央局书记李竹声被捕变节。大量重要文件被中统特务缴获，其中包含共产国际七大的代表名单、共产国际副总书记兼联络部部长皮亚特尼茨基同志给中共中央的电报等。虽然共产国际远东局、上海中央局与共产国际联络的电台设备保持完好，但因担心密码泄露，上海中央局同瑞金中央苏区电信被迫暂时中断。共产国际与上海中央局的电报联系也切断了。

鉴于这种情况，1934年9月下旬，共产国际考虑跳过上海中央局，直接与位于苏区的中共中央建立电信联系。也就是共产国际的电报先发给上海格伯特的国际台，再由其国内台（格伯特的另一部电台）向中央根据地的中共中央转达，反过来的联络途径也一样，中间跳过了中共上海中央局的电台。

可惜，上海的格伯特国内台原本是用来联系上海市内其他电台的小电台，灵敏度低，功率更小，发报机的信号无法传到远在瑞金的中央苏区电台。根据地的中央苏区那部电台，虽说有100W的功率，收听消息还可以，就是发报的信号也太弱。所以，与苏区直接建立电信联系的目的没有实现。即使是红军开始长征这样重要的消息，苏联也不知道。只因为中央苏维埃瑞金的无线电报无法发给共产国际和苏共中央。

1934 年 8 月，中共上海中央局书记盛忠亮被中统特务逮捕。10 月 5 日，他的叛变致使中共上海中央局再次遭到破坏，三部电台也全遭破获。盛忠亮和前任李竹声等都是苏联东方大学二十八个半布尔什维克成员。二十八个半布尔什维克的说法及成员名单也完全来自他晚年在国外出版的回忆录。

10 月 18 日，格伯特的上司，也就是新任的共产国际国际联络部部长阿布拉莫夫通知中共："请立即停止与上海的无线电联系。你们的电台，包括备用电台和密码，已经被警察掌握。请采取一切措施与我们建立定期的通信联系。"

发现阿布拉莫夫的这个通知只是共产国际留档的文稿，不知实际的通知是通过何种渠道发出的，更不知中共中央是否收到。其实这时，红军已经开始长征了。中央红军长征前夕，需要保密，不能提前透露行动目标，同时也知道上海形势同样危急，所以没有向上海发电报。阿布拉莫夫的担忧没有成为事实。而且红军出发远征之后，中央红军既没有与上海联系，更没有直接与苏共中央取得无线电报联系。这主要是因为中央苏区这部无线电台功率不够，无法与苏联联系，加上配套的发电机和汽油发动机等又太笨重，不能随军携带。在惨烈的湘江之战中，这套笨重的设备不得不放弃了。所以，苏联方面在很长一段时间，对中国工农红军进行长征的情况一无所知。

李竹声、盛忠亮叛变后，新建立的中共上海中央局由黄文杰任书记。他从各省召回两个报务员，建立两个新电台，着手恢复无线通信工作，并通过中共福建、浙江、江西省委、闽西军政委员会和红二军团、红六军团，设法给党中央及中央红军寄去密码。

他们还给在苏联的王明、康生去信，要求协助联系中央红军，请求帮助上海中央局安装和维修电台。可惜此时，上海的中央局无法与长征的红军建立电台联系，苏联与中央红军也无法实现无线电台联系。不但如此，上海中央局本身又陷入灾难之中。1935 年 2 月 19 日，上海中央局又一次遭受破坏。上海中央局宣传部部长朱镜我、宣传部下属文委书记阳翰笙和社联党团书记许涤新等三十六名党员干部被捕。甚至连不久前从中央苏区新调到上海的特科"红队"，也因叛徒的出卖遭受破坏，以致一日之内在大街上活动的"红队"队员全部被俘。拒不屈服的"红队"队长邝惠安及孟华庭、赵轩、陈杰明等四名队友在 1935 年 2 月壮烈牺牲。逃脱逮捕的少数老特科成员董健吾、涂作潮，加上经组织营救而脱险的刘鼎等人，艰难地潜伏下来。涂作潮凭老关系潜入工厂，依靠手艺当电工。刘鼎和董健吾得到宋庆龄的保护，其中刘鼎到宋庆龄朋友路易·艾黎家避难。董健吾后来又叫周继吾，他原本在上海爱文义路和梅白格路交叉路口的圣公会圣彼得堂当过牧师。以这种关系，董健吾继续以"王牧师"的特殊身份既当处于地下状态的上海中央局交通员，又与宋庆龄保持联系。他还收留了毛岸英、毛岸青、毛岸龙及其他烈士子弟。他的故事前文已经做了介绍。老特科成员还有一位是蔡叔厚，他此时在格鲁乌的佐尔格小组内部工作。

此时，长征途中的红军正开完遵义会议，建立了新的党中央。遵义会议后，为及时向共产国际汇报，决定由陈云和潘汉年分两路从贵州出发去苏联。

2 月 10 日，潘汉年化装成商贩南下经云南、香港到上海。同年 6 月，陈云从四川重庆到上海。他们要向共产国际汇报长征和遵义会议的消息。这时候，共产国际国际联络部驻上海工作站的格伯特被调离，其岗位由威廉接替。但威廉的国际台也无法正常与共产国际联络。甚至连命令格伯特回苏联的命令，也是通过苏军远东第四局的电台传达的，苏军远东第四局的电台原来称佐尔格电台，此时已改换负责人。

因电台的"罢工"，格伯特和威廉于 1935 年 5 月和 6 月相继返回莫斯科，共产国际国际联络部上海工作站与共产国际恢复电信联系的努力以毫无结果而告终，仅剩苏联红军总参情报总局第四局驻上海的电台继续工作着。但是，苏军第四局沪电台的业务却因驻上海的地下领导人被捕而中断。

## 东北军六十七军与大别山苏区的红二十五军

那位被捕的地下领导人在审讯中拒绝发言，从而又被称为"怪西人"。这发生在上海的第二起"怪西人案"是怎么回事？

这件事颇为复杂，一言难尽。我们还是从苏军远东第四局的罗伦斯上校和张学良的武汉"剿匪"总司令部谈起。

我们前文已经说明苏军远东第四局驻上海机构的负责人是理查德·佐尔格。上海佐尔格小组当然是为苏军服务的，而且也与中央特科保持着密切合作关系。上海佐尔格小组刚成立时，共产国际就向他们发出指示：要用各种方法支援中国革命，支持中国红军。所以在1931年6月，佐尔格到上海不久，就与地下党领导见了面，达成互助的约定。就此，中共中央特科与佐尔格情报小组建立了秘密情报交换渠道：双方各派一名联络员，定期接头，交换各自所获得的情报。佐尔格小组与中央特科合作得很好，中共中央特科成员蔡叔厚、张一萍等就进入佐尔格小组从事内勤工作。所谓内勤是指在机构内部从事管理、协调、文字信息处理及后勤支援等工作，而当情报员、联络员之类的工作一般是在外部进行的，则属于外勤。这些外勤人员也是由中共方面推荐，供佐尔格选择的。这样一来，佐尔格小组利用苏军总参提供的资金设备和中方的优质情报人员，很快就建立了一个具相当规模的情报网。

我们前文提过，共产国际国际联络部交通处派驻中国的"组织科"，共产国际远东局和佐尔格情报小组，是三家不同的机构。我们可以分别以典型的代表人物"牛兰"、米夫及他的学生王明、"佐尔格"来区分。但由于中国同志参与其中一家工作时，往往难以区分其中的差别，就总以"共产国际"来简称自己的单位。所以佐尔格小组下属的当事人在回忆时，常把自己所在的机构称为"共产国际"。注意到这点，下文遇到"苏军远东第四局驻上海机构""共产国际""佐尔格小组"这些不同名称时，我们可以认为，它们指的是同一家机构，即苏军远东第四局驻上海机构。

1933年，另一位苏联优秀情报官罗伦斯上校接替佐尔格执掌了上海的情报机构。这罗伦斯上校是一位出生于苏联立陶宛的老布尔什维克。他虽然个子不高，但仪表堂堂，天生一副西方绅士的派头。同时他德才兼备，为人又特别机敏，除精通德、俄两种语言之外，还懂英语、法语，是充当军事间谍的难得人选。这次罗伦斯上校是好运连连了。他既得了坐镇上海的美差，还同时交了桃花运：他一到上海就遇到美丽的法国籍姑娘埃莉·伊万诺芙娜。埃莉小姐就是他的下属，谍报组的美女报务员。两人很快坠入爱河，到第二年，也就是 1934 年 4 月，他们结婚了。

苏军远东第四局在上海的工作重点就是搜集中国的军事情报。由于有了前任佐尔格打下的基础，他们的工作显得很轻松，很悠闲，就像是一件专事游山玩水或请客吃饭的美差。当然，这些只是表面的现象。普通人很难闻到其背后的血腥味，更体会不到他们是提着脑袋去进行冒险，一辈子也无法摆脱那种提心吊胆，只知有今日而不知明日的职业生涯。

罗伦斯上校绝非寻常人物。他不但全盘接下了佐尔格的家底，而且经他一番打拼，局面更加开阔和深入。他执行共产国际指示，利用交流情报继续支持中国苏维埃红军，更与中央特科建立了密切的协作网。他通过各种渠道，以共产国际的名义，面向中国的学生、进步青年、革命军人，包括上海的左翼文学青年和艺术家进行革命宣传，激励他们的革命热情，壮大自己的情报队伍。他更把目光投向政府拥有重要岗位的官员、部队的军官阶层，采用"打进去、拉出来"的办法，发展线人（也称深喉），以图获得关键情报。他获得了巨大的成功，很快构建了一个巨大的情报网，成员达到一百八十余人的规模。情报网遍布以上海为中心的各大城市，特别是渗透到蒋介石的南京警备司令部和武昌行营等要害军事机关。

南京是当年的首都，南京警备司令部的重要性自不待说，但那武昌行营是什么机构？

武昌行营正牵涉当时中国发生的一场内战。而这场内战也正是苏军远东第四局最关心的。原先，为了"围剿"以瑞金为苏维埃"红都"的中央红军，蒋介石成立"军事委员长南昌行营"。1933 年底到 1934 年初，为改变以前"围剿"大别山苏区不力的状态，蒋介石又成立"武汉剿匪总司令部"（又称"豫鄂皖剿匪总司令部"），加强对豫鄂皖苏区、洪湖苏区、湘鄂赣边区各路红军的"围剿"。蒋介石自兼总司令，并电令在国外的张学良回国出任为副总司令，钱大钧为参谋长，杨永泰为秘书长。这位张学良自然不用说，他是前东北军总司令，后为中华民国陆海空副总司令。钱大钧是前军事委员长保定行营主任。杨永泰就是向蒋介石提出"攘外必先安内"理论的谋略家，是在蒋介石身边摇鹅毛扇的"御前军师"。

随着武汉"剿总"的成立，原来东北军的王化一、应德田和苗剑秋来到张副司令身边。而天津警察局的孙铭九、贾陶（贾国辅）、黄冠南等纷纷赶来投奔。张学良身边渐渐形成了一批信仰法西斯主义的新少壮派。

在武汉"剿总"成立之前，大别山根据地的一支红军已经杀出重围。他们由张国焘率领，走上转战湖北、四川的长征路，他们后来被称为红四方面军。大别山另一支红军主力红二十五军则留守鄂豫皖的大别山苏区。从江西瑞金出发的红军第一军团、第三军团、第五军团转战湘贵滇川，后来被称为第一方面军。在湖南地面活动的第二军团、第六军团会合成第二方面军，转战洪湖及湘鄂赣边区。

由于中央红军离开江西，战局发生变化，蒋介石决定撤销"军事委员长南昌行营"，而把武汉"剿总"改为"军事委员长武昌行营"。也就是说，蒋委员长从南昌"行"到武汉，委员长行营就迁建武汉。张学良出任武昌行营主任，钱大钧和杨永泰仍是参谋长和秘书长，而这钱大钧和杨永泰原本就是"南昌行营"的核心人物。这样说来，南昌行营的后继是武昌行营，而武昌行营和武汉"剿总"是同一个实体的两块招牌。由于里面的工作人员常常混用武汉"剿总"和武昌行营这两个名字，以后凡出现武汉"剿总"或武昌行营这两个不同称呼时，我们认为是指同一家司令部。后挂牌的武昌行营是把湖北、安徽、河南和陕西南部的鄂豫皖大别山苏区、洪湖地区、湘鄂赣边区及后来出现的鄂豫陕边区作为"清剿"对象。

武汉"剿总"的第一个战区就是紧贴武汉市旁边的鄂豫皖边区，也就是大别山红区，交战的对手是红军主力之一红二十五军。原先与红二十五军周旋的是卫立煌和陈继承的"中央军"。1934年，卫立煌和陈继承因一年的"围剿"无功而退。继他们之后来河南、湖北"围剿"的就是王以哲六十七军、何柱国五十七军及五十三军下属的刘多荃一〇五师等东北军部队，其中，六十七军首先进入了大别山区。所以大别山红二十五军的对头恰就是王以哲六十七军。

红二十五军与东北军六十七军从此结成一对欢喜冤家！

本书开头部分就叙述过王以哲六十七军与徐海东红二十五军在陕北发生过的

多次战事：既有真刀真枪残酷搏杀而引发的仇恨，又有朝天开枪相互赠送阵地打假战的幽默，更有通过秘密谈判握手言和的微笑。彼此之间的喜剧、悲剧交迭发生：那幕长剧从包围大别山根据地苏维埃政权开始，长征途中一路尾随而继续，陕北黄土高原血与火的较量而发展，肤施的密约而转向，经历西安事变成为友军而达到高潮！

原本，我们补充的这一部分内容是专讲秘密电台的，是要完全撇开东北军和红二十五军的冲突，而只谈中共中央与共产国际之间无线电台秘密通信的问题。不想，说着说着，又扯回到他们的头上。

既然如此，我们不妨就顺其自然去说说，红二十五军如何在这大别山苏区和鄂豫陕边区活动，而王以哲六十七军又为何偏会在这块是非之地出现。


先谈谈红二十五军与大别山根据地的事。

1927年11月到1929年11月，湖北、河南、安徽三省在大别山周边先后发生三次大规模反对南京国民政府的起义，建立了鄂豫边根据地、豫东南根据地和皖西根据地。1930年，位于上海的中共中央决定把分散在大别山区的三块革命根据地合并起来，成立了鄂豫皖边区苏维埃政府，三处红军统一成工农红军。由于鄂豫皖苏区迫近中心城市武汉，而且红军力量相当强大，所以对国民党政府的威胁就特别大，党中央对其重视程度也更高。

前文还提到，1931年春，张国焘、陈昌浩和沈泽民、张琴秋夫妇分两路到大别山，就是为了加强对鄂豫皖苏区的领导。这张国焘是中共一大代表和历届名列前三的中央常委之一，可见其在党内位置之重要，所以张国焘这次出行，要由中央政治局候补委员兼特科负责人顾顺章护送。虽然，顾顺章完成任务后在武汉出了大事，但那事并没有影响当时中共中央对大别山根据地的部署。

沈泽民是茅盾（即沈雁冰）的亲弟弟。他们兄弟俩都是1920年上海共产党早期组织成员，与陈独秀、李大钊、张国焘等人一样，也是中共一大之前全党五十七名党员之一。此时，沈泽民还是六大中央委员兼中宣部部长。

同行的陈昌浩也非同一般。陈昌浩与王明都是共产国际东方部副部长米夫的得意学生，两人彼此的关系十分融洽。而且，沈泽民、张琴秋、陈昌浩与王明一样，都是苏联东方大学二十八个半布尔什维克的成员。这沈泽民既有一大前五十七名党员之一的身份，又是二十八个半苏维埃之成员，其革命身份可谓纯粹至极了！所以，张国焘、沈泽民这四员大将同来，只说明当时党中央非常重视对鄂豫皖苏区的领导。

1931 年 4 月，张国焘宣布成立中央鄂豫皖分局和军事委员会，自任分局书记兼军委主席，沈泽民任分局常委兼鄂豫皖省委书记。大别山红军正式编为中国工农红军第一军（简称红一军），陈昌浩逐步提升为红一军政委，张琴秋随后也逐步得到提升，先后出任师、军政治部主任。我们顺便留意一下：此时正在开古田会议的朱德、毛泽东领导的闽赣边界苏区的红军是红四军，由此可知当时红一军和大别山根据地的重要性。

这位张琴秋是我国军队文工团的创始人，是她首先组织了红军宣传队。在根据地内，她办班培训来自农村的姑娘，她手把手教她们跳苏联海军舞、乌克兰舞。这些都是她与沈泽民留学苏联东方大学时学来的。其实，她原本就有艺术天赋。从一位当年的老布尔什维克留下的记述中，可发现，张琴秋与当时中共中央机关的其他同志一样，都有别具一格的风采：早在 1925 年五卅运动中，张琴秋与沈泽民这一对革命的才子佳人结为夫妻。

这年中秋，为了庆贺佳节，设在上海的中共中央机关聚餐，由老家长陈老爷子自掏腰包埋单，给大家提供了免费的晚餐，菜点十分丰盛。

晚餐后举行"自助晚会"。"自助晚会"的习惯，是从留学苏联中山大学的同志带过来的一种自娱自乐的形式：不论人多人少，几个人聚在一起就可以开张。每人轮流做一种表演或游戏，别人一边欣赏，一边鼓掌助兴。

据当时中央宣传部负责人之一郑超麟回忆：那天参加晚会的，除三个主席团成员陈独秀、彭述之、张国焘之外，还有向警予、张伯简、郑超麟、沈泽民和夫人张琴秋等。晚会中，彭述之跳了高加索舞，张琴秋唱了一曲《可怜的秋香》，别的人也做了游戏，向警予不肯唱歌，也不肯做别的游戏，结果大家不依。最后，向警予顶不住压力，朗读了一首李煜的词。

虽是即兴表演，各人的表演都正是恰如其人。由此可见，当时，革命美女张琴秋已经与中共元老亲密无间，并显示出其多才多艺的一面。

由于鄂豫皖边区苏维埃政权及红一军团力量比较强大，就遭国民党"中央军"的多次"围剿"。鄂豫皖形势一度很严重。1932年10月，鄂豫皖中央分局黄柴畈会议上，发生了严重分歧。张国焘等主张红军冲出包围圈，撤离鄂豫皖根据地到外面图发展。而沈泽民主张红军留在苏区，分散游击。争论结果，两种意见都正确，各自执行自己的主张：张国焘带领红军主力突出包围，开始了事实上的长征；沈泽民则留守根据地。此时张琴秋与七十三师王树声师长共事，当了该师政治部主任。按命令，她必须随大部队转移。就这样，因革命需要，一对恩爱夫妻就此各奔东西。

不久，原来就肺病缠身的沈泽民已经不能坚持工作了。为了不拖累大家，他决定离开部队在山区养病。临行前，他检阅了部队，并和战友一一话别。1933年11月20日，三十四岁的他病逝于湖北省黄安县（今红安县）天台山。

吴焕先、徐海东等领导的红二十五军继续留守大别山根据地。他们在战场上与卫立煌和陈继承的国民党军队对峙十个月后换来了新对手。这对手不是别人，就是东北军第六十七军。

其实，东北军第六十七军，是一支不断蒙受耻辱的军队。自从1931年九一八事变以来，东北军特别是王以哲率领的那支军队几乎淹没在国人的唾沫中。

东北军第六十七军前身就是九一八事变时驻守沈阳市北大营的东北军警卫第七旅。他们终身无法洗刷的耻辱就是不战而弃守北大营，造成沈阳市和整个东北三省的沦陷。

策划九一八事变并进攻北大营，只能算是当时日本关东军的一个小参谋板垣征四郎调动几个铁道守备连进行的一次假戏真唱冒险演习。参与演习的主要部队是铁道守备第二营营长岛本正一中佐及下属的第三连。第三连的正、副连长分别是川岛正大尉和河本末守中尉。由于日军的大队、中队、小队相当于营、连、排。下面按日军大队、中队、小队来称呼相应的编制。

演习很简单，过程也不复杂。9月18日晚，中队长川岛正以演习名义率本队九十八个成员到东北军北大营外围的预定地点等待，他们充当敢死队的角色。副中队长河本率余下的一个班，连同自己共七名士兵以巡视铁路为名，到东北军驻地北大营八百米外的柳条湖南满铁路线上，于当晚 10 时 20 分引爆小型炸药包，炸坏了一小段铁路。然后，他们将事先杀死的三名中国人穿上东北军士兵服装，放在爆炸现场，伪造东北军破坏铁路的证据。接着这些倭兵守住"现场"，等第二天来采访的新闻记者进行拍照。这边，川岛正一听到爆炸声，即指挥九十八个士兵向北大营开枪射击，发起虚张声势的进攻。同时，岛本正一则在北大营以北四公里的文官屯倭军营房内，指挥一门二百四十毫米口径的巨炮向着北大营方向连续轰击，造成兵营内毫无准备的中国守军严重伤亡！

这日军的铁道守备营本是不装备大炮的，更别提这口径达二百四十毫米的巨炮。其实，他们所用的这门巨炮及炮弹是关东军参谋人员事先从废弃品仓库里搬来的。它是一门在 1905 年日俄战争中被日军缴获的沙皇老爷炮。

爆炸声、进攻的枪炮声和九十八个日军虚张声势的狂吼乱叫声惊醒了北大营内第七旅的七千名官兵。此时，旅长王以哲不在兵营内，旅参谋长赵镇藩急忙向司令部值班的东北军参谋长荣臻请示，问怎么办，究竟是打还是不打。

荣臻没有主意，一个电话挂到北平绥靖公署请示汇报，但没找到张学良。

此时的张学良在军内是仅次于蒋介石的人物，是全国海陆空三军副总司令，还身兼北平绥靖公署主任。他控制着东北、华北黄河以北的半个中国的军政大权。所以他的司令部当然设在中国北方军事政治中心北平。一开头，荣臻找不到张学良，当然只因为张副司令根本就没在北平绥靖公署。

当了副总司令的张学良依然是个风流少年。在太平时期，他不会忘记娱乐和消遣。当时他正在北平前门的一家戏院听梅兰芳的京戏。知道发生事变后，他慌了神，马上召集部众商量对策，最后答复荣臻：按局部事件处理，以免给日本人扩大冲突的口实。

荣臻于是答复赵镇藩："不得开火！"

接到命令，王以哲感到事关重大，又亲自挂电话向张副司令报告，得到的答复仍是不抵抗！于是，赵镇藩赶紧去兵营处理，而王以哲相信少帅一定不知道真相的严重性，决定赶去北平向张学良当面汇报。

我们注意，参谋长荣臻把"按局部事件处理"的命令转述成了"不得开火"，而后人又改变成"绝不抵抗"。军令可以按传达人的口味任意转述，可见这东北军的素养太成问题了！

张少帅的命令存在的问题是十分明显的。作为军队，有没有不可逾越的底线？能不能放弃营房不守？能不能在别人一再开枪开炮进攻自己时，不敢开枪还击？能不能不加丝毫抵抗，就让别人砍自己和战友的头？要是连士兵的枪都不能用来保自己和同伴的性命，连自己的阵地都不经血战而弃守，那最后势必因失去阵地而全东北皆失，那是局部还是全局？

其实九一八事变中，日本人正是习惯性地利用"灯下黑"来施展他们的阴谋！人们总以为下作的勾当是见不得人的，是需要找借口并在鬼鬼祟祟中进行的，却不曾料到，日本人就偏要出乎众人意料，他们的下作行为无须等待借口就在光天化日之下施展，以致在人们因惊讶而来不及反应之际，它的罪恶目的就达成了！九一八事变如此，后来的七七事变也如此，1941 年 12 月 7 日偷袭珍珠港挑起太平洋战争更是如此。不但中国人民吃尽亏，就连强大的美国也措手不及。更有，日本法西斯派别之间，也往往因对方违反常理的异举而不及防范。比如，1936 年日本东京发生"二二六"事件，武装暴乱的"皇道派"法西斯在毫无征兆的情况下冲进内阁，屠杀众多部长高官。那就是典型的"灯下黑"。谁能料到光天化日之下的那一疯狂举动？以至于御用的昭和军阀这派老奸巨猾的法西斯集团也猝不及防。

光天化日下的下作，是善良人疏于防范的，却又是日本人最拿手的，世人该时刻警惕！

张学良以善良人的心态，下"按局部事件处理，以免给日本人扩大冲突的口实"的命令就大错特错了！没有全局防范的措施，那是什么局部也保不住的。日本人为达到侵略中国的目的，并不在乎是否获得"口实"。就九一八事变这事件来说，当天，就只有针锋相对、打掉那门沙皇老爷炮、严守阵地这条措施，才能制止日本扩大事态的阴谋，才能打消日本轻易占领中国的妄想。

其实此时，日本侵略军高层长官根本没料到"游戏"竟然进行得如此顺利、如此具有戏剧性。沈阳地区被闹得炮火连天之时，驻旅顺的关东军司令官、参谋长，也压根儿没料到北大营居然会那么轻易地得手。当然，关东军本庄繁司令官早有侵略并吞东北的全部计划。他当然支持军部激进派参谋板垣征四郎等人向中国军队挑衅闹事。甚至牺牲掉几个诸如铁道戒备大队那样的小部队，来换得挑起战争吞并东北的借口，他也是在所不惜的。他更知道三个月前板垣征四郎制订过一个通过炸铁路挑起事端，然后发起占领沈阳的演习计划。本庄繁觉得那不过是参谋人员的预演而已，最多能达到制造事端的目的。在他看来，岛本正一那支三八大盖加一门早已报废的老爷炮的铁道守备二大队，只适合当诱饵，拿去塞塞王以哲那支拥有万名精兵的警卫第七旅的牙缝差不多。他不奢望一举歼灭第七旅并占领北大营，而只希望，点起战火，给大倭皇军下一步发动侵略战争制造借口。哪怕是牺牲一些铁道警察这样的野鸡营连，也是值得的。直至夜间 11 时 45 分以后，收到板垣等参谋的报告后，本庄繁才惊喜地发现：中国军队没有丝毫抵抗的迹象。他知道机会来了。板垣征四郎已经弄假成真，把演习计划当成真戏演了，而且成功在即。于是本庄繁极度兴奋，连夜从抚顺发出紧急命令，调兵遣将，迅速从各方面向沈阳进攻。

其实，此前北大营外的川岛正这股日军士兵要比任何人都要害怕和紧张。他们这个不满员的中队总共一百零五人，扣掉副中队长河本末守带走搞爆破的一个班之后，才九十八人。而王以哲统领的张学良警卫队第七旅号称万人。即使打个七折，也有七千人。如果贸然冲进兵营，结果肯定是石投大海，有进无出，全连必遭灭顶之灾。哪怕中国兵毫无准备也毫无斗志，那局面也是一个日本兵对上一个连中国兵拼搏的局面！所以，川岛正这股鬼子兵虽然都抱定了必死的念头，却还是不敢冒险向前，只是不断呐喊、开枪，伴随着岛本正一指挥的那门二百四十毫米口径老爷炮的轰鸣声进行恫吓。炮击进行了三个小时，岛本正一发觉中国军队没有丝毫还击之后，才下令川岛正中队冲锋。九十八个极端恐惧的倭兵七蹦八跳、又喊又叫，自己给自己壮胆。他们硬着头皮冲向北大营，随时准备倒下为天皇陛下尽忠。

随后，他们发现情况不是那么糟：北大营里没有传来还击的枪声，更没有想象中机关枪加大炮的凶猛火力。枪炮声中，他们听到中国军人挨炮中枪的阵阵惨叫，却没有一声是对方还击的枪声。于是倭军判断：此时，中国士兵正在撤出北大营，继续留在北大营里面的士兵似乎已不多，而且依然没人敢还击。于是，这近百个狂喊乱叫的日本人发觉：自己闹了一整夜居然也没人中弹倒下，甚至连被擦破皮肤的也没有。这莫非是天皇保佑？倭兵真的是因此个个变得刀枪不入了！

下半夜3时，川岛正中队摸爬着接近了北大营四周的铁丝网。这是最后一道防线，也到了最后关头！这时，北大营传来一阵稀稀拉拉的警告枪声，然后又再也没有动静了。原来，兵营内最后的东北军士兵在王铁汉团长率领下也要撤退了。临撤退时，听着倭兵的鬼哭狼嚎，士兵实在憋不住内心的气闷，于是开了这一阵枪。这就是后人骄傲声称的"中国抗日的第一枪"！不过，倭军川岛正率领的九十八个敢死队队员马上拥来了。他们从营房南面探头探脑地猫进营垣时，看到最后还有少数中国士兵来不及逃离。一阵枪声后，不论这些中国士兵是举手投降的，想逃的，还是因吓呆了而走不动的，纷纷中弹倒下。接着不论是死是伤，还被倭兵补上一刀！

凌晨5时30分左右，日军大队长岛本正一带着铁道营在沈阳其他地方的另外两个中队（连），从北大营的其他方向冲来，配合川岛正连队毫不费力地占领了"重兵把守"的北大营！清点结果，放弃抵抗的东北军第七旅中校以下官兵死亡二百九十余人，基本上都是被日军二百四十毫米老爷炮狂轰滥炸致死的。而作为进攻方面的岛本正一的日军铁道守备第二营那三个连，几乎没传出伤亡消息。

就这样，区区三百多人的日本铁道警察一个营轻松地攻占了号称万名精锐兵力的东北军部队把守的北大营！接着从抚顺、辽阳方向赶来的大队日军不费吹灰之力，随手拾取了沈阳城！其付出的总代价是二十四个士兵伤亡！这二十四个人还主要是夜间紧急行动造成的意外事故及敌我不辨而造成的自伤！

9月18日那晚，王以哲不在北大营。

也就是这晚，张学良不在北平行营司令部。他看戏去了。战事发生后许久，参谋人员好不容易联络到他，他们草草处理后，睡觉去了。

那晚蒋委员长也不在首都南京，他在去江西"剿匪"的途中！

那天，谁也没有料到，当夜竟然发生了改变中国命运的战争！

次日清晨，北大营枪声停止时，张少帅来到北平协和医院对天津大公报记者振振有词地宣布："吾早下令我部士兵，对日兵挑衅，不得抵抗。故北大营我军，早令收缴军械，存于库房。"

没人向他汇报。他也不知道，就在半个小时前，北大营易主了，沈阳丢失了！

沈阳丢失后不久，整个东北沦陷。

丢脸，耻辱！

除此之外，世间没有其他词可以用来表达那时中国人的感受。

9月19日下半夜，第七旅参谋长赵镇藩领着七旅没有失散的六千名士兵利用日军虚张声势不敢冒进之际匆匆忙忙逃离北大营。这批惊弓之鸟最后撤往沈阳城郊的山城镇。事前带着几个副官和参谋想要去北平汇报的王以哲，在事变之后才回过头来找队伍，终于找到山城镇并遇到了这批疲惫不堪且士气低落的部下。他把败兵集合起来，清点之后，发现好人人马基本都在。于是他向忠诚的参谋长赵镇藩深深地鞠了个九十度的大躬："多谢国屏兄，把弟兄们带出来了！"

王以哲在队列前向弟兄们致歉："我下令不抵抗是秉承最高统帅命令行事。我的错处是，既不抵抗，就应及早下命令突围，免遭许多无谓牺牲。对这一过错我负全责。我诚心诚意地向兄弟们表示歉意，承认自己在应变上的无能。现在请大家考虑，愿意跟我走，服从我的命令的举手。"

他讲完话后，全体官兵都举起手来。

有关王以哲这些情节和言语是后来人追忆的。不排除回忆者有意拔高了他思想境界的嫌疑。回忆人还赞扬说，那是"王以哲勇于正视自己的错误、严于责己的精神，深深地感动了士兵"。话说得如此掷地有声，的确有些不容易。

我们知道，东北军是一支军阀部队。虽然两年前易帜成国民革命军，绝大多数军官集体加入了国民党，但军队的本质没变，士兵依然是为吃份粮才来当兵的，他们活着的每一天，就只为了吃饱每餐饭。士兵此刻最担心的不是别的，而恰是长官王以哲是否卷了军饷逃跑了，那下一餐饭就成问题了！

所以当士兵看到王以哲时，与王以哲看到士兵时的心情基本一样，双方都放下了心。在这种状态下，没有必要去拔高他们的政治思想觉悟，而该实事求是地说出真相才好。王以哲对士兵的致歉或许是真诚的，但他说的那句"秉承最高统帅命令行事"的话却百分百是假的。他或许联系到了张副统帅，但他压根儿不知道"最高统帅"在何处，更没有可能直接得到最高统帅命令。其实在当时，就连被北大营事变惊得手忙脚乱的张少帅也联络不到委员长，得不到老蒋的指示。张少帅尚且如此，那王军长所秉承的最高命令来自何方？

当然，不管怎么说，九一八事变后第三天，他遇到了自己的士兵，士兵也遇到了长官。大家都放了心，但难逃同样的难堪：丢人！

此时，兵力有限的日本兵忙于掠夺财富和装备，忙于控制辽宁的各主要交通线，来不及来找他们麻烦。而王以哲的这些部众依然就在沈阳郊区，双脚踩在他们有义务保卫的国土上！一夜的噩梦，此时该醒了吧？国家遭到侵略，这国家的军队该干什么？这点总归该知道吧！首先必须夺回沈阳，夺回被自己丢失的阵地北大营！即使是孬种，没有能力也没有勇气去夺回沈阳和北大营，那么也该守住此时脚踏的这片国土！

可是，在王以哲身边这支队伍里的尽是些丧魂落魄的人。此时他们想到的第一件事是：逃命去，官兵一起逃！

此情此景，每当后人回想起来，总禁不住要说声骂人的话：窝囊，孬种！

骂他们并不冤枉，他们此时没有丝毫责任心，也没脸见"被自己沦陷了"的沈阳和整个东北的父老。仓皇逃命的王以哲队伍由于担心日军的追击，就钻深山，穿密林，昼伏夜行地逃窜。他们踩过一片国土，就抛弃一片国土！经过一个城镇，就背离一个城镇！哪怕是生我养我的故土和乡亲父老，他们毫无眷恋之情！逃跑中，故乡离自己越来越远，军人的责任或良心更是不知被他们抛向何方！他们那时最想做的，就是不顾一切道义，狠心地抛弃脚踏的这片国土，扔掉东北，抛下全部乡亲父老，逃离关东，躲开日本人，躲得越远越好。他们要换个安宁的地方重新混口军饷，让别的军队出头保护自己。

此时，张少帅已把司令部从北平前移到军事重镇锦州，以便于收集流散在东北各地的军队。很快，二十多万东北军会集在锦州周边。王以哲所率的这支狼狈不堪的队伍也终于逃到锦州，来到张学良身边。张学良让他们继续后退，到关内整顿。

逃离了东三省，就能好过吗？事实上，东北军一逃离东三省，就成为千夫所指，遭万众唾弃的败家子。王以哲的那支部队更是时时刻刻必须面对国人的鄙视。此后，他们一直很难得到全国人民的谅解。所以五年之后，东北军远离了日本人，来到了西安。他们发起了西安事变，高调喊出"打回东北老家去"的口号。可是，人们立即想起了九一八事变，想到他们原本就在沈阳，日本兵还来不及追寻时，他们就巴不得逃离沈阳，逃离东北，远离日本人。如今在看不见日本人的西安，却勇敢地要"打回东北老家去"，是真心，还是假意？人们难免疑虑重重。所以，西安事变中，全国舆论对东北军的压力之大是不难想象的。

亿万国民的冷眼相看，成了王以哲内心长年的煎熬。他后来的确为自己在九一八事变中的表现而忏悔："在沈阳北大营时，我下令打，就能立刻打起来，绝不会让日本人轻易占领沈阳，但我没有那样做，时过境迁，失掉了大好机会，我成了民族罪人。"

其实九一八事变后，真正被全国大众骂为民族罪人的是蒋介石。

事变的前一天，麻痹大意的蒋介石对东北的局势丝毫没有防范，他把全部心思放在江西"围剿"红军的战场上。九一八事变发生、沈阳沦陷的那天夜里，他乘军舰沿着长江从南京驶向九江，他要亲自指挥江西的"剿匪之战"。次日清晨闻知九一八事变，知道大事不妙，他才匆匆忙忙在九江下船赶回南京。他是集党、政、军大权于一身的人，国家出现如此灾难，他罪责难逃！随后，全国对蒋介石国民政府失职的抗议声一阵高过一阵，蒋介石的老冤家西山会议派林森、张继、居正等，与两广系的反对派胡汉民、汪精卫、李宗仁、白崇禧等联手，逼他下台谢罪。老蒋无可奈何，被迫引咎辞职。

蒋介石下野后，西山会议派首领林森成了名义上的国家元首。但林森不掌实权，掌实权的是行政院院长。轮流交替行政院院长这个位置的人是陈铭枢、孙科、汪精卫、宋子文等。不久，也就是上海一·二八事变前夕，因上海形势诡异，朝廷新贵担心日本人在上海挑起事端，配合日本关东军继续南下进攻，从南北两面夹击中国。于是他们尽量安抚驻守锦州的张学良，鼓励他尽东北、华北之力，抗击日本南侵的阴谋。同时公事公办，12月8日，宋子文、顾维钧以行政院名义，命令张学良坚守锦州，制止他向关内撤退军队。随后，又两次以国民政府中央执委会全体会议名义和国民党四届一中全会第三次会议决议形式，严令张学良：必须固守锦州！这时，南京政权因上海对日形势也十分严峻，虽不能对张学良做到有求必应，但还是尽力支持他振兴东北军的努力。唯一的希望是张学良愿意承担起保卫锦州的抗日重担。

此时，张副司令继续重用王以哲，不计较他是否该为北大营失守承担责任。或许，这让王以哲真的因愧疚而萌发了报国的动力。他想过要改变军队的精神面貌，于是决心励精图治，重整自己那支军队。东北军就是在爱国问题上最遭受指责，所以王以哲想到要用爱国主义来教育自己的队伍，树立洗雪国耻、收复东北失地的决心与信心。为此，他吸收流落关内的东北青年补充自己的队伍。其中就有一些共产党员，比如，他的参谋处少校参谋王士达就是中共地下党员。在这基础上，他开展了一些初步工作。随后，王以哲被张学良任命为北平军分会军衡处中将处长兼陆军一〇七师师长，这一〇七师就是由他的原警卫第七旅扩编的。

王以哲是军校出身，进军校前，受过正规教育，他知道宣传鼓动的力量，于是决定在部队内部办杂志培养爱国热情。在他支持下，爱国青年在北平西单皮库胡同成立东望周刊社，到部队开展爱国教育，以表达东北军士兵永远向东看，不忘东北故乡。王士达和副官杨之彦及续友益、吴江天等出任《东望》编辑。于是《东望》开始在部队内部流传，宣传抗日思想。在一〇七师内，中共地下党员和左派青年有了活动的场所和机会。

但东北军的改造绝非容易的事。说自己心里想抗日，可一旦日本人端着刺刀面对面冲过来时，还抗不抗啊？这问题照旧没有解决。果然，1932年1月3日，日军再次未发一枪，浩浩荡荡地开进东北军的新大本营锦州城。

锦州就是东北边防军司令长官公署及辽宁省政府所在地，是通向华北的咽喉道口。这次是所有中国人都要原中国海陆空副总司令张学良坚守，可张少帅独断专行，弃关而逃！他率二十万部众不战而逃，全部撤入关内，把战略要地锦州城拱手相让，白白地交给了日本人！

同时，张学良的参谋长、后来的日伪汉奸分子荣臻指示其发言人向媒体谎称："我军损失极大，弹药无继，死亡五千余名。"他还说："我军奋勇应敌，激战十昼夜之久，前仆后继，死伤蔽野。"

事实上，十天前，东北军不顾当时中央政府的三令五申，就开始撤空锦州驻军。当日军还远在新民和盘山县沟帮子时，锦州城早就无东北军的一兵一卒！所谓"死亡约五千余名"或"前仆后继，死伤蔽野"的不是东北军，而是遭日本兵疯狂屠杀的爱国平民百姓、本地安家的一些警察和民间自发组织的"抗日义勇军"！荣臻是在撒弥天大谎！他后来被日本人收买，到伪满政权当汉奸去了。说谎是汉奸的天性，荣臻也不例外。与荣臻相反，各地的"抗日义勇军"坚持抵抗日本人对东北的占领，体现了中华民族绝不屈服的意志！

王以哲默默地配合着张学良和东北军撤退。不可想象啊！他在东北军开展的爱国主义教育为何没有起到应有的作用？我们不能不对此提出疑问。

或许，按张学良自己的话，他这次"出让锦州"，完全是出于轻信"关东军司令官本庄繁与自己是老朋友"，以为自己让出锦州后，本庄繁会看在老朋友的分儿上，从此收手，不再继续侵略中国。

晚年，《张学良口述历史》中留下以下一段话，记述九一八事变后他与敌酋本庄繁的过招。

　　我在东北的家产都扔给日本人了，我给你讲过这事儿没有？你要知道我在东北的家产有多大？我没讲过，我在那个时候的钱，虽然不能说称亿吧，反正我有五六千万家产。日本人把我的家产都要还我呀，九一八以后要还我呀，他们弄了三列火车把我的东西都送来了，我那画都很值钱呀。我跟本庄繁是好朋友，很好的朋友，我上日本也是他陪我去的。他给我写封信，说你那东西是我花钱给你包上的，都包得很好，三列火车，送到北京正阳门外车站。

他还派来一个人，还写封信给我。我大火呀，我说你这是在羞辱我呀，我是地方长官呀，我绝不拿我自己东西，要还，你把东三省还国家！这些东西，原来在我家里怎么摆的，你给我照样摆好，我自己会拿回来。可是你要不给我拿回去呀，我可给你个羞辱，别说面子上不好，我全放火烧了，我就在这烧了，那时候你的脸上就不好看了，你赶快照样都拿回去！

这就是九一八事变之后与次年 1 月 3 日张少帅放弃锦州之前，发生在张学良与关东军司令官本庄繁之间的事。本庄繁是在企图使离间计，挑拨中央政府对张学良的信任，还是他太傻，智商太低，为表示善意而差点儿害了张学良？或者还有别的什么？这点，我们无法理解。

后来，张副司令退回三列火车的财产，本庄繁将财产拍卖转换成货币保存。

张副司令恐怕是太把本庄繁当好朋友看待了。张副司令一言九鼎，后来为兑现对蒋介石先生的一句保证，不惜牺牲自己的一辈子。这点，大倭国的本庄繁能做到吗？

日本人的侵略，不因张副司令再次"礼让锦州"而停止。张副司令马上看到，得到锦州之后的日本人又把枪炮指向承德和整个热河省，指向长城，指向上海，指向华北和全中国。

日本军队全面占领东三省之后，下一个目标就是以东北军为主力把守的热河省。东北军第五十五军军长汤玉麟此时兼任热河省主席，他原是称霸辽西的土匪，因救过张作霖一命，他们由此结下了生死之交。随后张作霖在东北奠定霸业，有意拉上汤玉麟，从此哥儿俩成了一对。因此，汤玉麟是东北军元老级的长辈。

此时，蒋介石已经结束下野，重新出任国民政府军事委员长。因华北地区抗日形势危急，南京国民中央政府不追究张学良弃守锦州的责任，而再次敦促他爱国抗日。国民政府协助张学良把军队整编为八个集团军供他指挥，全力保卫热河。八个集团军中就有一支番号为第六十七军的部队，那就是由东北一〇七师扩编而成，更早就是丢失沈阳北大营的警卫七旅。第六十七军军长由王以哲充任。

1933 年 2 月 25 日，热河战争爆发。3 月 4 日，日军川原旅团派出一百二十八骑侦察兵，先行探路。不料，驻守热河省会承德的汤玉麟畏敌如虎，一看到城外的日军骑兵探马就吓坏了。他毫无斗志，匆忙带队弃城而逃。堂堂东北军第五十五军被一百二十八个日军探马从中国国土上驱逐，成了丧家犬！这一小股日本骑兵于当日上午 11 时 50 分宣告占领了热河省会承德，整个世界再次为之大跌眼镜！

张副司令和东北军是否会因锦州、热河的一再丢失而脸红？反正对整个中华民族来说是奇耻大辱！承德失守后，日军逼近长城，于是发生了长城抗战。提到长城抗战，人们自然就会想起"大刀向鬼子们的头上砍去"那一首著名的歌曲。那歌颂的就是宋哲元将军的二十九军大刀队血战喜峰口的事迹。但喜峰口不是主战场，最惨烈的流血牺牲并不发生在那儿。真正激烈的战斗发生在古北口。3 月 11 日，日军发动进攻。刚一交火，驻守在古北口的东北军六十七军就感到独力难支。虽然在一开头六十七军击毁过一辆日军战车，但在日军的拼命进攻下，他们很快就知道，这真刀真枪的抗日战争真不好打，想爱国当抗日英雄也没那么容易。于是恐惧心理蔓延，造成众不敌寡。前沿阵地发生动摇，形势万分危急，他们连连呼救。从南方江西远道来增援的是徐庭瑶率领的"中央军"第十七军的前头部队：关麟徵第二十五师。他们率领士兵从南方疾驰而来，还来不及换下草鞋就接防阵地奋力抵抗，写下中国抗战以来最壮烈的一笔：在古北口战场，开战第一天，中国士兵已是尸横遍野，血流成河！日本侵略军想冲过来，就必须攀越这一道道由中国士兵构筑成的尸山血海！整个战场从开头至结尾无时无刻不弥漫着浓烈的血腥味。在第一线的龙王峪阵地，二十五师师长关麟徵负伤了，副师长杜聿明临阵代理，在战场上继续指挥士兵硬拼硬顶。

三天三夜下来，二十五师付出了四千名官兵牺牲的惨重代价！将士们是用自己的血肉再筑起一道长城。

这一战最后和最激烈的一幕发生在帽儿山阵地。驻守阵地的七名中国士兵全部殉身战场。他们的营、连长官及其他战友均先后死于战场，联络中断，在最后时刻，没有人能向他们传达撤退命令。虽然这七位无名战士看到相邻的我军战友奉命退出阵地转到下一道阵地南大门，可就没有同样的命令传达到帽儿山阵地，于是他们决定死守这最后的阵地！日军不断发动攻击，在七勇士的机枪口下付出成百人伤亡的代价，却毫无进展！眼见这长城古北口防线的最后阵地帽儿山无法攻下，日军指挥官就调来飞机、重炮狂轰滥炸，但七勇士依然顽强据守！最后子弹打光了，敌军冲上来了，他们就在工事内，与蜂拥而来的日军展开最后的肉搏，全部壮烈殉国。

战后，日军依然心有余悸，感七人之勇烈，收遗体合葬立碑，上书"支那七勇士"。只因他们所在的营、连全部牺牲了，中国方面已经无法确认他们所在的营、连及个人真实身份。至今，我们也只知道他们是"中央军"第十七军第二十五师牺牲在长城的四千烈士中的七人，他们与所有牺牲在长城古北口的烈士一样，都是无名英雄！

攻占长城古北口的这支日军也被中国陆军第二十五师打残了。侵略者被歼灭两千多人，他们同样伤亡严重、建制不全，从而也失去了继续发动侵略战争的能力，战场暂时停息平静了几天。4月21日，徐庭瑶率领的"中央军"第十七军的后续部队黄杰第二师赶到南天门阵地，接替二十五师防守南天门。经过充实的日军再次发动进攻，南天门保卫战开始。战争从4月21日打到4月25日，第十七军的第八十三师赶到进入阵地，接替伤亡严重的第二师。第八十三师师长是刘戡，该师拥有全套的德式装备，虽然经长途奔驰，有些重装备没到，但依然是中央第十九军中装备最好的一个师。尽管如此，还是禁不起日军飞机大炮的狂轰滥炸。到了4月28日，三天下来，全师人员严重损失，全套德式装备损失殆尽，南天门阵地全部被日军炸毁！刘戡为人性格刚烈，眼见八十三师全部家当在三天内拼个精光，还制止不住日本人的进攻，顿时惭愧至极。激愤之余他拔枪指向太阳穴，就要饮弹自尽，正在一旁的参谋长慌忙夺枪，救了他一命！十七军收集残余各部，退守南天门以南的预备阵地，以做最后抵抗的准备！

令人哭笑皆非的是：日军用来进攻古北口的飞机、大炮及弹药，全是九一八事变那天东北军留在机场、仓库，送给日本人的"礼物"！中国方面的第十七军，甚至就是刘戡第八十三师这样的精锐，在战场上照样缺乏飞机、大炮这些重武器的支援！

当然，日本兵也是首次遇到中国陆军第十七军这样强劲的对手。他们同样兵员损失惨重，进攻乏力，需要调整补充。同时，钱大钧、汤恩伯、孙元良等人率领的"中央军"第十三军已经驻扎保定，并相继进入长城抗战的阵地。长城抗战进行到此等地步，战事暂告段落。

1933 年，长城抗战中发生的古北口—南天门战斗合称为"古北口战役"。六十年过去后，也就是 1993 年，当地政府竖起了"长城抗战古北口战役纪念碑"，碑文称：古北口战役"毙伤日军五千余名，抗战将士亦有近八千人伤亡"。可见当年战争的惨烈程度。"中央军"十七军军长徐庭瑶以下，师长黄杰、刘戡、关麟徵和代师长杜聿明及旅长、团长郑洞国、戴安澜等悉数登场。他们在长城抗战中接受了血与火的洗礼，最终在随后发生的抗日战争中成了名将。这"中央军"第二十五师以及徐庭瑶、黄杰、关麟徵和杜聿明的名字，前文已多次出现了。

古北口战役，是九一八事变以来东北军六十七军所有经历中最自豪的一次战斗。虽然因不敌而被迫提前退出战场，而且与中央第二师、第二十五师、第八十三师相比也逊色不少，但彼时他们还是表现了一定的战斗精神，也相当英勇。只要守在祖国的土地上，不畏强敌敢于抵抗，不论原先表现如何，就都不算丢脸！面对侵略军，拼不拼是一回事，打得好不好则是另一回事。只要能坚守在战场尽力卫国，与侵略者拼命，都值得赞扬！

到此，整个热河保卫战已是无可挽回地失败了。

从日军侦察承德至热河全境失陷，张学良指挥的八个集团军十余天内又失地千里，制造了中国战争史上的又一大耻辱。

1933 年 3 月 7 日，即承德失陷三天后而长城抗战正在酝酿之际，张学良面对失败愧疚不已，他电呈国民党中央：

> 自东北沦陷之后，效命行间，妄冀戴罪图功，勉求自赎，讵料热河之变未逾旬日，失地千里……学良虽粉身碎骨，亦无补于国家，无补于大局，应恳迅赐命令，准免各职，以示惩儆。

收电报后，蒋介石约张学良第二天到保定行营会面。军事委员会保定行营是于 1933 年 1 月建立的，由钱大钧任行营主任，拥有包括孙元良、汤恩伯两位师长在内的"中央军"主力部队十三军，主要是应对华北地区复杂的对日战争局面。

第二天晚上，张学良偕同顾问端纳等一行乘专车前往保定行营，遇到先行到达的宋子文。宋子文表达的意思是："失东北、丢热河，委员长与副司令都是责无旁贷的。现在全国舆论（指丢失热河）纷纷谴责你们两人，因此你们两人中必须先有一人下野才能平息民愤。"

宋子文这话说得十分明白：蒋委员长已经因九一八事变丢失东北而代人受过，替副司令引咎辞职一次了。这次副司令又因丢热河而再惹麻烦，委员长与副司令又都是责无旁贷的。为平息民怨，这次究竟是否再次让委员长辞职，就要看张副司令的态度了。

张学良这才醒悟过来，原来蒋介石和他大舅宋子文约他会晤的目的就是要他下台。张学良答复宋子文说："既然如此，那就请委员长免除我本兼各职严予处分以谢国人。"

于是宋子文立即将张学良的原话电告蒋介石。午后，蒋介石的专车到达保定。蒋介石便说了一通两人风雨同舟的大道理，然后让张学良以出国考察为由暂避风头，其他一切善后问题均可按照张学良的意见办理。

张学良安排好东北军事务后，钱大钧设宴替张学良饯行。张学良与钱大钧刚聚会就分手，但他们之间的亲密关系从这天开始了。1933 年 4 月 11 日，张学良偕家眷和随从到上海乘意大利"罗西伯爵"号轮船出国考察。何应钦接替张学良任北平军分会委员长，王以哲六十七军暂归何应钦节制。钱大钧钱行张学良之后也南下到南昌行营就新职。因为设在北平边上的保定行营本就是在一旁用来"辅助"张学良的。既然何应钦主持了北平军分会，保定行营的使命也结束了。

古北口战斗后，王以哲六十七军为了补充实力，收容了退入关内的部分东北义勇军，又招收了一些青年学生。这里面，不论是义勇军，还是入关的青年学生，有许多是中共地下党员。

原来，自九一八事变后，大量东北青年流亡北平。在张学良的支持下，高崇民、阎宝航、卢广绩、王化一、车向忱、陈先舟等东北籍著名人士和中共地下党员，在北平奉天会馆发起成立"东北民众抗日救国会"。流亡关内的东北师生张希尧、宋黎等加入这个组织，并成为该会的骨干。此时北平地下党领导人是北平特科创办者吴成方、全总华北办事处负责人饶漱石和党务骨干柯庆施。柯庆施出面把张希尧、宋黎等编入中共东北大学特别支部。他们着手把流亡北平的东北青年组织起来，经过一段时间的培训后转送到抗日前线。这些来自东北的中共党员原本与王以哲熟悉，于是便向六十七军推荐了许多兵源。这些人或补充在基层连队，或是机关，其中不乏中共地下党员，他们改变着军队的组成。这些，或许为王以哲后来同情红军并参加中共打下了基础。

六十七军内中共力量发展很快，特别是新建的特务大队就有中共机构，并由中共党员领导。但由于"左"的影响，他们在准备建立红色军队而发动兵变之际被特务发觉，遭到何应钦镇压。

在东北军中，受中共地下党影响较大的还有黄显声、董源彰所在的骑兵二师及吕正操所在的一一六师第六四七团。参与骑二师从事兵运工作的中共党员刘澜波曾一度被特务头目兼中央宪兵三团团长蒋孝先逮捕。经由一○五师刘多荃和骑二师黄显声等人的多方保释，好不容易才放出来。

这说明，此时在东北军内，国民党特务与中共地下党员并存，而且正互相开展斗争。当这支东北军部队转入内战与红军发生战争时，国民党特务与地下党员的斗争就越发白热化。

1933 年秋，失去张学良当靠山的六十七军被调到河南驻马店、确山、信阳一带整训。这地区就与大别山苏维埃区域重叠。从此，开始了他们与鄂豫皖边区红二十五军之间的恩怨情仇。接着，以东北军为主战力量的武汉"剿匪"总司令部开始筹建。1934 年 1 月，在海外考察了八个月之久的张学良应召唤回国，出任武汉"剿匪"总司令部的副司令。东北军何柱国五十七军及刘多荃一〇五师也步王以哲之后，来到大别山周边，参与对红军的"围剿"。

参与"围剿"红军的这批东北军马上又要吃败仗了。

原来，战斗在上海的罗伦斯上校的情报小组经验丰富，他们早就采取行动，在 1933 年年底到 1934 年年初武汉"剿匪"总司令部秘密筹建之际就渗透进去，形成情报网络。这使东北军一进入大别山根据地，就等于自投罗网，陷于罗伦斯情报网的覆盖之下。

在讲罗伦斯上校的情报网如何发挥作用时，我们必须先讲讲几个具体的地下工作者。至于这个情报网覆盖面有多大，渗入程度有多深，至今依然是个谜，我们只能根据当时遭特务破获及叛徒出卖而暴露出来的蛛丝马迹，加上如今已经解密的原秘密战线英雄事迹来介绍其中的一二，并借此顺便谈论一下罗伦斯情报网的运作方式。当然，所涉及的那些人都是潜伏在武汉"剿总"内部的中共党员。

就在武汉"剿总"筹建时，一批地下党员就进入其中充当内线人员，试图获取军事情报。这些同志的工作十分出色，其中最成功的人就是潘文郁。这潘文郁本是北平特科的成员，那时他就潜伏在"剿总"副司令张学良身边，充当机要秘书。由于潘文郁是与北平特科后来的领导人胡鄂公联系的，而胡鄂公正是罗伦斯小组的成员，所以潘文郁获得的情报首先归罗伦斯小组。潘文郁位置越重要，罗伦斯得到的情报也越有价值。只因后来潘文郁的联络员被捕了，潘文郁自己也因暴露而牺牲了。这个案子的全部线索断在联络点北平的春秋书店，没有更多的人遇险，更没有牵涉罗伦斯本人。

同时，罗伦斯的情报网在武汉"剿总"还有另外两个重要线人，他们是陈绍韩和刘思慕。中共党员陈绍韩原先是"中央军"第三军第十九团一营营长，后来任第三军司令部作战科上校参谋。我们知道第三军军长就是王均，他们本来在江西"围剿"红军，此时与胡宗南的第一军、毛炳文第三十七军一道，追击和"围剿"张国焘率领的那支红四方面军。在红四方面军全部进入四川之前，王均的第三军等部队也一度归武汉"剿总"协调。从陈绍韩处，罗伦斯可以获得敌军军事行动的具体消息。那很有实战价值，并可以补充和佐证来自潘文郁等渠道的情报。但陈绍韩案没有留下任何其他细节，我们无法展开说明。

刘思慕也是罗伦斯的情报员，当然是中共地下党员。他此时出任武汉"剿总"第五处上校法规专员。到武汉之前，他原先就潜伏在南昌行营。

罗伦斯的情报网内，对于重要的线人，总以他为中心构成了一个独立的子网络。为说明子网络的运行方式，我们不妨就举刘思慕为例。刘思慕又名刘燧元，早年就读于岭南大学，与国民党特务头目甘乃光是同学，后来转到苏联中山大学学习。1931年他再从苏联转学到德国，遇到自己原来的学生江涛声，江涛声也正在德国柏林大学医学院攻读学位。于是，师生二人都参加了共产国际外围组织"旅德华侨反帝同盟"。1933年秋，刘思慕回国。回国后，他经肖炳实介绍加入共产国际情报机构。这些情况，外人自然是不知道的。

次年，甘乃光经武汉"剿总"秘书长杨永泰推荐出任第五处处长，刘思慕利用甘乃光的同学关系，出任武汉"剿总"第五处上校法规专员。第五处上校法规专员是个重要岗位，刘思慕利用这个岗位搜集"剿总"内部的军事核心情报就十分方便。为安全起见，刘思慕搜集到的情报不是直接交给罗伦斯本人，而需要通过交通员居中传递。与刘思慕保持联络关系的是一位美女交通员黄维祐，她是1933年毕业的复旦大学经济系学生，当然是中共党员。

黄维祐又名黄君珏。她加入了罗伦斯的情报小组后就当了交通员，负责与刘思慕保持联系。她负责按时通知时间地点，让刘思慕交接情报，同时也关注他的个人安全，随时发出安全警告信息。黄维祐与丈夫汪默清是大学同班同学，他也充当刘思慕在武汉的交通员。

黄维祐的父亲黄友郢是孔祥熙的亲信，当时任财政部机要秘书。她的几个舅舅也都在国民政府中有些地位。从而她在毕业时，就通过这些关系，在财政部会计司谋得一个科员的位置。由于这位置具有高度的隐蔽性，她的任务完成得十分出色，得到罗伦斯的信任和器重，她在情报网内地位逐步上升，承担着越来越重要的任务。

黄维祐还有一个复旦的女同学叫蒋浚瑜。蒋浚瑜是富家小姐，她也被罗伦斯上校吸收为情报网成员，负责通信联络站，以"蒋渊若"名义收取寄给黄维祐的情报。

从这个小例子，我们可以看到，罗伦斯情报网是个层次森严、高度保密的机构。

在这个机构内，其情报网的线人或交通员、联络员甚至整个通信联络站都属于外勤人员，罗伦斯通常是不与情报网外勤成员发生直接联系的。不仅罗伦斯如此，情报网最内层成员与外勤人员之间也是互不见面，彼此间仅允许通过号码信箱的方式沟通联系，而号码信箱是向邮政局租用的。我们发现在这点上，罗伦斯小组的操作方式与牛兰的"组织科"有类似之处。

能够与罗伦斯不定期会面的只有一个人，那就是外勤的总管陆海防。但彼此之间的联系方式也是单向透明的：陆海防向罗伦斯透明，而罗伦斯对陆海防保持屏蔽。罗伦斯用临时通知时间地点的方式约见陆海防，而不能倒过来。倘若，陆海防偶尔一次失约，警惕的罗伦斯便会果断切除关系，以确保自身安全。

罗伦斯上校还从前任佐尔格之手，掌握着一批为日本驻沪特务机构岩井机关服务的华籍、倭籍间谍，如日军川合定吉少佐、副岛隆规、尾崎秀实及中共地下党员袁殊等。岩井机关就是以特务头子岩井的名字来命名的。这些人也都是罗伦斯情报网的特定线人。而岩井特务机关的袁殊正是经蔡叔厚引荐又进入佐尔格小组的，后来移交到罗伦斯手里。他后来成为著名的多重身份谍报员。

我们在这里着重介绍陆海防、刘思慕、蒋浚瑜、黄维祐和汪默清夫妻这些人之间的关系，只因为1935年上海第二起"怪西人案"的关键突破口出现在他们身上，所以他们的细节更为人们所熟悉。提前交代他们之间的关系，可以简化以后对破案过程的描述，但缺点就是事先释解了许多文艺作品中本该具有的悬念，严重地降低了这个大案暴露过程的神秘性。好在，本书与文艺无缘，也不以卖弄神秘和惊险为出发点，而只在乎能否明明白白地向读者交代事情的真相。

其实，早在刘思慕、黄维祐这个小网形成之前，罗伦斯情报网系统已经高效地运转了，并在战场上发挥了重大作用。1934年春末夏初，首次与大别山根据地红二十五军短兵相接的东北军，就遭到了红二十五军的迎头痛击！

虽然此时沈泽民已经因病去世，但中共鄂豫皖省委和红二十五军领导机构依然健全。他们事先已经掌握到东北军与卫立煌、陈继承军队的换防消息。于是决定，利用敌军换防间隙及新来的东北军尚未完成部署之际，红二十五军突破原来的封锁线与皖西根据地的红二十八军合力作战。果然，1934年4月16日，两支红军成功地在商城东南的豹子岩胜利会师，合编为新的红二十五军。同时，原红二十八军在皖西保留一个团，以八十二师名义继续坚持，牵制敌人。这样一来，两股红军形成合力，战斗力增强了，而东北军的部署被打乱了。

两天后，就在东北军不备之际，第一场冲突发生了。当日，红二十五军决定返回湖北东部，通过潢麻公路时，引起东北军何柱国五十七军一〇九师的注意。何柱国不肯放过目标，但又吃不准红军的规模，于是就派两个营进行尾追。红军不慌不忙，故意引诱敌军深入，选择地形设下埋伏，经过一阵伏击战，东北军死伤百余人，俘虏五十二人，缴获轻机枪十挺、步枪百余支。红二十五军首战东北军，取得胜利。

挨了一记闷棍的张副司令决定彻底铲除红二十五军。6月下旬，钱大钧帮他制订了一个从7月1日延续到10月10日的"百日围剿"计划。该计划分两手同步实行：一手是"划区驻剿"；另一手是"机动追剿"，以无限制地"竭泽而渔之方，做一网打尽之图"。

但这"百日围剿"计划保密吗？

中共中央与军委于7月1日向中共鄂豫皖省委和红二十五军发出训令，指示他们进行了针对性的战争部署。

其时，王以哲率混编的东北军———七师、——五师及—〇五师开往湖北省东北部的孝感、麻城大别山区，屡屡与出没无常的徐海东红军二十五军接触。红二十五军根据中央和省委的指示，利用熟悉地形环境的优势，在根据地和游击区迅捷转移，避敌锋芒，争取主动。在红二十五军与东北军玩猫鼠游戏之际，王以哲这支东北军被引到河南省罗山县南部山区。

7月12日，——七师、——五师和—〇五师一部，发现红军主力，于是从东西两面向游击根据地朱堂店进犯。其中，——五师师长姚东藩率所属的六四三团、六四四团两团共五个营，到达殷家冲西北的长岭岗一带驻防。

17日清晨，悄悄接近长岭岗的红二十五军惊动了姚东藩分队。他们感到了威胁，却又不知危险是什么，危险又来自何方。从东北远道而来的东北兵在南方这荒山野地里不辨方向，他们感到无助、感到陌生、感到孤独。陌生和孤独加重了莫名的恐惧！

但这清晨的寂静中由红二十五军带来的一阵异常且短促的响动却又是真的。东北兵感觉到了敌情，但又不知道敌人究竟出现在什么地方。就像在一个漆黑夜晚你孤身一人在野外赶路，一旦受到惊吓就会不由自主地高声惊叫一样，姚东藩的士兵出于惊恐的本能，就盲目地向西面开炮了，让炮声为自己壮胆，让炮声惊吓对手。但东北军——五师盲目开炮的行为以及杂乱的炮声，更让红军发觉敌军恐惧的心理及对战场态势的一无所知。

7月以来，红二十五军电台静默，处于监听状态，时时监听敌——七师、——五师和—〇五师的动向，并利用苏区群众跟踪他们。这样，在东北军的四周有无数双红二十五军的眼睛一直在暗中监视他们。红军不即不离，秘密周旋，随时要选择攻击的目标。这次终于瞄上了——五师。因为根据内部消息，——五师厌战情绪强烈、纪律松懈、战力不强，是个最容易解决的目标。红军贴近观察发现：——五师在山间地选择低平处搭建帐篷过夜，疏于戒备，没有利用地形地势构造起码的战壕工事，这证实了内部传来的情报正确无误。于是，红二十五军进一步贴身逼近并突然发起进攻！

　　枪声一响，已经做好准备的地方苏维埃民兵武装马上赶来助战，土炮和松树炮齐吼，竹筒里的鞭炮声胜似密集的机枪声，加上漫山遍野的喊杀声，像是来了千军万马。

　　东北军蒙了：这仗怎么打？

　　接着，红军又通过火线喊话发起政治攻势。在如此猛烈的攻势和政治瓦解下，东北军乱成了一团，纷纷夺路逃窜。红军乘机直捣敌师部，姚东藩带着残部夺路而逃，多数士兵在"缴枪不杀"的口号声中放下了武器。战斗到中午结束，东北军六四三团大部、六四四团一部被歼，俘虏团长以下五百余人。

　　战后，被激怒的张学良将一一五师师长姚东藩撤职，残部调往孝感休整。

　　这就是大别山根据地著名的长岭岗战斗。此战，东北军又挨了一顿痛打。

　　河南罗山县长岭岗的失败，使东北军"百日围剿"中使用的"两手"策略均落空。这令张学良百思不得其解。于是他向自己的机要秘书黎天才和潘文郁讨教，希望能从他们口中得到一些有关中共和红军的内部材料，供自己手下军官参考。他知道，这黎天才和潘文郁原先都是中共方面的重要人物，目前是因谋生才投靠自己的。他并没有怀疑他们有什么不妥。

　　果然，这潘文郁还真不让他失望，没多少时间就弄出许多张学良闻所未闻的红军秘密，编成《"匪"情辞通》一本。张学良高兴了，他亲自题字、写序，印刷成册，发给部将参考。张学良希望逮住战机，对红军进行报复！

　　但是，打了胜仗的红军不待张学良做出深谋远虑的决策，又采取了出乎意料的军事行动。为避免与东北军在大别山区死拼消耗，红军出其不意地跳出深山奔袭敌后的太湖（注意：这太湖是安徽省安庆市西面不远的太湖县，而非长三角苏锡常地带的太湖）。

　　红二十五军这次长途奔袭，脱离了敌军的"围剿"，不但保住了红军的有生力量，还袭击了敌方的空虚，解决了红军的经费、物资和粮食供应，打乱了张学良的"围剿"计划！

　　这捉摸不定的游击战，把张学良打糊涂了。

　　10月10日马上过去了，红二十五军照样健全！张学良的"百日围剿"计划已经超时了、落空了。他自己也彻底失落了。

张学良十分懊恼：自己手下的东北军不但患了恐日症，上不了抗日的战场，如今还成了穿草鞋的红军的手下残兵败将！张副司令真不知道自己的面子往哪儿搁才是！

11月8日，红二十五军到达光山县南的斛山寨。根据内部情报，知道王以哲六十七军的一〇七师、一一七师又追了过来。根据敌方电台彼此之间联络的信号，红军掌握了对方的进展，立即紧急应对，一边派斥候侦察，一边布置好战场。这次不但坚守了阵地，还打残了尾追过来的东北军的两个师！

据红军发表的战报称，东北军死伤加被俘虏的达四千人！

须知，此时整个红二十五军总共才三千人。

虽然红军吃透了武汉"剿总"的"划区驻剿""机动追剿"的计划，采取诱敌深入、积极作战的方针，连打胜仗，有力地粉碎了国民党军企图一网打尽主力红军的图谋。但根据地损失也很大，主力红军继续立足大别山根据地出现了困难！11月11日，中共中央派代表程子华来到河南光山县，召集红军在花山寨举行会议，宣布红二十五军实行战略转移，开始长征。这决定总算让东北军松了一口气。的确，要不是红军出发长征，东北军还将继续在大别山吃败仗。

1935年夏，红二十五军被迫离开大别山根据地走上长征的路。王以哲的六十七军亦步亦趋，由河南信阳一带开赴陕南，尾追了过去。不过这次，他们充分吸取了教训，不再紧逼跟踪，而是与红二十五军之间总保持着一两日行程的距离，从而避免了与红军短兵相接的战斗。

红二十五军进入陕西南部地区，趁六十七军不敢进逼的机会大力发展新根据地，很快开创了新局面，建立了面积巨大的鄂豫陕苏区。这鄂西和陕南交界处是个好地方，当年张献忠、李自成就是在这里的宛城和商洛一带进行休养生息，然后东山再起！

占得一块风水宝地的红二十五军将如何发展？这答案我们无须重新讨论了。因为我们在前文已经详细叙述了东北军第六十七军与红二十五军之间后来的故事。

# 潘文郁的故事

在大别山根据地，东北军连续不断打败仗，这使他们怀疑，是否是内部缘故造成军事机密的泄露。但那又有什么依据呢？他们苦苦追索，直到红二十五军准备出发长征了，还是没得到丝毫证据。

但一则电文惊醒了张学良。1934 年 11 月底的一天清晨，睡意未消的张学良，突然接到蒋介石的电令：将"剿总"机要秘书潘文郁立刻逮捕监禁，着黎天才一并来京。

原来，潘文郁出事了！

潘文郁？会是同名共姓吗？武汉"剿总"内有个潘文郁。此前已经讲过，王明曾经的上司也叫潘文郁！王明在上海曾被捕，其恩师米夫通过共产国际国际联络部派驻上海的鲁德尼克同志营救了他。牢狱之灾是免了，但王明同志必须接受中共中央处分的事是逃不掉的，因为他违反了地下工作的纪律！就为纪律处分这事，王明同志迁怒于他的老同学兼老上级潘文郁。

其实这次在武汉出事的潘文郁，正是前中共中央宣传部秘书、王明的老上级潘文郁！

潘文郁后来的故事该从王明出狱时说起。由于米夫的提携，王明终成正果，登上权力高峰。潘文郁被迫离开上海的中宣部流放到北方任中共顺直省委宣传部部长。到北平没多久，潘文郁被捕了，变节了，然后又被放了出来。随后，中共北平市委主要负责人吴成方通过调查，又批准潘文郁重新入党，成为北平特科的秘密情报人员。批准他重新入党的事，党组织经过了慎重的考察。整个顺直省委和潘文郁是遭叛徒出卖而被破获逮捕的。潘文郁被捕后没有人继续被捕，这说明潘文郁等没有出卖同志。当然，潘文郁填写悔改书出狱是一种变节行为，但考虑到他出狱后没有去当特务密探，而是写作谋生，还在继续宣传马列观点，那表明他没有放弃立场。所以潘文郁得到吴成方的理解。

提到吴成方这个人，我们又需要从头介绍一下。当时吴成方在党内有一个身份是中共华北保卫局局长和警卫部部长。华北保卫局和警卫部其实就是北平特科或北平"打狗队"的背后机关，也是上海的特科和"红队"在北方的分设机构。

吴成方怎么成了北平特科负责人？这要从陈赓说起，因顾顺章叛变，陈赓、李克农、钱壮飞、胡底全暴露，于是"龙潭三杰"转移到苏区，而陈赓则转到北方继续组织力量。他先联络到原共产国际工作人员胡鄂公。胡鄂公此时与北平市委有联系，认识北平市委吴成方。陈赓找到吴成方并商量了建立北平特科的事。吴成方按陈赓提议，在北平开设春秋书店作为北平特科（也就是华北保卫局）的联络点，并着手组建了队伍，开展了有成效的工作。其中很重要的一步棋就是通过甄别，重新发展前顺直省委宣传部部长潘文郁入党，并设法让潘文郁打进正在筹建中的武汉"剿总"。

其时，早年叛变投敌的前中共北平市委书记黎天才已经是张学良的顾问。张学良出国后，黎天才留在东北军内部办事。张学良快回国之际开始筹建武汉"剿总"，黎天才就参与了。吴成方知道，当黎天才还是中共北平市委书记时，就与胡鄂公多有往来，彼此有一定的交情。于是，吴成方通过胡鄂公联系上黎天才，通过他把潘文郁介绍进武汉"剿总"。潘文郁这就成了武汉"剿总"的机要秘书。

吴成方后来因故被解除了北平市委的领导职务。原因是他派大批干部去张家口协助冯玉祥组织的"察哈尔民众抗日同盟军"。结果"察哈尔民众抗日同盟军"失败瓦解，责任追究到吴成方头上。吴成方遭查处并撤职回上海。他回上海后继续从事地下工作并主管号称"中共中央一号机密"的中央文库。胡鄂公接替吴成方出任中共华北保卫局局长，北平特科的工作也改由胡鄂公接手，春秋书店继续作为联络点。

有关这事，也可以从胡鄂公后来的回忆中得到验证。胡鄂公在自述中说自己曾是中共中央情报部部长（或保卫部部长），这或许就是源于他曾接替吴成方出任中共华北保卫局局长的事实吧？就是不知该如何去理解他把"华北"二字换写为"中央"？我们知道，红军长征到陕北根据地后成立了中共西北保卫局，王首道任局长。这王首道任局长的西北保卫局才是后来被正式确认为中共中央机构的。当然，这只是个小疑问，我们大可不必在文字上做太多的纠缠。其实我们可以确认，胡鄂公是位资格非常老的中共党员，是标准的老布尔什维克，他甚至比王首道更有资格出任更重要的职务，这点是毋庸置疑的。他的"共产国际地下工作人员的身份"也是千真万确的。比如，就是他最早为佐尔格小组或罗伦斯小组提供服务。安插在武汉"剿总"的许多中共地下工作者全都是通过胡鄂公的关系，转而成为替共产国际服务的情报员，这些人当然包括潘文郁。

张学良身边有黎天才、潘文郁、吴雨铭、李希逸等一批前共产党人。其中，黎天才和潘文郁地位最重要。特别是潘文郁利用机要秘书的特殊地位，获得了大量的鄂豫皖三省"剿匪"的军事行动情报。这些情报通过地下交通员杨青林交送北平的春秋书店。既然胡鄂公是共产国际工作人员，他从春秋书店得到的情报当然首先归罗伦斯上校。潘文郁就是罗伦斯情报的重要源头。按佐尔格的惯例，这些情报是与中央特科共享的，所以这些情报能通过秘密网络，最终送达各苏区根据地的红军指挥部。红军指挥官从此掌握了打击白军的各种宝贵机会。这样就不难理解，红二十五军在反击东北军"围剿"的战争中总能握有主动权。

1934年，武汉"剿总"参谋处为加强各"围剿"部队之间的联络，就把所属部队的番号、团以上主要领导的姓名、兵力、驻地表印制成册，作为机密文件，发放给团以上的带兵长官参考。潘文郁把归他管理的这份副本秘密抄写下来，通过地下交通线传到北平春秋书店，然后再转到红军各级指战员手中。红军指挥员只要知道对面白军一些零碎的信息，就能对照潘文郁提供的副本，准确无误地掌握对方的军、师部队番号，指挥官姓名，兵力部署和行动目的，从而时时处于主动地位。

同年10月，江西中央苏区的第五次反"围剿"失败，国民党军队进占苏区。从缴获的部分红军文件中，意外发现有豫鄂皖"剿总"参谋处印制的这份绝密文件的抄写本。如此重要的绝密文件在红军内部传递，显然是豫鄂皖"剿总"内部有人"通共"。得知此事，蒋介石极为震惊，立即严令各部彻查。

1934年11月7日，在相距苏区千里之遥的北平，宪兵特务队搜查了北平的春秋书店，缴获好几箱文件。经查读，他们发现多数都是武汉国民党总部的文件原件或拷贝。

此时国民党驻北平特务机构的大头目就是中央宪兵团三团团长蒋孝先。我们在西安事变中提到，临潼捉蒋时被刘多荃师长下令枪毙的那位老蒋的亲信蒋孝先，就是这个人。春秋书店查获的这些文件全部交到蒋孝先手里。他看到这些材料后非常吃惊，决定追根究底。他特别关注其中有一份《豫鄂皖三省"剿匪"军事形势图》的材料。经查，确信那材料就是武汉"剿总"机要组备存件，而且只归机要秘书潘文郁一人负责保管。这使他联想到，东北军对豫鄂皖根据地的"围剿"连吃败仗，原来是潜伏在武汉"剿总"的内应起了作用！同时，被捕的北平特科交通员杨青林向蒋孝先供认，他联系的线人就是潘文郁。蒋孝先断定：潘文郁真实身份是共产国际情报员！他立即写出报告上交南京。

蒋介石得到报告后大怒，他发誓绝不轻饶！他去电报要将潘文郁押解京城，但张学良故意拖延不办，于是发生争执。经过与张学良的几次电报交锋，最后他严厉斥责张学良，要他立即将潘文郁逮捕严审，然后就地处死。因担心张学良作假搞欺骗，蒋介石还特令参谋长钱大钧监督张学良处决潘文郁。甚至为可靠起见，蒋介石加调蒋孝先南下武汉验尸。

1935年春，无可奈何的张学良只好"挥泪斩马谡"，潘文郁被枪杀在武昌徐家棚。宪兵第三团蒋孝先特地从北平来武昌调查潘文郁的行刑经过，对尸体"验明正身"。因这事，蒋孝先更被东北军视为另类，从而临潼捉蒋时首先被东北军官兵收拾了。

潘文郁生前作为共产国际的地下工作者搞了许多有用情报，最后还利用自己的死，制造了张学良与钱大钧的矛盾。监督行刑的事使得钱大钧难以向张学良解释自己的职责，这事或许是促成他与张学良分手的因素。

原本，钱大钧与张学良同样是时刻有美女相伴身边的军中帅哥。他们俩相同之处甚多，堪称生性风流、志趣相投。他们也都十分爱好体育，在武汉期间，张学良与钱大钧多次偕家眷下东湖游泳，开了风气之先河。他们在军事上的合作原本也十分融洽。

但他们有差异，不同点表现在政治方面。

钱大钧是反共老手。四一二反革命政变时，他与李济深一道在广州搞"清党"屠杀左派人士，还镇压了八一南昌起义，在以后"围剿"红军时，也是他不断地出谋划策，可谓诡计多端。

与他相反，张学良却喜欢结交中共党员做朋友，听取中共与左派人士的意见。

就因处死潘文郁这事在张学良与钱大钧之间插进了一根楔子，从此两人产生了芥蒂。后来由较平庸的晏道刚取代了钱大钧当参谋长。那事后来是否为张学良策动西安事变提供了便利？这是后来学者探讨的一个问题。或许那也算是潘文郁临死之际为中共做出的最后一份贡献：因为西安事变对中国共产党和红军的意义是难以估量的！

晚年，张学良说到钱大钧时，就绕不开钱大钧监督他杀潘文郁的事。他说，钱大钧，好是好，但是他继续做我的参谋长，就不会有西安事变。这个话不能那么说，晏道刚不是喜欢不喜欢，钱大钧也不是喜欢不喜欢的问题。简单说，我那个参谋长，就像蒋先生派来的一个间谍一样，这个晏道刚是一个好人，是一个老实人，钱大钧比他油条。

不管怎么说，张学良身边少了"油条"钱大钧，搞西安事变的确顺当多了。

处死潘文郁的事，也长期让张学良心中不安。一年后，张学良向中共驻东北军代表刘鼎同志提起潘文郁之死。他沉重地说："杀朋友是最不应该的，也是最难过的。"

可见，张学良十分注重朋友的私人感情，就连这个潘文郁，他也念念不忘。

## 上海滩的第二起"怪西人案"

与潘文郁一样，刘思慕（又名刘燧元）、陈绍韩也是罗伦斯同志手下最成功的线人。他们提供的情报都为共产国际的革命事业做出了重要贡献。

前文提过，中共地下党员刘思慕此时潜伏在武汉"剿总"第五处充任上校法规专员。利用自己的合法身份及特务头目甘乃光这个大靠山为屏障，他搜集"剿总"内部的战报及"剿匪"方针、政策、措施等绝密情报，然后通过交通员转入罗伦斯情报网机关。就是说，不管是潘文郁死前死后，罗伦斯上校还可以源源不断地从另一条渠道获得武汉"剿总"的要害军情。

向罗伦斯上校直接递交军事情报的还有前陆军第三军十九团一营营长陈绍韩。陈绍韩及所在的第三军也于1934年调往豫鄂皖地区，先后参加过对大别山苏区和红二十五军的"围剿"。他提供的是战场情报。战场情报对红军打赢每一次战斗更加直接。

线人不在于多少，而在于质量。与潘文郁一样，刘思慕、陈绍韩都是优质线人。有了他们这样的线人，罗伦斯上校就能成功，就能胜券在握。

可不料，就在这看似重新恢复风调雨顺的局面之际，却出了意外！那意外导致罗伦斯上校功败垂成，他被迫从后台走向前台，扮演了上海滩又一起"怪西人案"的主角。

把上海滩的第二位"怪西人"与罗伦斯挂起钩，那纯粹是因为1991年苏联解体而将历史秘密档案解密公开的结果。而在当年第二起"怪西人案"刚发生时及其以后的半个世纪，绝大多数人只知道"怪西人"名叫约瑟夫·华尔敦。而不知道上海还有个苏联红军上校罗伦斯，更不知道当年闹得沸沸扬扬的"怪西人"约瑟夫·华尔敦就是苏联红军总参谋部情报总局的谍报专家罗伦斯！

为了还原当时的场景，以后的叙述中，我们不用罗伦斯上校的名字，而改用约瑟夫·华尔敦这个化名。还由于破案第一条线索来自武汉，我们先把焦点对准武汉。

那时的武汉也是国民政府特务机关特别关注的一个重要地点。逮捕顾顺章的中统驻武汉特派员蔡孟坚就是最主要的特务头子之一。蔡孟坚除武汉警察局局长这公开身份外，还是武汉"剿总"侦缉处少将处长。蔡孟坚与国民党湖北省党部和武汉市党部构成中统的特务机构。中统的特务机构重点放在破坏中共的地下组织。除中统特务外，蓝衣社特务处在武汉也广布罗网。蓝衣社在武汉最大的头目是武汉"剿总"政训处处长贺衷寒中将，贺衷寒就是蓝衣社总头目。

贺衷寒以下就是周伟龙。周伟龙公开身份是湖北省警察署署长，而秘密身份是蓝衣社特务处武汉站站长，他归蓝衣社特务处处长戴笠管。虽然蓝衣社特务处处长戴笠也是贺衷寒的下属，但戴笠是老蒋的心腹，蓝衣社特务处往往只效忠委员长，而不怎么把名义上的总头目贺衷寒看在眼里。再往下，蓝衣社的特务骨干分子还有武汉"剿总"政训处贺衷寒手下的第三科科长陈郡年及第一股股长毛人凤少校。

但此时，蔡孟坚的中统特务忙于破坏中共地下党组织，而驻武汉的全部蓝衣社特务则把注意力集中在杨虎城派驻武汉办事处主任胡逸民及其小妾向影心身上。

既然武汉的这两股特务一时都忙于自己的事，那当然是谁都对共产国际的情报活动不感兴趣。蓝衣社能在武汉处理的一件随机事件中牵出一起共产国际情报案，引出上海滩第二起"怪西人案"，纯属偶然。那堪称是无心插柳柳成荫，是"种豆得瓜"的意外结果！

由于蓝衣社分子沈醉就是负责抓捕"怪西人"的主要头目，而我们这里将介绍的"怪西人案"破案过程多多少少是参考了他的回忆。过程蛮曲折离奇，说起来颇费劲。好在，我们事先已经把蔡孟坚与化广奇的大案、胡逸民及小妾向影心与蓝衣社的恩怨情仇分场合做了介绍，还提前把罗伦斯上校情报组内部结构和运行方式提前做了叙述。否则，如果把特务那些破烂事拖延到眼下，与第二起"怪西人案"混在一起凑一锅烂粥，那我们还真不知道该如何下笔才好！

"怪西人案"的源头是蓝衣社湖北站一次偶然的抓捕。

1935年，蓝衣社湖北站的特务为将杨虎城驻武昌的代表胡逸民打进监狱，四处搜集证据。4月的一天，他们从电报局顺手牵羊窃来一份电报副本，特务小头目发觉那电文与胡逸民无关之后通知手下销毁。不过，那个手下却发现这是一份使用了暗语的明码电报，便猜疑其中有什么蹊跷，于是汇报了自己的猜想。小头目沉吟片刻，便改变主意，派人按照电文信息到疑似的接头地点秘密监控。结果还真抓回了一个年轻人。特务通过审讯，知道这年轻人叫关兆南，是刚从上海直接来到此处的。再问别的事，关兆南便一问三不知，不肯正面回答问题。出于好奇，蓝衣社特务启动了秘密内查程序，但也只弄清此人是湖北人的女婿而家安在上海，除此之外别无收获。

原来，关兆南的岳父崔国翰是湖北沙市人，律师职业。老崔本是一位左翼人物，早在北伐战争时期，他就参加过中国共产党并出任过湖北省国民革命政府秘书。后因湖北政府被右派控制，崔国翰改操律师职业。20世纪30年代初，崔国翰到上海，遇到湖北老乡胡鄂公。胡鄂公这位同志，是共产国际在国内的地下工作者，在当时很有名气。他的历史我们是知道的，大家也都知道，说得更早些，他是参加过辛亥革命的元老，辛亥革命的武昌首义中就有他，随后是武昌共和政府的官员。20世纪20年代他认识了李大钊，并由李大钊介绍加入中国共产党。早在国共合作进行北伐前夕，他就周旋于苏联顾问鲍罗廷，中共领袖陈独秀、李大钊、林伯渠、谭平山，国民党左派汪精卫、陈公博之间，是当时的重要人物。从而，胡鄂公很早就被看成共产国际的人。他此时是地下党主管情报的，与佐尔格小组始终保持着关系。崔国翰与胡鄂公既是老乡又是同志，于是经胡鄂公介绍，崔国翰成为上海地下党组织"工作人员通信"，即苏联红军总参谋部情报总局远东第四局驻上海机构佐尔格小组的地下交通员。

1933年，胡鄂公一度被捕。由于老胡同志社会关系不一般，各方立即展开营救。不久之后，他就被释放出来并转道去了北平。胡同志的被捕，虽没因受刑而出现问题，但还是不可避免地造成部分情报网的暴露。那位崔国翰当然担心自己受连累，于是举家迁回湖北沙市避难。崔国翰负责的那份共产国际地下的"通信工作"（按：地下交通员）改由他的大女婿关兆南顶替。也正是这年，罗伦斯代替佐尔格主持上海的情报工作，关兆南成为罗伦斯小组的交通员。尽管崔国翰及时躲到沙市避难，但他的身份还是避不开特务怀疑的眼光。

湖北蓝衣社特务虽然不知道关兆南顶替丈人当了地下情报联络员这码事，但照样不肯轻易放过这个倒霉的年轻人。他们内心早认定关兆南是可疑人物，是疑似的地下工作者。于是千方百计想从小关的口中敲出这次到武汉执行的任务及接头对象，也想弄出他在上海的背后联系人。

审问进行得十分不顺利，受惊吓的年轻人尽管已经到此地步，还只承认了自己就是关兆南,但一再坚称自己是平民,是好人,此外就一言不答。对关兆南的继续审讯再也没有得出什么新结果。蓝衣社湖北站的陈郡年、毛人凤和其他特务陷入一筹莫展的困境。但他们不死心,于是向南京鸡鹅巷 53 号蓝衣社特务处本部求援。4 月上旬,南京蓝衣社特务处调周养浩到武汉,在武汉"剿总"调查科任司法科员,协助陈郡年、毛人凤审讯关兆南。

周养浩是正规的法律科班出身,原本与戴笠、毛人凤都是浙江省江山县老乡,他们之间的私人关系非常密切,这些人也就是所谓的"军统江山帮"核心成员。后来在军统内,周养浩还与沈醉、徐远举三人并列为"军统三剑客",除此之外,他另有一个"书生杀手"的外号,在军统后期,周养浩也是个恐怖的人物。

但此时的周养浩初出茅庐、名不见经传,他只不过是特务队伍中的一根小蟹脚而已。他当然想利用机会亮亮自己的身手,为今后的发展打好基础。所以他一到武汉,就立即参与对关兆南的审讯。尽管经历疲劳审讯的反复折磨,关兆南还是老模样,傻傻的,说不出丝毫有价值的东西。真弄不懂此时的关兆南是装傻还是真傻。眼看从他身上榨不出丝毫油水,特务失望至极,大家准备放弃了:也许关兆南真的只是初涉深水,价值不高。

看似此时周养浩也是江郎才尽,无计可施了。但是,他直到最后还是于心不甘:最少也得从关兆南在上海的亲戚朋友中找出一些别的线索!

于是周养浩突发奇招,对关兆南说:"你口口声声自称是无辜的,我们怎么能就这样单方面相信你? 你在上海总归有亲戚朋友吧! 如果你不想继续关押在此,我们就给你一个机会,帮你给上海的亲人带个信,让他们出面证明你是好人,把你保出去,如何? "周养浩双眼盯着关兆南看了许久,然后他摊了摊双手,"如果没人愿意为你提供担保,那么,我也是爱莫能助。你的人与事就只能无休止地拖在这里……"

这话引起关兆南的一阵沉默。许久,关兆南试探地询问,能否同意让他给熟人写封信。关兆南这话的意思是不想把上海的亲人名字和地址直接交到蓝衣社特务手里。

周养浩同意了，他还破例允许关兆南通过秘密信箱写信求人出面保释自己，而不必透露地址和收信人真实姓名。关兆南此时怕就怕因自己的事，把家人朋友牵扯进来。同时他考虑的还有另一件大事：如今自己失手了，与线人接头失败了，但这接头不成功的消息上级还不知道，他必须找机会把消息向上峰通报！

　　看到周养浩如此大度，关兆南大概也觉得这个人挺善解人意，而且确实是不怎么怀疑自己了。于是他决定，不妨按联系自己的那个号码信箱试发一信，通个消息。关兆南相信，号码信箱就是保密信箱，就是用来保护收信人的地址和身份的。再说，收信的人是什么人，真人模样究竟是胖是瘦，是男是女，是洋人还是本地人，他自己也一无所知。即使是泄露了名字，那也是假的，那有什么可怕？况且，自己过去就反复地使用过那信箱，使用那收信人姓名，也不曾暴露过什么。关兆南于是下笔写了一短信，当然信中内容简短含蓄，是写生意没成，现在想回家却又有困难等内容，隐秘地通报了接头不成、任务没完成的状况。初看起来，这丝毫不露破绽，不过，关兆南在信封上留下的发信地址是他原来住过的一间旅社房间号码。读者请注意：那个年代，电话是极端奢侈品，一般旅社是没有电话的，核对起来实在不容易！对此，周养浩也睁一只眼闭一只眼任其方便，还让关兆南自己封好信后，再带他到邮筒前直接投进去，以显示自己不关心信的内容。

　　不过，关兆南没料到，他那样做，使得收信的上司产生误判：联络员没有"失联"。既然他能自由地发回来信件，想必，造成联络员与线人接头不成功的原因或许只是技术上的意外，而不是因为有人暴露或被抓捕。于是有关领导决定，另派人员接替关兆南去完成老任务，并通过原渠道向线人发电报通知再次接头。这位上司万万不曾料到，此时联络员关兆南已经落入蓝衣社特工之手！不但如此，欲接头的线人是否已经暴露或半暴露，也已经是个问题了。细心的读者一定想起来，我们在开头的"《活路》事件"和介绍西安事变开头部分的"抱头鼠窜的大小特务"两节中已经说了周养浩和毛人凤不少的故事。虽然，周养浩这次到武汉来，照样没有撬开关兆南的嘴，更没有得到共产国际驻华情报机构的丝毫内幕，但他做成了一件事：让案子飞！

这就是说，周养浩利用关兆南，向一家自己事前一无所知的神秘机关罗伦斯小组传出了一道假信号。那信号让一件陷入死胡同的案子又重新按老套路运转了起来！于是蓝衣社特务又有了机会。如果不是这其中冒出个周养浩来耍这鬼把戏，而是罗伦斯小组一发觉形势不对，就自动进入休眠状态，全部情报人员潜伏不动，那案子就成了死案。本来就一筹莫展的蓝衣社特务就真的没戏可唱了，最终局面也就完全不同了。但罗伦斯小组全然没感到意外，没发现威胁，它仍在继续行动中！

两天后，也就是1935年4月19日，上海的"国际"方面果然派了一个人到达武汉，不过他不是看望关兆南的，也不知道关兆南需要取保，而是持领导的亲笔信先找武汉方面的线人接头、交接情报。这位来客信心十足，因为他不但牢记接头的联络暗语和地点，还持有地下机构最高人物用德文写的亲笔信以证明自己身份。至于这客人是否事先给关兆南去信，要他来汉口码头接船，这点不得而知。反正如果他那样做的话，就更是自投罗网了。谁也不曾料到，这位新的上海来客正一步步地走进蓝衣社特务的圈套。

原来，关兆南发出信件后，蓝衣社特务就通过对电报局的暗控，直接盯住某些客户的电报消息。关兆南被捕，不就是因为电报局内一份别人的电报副本偶然失窃而造成的吗？这次，特务不需要继续使用下三滥的偷窃手段了，而是官事官办，冠冕堂皇地亮出警察的派司，在电报局内监视某收报地址和收报人姓名了。电报局内的这种变化，不是社会上接受电报服务的人所能觉察的。同时，蓝衣社密探已经在汉口轮船码头随时关注新的"上海来客"。

所以这位新"上海来客"一到汉口轮船码头就被逮个正着，立即遭到搜查而被捕。被捕者身上的文件和介绍信全部被查获。因此在审讯中，新"上海来客"已属于人赃俱获的典型，没有丝毫辩解的余地。他被迫交代自己姓名是陆独步，以及自己来武汉的接头时间、地点及暗语。那地点就是太平洋饭店！

陆独步一再声明：自己不知对方的姓名和身份。

令特务失望的是，他们带陆独步去接头现场太平洋饭店时却扑了个空。原来，预定与陆独步接头的线人正是刘思慕夫妻。只是情况发生了变化，前次关兆南被捕，导致刘思慕夫妻接头失败，那件事已令这对夫妇内心有了预警。这次，他们按电报指示的时间来到老地点太平洋饭店时，就特别注意观察四周，他们顿时感到气氛不对：这里出现了陌生的"茶房、伙计"，他们"贼眉鼠眼、面露凶相"，情况十分不正常！于是他俩当机立断，销毁所带情报材料，撤出饭店。

埋伏等待抓捕的特务"落空"了。但也许，那只不过是表面现象，而表演"贼眉鼠眼、面露凶相"的"茶房、伙计"的身后还有几双是刘思慕夫妻没发现的眼睛，那些眼睛正在关注并设法跟踪这对匆忙而来、匆忙而去的夫妇，而没有贸然惊动他俩。或许那些暗中的眼睛正在狐疑：来这里的刘思慕夫妻果真就是按电报暗语来接头的"线人"，还只是另外两个"陆独步"或"关兆南"这种价值不是非常大的替身交通员？冒失地冲破一对不太值钱的"关兆南"或"陆独步"这种替身之间的碰头，其意义就不大了，甚至线索就因此而断。倒不如放长线钓大鱼，细细察看一下这对夫妇在秘密组织中是何等身份，他们身后是否还有更直接的后台。

果然，接头受挫的刘思慕夫妻回家后不久就又收到从南京发来"老父病危"的电报。刘思慕知道电报是南京的地下联络员蒋渊若发来的，而蒋渊若背后还有另一人，那就是黄维祐。黄维祐就是刘思慕通往上司的联系人。"老父病危"的电报其实就是严重的安全警报，要刘思慕紧急撤退！见到电报，刘思慕也不容多想，他先安排妻子曾菀和三个孩子以及保姆先到上海，在上海南京东路东亚饭店这个暗定的联络接待地点等候。刘思慕自己则发电报向上司甘乃光告假回广东老家省亲，实则隐匿身份动身去北平，再取道天津转赴上海与妻儿会合。本以为这"兵分两路"的动向可以避开特务的耳目，却不料，他一家人的秘密动向恰都在特务监视中。显然，由于两次不成功的接头，特务已经监控了刘思慕，甚至是事前就截取了从南京发给他的有关电报的电文！但是毫不知情的刘思慕随后还在继续通过电报联络行程的每个"下一站"，不断地泄露自己和妻儿的行程！

此时，上海南京路东亚饭店这个秘密接头地点也已经暴露了！

原来，陆独步在随后的刑讯中，又供出了地下组织秘密联络的地点是上海南京路东亚饭店。但陆独步再一次坚称自己只负责外勤，而不知道内部情况。也就是说，陆独步也只是地下党组织"工作人员通信"（或称外线联络员）。于是，武汉特务把案子交到上海处理。陆独步被押解到上海刑侦大队。

在对刘思慕的监视过程中，武汉蓝衣社特务掌握了刘思慕夫妻的行动计划，也把消息通报给上海方面。从而，上海刑侦特务不但接收了陆独步，还得到刘思慕妻子曾菀和三个孩子就要来上海的消息。特务一方面派人暗中监视十六铺码头，另一方面按照陆独步供认的组织内部的联络办法，先在南京路东亚饭店开好房间，再令陆独步写信到原先约定好的号码信箱"汇报"消息。5月4日，上海警察局刑侦大队的特务沈醉带一批特务，守候在东亚饭店预先开好的那个房间内外。他们要来一次"守株待兔"，以图发展新的线索。

一夜无眠，特务守候到次日凌晨，5月5日一早，果然有人上门！不过，特务遇到的，不是刘思慕夫人曾菀和她的三个孩子，而是其他"兔子"！也就是另有他人。由于情节紧凑，我们先按下曾菀和她的三个孩子去向不提，而把注意力放到这位光临东亚饭店的不速之客身上。他正是收到陆独步的信后如约来此接头的人。

那人推开门一看，立即惊呆了，满屋全是陌生人！于是立即转身就逃。通宵守候的特务正因疲倦而打盹儿，猛听到门响，才惊起追出，结果连人脸都没看清，就不见了。此时，沈醉正带两个小特务守在外边，看到那人一推门立即返身就逃，情知他业已受惊，就紧追过去。只见逃跑者冲下楼梯后就钻进先施公司门口的人丛中，转了几个圈之后也就消失了。上海的朋友一定熟悉：这先施公司就是新中国成立后最热闹的上海第一百货公司，那里经常是人山人海，这家百货公司大楼恰与东亚饭店相邻，接头人显然对这里的环境了如指掌！

看来，特务或许又是竹篮打水一场空！

此时从东亚饭店出来的其他特务也跑上南京路追向先施公司，他们正盲目地向人群中挤。但沈醉十分狡猾，他不但不慌张，反而显得相当沉着冷静。他知道，如果贸然冲进人群中继续追捕，必将被人流弄花了眼而毫无结果。他猜测着逃跑者的逃命方式。嫌疑人想摆脱追捕，必首先是乘乱挤进人流，借人流的掩护穿进最拥挤的先施公司，然后在人群中乱挤乱闯，让特务无法抓捕而寻找生机。一旦进了先施公司，嫌疑犯还有两种逃脱的可能，一是在特务的鼻子尖前面突然转向到另一股逆行的人流重新逃回南京路，伺机搭车溜走。但这样风险太大。更大的可能是另一种，那就是乘乱从公司的后侧门逃走。于是沈醉吩咐两个助手，其中一个冲进人群继续追捕，给在逃的嫌疑犯施加心理压力，而他自己则与另一个助手分两路，赶到先施公司后面的小街上守候。

果然不一会儿，他们便看到先施公司的侧门有人仓皇跑出。

就是他！沈醉认准，立即尾随追过去。

丧魂落魄的嫌疑人在慌忙中滑一跤摔倒了。沈醉立即追上，把他按在地面上。那人一急，转过头来就是一口，死死咬住沈醉的手腕。激怒的特务赶过来用手枪铁柄猛击其上唇。人的上唇和门牙哪禁得起手枪铁柄的猛击？嫌疑人两颗门牙顷刻被击落，满口是血。于是沈醉拿出手铐，把那人的右手与自己的左手铐在一起。两人连在一起，再挣扎也无用了。嫌疑人只好老实就范。

由于案发现场在英租界，当时的中国特务是不能直接从租界内把人捕出去的。所以几个特务上前，一道将嫌疑人押送到附近的老闸租界巡捕房。

接下来是一番交涉。当天上午嫌疑人就被引渡到华界侦查大队。一过堂就查明，被捕的不是别人，正是陆独步的亲兄陆海防！见到审讯室可怖的刑具，早就吓瘫了的陆海防丝毫不敢嘴硬，经特务一番名与利的诱导，他马上宣布投降，交代一切。最后陆海防爽快地答应，愿意配合这批特务警察捉拿他的顶头上司。就这样，蓝衣社特务意外地钓到了一条特大的鱼！

原来，陆海防是唯一可以直接面见洋上司的中方外勤谍报员总管。就在陆海防到东亚饭店接头前，就接到上司通知：5月5日下午4时整，他必须到法国公园边一条小林荫道向上司汇报接头情况。这里所说的法国公园对上海人来说并不陌生，它就是如今的上海复兴公园，而那法国公园边的小林荫道大概就是如今的思南路吧！当时称为马斯南路。猜是马斯南路的原因是，法租界巡捕房就在同一条路上，后来抓捕行动发生时，他们出兵协助。

陆海防知道，这次预约，就是留给自己出卖上级的唯一机会。所以，他提议特务马上随自己行动。沈醉记得，当时陆海防的神情显得非常着急，要求立刻带他到法租界法国公园旁的马斯南路上等候。陆海防说，要是这次碰不到，以后便无法再联系了。沈醉听懂了他的意思，一旦此次失约，机警的上司会果断地切割关系，彻底抛弃陆海防，那就将彻底错失良机。于是，沈醉立即向上司报告。

蓝衣社头子戴笠得到汇报后，觉得此行大有油水，于是决定亲自出马，布控抓捕。为了慎重起见，他派人通知法租界巡捕房配合。

在苏军远东第四局驻上海的情报小组中，陆海防是个重要人物。他是前任佐尔格留给罗伦斯上校的遗产。陆海防又名吴申如，曾是北平师范大学学生。出事这年二十九岁。北伐时期，他到武汉参加国民革命军陈铭枢的第十一军，在政治部搞宣传工作。武汉汪氏左派政府垮台后，他潜至上海，经地下党成员方文的引荐加入佐尔格小组。

当天下午，大雨瓢泼，沈醉与两个便衣特务押着陆海防，半信半疑地开着汽车混入法租界，隐蔽在指定的地点附近等候。果然，下午4时整，只见一个身材不高的欧洲人，穿着雨衣，打着洋伞走了过来。由于是雨天，光线不好，还打着伞，来人没有注意周边微小的变化，也不像以往那样警惕，而是继续向约定的准确地点走去！沈醉和他的两个助手瞪大眼睛盯着来人，一听到陆海防很小声却又惊喜异常地说出"就是他"三个字以后，两个助手便跳出汽车猛扑上前，将那西洋人拿下。

看着猎物押过来就要拉上车时，陆海防着急地表示自己不愿与那位西洋人同车，要求沈醉立刻开车先将自己带走。沈醉没弄懂其中有何奥秘，但同意了。他按陆海防的请求，先把这位"立功受奖者"带离抓捕现场，而让守在附近的另一辆特务汽车开了过来，把那位西洋人押往法租界巡捕房。

路上，沈醉问陆海防："为什么到此时，你还这么怕这个外国人？"

叛徒红着脸："先不让他知道我，以后更方便些。"

法租界巡捕房看到被捕的是一个欧洲人，而且身上没有一点证据，就不同意马上引渡到华界，被捕西洋人暂时收押在法租界马斯南路的巡捕房过夜。

随后，蓝衣社特务继续对陆海防进行审问。陆海防供认，这个西洋人名叫约瑟夫·华尔敦，是第三国际的一个负责人。他自己虽说是这个洋人的英文秘书，但对这洋人的其余一切概不了解。陆海防还交代说，自己每周只能和华尔敦见面一两次，每次见面的时间地点均不同，都决定于华尔敦的临时通知。所以陆海防不知道这西洋人的住址及相关的其他手下人。

只因那一瞬间的麻痹大意，机警过人的约瑟夫·华尔敦落难了。他见到的不是以前手下忠实的中国人，而是陌生的警官和特务！接下来，与他打交道的将是一批他不想见的异国警官、检察官和法官。当然，这种结果，约瑟夫·华尔敦不是没有预料到，而是时刻准备着。只是没想到的是，它来得如此突然，说发生就发生。

既来之，则安之。

此时的华尔敦同志没有太多的顾虑，他早已定下心，他要坦然而来，从容面对！

华尔敦相信，自己手下工作的所有本国同志都处于正常状态，而所有替自己工作的本地线人、交通员或信息员，并非自己的同胞，而且那些人完全可以依赖各自的社会关系进行自我保护，无须自己太操心。但有一人除外，那就是委员长武昌行营第五处上校法规专员刘思慕。刘思慕功劳很大，不能亏待他。这位中国同志应该得到额外的保护。约瑟夫·华尔敦对自己的预感十分满意：在自己被捕前，他已指示优秀的美女特工黄维祐同志着手掩护和撤退上校专员刘思慕了。

至于约瑟夫·华尔敦如何在法租界马斯南路巡捕房度过那难忘的一夜，那事就不想多说了。我们不妨看看叛徒陆海防马上面临的是一种什么状况吧！

略略平静下来的陆海防突然间感到一阵害怕，他成为可耻的叛徒了！他知道，叛徒的未来必是一辈子的提心吊胆。但他此时最担心的是因自己的背叛而失去漂亮的妻子。

黄昏时分，陆海防要求去接他老婆。他的老婆也是一个共产党员，陆海防害怕中共组织会劝她离婚，从而以后再也无法见面。

沈醉带着陆海防回到他家。两人装着若无其事地边说边笑，走进陆海防家门，便看到陆海防的妻子正在焚烧文件。这位可敬的女共产党员，一看到依然衣冠楚楚的陆海防，脸色顿时骤变并厉声怒斥。她用鄙夷的声调问道："你怎么没有死掉哇？"

陆海防尴尬地赔着笑脸，想解释点儿什么，不想她又是一声怒斥："你有脸这样来见我，我没有脸见你这个叛徒！"

这两句话，令那可怜的叛徒十分狼狈。沈醉也在一旁相劝，无非是叫她识时务些，并让她跟自己一同走，免得出问题。她坚决地回答："除非你把我抓起来，否则我不会和他一样跟你走！"

眼看多劝也无益，沈醉以为那时她只是一时感情冲动，或许改天再去便不会这样了。于是他带陆海防一道离开。

"无耻的叛徒！无耻的禽兽！"怒斥声从身后连连传来。

沈醉回头向特务头子戴笠汇报时提到这情况，戴笠一听，立刻下令：立刻把她抓来！

沈醉再去时，除了看到一大堆纸灰及满地挑剩的东西外，人已不知去向。

空手回来的沈醉正准备挨一顿痛骂，但面对的却是戴笠难得一见的笑脸。正在高兴之际的特务大头目，此时自然没有发脾气：捕到了一条大鱼，漏网几条小鱼，那算得了什么？戴某的心情好极了，他摆摆手，让沈醉回家去。

华尔敦被捕后一直不讲话，不但他的住址没有查出，连国籍和真姓名也不知道，还因为被捕时他身上什么证件也没有，就连外国人随身携带的护照或起码的外侨身份证明也搜不到。这是一个抓起来没凭证，放又放不得的对象，令华夷各方的巡捕和特务大费周折。为调查华尔敦的真实身份，英法两租界的中西侦探，加上华界的警察局侦缉总队与警备部侦查大队，以及蓝衣社上海区的特务，全部总动员，分头去调查。他们把整个上海市闹了个天翻地覆，最后还是毫无结果。

"魔都"上海又抓到一个没有证件却一声不吭的奇怪西洋人！他就是华尔敦！

正因为华尔敦事前周密的安排及在审讯时采取沉默以对的做法，他的情报机关完好无损。

其实，华尔敦领导的苏军远东第四局驻沪机构就设在上海法租界一所外国人公寓内。而华尔敦美丽的太太兼电报报务员埃莉·伊万诺芙娜及华尔敦直接领导的另外两个"国际人员"均安全地隐蔽在各自其他的住处。当发觉华尔敦失踪后，苏方人员及时转移了公寓内一切重要的文件和设备，并在中方人员蔡叔厚的协助下，最后安全逃回到苏联。华尔敦小组的张一萍是中国最著名的人物之一，自然福星高照，她那时以另一个"临时家庭"主妇身份居住在浦东的英美烟草公司搜集情报，所以没有暴露。她迅速返回上海的中共中央联络部情报处。蔡叔厚因护送这些苏联同志转移而暴露了自己，差点儿遭到通缉，但他也巧妙地逃过一劫。

华尔敦保住了自己的同胞部下。不过，他自己没有享受到前任"怪西人"牛兰的待遇，社会上没出现大规模有组织的营救活动。

法庭终于要审讯了。但不管控词如何严厉，证据是否充分，都没能从华尔敦口中得到半个字！当时报纸媒体只好拿出"怪西人"的帽子再用一次，并正式戴到华尔敦头上。所以华尔敦的案子又称为"怪西人案"。

在法庭提证阶段，陆海防被带到法庭做证。华尔敦一见到走向证人席的陆海防，便怒不可遏，用英语骂了一声："叛徒！"

这是华尔敦第一次在法庭上开口，也是他在法庭上唯一一次开口。听到华尔敦的斥责，陆海防居然两腿发软，连站都站立不住，差点儿一膝盖跪倒。沈醉等再三强迫他登上证人席做证时，陆海防依然两条腿哆嗦，哀求说自己宁可被枪毙也不肯再上去做证了。

虽说华尔敦没有任何供词，但因为他骂了陆海防一声"叛徒"。凭这个英文单词，法庭就认为可确证他是从事谍报活动的"赤色国际分子"。设在法租界的江苏第一特区法庭（按：当年上海特别市在司法上仍从属于江苏省）最终同意把华尔敦从法租界引渡到中方的案发所在地武汉市，移送那边归案处理。

1935 年 8 月，在押解华尔敦去武汉的长江江轮上，特务非常惊奇地发现，华尔敦一上轮船便和懂英语的特务东拉西扯地讲起话来。

有人就问他，那你在审讯时为什么不讲话？

他的回答令人不能忘怀。他说："共产党人在敌人审讯时去做解释，便是一种祈求饶恕的懦弱表现。如果对自己的任何问题向敌人做交代，哪怕是自己的姓名或住址，都是最可耻的叛徒行为，因为这些事是不能向敌人去谈的。"

当然，他在轮船上和特务谈的也只是吃饭喝水等生活方面的问题。特务想进一步了解一点儿有关他的情况，往往遭到他的呵斥。

此前，投降变节的陆海防又继续交代出其他线人陈绍韩及一些与他有关系的联络员和交通员，其中有王墨馨、黄维祐夫妇、记者袁殊等人，同时被供出的还有日本间谍副岛隆规。于是特务出动抓捕，凭证据而顺藤摸瓜，一下子牵出了一大批社会名流！其中最著名的就有 20 世纪 30 年代战胜蓝苹女士而抢得《赛金花》主角的那位"电通公司"电影女明星王莹！此时她正在主演电影《自由神》。王莹也是当时著名的女作家。除她之外，还有其他一些文化艺术界名人。当报刊披露出上海滩这批文化界名人涉案，特别是大批年轻貌美的女性涉及这起"怪西人案"时，所有上海普通市民不禁又大吃了一惊！对历史上这些人和事，我们不必怀着过多的好奇心去刨根究底。毕竟那些都是隔世纪的陈年往事，许多的名字能忘记就忘记吧，能不提就尽量不要提了。但为了说明当时案情的发展，我们按最低限度举出其中个别。

比如，上海滩著名的女活动家程远也因涉及这起案子而被捕。程远绰号"黑牡丹"，是四川万县人，留德学生。当时特务听说程远竟是共产国际成员，都十分意外。她原先与上海"四一二"大屠杀中号称"养虎成群"的刽子手杨虎和陈群关系密切，还就是杨虎和陈群把她送去德国留学的。海归后，她又与四川军阀王陵基的姨太太关系密切，亲如姐妹。她涉案的消息一公开，不知道又跌落了多少人的眼镜：杨虎、陈群是"四一二"大屠杀的反共急先锋，他们一手栽培起来的程远居然是"国际"分子！

原来，5 月 5 日，就在抓捕陆海防的同时，为苏军远东第四局驻沪机构工作的共产国际女地下工作者黄维祐，按华尔敦同志的指示和刘思慕电报提供的轮船班次，驾驶着一辆汽车来到上海黄浦江边的客运码头接船。这辆车是借来的，当年上海滩能拥有私家车是非常奢侈的事，黄维祐这种家庭还是用不起的，所以她借用了自己的闺密蒋浚瑜家的小车。被接的客人正是曾菀及其三个孩子。黄维祐接到客人开车回来时，发觉上海南京路东亚饭店显得有些诡异，因为这里刚发生过抓捕陆海防的事。她猜测可能有情况，于是果断改变目的地，把曾菀及孩子接到法租界沧州饭店暂时住下。正因为她们没去凑东亚饭店的那场热闹而幸免于难。但是，黄维祐自己因此暴露了，她被特务跟踪上了。事实上，曾菀离开武汉到上海的一路上都有人秘密跟踪。黄维祐到轮船码头去接曾菀，特务自然顺风顺耳，瞄上了她。黄维祐不但被瞄上，连车牌也被抄下了。那年代，上海能有几辆私家车？黄维祐就因借用了同学好友蒋浚瑜家的汽车，而把另一个华尔敦小组的成员蒋浚瑜也暴露了。暴露了的黄维祐决定逃离上海，来到南京住进男友王墨馨的家。王墨馨后来改名汪默清，这对情人刚一见面，就被跟踪而来的蓝衣社特务逮捕。另一被暴露的革命同志是蒋浚瑜。特务凭抄录的车牌号码找上银行家蒋惠先的家。原来，蒋浚瑜就是蒋惠先的千金。在特务到达之前，蒋浚瑜就已经逃向武汉。但特务还是针对她布下了罗网，所以她一到武汉就被蓝衣社特工捕个正着。蒋浚瑜又名蒋渊若，她与黄维祐、王墨馨都是复旦大学的同学，他们同时参加共产国际华尔敦的情报机关当秘密地下情报员。黄维祐、王墨馨和蒋浚瑜的接连被捕，使形势到了极端险恶的地步：刘思慕一到上海沧州饭店与家人团聚，就陷入困境，一家人危在旦夕！

关键时刻，黄维祐的朋友，另一位共产国际的地下女工作者"黑牡丹"程远自告奋勇，接下了继续掩护刘思慕一家的工作。刘思慕是"黑牡丹"程远的留德同学，有情有义的"黑牡丹"程远果断地到沧州饭店接下刘思慕一家人，设法进行掩护。

因风声紧，程远家无法继续隐蔽刘思慕一家。于是她灵机一动，就带客人躲在四川军阀王陵基姨太太家。当时，王陵基正在上海闲住，而他与上海军、警、特大员有着不薄的旧关系。程远利用王陵基的这种身份，掩护刘思慕在王府住了好几天。但不久又闻到特务逼近的腥气！刘思慕一家决定再次转移，于是逃往程远在苏州乡下的老家。但特务紧追不舍，跟踪而来。就在继续掩护刘思慕一家人再逃离自己乡下住处时，程远女士自己没来得及脱险而落入蓝衣社特工之手。同在苏州，华尔敦小组的另一线人陈绍韩也因回避不及而遭逮捕。刘思慕见苏州形势也如此险恶，就决定再逃。蓝衣社特务不即不离依然跟在背后，而没有立即出手抓捕。

千里大逃亡在继续。刘思慕不断地用电报落实下一个落脚点，然后率全家人奔向下一站。就这样，刘思慕在前面逃，特务就在后面追。刘思慕辗转上海、苏州、西安、太原、北平，长途流亡，特务紧追不舍地进行大追捕。一路上，诸多共产国际特工战友一一被捕。最后，济南齐鲁大学医学院教师江涛声博士通过朋友的帮助，找到在泰山脚下普照寺消闲的基督将军冯玉祥，冯将军把刘思慕一家安置在普照寺旁的三阳观自己的办事处。

冯玉祥是民国元老，山东土皇帝韩复榘原本是冯玉祥的马前卒。而此前冯玉祥数度落魄，其中一次又是与韩复榘的背叛有关。所以，韩复榘内心十分有愧于老长官，更是表现得对冯玉祥孝顺有加。冯玉祥手下有私人武装警卫五百余人，加上此处是山东，处于韩复榘的鼻孔下，蓝衣社特工自然对冯府十分忌讳。但江涛声博士因此暴露国际特工的身份而遭拘捕。

刘思慕暂时安全了，但一路因他而遭罪的同志朋友还真不少。说不准，蓝衣社特工一开头就掌握了汉口太平洋饭店秘密接头点并设伏监视，使出"欲擒故纵"的毒招。特务一路赶鸭子捡蛋，或说是在顺藤摸瓜，走一路抓一路，不知多少人因此而遭殃！

还因"怪西人案"的连累，日本籍的双重间谍副岛隆规被捕。经过对他的审问，发觉另一同党日本人川合定吉也是"共产国际间谍"。但对"红色日本人"的调查遭到日本驻沪外交官的百般阻挠和外交纠缠，蓝衣社特务无法得逞。因此这些人身后还有大批日本双面间谍安全无恙。他们的身份多样，其最主要的身份或是倭军部驻沪特工，或是上海北四川路千爱里 15 号的日本特工机构岩井工作室（岩井公馆）的成员。所以，即使是只抓捕到副岛隆规和川合定吉两人，日本驻沪总领事村井和拥有总领事馆参事官身份的特工头子岩井英一挺身而出，百般为这些日本间谍开脱。就这样，上海特区法庭也不得不法外开恩，象征性地判处副岛隆规十个月的保外监禁，其余日本间谍如尾崎秀实等人则一概不受牵连。这里请注意：岩井英一是日本侵华战争中的首要特务头子之一。他先后出任日本驻成都、上海、香港代总领事、副总领事、总领事等职。当然，他的间谍活动主要集中在上海。他在上海设立的"岩井公馆"就是最重要的一个日本特务机构。他后米收罗大批无耻汉奸，策划了罪恶的"兴亚建国运动"，为分裂中国，建立伪政权打下基础。20世纪40年代，日本侵略军为掠夺和控制中国沦陷区，建立了侵华日军在中国的最高殖民机构——兴亚院华中联络部，岩井公馆就是这殖民机构的主要基础。我们还特别关注这里的"兴亚建国运动"和"兴亚院"都离不开"兴亚"二字。那"兴亚"就是要中国人"去中国化"而"兴"起所谓的"大东亚共荣圈"，也就是对中国人实施日本化，让中国人当亡国奴！

在"怪西人案"中，同样有日本"岩井公馆"和华尔敦小组两重间谍身份的袁殊，也因暴露而被捕。袁殊的公开身份是设在上海的新声通讯社记者。南京国民政府方面担心日本总领事村井和特务头子岩井英一再起国际纠纷，就强调袁殊是"中共党员而非口本人，审判他不针对日本"为借口，把袁殊送往湖北高等法院。

1935年8月24日，湖北高等法院开庭审判"怪西人"华尔敦。他在武汉的中国法庭上因犯"危害民国"罪被判处十年徒刑，黄维祐、王墨馨被判七年徒刑，被判有期徒刑的还有袁殊。

这"怪西人案"涉及的机要情报都是张学良主持的武汉"剿总"内部的军事秘密。涉案的关键地下谍报员也都潜伏在武汉"剿总"内部。同样，负责破案的，也是武汉"剿总"政训处贺衷寒以下的陈郡年、毛人凤、周养浩等人。此时，张学良还是鄂豫皖三省的最高军政长官，所以自华尔敦小组派人打入张学良的司令部开始，直到"怪西人案"发生和湖北高等法院对该案的最后审结，就全发生在张副司令面前，全案也归他督办。这些泄露的秘密情报令张学良东北军屡吃败仗，而恰又是自己的手下特工破了此案。但不知为何，张学良在回忆自己一生时，却有意忽略了这起与他密切相关且震惊全国的大案。当然，这案涉及国际国内极其复杂的背景，许多事对他来说，总是说不清道不明的。再说，张副司令一生处于矛盾中。他内心钦佩中共和红军，却又不得不与红军作战。他向往苏联和共产国际，却又不得不与华尔敦谍报小组正面发生冲突。他手下这批"扯淡的蓝衣社特务"名义上归自己指挥，却又暗中干些自己不喜欢的事。晚年更是这批特务看管自己，剥夺了自己的一切自由。张副司令内心难免十分痛恨这班子特务。

与前次"牛兰案"没有人被判处死刑不同，这次"怪西人案"出现了流血牺牲。首先死的就是那位关兆南。据地方档案资料表明，在这案子一开始被捕的关兆南在随后的审判中被处死了，原因不详，但显然他与陆海防、陆独步不一样，起码特务恨他！看来，后来有人断定关兆南是叛徒的依据不足。只因此人微不足道，没人去关注他应该面临什么样的下场。

华尔敦情报组成员中因此案而牺牲的还有陈绍韩同志。1935 年 6 月，他在苏州被捕。前文提到王均的陆军第三军参与围攻张国焘率领的主力红军和红二军团、红六军团。但蒋介石给第三军的主要命令还是严防红二十五军与张国焘红军或红二军团、红六军团会合。所以，王均的军队也受武汉"剿总"节制，既对大别山的红二十五军，也对洪湖地区红二军团、红六军团进行"围剿"。武汉"剿总"的秘密情报从陈绍韩手中外流那事，令陆军第三军军长王均尴尬不堪。陈绍韩就成了他发泄怒气的首要目标！6 月 13 日，王均致电蒋介石，汇报了逮捕审讯陈绍韩的经过并表达了自己愿承担失察之咎。接着，陈绍韩在武汉壮烈牺牲。

华尔敦案发前夕就被处死的潘文郁也应该算在这个案子的烈士名单中。其他因陆海防出卖而被拘禁的华尔敦情报组人员，如王莹、程远及其他许多我们不愿提及姓名的人，他们大都是社会名流，或是文化艺术界明星、名作家或当红名媛等。中国司法当局迫于社会舆论压力，免除了对他们的指控。当然，其中绝大多数人还是经地下党的积极营救而获得了自由。

红色美女谍报员蒋浚瑜的父亲蒋惠先救女心切，不惜用巨款贿赂法院。

在法庭上，蒋浚瑜本人除承认与黄维祐有同学关系外，不承认在政治上有其他问题，也没有其他涉案人趁机咬她一口。于是，法庭上宣判蒋浚瑜无罪释放。顺便提一下，那位出怪招引出"怪西人案"的周养浩，当年10月随东北军调到西安的西北"剿总"调查科当科员，随即转到西安公安局在马志超手下当第三科科长。虽因"扯淡"的特务头目马志超让西安公安局丢丑，但周养浩还是在西安事变中做到明哲保身，也算是他有点儿小能耐吧。就在那短短一年的西安经历中，周养浩却与杨虎城结下了不解之缘。晚年周养浩当息烽监狱监狱长，杨虎城恰就关押在此。更想不到的是，英雄一世的堂堂封疆大吏杨虎城及一家大小和亲友，最后竟凄惨地死在这位周养浩的花言巧语中！可见周养浩这个"书生杀手"绝非浪得虚名。幼嫩的关兆南不是对手，老辣的杨虎城同样中招！

不用太多的解释，"怪西人"约瑟夫·华尔敦就是苏联红军上校罗伦斯同志。这点，不用等1991年的苏联档案大解密，中共中央就完全可以从苏军远东第四局驻上海机构中的中方工作人员蔡叔厚这里得到证实。原中央特科无线科的蔡叔厚先是在佐尔格手下，随后又在罗伦斯跟前工作。"怪西人案"案发后，蔡叔厚完成掩护苏联同志出国的任务后，也受到特务的通缉。于是他就到南京找汤恩伯，请他出面为自己担保。

蔡叔厚与汤恩伯小有交情。1923年，他与汤恩伯一道留学日本。蔡叔厚回国后开办一家电机公司，而在1926年稍迟回国的汤恩伯，就曾一度住在蔡叔厚的公司里。老汤后来依靠陈仪和蒋介石的关系而飞黄腾达。汤恩伯果然不忘旧情，讲义气，他亲自出马带着蔡叔厚来到蓝衣社特务头目王新衡面前，拍着胸脯担保，声称蔡叔厚是他的拜把兄弟。王新衡于是撤销了对蔡叔厚的通缉令。

由于约瑟夫·华尔敦咬紧牙关不提供丝毫口供，苏联红军总参谋部情报总局远东第四局驻上海的机关完好无损，其内部核心成员一个也没暴露，他们的档案材料一份都没有损失，他们的无线电密码和电台也完整无缺。我们知道，前中共特科无线电科骨干蔡叔厚及华尔敦太太埃莉·伊万诺芙娜正是兼管无线电台工作的。但因为约瑟夫·华尔敦被捕，苏联红军总参谋部情报总局撤销了上海的这个情报机关，苏方人员奉令回国。中共女党员张一萍和原中央特科最早的成员蔡叔厚都先后返回组织，蔡叔厚又继续被派往共产国际其他驻沪机构从事地下工作。

"怪西人"华尔敦不顾一己安危为苏联做了出色的情报工作，他在最后关头还保护了苏军远东第四局驻上海机构和自己的同胞，不愧为苏联英雄！即使后来的俄国人不认这位立陶宛人，而立陶宛人不认这位苏联英雄，但作为中国人的我们，依然不得不佩服他！

1937 年，由于出现了中苏友好及国共合作共同对付日本法西斯的局面，被关押两年的"怪西人"华尔敦上校于 12 月获释经过新疆回国。所有涉及"怪西人案"而判刑入狱的其他成员也都被提前释放。寄身泰山普照寺三阳观的刘思慕一家人也恢复了自由。当然，蒋经国先生一家也太平回国了。这当中是否双方履行了"××换太子"的国际交易，依然没有定论。

苏联为表彰罗伦斯上校的功劳，当他还在服刑期间，红军参谋部就破格提升他为旅政委的军职。回国后，他出任斯大林摩托机械化军事学院外语系系主任。

以我们的观点来看，"怪西人"约瑟夫·华尔敦案，又是一起"糊涂法官乱断糊涂案"的典型。糊涂法官既不敢对来自苏俄的"怪西人"约瑟夫·华尔敦动真格，更不敢对大倭国间谍机关"岩井公馆"和苏军华尔敦小组双重间谍身份的日本人副岛隆规、川合定吉进行严格的身份鉴别。结果自然是敷衍了事，从而造成许多日裔的多重间谍身份基本没能曝光，为后来的抗日战争留下许多麻烦。

"怪西人案"后，日本驻沪特务机关一些多重身份的间谍继续组成谍报小组，像影子似的，时显时隐地出没于中国的上海、南京等大中城市，吸收日中人士从事间谍工作。他们广泛搜集当时国民政府控制区的军事、政治及经济情报，这些情报服务于日本、苏联及其他参战的强力方面。那些间谍具有两面性，其中个别人或许表现出强烈的左派立场，或有慷慨激昂的革命言论，或有热情似火的甜言蜜语。但间谍表现出来的革命激情或纯真爱情，往往只是一种迷惑对手的掩蔽色，仅仅是一种引诱手段！只可惜，能识破他们，揭穿他们的人极少！事实上，潜伏的双面间谍，不少人是日本侵华政策的积极执行人，其中不乏屠杀和迫害中国人的刽子手，有些甚至是侵华战争抉择者和最高执行人的心腹。如今，抗日战争尽管结束七十多年了，众多日本间谍案依然是无头案。就拿"岩井公馆"里那些人来说，他们的神秘面纱始终难以彻底揭开。人们想分辨出这些人身份是红，是白，还是黑，还是颇费周折的。所以，即使是有人编造出了一些激动人心的艺术题材，依然难以凭它们来解决问题。

这样看来，当年称华尔敦为"怪西人"的"怪西人案"，只是表面之怪。其骨子里，那怪，就怪在中国的尴尬地位和所面临的险恶且古怪的国际形势。那是一种极端诡异的乱局！

读者或许会感到疑惑，原本看似阵线分明、事件极其简单的西安事变，怎么到作者的笔下，会显得如此错综复杂，如此之乱？而且写到如今，还把上海滩的"怪西人案"也扯了进来，那还不是乱中添乱？

其实，西安事变前后各地呈现的乱局，全都是现实。而说西安事变"阵线分明、事件极其简单"，那也只是表面现象。表面现象甚至可能只是假象！而"乱"，才是那时中国的真相。当年的中国山河破碎，外患内忧，亡国的危险迫在眉睫！那时局是糟透了，也乱透了！在那种形势下，要救国就必须讲出真相，而掩盖真相、粉饰太平的做法，才是亡国之举！上海滩的"怪西人案"也正集中浓缩了中国面临的尴尬相和危险处境。面对乱，如实地表达乱，那才是妥当的态度、现实的做法。只有敢于面对真实，才能寻找出切实可行的救国之道。

所以，设想读者也如实地面对当年的乱局，用开阔的眼界统观全局，才能看清当年发生的一切，才能认识到，我们的国家处于那种混乱的局面下，发生西安事变这样的事件是不可避免的。同时，中国正需要通过这种激变，才能破除乱局，重新组合力量，找出拯救民族与国家的根本出路！

"怪西人"本人的故事就这样讲完了。我们所关心的与苏共中央有无线电报通信的事也自然有了结论。那时，出于诸多原因，不但共产国际国际联络部驻沪工作站电台没能正常工作，就连苏联红军总参谋部情报总局远东第四局驻沪机构也解体了，人员四散了，它的电台信号也就此消失了。

# 国际友人路易·艾黎

苏联红军总参谋部情报总局远东第四局在上海的电台被迫撤销了。看来中共中央与苏共中央重新建立无线电联系的希望变得渺茫了。

就在这"山穷水尽疑无路"之际，却又出现了"柳暗花明又一村"的局面。那就是宋庆龄本人原本就拥有一部与莫斯科苏共中央联系的无线电台！

路易·艾黎（Rewi Alley）是在上海的新西兰人。1933 年，经史沫特莱介绍，他见到了宋庆龄。很快，他们成了密友。艾黎开始利用自己的职业身份，配合宋庆龄开展工作，并和中共地下党建立了联系。

上海公共租界愚园路 1315 弄 4 号，是一幢三层的西式住房，当年，这就是艾黎的住所，他的一位朋友甘普霖也住在这里。

1934 年底，一部无线电台安装在这座小楼的顶楼上，开展了呼唤中央红军的工作。这部电台通常被称为宋庆龄电台，艾黎和他的朋友甘普霖就是电台的操作维护人员。

工作刚开始时还没什么，但有个星期日，忽然间就有一批人在愚园路 1315 弄 4 号附近，以查漏电为名，挨家挨户地检查。引发这问题的原因就是这部电台！原来，为了防止巡捕房发现电台，艾黎和甘普霖把发报机的电源线绕过电表，直接连在了外线上。时间一长，租界电管局发现电表度数有问题，便派人来查看。

来检查的这批人里面，有租界的巡捕、包探，还有电力公司的工程师。眼看他们马上查到艾黎的小楼了，艾黎还没把无线电台的电源线插头拔掉！来不及了，来人就要进来了！此时去隐匿电台，那正是所谓欲盖弥彰、自我暴露！艾黎、甘普霖和大家只好一起坐在那里，听天由命。

陪同来检查的电力公司工程师首先进了屋。他看了惶惑不安的甘普霖一眼，猜出其中必有蹊跷。凑巧的是，这位工程师就是甘普霖的朋友，他自然要出头为老朋友甘普霖遮盖遮盖。于是，他灵机一动，特地走到厨房。他记得这里有电冰箱，当年的电冰箱可是一个庞大且机电结构复杂的大家伙。安装时，甘普霖特地请这位电力公司的朋友到场协助。只见工程师打开冰箱门，并高声喊道："漏电就在这儿，冰箱漏电，冰箱漏电！"

经他这么一喊，所有人都被引到了厨房。

就这样，一场危机总算过去了。当天夜里，这部电台就被转移到了其他地方。

电台还在继续工作，照样由路易·艾黎管理。

## 红色电波永不消逝

其实，长征中的红军无时无刻不在努力沟通与苏联的无线电通信。遵义会议后，中央红军在长征途中为了与共产国际重新建立联系，派出潘汉年和陈云去苏联向共产国际汇报工作。

得到潘汉年和陈云的汇报，1935年10月2日，共产国际执委会批准张闻天为中国共产党临时负责人。为传达这一决定，同时为开通直接的电信联系，共产国际决定派两人分两路各带一套电台密码回国找中共中央。一路是中共第六届中央委员张浩；另一路是潘汉年。张浩大脑记着全套密码并带着在苏联受过无线电通信训练的密电员赵玉珍一道回国。他们在1935年11月中旬到达瓦窑堡，正式移交了第一套与共产国际秘密电台通信的密码。陕北苏维埃红军抓紧开通与苏联的无线电台联系工作。他们首先成立军委二局和军委三局主管无线电通信工作。二局主要负责军内通信及对敌侦听和破译工作，由戴镜元副局长负责。而加密通信由军委三局负责，三局局长是王诤（后来是国务院四机部部长）。军委三局组建了电信十一分队。他们利用劳山战斗中从东北军王以哲部缴获的一部50瓦电台，由赵玉珍、刘三源和廖辉操作，试图与莫斯科或欧洲的共产国际台联系，但连接过程并不顺利。还由于发报功率低，虽断断续续收听到对方的呼唤信号，却无法让对方清晰地收到己方应答的嘀嗒声。直到1936年6月之后，因为与王以哲秘密谈判成功，红军电报员利用东北军第六十七军电台联通宋庆龄的秘密电台，从而间接地实现了与莫斯科王明的秘密无线电台的联系。

但通信依然不算最后成功。不成功的原因是还缺一套密码，那就是姗姗来迟的潘汉年头脑中记忆的另一套密电码。

原来，1935年10月3日，王明派潘汉年到共产国际情报局学习"新编密码办法"和"第一套新编密码"，所有内容必须牢记在头脑中带回中国。潘汉年被派回国还负有另一项重要任务，那就是找国民政府秘密谈判。1936年2月24日，他经列宁格勒，准备乘希腊客轮绕道香港回国。但出海两天后，却因故又折回列宁格勒。于4月8日他再次出发，5月中旬到香港，8月7日回到陕北保安。他比林育英晚到达陕北足足九个月。

潘汉年到陕北没有受到像林育英那样的欢迎，毛泽东和周恩来都没有接见他。潘汉年也就只好单独向张闻天汇报了王明交代的任务。

毛泽东对潘汉年掌握了新密电码后没有立即返回陕北交给中央感觉不妥。潘汉年个人保存密电码长达九个月，出了事怎么办？而且耽误中央九个月都不能与共产国际联系！

1936年8月23日，潘汉年向中共中央保密科的邓颖超移交这套新密码。加上九个月前林育英带回的那一套密码，这意味着中共中央和共产国际的无线电台通信具备正式恢复的条件。

宋庆龄知道红军长征到达陕北根据地后，就开展了对根据地的援助工作。第一项行动就是上节说过的，她让艾黎设立的电台作为苏联与陕北的中转站，然后指示助手向陕北苏区运送大功率电台，并成功把有关部件发到西安。接着，她开展了许多支持陕北苏区的工作。比如，她派"红色牧师"董健吾带信面交中共中央，传达国民党愿意与中共谈判的信息；她和艾黎动员美国记者埃德加·斯诺与医生马海德一道，由董健吾带到陕北红区进行冒险的旅行；宋庆龄还和艾黎一起在上海购买和运送大批药品到陕北红色边区。

那时，红军无法弄到大功率电台，要完善陕北苏区的无线通信工作，就迫切需要硬件的发展，那就需要安装新的电台。宋庆龄在第一时间送来的大功率电台就为了解决这问题。但从上海向陕北运送大功率电台，当然是把整机化整为零，把零部件拆分后运送过去的。把散件重新恢复成电台，红军一时缺乏人手。为了自己安装电台，周恩来想到了当年上海特科四科成员涂作潮。为此，他命令上海中央局设法让董健吾牧师把涂作潮带到陕北苏区。由于通信一再延误，这一命令最后才通过蔡叔厚传到涂作潮手里。

1936年秋季的一天，蔡叔厚通知前特科的战友涂作潮："有熟人找！"

然后蔡叔厚给了涂作潮一封介绍信和四十元钱，让他到西安去找刘多荃师长。涂作潮于是化名为蒋贵庭，来到了西安西京招待所，与原来上海特科的同志刘鼎接上头。刘鼎负责在西安接待这位被称为"涂木匠"的老战友，并安置在赫伯特·温奇大夫的原住所。逗留西安期间，涂木匠为刘鼎装配了一台能使用干电池的小发报机。12月12日，西安事变发生，刘鼎得悉蒋介石已被捉到，即刻把张学良再次拟好的电报通过这部电台发给保安的中共中央。

中共中央领导知道西安成功捉蒋，立即表示愿意与张学良、杨虎城共同寻求和平解决西安事变的道路。

在继续讨论和平解决西安事变之前，我们先把红军电台的事交代完。

涂作潮后来搬进了七贤庄1号的"张学良的牙医诊所"。这里其实就是以牙医诊所为掩护的中共交通站。只是，国际友人医学博士赫伯特·温奇在西安事变中意外牺牲了。涂作潮利用这里，把上海化整为零运来的一套功率达100瓦的电台重新安装恢复，这是一套能覆盖全国范围的电台，据此实现了中央红军稳定地与上海宋庆龄电台收发报的业务。当然，这离不开宋庆龄的大力支持。如果没有宋庆龄的全力支持，凭当时中国的技术状况，在西安这种地方，依靠个人能力安装如此"高精尖"的技术装备几乎是不可能的。西安的这部电台是在叶剑英领导下开展工作的，具体报务负责人是彭绍坤。

此时，红军已经为增援东北军、西北军抵抗"中央军"而进入西安周边、咸阳和渭河平原，涂作潮恢复的那部100瓦的电台就一直架设在红军驻西安办事处七贤庄，交由办事处的领导使用，通信效果达到了要求。

100瓦的电台确保了红军驻西安办事处的电信要求。中共中央实现了与共产国际的电报联系。从此，红色电波绵延不逝！

　　涂作潮随后又返回了上海。他也有令人难忘的地方。电影《永不消逝的电波》里主人公李侠的原型人物李白（李静安）烈士，就是涂作潮在 1937 年后培养出来的全能学生。新中国成立后，涂作潮作为普通人正常生活工作着。与涂作潮同为特科的老战友蔡叔厚在新中国成立后任上海机电一局副局长，后来调到国务院第一机械工业部。"文化大革命"中，蔡叔厚因为是佐尔格小组和华尔敦小组的内部人员，被"中央文革小组"的第三专案办公室以"苏特"罪的名义逮捕，死于秦城监狱。十年后他才得到平反。而原来中央特科无线电科（四科）科长李强比较顺利。新中国成立后，他是国务院外贸部部长，也是中国科学院学部委员（院士）。

第十章／囚蒋与释蒋

## 新城大楼囚蒋

　　12月12日上午8时，两辆汽车沿临潼公路向西安城疾驰而去。前面开路的是一辆十胎大卡车，车上士兵荷枪实弹，一挺轻机枪驾在车头上。卡车后紧跟的是一辆小轿车，坐在副驾驶座上的是张学良的副官谭海，后排坐着三个人。中间那人光着头，披着一件驼色长睡衣，白裤子挽在膝盖上，小腿上一道道血痕，脚穿一双布鞋，没穿袜子，模样狼狈且无奈，内心却又十分愤愤不平。他就是被俘的国民党中央军事委员长蒋介石。在他的左右两边，分别夹挤着张学良的卫队二营营长孙铭九和东北军一〇五师第二旅旅长唐君尧。唐君尧是个身高一米九的大块头，孙铭九也十分壮实，车辆的颠簸使中间的蒋委员长感到十分不舒服，他连连埋怨："太挤了，太挤了……"但随后他不说了。

　　车上，老蒋回忆着清晨至今的不堪经历。凌晨5时，初听到阵阵枪响，他起初以为是小股红军袭击，接着他想到，可能是部分东北军骚乱。于是，他要卫队坚守，以等待西安城内的张学良来救援。后来他发觉不对，就跳墙外逃。等到他被王学赞、孙铭九等人从大石缝中搜捕出来后，他才知道：原来整个东北军都反了。但他还心存幻想，杨虎城和西北军也许还是忠于自己的。车到西安东门，老蒋见守城兵士均佩"十七路"臂章，感到十分骇异。他想起昨晚自己宴请各将领，不见杨虎城，想必是已被张学良拿下扣留，第十七路军也被缴械，眼前守城兵士是东北军冒充的。他坚信："虎城参加革命之历史甚久，亦为本党之老同志，信其不致附和叛变也！"

　　就在老蒋浮想联翩之际，车队进城了。唐君尧突发感慨："委员长鬓发渐白，较二年以前我等在庐山受训时，苍老多矣！国家实不能一日无委员长！只看西安城内之繁荣景况，与二年以前大不相同，非委员长主持西北建设，曷克臻此？甚望委员长善自珍重！"这话出自身边抓捕自己的人之口，使蒋介石内心一热，却因一时说不出话，而"未及答"。但唐君尧的话显然是老蒋在整个上午所听到的话当中最顺耳的一句。他把这话和这人记在了心中。后来西安事变和平解决了，张学良也被扣留在浙江奉化，老蒋特许唐君尧到溪口谒见张学良。蒋介石亲口对唐君尧说，你对我的那份情谊，我永世也不会忘记！

蒋介石被押进了陕西绥靖公署新城大楼，孙铭九把老蒋移交给十七路军特务营营长宋文梅看管。他被安置在一个房间里，接着，马上有人进来送茶、送牛奶点心，以后又有人送来张学良的大衣。蒋介石才发觉事情远出乎他的想象，但依然以为是东北军占领了新城大楼，他对杨虎城的西北军继续怀着希望。

蒋介石不屑地撇开脸，对送来的物品不投正眼的目光。他不吃也不穿，而是一个劲儿地盯着孙铭九问："你们副司令怎么还不来？"

"马上就来的。"

"叫你们副司令快来！"

孙铭九不出一声走了。

或许因腰伤，更或许是西安的冬天太寒冷了，蒋介石冷得禁不住连连发抖。他想，躺在床上再盖上一条被子就会好些，但又有些迟疑。犹豫了好一阵，他才把被子反过来，被面朝内而被里朝外地盖在身上，这可能是疑心那被子有人使用过而没重新洗涤，也可能仅仅出于习惯性的洁癖。虽然此时蒋介石十分疲惫，但他睡不着，他正急切地等待着张"御弟"的到来。

12月12日上午约10时，在孙铭九护卫下，张学良来到新城大楼见蒋介石。他走进蒋介石的房间。房门开着，蒋介石双手向后斜撑着，在床上半卧半起。这是张学良与蒋介石转换地位和角色后，两人的第一次"会面寒暄"。孙铭九回忆起当时的第一个镜头是这样的：

穿着蓝色丝绸棉袍的张学良推门进来，脸上显出得意的神情，对蒋微欠身子，劈头便说："委员长受惊了！你这回交给我做做看！"蒋说："我看你有什么好办法！"这时我后退了出来，刚出门，便听到张与蒋争吵起来，声音很高。

当时正在看守蒋介石的王志屏对张学良与蒋介石的语言交锋也有回忆：

张学良叫了一声委员长，接着是蒋介石的声音，说："既然这样子了，你不要叫我委员长，把我枪毙好了。"张学良好像赶紧递上来一张纸说："我决无加害委员长之意，只要你容纳我的'八项主张'，你还是我的委员长，我坚决拥护你，听你的指挥。"张学良让蒋介石签字，蒋伸手"啪"一下把纸打落在地说："让我签字，除非把我枪毙了。"

从第三方的角度，不论是跟随张学良来的孙铭九，还是蒋介石的当值看守王志屏，对当时的回忆都大致相同，蒋、张两兄弟话不投机，关系闹得很僵。值班看守王志屏因寸步不离，听到的比较详细。是他提到了张学良要蒋介石在西安事变"八项主张"上签字但遭到蒋介石拒绝的事。我们觉得这很符合实际。

在"八项主张"上签字的事，从早上 4 时抓捕邵力子、晏道刚、曾扩情开始，一直到陈诚、陈调元、卫立煌、蒋鼎文、蒋作宾、朱绍良、蒋锄欧、蒋伯诚、陈继承、蒋百里、萨镇冰、张冲等十七大员被抓捕，他们无一例外都按抓捕方的要求，在上面签了字。就连穿胸透背被子弹打出一个透光通风孔的钱大钧，也不得不在绥靖公署新城大楼的卫队长室里签字画押后，才允许送到医院抢救。也就是说，在西安，所有中将或军长以上的军官或挂上中央执委的文官都榜上有名了。此时"八项主张"文本上，只缺"蒋中正"三个字。有了蒋介石的签名，这西安事变"逼蒋抗日"就大功告成，杨虎城提议的"挟天子以令诸侯"的目标就达到了，抗日联军军事委员会就可以接替蒋介石的名义进行运转了。

但作为囚徒的蒋介石却表现出异常的"偪"，换句话说是"顽固"！在"八项主张"上签字的问题上他拒绝做任何妥协。就这样，西安事变演绎到 99.9% 成功的关头，只因最后没有签上"蒋中正"三个字而卡壳了。

此前，张学良和杨虎城主持的东北军、西北军两军高级干部会刚结束。会上，张少帅豪迈地宣告：

"我们把天戳了个窟窿，蒋介石已被我们捉起来了。目前，国家民族的命运掌握在我们手里！"

会议决定成立"抗日联军军事委员会"，张学良、杨虎城分任正、副委员长，孙蔚如被任命为西安警备司令。不过，委员长这个称号只用了一天。因为到了第二天，考虑到"委员长"这个称号一直是蒋先生惯用身份，是他注了册的专用符号，如果在这两天如此敏感的时刻，别人使用了它，就会产生另一种意料不到的效果，于是，张学良、杨虎城决定改称自己为抗日联军军事委员会正、副主任委员。

蒋介石在西安事变结束后自己补写的日记中，也回忆当天上午与张御弟的言语交锋：

> 张气少馁，谓："此间事非余一人所能做主，乃多数人共同之主张。余今发动此举，当交人民公断。倘国民赞同余等之主张，则可证明余等乃代表全国之公意，委员长即可明余之主张为不谬，请委员长退休，由我来干；如舆论不赞同，则余应认错，请委员长再出来收拾。余始终自信为无负于委员长之教训。现在请委员长息怒，徐徐考虑之。"余闻其"交人民公断"一语，乃知彼辈杀余之毒计，将假手于暴民之所为也。余乃怒诘之曰："尔妄想国内民众与舆论能赞同尔等叛乱乎？恐即尔等素所称为'人民阵线'者，亦不至赞成尔今日之狂谬行动！尔自称为'革命'，叛逆亦可称'革命'乎？"

相争不下，张学良令人给老蒋送来碗筷餐具劝食，什么事等吃过饭再说。但此时蒋介石把张学良视为敌人，拒绝进食。他发声了：

> "余生已五十年矣，今日使国家人民忧危至此，尚何颜再受人民汗血之

供养而食国家之粟？况义不食敌人之食！"

　　张学良一下无计可施，仍然站在边上，久久不肯离去。蒋介石提出要见钱大钧和邵力子。蒋介石与钱大钧昨晚半夜一道吃完消夜就分手了。分手后，蒋介石突然想到早上看到骊山出现奇怪身影的事及陈诚传来的秘密告警，他本想找回钱大钧交换一下，只因那时太晚，于是作罢，不想果然出此大事！

　　张学良如实告诉说，钱大钧受伤住院。他便吩咐手下，叫来了邵力子。

　　邵力子进门与蒋介石对话时，张学良主动离开，但看守蒋介石的宋文梅营长站在一旁监视。蒋介石两次命令宋营长退出去，并关好房门。宋文梅不听，蒋介石起身把他推出门外。宋营长马上跨进门："请原谅！奉有命令，侍护左右，不敢阔户也。"

　　蒋介石无奈，当邵力子的面手写给宋美龄、蒋纬国遗书，让宋文梅转交张学良拍发电报。邵力子见蒋介石在为后事做准备，料其是抱必死的打算，便婉言劝告说："委员长以一身系国家之安危，应以安全为重。"

　　他劝蒋介石不妨辞职下野以换得自由之身。他还提到，反正，这次事变前老蒋已有两次从最高位置下野的历史，最终照样重回最高领导岗位。但蒋介石不以为然，他表示自己是准备要下台的，但要等回到南京后再说。西安事变是因他而起的，他要引咎辞职，请求对自己严加议处。但他表示"断不能在部下劫持之形势下，在西安表示辞职，即彼欲要挟余发布何种命令，或签认何种条件，余亦宁死必不受胁迫"。邵力子闻言无语。

　　蒋介石死硬的态度和作风，大大出乎张学良、杨虎城的意料。原本他们是希望蒋介石能顺水推舟，顺从地在西安事变的"八项主张"上签字。那样就表明张学良、杨虎城领导的"双十二"革命成功了。这当然是最理想的结局。

　　倘若蒋介石拒绝在"八项主张"上签字，但愤而提出辞职以示抗议，则张、杨的"双十二"革命依然是成功的。那样的话，他们可以把下野的蒋介石送到国外去，然后改组国民党和南京政府。在东北军和西北军方面，这种结局也是可取的。

事实上，蒋介石有屈从压力而自动下野的历史。1927 年，蒋介石与李宗仁、白崇禧、何应钦闹别扭，后三人就联手迫使蒋介石辞职下野，进行了没有蒋介石的北伐。九一八事变后，东北沦丧，蒋介石也在舆论压力下辞职下野，陈铭枢、孙科、汪精卫等政治对头也相继执政一段时间。如果这次西安事变中，老蒋也能识大局顾大体，自觉下野，不是也很好？

但是，事变发生的第一天，这局面并没有出现。张学良、杨虎城都隐隐约约产生了骑虎难下的预感。

不想他这次竟然如此臭硬！在一怒之下杀了他，或许是一种解决问题的办法，但不能不说，那不是一种好办法。杀了他之后，下一步怎么走？所以，后来的整个西安事变中，张学良、杨虎城迟迟没拿那主意。他们设想过，一旦"中央军"要进攻西安，那就带着蒋介石转移。那时，老蒋可以当盾牌使用。起码，只要手中有老蒋，"中央军"就不知道老蒋在哪支队伍中，转移中的东北军、西北军就不会遭到飞机大炮的轰炸。要不要杀老蒋，也要等到万不得已的最后那步再说。

就在蒋介石与邵力子谈话的时候，宋文梅想借邵力子一旁劝告的机会把张学良送来的皮袍大衣交给蒋介石，但老蒋丝毫不给面子，一口拒绝。服务员送进牛奶、饼干，蒋介石照样挥手拒绝，令其拿走。最后，蒋介石称自己疲倦了躺下要睡，邵力子借机告辞。

天气寒冷，蒋介石又不肯穿大衣，卫兵觉得很为难，就端来木炭火盆供他取暖，不料他说："不要，端出去！"卫兵无奈，只好再搬走。他们找营长汇报，宋文梅考虑到这几天风大天冷，于是命令士兵把老蒋的房门关上。蒋介石看到士兵要关门，就勃然大怒，厉声喊叫着："把门开开，把门开开！"原来，他还为白天宋文梅不让他关门的事而怀恨在心！

卫兵无奈，只好再次向上汇报长官。特务营营长宋文梅亲自出马，他进去对蒋介石说："委员长，我们是奉命令关门的。"蒋介石问谁的命令，宋营长说是主任的命令。蒋介石说："什么狗屁主任，把门开开。"宋文梅说："委员长，我还是你的学生呢。"

"第几期？"

"没毕业。"

"现在干什么？"

"在杨主任属下任营长。"

"很有前途，好好努力。你既是我的学生，天气冷了，你去给我买件毛衣，买双袜子。"宋文梅答应了。蒋介石听到宋文梅自称是黄埔学生，顿时改变态度，内心似乎一下子就没了反感。他对宋文梅印象颇深，在事变之后补记的日记中留有以下文字：

> 宋侍余甚周到，奉衣奉食，婉劝数次。并劝余："此时对张徒责无益，不如容纳其一二主张，俾此事能从速解决；否则于国家，于委员长均极不利。"如此诤谏，前后凡数次。

蒋介石进入新城大楼的第一天就要过去了。

谁也没料到，这一天西北军内部就发生了一起关于蒋介石的匿名信事件！

十七路军参谋长李兴中在新城大楼具体指挥西安城内兵变时全过程。当天他继续坐镇新城大楼。他发现，就在自己离开办公室再回来的刹那间，办公台上多出了一封无邮戳、无邮票的匿名信！很显然，信是大楼内部的人瞅准自己离开的瞬间放置的。信的内容只有一句话：

> 希望李兴中能够从国家民族的整体利益出发，救出蒋委员长以建立千载不朽的奇功。

李兴中是杨虎城的亲信，是西安事变的具体指挥员之一。他立即将此信交给了杨虎城。张学良、杨虎城见信，就立即猜想到，写信人是新城大楼陕西绥靖公署内部某个受过黄埔或中央军校洗脑教育的青年军官。这一情况证明：把蒋介石监禁在新城大楼风险很大！此时，宋文梅的特务营在负责看管蒋介石，张学良对此人也不放心。当然，负责警戒此处的还有李振西教导营，与蓝衣社特务有联系的李振西同样令人不安。他们都有黄埔军校的经历。还因为，张学良听到过汇报：12月12日晨，宋文梅特务营的士兵趁乱抢劫了边业银行，并枪杀了两个管理人员。这边业银行就是随张学良东北军进入关中的一家东北银行，与东北军各级军官都有密切的经济关联。

就在晚上9时，从保安也传来了红军领导的电报提醒，"监视蒋介石等之人员务必忠心可靠"和"监视蒋地点必须安全，否则无穷之祸"。

次日，受张学良之托，邵力子来劝说蒋介石换一换生活环境。原来，国民党军八十四师师长、陕北军阀高桂滋在西安造有一幢洋房，目前空关。房"前有草地，房舍亦清净，且有御寒设备，于身体较宜"。如果搬过去，就离张学良更近，就可以随时随地进行照顾。但邵力子话刚一出口，立即遭到蒋介石的拒绝：绝不搬家！他说："这里是西安绥靖公署，属于行政院在陕西的下级机关。我是行政院院长，只有居此处才无愧于自己的职守。"他威胁说："如果张汉卿不能让自己回洛阳，我就死在此处！你可以把这原话告诉他。"

这天，蒋介石依然拒绝进食，但要喝水，表明他没有完全绝望到求死的地步。虽然他不知道他的手下樊崧甫和董钊已经攻占潼关，正向西安进逼，同时洛阳警备司令祝绍周和自己的前妻舅洛阳空军指挥官毛邦初也派军机骚扰西安，但他还想等消息。果然，就在他与人谈话中，忽然闻得西安上空一阵阵的军机轰鸣，便喜形于色。估计，老蒋因此放弃了死的念头。可是这天下午，他突然感觉到，喝进嘴的水已经无法下咽了。他知道，一断水有可能会死亡，于是想到喝点儿糖水。此时，在门外看守他的卫兵是朱子明。他问卫兵："你有钱吗？借我两毛钱，买点儿糖，这水喝不下。"

朱子明马上向王志屏报告："副班长，委员长要糖呢，喝不下去水。"王志屏又立即向王成仁副官报告。王副官说："糖？厨房里还不有的是？拿些送去就是了。"王志屏到厨房拎来一大包糖，足有二十斤重，交给朱子明送了进去。只听蒋介石大声说："借你两毛钱买糖是私人关系，你拿这么多糖来干什么，公家的糖我不吃，拿走，拿走！"蒋介石坚决不吃。王志屏把这件事情报告给王副官，王副官说："你这个娃这么笨，你不会找个纸片包一点儿给他，说是自己掏钱买的就行了。"于是王志屏用纸包了一点儿糖,交朱子明送过去。蒋介石果然不再说什么,兑上水喝了。看来,蒋介石虽然绝食,但依然知道如何保命。他其实是静观其变,在等待机会。

这天,宋文梅也给蒋介石买了一件驼色的毛衣和驼色的毛袜子。蒋介石把毛衣穿上,当穿袜子时,又说怎么是红色的,表示不满意。

为让蒋介石搬家,张学良派刘多荃师长见蒋介石。此前蒋介石曾多次宴请过刘师长,张学良希望蒋介石能理解刘多荃是完全出于好意,而同意迁移。但刘多荃不能如愿。

晚间11时,张学良找孙铭九说:"我想把委员长搬到咱们这里来住,刘师长去请,他不肯来。我看你与他对付得很好,你去一趟吧。想办法请他一定搬到这边来。"

孙铭九到新城大楼与宋文梅一起步入房间。刚举手敬礼,还未开口,蒋介石就厉声问:"你这么晚来做什么?"孙铭九立正:"副司令请委员长搬家,命令我来接委员长。这里不舒适,副司令公馆旁边的新房很清静,请委员长起来同我一起走吧!"

"我不去,我不去!"蒋介石连声拒绝,"今天这样晚了,你来干什么?明天再说,你回去。今天太晚,我不去。"

孙铭九跨步上前:"请委员长起来走吧,晚间外边无人,方便些。"说了半天,蒋介石还是不去。他说:"此处即我死处,我誓死也不移出此处半步。尔等二人等我死后,可告诉他们就在室外大厅为我立坟墓!你们持武器入室,形同胁迫,想杀就杀吧!但就绝不移居!"

孙铭九估计,此时蒋介石一定是误解了他们的意图,以为是想利用黑夜间把他拉出去枪毙。孙铭九眼看不好再勉强行事,便后退一步说:"今天黑夜,委员长不愿意搬,我回去报告副司令一下。"蒋介石看孙铭九退了一步,也松了口气说:"好,好!你快回去吧。"

其实这天,杨渠统已经来西安活动孙蔚如、李振西等人了。张学良、刘多荃、孙铭九等连夜急着要把老蒋从新城杨公馆搬出来,不能不说是闻到了一股异动的气息。目前在西安能正常运转的特务机构，就轮到张学良手下的黎天才和陈昶新那一家子了。西安甜水井49号的杨公馆来了一位开封刘峙那边的神秘贵客，总不能不多加提防。

12月14日中午，张学良又来劝说蒋介石搬家。谈话间，张学良表明自己这几天看了委员长之日记。知道以往一切均由于自己误解了蒋介石的为人及负责救国之苦心，实非自己想象所能及的。"然委员长对部下亦太缄默，如余以前获知日记中所言十分之一二，则此次绝不有如此轻率鲁莽之行动。现在深觉自己观察错误，觉非全力调护委员长无以对国家。"

据说，西安事变后张学良彻夜无眠，顺手取缴获的蒋中正日记观看。从中，他得出老蒋并非不抗日，而是在积聚实力。张学良此时似乎理解老蒋的"苦衷"：在当时中国弱而日本强的情况下，越延迟抗日战争全面爆发的时间，对中国越有利。

原来，蒋某日记所提到的那些事的背景是：中国占有世界一半以上的钨矿。钨既是制造当年最高精尖技术的电子管阴极灯丝的主要材料，更是耐高温火炮用钨钢的原料，是极其关键的战略物资。中德为此订有秘密协定：向德国出口战略钨矿砂，用以换取德国先进的军事装备。蒋介石按军事顾问、德国国防军之父冯·塞克特的建议，购买全套先进德国军事装备，包括从钢盔、枪、炮到装甲军车甚至是战机和潜艇，从1936年到1938年3月一共要整编六十个全部采用德式装备的精锐师，还要训练飞行员和培养潜艇部队。由于那些德国装备需要一定的时间才能完全进口装备军队，而且飞行员等技术兵种需要培养训练，尽量越向后拖延中日战争的爆发，对中国才越有利。这些昂贵的德国装备显然不是针对国内李宗仁、白崇禧、阎锡山、宋哲元、韩复榘以及张学良、杨虎城等各种不同的武装派别，也不是用来对付红军的。

因此，张学良此来说是向老蒋坦承错误，但只希望蒋介石能移往安全的地方。但蒋介石不以为然，他或许认为，那些道理，自己私下不是没向张学良暗示过。此时小张口气大变，立场来个一百八十度的大转弯，向自己说这些话，绝非是受自己日记的感动，而只表明国内形势已经全面逆转，对张、杨不利，他在寻求西安事变的出路！

于是老蒋一口拒绝张学良的好意。略显尴尬的张学良突然递过一纸电报，原来是张学良的前顾问端纳从南京拍来的，说他即将来西安看望蒋介石。老蒋接过电报一看，明白了。他虽然不知道樊军长、徐总指挥已率军攻下潼关，目前大军已逼近临潼和西安，但他立即猜到，正因自己的事，全国风云突变！小张已陷入一派烦躁不安！如今这位张家的前洋人顾问出面找自己，想必是解决问题的第一步。

老蒋终究是见惯血雨腥风的人，他按下内心的欣喜，继续沉着脸，沉吟许久，才放出一句话：

一来，马上安排他见我！

老蒋随手把电文向身后一甩，转过脸去，不再与张学良言语。

这端纳的即将出现，的确意味着西安事变出现了转机。

## 洋人探路

后来许多人，包括一些历史学家，总给端纳戴上蒋介石顾问的高帽子。其实不然。端纳原本是张学良的顾问，后来因张学良一度下野，端纳重操旧业，南下宁沪重新当报人。从此，南京政府聘用他，他成了一名政府的普通洋职员。他也只拿一份洋职员的平均工资，他的主业依然是国际报业集团驻中国的记者。由于记者的身份，他常与蒋介石、宋美龄夫妇来往，从而成了朋友。但他"坚不欲居客卿或顾问之名义"，这意思是说，他并不是古代意义的幕僚或如今理解的私人顾问。

虽然端纳在中国的主要职业是记者，但他深陷于中国的政治。历史上，就是他最早把袁世凯与日本秘密签订的"民四条约"公布于众。他在中国时间长了，也发觉，西方对中国最大的罪恶之一就是向中国输入鸦片，从而摧残了中国人的精神和体力。20世纪30年代初，他当了张学良的顾问。他发觉日本人为达到鲸吞中国东北的目的，派日本医生引诱少帅张学良染上鸦片瘾，目的是使其不能主政。此时，端纳把张学良看成是"中国的栋梁"，于是力请德国医生米勒替张学良戒除了毒瘾，这使得张学良重新振作，再次成为雄峙东三省的"少帅"。由于鸦片牵涉大批官商，特别是蒋介石倚重的上海青帮三大亨，纵使是蒋介石大权在握，他也没下决心铲除那颗毒瘤。端纳以"长此下去，国将不国"来刺激蒋介石，最终使蒋政府采用严刑峻法，下达了对贩毒者格杀勿论的法令。

西安事变发生，端纳就有利用与张学良的关系，去西安活动的念头。但是，南京方面同意让端纳去西安，却是经过了一番"打"与"和"的反复争论的结果。

策动西安事变的张学良、杨虎城究竟还是没有对后果有足够的思想准备。西安事变一发生，立即遭全国舆论的全面打压，他们几乎被不明真相的声讨舆论浪潮吞没。当时诽谤声甚嚣尘上，谣言到处流传：蒋介石的头颅被挂在街头的竿子上示众；城内已是战火烽烟……西安几乎成了人间地狱！全国为之一片恐慌。

自然有人对此谣言感到紧张，首先就是蒋介石的妻子宋美龄。我们讲过，两个月前，宋美龄随蒋介石以"避寿"为名一起到西安、洛阳，后因不适应西北的环境而生病，回上海看医生。西安事变一发生，日本特务首先得到消息，于是通过上海的媒体传播开了，宋美龄一时惊得不知所措。当然同病相怜的还有她的哥哥宋子文和姐夫孔祥熙。蒋、宋、孔三家，是利益共同体，他们的荣华富贵都与蒋介石的命运紧紧相连。

此时，孔祥熙是行政院副院长，而行政院院长正是蒋介石自己。如今既然蒋介石不在南京，孔祥熙理所当然地成了南京政府的代理首脑。他也在第一时间就获得了西安事变的消息，但他一开头以为是中共和红军参与的。于是，他以代行政院院长的身份，对内安抚各地军阀，对外与各国交涉。由于他已经知道欧美各国舆论不支持西安事变，就把外交活动重点放在态度可疑的日本和苏联政府上。

他通电全国，号召拥护中央既定国策，共济艰难，并另行分电北方的各路军阀宋哲元、韩复榘、阎锡山、商震、沈鸿烈、于学忠、冯钦哉，盼共挽危机。

孔祥熙电告驻苏大使馆蒋廷黻：西安事变与苏俄有关，命提抗议！

孔祥熙的电报显然是以猜测为基础的，但他还是特别出面，召见苏联驻华代办，敦促苏联及第三国际注意西安事变之严重性。他称：如果蒋介石先生有生命危险，中国或被迫与日本共同抗俄。

他又召见日本驻南京领事须磨，要日本政府约束在华的大倭国浪人。

当天，国民政府主席林森召集最高会议研究对策。立法院、行政院、司法院、考试院、监察院等国家五大最高机构的领导人及军事委员会副委员长等人悉数参加。宋美龄作为被害人家属也应邀参加会议。

会上，很快形成了两个观点对立的利益集团。

一个是以行政院军政部部长何应钦为代表的"讨伐派"，主张对张学良、杨虎城实行武装镇压。何应钦在第一时间从祝绍周手里得到了张学良给炮六旅旅长黄永安的秘密电报，这秘密电报真实地表达了事变的事先谋划过程，所以他知道了基本行动机密。他及时地向国民党元老派通报消息争取到他们的支持，又以救蒋为号召，煽动黄埔军校系少壮派军官的支持，一时间，何应钦代表"讨伐派"声势浩大。国民党内连原来属于老蒋亲信的戴季陶、陈果夫、陈立夫也支持讨伐，甚至蓝衣社头子贺衷寒也站在何应钦一边。

何应钦此时已经通过樊崧甫、祝绍周、钱宗泽组织了攻占潼关的军事行动，并鼓动最精锐的中央教导总队、税警总团、全德械装备的"中央军"第三十六师等大量部队从南京奔向潼关，准备攻占西安！我们知道，宋希濂的第三十六师原本驻扎福建闽西，专门"围剿"红色根据地，前中共最高领导人瞿秋白就牺牲在他手下。

说到这里，有关西安事变的四个军事强人张学良、杨虎城、蒋介石和何应钦都悉数登场了。历史对这四人的评价截然相反。张学良、杨虎城在西安事变中高举了抗日的旗帜。他们立场鲜明，态度坚决。说抗日英雄，非他们莫属。

蒋介石口口声声"攘外必先安内"。凭这臭名昭著的口号，就足以把他看成这次西安事变的革命对象。舆论上一致说他是降日派，一点儿也不过分。

说何应钦是亲日派，是有根据的。他本是留学日本的海归，此前任北平军事委员会分会委员长时，就屈服于日本人的挑衅。这次又是他强力主张讨伐张学良、杨虎城，挑动内战！他那样做就符合日本人利益。当然，还有人从另一个角度看问题。何应钦平常被看成老蒋的心腹，但也偶尔露出魏延头上的反骨。这点，他是有前科的。早在 1927 年夏天，北伐战争打过徐州，战火蔓延到河南、安徽、山东一带时，战事遭遇挫折。何应钦就站在李宗仁、白崇禧一边，逼老蒋下野，交出北伐军总司令大权。结果是桂系李宗仁一度独掌北伐帅旗并成就大业。这次，大家同样可以怀疑他企图趁战争的机会，浑水摸鱼，借张、杨之刀杀了老蒋，然后他取老蒋而代之，大义凛然地"剿灭"张、杨。

不过，参加会议的成员考虑到蒋委员长生死未卜，他们决定以南京国民党中央的名义，向正在德国疗养的汪精卫发出电报，要他立即回国共商国是。既然南京国民党中央邀请了汪精卫回国，能否取代蒋委员长的人应该是汪，而不是何应钦。

在林森主席主持的会议上，由于何应钦的强硬态度，主张武装镇压的气氛浓烈，几乎形成了一边倒的局面！但也有反对声，那声音就来自宋美龄、孔祥熙和宋子文为代表的"亲友派"（或称"家族派"），他们对何应钦的行动表达了强烈的质疑！

有人把这"亲友派"称为"英美派"，这或许有些依据。但其中有孔祥熙。从整个抗日过程，看不出孔祥熙是"英美派"，他倒是十足的"亲日派"，起码也是"知日派"！只不过，孔祥熙是站在抗日阵营中的"亲日派"，反倒是被视为"亲日派"的何应钦更像是"英美派"，起码他最迷信美械装备。太平洋战争发生后，何应钦指挥的嫡系"中央军"全是一式的美械师，美军事顾问和专家不离他身边，他参与的战场，也总有陈纳德飞虎队飞机助威。看来，脸谱化地分派议论人物属性已经成为我们的习惯，但那习惯并非总是妥当的，对解决实际问题也并非总是奏效的。其实，我们要注意到这样一起事实。1945 年夏天，中国战场最后一次对日大战——湘西会战是由何应钦指挥并取得了胜利。同时，1945 年 9 月 2 日，何应钦在南京主持了受降仪式，侵华日军总司令部就是向何应钦递交了投降书。根据这一点，每年 9 月 3 日被定为中国抗日战争胜利日。这样说来，何应钦也是中国抗战胜利的重要代表人物。所以，我们说何应钦是"亲日派"，只能是根据习惯说法，并且只限于西安事变这件事而言。

以宋美龄为代表的"亲友派"大闹林森主席召集的最高会议。他们不赞成何应钦的主张，而要用和平方式解决西安事变。林森这人是西山会议派头领，政治观点极端，但为人十分清廉且态度温和。他主持国务会议时，从不拿国家元首的身份轻易表态下结论，而是采取不偏不倚的居中态度。他把控会议进程却不选边站队，而只干预会议气氛。表决时，即使他可以投票，也尽量不使用自己的那一票去改变平衡。

于是，在这次会议上，宋美龄、何应钦唇枪舌剑，展开争吵。双方寸步不让，辩论越来越激烈！宋美龄认为，用战争手段解决西安事变，是全然不顾蒋介石的个人安全。她反问何应钦等人："一旦牺牲了委员长，你们中谁能代替得了他？"甚至话中有话地揶揄道："幸好是何主任负责出兵营救，要是换作别人的话，我还以为他是打着营救委员长的旗号，实则借刀杀人呢！"言语中影射何应钦居心叵测。

"你妇道人家懂得什么？这是国家大事，自然有政府军队的官员去管，不用你插手！"何应钦恼羞成怒，不禁失态了。

于是到了弱势女人发挥威力的场合。宋美龄听到何应钦这句话后，忍不住又气又急，便大声哭道："你这样做，太辜负蒋先生了！"

全场顿时沉默了下来。主持人这才出面打圆场：讨伐，不就是为了救蒋委员长吗？要是能用和平方式救出蒋委员长，为何不能先试试？长期以来，西山派首领林森是老蒋的主要政敌，但这次他丝毫没有表现出私人恩怨。林森这次也不愿意在这危急关头失去蒋介石。

就这样，"讨伐派"与"亲友派"在会上转向妥协：用军事手段讨伐张学良和杨虎城，但不放弃用和平手段解决问题。那就是暂停军事行动一周，先探知蒋委员长是死是活的真相。如果证明他还活着，才有进行和平沟通的前提。

以宋美龄为代表的"亲友派"终于争取到七天和平斡旋的时间。两派同意：一旦得知委员长光荣了，或使者被扣押，或七天内和平斡旋没有结果，就立即动用战争机器来解决问题。

但决定由谁出面斡旋，充当和平磋商的使者时，又发生分歧。孔祥熙、宋子文两人最适合，他们也愿意去，但与会的国民党政要全部表示反对：不能去！张学良已经在西安拘留了十七个军政大官了。总不能向张、杨再送上孔祥熙、宋子文这份大礼，再把代理行政院院长主动送到张学良手里，给他增加一份筹码吧？

在一片沉默中，又有出人意料的事情发生了：宋美龄自告奋勇，她要单身赴"魔窟"救夫！这种做法实在令在场的所有须眉十分惭愧。当然又遭到所有人的反对：说不定是一个蒋先生没救出来，还倒贴了一个蒋夫人，那绝对是赔本的买卖！

最终，宋美龄想到了洋朋友端纳，端纳曾主动流露过去西安的念头。宋美龄认为端纳活动能力强。他既是私人朋友，又曾是张学良的顾问，他是此次行动的不二人选。与会各大员接受了：让这位洋人端纳打头阵，不带预设的政治目标，先去看看情势，特别是弄清楚蒋先生是否还活着。如果蒋先生死了，主和的宋美龄和"亲友派"也就死心了。那时，对张学良要打要炸就随你何应钦主任定夺了。

于是，会议接下去讨论随行人员。在挑选人员时，孔祥熙提名黄仁霖随行。不过，此前黄仁霖并不是公众人物。他虽然身材高大，仪表堂堂，但不是名人，更不是大人物，了解他的人甚少。他原本是宋美龄留美时的同学，因深受蒋介石夫妇的青睐而被任命为励志社总干事。励志社是什么名堂？原来励志社就是主管军事委员会招待所的，就是一个协助军事委员长从事礼宾接待的机构。自当上励志社总干事，黄仁霖就替蒋介石夫妇抛头露面，招待、宴请内外宾客以及举行典礼，成了一个必不可少的侍从和管家。黄仁霖堪称是蒋家的"特勤总管"，那身份在一定意义上就相当于中国历史上皇朝年代的大内总管。只是当时名义上的"国一号"另有其人，而此人不贪权位利禄，不铺张浪费，没有庞大的服务机关，从而没有相应的大内总管。倒是军事委员长威风十足，黄仁霖这才成了事实上的大内总管。

黄仁霖对蒋介石、宋美龄十分忠心而没有其他政治背景，政治地位较低，只能算是普通职员。让他以端纳翻译的身份同行，就没有丝毫政府代表团的疑问，从而避免了外人怀疑是南京政府主动向张学良、杨虎城示弱或屈服。

行前，孔祥熙特别叮嘱黄仁霖："你的任务是用你的眼睛，亲自看见蒋委员长，得亲眼看见！看见他之后，马上回来向我和夫人报告你所看见的确实情形。就是这一点，不多亦不少。如果委员长健康而安好，那么谈判之门还是敞开着的。"

13日，端纳带着黄仁霖和励志社干事黎离尘乘飞机前往西安。因气候不好，三人只得留在洛阳过一夜。在洛阳，他们听到的西安的消息非常可怕。黄仁霖后来回忆，当时传闻"说西安城已经挂满了红旗，并且还有巷战，等等"。他感到任务艰巨，完成的可能性微乎其微。他只能倚靠端纳的威望和上帝的帮助了。他甚至怀疑自己能否活着从西安回来，于是决定，写好遗嘱交给黎离尘，让黎离尘回南京而不去西安。12月14日下午4时，端纳和黄仁霖才抵达西安。4时30分左右，他们被直接送到张学良在金家巷的张学良公馆。

就在这时候，也就是下午4时，杨虎城终于在新城大楼杨公馆现身了，他奉蒋介石之命来见驾。杨虎城身着军装，一进门见到蒋介石，马上一个立正，行了军礼，在一旁站着同蒋讲话。到此时，蒋介石才知道杨虎城的确是参与这次事变的预谋者。

尽管如此，蒋介石还是试图争取杨虎城。他先让杨虎城坐下，然后开门见山地问，你们这样做，将来准备怎么办？如何收场？

杨虎城承认：这事发展到这模样，并非我们事先预料的，后来有些事做得太草率、太差，无法面对委员长。如今只能惟委员长之命是听，委员长说该如何收场就如何。

"那，最初发动的情形究竟如何？"

对此，杨虎城只简单地回答说，开始其实想得太简单。而不肯明言其他方面，既没有向张学良方面推卸责任，也没有说明自己是否是主要策划者。杨虎城的回答使蒋介石失望。他原本希望听到杨虎城说明自己只是屈从于张学良而被动参加的，那样的话，就有策反的机会。既然如今张、杨是一体了，老蒋也只能板起面孔训斥："万万想不到你受人煽惑，中人毒计到此地步！"

训斥之后，蒋介石也找不出别的话可说，于是叹了一口气，自怨自艾了一番。他后悔自己行动鲁莽以致如今铸成大错！还表示，自己对整个事变难辞其咎，回去后要向中央及国民引咎辞职。这些话，其实暗示了这样的意思：不用你们逼，本委员长早已对自己的去留无所谓。只是要辞职的话，绝不会在这儿辞，而要回南京按程序来进行！

谈话末了，蒋介石要杨虎城等立即收拾局面，送自己回南京，再向中央请罪！

听到这话，杨虎城就告辞走了，说要回去好好商量一下。很明显，杨虎城这是婉言拒绝了送蒋回南京及"向中央请罪"的要求。蒋介石此时已确信，姗姗来迟的杨虎城不但是"叛变"了自己，而且就是事变的主谋之一。他对杨虎城和十七路军暗存的幻想彻底破灭了。

而在金家巷张公馆，张学良正与端纳、黄仁霖交谈。他们彼此都是熟人，因而无须寒暄。张学良直截了当地说："老黄，这不是像以前一样的那种社交拜访，我们正有一个大问题，无法解决，我自己也不能做主。不要叫我做那些无法办到的事。每一件事情都必须由我们的战事委员会决定。"黄仁霖也实话实说："蒋夫人派我来，要我看看委员长的健康情况，建立初步的接触，并让我充任端纳先生和蒋先生谈话时的翻译。所以如果可能的话，我要马上去见蒋先生。并清楚地加以说明，我无权做任何的谈判。"

"我可以向你保证，委员长现在很好。至于你想去见他，我也不在乎，但是我已将此事在委员会中提出，他们都投票反对。"张学良还告诉黄仁霖：蒋先生对于此次反抗行动，非常震怒。因此，他拒绝进食，拒绝和自己谈话。他进一步透露，假使蒋先生只要接受其中若干条件，他就可以设法解决，打开这个死结了。即使要他亲自伴送蒋先生回南京，他亦愿意接受政府的任何处分，在所不惜。张学良首次透露自己的内心：他可能会送蒋介石去南京。

谈了半个小时就是5时整了。张学良带着端纳去见蒋介石，黄仁霖则被看守在张公馆的门房。张学良知道，端纳汉语口语流利，与老蒋对话无须黄仁霖居中当翻译。南京方面让黄仁霖以翻译的名义来，就是想向老蒋秘密交换意见，那是绝对不能容许的！

端、蒋两人寒暄之后，端纳也开门见山地提出要蒋介石迁移问题："此间起居，实太不便，务请珍重身体，另迁一处。"张学良也在一旁，再次说到这两天读了委员长的日记后，后悔自己的鲁莽。他一再表明："只要委员长肯搬来与端纳同住，那此后一切事情，大家都可听命办理，并早日送委员长回京。"端纳也一再劝告。

先前与杨虎城的一番对话，已令蒋介石失去了对杨虎城和西北军的幻想，而张学良此时的后悔表示，使他内心产生了一些谅解。再说，张学良一再表明此举只是为安全出发。加上端纳在一旁的劝告，蒋介石的感情发生了一些极其微妙的变化。他同意搬到新建成的高桂滋公馆，并接受了恢复三餐进食的劝告。当晚，在与张学良会晤后，端纳致电南京，表示张学良有意请孔祥熙和宋美龄一道来西安。

移居后，蒋介石吵着要张学良履行诺言，送自己回南京。但此时，张学良又换了一种口气："此事殊不简单，要由大家说了才算。"于是又拿出西安事变的"八项主张"通电让蒋介石签字。少帅说："签了字，马上放人！"但老蒋再次拒绝："字我不能签，要不你打死我。我还能落个好名声，此乃所谓'我生则国死，我死则国生'是也。"

伴随着的又是"国家之正气，成仁取义"的一番训话，张学良得不到丝毫反驳的机会。

两人再次不欢而散。张学良走后，端纳向蒋介石透露了南京讨伐西安的部署与安排，以及宋美龄想来西安的事。蒋介石听后，坚决反对宋美龄来西安，但要马上见到黄仁霖！

由于蒋介石的一再催促和黄仁霖的请求，张学良最后允许黄仁霖见蒋介石一面，只是规定见面时双方不得开口讲话。目的是绝不允许黄仁霖充当蒋介石与南京政府的传话人！

12月15日，黄仁霖按见面不讲话的约定来见蒋介石。蒋介石借此机会写了一封给宋美龄的诀别信，让黄仁霖带回南京。又恐信件被张学良没收，蒋介石当面把信念给黄仁霖听，以便把口信带回去。但念信本身等于面对面讲了话，违背了事先的约定，从而黄仁霖被张学良扣押在西安。黄仁霖被扣，但端纳不能扣，他必须迅速回洛阳向南京报信。这原因简单。虽说南京政府向徐庭瑶、樊崧甫下达七天停火的命令，但那条件是蒋介石没有遇害的消息证实，同时端纳必须及时离开西安回到洛阳。否则，必是重启战端，而且轰炸机的第一批炸弹必是拿西安金家巷张学良公馆和陕西绥靖公署新城大楼杨虎城公馆开炸！

把蒋介石搬进高桂滋公馆后，15日，张学良又成功地将西京招待所的一些中央军政大员迁移到金家巷张公馆附近的玄风桥一处楼房。房屋居住条件十分优渥，每人还分送一套中共编写的《社会发展史》和《辩证唯物论》等书供学习提高，同时也发扑克等娱乐消遣品。

端纳离开了西安，但张学良从他的口中，知道了南京政府有停战七天的命令以及和平解决的预案。于是，张学良想趁热打铁，把和平的事尽早定下来。自事变以来，前方形势不妙。樊崧甫、董钊长驱直入，连下潼关、华阴，包围华县，进逼渭南，渭河以南大片地区被占，西安军事情势危急！张副司令准备从西安派人直接与南京方面谈判，初步拟定的人选是蒋百里，并向蒋介石征求意见。这些年，蒋百里都是蒋介石的座上宾。蒋百里历史上也曾是张作霖的军事顾问，所以他是张学良与蒋介石都能接受的人物。前面说过，蒋百里刚刚从欧美各国考察军事回来，专程来西安向蒋委员长汇报情况，不料赶上西安事变被拘捕。张学良把想法告诉蒋百里后，托蒋百里与蒋介石商议。第二天，也就是12月16日下午4时，蒋百里到金家巷高桂滋公馆求见蒋介石。蒋介石请蒋百里坐到床前的沙发上，对他说："汉卿想派一人先往南京商谈，其心目中以你为最适宜，但我未置可否。"蒋百里极其赞成通过商谈解决危机，但认为自己不是最适合的人选。他说，"南京与西安之间相持不决，眼下已成僵局"，而他本人"与党国关系不深，去了于事无补，必须派南京所信任的人前去，才能解决问题"。对蒋百里的话，蒋介石同样未置可否。

辞别蒋介石后，蒋百里问张学良："留在西安的军事大员之中，你最恨的是谁？"

"我不恨什么人哪！"少帅回答，"只有蒋铭三这个人好出坏主意，我就是看着不顺眼。"

"那么最好派铭三去。"

张学良被弄糊涂了。蒋铭三就是蒋鼎文，原任福州绥靖公署主任。这次蒋介石就是提名蒋鼎文为西北"剿总"前敌司令，而调张学良去福建，其意图不就是要让张学良和东北军步陈铭枢、蒋光鼐、蔡廷锴的十九路军后尘？一旦到了福建，还不照样像十九路军那样被地方势力包围、消灭？张学良怀疑那事就与蒋鼎文的阴谋有关。

"派一个最不喜欢的人前去，就可以表示你绝无伤害其他中央大员之意，就可以表示你对和平解决时局抱有极大的诚意，这样，就可以产生积极的效果。"蒋百里耐心地向张学良解释。

张学良恍然大悟。他送蒋百里回玄风桥以后，又再谒高桂滋公馆。他请蒋介石写一个手令，命令南京军事当局在三日内停止在陕西的军事进攻，并让充当谈判代表的蒋鼎文兼当传令员飞往南京。但蒋介石极度不相信张学良，因为他让张学良发给宋美龄的信，全被扣押了。他担心手令落到张学良手里会造成什么局面，从而坚持不肯单独给张学良写手令，要写也得同时当着蒋鼎文的面才写。而张学良则担心如果蒋介石直接当着蒋鼎文的面写手令，一旦这老蒋、大蒋关起门来秘密策划于己不利的阴谋，就十分不妙了。双方因此尴尬地僵持着。蒋百里发觉了苗头，就建议张学良陪同蒋鼎文一起去见蒋介石，等蒋介石把手令当面交与蒋鼎文后，两人同时告退。于是问题化解了，蒋鼎文拿着委员长手令顺利登机南行。

蒋介石虽然照张学良的意见写了停战手令，蒋鼎文也带着三天的停战令走了，但是，张学良此事办得是否高明，就另当别论了。起码，这事无形中暴露了东北军在军事上的不妙局面及自己的畏战心理，给蒋介石增加了一份傲气，以至于以后更难攻破他的心理防线。

17日当天，蒋鼎文到南京，南京政府就把委员长手令制成珂罗版，送京沪各报发表。目的是让国人亲眼看到老蒋手迹，知道委员长还在发号施令，以达到安定人心的目的。

再次停战三天，准备谈判的序幕拉开了。


## "三位一体"


我们不能否定西安事变的起因与另一件事有极大的关联。那就是东北军、西北军与红军在西北实现大联合，达到"三位一体"的远大宏图。为了同步地介绍西安事变的发展，我们暂时搁下南京与西安之间战争与和平的较量，而转向西安与保安之间的互动。无须多说，这保安就是陕北"红都"！

东北军、西北军与红军"三位一体"，是 1936 年 4 月 8 日张学良、周恩来的肤施会谈达成的共同目标。在当时，碍着蒋介石顽固的"剿共"政策，"西北实现大联合"只停留在秘密协定的文件中。虽然，东北军、西北军解除了对红军的封锁，经济上实现了互利互惠，张学良甚至给红军提供了资金与物资的援助，在战场上双方也基本上处于停战状态，甚至是互通情报、以"打假仗"去应付蒋介石，但"西北实现大联合"没有公开，东北军、西北军与红军没有达到真正"三位一体"的目标，苏联对"西北大发动"在政治、经济和军事上的援助也没有起步。在法律意义上，东北军、西北军仍然与红军处于交战状态。

双十二事变发生，张、杨成功实现捉蒋，绊脚石被彻底消除，通过西北大联合而实现东北军、西北军与红军"三位一体"的条件完全具备了。但我们惊奇地发现：尽管此后东北军、西北军与红军结成了事实上的军事同盟，却没有建立统一指挥机构，"三位一体"还缺最后一撇。虽然在处理西安事变的最后阶段，中共中央代表团也来了，张学良、杨虎城和周恩来也一道同蒋介石的代表宋子文洽商和平条件。但中共方面仍坚持自己是第三方，而不认为自己是西安事变的参与方。从而三方的最终立场就存在着很大的不同，谈判内容也是各有各的目标！在西北"三位一体"的内部，中共和红军也从始至终表现得与东北军、西北军有别：红军是独立的，是站在东北军、西北军两军之外，并以第三方的立场对张学良、杨虎城以及东北军、西北军两军做思想工作、调停斡旋，最后顺利完成和平释蒋，实现西安事变的和平解决。

这过程精彩纷呈，让人眼花缭乱，值得我们回过头来重新温习。

前面，我们较多地叙述西安事变后张、杨与蒋介石之间针锋相对的对立，但西安事变绝非只有他们三人之间的纠葛那么简单。张学良和杨虎城都是有自己政治主张的，搞西安事变，就是为了推行自己的政治主张，公布自己所希望采取的军政措施。这些措施如下。

（一）12 月 14 日，他们宣布撤销西北"剿匪"总司令部，所有"剿共"工作全部停止。取而代之的是成立了抗日联军临时西北军事委员会，主持西北军政事务。张学良、杨虎城分任军事委员会正、副委员长，董英斌为参谋长。第二天，考虑到"委员长"这称号的敏感性，用"主任委员"来代替，以表明西安事变并没有取代蒋委员长的意图。

（二）设立设计委员会和参谋团作为幕僚机构：

1. 设计委员会由高崇民、杜斌丞、卢广绩、应德田、申伯纯、王炳南、王菊人、黎天才、洪钫和南汉宸、苗剑秋等人组成，高崇民为召集人。它负责研究政治方面的重要问题。我们知道，这苗剑秋还在北平，与林文龙、今井武夫、斯诺及詹姆斯·贝特兰等人联络，争取有人做伴西安行，他此时并没有到达西安。他的设计委员身份是 12 月 27 日后补充进去的。

2. 参谋团由孙蔚如、王以哲、马占山、鲍文樾、何柱国、董英斌、李兴中等人组成，何柱国为召集人。它研究军事方面的重要问题。

（三）全面撤换了原来由邵力子任主席的陕西省政府，任命原西安绥靖公署总参议王一山为陕西省民政厅厅长并暂代陕西省政府主席，杜斌丞为省政府秘书长，续式甫为财政厅厅长，李寿亨为教育厅厅长，原建设厅厅长雷葆华留任。

（四）设立政治处，取消东北军原有的政训处，以少壮派首领应德田少将为处长。除原政训处留用人员外，由东北军学兵队抽调人员参加，共约一百五十人。政治处向各部队派出大量的宣传队，宣传"捉蒋"事变的意义。十七路军也设立以申伯纯为处长的政治处，各团均设立政治指导员。其中，因冯钦哉不力，第七军和四十二师没执行这决定。我们注意到原西北"剿总"办公厅第三科副科长毛人凤没有了他的位置。事实上，此时他已经在西安销声匿迹了。而原西北"剿总"办公厅第二科科长陈昶新是张学良亲信，他依然留在张学良身边，在临时西北军事委员会当特务。

（五）12 月 17 日，临时西北军事委员会通电全国，宣布组织抗日援绥军第一军团，以孙蔚如为军团长，王以哲为副军团长，马占山为抗日援绥骑兵集团军总指挥，郭希鹏为第一军团骑兵指挥官，何宏远为第一军团炮兵指挥官，集结待命北上，支援绥远抗日部队收复失地。张学良卫队一营、二营组成卫队团，王玉瓒任团长；而属于卫队营的原有学兵队扩充为"抗日先锋总队"，孙铭九、赵龙韬、贾陶和黄冠南等为负责人。其中孙铭九为总队长，赵龙韬任参谋长，乌庆霖、贾陶、黄冠南分别任第一、第二、第三支队长。贾陶、黄冠南等人，我们在叙述王曲军官训练团时就提到过他们。不久，张学良让王玉瓒远走高飞，躲开西安这块是非之地，孙铭九接替王玉瓒，兼任张学良卫队团团长。

（六）解散国民党陕西省党部，成立以中共党员王炳南为主任委员的西北民众运动指导委员会。

（七）释放政治犯。

（八）收缴并封存中央、中国、交通、农民四大银行在西安储备的银圆一千五百余万元。

（九）由于中央军占领潼关和华阴，紧逼华县，造成军事形势十分严重。张学良、杨虎城电令东北军、西北军两军驻陕甘宁边区的各部队"火速向西安集中"，原有防务交红军接替。从此，红军拥有了后来著名的陕北"红都"延安城及洛川、甘泉等广大的陕北地面。王以哲六十七军南移集结在陇东平凉一带，作为二线战略部队，于学忠的五十一军在兰州附近地区集结作为三线战略部队，对这两战略部队的安排，是为确保甘肃兰州与新疆连片，构成可靠的后方基地。

阅读以上这些条文，我们注意到，里面均没有公开提到中共，没有公开邀请中共和红军领导直接参与行动，机构成员中也没有著名的红军领导人担任重要领导岗位。但我们还是能发现：其一切目标与中共中央是保持一致的。显然，张学良、杨虎城执行了原先与中共达成的秘密协议，只是没有把红军和中共中央推到西安事变的前台而已。

当然，从当时实际情况看，那些也与中共中央和红军主要领导并没有在第一时间出现在西安有关，张、杨无法确定参加领导机构的红军领导人名单。

事实上，西安事变一发生，陕北的中共中央和红军都积极声援并果断支持，并且采取了增援东北军和西北军的军事部署。

有关中共中央对待西安事变的态度，那事情还得从12月11日深夜说起。按记载，中共中央应该是从内部电台首先得到刘鼎关于张学良发动"兵谏"的电报。由于电报文稿是张学良拟好交给刘鼎的，而不是刘鼎写的，所以文化水平不高的机要科长叶子龙看不懂"兵谏"的含义，就连夜交给了毛泽东主席。毛主席看过电报以后，高兴地说："噢，去睡吧，明天有好消息！"当时，叶子龙问住同一间窑洞的童小鹏："'兵谏'是什么意思？"他也搞不清。

我们知道：很长一段时间，毛泽东的五大秘书是陈伯达、胡乔木、叶子龙、田家英和江青。叶子龙是机要秘书，所以他对西安事变第一份电报的回忆值得相信！

第二天早上6时，如约收听王以哲电台时，红军总部才正式收到了张学良的"文寅电"和王以哲附带的电文。"文寅电"电文如下：

> 东、来兄：蒋之反革命面目已毕现，吾等为中华民族及抗日前途利益计，不顾一切，今已将蒋及重要将领陈诚、朱绍良、蒋鼎文、卫立煌扣留，迫其释放爱国分子，改组联合政府。兄等有何高见？速复，并望红军全部速集中环县，以便共同行动，防胡敌南进。
>
> 弟毅　文寅

电文中，东、来兄就是赵东、赵来兄。落款的弟毅，就是李毅。前文提到过，赵东、赵来和李毅分别为毛泽东、周恩来和张学良在秘密电报通信中的化名。这点早在当年3月张学良、王以哲与李克农秘密会谈中就互相约定好了。电文中的胡敌是指"中央军"胡宗南、曾万钟、毛炳文、关麟徵、杜聿明、李仙洲各部。此时他们正在陕甘宁交界处"围剿"红军。"文寅"是指电报稿拟定的时间是12日晨5时。文韵排目第十二，寅指寅时，按"子丑寅卯"的顺序排第三，是指每日下半夜第三个时辰，是黎明3时到5时。实际上就是指张学良签署电文的时间是12日晨5时。

晨5时这个时间是这样确定的。根据年初红军与王以哲六十七军的秘密协议，中共中央的无线电台每天有三次在固定时间在约定的频率收听王以哲六十七军的电报。这时间是早上 6 时、中午 13 时和晚上 9 时。而王以哲六十七军的电台在早上 6 时和晚上 9 时收听中共中央保安的电报。中共中央与张学良正是以这种方式保持无线电联系。显然，张学良签署电文的时间是早上 5 时，发报的时间是早上 6 时。

红军收到张学良的"文寅电"之后，一直等过了中午才译出全部电文。西安事变的消息，自然令"红都"保安的红军领袖十分兴奋。但这消息太惊人，又事出突然，领袖们不敢马上相信！于是，他们暂时抑制住内心的惊喜，要求电报员进一步核实这从天而降的喜讯！

当时"红都"保安十分闭塞，要证实西安事变这消息，颇费工夫。中共中央的领导好不容易等到当晚 9 时，红军电台再次与王以哲六十七军电台联系，才确证了蒋被捉的消息！

12 月 13 日天明，喜讯立刻在"红都"保安传开了，人人兴奋不已！消息一传出去，整个陕甘苏区军民喜出望外，各地纷纷集会庆祝。

接近中午时分，中共中央召开政治局扩大会议，对西安事变进行估计和研究对策。根据留下的会议记录得知，会议由总书记洛甫（张闻天）主持。参加这次会议的人员是朱、国、泽、来、博、洛、彪、文彬、洪涛、亮平、伯渠、欧阳钦，共十二位。他们就是朱德、张国焘、毛泽东、周恩来、博古、张闻天、林彪、冯文彬、郭洪涛、吴亮平、林伯渠、欧阳钦。

晚年，张国焘在国外回忆当时的情形："这个突如其来的消息，使我们都大为激动。有的人说：'蒋介石也有今日！'有的人说：'张学良确实干得不错！'当时所有与会人员的兴奋与激动的心情难以言表。这时，还是刚回到保安没几天的周恩来较为冷静。他表示：'这件事不能完全由我（们）做主，主要是看张学良和杨虎城的态度。'……张闻天、秦邦宪、王稼祥都表示应去电莫斯科请示。于是与会的同志一面继续谈论，准备周恩来前往西安的事，一面草拟致莫斯科的电报。"

此时，涂作潮在西安七贤庄安装调试的电台已经开通试用，（通过上海的宋庆龄电台）与苏联的无线电通信基本恢复，所以有张闻天、秦邦宪、王稼祥请示莫斯科的提议。

12月13日中午，毛泽东、周恩来向张学良发出贺电，祝贺西安事变一举成功，"元凶被逮，薄海同快"。

张学良、杨虎城发动西安事变，在红军看来，是为朋友而两肋插刀的义举，红军当然不能不尽力回报，更不会置张、杨的困难而不顾。中共领袖深知西安事变后东北军、西北军面临"中央军"强大的军事压力，于是提出出动红军援助的计划。根据东北军、西北军和红军搞西北大联合实现"三位一体"的精神，14日中共提议东北军、西北军两军和红军三支军队联合成抗日联军的主张，那就表达了与友军同生死共存亡的决心。当天中共中央通知张学良：拟派周恩来赴西安协商大计，同时派红军钳制胡宗南、曾万钟、毛炳文、关麟徵、李仙洲等"中央军"各部。中共方面还建议张学良立即将东北军、西北军主力调集平凉、西安、潼关一线。

张学良14日专门向中共中央通报孙蔚如部、冯钦哉部、董英斌部、刘多荃部等，目前已集中于西安一带，王以哲部留平凉、固原，于学忠部集中兰州，请红军主力监视胡宗南、毛炳文外，抽一部速往延安、甘泉接防，他准备派飞机前往延安专程迎接周恩来共商大计。

也就是说，1936年12月14日，张学良已经正式通知红军，去接管延安、甘泉等陕北重镇，并决定与红军全面合作。红军也提出与东北军、西北军共同建立抗日联军的建议。

就从这天开始，苏联媒体连续发表了苏联政府对西安事变的反对态度。为安慰张学良、杨虎城，同时也为避免苏联误解，中共中央于15日中午再度致电张学良，说明"昨电组织抗日联军，对外请暂勿发表，惟对内似宜宣布，以一军心"。但红军继续按张学良的要求，去接防延安、甘泉，还照样出动主力配合王以哲的六十七军牵制胡宗南等诸部"中央军"。接着，为反击"中央军"的刘峙、汤恩伯、顾祝同各部对西安的军事压力，毛泽东主席甚至向张学良提出，红军进驻延安后，主动出击河南和华北大后方，打他几个胜仗，以打破西安事变后的军事格局。虽然因各方面的不同意见，毛泽东的行动计划未付诸实施，但依然表现了红军为朋友而两肋插刀的大无畏气概！红军与东北军、西北军两军事实上形成了"三位一体"的格局。

张学良在军事上得到了中共中央和红军的全力支持。但此时，由于"中央军"有暂停军事行动一周的命令，张学良面临的最迫切的问题变成如何处理关押在高桂滋公馆内的蒋介石。此时的蒋介石，已成了关不得，更放不得的烫手山芋！

说放人，其实条件很简单，只需要蒋介石在西安事变的"八项主张"通电上签个名，不但立马放人，而且张学良也表示自己将陪同到南京，愿意接受南京方面的任何处分。

甚至双方争论到后来，张学良让步了，蒋介石不用对"八项主张"全部表示同意，而只要好歹表示一下同意其中的几项，就成。

可蒋介石顽固不化。他顶牛，寸步不让。这种情况下，这位委员长是断断放不得了。

可是不放蒋，势必要同"中央军"彻底摊牌。南京方面咄咄逼人的气焰，实在让人难以承受。其实，如果东北军、西北军和红军能在苏联的支持下实现西北大联合，何愁南京方面"中央军"的攻势？当时苏联是世界上第四大工业化国家，武器装备制造实力雄厚。前些年冯玉祥几次败北又再次兴起，长期是国内战场上的一支生力军，还不全依赖苏联的大力支持？只是，眼下苏联对西安事变内心真正的想法难以捉摸，其表面上的态度是十分负面。而没有苏联的支持，西北大联合的局面即使形成，张少帅也是独力难支！

这老蒋放也难，不放更难。张学良此时感到骑虎难下了。

面对难题，张学良身边的各位少壮派"剑客"，"设计委员会"和参谋团的诸多高参，除了一片杀蒋声外，没有一个理智与头脑清醒的人能站出来为他出主意、找办法。于是他想到中共，想到周恩来。他需要中共告知苏联的真实观点，需要中共在政治上提供主意，更需要与中共建立"三位一体"的战略同盟。张副司令说："事变之后，约周恩来之来，主要原因，系良自觉良部及杨部之无能，以及南京方面之作法，希周来共同谋划。……共党之决案是拥护蒋公领导抗日，同东北军、西北军绝对合作，誓守延安会见之约言，万一和平绝望，共党绝不袖手，利害与共，武装部队，听受指挥，周等遂即参加已成立之委员会，当时西安所谓'三位一体'：东北队、西北队和共产党也。"

12月15日，张学良派飞机到肤施去迎接中共代表，结果落空。12月16日，张学良再派飞机到肤施迎客。这新城公馆首次迎来了周恩来率领的中共代表团。

# 和平释蒋 I

12月15日凌晨，风吼雪飞，气候严寒。周恩来带领邓发、罗瑞卿、李克农、杜理卿、张子华、童小鹏、邱南章、吴德峰、曾三等十八人离开保安，这杜理卿就是许建国，新中国成立后出任过上海市公安局局长和副市长、公安部副部长等职。代表团还有另外两个重要成员叶剑英和王稼祥，他们此时已经离开保安。这二十人的代表团应张学良的要求去西安共商大计，以便解决西安事变。中共代表团的内部分工是：周恩来在政治方面负总责，侧重于上层统战和群众团体的工作；叶剑英主要负责军事工作；秦邦宪（博古）则侧重党组织内部工作以及群众工作；李克农是代表团的秘书长，统管代表团内部的事务工作。前面代表中共与国民党代表曾养甫谈判的张子华，此时身份是周副主席的秘书兼红军总部参谋。

延安机场上，乘专机来接周恩来的刘鼎非常高兴。昨天他就开飞机来了一次，没有接到又飞回了西安，今天再来，此刻终于接到了。由于飞机座位有限，周恩来指定邓发、罗瑞卿、李克农、杜理卿、张子华、童小鹏、邱南章等人随他登机，吴德峰、曾三等人留下来次日再走。下午4时，天上雪花飘飘，飞机照样起飞离开延安机场。

飞机到达西安机场时，天已近黄昏了。周恩来等人住在北新街七贤庄1号。这七贤庄1号后来就是大名鼎鼎的八路军驻西安办事处。自进入江西苏区以来，周恩来一直是蓄着胡须的，从保安出发时来不及刮脸就匆匆上路了。据说周恩来立过誓言：不逮住蒋介石绝不剃掉胡须！如今目标达到了，加上这次来到西安，要接触各界人士，留着长须有诸多不便，他下决心把它剃掉，但在七贤庄1号找不到一把剪子和剃刀。

正在着急之时，刘鼎来了。他知道周恩来的难处之后，便陪着周恩来坐车到前特科战友涂作潮住处。周恩来一眼就认出了当年特科无线电科的技术骨干涂作潮。他快步上前打招呼说："木匠啊木匠，我们又见面了。这些年你吃苦了。"

一见满脸大胡子的周恩来，涂作潮差点儿认不出来。不过他马上缓过神来，激动得有些不知所措，简单地重复着问候语当作回答。他拿出刮脸刀，刮掉周恩来蓄了六七年的满脸大胡子。

次日下午 2 时，代表团其他成员乘张学良安排的专机当晚到西安。周恩来一行应邀住进了金家巷 5 号张学良公馆东楼，警卫由孙铭九和张学良的一个副官长负责，而杨虎城派来了一位亲信厨师主理中共代表团的伙食。

当晚的欢迎宴会上，张学良与周恩来两人重逢，格外高兴。

"哟，你的美髯呢？"

"刚刚剃掉了。"

"那样长的美髯剪掉太可惜了！"张学良不禁惋惜起来。

张学良与周恩来长谈，终于知道了苏联的真实态度和中共对西安事变的立场。周恩来代表中共表明了迫使蒋介石停止内战、领导抗日的态度，重申了红军同东北军、西北军利害与共、绝对合作、誓守延安会见之约言。万一和平绝望，中共和红军绝不袖手旁观，武装部队听受指挥。

会面中，中共方面没有盲目地赞扬张学良自己高度评价的"双十二革命"，而称为一场事变。这令张学良有些沮丧，但他也因此知道苏联绝不会支持武力对抗蒋介石的立场，所以必须重新认识形势，从而拿定和平解决西安事变的主意。这是好事，大家可以冷静下来，认真考虑并慎重处置蒋介石的问题。最后是双方一致同意，争取说服蒋介石，只要他同意停止内战，领导抗日，就释放他回去。

次日周、张与杨虎城会谈。

总的来说，面谈之后，三方均一致主张，力争促使蒋介石转变立场，争取和平解决。其中，只有杨虎城表示了疑虑：即使蒋介石在西安同意了不再"剿匪"，但回南京以后会不会变卦，会不会对发动西安事变的人进行报复？

周恩来对这些顾虑表示理解。但是他强调说，只要我们西北三方面团结一致，进而团结全国实力派，他想报复也报复不成。

次日，周恩来遍访被扣押的南京军政人员。他获悉西北"剿总"政训处处长曾扩情被关押在陕西省银行里，马上就决定去看望这个过去的黄埔学生。曾扩情猛然见到周恩来，不由得吃了一惊。他此刻断定西安事变的后台必是共产党无疑了。这位前黄埔军校政治部主任带着警卫而来。曾中将认得这些警卫，他们都是赫赫有名的孙铭九营长的手下，料定自己必无好果子吃。他自度今天必死，两腿禁不住颤抖起来。

周恩来十分和蔼，亲切地拍了拍他的肩，安慰了几句，并让他坐下。然后告诉了他中共对这次事变的态度和处理意见，希望曾扩情为和平解决尽一点力。

曾扩情如释重负，这位特务头子抹了抹额上的冷汗，用略有点儿变调的声音说："周主任要学生做什么，请尽管吩咐，学生无不乐从。"

"外间对西安事变有许多不实之词，希望你能把真相告诉你的同学。希望你和你的同学能够焕发黄埔精神，为团结抗日阵线的形成，贡献大力。"周恩来微笑着鼓励他。

"学生一定努力去做，请周主任吩咐具体做法。"曾扩情十分诚恳且恭敬。

周恩来离开以后，曾扩情就遵照吩咐草拟讲稿，通过电台向全国广播。内容大意是，蒋委员长在张副总司令和杨主任的关怀照顾下，平安无恙。西安所发生的事是一个政治事件，只是因政策分歧，而无不良目的，只要南京方面派代表来西安，同张、杨两将军开诚协商，问题就会得到迅速解决。

接着，曾将军又遵照周主任的教导，向驻西北各地的黄埔同学贺衷寒、胡宗南等人发了一份长长的电报。电文上引用了"奔车之上无仲尼"的典故来暗示：要图校长得以平安回京，只能文谈，而不能武夺，炮火之下，难免误伤校长。电文劝告这些黄埔校友说，国家民族的存亡，采取一时权宜之计。只要接受其要求，不惟无损于尊严，还更博得他们的拥戴。因为有张副总司令、杨主任两人的殷勤照顾，学生虽未能在侧，也很为安心。

西安事变中曾扩情第一个站出来配合周恩来，现身说法，向外界介绍自己亲历西安事变的体会。这是蒋介石黄埔军校生的第一例。当然，我们也不难想象，这位见多识广的特务将军原来不过只是个贪生怕死的人。他此时听从中共领袖的劝说，并非是有觉悟，而只是为保命。所以，他后来也被张少帅讥为一个"扯淡"的特务。他也不曾料到，此举严重惹恼了主子！西安事变和平解决之后，蒋介石并不原谅这位好学生有为自己安全着想的动机，而破口大骂无耻。随后，小曾一度被踢出山门，直到1943年才恢复了一个少将军衔。

在叶剑英的陪同下，周恩来特意去看望了此时住在西安养伤的钱大钧。周恩来、钱大钧、叶剑英都是黄埔军校的同事。钱大钧一开始就是黄埔军校参谋长兼教官，后来还一度代理蒋介石当黄埔军校校长。而自戴季陶、邵元冲后，周恩来当过黄埔军校的政治部主任，叶剑英则是黄埔军校教官。他们自有一份校友的情谊。彼此客套之后，周、叶又慰问了原中共创始人之一邵力子。周恩来、叶剑英向钱、邵两人转达了中共中央对和平解决西安事变的诚意。希望钱大钧、邵力子两人以大局为重，说服留守西安的国民党大员，坚持团结，抗战救国。

但和平解决西安事变的阻力不是来自钱大钧、邵力子等人，而在于东北军、西北军内部。

当时西安城内的东北军、西北军两军的少壮派，要求杀蒋或把他投入公审的呼声很高，对于张学良提出"有条件地释放蒋介石"的主张更没有思想准备。为了转好这个弯儿，周恩来在王以哲等人陪同下，在东北军内宣传和平解决西安事变的方针。这事，张克侠《忆王以哲将军并缅怀周恩来》一文提到：

在一次东北军军官会议上，周恩来在反复说明当时形势，指出放蒋争取和平解决事变的正确性和必要性后，征询大家意见。此时，有些少壮派军人气势汹汹地在会场周围持枪示威，声言有敢释放蒋介石者，予以格杀，因而会场上一片沉寂，无人敢发言。王以哲不计个人安危，表示坚决支持中共和平解决的方针，他说："蒋介石发动大规模内战达十年之久，惨杀共产党人和爱国人士何止万千。但共产党不报私怨，为国家、为民族，决心停止内战，一致抗日，表现了共产党人的大公无私，感人至深。"他的发言打破了会场的沉寂，在座的军官大部分发了言，表示同意放蒋。周恩来后来回忆当时情景时说："首先诚恳地给我支持的就是王以哲将军，他的发言很鲜明，很有感情。"（张克侠:《忆王以哲将军并缅怀周恩来》,《老人天地》1985 年第 11 期，第 6 页，遗作发表）

因胡宗南在山城堡之战遭惨败，蒋介石对王以哲恨得牙痒痒，多次威胁要对他军法从事。西安事变前夕，蒋介石反过来宴请王以哲和刘多荃，这事更令王以哲异常不安！特别是王以哲辩解自己并非拒命不遵，而是由于电台出问题时，蒋介石干脆指出，早就监听了王以哲电台与红军秘密通信的全部内容！这严重事态或许是促使张学良下决心捉蒋的重要原因。所以，对王以哲来说，只要蒋介石活着，就是他的终生隐患！这次，王以哲不计个人恩怨，积极宣传放蒋，确实不容易。其原因，一是无条件执行张学良指示，二是表明他本人服从中共组织决定的立场。

这件事，从另一个角度来说，张学良为统一东北军内部的思想，而借用了中共领袖周恩来的威望，以及中共擅长做思想工作的优势。

此时，端纳去了洛阳，蒋鼎文也回南京了，眼看三天期限就要满了，可是依然没有消息反馈到西安来。西安城"战"与"和"的前景不明，笼罩在众人头上的那股气氛十分沉重且暧昧。乌云压城城欲摧呀，少帅郁闷至极！

张学良采取主动了！他于 12 月 19 日给南京行政院代院长孔祥熙发出电报：

中央同人果爱国家、爱介公，自当推人来陕商洽。抗日实现以外，别无所求，更无金钱与地盘思想。区区志愿，蕴之已久，绝非一时冲动。中央对弟主张如无办法，势难送介公返京。［毕万闻:《张杨对时局宣言》,《张学良文集》（第 2 辑），北京：新华出版社，1992 年］

那意思就是，你们口口声声说，爱国家、爱介公，不会是口是心非吧？如果真心，不妨派人来谈条件。否则，别指望我会放老蒋回南京。

其实，端纳传递张学良邀请孔祥熙和宋美龄访问西安的信息在主和派看来，相当让人鼓舞。孔祥熙和宋美龄两人都愿意做这次西安之行。可是有更多的人提出不同的意见，张学良可信吗？我们会不会上当呢？如果是个骗局，把我们的行政院代理院长骗过去，他们是否会因此增加一个重要人质？如果再加上蒋夫人，我们是否亏大啦？

反对派不是没道理。宋子文、宋美龄兄妹也明白，如今老蒋不在，孔祥熙身份就大不一样了。政府的代理首脑一旦又被扣押了，那朝廷方面就颜面全无了。于是，宋子文愿意代替孔祥熙。还有人提出让顾祝同代替宋美龄，省得让世人取笑天朝无男子汉、无阳刚气，依靠女人来撑世面！宋美龄坚持不让。但究竟是人家占多数，结果确定由宋子文与顾祝同先行一步，等谈好条件，宋子文回南京市再带蒋夫人去。人员名单确定后，端纳就把换人的消息传到西安。西安方面并不挑剔，张学良得讯就致电蒋鼎文，指明说宋子文与顾祝同可以一道来西安谈谈。

但这并不表明后面的事顺利了，相反更为棘手。为什么？因为南京方面发现黄仁霖没有随端纳回到洛阳。派黄仁霖去西安是要让他作为老蒋尚存活于人世的见证人。为何没让他离开西安？这还是有鬼！1936 年 12 月 16 日，南京政府以此为口实，发布了对张学良的讨伐令。何应钦就职讨逆军总司令。刘峙被任命为东路讨逆军总司令，顾祝同为西路讨逆军总司令，东西两路部队各集结十个师，集结完毕已是 12 月 19 日。只因"一周大限"还没满，进攻的信号弹还没有升空，炮声没有响起。明天就是 12 月 20 日，和平的最后期限就要到了。

速速赶回南京的蒋鼎文业已传递了谈判的明确消息。但是，政府方面又在文字上玩"功夫"，以政府的名义派宋子文去和张学良、杨虎城谈判适合吗？于是取消一个"派"字，而让宋子文以私人探望妹夫的名义先行一步去西安，那样可以掩遮中央派官方代表到西安谈判的真相，也避免张学良用武力逼宋子文签什么协议，而算到中央政府头上。

12 月 19 日下午 2 时，救妹夫心切的宋子文带着两个秘书以私人名义乘飞机经洛阳赶往西安。同飞机而来的还有《活路》事件"的受害者郭增恺。宋子文特地从军统监狱"借"出这个人，作为带给张学良、杨虎城的一件见面礼。宋子文在洛阳与端纳交换看法后，于 12 月 20 日与端纳一道到达西安。一到机场，张学良就对他说："委员长 17 日已同意如下四项条件：改组国府、采纳抗日分子；废除塘沽、何梅、察北协定；发动抗日运动；释放被捕七人。"

张学良在机场对宋子文提到"四项条件"的说法与蒋介石在《西安半月记》中的说法及宋子文的记述都略有出入。记录表明，从端纳离开西安到 12 月 19 日的五天之内，张学良与蒋介石又见了九次面。张学良每次都要求蒋介石在西安事变"八项主张"通电上签字，然后就宣布释放他！谈到第九次时，张学良让了一步。他对蒋说，"前所要求之条件，最好请委员长加以考虑，择其可行者先允实行几条，俾易于解决"。并明确告诉蒋："八项主张"的后四条可以不提，但前四条必须坚持。

蒋介石见张松动，也就口气缓和下来，但依然不正面回答，而说道："余不回京，任何一条皆不能实行，亦无从讨论，不问为八条四条也。"

蒋介石这是一种滑头的表示。不过他暗示了或有某种回旋的余地。但那暗示依然淹没在以下的强调中：不让自己回南京，说什么也没用！

宋子文以私人名义来西安。当然，他绝非私人到西安探亲那么简单，此来当然是要与各方摆条件，进行交易的，其中奥妙当事人当然内心清楚。这奥妙在于，一切与宋子文之间的交易，表面上都只是私人交易，而不是与政府之间有什么条约关系。相信他就谈，不相信他就不谈。但在张、杨及中共眼中，宋子文是既能代表南京的政府方面说话，更能代表蒋介石说话的人。他的人脉很广，而且当过行政院院长，当过外交部部长，处理应急事务手腕灵活多样。他是西安各方面普遍能够接受的人物。于是如何解决释蒋"条件"的题目就交到他手里。对这些，宋子文自有一套主意，经过多方接触和讨价还价，他最后理出了初步头绪。

宋子文记下了当时的情形：

> 我拜见委员长，他称已答应汉卿：（一）允其军队开往绥远。（二）召开大会讨论四项条件。（三）改组陕西省政府，由杨虎城提名人选。他要求我与张、杨二人讨论此等事项。

从他的记述看，（一）（三）两点是蒋介石给张、杨两人的特许，但不属于"八项主张"通电中的条文。（二）是涉及"四项条件"，他同意把这四项带回南京，交给大会讨论，但他本人反对"四项条件"。

在另外的记述中也说到，蒋介石表示本人不同意"四项条件"，他只是答应张学良，等他回南京后把"四项条件"交给大会讨论表决，而且在表决时他一定投反对票。蒋介石在这里是表了态，但由于和平之后蒋介石和张学良一离开西安，西安城就发生了重大意外，也就是发生了"二二兵变"。那兵变改变了历史进程，蒋介石没有兑现在南京建议召开最高会议讨论"四项条件"的诺言，那也就是后人批判蒋介石背信弃义的一个依据。

我们继续谈宋子文的使命。通过各方交易形成初步意见后，宋子文于 21 日急匆匆地赶回南京。

就在这几天，"中央军"的精锐部队已进入潼关并集结完毕，战争阴云笼罩在西安城头。中共中央军委主席毛泽东在 19 日眼见形势严重，就向张、杨提议先东后西的作战计划，以解决战争危险。

20 日这天，即所谓和谈大限期满之日，虽然蒋鼎文传达的蒋介石签发的再停战三天的手令，但"中央军"并没有执行，而是发起了进攻。蒋介石停战三天的手令之所以被拒绝，或许是因为，他们认为，被俘长官是不自由的，其任何命令都是无效的。这天，东北军不敌"中央军"四十六军董钊的第二十八师进攻，华县失守，据守华县火车站的三个连东北军全部战死。此举令张学良大为震惊，他意识到东线的战局较西线更为危险，决定采纳毛泽东 19 日提议的先东后西的作战计划。21 日，进驻延安的中共中央，同时调集红军南下增援张、杨。同一天，在甘肃北部的红军主力也开始集中到庆阳、环县一带，准备协同王以哲六十七军打击胡宗南。22 日，张学良明确向周恩来提出，首先进行东线诱敌深入，进行决战的建议：东北军和十七路军尽力迟阻"中央军"于临潼、渭南，待东北军主力集中到位，红军也到达指定位置后，就向进入潼关的"中央军"展开决战！

此时，张学良把打胜仗的希望全部寄托在红军身上了。他向周恩来要求，此役之决定关键在红军。红军务必尽快于十天内集中长武、邠县（今彬县），再十天赶到咸阳、兴平补充被服、子弹。周恩来向毛泽东通报敌情后，毛泽东于 22 日迅速复电周恩来，说明，"红军正向南急进，二十天内准可集中咸阳"，"罗炳辉、萧劲光、谢嵩三部钳制胡宗南，必要时宋时轮亦加入"。

至此，红军、东北军和十七路军"三位一体"，联合对国民党"中央军"作战的局面迅速形成，看来，因西安事变而引起的大规模军事冲突已是不可避免。事实上在前一天，战事已经发生。

原来，就在 21 日，桂永清指挥的中央军校教导总队攻占渭南。不过，战争又马上停止了。

战争突然止步的原因是，宋子文与张学良初步达成的协议已经发生效力。按协议，12 月 22 日，宋子文、宋美龄兄妹将到西安接回蒋介石。到此，和平解决事变的曙光出现了。

中央军校教导总队奉命紧急收兵，并退出渭南。他们自称是为了营造和平的气氛。


# 和平释蒋 II

自从上年 11 月 1 日遭杀手孙凤鸣的枪击而出国养伤以来，汪精卫已经在欧洲度过了一年多怨恨交加的日子。汪精卫与蒋介石合作共事不是一年半载，而是十几年了。但每逢国内政局不利，或是与蒋介石怄气，汪精卫的第一反应就是往法国往欧洲跑，一跑就发誓永不过问政治，誓死不回头。但一挨到蒋介石或倒霉或出洋相，他便认为机会到来，就要动身回国，来收回被蒋介石霸占的权力地位。这事算下来，已经是第四次了。

最早是在 1926 年 3 月，蒋介石利用中山舰事件打击并戏弄了苏联顾问团，还将苏联顾问季山嘉驱逐回苏联，换回鲍罗廷。此时，汪精卫是广州国民政府主席和军事委员会主席，见蒋介石如此胆大妄为，第二天，他就想找李济深、朱培德等人，要他们出头替自己把小小的蒋介石拿下处分。哪知，不但李济深、朱培德，就连李宗仁、谭延闿、程潜、李福林、黄绍竑、白崇禧等大小军头都站在"小蒋"

一边，看自己和苏联顾问的笑话！汪精卫一气之下逃亡法国。一年之后，就定都南昌还是武汉问题，蒋介石与鲍罗廷闹开了，恶言相向，都想撕对方的脸。汪精卫发觉，那时双方均有求于自己，于是决定还乡当领导。在 1927 年 2 月他经苏联面见斯大林后，于 4 月初回到上海，分别与老蒋和陈独秀商议如何共享权力的大事。那是他下野出国后第一次回国，以图东山再起。

不料，这次回国的汪精卫混得十分狼狈。首先是因言语不和，他挨了"吴疯子"吴稚晖的一顿臭骂，还受弹劾要剥夺自己参加中央全会的资格，汪精卫于是选择了到武汉革命政府去当领导，没料到，日子十分艰难。随后，武汉政府打烊歇业，同时南京政府的蒋介石也遭同伙的压迫而下了野。不料，取代蒋介石在南京政府掌实权的却是西山会议派加桂系军爷，他们到处通缉逮捕这位左派汪领导。无奈，1927 年 12 月，汪领导再次悄悄逃亡法国。到 1929 年，发生蒋、桂战争和蒋、冯、阎中原大战，汪精卫闻到了气味，觉得幸运女神在向自己招手。于是他及时赶回香港和天津，对反蒋战争进行政治思想的指导。这是北伐以来他第二次回国。却又因反蒋势力连连败绩，而汪先生想把东北军拉到自己一边的企图破了产，他被迫再次溜出国门。

好不容易，1931 年九一八事变发生，胡汉民及各路军头向蒋介石追责，蒋介石引咎辞职。胡汉民担心南京有不测之风险，便继续坚守广州根据地。这样一来，机会就落到了汪精卫身上。他第三次回到国内，如愿以偿地摘到桃子。他本有国民党中央政治委员会主席那种形象身份，这次还终于兼任了有实权的行政院院长，他踌躇满志，大权在握。但好事多磨，正待他施展宏图壮志之际，却不料张学良弃守锦州，又拒绝奉命保卫热河。这责任谁来负？汪精卫不愿意替张少帅承担恶名，同时也感到形势如此危急，他实在无力应付，于是再次捆乌纱帽，要请病假赴德就医。假是准了，乌纱帽想捆也捆不掉，行政院院长的乌纱帽还继续戴在他头上。三个月休假结束，汪精卫照样回来。这只算是例假和出差，没有下野，也没有发生乌纱帽更迭，所以即使有出国和回国，仍不能算他又搞了争权夺利的还乡团。只是，此时国难连连，回国后行政院汪院长许多事处理不好，从而招来骂声一片。终于，爱国愤青孙凤鸣向他开枪射击！事件中，光荣负伤的汪精卫卸职到德国、意大利养伤，不得不把大权交还给了蒋某人。还好没过多久，西安事变发生。在海外待了一年多的汪精卫主席听说这次老蒋可能真的"光荣"了，于是他决定第四次拉起还乡团，赶回来拯救国家。德国元首希特勒先生在第一时间召见了这位汪老革命。汪精卫同志向希特勒说，如果德、日支持他回去领导中国，他就会让中国加入轴心国阵营。希特勒龙颜大悦，他一方面安排汪精卫回国，一方面命令在中国一百多人的德国军事顾问团推动何应钦赶快进攻西安，确保根除与苏联勾勾搭搭的蒋介石。老希不希望中国有像蒋介石那样既亲英美，又与苏联勾勾搭搭的势力。

1936年12月22日，汪精卫从意大利热那亚动身回国。他要与同一天离开南京去西安的宋氏兄妹赛跑，争夺对中国命运的控制大权！只可惜，那时没有"波音767"，也没有"空客320"，而且德国、意大利离中国太遥远了，只能乘"波士坦"号邮轮经那条海路回国，中间折腾了许多日子才回到上海。这是对汪主席最不利的方面。但宋氏兄妹面临的难题要严重多了，绝不仅仅是缺洲际飞机问题那么简单，而是活命问题，是有没有回程的问题。所以，这场汪主席与蒋委员长的政治赛跑，究竟谁胜谁负，真的是太难预测了。

这样，该轮到蒋宋家族忙碌了。12月21日，宋子文回南京汇报后，行政院代理院长孔祥熙次日就发正式文书给张学良，劝他在圣诞节前后，送蒋委员长还京。

第二天，也就是12月22日，蒋委员长夫人宋美龄与宋子文、蒋鼎文、戴笠同行，踏上前途未卜的旅程。他们从南京飞往西安，要会晤张学良、周恩来等人，希望能谈妥保证蒋委员长安全回南京的事。

当天下午，宋氏兄妹一行飞抵洛阳后中途停下，他们要接端纳登机同行。宋美龄看到机场轰炸机罗列待发，一派杀气腾腾的战争气氛。她很担心，就怕那会影响自己的使命，于是要洛阳空军暂停轰炸行动。她警告说："未得委员长命令，切勿派飞机飞近西安。"

当和谈代表团专机临近西安上空时，宋美龄略带颤抖的手从提包里取出一把左轮手枪。这是丈夫过去送给自己的礼物，她并不喜欢，但这次带来了。她看了一眼这不祥之物，就递给了端纳，郑重地交代说："如果叛军乱兵失去控制，把我们也扣住之时，你要毫不犹豫地用它把我打死。"做好了最坏打算之后，宋美龄略略定下神。

下午4时，飞机降落在西安机场。出乎宋美龄意料的是，他们没有遭遇青面獠牙的暴徒，而是受到张学良、杨虎城的热情欢迎。张学良还亲自登上飞机问候宋美龄。

寒暄之后，宋美龄说："汉卿，我的行李希望你不要检查。"

"岂敢！岂敢！"张少帅毕恭毕敬，绅士派头十足！

一行随从只有戴笠例外。因为这当中，当数他的地位最低。所以当他最后一个走下飞机时，就被杨虎城盯上了。只见杨主任使一个眼色，卫士连忙上前搜身，立马下了戴笠随身的枪。还算他命大，有第一夫人在眼前罩着，杨司令的手下才没有把戴处长就地正法！但这也足够惊得这个特务大头子脸上青一阵白一阵的，他此时的魂魄也不知飘到哪儿去了。

杨司令与戴笠的蓝衣社有不共戴天之仇！这点，他们双方心中最有数。戴笠早料定，自己此次西安之行，是迈向鬼门关的步伐。说是来救委员长的，还真不如说是自己来送死以赎罪。西安事变，蒋介石被抓，历来备受蒋介石宠幸的蓝衣社特务头子戴笠，居然没有丝毫警觉，事先没有得到任何警报，更没有采取任何防卫措施，甚至是事情发生了，他本人依然无知无觉！他的罪过就是跳进黄河也洗不清了。他当时想到，与其等事后受惩罚，还不如去西安送死。戴笠正是怀着这种心情来到西安的。幸好，有蒋夫人这个面子，暂保住他不至于在光天化日下立马变成死鬼！还好，张学良仍记得戴笠与自己有过拜把子的往事，他看似也不念蓝衣社小特务的恶行了。少帅让陈昶新将戴笠安排在金家巷张公馆的地下室里。从好处想，那实际上是对戴笠的一种保护。杨虎城再狠，也不至于为了戴笠要搜到张公馆的地下室来吧！再说，你看这些日子，南京的战机经常在西安的天空耀武扬威，在渭南火车站等地就没少挨炸弹，说不准，哪天"中央军"发狠，在西安也下几个"蛋"！怎么办？还是地下室最安全可靠。所以把戴笠老弟安置在地下室，那也是对他的双重保护。当然，张学良哪能不知道戴笠是个什么货色？对此，戴笠自己也心中有数，他耳中也似乎回旋着这样的声音：我让你戴笠困在地下室当囚徒，动弹不得，哪怕你三头六臂，能在我大西北搅出什么风浪来？

南京代表一来，宋氏兄妹和端纳被安排在高桂滋公馆与老蒋同吃同住。这当中自然没有蒋鼎文和戴笠的份儿，道理很简单：这哥儿俩没那个资格！而不是张学良故意歧视他们。蒋鼎文、戴笠两位也就同安排住在张公馆地下室，加上关押在陕西银行的曾扩情共三人，他们在金家巷张公馆接受免费三餐的招待。所以三餐吃饭时，戴笠并不寂寞。但曾扩情关押在银行，吃完饭就走。而蒋鼎文原先与其他中央大员在玄风桥另安排有吃、住的好地方，条件显然比张公馆地下室强多了。如今蒋鼎文虽摇身一变成了中央代表，但一到西安，行动仍不自由。蒋鼎文对比张公馆地下室与玄风桥高官集中营，他宁愿去玄风桥集中营。所以，三餐饭后，蒋鼎文、曾扩情被押走，地下室只余下戴笠一人。好生寂寞呀！戴笠觉得自己完全就是个囚徒。别说没有自由，即使允许自己走动，自己又能去哪儿？

事实上，张学良深知戴笠的能量，他是绝不会让"扯淡"的戴笠到处游荡来坏自己的大事的。就是这年夏天，两广事件闹得蒋介石六神无主。当时，为判断局面，张学良闲逛在上海滩头。一方面是麻痹老蒋，掩盖自己和杨虎城已经暗中与两广的陈济棠、李宗仁、白崇禧秘密勾结的真相；另一方面则是为判断局势，好决定如何在南京或两广之间选边站队。马上，张学良发觉了：陈济棠形势不妙。一是广东实力派余汉谋被钱大钧策反了。余汉谋改效忠南京，叫板陈济棠。二是陈济棠毫无戒备地让戴笠溜进广东。戴笠一到广东，就花重金收买陈济棠新组建的空军。他向广东空军开的价位是每个飞行员带一架飞机归降中央政府，就奖励两架飞机的钱！重赏之下，陈济棠的空军全部改姓蒋！于是陈济棠被迫下野，向余汉谋交权。广东就这样被老蒋搞定了。失去了广东，广西李宗仁、白崇禧也就只好偃旗息鼓，两广事变就此云散雪消。戴笠花两架飞机的奖金策反一架飞机，莫非是神经病？一点儿也不是。政治上摆平广东，那收获可不是一点点，那钱值得花。就从飞机上计算，进口两架飞机，以一比一的代价拼掉一架陈济棠的飞机，打到最终敌方一架也不剩，"中央军"余下一半飞机！这不正好等于花两架飞机的钱买一架飞机？况且，招降来一个飞行员，何止是一架飞机的投资？戴笠的后台老板舍得花钱，戴笠这账算得也一点儿不差！

当时，张学良就看出，陈济棠之败，一败在余汉谋被策反，二败在他小瞧了特务，没有把这小蟊贼戴笠抓去砍头！如今，张学良能重蹈陈济棠覆辙，让戴笠这泥鳅翻身变鲤鱼，在西安兴风作浪？没门儿！今天我张学良就把你戴笠当囚徒看守在地下室，看你还有何能耐？

不说当了囚徒的戴笠如何在地下室内度日如年。我们把目光集中在宋氏兄妹身上。宋氏兄妹在张公馆稍事休息后，即在张学良陪同下去见蒋介石。因为事前没有通报，正面壁冥思的蒋介石突然见到宋美龄出现在眼前，不禁惊喜交加。据蒋介石《西安半月记》描述，他在与宋美龄劫后重逢时说的第一句话是："余妻真来耶？君入虎穴矣！"

宋美龄这次给她老公带了许多吃用的东西，还有一副假牙。啊，我们前面说过，华清池"捉蒋"时，老蒋逃得匆忙，把假牙留在五间厅的台面上。张学良、孙铭九起初以为老蒋是因为没假牙才拒绝进食，于是悬重赏让手下交出他的假牙。但找到假牙并物归原主后，依然无济于事，他照样不进食。当然，老蒋的绝食只有行动而没有口号，是在无声中进行的，在每餐丰盛的佳肴面前进行。他见惯别人对他进行绝食的示威抗议运动，所以，他绝不搞运动，而是自等死亡。后来表明，老蒋知道了南京方面正在努力营救自己之后，就开始进食了，绝食与放弃绝食与是否有假牙无关。

随后两天，以"三位一体"的周恩来、张学良、杨虎城为一方，宋子文为另一方，双方进行了谈判。这场谈判中各方所扮演的角色转换十分有趣。原先是国民党内部的张、杨与国民党的"中央军"围绕着是否继续"剿共"而闹出了严重的对立，引发了西安事变。结果是被他们联合"围剿"的共产党和红军代表在西安事变中出场，在国民党对立派中间充当斡旋人！

谈判的要点，宋子文提议，如果周恩来能够同意如下四点：

（一）取消中华苏维埃政府。

（二）取消红军名义。

（三）放弃阶级斗争。

（四）愿意服从委员长作为总司令的指挥。

那么，蒋介石将同意以下三点：

（一）国共联合。

（二）抗日容共联俄。

（三）他将给汉卿发布手令，收编红军，收编人数将视拥有武器之精良度决定。

针对宋子文的"（四）+（三）"方案，周恩来针锋相对地提出了"中共及红军六项主张"：

（一）停战，撤兵至潼关外。

（二）改组南京政府，排逐亲日派，加入抗日分子。

（三）释放政治犯，保障民主权利。

（四）停止"剿共"，联合红军抗日，共产党公开活动。在召开民主国会前，苏区仍旧，名称可冠抗日或救国。

（五）召开各党各派各界各军救国会议。

（六）与同情抗日国家合作。

如果蒋介石能够接受并保证实行以上六项，则中共、红军赞助他统一中国，一致对日。

宋子文表示个人同意将意见转达给蒋介石。

以上"六项主张"和"（四）+（三）"方案，就是周恩来与宋子文双方对和平解决西安事变的态度。双方均提出解决的方案，但没有否定对方的立场。这可以说是"目标相同，态度各表"！周、宋之间的这次谈判，是打碎坚冰的第一块石头。而东北军、西北军两军照样服从中央政令军令，无须另列其他条件。在这个意义上说，西安事变是促使一年来国共间进行的马拉松式秘密谈判公开化。当然，以上的"六项主张"是1937年1月5日在西安《解放日报》公布的内容。既然各方后来对上述那些条文的回忆均略有差异，我们当然是以新闻发布的内容为准。

如今，各方都达到各自的基本要求，23日晚上10点多钟，周恩来由宋美龄和张学良两人陪同去见蒋介石。当时蒋介石已经睡了，他坐起身来，跟周恩来握了手后说："如有事，可与汉卿详谈。"

周恩来见状，就告辞走了。

12 月 24 日，宋子文拿着周恩来的"六项主张"去汇报。蒋介石谈道："我将不再担任行政院院长，拟命孔博士担任。新内阁绝不会再有亲日派。返回南京后，将释放在上海被捕之七人。"这话是对第二点、第三点的答复。

蒋介石还表示：

（一）设立西北行营主任，由张学良负责。

（二）同意将中央军调离陕、甘。

（三）中共军队应当易帜，改编为正规军某师之番号。

（四）中日一旦爆发战争，所有军队一视同仁。

当天上午，宋子文兄妹见到了周恩来等人，给了答复。显然，蒋介石的口头承诺基本涵盖了周的六条。宋子文还传达了蒋介石的两点意见：一是协商的内容不能公开，一旦公开，委员长领袖地位就不保，无法履行协商条例；二是自己不能签字，只能由两宋做担保。

也就是说，所有商定的"六项主张"和"（四）＋（三）"方案均由以蒋介石"领袖人格"保证执行，不做任何书面签字。

周恩来向宋子文兄妹提出希望再次与蒋介石谈谈。宋子文回忆，当时他认为，中共手中掌握着开启时局之钥匙，若其与我方达成一致，则我们就可劝服那些激烈及畏葸之徒。

宋子文力促此事，向蒋介石提出。老蒋并不反对。于是，国共双方的首脑人物，在彼此敌对了十年之后，终于又坐在了一起。在对话中，双方的姿态都比较高，周恩来在落魄的蒋介石面前，并没有表现出任何盛气凌人的态度，而是对这个"阶下囚"表示出相当的尊重，完全是把他看成国民政府的领袖。周恩来对蒋介石说的第一句话是，"蒋先生十年不见了"，他还称对方为蒋校长。然后，周恩来坐下来解释共产党对民族危机的态度。蒋介石开始时沉默不语，态度僵硬冷淡，后来慢慢地缓和下来。周恩来说，中共已转变政策为团结抗日了。他转告蒋介石，苏联对待蒋经国很好，表示将协助蒋氏父子早日团聚。蒋介石此时内心似乎有点儿感动。最后，蒋介石开口了。他表示自己将停止"剿共"，统一中国，红军受他指挥，红军参加抗日，享受与"中央军"同等待遇。他还授权宋子文、宋美龄和张学良全权代表自己，出面替周恩来解决一切。蒋介石说，等自己回南京后，周恩来可直接去南京谈判。

国共两党负责人在西安的第一次会面就取得成功。蒋介石基本上是当面同意了中共的意见。这事情看起来相当奇怪。自西安事变的第一声枪响，蒋介石就怀疑是红军向自己发起袭击，盼望张学良尽早来解救自己。后来发现是张学良、杨虎城联合发动兵变时，他依然怀疑是红军在背后策动，从而抱定必死的打算而绝食。他万万没想到，与自己敌对了十年的中共领袖，此次却是和平的调解人！日本侵略中国，大敌当前，此时正是化干戈为玉帛的吉日良辰！双方终于向对方伸出了手。

辞别后，宋子文向周恩来提出了要求，必须让委员长即速离开，再行耽搁，就只能令局势进一步复杂，战端一开，难以平息。作为委员长之老部下，应知委员长为信守诺言之人。再行停留，将影响委员长之威信。委员长已明确表示，若今天不能动身，他就不欲再走。

对此，周恩来答应尽其所能。

现在，周恩来、宋子文、蒋介石都表达了自己的最大妥协。和平解决西安事变的最后决定权，完全转移到张学良和杨虎城的手中了。为了最后实现和平解决西安事变，还必须把会谈结果分别向东北军、西北军两军的各级军官传达。

传达是分批次进行的。首先是在24日这天，"设计委员会"召开了会议。会议一开场，空气顿时紧张了起来，讲完宗旨，会场进入辩论，马上就激烈起来。与会者大多要求蒋介石有具体保证才能放行。东北军的少壮派更是显得异常慷慨激昂。"三剑客"之优秀理论家应德田尤其激烈。他说："蒋介石是大家提着脑袋捉的，张、杨不能说放就放，张、杨如不听我们的话，就把蒋干掉。"为营造气氛，孙铭九等人带头痛哭流涕。会场内外顿时哭声雷动，洒泪如雨，抗议情绪极为强烈，局面几乎到了难以控制的地步！

会议上，孙铭九大营长功不可没，他率领的这支热泪大队发出的哭声，声势不亚于千军万马。痛哭声中，孙大营中校也迎来了破格升少将的机会！

周恩来知道这种形势，就建议张学良继续去说服其部下，以稳定气氛。张副司令也担心部下情绪过激会出乱子。于是，他马上命令副官谭海调兵警卫高桂滋公馆，调孙铭九的警卫队回金家巷张公馆，省得老蒋受制于激进派。此时，原卫队一营营长王玉瓒提升为十五旅四十三团团长。为了王玉瓒今后的安全，张学良拿出大把银子打发王团长远走高飞，让他尽快地跑离西安，远远地隐蔽到大西南云贵高原去。

为何要叫王玉瓒走？因为此时张学良已下决心送蒋回南京，只要自己一走，就可能没人能保护得了王玉瓒。临潼捉蒋时，钱大钧在华清池二道门中弹而没有死，如今基本治愈脱离危险，他很可能重返位高权重的军队高层。或许在嘴上，钱大钧不说什么，但难保他不会把向自己开致命一枪的账算到王玉瓒及部下的头上。那样的话，王玉瓒难免面临秋后算账的巨大风险。让王玉瓒退出东北军，利用私人关系，秘密将他送到贵州省其他军队中隐姓埋名潜伏下去，才是对他的保护。那怎么选上大西南的方向？这纯属凑巧，此时，前云南军阀胡若愚不正被拘留在西安吗？胡若愚是西南李宗仁桂系成员，又是如今云南王龙云的死对头。他此次到西安是来求援的。看到龙云这次对西安事变的敌对立场，张、杨理所当然要为胡若愚两肋插刀，出点儿钱财支援是不可少的。因而王玉瓒可托付给他，随着去大西南避难。于是，王玉瓒隐姓埋名，一直待到云南和平解放为止。

乐于面对挑战的孙铭九受命代替王玉瓒，从中校营长正式出任卫队团少将团长，负责张公馆及中共代表团的警卫任务，孙铭九不只是取代王玉瓒而是远远地超越了王玉瓒，步应德田之后，孙大营也晋升为孙将军！这样，"三剑客"中，只有苗剑秋因脱离西安事变，没机会升到少将的级别。这样，在关键时刻，张学良周到地满足了身边的王玉瓒、孙铭九、应德田各人不同的需求。但事实上，钱大钧此后再也没有返回军队，主要原因不用说也知道，西安事变的发生，他难辞其咎，再说他重伤在身，以后也不适合军旅生涯了。他在抗日战争中当国家航空委员会主任，那其实也是给宋美龄装门面的。他对王玉瓒的威胁其实不太大。

张学良再次参加了"设计委员会"的会议，他表明不一定要拘泥于让蒋介石签字。如果不情愿，即使是签了字，他也照样可以撕毁。少帅讲话后，会议依然分歧很大，"设计委员会"的顾问委员继续争吵不休，但已经没人公开反对释蒋了，因为东北军内没有敢叫板张学良的人。

释蒋问题的主要麻烦来自杨虎城和西北军方面。那边多数激进派对释蒋持不赞成态度。而且就在12月24日当天，张学良与杨虎城本人就已经发生了激烈的争吵。杨虎城指责说："你发动了政变，在未获任何保证下，而今你竟允委员长离去，他定会让你我人头落地！"张学良则说，责任完全由他个人来负。如果大家接受他的领导，一切均会好转；若否，则尽可开枪将自己打死。张学良反问，对其行动方针，难道还有其他选择？难道大家不想结束此等局面？

自12月22日宋氏兄妹到来之后短短三天之内，张学良、杨虎城这对原本是生死与共的战友，为了如何释蒋问题，几乎已经闹到了反目成仇的地步。他们一度争论得非常激烈，据张学良回忆，几乎是到了"拔枪相向"的地步。最后是杨虎城表示十分不满，愤怒离他而去。这真是上山容易下山难，捉蒋容易释蒋难！不论是张学良还是杨虎城，此时都为"骑虎难下"的问题费尽心机。

周恩来赶来了。他先劝住张学良，让他别性急，劝其耐心等待杨虎城和十七路军方面，让他们好好计议一下。随后他亲自赶到十七路军去，设身处地分析利弊，最后终于说通了杨虎城。周恩来审时度势，其沟通能力堪称一绝！

在这件事上，张学良几十年后回忆说："在此争论上，良言语急躁，几乎同杨决裂，乃系由周恩来在座解围，劝良少加休息，容他们会议商讨商讨。"

宋子文也承认：正是周恩来最终说服了杨虎城。

至此，虽然是否要蒋介石在许诺的条件上签字画押方面还留有分歧，但张学良、杨虎城此时已是一致同意释放蒋介石回南京。

12月24日晚，张学良和杨虎城在新城大楼举行宴会，欢送宋氏兄妹、端纳、蒋鼎文一行。原先被关押在地下室的戴笠，此时没有到场，不知是到了何处。这次西安之行，原本没有戴笠什么事。张、杨、周"三位一体"的密谋策划，轮得到他吗？国共领袖谈判，有他的份儿吗？没有。昨天，宋子文考虑到戴笠是自己点名来的，所以在写谈判方案时，特地到张公馆地下室找过戴笠，而且就在这个白天，蒋介石还见过他一面。不想今晚戴笠就不见了。宋子文对此满腹狐疑，或恐是不幸啦？但他想到，自己此行能保妹夫脱险，已是万事大吉了，于是咽下马上出口的疑问不提。但他还是希望能从宴会的气氛中看出些端倪，于是就不时地看看张学良，想从他脸上找到答案。张学良坦然自若，故作不知。

原来，22日当晚，戴笠孤零零地一人在地下室过夜，23日没有自由，晚上又是如此。他万万没有想到，此次来西安会落到如此局面。连面蒋的机会都没有，更没有行动自由，至于"营救"云云，还不是闲话一句啦？他预感到自己的时间恐怕不多了。或许就是12月23日白天，戴笠写下了一份遗书：

自昨日下午到此，即被监视，默察情形，离死不远。来此殉难，固志所愿也，惟未见领袖，死不甘心。

——领袖蒙难后十二日戴笠于西安张寓地下室

这份遗书，据说军统一直保存，作为后来培训干部的重要教材。但也有人怀疑它是在作假，是戴处长事后补写的，究竟情况如何，不得而知。但一天后，戴笠得到张学良的暗助，只身逃出西安到达洛阳，从而脱离了危险。

有关戴笠处长在西安的经历有几种说法。其中一种是这样的，彼时因政训处撤销，正在西安城内的三科副科长毛人凤依靠西安公安局的科长周养浩的帮助，才隐匿起来。他听说戴笠一到西安就失去自由，不由得心急如焚。无论怎样说，于友情，于仕途，戴笠都是他最重要的依靠，于是决定帮助戴笠脱险。毛人凤向原西北"剿总"二科科长陈昶新求援，要他释放戴笠。陈昶新虽然平常与毛人凤关系尚好，但究竟是不同派系的人，他还是张学良心腹，当然不敢造次。他只同意让毛人凤与戴笠见上一面。

就在戴笠写好遗书后，毛人凤来了。戴笠一见他，勃然大怒："事到如今，你还活着？"

毛人凤知道戴笠此时正在气头上，一脸无奈且沮丧，却不敢回嘴，等戴笠骂完了，才轻轻回话："我是跟你奔前程的，你若活着，我又何敢先去死呢？"戴笠看了毛人凤一眼，面色逐渐趋缓。在一旁的陈昶新也觉得毛人凤受委屈了，就帮毛人凤说话。他告诉戴笠："你那班部下还真扯淡，他们早已溜得一个不剩了。还就是这位毛先生敢提着脑袋为你的事，来找我求情。"

戴笠无言以对。说实在话，他一看到毛人凤来看望自己，内心本来就暗暗感动。只是一时觉得自我委屈，才说气话。他一手搭在毛人凤肩上，口里念念有词道："君乘车，我戴笠。还是贫贱之交最可贵呀！"

接下来，戴笠与毛人凤转过来，轮番向陈昶新求情。求他带戴笠去见张学良一面，以便进而见到蒋介石，表示戴笠向委员长请罪的心意。

其时，张学良的会客室就在金家巷。陈昶新联系过后，就领着戴笠离开地下室去见张学良。一进屋子，戴笠便长跪不起。张学良原本打算对着这个"扯淡"的特务头子挖苦几句。少帅开口问戴笠，对这次事件，你们这批特务怎么如此消息不灵？戴笠在地上不住地叩着头说，卑职从来不敢让他们暗中打听张副司令的事。张学良见平时威风凛凛的戴笠如今屈辱地趴在自己跟前，不由得动了恻隐之心，一时气消。不仅保证不杀他，还同意让戴笠见蒋介石一面。听到戴笠的枪被杨虎城手下人缴了，还立即解下自己的手枪相赠。戴笠大为感动，叩谢之余，口中连称副司令伟大不止。其实，此时张学良已经下决心亲自送老蒋去南京了。老蒋都要放，哪还有必要为难老蒋的走狗？况且，此次南京之行，祸多福少，少得罪人才是正道。张学良想到了"好事做到底"的古训，就安排戴笠与蒋介石见面。

经张学良的通报，蒋介石见了戴笠一面。进入高桂滋公馆，谁知戴笠还没有跨进房门，里面蒋介石就骂道，你这时来干什么？给我滚回去！

戴笠只得惶恐地站在门外，不知所措。宋美龄见状，马上打圆场，替戴笠说了几句好话，蒋介石语气稍有好转。戴笠赶忙请罪，校长处分我吧，是学生没有保护好校长的安全。蒋介石沉默了许久，叹了一口气，这事也不全怪你。

随后，张学良生怕东北军或十七路军中继续有人对戴笠不利，就关照陈昶新要严加保护，并且在正式决定释放蒋介石之前，特地嘱咐陈昶新把戴笠送往洛阳。陈昶新在执行时，不忘把毛人凤也一并送走。因此事，原本不是蓝衣社的陈昶新从此以后与戴笠、毛人凤建立了良好关系。以至于，张学良失去自由后，陈昶新又有了新的靠山。戴笠投桃报李，特许陈昶新去探望张学良。甚至还有传言，说陈昶新想利用关系救出旧主。当然，那只是毛人凤及手下特地给陈昶新戴高帽子，美化美化而已。毛人凤也因西安事变中疏通戴笠与陈昶新的关系，再经陈昶新求得张学良特许，戴笠得到机会见蒋介石一面，从而得到老蒋的原谅。毛人凤这份效忠，在戴笠眼中比闯刀山火海为国杀敌者的功劳更大。此后，秘书毛人凤超越身边其他"江山帮"成员，迅速上位，以至于抗战胜利后登上了军统第一把交椅。而陈昶新也成为军统戴笠、毛人凤两大头目的知心朋友。

由于以上那一切均是悄悄进行，忙于谈判和交涉的宋子文当然不知情，从而在 12 月 24 日晚，对戴笠的突然失踪而困惑不已。当然，戴笠的死对头杨虎城更是被蒙在云里雾中。

宴会结束后，张学良召集王以哲、董英斌、何柱国三人开会，密告将亲自送蒋介石回南京的决心。三人闻言，均觉得不妥，苦心劝阻。后来大家让步说，要送至多送到洛阳，一到洛阳就分手回来。张学良为了表达自己是一心一意拥蒋抗日，为了挽回蒋介石的威信，他执意要送到家，并嘱咐他们："关于抗日联军的事，听命于杨虎城；关于东北军的事，听命于学忠。"

## 和平释蒋Ⅲ

虽然 24 日晚张学良摆宴送客，大家或喜或忧，各自喝下了前途未卜的酒，但到 25 日，蒋介石一行能否成行，依然是个谜。因为，不论是东北军少壮派还是西北军，在释蒋的问题上都是有条件的，那就是要蒋介石在承诺的条件上签字画押！而张学良知道，让蒋介石签字画押，那是比登天还难！否则，12 月 12 日一早，蒋介石在西安事变"八项主张"通电上签个字，早就万事大吉了，何必还要等到今天？

事实上，蒋介石并没有在双方协定上签字，只是口头上"以领袖人格"担保，自己一定会履行诺言。问题是，领袖是政治家，领袖人格是大人格，大人格重视的是所谓的大是大非而忽略小人格。而所坚称"言必信，行必果"的诚信问题恰恰只是小人格。能不能相信蒋介石以大人物所特有的"领袖人格"来担保，恐怕还要进一步讨论才能决定。

杨虎城显然是不相信这个担保的。中共方面也不赞成在蒋介石不签字的情况下放掉他。就是张学良自己的东北军内部，也没有达成共识。特别是直接站在"捉蒋"第一线的那些人。如孙铭九、商同昌，再就是与孙铭九、商同昌同属少壮举派军人的应德田、何镜华为代表的那批"抗日同志会"成员及中下级青年军官。为了自身安全考虑，他们迫切需要蒋介石通过白纸黑字留下一个证据。

当然，蒋介石的诺言，除了在后来没开会讨论的四点之外，其他如停止"剿共"、国共和谈、红军改编、东北军、西北军开赴抗日战场等，确实是基本兑现了。但真正做起来的确是十分费劲的，要不是半年之后就发生了七七事变，国共双方的谈判到什么时候才能结束还很难说。所以，中共和杨虎城的西北军对蒋介石的担忧完全是有理由的。

但如果在签字不签字的问题上纠缠，蒋介石顽固态度被底下人知道，他的处境势必十分危险，甚至比 12 月 12 日还危险，和平解决的机会又将失去。

25 日早上，"设计委员会"的高崇民、杜斌丞、刘澜波、申伯纯、卢广绩、黎天才、洪钫、王炳南、王菊人、应德田、南汉宸等人开会讨论释蒋问题。前文说过，"设计委员会"是一个政治机构，基本上相当于抗日联军西北军事委员会的智囊团。成员都是一些激进文人或离开实权位置的老军官。其职责用应德田的话说，是负责"讨论张、杨交议的问题，也可以向张、杨提出建议"。尽管张学良在会前对黎天才讲明，可以不要蒋介石签字，但在会上还是遭到一定程度的抵制。

于是，由应德田执笔，以东北军和十七路军高级将领和幕僚鲍文樾、马占山、杜斌丞的名义，联名给宋子文写了一封措辞强硬的信。信中指出商定的条件只由"领袖的人格"作保不行，必须有蒋委员长的签字。信中还提出，"中央军"必须立即退出潼关！信件最后说："否则，虽然张、杨两将军答应了，我们也誓死反对！"

看完信件，宋子文惊慌了，蒋介石、宋美龄也十分紧张。这时，黎天才给张学良送来的情报表明：有一批东北军和十七路军的少壮派军官正在密谋武装叛乱。

他们准备杀掉蒋介石，如果张学良阻止，就连他一起杀掉。

张学良闻讯后，更是焦急万分。他开始与宋子文商量如何悄悄把蒋介石带到机场，然后突然放走。但大家认为此举过于危险。因为西安城日常警戒归十七路军城防部队负责，他们时刻警戒和监视着张学良的一举一动。如果不经杨虎城认可而贸然行动，后果难以想象。后来又想到让宋美龄先行一步，然后趁夜色用车辆把老蒋和宋子文先转移到东北营地，再设法去洛阳。这计划又被宋美龄一口否决："余如怕危险、惜生命，亦决不来此；既来此，则委员长一刻不离此，余亦不离此一步。余决与委员长同生命、共起居。而且委员长之性格，亦决不肯化装潜行也。"

25日上午，就这样毫无结果地过去了。到下午，事情忽然发生了转机。

中午，张学良亲自登门上杨虎城家劝说。杨虎城态度逐渐松动。下午2时，蒋介石、宋子文、宋美龄得到准备动身的口信。宋美龄回忆当时："正焦虑间，子文忽入门，携来喜讯，城防司令杨虎城已同意我等成行矣。"

此时，被扣留的黄仁霖对发生的一切事情毫无所知，他在等待着替委员长和蒋夫人尽忠末日的来临。房门一开，端纳出现在门口，亲口告诉他马上可以回南京的消息时，他还以为自己在做梦！卷入西安事变的个人，后来几乎没有特别的幸运者！唯黄仁霖例外。

黄仁霖这次来西安看望，深受蒋介石欣赏，赞其勇气与忠诚可嘉。1937年3月，西安事变结束，钱大钧因养伤而退出各种军政主职和兼职，许多要职都落到其他新老权贵的头上，但其中"新生活运动促进总会总干事"一职就幸运地落到黄仁霖身上。别看这"新生活运动促进总会总干事"是个有名无实的虚职，但对黄仁霖来说无比重要。虽说都称"总干事"，但"新生活运动促进总会总干事"绝非"励志社总干事"可比。黄仁霖从此步入上层。1943年，黄仁霖随侍蒋介石出席了开罗会议。然后又出任联合勤务总司令部副司令和联勤司令。所谓"联合勤务总司令部"就相当于当今的总后勤部。这就是说，黄仁霖从纯文职的大内总管晋升为二级上将，甚至强过从枪林弹雨中走出来的顾祝同、汤恩伯、胡宗南等人！就这样，黄仁霖在南京官场走通了一条别样的晋升道路。

不过，老蒋这回家的路，还差点儿被耽搁。因为当时张学良觉得天色太晚，提议明天再走："日云暮矣，曷勿明晨径飞南京？"

宋美龄坚决反对："尚欲等候耶？离此愈快愈佳！岂将等候彼之改变态度耶？犹欲等候彼等之恐惧与妄念而发生变故耶？当知今日为圣诞日。不！决不能做片刻留！应速行，毋再滞疑。"

此时已经是下午 3 时 30 分了。宋美龄性急，催促蒋介石快走："可以行矣！"蒋介石却摆出领袖的架势说，还要给小的们训训话："且暂缓行，余等行前须与张学良及杨虎城做临别训话以慰谕之。"倒也是，作为"革命领袖"，莫名其妙地让两个下级给关了半个月。临走，不摆几句话给他俩听听，这委员长不嫌当得太窝囊？

于是，传下蒋介石的命令给张学良："命约虎城来见！"但是，当杨虎城率卫队雄赳赳而来时，宋氏兄妹又突然变得忐忑不安起来。宋美龄回忆说："当杨虎城率卫队若干人来时，空气益形紧张，彼偕张径入委员长室，立正行敬礼，委员长邀其就座，彼等皆屹然不敢动。余即进言，委员长尚病，不能起坐，故不得不卧谈，如彼等就座，较易听受，乃始勉就椅坐。委员长与彼等语，余即在座速记。彼等闻委员长诚挚之言，余从旁察觉彼等容态，实显现一种非常感动与情不自禁惭愧之色。"其实，宋美龄把话往好的方向去说了。而旁边的人都在一旁担心，就怕蒋委员长那啰唆冗长的套话、废话会再次激怒了两位军爷。一旦把他们惹火了，改变了主意，那事情又得从头来了。在隔壁的黄仁霖也听得心急："我感觉到这篇训话已经太长了些，而且恐怕张、杨二人会改变他们的决定，那么，所有一切不是都要成泡影了吗？"好在，意外事情没有发生。高桂滋公馆外，还聚集着王以哲、何柱国等一批东北军、西北军军官，等待这漫长训话的结束。

当大家松下一口气，开向机场的车队发动时，孙铭九带着卫队赶来了，他们将张副司令围起来。孙铭九跪在面前，抱着少帅的大腿哭求着："少帅，你不能走哇！你……"但这深情的眼泪没能改变张学良的决心。

"开车！送委员长回京！"

只见张副司令一挥手，副官谭海驾车开道先行。张学良坐上委员长专车驾驶座，他要亲自把舵，送委员长夫妇去机场！接着，是宋子文和端纳，然后是蒋鼎文和黄仁霖，后面是杨虎城和东北军、西北军两军高级将领送行的车队。

历史上没有人刻意指出张副司令这一挥手放行的历史意义，也没有人观察到张副司令的人格发生了什么变化！然而我们看到，他选择维护民族统一、共同抗日的立场而放弃了其他！尽管他因这一选择而失去了个人自由，但他的人格反过来得到了升华！张副司令就是张副司令，而不是另一个新疆盛德三！从这一刻开始，他才真正成了许多人心目中景仰的对象！我们不能忘记这个时刻！

车队到达机场时，看到飞机场上还有许多群众，黑压压一群人打着旗子等候着，他们是被动员来欢迎绥远抗日将领傅作义的。看到张学良等人从车上下来，人群发出欢呼声。人群中没几个认识同行的是蒋委员长夫妇和宋子文，更不知道他们此来就是送老蒋离开西安。两三个认识他们的人，当时以为眼花错认了对象。

王以哲、何柱国、董英斌、缪澂流、刘多荃等将领也都到飞机场列队送行。蒋介石登机前，再一次向张、杨保证说："25日以后，如果国内再有动乱，我负责任。我答应你们的条件一定负责实现，否则你们再不要拿我当领袖看待。"

当蒋介石登机时，张学良跟了上去，王以哲、何柱国觉察到，张学良要亲自陪送蒋南归！于是忙上前劝阻。蒋介石也回过身来劝张学良止步。这事，蒋介石的日记这样写："临发时，张坚请同行，余再三阻之，谓：'尔行则东北军将无人统率，且此时到中央亦不便。'"蒋介石这话，主要是劝张学良还是不去为妙。张学良不为所动，执意要去，他不是听不懂，而是表明自己做事光明磊落。

张学良临走交给杨虎城一道手令：

> 弟离陕之际，万一发生事故，切请诸兄听从虎城、孝侯指挥。此致，何、王、缪、董各军、各师长。张学良，廿五日。（"张学良离西安时留下的手谕"，见《档案》，1993（3）：24—24。摘要：辽宁新民县公主屯乡的农民赵新华，于1984年把保存三十多年的张学良手谕石印件等二十件资料和照片献给了中国历史博物馆。这份手谕是西安事变后，张学良离开西安送蒋介石回南京前留下的）

而这时，蒋介石想到自己是一身轻松走了，但随自己而来的大批随员尚不得自由。于是他要杨虎城于次日释放拘留在西安的所有军政大员。

飞机凌空而去，不见傅作义飞来，只见张学良飞去，机场上百姓大感不解，如堕入云里雾中。等到真相大白时，他们才知道，傅作义是不可能来西安的。自己是被骗到机场，名为迎傅，实乃送蒋，给蒋介石一个受众人爱戴的假象。

下午3时刚过，"设计委员会"的少壮派继续开会讨论释蒋问题。正在讨论的中间，听见飞机声，又看到匆匆而来的"设计委员会"秘书处处长洪钫回到会场。只见他一阵耳语之后，主持会议的高崇民向大会宣布，蒋介石已经走了！

这消息如冬天的响雷，全体短暂愕然后立即大哗，继而又如泄气的皮球，人人垂头丧气！当时出任陕西省政府秘书长的杜斌丞愤然长叹："竖子不足与谋也！"

周恩来副主席原来也只是原则上同意"放蒋"，并不曾料到张学良竟然如此性急：在12月25日就行动！更料不到张学良要亲身送蒋去南京。当孙铭九气急败坏地赶来向中共代表团告急时，周恩来才知道大事不好，急忙驱车赶往机场劝阻，但他赶到机场时，飞机已经起飞。他望着天空无限感慨地叹道："汉卿啊汉卿，你看《连环套》那些旧戏中毒了。你这是'窦尔敦摆队送天霸'呀！我迟来了一步啦！"周恩来怔怔伫立，直到飞机消失在天际。

蒋介石走了。或许在多数人心目中，那是一个独夫民贼逃脱了人民的审判，那是历史的一场遗憾。但在宋氏兄妹心目中，那不但是救了亲人，也是为了家族利益而继续拼搏的开端。同时，他们还知道，此时，一场政治赛跑正在紧张地进行。跑道上的另一选手是当代政治精英汪精卫先生。汪先生早已在希特勒的关照下从德国飞到意大利，而且在三天前已从意大利热那亚登轮出发，正在驶向中国的旅途中，此时已进入印度洋。

谁先赶到南京谁就是胜利者！

而从历史上看，蒋介石、江精卫之间的政治赛跑总是胜负难测的。那时候，这蒋、宋两家难免心急如焚。只是，在多数中国人心目中的感觉，与权贵的感觉不完全一样。对待蒋介石、汪精卫这一对子，虽然不至于糊涂到蒋、汪不分的地步，但罕有人会以为他们之间的这场政治赛跑有多少重要性。

对此，我们也持相似的态度。对于早放蒋还是晚放蒋，哪怕是放蒋还是不放蒋，那样的问题，我们本不想持现成答案！

然而，事后披露的秘密却让我们大吃一惊：如果汪精卫抢先一步到达南京登基成功，那他与希特勒互相支持的诺言就可能付诸实践。那样一来，中国是否就因此被纳入德日意"轴心国"联盟？那还有后来成为联合国创始国之一的可能吗？

对此，我们难免有些后怕，阵阵寒意禁不住袭上心头！

如此而言，蒋氏能抢先于 12 月 25 日登机离陕回南京，此乃天意也！

25 日是"有"日。当天下午，蒋介石一飞走，杨虎城等西北军、东北军将领就联合发出《有电》，向全国宣告"蒋氏离陕"：

> 限即刻到（衔略）。自委座留驻西安，对于副座及虎城等救国主张，已表示完全容纳，即定返京施行。……爰于本日下午四时，由副座恭谨陪送赴洛，特电奉闻。杨虎城、马占山、何柱国、孙蔚如、冯钦哉、王以哲、董英斌、缪澂流。

1936 年 12 月 25 日，持续了两个星期的西安事变，至此和平解决。形势如此急转直下，是任何人不曾预料的。

第十一章 / 王以哲之死

## 东北军群龙无首，初次交锋少壮派不利

在机场蒋介石对张学良说的话，是真心话。

一定程度上来说，蒋介石被当作坏人。但坏人只能说假话？那不见得！

如果，张学良说要送他回南京是虚情假意，而蒋介石说了真话，那老蒋就突出了自己的高大。如果张学良是真心实意，蒋介石用真话回答他，那更说明他老蒋为人诚恳。这些，只说明了这样一件事：蒋介石是个枭雄，而不是平常人。作秀和表演对他来说，是家常便饭。而在关键的场合说真话，对他来说，就是最好的作秀！真话秀比假话秀高明。

蒋介石所说的只有一句话："尔行则东北军将无人统率，且此时到中央亦不便。"后半句，不用多解释。那就是此刻南京形势对你小张来说，是凶多吉少，恐怕到时我蒋某人也难以控制。而前半句，则是你小张的东北军问题堪忧，你不能甩手就走！

就拿今天来到机场的事来说，此前就因你部下的公开反对而不知费了多少周折。你小张甚至想到了偷偷摸摸地化装放行的下策。可见你对自己的东北军几乎要失控了。倘若，你离开东北军，说不准它会顷刻瓦解！

这里，老蒋是提醒了张学良，要警惕内部出问题，你得改变主意。

但蒋介石没说：我或许会利用东北军现存的隐患，来收拾你的东北军！他也没说：我不会利用你去南京的机会，反过来摆布你！

面对老蒋这种枭雄，张学良却表现得颇为自信，没有把各方面的劝告当回事。他临走，留一道手令给何、王、缪、董各军、师长，让他们听从虎城、孝侯指挥。

　　这何、王、缪、董是指何柱国、王以哲、缪澂流、董英斌等军长，他们与于学忠、万福麟都是东北军的元老派。虎城、孝侯当然是杨虎城和于学忠。这里是指潼关以西的东北军要接受杨虎城和于学忠的节制。其实潼关以东还有三支东北军。那就是保定、石家庄一线的万福麟的第五十三军和洛阳、徐州的炮六旅和炮八旅。只是，这些军队不是反水，就是已经失控了。

　　同样的问题压在杨虎城身上，占自己军力一半的冯钦哉第七军和第四十二师早在西安事变发生的第一时间就举起拥蒋讨张的旗号，另一半军队也危机四伏。身边的事尚无把握，他哪有精力过问东北军？果然，东北军并不好管！几天后，杨虎城按张学良手令去东北军巡营时，一〇五师二旅唐君尧旅长就表现出极其鄙夷不屑的神情。这表明东北军、西北军两军间的隔阂。其实，东北军内部也有同样的亲疏之分。诸军长中要数于学忠资格最老，但于学忠五十一军只有三个师，军力较小，而且远在兰州。加上于学忠不是老奉系人马，他从前是吴佩孚的直系改换门庭来的，在东北军这个家族体系中他总是自觉靠边站，从而于学忠总不敢妄自当家拿主意。反观，何柱国、王以哲、缪澂流加上实力雄厚的独立一〇五师师长刘多荃却是抱成团的实力派，他们既有老奉系的根基，又有保定系的脉络。刘多荃、何柱国、王以哲既是保定军校的师生校友，又资格较老，彼此关系密切。其中，王以哲与刘多荃还有上下级关系。缪澂流是经王以哲的举荐才当了五十七军军长，董英斌与王以哲关系也不错。无形中，王以哲是东北军这批元老派中的黏合剂。

　　如果没有别的因素，这里的问题本不算太大，究竟这些元老派都比较稳健，互相之间都十分谦让温和。即使是张学良三五个月不过问，也不会出现多大的问题。前面就有这样的事例，从1933年到1934年，张学良下野到欧洲德、意考察一年，回来再下集合令时，还不是一支完整的东北军出现在眼前？

　　但如今的情形不一样了。问题出在，自1936年夏天以来，张学良以自己的卫队、特务团、学兵队，加上秘书参谋，形成了一股新的势力，他们结成秘密的"抗日同志会"组织，对外以东北军政治处、"设计委员会"、顾问委员会、特务团和警卫队等身份出现，逐渐形成一股少壮派势力。他们利用西安事变的机会，逐渐介入东北军、西北军上层的决策过程！这股少壮派势力是以孙铭九、应德田和苗剑秋为代表。这三人当中，公认孙铭九最得张学良信任。他也特别自信，他曾对同僚说："假如你们大家认为我得到副司令的信托而来和我交朋友，企图从中得到某些好处，这是十分卑鄙的。假如你们认为我孙铭九人格伟大而来和我做朋友，这是十分高尚的，也是我十分欢迎的。"可见这些人个个十分自负。1936年12月12日，当张学良下定决心对蒋介石实施"兵谏"的时候，从未打过仗的孙铭九就被选中，让他带兵抓捕蒋介石。而领头冲锋的王玉瓒等人，为自身安全计，此后逐渐销声匿迹了。由此发端，孙营长等"三剑客"渐成气候。他们逐渐意识到，自己是东北军中最先进的力量，是代表了张少帅的领导核心，他们要强行介入东北军、西北军上层的决策！怀着这样的使命和信念，他们后半生的荣辱就此开始。

随着整个局势的发展，新兴的少壮派与元老派之间的纠葛多了起来，彼此发生碰撞和摩擦就在所难免。原本，张学良顺利地把握着局面。他两边搞平衡，既制约住了元老派，又稳当地驾驭着少壮派。元老派不会目中无人，少壮派不至于过度嚣张。但是，一旦张学良离开，谁能保证元老派继续迁就少壮派，少壮派不因失落而惹事？老妈不在家了，被宠坏的孩子还能乖吗？

当时的情况下，只要张学良在，家族制的东北军还照样是东北军。而一旦张学良不在，东北军就是一支群龙无首的队伍。岂是群龙无首那么简单？恐怕是一支混入了鳄鱼的龙群！因不安而失控的龙群，那将会出现一种何等的慌乱！

最终是少壮派给少东家闯大祸了！对"三剑客"这伙人，张学良后来评论说："我知道他们的长处，也知道他们的短处，我用他们的长处，制服他们的短处。有我在，他们决不敢胡闹！"这句话十分实在。可是当他亲自护送蒋介石前往南京时，他自己忘记了这一点，他没有留下任何"不许胡闹"的紧箍咒。没了紧箍咒，"这些自以为是的年青人"就开始自行其是了。

希腊众神把充满灾难的魔盒加盖后交给潘多拉，利用她无知的手揭开魔盖而把灾难播向人间。而张少帅同样为自己的东北军留下一个自制的"三剑客"魔盒，却忘记了给魔盒加盖！

12月25日夜里，张学良护送蒋介石到达洛阳。杨虎城就接到张学良打来的电报，让他释放仍然软禁在金家巷玄风桥的陈诚、卫立煌、蒋鼎文、陈调元四人。由于事关重大，杨虎城不便擅自处理，他决定听听东北军方面的意见。前文提到，此时缪澂流和刘多荃在渭南前线，于学忠在兰州。虽说东北军参谋长董英斌已经特派飞机去兰州接于学忠了，但还没有到达。西安城内能找到的就是王以哲和何柱国，于是杨虎城就问他们该怎么办。

王以哲、何柱国二人认为，既然是副司令来了电报，那就照他的意思去办，马上放人就是。况且委员长都放了，还不如好事做到底，一并把被扣押的十几个中央大员一起送走。

"这能否缓一缓，等张学良将军回来后再由他做主？"杨虎城有些迟疑。

应德田得知此事后，认为自己作为领导核心，必须出面把控方向。他说："这事不能照办，一个也不能放！"因为此时，应德田已经是东北军总部的政治处少将处长，好歹是个领导干部。再说，张副司令向"抗日同志会"的成员交代过，"抗日同志会"是核心，核心就要过问一切军政大事。如今少帅不在，这事，我要替少帅把好关！

"这样做，于张学良将军有害无益，张学良将军没回来之前，不能把这批人放走！"应德田就这样冲进新城大楼，要找王以哲、何柱国二人理论理论。但王以哲、何柱国已经把意见回复了杨虎城，觉得断无再改变决定的必要。

见到王以哲、何柱国如此专权，应德田抑制不住情绪的激动，把满腹的大道理滔滔不绝地发挥出来，一口气说了起码得有十分钟，堪称颇具规模的长篇演讲。理由归结起来有三：

第一，扣押的这十几个中央大员是人质，张不回来就不能放。

第二，张副司令打来电报，让放人，谁知道是不是他的本意？张临走时曾说"过三五天就回来"，那么，等他回来自己放岂不很好，也不急在这几天。

第三，无益于副司令回来的任何事情，我们绝不应当去做；能够保证副司令回来的一切条件，我们绝不应当放弃。请军长为副司令，为东北军，为"三位一体"仔细慎重，勿贻后患，将来后悔是无用的。

应德田这番话，已经不大像是下级对上级长官在说话，而俨然往日代表张副司令向下传达命令的口气了。特别是最后第三点，话中包含的威胁语气就太明显了。几乎是对王以哲、何柱国之流的严重警告！

王以哲究竟是多吃了几年的萝卜干，对人不急不馁的，他完全不在意应德田的口气，而只淡淡回复他："你太多心了，副司令都送委员长回南京了，我们还扣留这些人做什么？何况，副司令有电报指示，我们怎能不办呢？我们不遵从副司令的指示，我们还遵从什么呢？"

"我再说一遍！"应德田感到王以哲无视此时自己的特殊身份和领导作用，他觉得自己此时应该亮出"要替少帅把好关"的领导责任。哪怕你手中握有张副司令的电报，也得服从我新发现的真理！于是，他原原本本地再把刚才说过的话复述了一遍，最后告诫道："副司令说几天之内就回来，等他回来再放有什么不好呢？何必急于现在就放呢？这些人是副司令回来的保证啊！军长，如果愿意副司令回来，我们必须把这些人扣住。今天副司令还没有回来，我们就随人摆布，这就可以使他们这样想：我们并不重视副司令回来的问题，不放副司令也行。这不是使人觉得东北军、'三位一体'软弱可欺吗？副司令也可以任人摆布了吗？如果是因为没有按他的电报指示去做，担心副司令回来责罚我们，那么我在他回来的时候，一定向他说明这是我的过错。"应德田感到，此时，这东北军内，能承担最大责任的人已非自己莫属了。

但按东北军的习惯，张学良不在，就依长官的职位将衔高低来决定紧急事务的。况且，又有张学良的电报指示，小小的应德田凭什么敢阻挡高级长官的决定？王以哲于是对应德田滔滔不绝的高论不以为然，武断地决定执行张学良电报指示。

王以哲如此漠视这位新科处长，令应德田十分委屈，他一边说着，一边激动地哭了出来。

这些日子以来，"三剑客"的眼泪逐渐变得更加充裕了。

王以哲还是没有听他的，不过看到应德田的眼泪，就既像宽慰又像自我解释地说道："事情不像你说的那样严重，副司令会回来的，我并不是怕责罚，是大家都主张放，委员长已经走了，我们再留这些人毫无意义。送人情送到家嘛，这是副司令的精神。"

真是大象屁股推不动啊！能言善辩的应德田没招了，只好去找"设计委员会"研究对策。按应德田的身份，他应该是"设计委员会"的秘书长了，是除开高崇民外最重要的人物之一。这些日子里，在释蒋的话题中，"设计委员会"被当作陪衬，开了不知多少次会，结果都白搭了，很让人伤心。这次，"设计委员会"该拿出点儿权威来！于是，"设计委员会"明确地表明了态度，及时地告诫杨虎城、王以哲和何柱国：NO！

但是依然没有效果，军队只讲首长负责制，只讲服从命令。杨虎城与王以哲、何柱国等军头一合计，还是决定：放人！

在释放这批中央大员回南京前夜，杨虎城亲自设宴请了他们。宴席上，杨主任当着众人的面，狠狠地扇了自己几个大耳光！虽然没开口，但谁都知道那是在向众人谢罪：我杨某得罪了大家了！

蒋百里日记中写道："二十五傍晚，杨虎城设宴为余等饯行。余戏谓之曰：'昨为阶下囚，今为座上客，真余等之谓矣。'满座皆大笑。二十六日上午九时，余等至飞机场，杨氏遣队莅场欢送余等。遂于军乐悠扬声中凌虚而归。"就是说，次日，这批南京的军政大员乘飞机离开西安时，杨虎城及东北军的王以哲、何柱国等一干将领到机场隆重送行。

这是张学良不在的情况下，东北军少壮派与元老派之间的第一次交锋。其结果，元老派占了上风。这其中，谁是谁非，并无什么参照物可作为判断的依据，纯属公说公有理，婆说婆有理的问题。元老派是倚仗权势胜了对手。这也凸显，自张学良离开以后，于学忠并没有起到应有的作用，反倒是王以哲大有成为东北军领袖的趋势，不论遇到什么事，大家都唯其马首是瞻。

而以"三剑客"及何镜华等为代表的少壮派就散布言论，说那就是王以哲、何柱国等元老派出卖张学良、向南京方面投降示好的表现！风言一传开，双方矛盾开始激化。当然，何镜华是何柱国一手提拔的亲信副官，恨不恨王以哲，这点很难说，但说他内心恨何柱国，就没有把握。他或许只是在言语上附和应德田、孙铭九等人罢了。

而这时，南京却因为蒋介石的返回，政治局面发生了巨大变化。

此前，蒋介石的政治对手有三人，那就是名义上的国家元首国民政府主席林森、国民党中央主席胡汉民、国民党中央政治委员会主席汪精卫。蒋介石是行政院院长兼军事委员会委员长，他掌实权却不是最高领导。当然，国民党中央还有一个独立行事的监察委员会很厉害，但监察委员会不设第一把手，也不过问具体的事权。但胡汉民半年前已死，林森老且无政治野心。政坛上只有汪精卫和蒋介石势均力敌，竞争不休。汪精卫这次有无机会取代蒋介石就显得很重要。西安事变发生后，在国外的汪精卫的确想趁蒋介石被羁绊西安之际回国夺取军政大权。他与宋子文、宋美龄、蒋介石在 12 月 22 日这一天同时起步，一方离开南京去西安救老蒋，一个却从意大利奔南京而来，他们展开了夺取权力的政治赛跑。只是事不遂人愿，结果是蒋介石先到一步！

没有了胡汉民，汪精卫又没赶回来，当时国民党中央委员会和中央政治委员会的党内事务系统基本上由国民党中常委兼中央秘书长叶楚伧维持局面。叶楚伧虽一度是西山会议派首领，但与以上胡、蒋、林关系尚好，就是对汪精卫，他也没持太大的成见。还由于历史上叶楚伧曾与蒋介石盟兄陈英士是文武搭档，因而他与蒋介石关系略微密切些。叶楚伧安排的党内议事程序显然有利于蒋介石。这样一来，及时返回南京的蒋介石就是胜利者。

12 月 26 日，张学良陪送蒋介石到达南京。老蒋这次像是英雄凯旋一般受到欢迎。原本的政治冤家、国民政府主席林森破例率文武百官、各路军阀的代表，以及数以万计的市民来到机场。

张学良一到达南京就被宋子文接到南京北极阁自家公馆住下。当天，就是 12 月 26 日午后，张学良给蒋介石写了一封《来京待罪信》，表达自己的请罪之意：

介公委座钧鉴：学良生性鲁莽粗野，而造成此次违反纪律不敬事件之大罪。兹觍颜随节来京，是以至诚愿领受钧座之责罚，处以应得之罪，振纲纪，警将来，凡有利于吾国者，学良万死不辞。乞钧座不必念及私情有所顾虑也。学良不文，不能尽意，区区愚忱，俯乞鉴察，专肃敬叩钧安。张学良谨肃，二十六日（万耀煌：《西安事变回京后日记》，见《革命文献》第九十五辑，第 16 页，台北：中央文物供应社，1983 年。另参考汪新，王相坤：《1936：历史在这里拐弯》，北京：华文出版社，2011 年）

同样，刚回南京的蒋介石就立马摆出了高姿态。12 月 28 日，他抢先一步，以自己疏忽大意，误入险境，给国家和政府带来麻烦为由，声称自己要对西安事变负主要责任，决定引咎辞职，并写好了辞呈。

29 日晨，国民党中央政治委员会开会讨论陕变善后事宜，蒋介石正式递交了"罪己诏"，引咎辞职。同时他把张学良写的《来京待罪信》作为附件，一起报给国民党中央及国民政府：

> 谨呈者，此次西安事变，皆由中正率导无方，督察不周之过，业经呈请钧会（府）予免去本兼各职，并严加处分，以明责任，乞蒙钧察。查西北"剿匪"副司令张学良，代理总司令职务，而在所辖区内，发生如此巨变，国法军纪，自难逭免，现该员已亲来都门，来身请罪，以中正为所直属上官，到京后即亲笔具书，自认违纪不敬之咎，愿领受应得之罪罚，中正伏以该员统军无状，尚知自认罪愆，足证我中央法纪之严明，故该员有尊重国法悔悟自投之表示，理合将该员来书录呈钧会（府）鉴核，应如何斟酌情事，依法办理，并特予宽大，以励自新之处，伏候钧裁。（全国政协文史委员会编：《从国内战争到共同抗日》第 689—690 页，合肥：安徽人民出版社，2000 年）

此时蒋介石的确是有伤在身，也确实精疲力竭。他提出离职休养也有真的一面。但要是天真地以为他真的要下野不干了，那就大错了。他一生仕途中，多次捆乌纱帽，多次闹下野，但他是个不甘失败的人，每次下野均不用"下"多久，又就成功地重登龙庭宝座。他的"罪己诏"、他的辞职书，其实都只是他政治生涯的一剂剂调味品。

国民党中央政治委员会是定期开会研究讨论国民党日常政治事务的机构。我们还要指出，此时国民党中央政治委员会的主席仍是迟到未归的汪精卫，但主持国民党中央日常工作的人却是中央秘书长叶楚伧!

没有汪精卫的国民党中央政治会议讨论后,决定出面"慰留"蒋介石!中央政府同意给假让老蒋休息养伤。但他们都拒绝了老蒋的辞呈。蒋介石回南京辞职并改组政府的诺言落空了。那诺言正是老蒋在西安许下的。从而,这成了他背信弃义的又一个证据。

原本,张学良发动的西安事变,只差一步就把汪精卫捧上了龙庭宝座!但此时,缺了汪精卫,南京党政官员中就没有人想到要趁机取老蒋而代之!所以才有中央政府拒绝老蒋"辞职"之说,才有中央政治委员会出面"慰留"委员长之举动。倘若汪精卫不是迟迟不归的话,那局面就大不一样了。至少,汪主席也可以在关键时刻出手帮张学良一把,张少帅以后的命运或许就不至于那么惨了。

汪精卫回到南京的时间整整比老蒋迟半个月,原因是他在香港又观望了两天!等他回到南京时,场面冷冷清清,罕有人理睬。灰头土脸的汪主席这才发现,自己又输了一局!

回过头来说张学良的事。随蒋介石回归南京时,张学良刚一下飞机就想到要把好人做到底,彻底解决西安事变遗留问题。那就是把扣押的五十架飞机及人员全部放回,以便让自己有机会返回西安。12月29日,到南京探望张学良的阎宝航回到西安,向杨虎城等人出示了张学良的亲笔信,要求西安机场放回中央的五十架飞机、飞行员及地勤等五百多人。那五十架飞机就是老蒋五十岁生日时在洛阳以"避寿"为名,接受全国各地捐献的。

为飞机的事,杨虎城再次找王以哲、何柱国商量。由于飞机与中央大员有所不同,中央大员是杨虎城手下抓捕的,而飞机却是东北军一〇五师第一旅葛晏春团扣押的,属于东北军的权力范围。所以,杨虎城不想让人误会自己把东北军的权力当作讨好中央的礼品。在商议过程中,对放飞不放飞问题,他的态度就是全由东北军决定了。据应德田后来回忆说,杨虎城将军认为,张副司令此次赴南京已经进入第五天了,如果五天之内并没有回来,就不应当再放了。但应德田记得,王以哲、何柱国是另一种态度,他们俩继续认为可以放,还说"送人情送到家嘛"。

为此,参与协商的应德田表达了相反意见,并再次重复了绝不妥协的立场。

他与王以哲、何柱国一再进行交锋："我们这样做的结果，就等于我们放弃了副司令能够回来的最后保证，不仅表明我们无心无力争取副司令回来，而且还会替南京增加军事威慑力量和使蒋介石大大坚定扣张的决心，这就对副司令，对西安方面的'三位一体'极其不利。"应德田眼角不禁又滚出泪珠。应德田富有感情，每次遇到大是大非的辩论时，总是声情并茂，说得热泪盈眶。

对此，王以哲又是以几乎相同的话应付了应德田的否决意见："不知你怎么如此多心，我不相信委员长不让副司令回来。副司令那样慷慨大方，送人情送到家，我们也应当体会副司令这句话去办事，不应当违背他的意思呀！"

12月31日，所有飞机及相关人员被放回南京。王以哲不知道，他和何柱国已是屡屡拒绝了少壮派代表"抗日同志会"传达的否决决议，他们与少壮派的对立已经到达了难以挽回的地步！作为长官，他俩不知道"三剑客"的内心世界，但作为自负是东北军领导核心的少壮派，内心已将这些官僚主义的上司视为非除不可的绊脚石了！

我们注意到，张学良陪同老蒋离开西安时，东北军少壮派的"三剑客"还三缺一。缺席的一位是那位同时具有"苗疯子"和"智多星"两顶桂冠的苗剑秋。而恰在送蒋回南京的飞机高过头顶时，苗剑秋与英国记者贝特兰及美国记者费舍尔正好渡过黄河到达陕西地面。12月27日，苗剑秋一行到达西安。他马上被补选入"设计委员会"，以发挥这位善于动脑筋出主意"智多星"的特长，发挥他言语富有煽动力的优长。从此，少壮派"三剑客"队伍齐全了。还由于贝特兰的到来，西安的外语广播打破了以往由艾格妮丝·史沫特莱或王炳南德籍夫人王安娜交替唱女声独角戏的局面，而改为男女声合播节目了。

此时由于蒋介石离开西安时没有形成签字画押的文字协定，不仅"设计委员会"，还有东北军、西北军及红军，都担心蒋介石回南京后会赖账。于是，在西安出版的《解放日报》公布了与蒋的谈判细节。杨虎城也在1月5日发表了声明，他将蒋介石在西安答应张、杨的所有条件全盘披露了。声明指出蒋介石同意"中央军"部队撤出潼关，停止"剿共"，改组政府等。此举主要目的是揭露蒋介石的无赖面孔，迫使他对以后的行动有所顾忌。

西安广播电台的工作人员也这样想。于是，艾格妮丝·史沫特莱和王安娜在西安广播电台接连用英语和德语发表了讲话，披露了蒋介石在西安事变中允诺的条件。

不料，电台广播之后，国内外掀起了轩然大波！首先是各种国际人士纷纷猜测这位播音的史沫特莱女士的身份。《纽约时报》首先在1937年1月8日、10日、17日三天分别以"帮助中国叛乱的美国女人""中国谴责美国女人""中国叛乱中的妥协"为题，对此事做了报道。1937年1月16日上海的《密勒氏评论报》也以"一位美国女人，活跃在西安的共产党人"为题，发表了评论。

接着，从西伯利亚袭来了一股强烈的寒流！共产国际获悉这些情况后，十分震怒。他们向中共中央发电报指责"艾格妮丝·史沫特莱的行为相当可疑"，共产国际电报还指出："必须取消她以共产党人的名义和似乎他们所信任的人的身份发表演讲的机会，必须在报刊上谴责她的所作所为。"接到电报后，中共中央决定邀请史沫特莱等人进入陕北苏区，以避免她们继续在西安电台广播。

有关史沫特莱的苏区之行，已超越本书叙述范围，我们只好忍痛割爱。这样，她的故事就到此为止。

杨虎城的声明及史沫特莱的电台爆料，更招致了宋子文和宋美龄的恼怒，兄妹俩指责西安方面出尔反尔，言而无信。他们表示，既然如此，那就双方彼此"蜕皮"，从此互不相欠！蒋、宋方面就因此认为，自己再也不需要负什么义务了。

由此，南京方面想到，如果在西安电台广播杨虎城讲话之后，老蒋还继续履行那些口头诺言的话，就无疑是在告诉民众，蒋介石真的在西安事变中向张学良、杨虎城屈服了。这势必严重损害蒋光头高大的领袖形象！与其那样，还不如真的赖他一次，拒绝承认与西安方面有过任何默契。反正，如今不是蒋委员长身陷西安，而是倒过来张学良被困南京！况且，是杨虎城违约在先，是他先挑破了双方的默契。

而如果要表达蒋介石与西安方面没有丝毫幕后交易的话，那最有效的态度就是严厉处分张学良，而且不让他回西安！

你看，不是连张学良都不得自由吗，哪来的许诺？同时，蒋介石也故意迟迟不把对东北军和西北军的其他许诺兑现。这就是蒋介石和南京方面对杨虎城1月5日发表声明和电台广播的回应。

这就是说，杨虎城揭露性的声明，没有起到迫使蒋介石就范的目的，反而被南京方面当作赖账的借口。但其中也有例外，那就是蒋介石认可了对中共中央和红军的和平许诺。国民党军队对红军的"围剿"即刻停止，国共之间的谈判公开进行，中国共产党取得合法地位。其实，就在杨虎城发表声明的前一天，从西安回南京的张冲一得到授权就着手与中共的谈判工作。他奉蒋介石之命告诉潘汉年：南京政府会答应中共之前的要求。但张冲也代表南京的中央政府提出的一点额外希望是：中共不要介入国民党中央处理张、杨的政治、军事事务中！

其实，西安无线广播电台并非中共中央电台，中共方面对处理西安事变的态度没有任何"背信弃义"的地方。倒是蒋介石和南京方面把那利用为借口，不但否认了许诺，还对东北军、西北军施加压力。他们是故意以蔑视东北军、西北军两军的态度，以向全国人民表明：蒋委员长能安全回京，全因领袖人格之"伟大"，而不是与西安方面有过什么"苟且"，更不欠张学良或杨虎城什么事。老蒋这样做，的确是让不明真相的国人看傻了眼！

老蒋赖账的事，引起了西北"三位一体"各方的普遍不满，其中一些人表现得十分激烈。由于反应程度有所差别，在如何反制南京政府方面，又出现了分歧。这样一来，原本潜伏于东北军、西北军内部的矛盾就因此而爆发出来了。

1937年1月，南京军事法庭对张学良的审判结束，他的罪名是阴谋团伙首犯，对长官使用暴行胁迫，杀害政府官员等。判决结果是判张学良十年监禁。随后虽因蒋介石的《求情书》而特赦，免除十年监禁，但仍然需要交由军事委员会严加管束。他真正获得自由的希望渺茫了。

接着，南京政府宣布命令：撤销西北"剿匪"总司令部，免除张学良职务；免除陕西省政府主席邵力子职务；杨虎城、于学忠均予以撤职留任；任命顾祝同为军事委员会西安行营主任；任命孙蔚如为陕西省政府主席；免去朱绍良的兰州绥靖主任；任命王树常为兰州绥靖主任；任命冯钦哉为第十七路军总指挥。

于学忠在西安事变后曾暗中上表效忠南京。但因兰州事变中，他的五十一军发挥了重要作用，所以受撤职留任处分。孙蔚如本效忠杨虎城，但随后受杨渠统的策动，曾建议杨虎城武力救蒋。这事汇报到老蒋那儿，所以他被晋升陕西省政府主席。还由于，原来第十七路军总指挥是杨虎城，冯钦哉不愿意被说成是抢自己兄弟权位的人，于是南京方面把同一支军队换个名称，改任冯钦哉为第二十七路军上将总指挥。而孙蔚如被任命为第三十八军总指挥，独立出来，不受冯钦哉节制。这样一来，杨虎城就被夺去西北军的指挥权，西北军事实上已被分解了，而且东北军、西北军还必须服从顾祝同的号令。

这里，西北军只有杨虎城一人受贬，而其他人还得到晋升。其中最明显的是冯钦哉取代了杨虎城，成为十七路军总指挥，孙蔚如取代邵力子成为陕西省政府主席。最惨的是东北军，张少帅获刑虽免，但失去自由。只有早已脱离东北军的王树常榜上有名，其余各将官无人得到实质的晋升。虽然后来刘多荃和吴克仁当了军长，但那也只是换个名称而已。因为他们指挥的部队没有变化。这就是东北军、西北军策动西安事变后理论上的结局。这里说是理论上的结局，只因为实际下场比这要糟得多！我们将在结尾部分继续谈论。

出了西安事变这么大的事，蒋介石带到西安去的班子成员，自然也没好果子吃。首先是老蒋自己发"罪己诏"，宣布引咎辞职，虽未获准，但对其他人的不利影响可想而知。随行的二号人物钱大钧能好过？他相当于如今中办主任兼中央警卫团司令的职责。西安事变如此大的事件，导致国家"男一号"及随行的全部军政大员被捕，他能免责吗？起码，他同意张学良以维修为名调走老蒋专列的火车头而不向老蒋汇报就是重大过错。为什么这样说？因为，事变那天上午，刘多荃、唐君尧上骊山观察华清池地理环境时，居高临下，向着老蒋行宫五间厅察看了许久。不想此时，蒋介石正在五间厅平台散步。虽因遥远蒋看不清人物面孔，但那事已经引起蒋介石警觉，他对此狐疑不已。接着是傍晚时分，陈诚又向他汇报了一些西安城里的"异常"风闻。如果此时钱大钧把张学良调走老蒋专列火车头的事讲出来，或许就会让多疑的老蒋更加警觉。因为，分散的信息，在每个人手里均构不成联想。但信息一旦集中起来，就可能找出其中的关联。蒋介石的警觉和陈诚的小道消息，没有直接指向张学良的依据，但钱大钧没说出来的情节直接与张学良有关！检修一下车头，是底下机工处理的芝麻事，用得着由张学良向钱大钧交涉？把调走车头的事与随后发生的"捉蒋"事件联系起来看就很清楚，即使蒋介石逃过华清园内的追捕，上了没车头的专列，照样也是瓮中捉鳖的下场！

如果钱大钧及时说出这道消息，蒋介石就可能怀疑到张学良身上！哪怕是来不及从洛阳或咸阳调兵，也会指示打入东北军内部的沈克师或谭自新骑兵师在内部制造事件，打乱张学良、杨虎城的布局；蒋介石更可能指使西安城内的特务系统进行捣乱，同时还会让两个宪兵团加强戒备！那样一来，就会严重动摇张、杨发动事变的决心！

所以，事变那天，钱大钧虽因子弹偏离心脏两厘米而捡得一命，但子弹从他前胸进到后背出，穿出一道通风的窟窿！如此的"光荣负伤"并没给他带来荣誉。他最终还是以照顾养伤为由，解除了一切权责。从此以后，钱大钧风光不再。

第三号人物是邵力子。事变中他自己被捕，老婆也不幸身亡了。但陕西出此等大事，你这省主席怎么当的？老蒋顾不得同乡、老朋友、老同事的面子：撤职！

第四号人物是"剿总"参谋长晏道刚，起码是迂腐无能。撤职，革出革命队伍！

第五号人物是特务大头目曾扩情中将。虽他是中央委员，一身黄马褂，是黄埔一期的天子门生，但老蒋只给他两个字：无耻！撤职到底，踢出山门。中将军衔彻底扒掉，降为校级！

兰州绥靖主任朱绍良因公不在兰州，但他在兰州没采取丝毫防范措施，以至于于学忠的五十一军发动兰州事变成功。朱绍良被撤职！

事变中还要加上蒋介石心腹邵元冲、蒋孝先及一批将级锦衣卫的死亡。

以上这些就是西安事变对蒋介石以及身边人的不利影响。

西安事变使国共谈判从背后转向幕前。蒋介石停止了"剿共"，中共取得合法地位。半年后，红军分批改编为八路军、新四军，由国家统一支付军饷和后勤装备。红军的高级领导朱德、周恩来等参加抗日领导机构。朱德、周恩来、张国焘授中高级将衔，彭德怀、林彪、贺龙、刘伯承、左权及叶挺等归入抗战将官之行列，他们率领八路军、新四军开赴抗日战场，国共合作抗日局面形成。

这样看来，西安事变是革命人民的胜利！国家和民族从中受益，中共和红军也从中受益！

## 甲案与乙案

张学良被判刑十年的消息传到西安，顿时西安城一片哗然。救出张学良，成为西安事变参与者的共同愿望。东北军上下各级军官的呼声尤其强烈。

张学良平时为人仗义。他对应德田、孙铭九、苗剑秋等自诩的"三剑客"及何镜华等少壮派更是十分器重，这批年轻人与少帅情谊特别深厚。自张学良走后，这批少壮派感到，有张少帅的日子和没有张少帅的日子，大不一样了：想当日，作为少帅身边的传令官，底下的军长、师长把他们看成少帅代表，谁敢不笑脸相迎。按当时的局面设想，用不着几许辰光，东北军内部就将改朝换代，军长、师长个个都要改名换姓。哪料到，孙铭九等少壮派积极投身参与的一场事变，却导致如今的场面：张少帅遭逮捕判刑！少了张少帅，他们马上发现是冰火两重天，没人再把他们当回事。一种可怕的失落感笼罩在他们头上。所以应德田、孙铭九、苗剑秋及何镜华等年轻人设想，东北军、西北军和红军首要的大事，就是立即向"中央军"发起进攻，一路攻下南京救出张少帅。为此，他们感到必须不顾一切，把"三位一体"纳入"武力救张的根本计划"！他们想过如何获得军事指挥权的问题。后来，听说老蒋特赦了张学良，他们才松口气，从而暂消了军事进攻的强烈渴望。但左等右等，却怎么也不见张学良回来。孙铭九等毕竟是年轻人，他们以为唯一能迫使蒋介石改变主意，放回张学良的途径，就是针锋相对的斗争！大声地痛哭，愤怒地呐喊，强烈地抗议，勇敢地挑战自己的顶头上司，那样才能打痛遥远的南京方面，迫使他们屈服。但这些人有幻想而无途径、有雄心而无能耐，凭他们那样的信念，是不可能成为主流的。

中共领导周恩来和杨虎城、王以哲、何柱国等原本才是营救张学良的主流力量，但在如何营救张学良的策略方面，他们则有一个演变过程。

周恩来和杨虎城、王以哲、何柱国等在一开头就有一个清醒的认识。他们都知道，当初张学良陪送老蒋回南京本就是羊入虎口，基本是有去无回。中共周副主席在机场上追不到张学良时，就顿足后悔：来迟一步！老练的杨虎城、王以哲、何柱国等人最后都苦劝张学良一到洛阳就回西安！如果张学良一意孤行，继续去南京的话，那回来的希望就渺茫了。

果然不出所料，张学良被软禁了！消息传来，杨虎城和王以哲他们全都急了。杨虎城知道，自己必须与东北军共存亡却领导不动东北军，他更迫切需要张学良。而王以哲、何柱国等则认为张学良如果不回来，东北军就很有可能垮掉，所以当务之急是尽可能地救回他。但此时，是否肯释放张学良的主动权已经全部掌握在南京方面手中。西北方面除了使用和平手段进行规劝之外，几乎无计可施。须知，军事实力太悬殊了：此前，东北军、西北军已经被"中央军"樊崧甫四十六军区区一个董钊师打得丢城失地，节节败退，颜面全无。面对一个四十六军尚且如此，何况整个"中央军"？守犹难堪，不知老巢如何是保，遑言远征？

如果当初有打到南京的实力，就打到洛阳去"捉蒋"，而不要等到西安再动手了。

如果今天有实力打进南京城，何不顺势推翻蒋政权，解放全中国？让张副司令留南京当张委员长不好吗？还救回到贫穷的西安干吗？

扬言通过战争打到南京去，救出张少帅，岂非青天白日之下的痴人说梦？

杨虎城、王以哲、何柱国等知道，此时只能来软的、来和平的，以诚意让国民党中央体谅东北军、西北军两军对张学良的感情。即使说几句硬话，摆几个决战姿势，也是为下一步的和平手段服务。所以一开头，杨虎城、王以哲、何柱国等人尽量满足南京方面的要求和张学良的书信指示，释放被扣押的国民党中央军政大员、飞机、驾驶员和地勤人员，希望用真诚来感化蒋介石。这点，中共中央代表团也不持异议，丝毫没有反对的表示。但这种相对"小"的诚意，却没能感动南京。

由于迟迟不见回应，杨虎城、王以哲、何柱国等也被迫调整兵力，准备采取自卫措施。根据张学良临走时的托付，杨虎城是总负责。于是，各种军事行动由杨虎城出面部署。1937年1月1日，杨虎城等人在西安组织了一次大阅兵，向南京示威!

接下来的一招是文的，就是前面讲的揭露真相。1月5日，杨虎城发表了声明，披露蒋介石在西安向张、杨有过口头许诺的事实，要南京方面履行"中央军"部队撤出潼关、改组政府等诺言。但1月5日杨虎城的声明反而给南京宋氏兄妹提供了口实。他们反过来指责西安方面违约，并以此抵赖了老蒋的全部口头许诺!

其实，南京国民政府原本就没有向杨虎城让步的真实意图，相反，他们认为，不论是张学良的东北军，还是杨虎城的西北军，都只是吃国家皇粮的一支下属军队，必须绝对服从国民党中央的命令。从而，不但文官方面的宋子文指责杨虎城背信弃义，而且高级军官何应钦等人也采取了强硬的军事措施。他不但不下令撤军，反而调兵遣将，把最强劲的宋希濂第三十六师和中央军校教导总队调去包围西安，施加军事压力，通过强烈的军事反应，来否认蒋介石对张、杨曾有过的任何许诺。

眼见"中央军"的强势行动，东北军、西北军联军接着采取的第二招也是军事的，那就是自卫战争。西北军和东北军分东西两线开始部署，特别是从被"中央军"控制的渭南前线开始，沿渭南—西安公路，驻扎了六个主力师，设定了七道防线。东北军最强悍的刘多荃一〇五师被摆到了渭南第一线，表示了这样一种强烈的态度：哪怕一败涂地，也要血拼一场!

1月8日，杨虎城、王以哲等东北军、西北军联军的一百二十六名将领联合发电，表示为自卫而战，万死不辞。

大战前夕，杨虎城和王以哲深感兵力不足，于是派出代表邀请红军来西安附近助战。

此时，国民党"中央军"的确停止了"围剿"红军的行动，国共正式谈判也正在进行中，对方基本履行了蒋介石的许诺。这时候，让红军放弃与南京中央政府的和谈，主动地单方面向"中央军"挑起战端是不可取的。尽管如此，中共中央军委还是立即表示了这样的态度，绝对不会对友军见死不救，绝不能坐视东北军、西北军垮掉!

于是周恩来出面找杨虎城等东北军、十七路军将领商定，组成东北军、十七路军和红军三方面的联军，拟定了联军作战方案。周恩来还通过中共中央，电调红一军团到达耀县、三原，红十五军团到达咸阳，红二十七军到达洛川。接电后，中共军委毛泽东主席立即下令，彭德怀、贺龙、左权率红军一部约两万兵力开到西安附近助战。

在红军开拔的同时，毛主席做好了充分的工作：他一方面电令前线的红军部队避免与"中央军"遭遇，不与他们发生任何接触，不让"中央军"找到任何挑衅进攻的借口；另一方面他密电在上海与国民党政府进行谈判的潘汉年，让潘汉年告诉中央代表张冲，说明红军的调动只是正常行动，绝对没有任何违约的意图。

西安方面对红军增援部队的到来表示出一种欢欣鼓舞的情绪。杨虎城密令：立即对开到西安附近的红军部队进行军事援助、补充给养！他一次性拨给红军步枪子弹二十万发，机枪子弹十万发！红军行进过程所需其他一切补给也由东北军、西北军两军提供。

不过，杨虎城和东北军并不想拼掉老本，他们接着使出的第三招又是文的，是和平的。那就是他派代表到南京进行和平谈判，直接向蒋介石讨人：放回张学良！

选定的代表是李志刚和鲍文樾。鲍文樾原是东北军的总参议，是张学良的亲信。李志刚则是杨虎城手下的，他和南京方面的戴笠、陈果夫有点交情。

杨虎城的全部希望就是李志刚和鲍文樾能利用关系，讨回张学良！

就当李志刚和鲍文樾准备出发之际，南京方面却来人了。显然，南京方面也并不想逼反东北军、西北军两军。在挥舞军事威胁大棒的同时，他们派人，递过来两根胡萝卜：甲案和乙案。

来人是祝绍周、王化一和吴瀚焘。洛阳警备司令祝绍周这次是当陪客的，他送王、吴两人经洛阳来西安。这王化一和吴瀚焘原本都是张学良的亲信，其中王化一这人，我们在前文已经提到，他是张学良派驻武汉的代表。也就是他从驻武汉的鄂皖豫总司令何成浚口中预先得知钱大钧早已写就调张学良去福建的命令。这次，王化一和吴瀚焘手捧蒋介石和平解决东北军和西北军出路的两种方案而来，这两种方案是1月11日蒋介石征求张学良意见后制定的。目的是让杨虎城挑选其中的一种和平方案作为出路。这两种方案，就是西安事变史上有名的所谓"甲案、乙案"。我们要注意：由于西北军只是习惯性称呼，它正式的番号是国民革命军第十七路军，所以甲案、乙案中，采用第十七路军来称呼西北军。

甲案、乙案看似两种公平合理的军事调动，还提供不同的选择余地，表现得相当"民主"且情理兼顾，但从事后的观点看，有人发现了：那不过是老蒋一把杀人不见血的软刀子！因为，在随后选择的过程中就发觉：东北军、西北军两军之间，各军内部存在着明显的分歧，就是这最终分离了东北军和西北军，并在各部队内部造成严重的创伤！

甲案基本内容：（一）东北军移驻甘肃；（二）十七路军移驻泾渭河以北；（三）红军仍回陕北，防区另商；（四）"中央军"十二团进驻潼关至咸阳一线，确保道路畅通。该案还规定十七路军让出陕西省的省会。除了少量部队以外，其余部队完全撤出西安城。

乙案基本内容：（一）东北军调驻安徽；（二）十七路军调甘肃；（三）红军仍回陕北；（四）"中央军"进驻西安和陕西。

蒋介石认为，从经济的角度看，东北军会接受乙案，因为，与贫穷干旱的甘肃相比，华东的安徽显然强多了；但从政治的角度看，东北军、西北军会接受甲案，因为那样做，东北军、西北军和红军相互抱团取暖的局面可以延续下去。

同时，从王化一、吴瀚焘传来的口信也表明，张学良早已研究过甲案、乙案。他是希望东北军接受甲案。因为选择甲案，东北军、西北军和红军都同在大西北地区。"三位一体"的格局不变，西北团结局面尚可维持。那样一来，三支军队就不至于被各个击破。而且，只要这局面能维持，东北军依然有枪、有人、有山头，张学良本人就有获释返回西北的希望。

就事论事来说，站在东北军、西北军两军角度考虑，如果东北军和西北军（即十七路军）都能坚持合作，那么自然是甲案比较好。因为甲案中东北军和西北军及红军还都是靠在一起的，自然力量会大一些。对此，蒋介石也确有担忧，一旦选择甲案，会不会造成像盛世才以苏联为背景而割据新疆一样，红军与东北军、西北军同样以苏联为背景而在西北形成新的割据局面？但从另一面想，由于西北经济落后，又与对日战场相去甚远。所以权衡利害之后，蒋介石还是能接受的。会不会出现第二个盛世才？那问题取决于苏联！为此，老蒋派人试探过苏共意见，苏联领导人私下表态不支持西北割据，蒋介石从而定下心，内心倾向于甲案。

乙案就是东北军调到安徽和河南去，十七路军调到甘肃，红军还是回到陕北苏区，陕西让给"中央军"驻扎。

而如果按照乙案，蒋介石认为将东北军这么大一个团体调到河南、安徽这样经济相对发达，又是中原腹地的地方，难免有点儿后患之忧。但也有适合老蒋心意的地方。因为那样一来，东北军就完全与西北军分离了，更割断了与红军、西北军的"三位一体"的局面。不论是西北军还是东北军，都有逐步被孤立，然后消化瓦解的可能。

仔细权衡就发现，不论甲案、乙案，也不论是对老蒋还是张、杨，其中各有利弊，就看各方今后如何加以利用。

另外，两个方案里面虽然没有进一步处分杨虎城的内容，但王化一、吴瀚焘传达蒋介石的口信表明，杨虎城恐怕要"自动请求"出国一段时间，以平息国内舆论的指责。

在表面上，陕西省主席虽然继续由杨虎城的部下孙蔚如担任，但顾祝同担任西安行营主任已成为事实。西安行营取代了原先西北"剿总"的地位，成了地区最高的军事机关，顾祝同的"中央军"接管西安和整个渭河平原已经不可避免。不论甲案、乙案怎么说，都从本质上抵赖了蒋介石有关"中央军"退出潼关的许诺。岂止是不退出潼关，如今更是堂而皇之直接接管西安和整个渭河平原了！

因此不管甲案也好，乙案也罢，杨虎城彻底失去苦心经营多年的西安地区是无可回避的事实。他在西安事变前时时刻刻的梦魇，必将成为事实。其实，他失去的何止是地盘和军队？其个人的命运亦堪忧！

在东北军官兵眼中，东北军其实只是张姓家族的卫队，而与国家或政府无关。没有了张家父子，就没有了东北军。从这个角度看就会发现，不论甲案还是乙案，都避而不谈张学良问题！那就是说，张学良有可能是永远也别想回东北军了。所以，东北军中不管是元老派，还是少壮派，表面的态度都是：不论是甲案还是乙案，咱们都不想谈，要谈就谈无条件释放张学良问题！但就内心来说，对这件事的态度，各人的想法还是有差别的。对比华东地区，甘肃、陕北这种干燥、穷苦的地方，很多人是不想留的。只因眼下张学良问题摆在那儿，各人不便说内心话罢了。

好在不论甲案、乙案，红军不但能保有原来的陕北根据地，还可以巩固延安、甘泉甚至是洛川等西安事变后东北军和西北军放弃的广大区域。而且红军的军饷和后勤改由南京政府统一供应的谈判也正在进行，谈判唯一的分歧是军队的规模问题。所以在南京方面看来，红军不是他们推销甲案、乙案的阻力。

为迫使东北军、西北军接受甲、乙两案之一，蒋介石依然软硬兼施。祝绍周、王化一、吴瀚焘的传话表明：如果东北军和十七路军同意了以上两案之一，那么就不再处罚参与事件的各层长官，还会给予他们优厚待遇；如果不同意，就会立即武力进攻。他们要先动用空军袭击东北军和十七路军，然后让宋希濂的三十六师和桂永清的中央教导总队去进攻西安！这实力悬殊的战争结果不用多说也知道，东北军和十七路军最后必将玉石俱焚。其实，此时十七路军总指挥已改由公然反对西安事变的冯钦哉担任了，而冯钦哉一开始就发表的拥蒋声明及在整个西安事变中与"中央军"的密切关系，那是谁都看得一清二楚的事实。也就是说，对杨虎城来说，西北军只是一个符号而不是一支实际的军队，更谈不上是一支用来与"中央军"开战的力量。

祝绍周、王化一、吴瀚焘等宣读好文本后，就要乘飞机回洛阳。由于王化一、吴瀚焘是东北军诸多军官的旧同僚，祝绍周是当今新贵，王以哲等人礼貌地到机场给他们送行。不料当日寒潮突袭、天寒地冻，王以哲当即染风寒，不经意间病情加剧，引发了肺炎。

## 战争与和平

甲案、乙案是老蒋送来的两根胡萝卜。当这胡萝卜仅限于东北军、西北军几

482

个军头内部品尝时，就感觉口味不佳。可当它一旦公开，便在东北军和西北军内掀起了轩然大波！

整个西安的军方，不管是东北军还是西北军，起码是在表面上均对这甲案、乙案非常不满。他们甚至表示后悔：当初就不该释放蒋介石！在群情激昂的气氛中，两军高层召集决策会议。经过激烈的辩论和商讨，大家都觉得两个方案都不能接受。结论是：两案是一种政治和军事的要挟！那就只因为张学良不在，蒋介石看到东北军内部陷入混乱致军事力量削弱，而开出的绑票价码。在会议上，杨虎城、王以哲等都统一了口径，坚决要求蒋介石先释放张学良，否则一切免谈。

这样，王以哲着手准备在军事上向"中央军"彻底摊牌。但他发觉，不论采取何种军事行动，都需要得到中共中央的支持才行。就在这时候，有消息传来，"中央军"也将继续在潼关集结兵力。王以哲感到形势严重，便连续两次在1月12日和14日亲自给彭德怀、毛泽东去电报求援。电文主要内容是：

> 据确悉"中央军"十五师15日前在潼关集结完毕。随后即东西两面同时向我夹击，若如此，吾人惟有坚决作战争取最后胜利。故罗炳辉部现到何处，急盼电示，以便联络，并闻徐向前、朱德所部已渡河，弟意于海源、会宁以西一带亦应驻一有力部队。贵方有何部署配合弟作战，统请详示。

毛泽东主席于1月15日给王以哲回信说："罗炳辉部已到预（豫）旺、固原之间。"

毛泽东在信中还说："萧劲光的独立师在毛居井，周昆的步兵学校在庆阳，徐向前部现在临泽、高台与'二马'对战，不便东出，情况乞随示。"信的后面，毛主席还补充提议王以哲送来密码以便直接联系。（王秦：《为促进第二次国共合作献身的爱国将领——王以哲》，1986年4月27日《人民日报》）

王以哲电报中提到的徐向前、朱德部是指西路军，也就是西征河西走廊的第四方面军主力。此时正奉党中央命令回兵增援西安事变，途中遭遇马步芳、马鸿逵部队的阻截，处境极其困难。董振堂的红五军团正在高台遭"宁马"马鸿逵包围，孤军血战。红五军团这支来自宁都起义的部队，历尽屈辱和坎坷，坚持到1937年1月的这场高台之战。自长征以来，不论是掩护红军主力渡湘江，还是华家岭阻击战、黄河中卫渡口争夺战，每一战都关系到红军的命运！每一战都以红五军团的巨大牺牲而通过。但这高台血战是红五军团的最后一战了，既决定了红五军团自己的命运，也决定了整个西路军的命运！他们在阵地上流完了最后一滴血！董振堂最后壮烈牺牲，惨遭"宁马"肢解，头颅被割下挂上城头示众！一缕英魂沿着长征原路返回瑞金，与一道发动宁都起义的前红五军团长季振同等老战友在地下团聚了。

所以，毛泽东主席信中提到的"二马"就是指"宁马"马鸿逵和"青马"马步芳两支地方军队，朱德此时没有过黄河，而已经在延安，这一点王以哲是不知道的。

不知当时红军电台出了什么状况，能收到王以哲的电报，却无法复电，以至于毛主席只能写信回复，还得专门派人送信！也许，只是担心电台被监听，或是担心密码出问题了，万般无奈才采用专人传递信件的土办法。

就在此时，张学良也来了信件。1月13日，他分别写了致马占山、王以哲和杨虎城的两封信。张学良告诉他们："如不遵从委座旨意，决难免此劫运。"来信还说："关于两案，盼兄等速即商讨……如兄等认此二案之一案（甲案）无问题，那是更好，盼即刻表示受命，委座告我16日为限，盼诸兄为国家，为西北，为东北，请详计之。凡有利于国者，弟任何牺牲在所不惜，盼勿为我个人谋计。"（张学良致马占山、王以哲、杨虎城等函，载《民国档案》1986年第4期）

王以哲看了信件，久久无言。反复地看着这"凡有利于国者，弟任何牺牲在所不惜，盼勿为我个人谋计"一行文字，他深为这位少当家无私的精神感动。

"满腔热泪，一眼望东北，一眼望西北而流！"耳边传来熟悉的声音。这莫不就是来自少帅心底痛苦的申诉？东北老家丢失了，而眼下身陷西北的东北军正在风雨中飘摇，前景岌岌可危！此时，东北军是张家的命根子，也是王以哲的栖身所在。有无东北军，也关系到大批人的前途。王以哲想起12月25日张学良临走时的嘱咐，突然感到肩上的重压，一旦把东北军拼光了，不但自己和一帮兄弟没有着落，更是关系到张学良能否摆脱困境！

王以哲有今天，离不开张学良的栽培与关怀。

他是东北黑龙江人，早在 1916 年中学毕业后就投笔从戎，开始了军旅生涯。1920 年，他考入保定军官学校步兵科，凑巧与何应钦、陈诚等成为同学。两年后，他毕业了，就来到沈阳决定投奔张学良，参加东北军。不料，因无人引荐，他连日奔走，毫无结果。绝望之余，他横下心，给张学良写了一封信。

大意是，目睹日寇横行，国势危殆，举凡有爱国心的青年，莫不愤激。个人身为军人，且系东北人，怎忍坐视？故于保定八期步兵科毕业后，径直来沈阳投效东北军。孰料连日奔走，无人受理。似乎偌大的东北军已经人才济济，连一个小小尉官都容纳不下了。然而他看到的是，东北军军纪不整，扰民特甚。为军官者不知兵，只知吃喝嫖赌；为兵者以老百姓为猪狗。个人固不敢自誉为贤者，但在正规军事学校毕业，学有专长，还抱着一颗杀敌报国、整军爱民的决心，故回家乡，自谓当一名下级军官尚可充数其间。不料今竟穷途潦倒于旅邸之中，食住皆成问题，望钧座量力而处之，能用则用，否则，即请速赐回音，以绝流连之意，俾别作打算。

写信这事，本身是绝望之举，难免言辞激烈，从而信中出现了多处指责东北军弊端的文字。王以哲把信发出之后，更觉得毫无希望，便整理行装准备回家。

却不料张学良见骂不怒，反而召见了王以哲。从此他得到机会，成了一名中尉连副，到张学良任队长的军士教导队供职。

穿上了军官服，王以哲决心兢兢业业地抓军士训练，以报知遇之恩。他没想到，因写信骂了东北军，反而得到了机会，而且是一个"陪太子读书"的机会！他更是万万没料到，就因这个"陪太子读书"的机会，他从此平步青云，得到重用提拔。

1923 年 11 月，东北军"小鬼子"郭松龄叛乱遭镇压。为补充郭松龄叛乱的损失，老帅张作霖决定把儿子的军士教导队扩建成一个补充旅，王以哲借此机会跃升为上校团长。就这样，王以哲在两年不到的时间内创造了奇迹，从中尉连副升到上校团长！从此，王以哲成了张学良的心腹和死党。接着是更多的提拔与重用，他步步高升，如今当了中将军长，统率的六十七军还成为东北军的核心力量！

眼下，少帅蒙难，东北军又正处于危急之际，这正是考验王以哲忠诚的时刻。他怎能不尽心尽力为报答自己的恩主而殚精竭虑？

但东北军山头林立，如何在"战"与"和"问题上取得一致意见，把少帅这支队伍保全下来，他难免孤掌难鸣。就在惶惑之际，来人了。来的不是别人，正是周恩来！自肤施会谈，红军与东北军达成秘密协议后，周恩来与他成了朋友，并在见面之初，也就是1936年7月，周恩来秘密介绍王以哲加入中国共产党。正所谓无事不登三宝殿，周恩来此来，是负着使命而来。他要做通王以哲的思想工作，动员他以国内和平为重，接受甲案，千万不要与"中央军"发生对抗。营造良好的气氛，巩固国内来之不易的和平环境，那才是头等大事！

在西安，周恩来的动员和劝说能力是无人可比的。他见到王以哲，就是一番时事形势分析，把问题解释得入情入理，利害关系非常清晰。他告诉王以哲，无论是从抗日计，还是从张学良将军的个人安危计，都不宜向"中央军"开战！

这道理，杨虎城和王以哲等东北军将领能不知道？而且，面对强大的"中央军"第三十六师和教导总队将对西安发起的攻势，杨虎城、王以哲能拿什么去抵御还是问题。打赢他们并发起反攻的可能性几乎为零！即使是老天灭了这两个顽师，还要遭遇樊崧甫的四十六军，特别是他的董钊二十八师。当初董钊二十八师千里奔袭，破关斩将，连夺潼关、华阴、两河口和华县数城，处于守势的东北军、西北军犹难立足，如今人家反客为主，守住城池，能反夺回来？即便是东北军、西北军全部出动，能否走出潼关都是大问题！而后，从潼关到洛阳，从洛阳到南京，那路长着呢！所以，王以哲也知道，自己一度的情绪冲动，完全是出于对张学良的私人感情以及自己难以把控手下这批年轻人的激昂情绪罢了。

周恩来如此一番劝说，他心定了。况且王以哲已是中共党员了，无论怎么说，他要服从党组织的决定！他有了主意。或许，按如今的言辞，这该说是一场甘霖灌溉了王以哲的心田，使他渐渐平静下来，决心服从党的决定，执行张学良的指示。

其实周恩来此来，完全是为执行中共中央的和平决定。原来，根据斯大林的指示及国共和谈的实际情况，中共中央必须制止东北军、西北军与"中央军"的军事对抗，更不能把自己卷入战争。其根本原因正是，此时国共进入实质性的和平谈判阶段，倘若因发生在西安的战争影响国共和谈的大局，那实在不值得！

王以哲态度的这一转变，不能不影响到何柱国及其他一批东北军军长、师长的态度。而东北军态度的变化，势必影响到杨虎城和西北军的态度。因为在"战"与"和"的问题上，杨虎城是不能不以东北军的立场来下决心的。既然东北军听从中共的劝导，采取和平解决的立场，杨虎城也附和了。于是，西安再现和平气氛。

杨虎城和王以哲决定再次派出代表与中央谈判。不过一开始，谈判代表不是去潼关与"中央军"的顾祝同谈，而是要去南京与蒋介石本人谈。讨论的话题，不是谈甲案、乙案问题，而是释放张学良的问题，当然还有让"中央军"退出潼关的问题！代表除前面已经商量好的李志刚、鲍文樾外，还加上米春霖。米春霖是奉系元老，是张家父子的老臣，对张学良忠心耿耿。

一行三人，于1937年1月16日到达南京。但此时，蒋介石已告假回奉化溪口镇的老家养伤，张学良此时也跟随到了奉化溪口镇。这样，三人决定"马上跟踪追击"，第二天就追到了奉化。经许可，他们首先拜见了张学良。

此时老蒋确实有伤在身，他在卧室会见了来客。一见到蒋介石的面，三人就直截了当地表达西安方面的一致意见：立即释放张学良。否则，什么也不谈！

但这位委员长辩解说，不是我不让他走，而是"张学良目前留在我这里读书，他不愿意回去，你们也不要强迫他回去"。

听到蒋介石这话，三人不由得面面相觑，一时语塞。他们知道，以张学良此时的非自由之身，是无法说出与老蒋不一样的话的。于是，他们转过话题："为什么'中央军'要四面包围西安？"蒋介石厉声反问："现在你们是不是我的部下？是我的部下就要听我的命令。你们告诉杨虎城，必须在两案中间选一个，没有什么可说的。"蒋介石还转过脸甩出话来，西安方面以后不要找我，今后有什么事，都可以直接去潼关与顾祝同谈，就地解决。

鲍文樾、米春霖见蒋介石如此顽固，知道讨回张学良的希望破灭了。他俩也再没兴趣谈下去，便先告辞了。蒋介石却看出激动的鲍文樾、米春霖与李志刚之间的细微差别，便回转口气挽留，劝他们这次既然来了，如果还有什么别的事不妨多留下几天……

鲍文樾二人则头也不回就走了。李志刚不一样。他感到鲍文樾二人无须对杨虎城负责，走不走，取决于他们各自的一双腿。但自己不行，倘若自己跟他俩一样扭头就走，那回西安就无法向杨虎城交代了。于是他顺人情留下，继续与老蒋谈谈。他不曾意识到，仅因这一念之差，自己几乎酿出一场祸！

其实，留下来的李志刚除了继续婉转地要老蒋许诺释放张学良和解除对西安的军事压力外，也没有别的什么可谈的了。他只是希望，老蒋能略微松点口风，哪怕不肯放人，也好歹说个时间期限，好让自己回去有个交代。但老蒋偏不松口。

既然讨回张学良的幻想破灭，退兵的希望也没有，那不妨露露底线：战争！

但李志刚刚把战争问题一提出，立即令蒋介石暴跳如雷。他顾不得腰疼，居然一下坐起身子，大叫大吼起来。眼见话不投机，李志刚也起身告辞。

李志刚没料到，只因为自己晚出来一个钟头，鲍文樾、米春霖早已卷铺盖走人了。原本是东北军、西北军联军统一派出来的代表团，如今仅剩下西北军的李志刚一人。不过，他没感到有什么问题。因为一路走来，鲍文樾、米春霖总是有商有量地谈些东北军内部的事，冷在一旁的李志刚也总插不上嘴，对此李志刚也已习以为常，既然本就合不拢，那就各走各的，反正又不是我李志刚先跑甩了你们的！见天色已晚，他留在奉化溪口过了一夜。

次日，蒋介石交给李志刚一封信，让他带回交给杨虎城。信的中心意思就是警告杨虎城不可自误，必须听从命令。他还要杨虎城立即拆除从渭南到西安的防线，并且让顾祝同代表中央去西安解决善后问题。整封信的内容冗长，却只谈第十七路军与"中央军"之间的问题，只字不提东北军！

老蒋利用会谈代表给杨虎城捎封信，本是再平常不过的事了。但我们千万别忽视，蒋介石这个看似不经意的动作，差点儿在西安引发出一场内讧！

此前，东北军高层与杨虎城之间已经产生一些分歧。加上鲍文樾、米春霖提前退出谈判回西安，剩下李志刚一人与蒋介石继续谈判。这样就难免使人怀疑，东北军、西北军两军的代表有政治分歧。果真那样的话，李志刚是否背着东北军代表而与蒋介石搞了什么不可见人的勾当？他的葫芦里究竟卖的是什么药？

1937 年 1 月 21 日，李志刚回到西安。不承想，他刚下飞机就遭东北军拦截搜身。上前搜查的东北军正是守卫西安机场的一〇五师葛晏春团的兵士。此前，他们已经得到对李志刚进行搜查的命令。果然，一搜便搜出老蒋亲笔信！缴获到蒋介石单方面给西北军的信，此事非同小可！而李志刚则因信落在东北军手里，不拿回原信，即使东北军要放自己走，也赖着不走。他决不辱命，不会丢失谈判对方的答信而空手回复杨虎城。

东北军方面以为，那信是杨虎城与老蒋幕后秘密交易的证据，是企图谋害东北军。一些军官看到这封信之后更是激动万分，以为蒋介石不但不放张学良，还想收买杨虎城并暗算东北军。于是他们以送信为名，派人去找杨虎城问个明白。

李志刚遭搜查并被掠去信函的事，真让杨虎城气恼了好一阵。堂堂陕西绥靖杨主任派出的外交差使，居然在自己的西安地面遭到东北军的强行搜身，这不是欺人太甚？难道东北军方面就瞧不起我杨主任手下五万兵马不成？但很快，他马上压下满腔的怒火。在这非常时刻，必须冷静！他意识到，可能这封信有问题。知道"挟天子以令诸侯"的杨虎城首先联想到著名的"群英会蒋干盗书"的典故，那麻烦或许就出在书信上。杨虎城之所以想到蒋干，只是因为自小听三国故事听得多，还因为这事件牵涉的那位委员长先生正好姓蒋！此外，他没有丝毫别的依据。其实他并不知道这封信中写的是什么内容，也没机会先与李志刚谈谈，他只是在第一时间想到，外交场合带回的书信如果弄得不好，会惹出许多麻烦来。

还算杨虎城见惯世面，善于应对各种场面。他不等东北军送回李志刚和信件，就立即召集手下及幕僚一道紧急磋商，以应对东北军对李志刚搜身的事。是针锋相对地去把人抢回来，还是采取别的措施？会议一时没有头绪。正在此时，李志刚连人带信被送回来了。这样，抢人的行动是不需要了，但从东北军来人冰冰冷冷的语气中，杨虎城知道，问题远没有解决。在会上，当秘书把信的全文念完后，杨虎城才发现这信与"群英会蒋干盗书"完全不是一回事。这不是原先担心的"蒋干中计"的问题，而更像是三国故事中另一则"曹操抹书间韩遂"的典故。如果不妥善安置，就将是一场大悲剧。况且，此信是经被东北军搜走再还过来的，想掩盖，就反而是欲盖弥彰！

磋商会上，杨虎城集中了众人的意见后，当即决定召开东北军、西北军两军大会，将信的内容原原本本当众宣读。

信的内容全是关于西北军的，虽说言辞严厉，警告成分居多，但不乏慰勉之词，奇怪的是没有只言片语涉及东北军。更令人愤怒的是，老蒋私下要杨虎城拆除西安以东防线，这还不是背后向东北军扎刀吗？两军大会公开宣读信件的结果是，十七路军方面的军官听完内容后，大多不说话。东北军听完，忍住心中的激愤，不肯开口发言。于是会议一阵冷场。

会场沉默不是好事。过了好一阵，得到老蒋特别关照的孙蔚如当场表态："张先生不回来，我是不会去当陕西省主席的！"

孙蔚如在西安事变中态度暧昧。而且当蒋介石被拘留在西安的关键时候，就有他与开封刘峙密派到西安的杨渠统秘密来往的传闻，东北军方面因此早就对他有提防。既然他今天在大会如此表态，大家总算松了口气。

杨虎城的幕僚杜斌丞也站了起来。杜斌丞就是那位曾骂张学良是"竖子不足与谋也"的老先生，他在未来的陕西省政府中当秘书长一职。他也接着站起来表态："不放张副司令回米，我们大家就坚决和蒋介石拼命！"

见杨虎城如此开诚布公及孙蔚如、杜斌丞两人明确表态，一些东北军军官顺风转舵，纷纷转口痛骂蒋介石，说那全是他挑拨离间的阴谋，绝不上他的当！

会场气氛趋缓，东北军、西北军两军之间的一场误会暂告消除。

好险哪！

似曾相识呀！同在西安这个地方，一千八百多年前，发生过曹操与马超、韩遂联军的战争，结果是"曹操抹书间韩遂"一招反间计，破解了马超、韩遂的军事联盟，导致曹阿瞒大胜马超，统一了大西北。

这次蒋介石给杨虎城的信，就差点儿重演历史上的那一幕。好在杨虎城当机立断，开诚布公地解决了双方的误解，避免了一场内讧。这事，虽然表面太平了，但在双方内心投下的阴影却再也没能被抹去。以至于十天后，杨虎城知道有针对东北军高级将领的阴谋正在暗中萌动时，就主动邀请王以哲、何柱国来自己有重兵把守的公寓中暂避。不承想，此等好意竟遭王以哲一口回绝！

一手玩军事压迫，另一手施展政治瓦解，蒋介石这两手策略令杨虎城深为忧虑。散会之后，杨虎城看到东北军一些军官的情绪，发展下去必激成新的变数，与国民党中央的和平局面有可能毁于一旦，考虑再三，他决定找中共中央代表周恩来和东北军上层军官，共同商讨出一条路来。

当晚，杨虎城、周恩来和东北军于学忠、王以哲、何柱国等几个军长如约进行紧急聚会磋商对策。周恩来同志在会议上提醒大家，考虑问题要从有利于抗日的大局出发，也要从实际出发，而不能沉浸在私人感情上，要在甲案、乙案中选择一种最适合的方案。经过长时间商讨，大家基本同意周恩来的意见，决定坚持和平解决遗留问题，选择甲案，以保证东北军、西北军和红军继续留在大西北，保持"三位一体"的局面。选择甲案，也正是此前张学良传来的口信中表达的愿望。

第二天，杨虎城、于学忠宣布：接受南京政府对他们的革职处分，取消西安事变后在陕甘两省建立的各种临时机构！

但意料之外的问题来了，和平方案遭到军内一股势力的强烈反对！

问题出在这里，由于以上决定是杨虎城和东北军元老派及中共代表做出的，是"三位一体"最高层的结论。他们忽视了因西安事变发展起来的激进的少壮派军人势力。

在西安事变进展到决定释放蒋介石以后，这批少壮派军人发觉，自己屡次被排除在决策会议之外，他们因此而愤愤不平。这次，他们决定挺身而出，要高声说一句：不！

他们绝不允许这个由"三位一体"最高层的决定顺利推行。这其中，尤以东北军"三剑客"代表的那批少壮派军人最为坚决。因为，一旦按杨虎城、于学忠宣布的决定行事，西安事变的革命成果就将被一笔抹杀，所建立的各种临时机构被彻底改变、取消！少壮派军人就失去一切发言的场所，他们曾经引为自豪的特权将被剥夺得一干二净！除"三剑客"外，这里，最激烈的反对派还有"抗日同志会"的其他成员，比如，东北军总部的炮兵团团长刘佩伟、粮食处处长张政枋以及骑兵第一军何柱国的副官长何镜华等人，工兵二团团长杜维纲目前还是会外同志，但他也是积极分子。以往，他们经张学良同意而取得以"抗日同志会"的名义进行幕后串联的特权，这种串联跨越了各军、师、旅、团的界限，"抗日同志会"因此成为东北军内特殊的跨部门的秘密派别。如今，他们又不得不再次开展"革命大串联"，扩大自己的基本队伍。在串联的基础上他们召集了多次秘密集会，统一了反对和平的口径。他们要努力大干一场，还要发动更多的人支持自己，以发出更强烈的声音！于是，各人回到所在的部队、机关、基层，分头活动。他们的动员口号是，当务之急，就是不惜代价救张学良出险！对南京方面提出的甲案、乙案统统予以拒绝！

同样，西北军内部也有自己的少壮派配合行动，他们宣示了自己与"三剑客"共同的立场：彻底拒绝和平方案，坚决与"中央军"干一仗！

面对这种局面，不论是杨虎城还是东北军元老，都一时束手无策。他们没有对"三剑客"自以为是的影子中心采取纪律措施。这样一来，东北军、西北军两支军队内部形成了二元的局面：上层官长可以做决定下命令；中下层的少壮派则可以拉帮结派、自我行动以形成舆论"中心"，抵制长官命令！特别是在西安事变的善后问题上，"三剑客"为代表的少壮派主动发起舆论攻势，矛头直指主和的王以哲、何柱国等东北军元老，抨击他们背叛张少帅！"剑客"们以"武力救张"为公开口号，高举主战的大旗，高调地反对甲案、乙案，拒绝和平善后的方针！

从而，在西安形成了"战"与"和"两派的严重对立。这种对立，为以后事态的发展埋下了巨大的隐患。

这样一来，两军内部同时出现截然不同的两个决策中心、两个司令部，发出了两种对立的声音！这正是蒋介石希望看到的。所不同的是，蒋介石原来是指望让西北军、东北军两军对立，始料不及的是，对立却来自两军各自内部的少壮派和元老派！

这种局面，如果远方的老蒋能在同一时间就知内情，恐怕是笑得合不上嘴了。记得当日蒋介石困在西安时，怒斥张学良、杨虎城以下犯上，大逆不道。他离开前夕还训斥和警告张、杨二人，难道你们不怕部下以你们为榜样倒过来对付你们吗？

此时东北军、西北军内部暗伏的危机正不幸被蒋介石言中。

王以哲的感冒 12 月中旬后加重了，自参加杨虎城、周恩来等的联席会议后不久又转成肺炎，他只好卧病在床。此时正值"战"与"和"争论白热化之际，高崇民、卢广绩和刘多荃忧心忡忡地去探望王以哲。他们感到主战派既悲观又急躁，发展下去不但不利于团结，反而会造成分裂！他们劝说王以哲，不要把应德田、孙铭九等人排除在决策层之外，而是相反，应该成立一个包括"三剑客"代表的少壮派在内的机构，让他们讲话，以避免他们因失望而干出蠢事。

这也就是向王以哲提议，也让"三剑客"参与军、师长一级的决策会议。

高崇民此时邀刘多荃等人来看望王以哲，表达了这样一种危机感，孙铭九等人情绪不稳！

当张学良被软禁的消息传到西安后，孙铭九最先意识到，历来他所倚仗的强有力后台，瞬间崩塌了。此时的东北军大权全部落入元老派手中！联想到以往自己仗着少帅的权势，与元老之间有过诸多不快，不由得感到阵阵惶恐压上心头。西北军特务营营长李振西，在孙铭九眼中是与自己一样的少壮派。一次相遇时，孙铭九突发同病相怜之感，悄悄地问李振西："你怕不怕，我害怕得厉害呢！今后我们的前途，不堪设想啊！"

终于，孙团座鼓起勇气向东北军高级幕僚高崇民求援："高大哥，西安事变完蛋了，我们要怎么办？"可见，"三剑客"对自己的所作所为并无把握，他们的嚣张往往只是恐惧的表象。新任孙团座和"剑客"其他成员往日自我标榜的高大形象，大有与日本"二二六"流血兵变法西斯武士一较高低的英雄气概，却原来是建立在这种虚假的基础之上！这不是他们英雄形象打不打折扣的问题，而是虚伪本质的大表露。怪不得，他们后来不敢走上抗日战场，反而是选择了卑鄙不堪的出路！

此时，高崇民倒也同情孙团座，想帮助他通融一下。于是，想到了握有实权的王以哲，他决定找王军长，化解东北军内部的不安定因素。

王以哲听了高崇民的话之后，沉吟许久。"三剑客"那种乳臭未干却专横跋扈的风格，他深有感受。说自己喜欢他们，那是绝对不可能的。不过，东北军这个家又不是真的由他王以哲来当。在此多事之秋，他何必做恶人，当拦路虎，去坏人家的理想呢？于是他显出一副深以为然的情态，大义凛然地回答高崇民："我现在感到越是在困难的时候，越应像张副司令指示的那样'精诚团结'，只要我们团结，就有力量争取张将军回来。我同意你们的意见，你们与应、孙等商量去吧！"

于是，高崇民、卢广绩等就把这富有建设性的信息通给了少壮派军官。孙铭九、苗剑秋倒没有摆出什么大架子，更没有开出任何条件。但就是高举主战大旗的应德田却没有理解此乃孙铭九苦心活动的结果，他依然霸气十足，他不需要也不屑与这批迂腐不堪的老朽合作，便一口回绝了高崇民、卢广绩的撮合！

"三剑客"是"三位一体"的盟友，缺一不可。应德田的表态，无异于行使了一票否决权！此事因此就黄了。由于应德田的自负，东北军内部和解的事就此搁浅。高崇民、卢广绩无可奈何，只好悻悻而去。

但上层对甲案、乙案的选择就要敲定了。杨虎城主持联席会议决定接受甲案后，李志刚等再次被派到奉化，表达愿意服从中央的安排，但还是希望能请回张学良。这次，就没有鲍文樾、米春霖的事了，反正他们也不想一道去。李志刚先后与蒋介石、张学良见了面，听取了各自表达的意见。1月25日，他回到西安，在杨虎城、何柱国等出席的两军负责人联席会议上汇报了情况，传达了张学良对自己回西安问题及两案的看法。

虽说应德田高调拒绝了参与最高决策会议的提议，但这次联席会议还是照样邀请了"三剑客"。他们也欣然到会，坐在前排。反倒是王以哲没参加会议，因为他的病加重了。

为两案的事，张学良也特从奉化写信到西安。他希望大家不要考虑他个人安危，不要强调一定要让他回来，而首先要接受甲案，保住东北军、西北军这两个团体再说。

张学良认为，只要东北军这个团体保住了，将来抗战一旦发生时，蒋介石还可能会起用他。和平解决后事，保住东北军，才是他将来回归的唯一机会。

但"三剑客"到场参加的联席会议不像原先想象的那样和谐、那么理性。应德田、孙铭九、苗剑秋等在会上听完李志刚传达张学良的口信和介绍现状后，当场痛哭流涕。他们以高昂的哭声代替语言大肆渲染，以至于与会者没有一个能忍住不陪泪。于是乎，群情激昂，会场气氛沉重悲愤。没人感觉到这是要听取李志刚的汇报会，是讨论张学良指示的会议，是研究会和决策会，而成了一次诉苦会。仿佛，大家此来，就只有一项任务：哭！

应德田甚至痛哭得声音嘶哑。不过，他比别人更清醒。把大家引向号啕大哭之后，他能及时地把握时机，改变宗旨。就当哭到失声处，他忽然高高仰起头，高声地放出话来：张学良不回来不谈判，谁去谈判就是叛徒，饶不了他！

这种悲情洋溢的气氛下放出高调，就令其他人几乎开口不得。是呀，谁愿意被说成对少帅不忠？谁愿意被骂成叛徒？谁愿意成为义士应德田攻击的目标？

意识到这种趋势，参加会议的东北军、西北军和中共三方负责人还是能冷静地从哭喊的气氛中摆脱出来。他们换个场合重新开会。他们是当家人，必须认真分析形势，研究对策，迅速拿出主见来。当家人是不能让自己哭昏头脑而不管全家人的死活的！

何柱国等东北军领导人主张和平，不赞成向国民党中央开战。他们也早就预料到，西安事变发展到如今这种地步，不管采取什么手段，都不可能达到让张学良马上回来的目的。与其与中央开战，毁了东北军，彻底断绝张学良恢复自由的希望，还不如保住东北军，给张学良留下一丝希望！于是，习惯于实话实说的何柱国站起来："现在'中央军'逼近，不谈不行，开战的后果更不堪想象！"

在"战"与"和"的问题上，此时杨虎城又退回原来的矛盾状态。他深为中共中央代表周恩来的和平主张所折服，但他冒出了许多新的顾虑。因为此时，杨虎城身边多了一位奇人，他的话更对杨主任的胃口。此人就是杨虎城新请来的谋士，两次被开除的中共北方局前负责人之一张慕陶。在会上，杨虎城听别人发言的时候，耳边不时地响起的声音却是张慕陶的：蒋介石的为人你是知道的，他饶谁也不能饶你的。你想想，这样"和"下去，将怎么得了。现在的事情很明显，很简单，"和"就是牺牲你！

张慕陶是陕西人。在西安事变发生后，他由太原来到西安。一到西安，张慕陶就高度赞扬张、杨两人发动西安事变，抓获蒋介石的革命行动。他曾多次与杨虎城、孙蔚如、王菊人、赵寿山、李兴中等人会面交谈。谈话中，杨虎城发现张慕陶思维敏捷，见解别出心裁。所以张慕陶的话，他特别听得进。

在这关头，杨虎城究竟是听张慕陶的，还是周恩来的，将关系到和平大局的取向！

好在，张学良的来信多少起了一些作用。同时，参与会议的中共代表团长周恩来耐心劝导，又进一步把杨虎城拉回和平的大道。

中共中央是坚持和平解决西安事变后事的。周恩来也再次接到了陕北中央的指示：务必劝说东北、西北两军接受蒋介石的甲案！

他正为此尽最大的努力。在会上，周恩来甚至还代表中共中央提出建议，让王以哲接替卸任的于学忠当甘肃省主席。因为，此时东北军主力军就是王以哲的六十七军。六十七军正在甘肃陇西。而且，老蒋任命的甘肃绥靖主任王树常正是前东北军将领，是张作霖的老部下。王树常可以成为王以哲的好搭档。那样一来，甘肃有可能成为东北军的新地盘，中国还将出现第一位任省主席的中共党员！

最终，由于中共方面耐心的劝说和张学良的信件，"三位一体"的高层决定接受甲案，并准备派人去潼关与中央方面谈判。

与此同时，蒋介石的一封信也到了西安，限令西安方面立即去谈判接受甲案、乙案之一，这是他的最后通牒。他的信件警告说，如果不接受条件，27 日开始"中央军"对西安的飞机轰炸，并且出动地面部队进攻。

于是，杨虎城派李志刚和东北军的米春霖、谢珂为代表，到潼关与顾祝同会谈。谢珂原是西北"剿总"军警督察处处长，前文在"《活路》事件"中已经提到过他的名字。米春霖和谢珂显然没记住"谁去谈判就是叛徒，饶不了他"这句威胁性极强烈的话。也或许只当人家是漫不经心随口而出的激烈言辞，而不是有意威胁。他们要去为西安方面讨一份公道来。他们定的谈判基调是：释放张学良，东北军、西北军接受甲案！

但谈判恰就在释张问题上卡壳了！到 1 月 27 日，双方谈判几乎破裂。

传闻谈判几乎无果、释张无望，西安城内主战的气氛又逐渐强烈起来。杨虎城也就再次徘徊于"战"与"和"之间，他没了主意。

但此时，一个时髦口号"打一下再和"广泛流传在西安城内。这个口号来自前共产党人张慕陶在杨虎城主持的一次会议上的献策演讲。这演讲十分受东北军、西北军两军主战派的赞赏。杨虎城的立场每次从和平转向战争时，也都几乎是受到张慕陶这种观点的影响。

后来抗日战争爆发，张慕陶被蒋介石下令枪毙了。但在历史上，当西安事变演化到战争与和平的大辩论时，张慕陶的影响力是绕不过的。他堪称一个争议人物，甚至可说是个问题人物。因此，我们不得不在他身上费些笔墨。

张慕陶原名张金刃，陕西三水人，共青团和早期工农武装革命的积极参与者。他为人放荡不羁，不拘小节，但对革命活动热情积极，语言感染力强且极富鼓动力。他是个富有进取心的人，然而经历复杂。他从事的革命工作颇有成就，却偏又命运多舛。一生离奇曲折的经历，造就了他极其奇特的性格。

张慕陶能言善语。按如今的分类标准，他堪称是一名口才派人士。事实也的确如此，张慕陶早在1927年就已经是共青团陕西省委书记了。同时，他还受中共派遣，兼任冯玉祥国民军联军总政治部政治处长。1927年四一二反革命政变后，他在西北地区组织了著名的清涧、渭华、旬邑等起义以反击国民党。次年，张慕陶作为中共六大代表，参加莫斯科中共中央第六次代表大会，后来回到华北，出任中共顺直省委书记。这顺直省就是顺天府和直隶省的合称，它包含了北平、天津和河北省。1931年2月6日因反对王明路线，张慕陶参与了罗章龙的派别活动，被开除出党。随后，被开除出党的张慕陶依然斗志昂扬。因继续从事革命活动，他被中统特务逮捕并关押在北平草岚子胡同军人反省分院。1932年底释放后，他恢复了中共党籍。他再次受中共北方特科与中共河北省委委派，出任中共张家口特委书记以从事发动冯玉祥军队兵变的工作。果然，他成功地推动冯玉祥发起了察哈尔事变并成立"察哈尔民众抗日同盟军"！但因受"左"的路线破坏，"抗日同盟军"遭受失败。在绝望之际，口无遮拦的张慕陶错误地提出"联日抗蒋"的口号。连这种话都敢公开说出口，显然是个极其严重的错误！他再次被开除出党并戴上"托派"帽子。

遭开除的张慕陶无处谋生，被阎锡山招为幕僚。张慕陶曾任冯玉祥总部的高官，而当时杨虎城恰是冯玉祥部第十军军长。他们既是同乡又是同僚。由于这种历史上的情谊，杨虎城在西安事变发生后想起了他并发出邀请。张慕陶应约而来。不过他到西安后仍伪称是山西阎锡山的代表。特务营营长宋文梅是中共党员，参加革命时曾是学生领袖，与张慕陶早有往来。于是他一到西安就住在宋文梅家。随后应李维城邀请，搬到较为宽敞的陕西省银行。他豪爽和放荡不羁的性格，自然讨得一些自以为豪放的年轻军官的好感，从而结交了西北军少壮派军官宋文梅、许权中、徐维烈、张子奇、王劲哉、任云章、李振西等人，彼此关系渐渐密切。他为人口无遮拦，行为不拘小节，与被称为"苗疯子"的苗剑秋堪称同胞。他们一见如故，顿觉趣味相投，一拍即合。时人称苗剑秋是"疯子"，其实按他的聪明才智，倒更是个"智多星"！只因他的智慧超越常人想象，才得到"疯子"的称呼。不用说，这苗剑秋当然也是巧舌如簧，是要多优秀就有多优秀的雄辩家。他们都是西安城内难得的口才人物！从此，这两人惺惺相惜，只恨相见太晚。他们频频在陕西省银行抵掌而谈，兴致勃勃，有时甚至放声高歌，旁若无人。

　　也因为有了苗剑秋这个朋友，张慕陶在东北军少壮派中也赢得不少知音和粉丝。

　　与"苗疯子"相似，张慕陶也极端仇视蒋介石。他们时常埋怨张、杨等人为何当初不杀蒋介石了事？还由于张慕陶两次遭中共开除，他对中共的政策与方针始终持抵触态度。这样一来就不难理解，他为何每次与杨虎城的讲话总是攻击中共的立场，尤其是他为何不能容忍中共对蒋介石和南京中央采取的和平立场。

　　张慕陶在一场有关战争与和平的辩论中有一段"打一下再和"的演说十分有影响力。但是，当我们想认真去搜索原文时，却遇到很大的困难。好在，他的好朋友李维城有个回忆，其中转述了张慕陶演讲的梗概。根据李维城转述，张慕陶在杨虎城召集的西北军一次内部会议上发言大意是这样的：共产党主张和平解决西安事变，是犯了"右倾机会主义"错误；蒋介石是不能抗日的，你不要信共产党的错误主张；为今之计，只有西安与南京打一下再和，打胜也和，打败也和，这是你立功的机会；否则的话，你在西安事变中，杀人连血都未赚到；老实说，张学良"捉蒋"也是他，放蒋也是他，送蒋还是他，这样蒋是不能把张怎样的，但蒋不会原谅你的，你们的"三位一体"，是临时的结合，到必要时，这两个朋友不一定肯牺牲自己来帮助你；况且甲案，你是在关中，首当其冲，"中央军"在陇海线上驻十二个团的兵力好像十二把尖刀插入你的腹中，你能受得住吗？

张慕陶最后还说，要打一下再和，打的时候你尽量让东北军和红军去打，十七路军借口兵力弱坐镇西安。打胜了自是不必说，把"中央军"打出潼关，给你拔出胸中的尖刀，保住西安，也可以争取张副司令回来。那时候再和，安全也有了保证。打败了，东北军必将崩溃，肯定一部分投靠红军，一部分投靠中央，一部分投靠你，你也借机扩大了力量。红军又不能坐视，蒋介石也没法长此以往地打下去，一定也愿意和。现在做什么事情还不都是看实力？你有了力量，那时可以把一切责任推给瓦解后的东北军，你还是可以再去谈和平的。

其实，张慕陶这话对张少帅甚为不恭，对东北军更是十分不够朋友。岂止是不够朋友，甚至可以说他是在东北军背后扎刀子了！照理这话会令东北军方面的人非常反感。但只因为话中"打一下再和"的主张甚合"三剑客"的口味，这口号还是被主战的少壮派普遍接受了。其实，"三剑客"绝对不是不知道张慕陶在替杨虎城出损人利己的鬼点子，被损的对象就是东北军。只是，张慕陶让"让东北军去打"，是让王以哲、何柱国、缪澂流、刘多荃去打，而没有我"三剑客"的事。国民党"中央军"和东北军开一仗，不论谁输谁赢，对"三剑客"来说，都不是坏事。当然，张慕陶这话也绝对不能保证不被东北军的元老派听去，一旦落入东北军元老派耳中，东北军、西北军之盟，可能因此而严重受损。

看似，托派分子张慕陶与"三剑客"为代表的东北军、西北军少壮派产生了共鸣！

这事涉及一桩历史公案：张慕陶是1937年"二二兵变"幕后黑手吗？

这样说的原因是，此后没多久就发生了"二二兵变"。"二二兵变"的口号就是：要战争，不要和平！既然，张慕陶"打一下再和"的主张成为少壮派的共同行动纲领，那他就逃不了罪责。从而，社会上后来就流行一种说法：托派分子张慕陶就是"二二兵变"的罪魁祸首。他鼓动内战，破坏和平。他煽起了"三剑客"

的冒险行动。他就是站在"二二兵变"少壮派军人背后的理论家和鼓动家。

我们能不能就这么简单地接受这种结论？"二二兵变"的罪魁祸首到底就是表面那些人，还真的有幕后人物？那还有待于进一步的深入调查分析。

张慕陶肯定发表了破坏和平的反革命讲话，而且那讲话符合东北军"三剑客"的口味。但"三剑客"后来发动的"二二"流血兵变，是否直接缘于张慕陶的反革命煽动，这事各有各的说法，难以形成定论。很显然，张慕陶和"三剑客"虽因趣味相投而不惜冒险反对和平、鼓吹内战，但双方的本质还是有差异的。究竟"三剑客"和他们的"抗日同志会"所崇拜的是法西斯主义，而张慕陶则被批为托洛茨基主义分子。两者之间南辕北辙，完全是两回事。

但张慕陶的鼓动对杨虎城还是起了作用，他的态度又回到一开头的立场。杨虎城正严肃地重新考虑"打一下再和"的主张。当然，这打，是要让东北军打前锋，打第一仗！

杨虎城于是到渭南前线看望东北军将官，动员他们准备战争！他表达的希望是：东北军将士不要向后撤兵，而是表现出敢与"中央军"决一死战的姿态，以战争来威逼蒋介石释放张学良。然而，他所遇到的东北军都是态度冷漠的，与感情奔放的"三剑客"似乎是完全不同的另一支军队！杨主任的动员没得到应有的响应和理解。

这些东北军官兵表现出的高度警惕的神情，使杨主任大为失望！其实，那些人都认为自己是东北军，不论主战主和，最终是只听从东北军内直接上司的命令，而与杨虎城似乎没多大的关系。

此时是 1 月 27 日，经历两天的争论，潼关会谈还是没有结果。就只在是否应该先释放张学良问题上，双方态度互相对立不肯妥协，潼关会谈濒临破裂。远在奉化的张学良知道后，十分着急。他致电参与谈判的东北军代表米春霖、谢珂，要他们改变谈判立场，尽早接受甲案，达成撤军协议。电文称：

> 今因迁延，引起误会……若今日不再接受，仍以良之问题为先决条件，则爱我即为害我，不但害我，且害团体，害我国家矣。时机迫切，务望诸兄

**立命部队于今日正午以前开始移撤，勿再固执误事为要。**（张学良致米春霖、谢珂转前方将领电，载《民国档案》1986 年第 4 期）

中共中央也因潼关会谈陷入僵局而焦急，但态度也越发坚定了：必须和平解决！

毛泽东在 1 月 27 日电告给周恩来，要求他全力促进东北军和十七路军接受甲案，并且"无论如何要说服东北军左派，全军整然撤退，不可冲突"。

在奉化休养的蒋介石也为潼关会谈的局面发急。为避免和谈破裂，蒋介石准备表示一定的退让。他来电，就释放张学良并恢复职务问题做出回应：

关于汉卿出处问题，一俟移防完毕后，余可保证，必为负责请求，使汉卿出而效力国家，至于复权更不成问题，但在此时万勿提出事实上不可能之问题，以延误大局。

蒋介石的电报表明，他在释放张学良并恢复权力问题采取了灵活立场。杨虎城、王以哲、何柱国读到蒋电及张学良给米春霖、谢珂电报后，感到和平有进展，便立即电话指示在潼关谈判的李志刚、米春霖和谢珂：接受甲案！

所以，就因这么一个电话，1 月 27 日上午，潼关和谈终于达成协议，只待最后双方举行签字仪式后生效。

和谈能做到这一步的背景是：东北军兵权在握的王以哲、何柱国、刘多荃都是积极主和的；西北军中的中共党员赵寿山、南汉宸、王炳南、申伯纯也不赞成进行内战；杨虎城虽一度转为主战，但是他的态度并不坚定。这只因为他自己和他的西北军硬不起来。杨虎城知道，自己与冯钦哉不和，一旦与"中央军"交战，难免会与冯钦哉进一步对抗，导致彻底公开决裂。少了冯钦哉这一半人马，自己还有什么主战的资本？冯钦哉不与自己兵戎相向就是大幸了。还有，作为"三位一体"的第三方是中共和红军。中共在战与和的问题上，自始至终坚持和平解决。影响所及，即使杨虎城的态度暧昧，最后时刻也是会少数服从多数，转向和平的。

事实也正如此。这次蒋介石电报中表达了退让的态度后，杨虎城马上就拍板同意"潼关协议"。

但是，"三位一体"高层同意潼关和平协议的决定遭到了"三剑客"和"抗日同志会"的坚决反对。过不了"三剑客"这一关，哪怕是和平协议最后生效了，也必将是麻烦不断！这时候，"三剑客"与主和派的分歧已不是南京方面会不会放张学良的问题，而是无条件地先放，还是签好和平协议之后再放的问题。

"剑客"们丝毫不觉得此时是蒋介石、何应钦穷兵黩武威胁西安，而是反过来，是"三剑客"代表的东北军肯不肯不向南京发动强大攻势的问题，肯不肯从轻处罚南京中央政权和蒋介石的问题。

因此，应德田代表全体少壮派发布声明，坚决拒绝蒋介石的电报！

他尖锐地揭露说，蒋介石一生惯于骗人，我们绝不第三次受骗！

应德田批完老蒋就转到张学良申报的话题。他认为张学良电报指示是万万不能执行的！他说："至于张副司令的电报命令，那是在蒋的挟持下发的，不能凭空相信它！无论如何，西安方面都必须坚决反对潼关会谈达成任何协议！"

应德田和他的战友孙铭九、苗剑秋等人都认为，既然通过强硬态度能让老蒋退后了一步，那就该乘势追穷寇，不获全胜，绝不罢休。于是，他们坚持要求首先放回张少帅，否则就打！

此时，"三剑客"发觉，西安事变的最后结局究竟是和还是战，完全取决于自己。因为，除他们手中握有真理之外，其他人则什么也没有。于是，他们决定行使自己的"否决权"，取缔杨虎城、王以哲、何柱国与卖国贼蒋介石达成的非法交易！哪怕战争马上发生，又有何妨？真的打起来，谁敢断定东北军不胜？

于是就在这会上，"剑客"们慷慨激昂地提出了三个"往东去"的口号："要抗日？往东去！要救张副司令？往东去！要打倒蒋介石？往东去！"

横在他们面前的只有一条路。那就是：发动战争，打出潼关，打到南京去！

他们自信和不妥协的坚定立场与杨虎城、王以哲、何柱国三巨头给潼关的电话指示形成鲜明的对照。这意味着，1937 年 1 月 27 日这天，西安的故事还远未结束。

## 男人们廉价的眼泪

1 月 27 日上午少壮派表达的坚定态度，表明他们已经进行过充分的思想准备和组织准备。事实也的确如此。他们在统一思想的基础上，还制订了一个通过战争来拯救张学良的计划。但是"三剑客"知道，要贯彻自己所代表的革命路线，执行自己的计划，首先必须排除障碍，推翻那批主张和平并以势压人的腐朽势力！为此，他们在昨天晚上，就已经秘密做出了一个惊人的决定：锄奸！

不过这是个高度机密。详细内情是在二十年后，少数人通过翻阅"剑客"们的回忆材料才被披露。为把这有点儿恐怖的预谋交代清楚，我们还得回顾一下东北军内少壮派与元老派的矛盾。

很清楚，在潼关会谈开始前，东北军内部少壮派与元老派早已分裂成为泾渭分明的两大阵营。少壮派面对举行潼关会谈的事，感到非常失望。沉浸在悲愤情绪中的他们以为，潼关会谈无论向什么方向发展都是不能接受的。然而，令他们沮丧的是，中共代表团、西北军首领杨虎城和东北军元老派主导的最高决策层的和谈决定，从来没有理会他们的反对意见。对此，少壮派除了嘴巴强烈抗议之外，一时没有其他表达的途径。

这种局面，有人早已预料到了，那人就是头脑活络的"智多星"苗剑秋。在 1 月 27 日之前，他为反击元老派的官僚主义作风，就想到一招"必杀技"：那就是开展秘密的"革命串联"，拉出一支队伍，在军内同时制造舆论攻势，为下一步行动做准备。他清醒地知道：有了舆论，又有了基干力量，下一步行动起来就有把握了。

苗剑秋的建议很快在"三剑客"内部取得一致。当然，为提高效率，他们必须增加"抗日同志会"的人手。在行动前夕，他们抓紧时间扩大"抗日同志会"的规模，先在口头上吸收一批中层军官参加进来，等将来张副司令回来后再确认。要知道，张少帅就是要把这"抗日同志会"培养成东北军的领导核心，也是他首先把自己的名字签在"抗日同志会"秘密花名册的第一位！

过去，多数东北军军官不知道这个机构。有少数知道的人，他们想巴结却总是苦于无门路。如今，有机会"火线入盟"，他们怎肯错过机会？况且，一旦少帅回来，这"火线入盟"的壮举，定然让自己今后得到诸多升迁的机会。果然，苗剑秋等人只需略略打开闸门，"抗日同志会"就迅速壮大吸收了所需的新鲜血液。于是，他们发动"抗日同志会"成员，分头深入基层，访贫问苦，进行"革命串联"，激发东北军对张副司令的感情，共同发出"救救张少帅"的最强音！这次"革命串联"，苗剑秋大获成功。几天工夫，他手中握有好几十名中层军官签字的联名状：不惜牺牲，与"中央军"一战，誓死救出张少帅！

高崇民对西安事变的回忆录也如实记载了这个过程。他也提到，此时的少壮派主张与南京对抗。先是苗剑秋出头到部队里动员营、团以上的军官参与武力营救少帅张学良的签名运动。这些军官在东北军的同僚和下级士兵面前，哪能表现成贪生怕死、不愿意打仗、不敢表态营救张少帅的孬种？于是，凡是苗剑秋遇到的军官均理所当然地签了名。

苗剑秋拿着签有东北军大批军官名字的誓约书回来了。他们把签名书摊在杨虎城、何柱国等人面前，这就是东北军全体将士一致主战的证据，铁的事实表明，"三剑客"的"正确方针"得到全军上下的一致拥护。

但"剑客"们的举动没能达到阻止潼关谈判的目的。因为，军队做出战争与和平的决定权的时候，总是以最高军事长官的命令为准的。哪能允许出现自下而上的联名签字行动？通过底下私自串联，冲顶长官命令的做法是违背军法程序的，此事岂能等同儿戏？当事人很可能因抗令而受到严厉惩罚。凭这种习惯性的思维，东北军元老视少壮派串联出来的联名签字状为无物！长官们无动于衷。潼关会谈依然照常进行。元老们觉得，自己的沉默，就已经是极度仁慈和宽宏大量的表示。

而少壮派则对此激愤不已。他们反过来觉得，此事表明指挥官违背军心民意，是犯了大逆不道的大罪。怎么办？那只有拼死一搏！须知，此时这批少壮派勇士豪情满怀，个个是绝不妥协的英雄好汉。他们决定冲破阻力，改变办事的规则，按自己意志行动！

怎么改变行事规则？那好办：杀人！

在东北军内部，不会有人不知道杨宇霆和常荫槐是怎么死的吧？这批东北军少壮派十分崇拜张学良，特别是少帅历史上剪除杨宇霆、常荫槐的暴烈行动。他们从杨、常之死领悟到：要想做成大事，不杀几个人是不行的。只要能像当初张少帅那样安排得当，杀掉几个关键人物之后，就一定能震慑住大批其他人，获得自己的权威。

除张学良外，"三剑客"内心还有更崇高的形象。那就是参与1936年"二二六"兵变的日本"皇道派"法西斯"英雄"！大倭"二二六"兵变武士喊着"天皇万岁"的口号，冲进大倭内阁，见到一个内阁大臣就杀他一个的壮烈场面，如今依然时时刻刻震撼着西安这批少壮派的心弦！"二二六"兵变武士在最后面对裕仁的皇宫挥刀剖腹死去的场面，更令这批西安"剑客"热血沸腾！

如今，正是自己实践日本"皇道派"英雄行为的最佳机会，西安城的这批少壮派勇士个个摩拳擦掌，要亲身实践一次！倘若在西安也能发起这样的壮烈举动，一定能像日本"二二六"兵变法西斯勇士一样，一举惊动天下，流芳百世，所有人对自己也将是另眼相看！

注意，在第二次世界大战之前的东北军内，法西斯主义是个时髦和先进的信仰。那思潮在"三剑客"的心目中尤其如此！

东北军内部的一场严重危机，就这样秘密地在地下发酵着！

有人首先发觉了东北军内部的麻烦。这就是中共中央驻西安的代表团。此时，周恩来等领导意识到问题的严重性，如果任其下去，东北军的内部有可能发生严重内乱！于是，1937年1月26日，为了防止"祸起萧墙之内"，彭德怀、叶剑英、任弼时等代表红军主动出面，邀请东北军和十七路军的主战派、主派和两派来到西安城郊的云阳镇红军驻地交流意见。目的是稳定主战派的情绪并暗示他们别做傻事。

会上，彭德怀和任弼时向东北军、西北军两军的军官做了两个小时的发言，希望他们接受甲案并通过和平手段解决其他问题。

讲话完毕，这些红军领袖向大家征询意见时，却没有一个少壮派人士出面说话。因为这些人士据彭德怀和任弼时的发言判断：红军此来，表明是不愿意帮他们打仗!

到快要散会时，有人竟高声扬言，也要"向叶参谋长来个'兵谏'"!

这叶参谋长就是常在西安与友军联系的叶剑英。很显然，中共和红军这次对东北军的吹风会，并没有让少壮派头脑清醒，他们反而因此变得更加激跃起来!

当晚，以"三剑客"为首的少壮派紧急碰头聚会。会场隐蔽，内容诡秘，但气氛热烈。与会者纷纷慷慨激昂地对元老派进行声讨之后，决定自主开展救张运动。要这样做，首先是改变东北军的办事规则，由我们少壮派说了算! 要达到这一步，最有效的手段就是通过"锄奸"剔除绊脚石! 谁都知道，绊脚石就是那些元老派官僚，"锄奸"就是要杀掉这批官僚!

于是，他们你一言我一语，指名道姓地提出要杀的一些头面人物。一份死亡名单就在七嘴八舌中开列出来了! 首当其冲的是东北军元老王以哲、何柱国及参加奉化谈判和潼关谈判的代表鲍文樾、米春霖、谢珂等人。接着，一批东北军的军长、师长和要害机关人员也上了名单。此外，还有十七路军的孙蔚如，甚至还有一批热衷于宣传和平主张的中共党员! 被列入欲清除名单中的中共党员就有杨虎城的老朋友南汉宸。

看看这份黑名单，就发现把鲍文樾列进去是个乌龙事件，属于大水冲了龙王庙，自家人不识自家人的典型。因为，抗日战争发生后，鲍文樾首先投降日伪，当了汪精卫伪中央的军政部部长和伪河南省主席。而那时，同样投靠日伪的"三剑客"才发现原来是异途同归，大家彼此彼此，都是汉奸。汉奸也该是一家亲啊! 特别是"三剑客"的理论家应德田就是投靠了这位伪河南省主席鲍文樾，才登上了伪河南省教育厅厅长的宝座。他们到那时才发觉：知心太晚!

开列黑名单后，"三剑客"突然发现：此时发动兵变，已是万事俱备，只欠一声口令! 因为，他们手中已经握有多数军官的联名签字，何柱国、王以哲、鲍文樾、米春霖、谢珂、孙蔚如已是孤家寡人，他们不过是区区几个独夫民贼而已。自己杀他们，就一定是替天行道的大英雄，受全体东北军高度拥戴! 起码，签字的这些人会拥护自己，将来张少帅一旦回来，就更光荣无比!

只是，他们忽略了一个小小的差别：虽说他们与张学良都同样是两只手两只脚的人，但他们之中，却没有一个是张学良！张少帅杀掉杨宇霆、常荫槐，是以少东家名义杀走狗。"三剑客"等于张学良吗？在那年代，自高自大冒充"主子"，自以为是东家，去枉杀军事长官，则是僭越，是叛乱，是大逆不道，是被众人讨伐的目标。利令智昏的"剑客"们，可能个个都是深谋远虑的战略家，却忽视了眼前这个最致命的问题。当然，此时这样说只能是一种预测。说得准不准，还要待以后的事实才能做评判。

这就是百密一疏吧。其实，"剑客"们所制订的秘密行动计划其他方面还是很周密的，准备工作也进行得很充分。他们知道，鲁莽贸然的行事方式是不可取的！演什么戏都免不了开场前的一阵锣鼓。实施"锄奸"计划前，更是有许多问题要事先解决。他们必须先争取杨虎城和中共中央代表团站在自己一边，至少不能成为阻力。只要这场前戏演得好，后面的节目自然会更精彩。

第二天，也就是1937年1月27日，这天上午，潼关会谈达成协议。虽"三剑客"对此竭力反对，却无济于事，他们感受到一股难以忍受的失败耻辱。这批少壮派当然是不会甘心的，他们绝不能面对失败而无所事事。于是，预谋的行动提上议事日程。他们首先要向"三位一体"的西北军和红军发动一次"兵谏"，劝说他们支持自己。有了这两方面的支持，然后再伺机在东北军内部实施"清理门户"，对照死亡黑名单，挨个杀人！

第一个"兵谏"的对象是杨虎城和他身边的西北军高官，第一次"兵谏"的地点是陕西绥靖公署所在的新城杨公馆。

这天下午，为正式签署"潼关协议"做思想准备，杨虎城在西安新城杨公馆内与十七路军的将领分析形势，研究签署"潼关协议"后的对策。突然，杨公馆客厅大门被推开，孙铭九、应德田、苗剑秋、何镜华、卢广绩等带头率几十名东北军营、团级军官蜂拥而来，来的人自称是"上诉团"。他们挤进会客厅，向杨虎城请愿。领头的孙铭九慷慨激昂，大声疾呼："杨主任，副司令临走时令我们东北军听你指挥。现在副司令被久扣不归，东北军的头头又无动于衷，各谋私利。我们这些人都追随副司令多年，现在大家签名表明心迹，请杨主任指挥我们，到潼关去拼个死活，让中央立刻放副司令回来！"

说着，孙铭九把一张布满签名的大纸放到桌上。这批不请自来的军官纷纷表示："必须救回张学良！""绝不同意东北军几个军长私下和蒋介石达成的'潼关协议'！""哪怕张学良回来以后命令我们缴械，现在绝对不能不顾张学良的安危和蒋介石达成协议！"……

说着说着，孙铭九禁不住涕泪满腮，到后来竟号啕大哭！身后的应德田、苗剑秋、卢广绩、黄冠南等几十个人就在这瞬间全部跟着洒泪纷纷、哭声一片！整个场面洋溢着悲悲惨惨、哀情切切的气氛。招人生怨，令人心酸！在这空气中，先是杨虎城夫人谢葆贞忍不住陪着哭了。接着，在场的十七路军的将校也忍不住热泪满腮。就这一下子，陕西绥靖公署里里外外，到处哭声一片，气氛极其悲壮！

杨虎城的态度原本就在"和"与"战"之间游移。打，就当下西北军的这副现状来说，他没有那份本钱，自己不敢冒充英雄，无法冒充狮子开大口。不打，西安事变弄到眼下这种局面，将来下场最惨的人莫过于自己！坐以待毙绝非杨某人的高尚品格！

看看哭成一团的孙铭九，杨虎城突然发觉，眼前这位原先反蒋、"捉蒋"的勇士孙铭九也与自己一样，将成为"和平解决"之后的最大受害者，一股同病相怜之感不由得涌上心头。他随着也激动起来。既然东北军士气如此高昂，人人要打，我杨某人何必发傻，螳臂当车，去抑制东北军的革命激情？既然人家要打，我何不顺水推舟，放手让他们去与"中央军"一搏？那可是东北军自己积极请战，而不是有别的什么人从中使坏，唆使东北军弟兄去流血牺牲！

于是，在悲壮气氛中，杨虎城当场拍板决定采纳少壮派的主张，先打一仗后和！

艰难的一关，就这样闯了过来。大哭之后的"三剑客"勇士迎来了初战告捷的喜悦。他们士气大振，欢欣鼓舞，决定一鼓作气，再下中共这一关。因为他们知道，解决了中共这一关，"三位一体"中自己方面就能掌握其二，这样一来，就不难迫使顽固的东北军元老派屈服。况且，王以哲的态度总是与中共态度不差分厘，而何柱国又往往听王以哲的。为加大对王以哲、何柱国等人的压力，他们当然要借助中共的力量。如果届时元老派还继续顽固不化，那就怪不得我们心狠手辣了！

果然，"三剑客"孙铭九、应德田、苗剑秋及何镜华等从杨公馆请愿回来，便又带着队伍浩浩荡荡地开向中共中央代表团住所。此时周恩来、博古、叶剑英、刘鼎等也正在开会，少壮派同样是连招呼也不打就闯了进来！他们在周恩来、叶剑英等人面前又是跪，又是哭闹，目的只有一个：红军一定要答应出兵帮助他们打仗，打败"中央军"救张学良将军回来。看来，"剑客"们说话算数，今天果然来实践昨天"向叶参谋长来个'兵谏'"的许诺！

晚年的孙铭九对自己在西安事变中的英雄事迹是回忆了一遍又一遍，但唯有他带队向红军领导人"兵谏"这件"功劳"，他老人家怎么也想不起来。问题是他自己想不起来，别人却没忘记。这事，我们暂时顾不得他许多，就根据其他人的回忆讲下去吧。

孙铭九等人长跪啼哭一阵后，就转入正常对话。首先开口的仍旧是领头人孙铭九，别以为他是大老粗，他其实是很有头脑的，对逢场作戏之类的门道也颇为精通。刚才遇到的是杨虎城，他慷慨陈词，公开请战。他知道杨虎城为人豪爽，喜欢勇敢大胆的人，况且他的心底也赞成东北军与"中央军"一战，所以公开请战很合这位战将的心意。但如今面对的中共中央代表团是主和的，是赞成和平的，也是同意签署"潼关协议"的，孙铭九知道必须改变策略：不能一开头就谈"中央军"开战的问题，而从如何执行"潼关协议"问题谈起。于是他问："我们坚持先让张将军回来，而后从渭南撤兵，你们代表团是否同意？"

这种场面对那样的提问，中共领袖个个神情严肃，不肯轻易表态。

见红军方面没有立即答复，少壮派方面代表谈判专家应德田慷慨登场。这位新科东北军总部政治处少将处长显然更懂策略，他同样不直接谈打仗问题，而改谈感情问题，谈张少帅与东北军的特殊感情。他说："东北军不同于红军，它是以少帅个人为唯一中心的团体，有副司令在，这个团体能够维持；副司令不回来，这个团体失去中心，可能很快走向分歧、涣散、崩裂、瓦解。在这危难关头，为东北军前途计，必须先把副司令营救回来。如果我们现在不坚持争取，不要求副司令回来就先撤兵，那就等于告诉南京：东北军和'三位一体'已经放弃副司令了。那样，副司令便永久也回不来了。"

不愧是留学美国名校密歇根大学的学生，应德田果然理由充足，口才了得！

讲到此，应德田觉得自己完全有资格代表全体东北军说："现在，东北军里除两三个军长外，全体都是这样的看法、这样的主张。十七路军杨主任也会赞成这样的主张。为东北军的前途，为'三位一体'的前途，为联合抗战的前途，为张副司令的前途，希望红军能体会副司令的心，坚决支持要求副司令回来的主张，坚决支持副司令不回来绝不撤兵的主张。这样坚决的要求，能够把副司令营救回来，并没有内战前途。我们千万不要中蒋介石的阴谋，在他的压迫威胁下而放弃副司令，陷联合抗日、'三位一体'于失败的结果。万一蒋介石发动内战，进攻我们，也请红军同心合力，打垮他们。"

这里，在对蒋介石的判断上，应德田与张慕陶果然是英雄所见略同：打他一仗，不会因此出现内战不休的局面，更不用为失败而发愁。"中央军"也配打胜仗吗？他们或许不知道，此时在潼关预谋进攻西安的总指挥官不是徐庭瑶、不是顾祝同，而正是一个月前关押在西京招待所的陈诚！此君难免会有委屈情绪，他或许正想一口吞掉东北军、西北军，出出西安事变中蒙受屈辱的恶气！仅仅因为此时正是潼关谈判期间，陈诚没敢破坏和谈而轻举妄动。顺便提一句，原东北军一〇七师师长刘翰东就是陈诚在保定军校的老同学，此时正被陈诚安排在身边。自"中央军"破潼关长驱直入渭河平原以来，原本归刘翰东指挥的东北军一〇七师连吃败仗，到此时已名存实亡了。

周恩来耐心听应德田讲完后，平静地回答说："我们了解东北军的特殊性和副司令在东北军中的重要性，我们了解副司令在'三位一体'中的重要性，我们极愿意把副司令营救回来。但现在这种局面，两方面如都坚持，我们'三位一体'一定要求放回副司令，而蒋介石一定不肯，僵持下去，很容易引起战争。引起战争，当不合副司令发动西安事变希望达到团结抗战的原意。引起战争，对副司令恢复自由和回来的问题更无好处。很明显，战争一起，他们更不会放副司令回来了。我们现在退兵，我们'三位一体'好好地团结，保持这个强大的力量，继续坚持要求，副司令迟早总会回来的。共产党与蒋介石是血海深仇，我们永远不会忘记；共产党与东北军和张副司令的血肉关系，我们也永远不会忘记。我们要求副司令回来的方法应该很多，不一定要现在这样坚持，要求南京即刻就放他回来。现在这样坚持，一旦引起战争，不仅张副司令回不来，而且容易造成更加混乱的局面，对国家前途，对团结抗日前途，对东北军前途，对副司令前途，都会没有好处。"

"你们现在不愿意和我们一同坚持营救副司令，等撤兵之后，大家分散了，你们还怎样和我们一同坚持营救副司令呢？"对于周恩来的回答，苗剑秋极为恼怒，但又不便把话说得太极端，他继续持责问的口气问道："既然不帮助我们打仗，你们红军开到关中干什么来啦？你们不帮，我们也要打！如果蒋介石进军打我们，你们是否就看着，袖手旁观，看着蒋介石消灭我们呢？"他最后连哭带闹，以要跟红军先关系破裂相要挟。孙铭九又跪下哭着威胁："你们不同我们合作，咱们岂不是破裂了吗？我们这样各顾各，张副司令就完了！"

不论周恩来、博古、叶剑英怎么劝说，"三剑客"及何镜华这帮少壮派就是听不进去。他们态度激愤且坚决，大有不同意打仗就立即和中共决裂的势头。这样闹了三四个钟头，眼看继续拖着也不是办法，周恩来只好说："别吵别闹！这个问题很重要，容我们好好商量一下，明天答复你们。"

打发走了这帮激进派后，红军领袖感到形势的严重性。为防意外，周恩来当晚决定将中共驻西安的大多数工作人员转移到三原红军驻地。这中间，就包含我们已经长久没提到的刘向三、钱之光等人。只留叶剑英、李克农及电台工作人员陪同自己继续在西安应付局面。

不只是中共代表团和红军感到形势的紧张，杨虎城和西北军也有预感，他们如何应对这种局面？我们不妨把目光转回到新城大楼的杨公馆。"三剑客"离开杨公馆到中共代表团闹事的这段时间，西北军的将校继续在新城杨公馆议事，直到吃晚饭时间才陆续离开。

其实这天中午，就在"抗日同志会"众英雄陶醉于自己的宏伟计划时，就有人找到了杨虎城的夫人谢葆贞，告诉她："抗日同志会"众好汉在昨晚聚会开列了死亡黑名单，其中有中共党员南汉宸的大名。杨夫人谢葆贞是中共党员，南汉宸是她的朋友和同志。听到消息，谢葆贞不禁大吃一惊，她开始为党内同志南汉宸的安全而操心了。

众人离开后，新城杨公馆静了下来，不再喧闹了。谢葆贞看到楼内就只余下自己和杨虎城，就想把听到的事说给杨虎城听。偏在这时候，孙铭九又来了。谢葆贞只好欲言又止。好在，孙铭九与杨虎城匆匆交谈了一阵后，就又走了。孙铭九来谈什么，没有人做记录，但估计是谈刚才他们向周恩来请愿时，中共方面表示的态度。

孙铭九走后，屋里又安静下来。谢葆贞这才悄悄告诫丈夫："要小心这批东北军的少壮派！他们不仅仅是签名哭诉那么简单。有人告诉我，他们正准备采取非常措施，甚至杀人！"

"这还了得！他们想杀谁？"

"别人我没听说。南汉宸是周先生发电报从天津叫过来的。他整天向西北各界人士宣传和平解决，眼下又积极主和，听说少壮派有人扬言要干掉他。"

杨虎城闻言大吃一惊："有这种事？汉宸和我是十几年的老朋友，他们怎敢如此？"顿了一下，他叹了一口气，像是向夫人央求似的说，"民国十九年我们入关后，他就当过我的秘书长。我等下派卫兵和司机，你今晚无论如何也要到九府街走一趟，把这个风声告诉他，劝他避一避。学良身边这些人令人同情，可行为更令人担忧！"

杨虎城当然知道谢葆贞是中共党员，但谢葆贞更是自己的贤内助，杨虎城十分信任她。

谢葆贞正待进内室更衣出门，只听客厅门一声响，进来了南汉宸！也真是，说到南汉宸，南汉宸就来了！因他是杨虎城的至交，彼此之间从来无须客套，开门进屋，也不先打招呼。见到面带微笑的南汉宸大步进来，谢葆贞一面让座，一面说："我们刚还说到你呢，真是说曹操，曹操就到！"招呼完，谢葆贞借故走开了。谢葆贞自然十分了解南汉宸。她知道，在这关键时刻，南汉宸一定是代表组织来找自己丈夫的。

　　果然，南汉宸已经知道了杨虎城刚才对东北军少壮派的表态。"我一来西安就听人讲，你说是为国家、为民族才果断地摔了西安这个摊子呀。果然一言九鼎，值！"他好像是刚注意到杨虎城的脸色，"怎么，刚才有什么让你不太高兴啦？"

　　杨虎城说："不是我不愿意高兴，我高兴不了。副司令被扣了，一想起老蒋的为人，我抓他一点儿也不后悔。"

　　"好，好！这就好！"

　　"今天你来，我正有要紧的事情同你谈。你我之间，一部分是纯朋友关系，一部分是政治关系。政治方面，十几年来我是对得起你的。你这次来西安，我不反对你站在贵党的立场上说话，但你们也要替我想一想。你刚一来时我就对你说，和平解决就是牺牲我。"

　　南汉宸没做更多的解释，他完全理解杨虎城此时的心情。他心想，杨虎城是在说气话，但最终还是能理解中共和平解决西安事变的良苦用心。其实，杨虎城在"战"与"和"之间的选择是艰难的。身边的人除南汉宸外，西北军中还有中共党员赵寿山、王炳南、申伯纯都反对内战、主张和平。同时，稳健的孙蔚如等人及杨太太谢葆贞，更是倾向和平。但另一面，他身边同样有一批激进的少壮派，比如，宋文梅、李建中、许权中、徐维烈、张子奇、任云章等，他们与东北军"三剑客"关系密切，志趣相投，是主战派！再加上巧舌如簧的张慕陶不断地劝导，杨虎城的立场总是摆来摆去。

　　多少人理解杨虎城的艰难处境？仅仅就军事方面，他已经发现：不论东北军还是西北军，都面临分裂！撇开友军的话题不说，若只看西北军内部，也是危机重重！内部最大的问题莫过于原先与自己生死与共的冯钦哉。虽目前表面上依然保持着同属一个第十七路军的关系，但已经十分脆弱。因西安事变及张依中事件，冯钦哉与自己之间已恩断情绝。一旦与"中央军"开战，冯钦哉难免会公开另打旗号。此外，这次在西安事变中发挥主要作用的警备二旅，原本就不是杨主任的嫡系。虽然二旅的孔从周炮团忠心不移，但其他两个团就别提了。那两个团长沈玺亭、唐德楹本是同母异父的兄弟，12月12日，他们奉命袭击在西安的中央政府派出的机关时，虽面子上是服从旅长孔从周的命令，但已表现出不情愿的神态。

所以在事变的第二天，他们不但私下放走了被捕的"中央军"公秉藩少将，临走还向他透露警备二旅这两个团愿意投靠国民党中央的意图。此后，禁不住南京方面特务的拉拢，他们果然动摇起来。如果这两个团叛变，警备二旅将随之瓦解。除警备二旅外，地方民团也纷纷准备反水，暗中投向老蒋。

杨虎城还发觉，眼下严重的是，东北军五十七军沈克一〇六师和骑兵军的檀自新骑十师此时也都已经与"中央军"勾勾搭搭，态度可疑。老杨的警备一旅和三旅本是与他们互相牵制的。但杨虎城知道，自己的那一旅和三旅绝非这两支东北军的对手。一旦摊牌，这两个旅不但难以脱身，甚至会成为沈克、檀自新的祭品。这一旅、二旅、三旅才真正直接归杨虎城指挥，但如今已是一盘散沙。这样一来，杨虎城手下就只剩下可间接指挥的十七师比较忠心。但十七师师长孙蔚如是主和的，周边许多军官与孙蔚如持相同态度。而且就在西安"捉将"的第三天，孙蔚如就暗中建议杨虎城单方面抢出老将，向南京方面邀功请赏。这事后来也被老蒋知道了，他一回到南京，就主动向孙蔚如示好，晋升孙蔚如为陕西省主席兼三十八军总指挥。这三十八军，不过就是十七师换个牌子而已，实力不增只减，却提升了孙蔚如的官位。如今，想让这个十七师（三十八军）向"中央军"开战，简直不可想象。况且，这总共三个旅的十七师最近也发生重大事变。原来，十七师第四十九旅王劲哉旅长最近表现十分异常。自12月25日之后，王旅长就把队伍拉过秦岭子午峪，目前正与"中央军"的刘峙联系不绝，却断绝与杨虎城联系。眼看这四十九旅马上就要投奔"中央军"而有去无回了。不久后，王劲哉果然被南京中央提拔为师长。王师长此人个性突出，在抗战中是个传奇人物。

为这些事，杨虎城几天来内心的煎熬，有谁能知道哇？

打，以上诸多因素均于自己不利。不打，杨虎城又觉得少壮派以及张慕陶说的话句句在理。再说，眼看张学良短时间内回归无望，而张学良临走时却把东北军托付给了自己。对于这支东北军，想调动元老派，那基本上是没有希望的。但东北军有一个咄咄逼人的少壮派，想到了这批人向自己哭诉的场面，杨虎城若有所思。他觉得张慕陶言之有理，不妨顺东北军少壮派的意思，让东北军与"中央军"打一仗再说。反正渭南前线与"中央军"对峙的是东北军刘多荃和缪澂流的部队。打的结果，被耗掉的只能是那班难以支配的元老派势力。

不过，杨虎城的心思很快回到面前的老朋友南汉宸身上，他想借南汉宸向中共中央传达一个意思。他对南汉宸说："我们的政治关系不能再继续下去了，但是仍愿保持朋友关系。现在把你送到老太太那里，今后你不要再过问西安的事情。"杨虎城这话，暗含着他要与南汉宸拉开距离，也就是要与中共拉开距离。

说这话的语气马上使人明白，南汉宸见话不投机，随即告别。他不接受杨虎城的好意，临走留下话给杨虎城："我是共产党员，绝对不能离开党的工作，不能就这样丢手不管……"

其实此时，杨虎城老家蒲城正在东北骑兵军檀自新第十师的控制下。他的老娘孙一莲和兄弟杨茂三均已被檀自新暗中严密监视，失去自由。所以，此时杨老太太的老家并非安全之处。如果南汉宸到那边去，绝非避难，而是自投罗网！后来事实果真如此。两天后，檀自新通电宣布效忠蒋介石，还公然把杨虎城老娘和兄弟扣为人质。那事急得杨虎城几乎走投无路。慌忙之中，老杨这才不得不向檀自新的老上司何柱国求援。说这些，只为表明，此时的杨虎城不但在军事上捉襟见肘，没有多少兵马，就连脚跟脚尖这点儿前后左右也没有多少安全的空间。他的陕西省，甚至连自己的老妈也已经很难保持一处安身之地了！不过，就在谈话的时候，不论是杨虎城还是南汉宸，都没料到檀自新反水会给杨主任造成何等恐怖的局面。

对丈夫与南汉宸之间的不愉快，杨夫人谢葆贞心中甚是过意不去。她送南汉宸到新城大楼大门口时悄声告诫："速离西安，杨先生将对你不利！"

当然，南汉宸不是没从杨虎城的话中听出音头，但他不能在得不到党组织指示的情况下自作主张私自离开岗位，于是谢绝了谢葆贞的好意："谢谢相送，更感激你的实情相告。不过，我想好了：既然自己行为光明磊落，就该坦然面对。我绝不把个人生死看得太重要。"

于是互道珍重，彼此告别。

深夜，南汉宸不顾危险，连夜赶到中共中央代表团的住处，把杨虎城的异常表现向周恩来做了汇报。此时已是 28 日凌晨 2 时，也就是孙铭九一班子人马离开此处一个小时的光景。

这位地下党南汉宸同志不是别人，他就是新中国第一位金库的掌门人——中国人民银行首任行长（总经理）！

1 月 28 日早上，周恩来同志乘汽车到渭北的泾阳县云阳镇红军司令部驻地去开会。经周副主席、博古、彭德怀、叶剑英、任弼时、杨尚昆及左权等人开会共同研究后，做出了决定。当晚周恩来、叶剑英带着集体研究的意见回到西安。

周恩来答复杨虎城、应德田等人说："只要东北军意见一致，团结一致，坚持要求，我们一定同你们一致坚持，到任何情形下，绝不后退，我们绝不会对不起副司令，我们绝不会对不起东北军和十七路军这两位朋友。"

初听起来，周恩来的和平态度仿佛发生变化，似乎倾向于主战方的立场。但要注意，中共中央的态度是有前提的，那就是"东北军意见一致，团结一致"。也就是说，你们的态度很重要。但是，光你们几个少壮派单方面的态度还不算。没有王以哲、何柱国的同意，也就没有"东北军意见一致，团结一致"之谓。当然，这话对王以哲、何柱国来说也一样，要看少壮派的意见。

对于周恩来的表态，杨虎城、应德田和苗剑秋是听得出弦外之音的，而孙铭九等人就难说了。但他们都把中共和红军的态度解读为中共和红军也改变了态度，反对从渭南前线撤军，而且也不反对向"中央军"开战。

中共和红军这一表态，主战派认为开战的障碍已经消除，十分兴奋。他们便兴高采烈地分头到东北军、西北军两军中进一步串联鼓动，并提出要允许团以上军官自动集会，以把握对"中央军"开战的方向舵。

少壮派这种翻云覆雨、忽阴忽阳、啼笑多变的异常神态使周恩来感到疑惑不解，便好奇地问苗剑秋："为何昨天两次请愿时，你们会突然哭得那么伤心？"

苗剑秋反过来问周恩来："你们的党员死了，你们不哭，这是不是不人道哇，是不是近乎残酷哇？"

噢，原来这样！可是，自西安事变以来，发生死伤事故的几乎全是蒋介石身边的人！东北军方面除战场不可避免的一些伤亡外，不曾死过什么人哪？

周恩来于是回答道："我们今天的每一步前进都是用烈士的鲜血换来的，我们没有理由用廉价的眼泪来表示对死者的尊崇，我们只有加倍地努力把革命进行到底才是对他们最好最大的安慰。"其实，不管男人还是女人，因亲人朋友的死亡而流泪，那很正常。女士则往往感情脆弱些，因委屈或感情挫折也容易流泪。而男子汉则应该更坚强些。不是说，男儿有泪不轻弹吗？男子汉肩挑重担，是一个家庭的主心骨，在紧要关头是来不及流泪，更不能只管自己流泪而不顾自己的长辈和妻儿。周恩来历来被称赞为真正的男子汉，他的回答才凸显其真男子汉的气概。

反观，这批以大丈夫男子汉自诩的东北军黄冠南营长、应德田少将处长、孙铭九少将团长和苗剑秋委员等，此时，他们没有任何亲戚朋友死亡，没有发生任何重大事故，却逢场演戏，泪流满面，一有机会就洒下廉价的眼泪。在人间，这种英雄豪杰着实不多见。仔细观察，他们有共性：极善于在不同场合通过流泪和痛哭来宣泄自己的情感，向人展示自己的忠心、诚恳、可怜或无助，借以感动人，俘虏别人的感情。事实上也恰是这样，男人的眼泪因罕见而更有动员力！洒泪的五尺男儿更容易博得别人的同情心、赞同感和替他献身的激情。但这些感情并不是真实的。不真实的感情是不应该被滥用的，擅长表演的眼泪应该尽量收敛。特别是西安事变和平解决，全国即将实现对内和平、共同抗日的大形势面前，一些较小的不愉快，是不应该过分用眼泪去炒作，不能故意用痛哭来渲染悲情！

如果此时有人知道，前天夜里就是这些人秘密集会，开出一长串死亡黑名单并图谋策动暴乱的话，就一定为眼前这一幕幕的鳄鱼眼泪秀感到十分恐怖和恶心！

须知，西安事变的原本目的，用孙铭九的话来说，就是要让"蒋委员长领导我们抗日"的。那就是迫使老蒋同意停止内战、团结全国一致抗日！如今这目的就要达到了。作为与蒋介石有血海深仇的红军，也已经同意和平方案，再次实现国共合作，共同抗日。应德田、孙铭九等人也在西安事变中，因功从中校参谋秘书或营长，破格提升为少将了，苗剑秋也有了相当于议员的身份。他们堪称功成名就，不该有如此之多的痛苦或眼泪。

在国内和平共同抗日局面即将形成的时刻，应德田、孙铭九和苗剑秋却放弃了"停止内战，一致抗日"的初衷，反过来拒绝和平方案，还不惜冒险企图挑起内战，其言行与动机的确十分可疑！这些，难免使人怀疑他们以往慷慨激昂的抗日口号是否出于虚伪。

回顾历史，我们不难发觉，这"三剑客"绝非抗日之英雄好汉！他们本都拥有军人的身份，他们也喊足了抗日的口号，可这辈子，他们何曾在抗日战场上出现过一秒钟，向日本人开过一枪？

后来的事实告诉我们，"三剑客"抗日是假，他们站在日本人一边危害中国却是真的。前文已经议论过，应德田、孙铭九在抗日战争爆发后，都是在汪伪旗帜下的公开汉奸！应德田出任伪河南省教育厅厅长，孙铭九担任了伪山东省保安副司令。苗剑秋则隐蔽多了，因其高度的神秘性而成为历史之谜。但有一点很清楚，在抗日战争发生之际他成了日本人！只是没人能证明，整个抗日战争时期这个日本人苗剑秋操的是何种职业！但我们能直接指出的是，在策划西安"二二"流血兵变后，苗剑秋就逃脱了国民政府的通缉抓捕而躲进天津租界。得到日本人庇护的他，没多久就去到日本当了日本人。

我们注意到，1937 年前后，由于伪满洲国的成立及日本加剧侵华战争，中日实际上处于战争状态而只是中国政府没有公开宣战而已。中日两国民间对等的人员来往已全面停止了。那期间，只有日本浪人能通过侵华日军占领的地方而源源不断地涌进中国从事殖民活动和间谍活动，而罕有正常的中国人能反过来进入日本！尤其，以高呼激昂的抗日口号而闻名的苗剑秋倘若没有特殊地位的日本人做担保，怎能如此顺利地进入日本？

苗剑秋从此离开了大陆。第二次世界大战之后，"三剑客"之孙铭九、应德田因当汉奸而声名狼藉。脱离大陆人士视野的苗剑秋却通过他人替自己制造了爱国形象。那岂止是形象，简直就是神话！

到日本后，为苗剑秋编制的神话有两种版本。

一种是苗剑秋又从日本到香港进行"抗日"，还当上了军统特务。按这种说法，我们可以进行如下的想象。七七事变后，日本侵华战争进入高潮，苗剑秋这位日本人继续留在日本，显然就作用不大了。于是，按他所言，他来到香港，在"时代批评社"当撰稿人，并在这份抗日刊物上宣传"抗日"。

但我们马上发现问题。现今香港的确有家"时代批评社"，但"时代批评社"只是一家小型出版社，而非期刊社。没人能证明"时代批评社"这家出版社与1937年、1938年的苗剑秋有过关系。况且，1941年12月7日，日本侵略军攻进香港，发动了对香港居民血腥的大屠杀，以致香港人口从1941年的一百六十多万锐减为1945年的六十万！战前的香港机构一概被取缔，人员不是被屠杀就是逃回内地。如果"时代批评社"不是日本人办的，就不可能在日本占领时期存在，更不可能延续到战后，延续到如今。而"时代批评社"是日本人办的话，我们就不知道日本人办的"时代批评社"为何此前要伪装成"抗日"刊物，况且日本人办的刊物和出版机构在"二战"后一定会遭港英当局取缔，所以也无法演变为如今香港的一家出版社。从而，苗剑秋是否真的在香港"时代批评社"发表"抗日"的文章成了无头案！如今，苗剑秋死了，不知有哪位苗剑秋的亲朋好友或后人，能找出某一期记述苗才子"抗日"观点的"时代批评社"期刊来？反正，我们没有发觉丝毫有利于苗才子的证据！

苗才子的这化装术，恐怕令眼下各位跨洲越洋的打假人士感到束手无策！

神话还有进展，据说1940年初，苗剑秋在香港又扮演了另一种特别爱国且有献身精神的身份：军统特工！

可是，这更有问题，没人说出他拥有军统的何种职位、何种军衔。军统在册人员是拥有军职军衔的，可以从军统档案的花名册中查到成员名字和职务，也可以让上司来证明自己。苗剑秋该怎样来证明自己呢？

不妨再相信他一次，苗剑秋的确适合当军统的情报线人。或许，只是他自己分不清军统特务与情报线人之间的差异。

军统的情报线人可以是任何身份的人，哪怕明知苗剑秋就是日本间谍，也可以吸收为情报线人，让他当双重间谍！特别是1940年在香港，日本特务集团炮制的"桐计划"被一位冒充"宋子安"的军统特务曾广欺骗了一通，结果损失巨大，还闹得诸多日本特务头子脸面全无。日本特务机关这才感到军统的神秘和可怕，他们是否因此产生了要打入军统的念头？这点不得而知。如果恰在此时，苗才子成了军统的线人，那就没什么不可理解的了。但马上太平洋战争发生了，香港沦陷，先后出任伪香港总督的酒井隆和矶谷廉介策划了血腥的大屠杀。军统和国民党政府机关要是没有及时撤出香港，就与香港平民一样遭屠杀。军统特务还能残存吗？此后四年，香港成了日本人的天下。苗剑客哪儿去啦？留香港，回日本，还是到了当时被日本侵略的台湾？这位"军统特务"就没下文了。显然他不能继续是"军统"了，而是以其他身份自在地过日子。

而等到抗日战争胜利，日本满目疮痍，苗剑秋恰出现在最艰难的日本本土，并依然是一个日本人！这点是事实而不是传闻，不知苗才子自己该如何解释。

苗才子献身当军统特务的神话，使人满头雾水！

说起来，张学良是最了解苗剑秋的恩人和"主公"。按说法，苗才子战后曾多次到台北，并一度暂住台北。但不知苗剑秋为何不求见"敬仰"的张少帅？张少帅为何不曾与苗剑秋面谈面谈？据说晚年张学良曾表示愿意见孙铭九一面，但他为何就没想到要见见这位就在身边的苗才子？互不见面的原因会不会是，苗才子自己觉得"无脸见爹娘"，而张少帅耻于与异类见面？这些，张学良、苗剑秋均讳莫如深，绝口不提，从而也成了谜。

因以上有关苗剑秋"抗日"和参加"军统"的神话矛盾重重，越说越令人怀疑。于是，有人为苗剑秋编写了第二个版本的故事。这故事放弃了诸多对苗剑秋画蛇添足的描述，不提他到香港"抗日"、当"军统特工"的神话，而改说苗剑秋1937年"二二兵变"后就逃到日本，一直在日本"爱国"。这说法比较简单：

> "二二事变"后，在周恩来的周密安排下，苗剑秋离开了前方战场，化装成商人，顺利出境到了日本东京。苗剑秋在日本创办了《自由中国》月刊，在海外一直为中华民族的自由与解放做着自己的贡献。（《周家炉·苗剑秋·西安事变》，载2005年12月7日《大连日报》）

这话说得比较简洁，而且被某些国内网站引为"百科知识"。但它第一句就是谎言，严重违背历史事实！真相正好与之相反。苗剑秋与其余两人的叛国投敌行动完全是他们的自觉行动，与别人无关，更不是中共领导人"周密安排"的结果。当年，"三剑客"制造"二二兵变"的暴行立即招致东北军广大将士的愤怒声讨，前线部队立即掉转枪口，进攻西安，发誓要活剐"三剑客"等少壮派，为王以哲报仇！为避免新的血腥屠杀蔓延，也为挽救东北军不至于彻底分裂，周恩来审时度势后，不惜冒个人的巨大风险而把闯祸的少壮派安置到陕北红军根据地。随后，只因为"三剑客"不能接受中共的抗日政策，不愿意过红军的艰苦生活而逃离根据地，他们再次叛变！"剑客"们选择叛国投敌之路，完全是他们的本性决定的，怎能反过来倒打一耙，诬蔑中共领袖？

　　随后两句话说得更神奇。日军大肆侵略中国之际，苗剑秋躲在日本的阴暗角落，是在为"中华民族的自由与解放"做贡献？这"中华民族的自由与解放"不会就是大倭国喧嚷的"大东亚共荣圈"吧？日本人历来美化他们的侵略战争是搞"民族解放"。至今，日本依然有人赞扬第二次世界大战中的日军侵略是为把亚洲从"殖民主义"底下解放出来而建立不朽功勋呢。当年苗先生就是宣传"大东亚共荣圈"的杰出人士吧！

　　要注意的是，这里提到一份在日本出现的"自由中国"月刊。这日本的"自由中国"月刊，是故意盗用胡适先生于20世纪20年代在中国创办的《自由中国》半月刊来招摇撞骗的！它与胡适先生先前主办的《自由中国》半月刊毫无关系，前者只是后者的卑鄙山寨货！日本的"自由中国"，既不爱中国大陆，更不爱中国台湾，而只是从日本人的角度来"爱"中国！回忆"二战"法庭的审判，不难发现，南京大屠杀最大的罪魁祸首松井石根和谷寿夫也都口口声声表明自己比中国人更"爱"中国呢！他们制造大屠杀，就因为他们"太爱中国"了！

　　反正，那话只说明一件事不假：1937年"二二兵变"后，苗剑秋就叛国投敌改当日本人，并为日本效劳！只是，此后他行踪诡秘莫测，少有人知道真相。

　　当然还有一件事可以肯定。1945年9月，徐永昌和商震率中国军事代表团及一个陆军师到日本受理投降事务，相当一批其他团体和工作小组也陆续跟着到日本从事战后工作，这些工作小组多数都需要临时日文翻译。苗剑秋是一个精通中日双语的两栖人物，加上"二战"后日本陷入极端贫穷的困境，经济羞涩的苗剑秋应聘充当其中一个临时机构的译员。就是说，在战后他的确替中国一家临时驻日机构服务过几天。但不久，有人发现了苗剑秋的身份，这位苗才子先生又被及时清退了。其实，当时满怀胜利喜悦的中国人决定以德报怨，对诸多漏网的日本战争罪犯尚且是宽大为怀，哪里会计较这位具有中国人面孔的日本人那样的阴阳身份？况且工作小组是临时性质的，没人预先知道苗剑秋历史上那么些故事。

从另一个角度来说，苗剑秋如果不是贫困潦倒，怎肯屈尊去服侍这些由蒋介石派出的小爪牙？怎肯委身接受这老蒋下人之下人的卑微身份？

毋庸置疑，苗才子聪明至极，绝不输于大多数真正的日本人。我们傻傻地跟在他们自我捏造的神话后面扑腾这么大半天，结果依然收获不多，没彻底弄清日本人苗剑秋所操持的真实职业！

倒是侵华日军特务头子今井武夫在 20 世纪 60 年代写的回忆录，道出一些端倪。其实，有关今井出卖苗剑秋的内容，我们在前面已经讨论过了，这里重复一下，仅仅是为了备忘。今井武夫回忆录里有大批充当日本间谍的中国人，比如，德穆楚克栋鲁普（即汉奸德王）、殷汝耕、石友三、靳云鹏及其幕僚陈子庚、张学良前管家兼秘书林文龙等。今井武夫也不忘提了苗剑秋一笔。尽管侵华倭军副总参谋长先生对同属日本人的苗剑秋笔下留情，但还是暴露了一些有关其真实身份的蛛丝马迹。回忆录叙述到林文龙和苗才子劝诱今井去插手西安事变的事。不少读到这段内容的人很容易联想到，苗才子很可能是给大特务今井武夫提供机会去糊弄一下"西安囚徒"蒋光头，以让倭方捞取意想不到的巨大利益！

20 世纪 60 年代，今井武夫变得更看重自己的人身安危，他开始怀疑当初苗剑秋企图让自己介入西安事变，是拿自己的生命开玩笑！所以他当着苗才子的面直言不讳地表达了心中的后怕："万一当时我果真到了西安，恐怕难免遭缧绁之辱，时过境迁，使我不寒而栗。"

言外之意就是，苗剑秋你小子不是东西，居心也太不良了！你想建立功勋，也不该蛊惑我去冒风险吧！

对此，苗剑秋却辩解道："万一当时日本武官（按：指今井武夫本人）到了西安，当然会与张学良会面，为调整日华关系，说不定会提出什么最后解决方案吧！"其实，谁都知道，日本对华的最后解决方案就是灭亡中国！既然要灭亡中国，那如何摆布"西安囚徒"蒋光头图得最大利益才是关键中的关键，言语中不提老蒋，算是他们之间的一种默契。

这很清楚，即使是到了20世纪60年代，苗剑秋依然是向这位前侵华日军副参谋长表明：早在西安事变发生时，自己就是忠心于大日本帝国的，他当年就是从日本帝国利益来考虑问题的，至今自己仍比你今井先生更看重大倭帝国利益！

抗日战争中，发动侵华战争的日本战犯坏！充当日军爪牙的汉奸坏！叛国投敌认贼作父的人更坏！摇身一变成为日本人的苗剑秋，他终身爱的是什么国？

考虑到九一八事变前，在日本的苗剑秋就多次参与对日本右派领袖床次竹二郎和陆军大将寺内寿一等人的"政治献金"，九一八事变后又是他一度混进日本，继续与床次竹二郎和寺内寿一进行勾搭。倭军陆军大将寺内寿一正是首任侵华日军华北占领军总司令！太平洋战争爆发后，率二十五万日本军队占领东南亚，晋升为倭军元帅，仅因提前死亡，才逃脱国际军事法庭的审判。

借此，日本人苗剑秋的庐山面目不难被揭开！

粉墨人生与真实轨迹总是背道而驰的！

参看"三剑客"孙铭九、应德田、苗剑秋一生的经历，我们才能清楚，他们此时的眼泪都只是假象。孙铭九、应德田、苗剑秋等人绝对不会因纷纷坠落的廉价眼泪而真的拥有妇人的柔肠。他们若不是有铁石心肠的一面，是不会步步高升的。对这结论我们不难举例验证。前文提到，西安事变前不久，孙铭九奉命枪毙了东北军骑六师董源彰团长。当孙营长亲手把枪口对准多嘴多舌的同胞董团长时，他可曾皱过眉头，流过泪？董源彰堪称是孙营座大师兄级的人物了，况且他俩彼此之间的政治立场相似，而且观点也几乎一致！可怜的董源彰最后还不是被孙大营给一枪崩啦？东北同胞董源彰死了，"三剑客"苗剑秋、孙铭九和应德田，有谁曾为这位董同胞的屈死而流过一滴眼泪？

就在周恩来与苗剑秋讨论哭的议题后五天，也就是1937年2月2日，孙铭九、应德田、苗剑秋、何镜华制造血案，屠杀王以哲和诸多东北军的前辈及其同僚。

面对血淋淋的场面，"三剑客"团伙有谁落过眼泪？而这场屠杀恰是他们在前天夜里策划的！

由此，我们引用大家立即想到的那半句话：鳄鱼的眼泪！

"剑客"们痛哭流涕的故事还将继续演绎下去。

杨虎城在"被请愿"的情况下，向东北军少壮派许下了"打一仗后和"的诺言。但此时在西安的东北军王以哲、何柱国等军长依然主张和平，而不同意少壮派开战的主张。他们认为西安方面与潼关方面的和平谈判，已经议定了协议，如果单方面变卦，撕毁协议，主张开打，就违背了当初和平解决西安事变的方针。再说，"打一仗后和"的想法只是一厢情愿，非常不现实，面前的"中央军"，正可谓是善者不来，来者不善。人家一路打来，闯进潼关，本意就是想消灭你的。你想打，挑起战端，那不正中人家下怀？当然是说打就打起来了。但等到你被打得不想再打了，要求和了，那时人家还同意跟你讲和吗？此时对面的指挥官换成了陈诚。陈诚正为双十二事变在西京招待所蒙受的屈辱和惊吓而耿耿于怀！

王以哲、何柱国是主和的。对于他们的这种立场，少壮派早就心知肚明。只是"三剑客"认定元老派已无药可救！仅因无法说动他们，"剑客"们才跳过他们去找杨虎城，去找中共领导周恩来。如今，杨虎城和周恩来"赞同"了开战的主张，少壮派就决定堂而皇之回头对付这几个老朽。少壮派充分认识到，有了"三位一体"其他两方的支持，就无须考虑这几个"老朽"的陈词滥调！到必要时，哪怕用极端手段解决了他们，也会得到杨虎城及中共的理解和支持。

问题是，少壮派如此兴师动众的大行动，难道元老派丝毫没有感觉？要讨论这问题，我们就要重新说到高崇民这个人。

自西安事变以来，"设计委员会"整天有着开不完的会。"设计委员会"主任委员高崇民坚持主张要用和平手段为西安事变来个完美"收官"。当他发觉杨虎城对"和平解决"的问题老是动摇不定时，内心很是失望，想找机会听听杨主任的想法。1月27日这天，因东北军少壮派忙于准备请愿，"设计委员会"不少人跟着去了，所以决定休会一天。不参加"兵谏"的其他委员难得清闲了下来，高崇民只身先到杨虎城的新城公馆。待孙铭九等"兵谏"大队来到新城公馆请愿时，高崇民正好在新城公馆的会议室里。他目睹了这场近百人号啕大哭的宏伟场面。

等到孙铭九一干人马的大型哭秀完毕，大胜而归之后，高崇民立即赶到粉巷王以哲家。他在王军长病榻前，郁闷地说："西安我待不下去了，我要到渭南前线把握军队去。我告诉你，你要留神少壮派的一举一动！"

"他们能怎么样？难道说少壮派能打死我王以哲吗？"显然王以哲已听到消息，只是他根本没当一回事，于是向高崇民摇了摇头。

"问题是杨主任也动摇了……少壮派的能量，你万万不可低估。那个集体痛哭的场面太惊人了！我总觉得这事的后边还潜伏着什么。"

王以哲还是摇头，他觉得高崇民有点儿杞人忧天。对那些，他不是没有听闻，而是觉得十分可笑！王军座十分自信，他平常并不少与那些少壮派军官见面。每次相遇，这些年轻人哪个不是对自己立正敬礼，主动打招呼？他知道，自己与那批年青人观点的确有点不一样。但他清楚：自己作为军事主官，看问题从全局出发，不能为个人或小团体着想，办事要注重理性而不能感情用事。而且自己在处理战争与和平问题上，是秉公决策的。

其实，就从战争与和平的问题上，王以哲对战争做的准备比其他任何人都多。他此时正考虑如何抵御"中央军"从东西两面夹击西安的问题。在东面，刘多荃一〇五师在渭南前线正面抵御陈诚指挥的"中央军"精锐，缪澂流率五十七军在高陵策应。在西面，王以哲紧盯着"中央军"主力军胡宗南部队在陇西的动向，一旦胡宗南向东进攻，威胁西安，他就下令六十七军在宝鸡、凤翔之间截击胡宗南这支"中央军"。战争是倚靠士兵流血牺牲才能进行的，而不是像"三剑客"那样在自己人面前开嘴炮、翻动舌头来打的。时时刻刻谋划着如何与"中央军"开战的人恰是王以哲，而不是其他的什么人。他也听说有人秘密集会，扬言要杀他。但他觉得十分愚蠢：凭那几个娘娘腔十足的年轻人，能拿自己怎样？

至于发生主战主和的不同观点，那根本就不是原则问题。倘若全军上下只有主和一种声音反而不正常。即使大家都主和，都赞成与"中央军"和谈，王以哲倒还希望能有高调的主战意见，哪怕只是假主战。因为，主和或主战，红脸或白脸的出现就等于告诉谈判桌的另一方：你别一厢情愿，如果谈不成，我们不妨兵戎相见！

那样做，就更有利于在谈判桌上争取主动！所以，王以哲对不掌握军事指挥权的少壮派高调主战并不反感。况且自己与那些年轻人只在公事上或许有分歧，却没有丝毫的私仇。泄私愤报私仇而行凶杀人的事的确经常发生，但仅仅因公事上的意见分歧就要动手杀人？那太不可想象了！

想到这里，王以哲不以为然地对高崇民说："你也太疑神疑鬼了吧！"

话不投机，好心相劝反而被疑有挑拨离间之嫌，高崇民十分不悦，转身就走。他离开西安，来到渭南的刘多荃一〇五师师部。

王以哲的自信也有一定的道理。在东北军内部，虽然也发生过以下犯上的例子，但肇事者的结局都是非常惨的。他虽对这些娘娘腔十足的"三剑客"有点儿看不上眼，但内心还有几分信赖，文化素养甚高的"三剑客"不至于那么没头脑。再说，"三剑客"能调动的不就只有原属于孙铭九的卫队二营和由原有学兵队扩充出来的"抗日先锋总队"那点儿人马吗？其实卫队二营的骨干多由早期的学兵队成员担任。而学兵队就是王以哲通过孙达生等人收录进来的。参军之前，他们原本就是流落北平街头失学的东北学生和流亡青年。王以哲跟他们见过面、讲过话、上过课。那些学员，特别是基层连、排军官都算是王以哲的学生。欺师灭祖的罪名，有几个人担当得起？

况且，实力强大的一〇五师给自己加强了警卫，大门口的警卫排都架起实弹的机关枪，一有动静，就随时可以机枪扫射伺候！有几个敢来找死？

王军长太自信了。他有所不知，情况都是会变的！一〇五师的团、旅干部管理上存在漏洞，更为重要的是，自从张学良去南京以后，少壮派每天晚上都在他们控制的卫队团（或"抗日先锋总队"）中散布传言，说王以哲不救张副司令，只顾自己升官发财，受蒋介石六百万银圆贿赂，是东北军的汉奸。这些欲置王以哲于死地的谣言已经重复了一遍又一遍。而且，当时的东北军内，想一鸣惊人冒险图高升的不轨之徒，大有人在！这种情况下，能麻痹大意吗？

# 从渭南决议到王宅"三位一体"最高会议

1月27日、1月28日两天就这样过去了，摩拳擦掌的"剑客"们忙碌着，却没有匆忙下手。这个月到月底还剩三天，想跨越这三天到2月，我们还得穿越一场泪雨阵。在国难当头的日子里，中国人落泪的日子太多了！

1月29日，就是否执行"潼关协议"问题，东北军在渭南东塬张家堡召开了一次规模空前的大会，除东北军几乎所有的军级、师级高级将领外，"三剑客"等"抗日同志会"的二十多名中下级军官代表也参加了会议。这是一次包含了元老派和少壮派在内的大型会议。这是一次重要的会议，更是主和派和主战派争取更多人支持自己的大会。

但会议缺了两个人，一人是五十一军军长于学忠，另一人是六十七军军长王以哲。于学忠和他的五十一军原本就驻扎在兰州，他在那边有自己的一摊子事情，没能赶来出席会议。王以哲不用多说，他因为肺炎越来越重，不能来。

会议缺的这两个人，在东北军内十分重要。于学忠字孝侯，就是12月25日，张学良指定指挥东北军的那位孝侯。也就是说，于学忠此时是东北军的代帅。

而王以哲的重要性是因为他是东北军内实权最大的人物。

王以哲不在，东北军的参谋长董英斌代替他主持会议。董参谋长在会上说："现在局势很严重，南京叫我们东北军后撤，总部搬到邠县，渭南前线部队撤到高陵一带。将来如实行甲案，则开往甘肃；如实行乙案，则开往安徽。有的主张我们先坚决要副司令回来而后再听命撤兵，有的主张先撤兵后再营救副司令，我们内部的意见颇有不同。无论是先撤兵而后再营救副司令，或者是先营救副司令而后再撤兵，我们必须意见一致，团结起来，这样才能有力量，对于副司令，对于东北军才能有好处；否则，只凭个人意见，不能集思广益，不能在一致意见之下团结起来，对于副司令、对于东北军一定只有坏处。今天这个会议的目的，就是希望大家好好地仔细谈谈，使我们东北军的意见能够达到一致，然后根据这个一致的意见，大家坚持团结，努力奋斗。我想，这样才能够达到营救副司令的目的，才能够使东北军走上光明的前途。现在就请大家好好谈谈。"

首先登台发言的是何柱国，于、王不在场，何军长就是最重要的指挥官。他说，根据现在的形势，只能接受中央的条件先撤兵。服从中央，不与中央为敌，中央也就容易接受大家的请求，到那时，再设法请放副司令，为时不晚。

他的理由是："如果我们拒不撤兵，坚持要求副司令回来，必定要引起僵持局面，进一步要引起战争，战争一起，对于副司令，对于东北军都是不利的，因为东北军绝对打不过'中央军'。战争之中，他们当然不能放副司令回来；战争完了，东北军失败了，他们更不会放副司令了。那时东北军的前途会更加暗淡。因此，我们现在应该避免冲突，服从中央。况且，副司令发动双十二事变的目的，是反对内战，团结抗日，以后的放蒋、送蒋也不外为此目的，到南京后副司令还屡次带信来，要我们和平解决。我们现在放弃坚持，应该说是尊重服从副司令的指示，符合副司令发动双十二事变的心愿。假如因为我们在这件事上处理不当，内战爆发，那将陷副司令于极大的痛苦之中了。所以，为各方面的利益前途着想，应当听从中央的命令：撤兵。"

最后，何柱国强调，他的话也是王以哲的意思。

何柱国的要点是，要救出张副司令，首先要服从中央，不能与中央为敌。一旦对抗而与"中央军"开战，战争一起，对于副司令、对于东北军都是不利的。

元老派讲完了，应德田代表少壮派发言。应德田的发言很长，核心的意思就是张学良不回来，绝不撤军，不惜一战。

整个发言有他的特色。他列出几个关键性论断为依据，然后引向：

（一）张副司令是否是值得拥护爱戴的领袖？是，就应该不惜代价去救！况且仗也不一定会因此就打起来。

（二）蒋介石的中央只能试探着施展阴谋。就是说，是欺软怕硬的，要救出张副司令，就不能试图博取蒋介石的欢心，而只能硬。不能服从，只能反抗！是坚决不能撤兵的！

应德田就"张副司令是否是值得拥护爱戴的领袖？该不该不惜代价去救"的问题反问道：

　　"关于营救副司令的问题，为什么说东北军应当而且必须首先积极主动地坚持呢？我们知道，西安事变'捉蒋'，是以副司令为主，杨主任为辅的；放蒋、送蒋，更明显是以副司令为主，杨主任和共产党代表团为辅的；在'三位一体'的团结之中，也是以副司令为最重要的中心人物。所有这些表明，这不只是由于东北军人多势大，而是因为副司令在这一系列的问题上，态度都是积极的、行动都是主动的关系。现在营救副司令，当然也必须还是由东北军积极主动。只有这样，十七路军杨主任和共产党代表团才能一同坚持。如果东北军不坚持营救副司令，那么十七路军杨主任和共产党代表团还怎么坚持呢？

　　"还有，不用说，谁都明白，副司令是我们东北军的领袖，并非十七路军的领袖，更非共产党红军的领袖，我们的领袖被扣，我们为什么不应当比别人更坚决地营救呢？况且，副司令与杨主任联合发动事变，实现了拥护蒋介石、联合共产党、团结全国、共同抗日的主张，对于国家有极大的功勋。这样的领袖，他个人有远大的前途，值得我们拥护他，营救他，而且副司令对于东北军的前途，对于'三位一体'的前途，对于中国的前途，也都有着深刻密切的关系。对这样一个值得拥护爱戴的领袖，我们怎么能不积极主动、团结一致地营救他呢？"

　　有关"要救张副司令，不能试图博取蒋介石的欢心，就不能撤兵"的道理。应德田是这样说的：

　　"第一，……12月25日，副司令放蒋、送蒋，接着我们又放人、放飞机，每一项事都得到了蒋介石的欢心，其结果又怎么样呢？在座的每一位心里都十分清楚，用不着我重复。相反，'双十二'凌晨把他抓起来、关起来，尽管他满腹愤恨，极不欢心，却仍旧不得不接受我们所提出的抗日条件。事实告诉我们，讨南京喜欢才能营救副司令的想法是极其错误的，不说幼稚，起码也是南辕北辙。

　　"第二，蒋介石扣留副司令虽然是恶毒的阴谋，但为着本身利害，他只能试探着进行。他要我们放那批将领，为什么他不直接打电报命令我们放呢？为什么要副司令打电报而又仅仅提出放回四名不说全部放回呢？他要我们放回五十架战斗机，为什么要宋子文、宋美龄出面，并请副司令写信进行释放呢？这种间接的政治手腕，证明他是在一步一步试探我们的态度，是投石问路，谨慎小心地从西安抽回一系列抵押品。如今审判了副司令，仍留下了'严加管束'的尾巴，他之所以运用非法律的管束词语，显然是在阴谋扣留中留有伸缩的余地。他派王化一、吴瀚焘、祝绍周来，以及要我们派人去，无一不是在进行试探，试探我们营救副司令的决心怎么样。如果我们不争取副司令回来就乖乖撤兵，俯首听命，那就是一误、二误，还要三误，副司令这一辈子也别想回来了！一句话，今天已经到了营救副司令的最后关头。"

对于坚持与中央对抗会不会引起内战的问题，应德田早已多次在其他场合指出，蒋介石的威信已大大降低，他不会挑起内战。

所以他坚信，国民党"中央军"只是威胁，绝不会真打。他这里讲的"营救副司令的最后关头"就是要坚持不撤军，下决心与老蒋一拼！蒋介石必定因怯战而老老实实地释放张副司令。

但他忽略了，失去东北后，东北军已经没有自我维持的生存能力。此时，不论东北军还是西北军，都是依赖蒋介石发军饷来维持生存的。不服从蒋介石，甚至要与蒋介石对峙时，东北军和西北军势必被切断粮饷。总不能指望蒋介石给你发饷，以维持你达到消灭蒋介石的目的吧？黄土高原地面干旱贫瘠，这二三十万大军队很难依靠它而生存。张学良急着送蒋回南京的重要原因就是苏联不支持西安事变！没有苏联的物资支援，张学良就无法对抗"中央军"。所以，"送蒋回南京"是张学良的无奈之举。这一点，不知柴米油盐的"三剑客"少壮派不知道，但军长以上的人一清二楚。再说，一旦"三位一体"与蒋介石军队打起来，则不论胜负如何，张学良始终是捏在蒋介石手心的囚徒。失败的话，结局更惨！

但应德田这番话非常激动人心，效果十分好。其成功之处，不在于三段论式的大前提是否成立，也不在于他演绎推理本身是否符合逻辑，而在于他的气势。有了应德田的那股气势，哪怕他大前提不成立和推理过程不合逻辑，他的演讲依然能慑服大家。在"我们是不是要下定决心坚持营救副司令回来，不撤兵"这样的大道下，东北军中没有人敢反驳。从而，在会上，董英斌、何柱国和应德田讲话后，再也没有其他人发表新的看法。

高崇民在西安事变回忆中也总结了渭南会议。他说："何柱国在东北军官中，本无威望，会场上各带兵的军官都被应德田借口争取张副司令回来的话慑服，无人敢表示赞成何的意见。"

不过，这电视剧还只进行了一半，接下来还有一项原本未列入会议议程的核心节目。这道节目就是苗剑秋屡试不爽的例行程序。那就是他先带头流泪，煽情地哭，然后引导全会场号啕大哭。在哭声中，他拿出联名状请各位依次签字画押！

这一招的功效将如何？相信各位读者早已经懂了！

果然是才子苗剑秋登上讲台。不过，他没有像以往那样长篇大论，而只是站起来流着泪说："少帅派人给我们带来口信，让我们坚持下去，要我们团结。只要我们做到了，他就有希望回来。少帅为了我们做了这么大的牺牲，而我们连这一点都不能坚持吗？"

苗才子谨慎地提到张学良带来口信的事，但没有漏口把张学良和平的指示说出来。张少帅岂能是主和的软骨头？苗才子是不会再说下去的，而是放声大哭来收住讲话。见苗剑秋哭了，台下一批军官也自觉地哭了。受传染，有更多的人流泪了，于是场内号啕声阵阵。此时，黄冠南等人见机行事，激愤地喊起"誓死营救少帅"的口号。这样一来，全场激动情绪达到高潮。前次已经在苗剑秋联名状上签过字的许多军官在台下议论纷纷，表示同意应德田主张并高喊"坚决不服从蒋介石的撤兵命令""如果'中央军'再次进军，就立即开战"等口号。

会议的气氛就这样被煽动得越来越激昂。

这时候，有人适时拿出应德田事先写好的主战书，当场宣读，读完之后要求鼓掌通过，作为这次渭南会议的决议。

这事完全出乎会议的宗旨！会议主席董英斌一时十分为难，但又不便给革命热情泼冷水。还因为此时，东北军、西北军两军布兵打仗的事需要王以哲具体去安排指挥，而此时他本人偏又不在场！

为了慎重起见，董英斌认为这个决议案需要赞成的人全部签好字，表明此乃绝大多数人意见，自己才好拿回西安作为联名的"上访状"交给王军长，让他知道军心民意，在"战"与"和"的问题上能好自为之！

这事好办！用不着行使表决之类的烦琐手续，有人带头干就行！"抗日同志会"的全体成员纷纷带头起了先锋作用。他们大多数是营级军官，个个争先恐后登台，隆重地签上自己的大名。营长签完字就轮到团长一级，大部分团级军官也在主战书上签名画押。于是，一些军长、师长、旅长虽然内心并不同意，但碍于部下的面子，不能不重新考虑自己的举动：拒绝签字，就在下级面前成了胆小鬼，那不怕被笑话吗？于是也签上了名字。结果就是与会军官有四十多人大都签上名字表示同意。这份签满军官姓名的主战书其实只是一份联名"上访状"，却被宣布为"渭南会议决议"！

西安事变史实中著名的"渭南会议决议"就这样诞生了！

"渭南会议决议"是行使民主集中制的结论，虽然形成决议的程序有点可疑。说程序可疑是因为，会议原先安排的程序没有签署"渭南会议决议"这项内容，而且"决议"的文字内容是由部分人在会场中突然拿出来的，其他人事先根本就毫不知情，文件内容更没有经过事先讨论研究。特别是其中把"主战"和"救张学良"等同起来，把"主和"与"不救张学良"等同起来，则是没有丝毫依据的。这份利用会议辩论过程而突然冒出的"渭南会议决议"，显然不合原先的会议程序，而不合程序突然间冒出来的决议很可能会造成严重后果！

绝大多数与会人显然没能料到自己要签署的联名"上访状"就叫作"渭南会议决议"，也没人会料到这份"渭南会议决议"会有多大的严重性。

但是，在那种场合，又有谁能用"程序不合规定"为由否定这份被称为"渭南会议决议"的联名"上访状"？

中国历史上，以程序不合法为由颠覆了已签署的国际外交文件的事件，只在1923年9月发生过一次，那就是中方代表王正廷与苏俄代表加拉罕签字的协定出现了程序性的错误，那协议同意宽限苏联从外蒙古撤军的时间和条件。精通国际法的顾维钧抓住程序性的错误这点，便以违背程序为由说服北洋政府内阁全体成员，在北洋政府国务会议上投票否决了那份不利于中国的"王正廷—加拉罕条约"！

但此时在渭南这种地方，哪来的外交家和国际法专家顾维钧？从而，在"三剑客"心目中，"渭南会议决议"成为向东北军指挥官夺权的重要依据！

渭南会议后，应德田、孙铭九、苗剑秋等少壮派，则坚决主张维护"渭南会议决议"，并要求贯彻执行。也就是要干脆回答对面的"中央军"，我们不撤军了！不是说过了1月27日要打吗？今天已经是1月30日了，如果你"中央军"不是孬种，那咱们就打打看吧！

但由于这是关系到东北军、西北军两军命运的重大事件，不能没有于学忠和王以哲的同意和签名。即使跳过于学忠和王以哲一关，还得得到西北军杨虎城和中共中央代表周恩来的赞成。所以，这次会议规模再大，其重要性就因少了这四人而大大地打了折扣。

事情马上就因此而演化到它的反面。

一部分前线的中、高级将领即使参加渭南会议，也签了名，但他们认为自己当时是处于一种被会议气氛绑架的状态，完全是一种不能正确表达意愿的走形式过程，散会后就觉得不符合口味。真的要付诸实行，他们就满心不情愿，就后悔。既然王以哲没有参加渭南会议，这些将领就认为可以让王军长出面否决"渭南会议决议"！于是，这批东北军军官就纷纷要王以哲出面做和平表态，替自己讲话。这样一来，在要不要执行"渭南会议决议"的问题上，东北军内部又出现了相持不下的局面。前线部队的官兵拒不执行"渭南会议决议"。

王以哲不愿以个人名义出面表态，他同样不想因自己主和而被误认为是不愿意救张少帅的孬种，但不表态又不行，为难之际，他想起张学良临走时留下的字条：诸兄听从虎城、孝侯指挥。

于是他提出：请于学忠来西安为东北军做主！

王以哲请于学忠做主，这态度相当谦虚。应德田等人也知道，于学忠是张学良送蒋介石离西安机场时留下了这道手谕。他们经过一番考虑，也赞成请于学忠做主的决定。

注意：情况因此发生了变化！既然主和派、主战派都同意了"于学忠来西安做主"的主张，那"于学忠来西安做主"就是大家的共识。于学忠怎么主张，东北军就怎么办，就是最后命令！有争议的"渭南会议决议"就完全被于学忠的主张取代了。除非于学忠正好主张"渭南会议决议"，否则主战派就不能再拿"渭南会议决议"说事。况且，军事行动的事也不能只由东北军说了算。即使少壮派元老派的意见统一了，还得看西北军和红军两方面的意见。也就是说，要由"三位一体"来做最后决定。

应德田当然知道这么回事，因此他同意了。当然，他们同意于学忠做主是基于这样考虑的：于学忠迂讷老实，容易对付！只要于学忠来到西安，马上让他当面表示接受"渭南会议决议"就行。那时，自然可以让王以哲等人哑口无言，老老实实地按我"三剑客"的主张办事！

于是，应德田预先约定好：于学忠一到西安，就由何柱国的副官长何镜华出面，把于学忠接过来，以先入为主的手段，向他讲清必须把释放张学良当作第一件事来处理，通过洗脑让他就范。最好是让于学忠先签署"渭南会议决议"再说。这样的话，便万事大吉了！

1月31日黄昏时分，于学忠准时到达西安。不过，他坚持要去探望有病在家的王以哲，并让何镜华在第一时间陪自己径直前往粉巷王以哲家。

于学忠没有按"三剑客"的愿望先去签署"渭南会议决议"。这下子就彻底打乱了少壮派的周密策划。眼下，于学忠是东北军中资格最老的头领，也是张学良指定的召集人。但由于他谦和的性格，他不会妄自称人，所以要发表政见之前，他要先与王以哲交换意见。况且，此时彼此之间的实际地位已发生变化，于学忠已被老蒋宣布撤职留用，甘肃省主席的职务被解除了。相反，中共方面向南京建议由王以哲接任甘肃省主席，老蒋虽没有允诺，但也没有回绝，而是让甘肃省主席的位置悬在那儿。再加上西安周边到陕甘边区的东北军主力实际上都由王以哲指挥，所以，从东北军的大局出发，于学忠绝不肯任少壮派轻易摆布自己。

知道对于学忠采取的措施没有如愿后，孙铭九立即找在西安的全体签过名的东北军中级文武官员，他们都集合到王以哲家中来。他们要故技重施，集体向于学忠、王以哲等军头请愿，要求执行渭南会议的决议。于是先后来到王以哲家的人有于学忠、何柱国、董英斌、刘启文、杜维纲、陈昶新、刘佩苇、洪钫、孙铭九、应德田和何镜华等。

王以哲卧室不大，当时他正斜躺在床上，半侧起身子，下半身盖着被子。于学忠就坐在王以哲的床边，何柱国坐在对面，董英斌坐在靠何柱国打横的一把椅子上，房内还有孙铭九、应德田、何镜华，而外间的许多人挤不进来。

有"三剑客"在，首先开场的自然又是一剧哭戏。第一声的发言没说完，就泣不成声："我们一定要……要求副司令回来！"这哭声一起，屋里气氛马上变得非常凝重，大家看清哭的人，原来是工兵第二团团长杜维纲少将。顺便说明一下，此君后来在抗日中也是个小汉奸，他仍旧保留少将军衔，在汪伪武汉政府内任伪陆军少将。

不知是谁不喜欢这种气氛，就高声吆喝："肃静！"哭声顿时消失，满屋的人都眼睁睁地等着于学忠表态。于学忠在兰州时，对这里的争议略有耳闻。只是刚才在汽车上何镜华又抢先给他"打了预防针"，那反倒令老于一下子不知如何开口才好。于是在一旁的何柱国转向王以哲，催他开口。王以哲推却了一阵才说道："现在是六点，杨主任、周副主席那儿也围绕'和''战'问题正在开会哩。我已经与他们商妥了，七点半在我这儿召开'三位一体'高级会议，拿出最后决议。东北军方面于军长、何军长我们仨参加。现在先让于军长吃个饭、喝口水，休息一会儿。你们如果急于知道开会的结果，可以坐在隔壁堂屋里旁听。我们东北军是有组织纪律的，在周副主席和杨主任面前，不允许乱吵乱闹，有失体统！"看来，王以哲虽不想先声夺人抢先表态，但他还是向少壮派发出了警告：不许哭闹！

显然，这次王军座有思想准备：不许今晚"三位一体"的最高联席会议出现乱局！

既然王军座家里不让哭，那就把地点改到他家门口。晚饭后，少壮派又聚集在王以哲家门口，准备对于军长进行"哭谏"。于学忠用过晚饭，从王以哲家刚刚出来，就被几十名少壮派军官包围，为首的几个纷纷跪地哀求："于军长一定要主战，营救少帅！"面对眼前少壮派咄咄逼人的势头，于学忠左右为难，开口不得。他不敢公然说个"不"字，但又不能不违心附和少壮派的观点。他皱紧眉头，因为少壮派这种怪异的举动恰起了反作用，他十分反感。倘若此前于军座内心尚对少壮派怀有少许好感的话，恐怕就因此而荡然无存了。

当天晚上，杨虎城当召集人，东北军、西北军和红军"三位一体"的联席会议在王以哲卧室举行。

出席会议的除杨虎城、周恩来、于学忠、王以哲、何柱国外，还有董英斌。在卧室外的旁听人员是应德田、何镜华、张政枋、刘启文、杜维纲、刘佩苇、邓玉琢等人。仿佛，各人回忆出来的名单中少了孙铭九。是忽略了，还是缺席了？这不知道，也不用太在意。反正他在与不在，均意义不大。因为今晚的会议，少壮派没有发言权。他即使在，也起不到作用。

决定东北军、西北军命运的时刻终于来到了，但与会者均推托着，谁都不肯率先说话。因为，东北军到会的于学忠、王以哲、何柱国三个军长全是主和的。他们知道，这"和"字一出口，马上就会被戴上一顶卖主求荣的帽子。

杨虎城看着冷场的局面，就提高了声音："张先生临走时，下手谕由孝侯兄负责东北军，请孝侯兄代表东北军发表意见，不要再推辞了！"

于学忠眼看推卸不得，便开了口。他说："我刚从兰州来，不了解整个局势的情况，到西安后，才知道在营救副司令一事上，东北军内部存在着两种对立的主张。主战的人说张将军不回来，所以要打仗，我看打仗不但不能把张将军打回来，恐怕还会害了张将军。因此仗是不应该打的。从形势上看也不能打。我们只顾东面，西边胡宗南已过宝鸡，正向凤翔进军；我们内部沈克、檀自新两师又不稳，我们已处于内外交迫、两面受夹击之势，仗是不能打的。我觉得已经到了现在这个地步，不撤兵恐怕会引起战争，战争一起，对副司令，对东北军，对'三位一体'都不利，应该按照鼎芳和柱国的意思办！"

鼎芳是王以哲的字，于学忠这些话，等于把决定权交还给王以哲和何柱国。杨虎城借此言就请王以哲发表意见。王以哲于是表达了和平的立场。他最后说："和也好，打也好，要快快决定。和平撤退的条件已经与顾祝同谈妥了，这样犹犹豫豫僵持着是有危险的，是军事上最忌讳的。"

接着，何柱国发言支持王以哲的看法。

至此，在场的东北军三大头领，都发表了一致的意见：和平！即通过撤兵的实际行动来救张学良。

杨虎城看到东北军的三个军长都拥护先撤兵的方案，就顺水推舟改口说："我一直认为副司令不回来，委员长答应的诺言就不能说没有问题，我们这里急需副司令回来主持，因此，我倾向于坚持先救副司令后撤兵的方案。现在，孝侯、鼎芳、柱国代表东北军都认为先撤兵有益，那么，我们与以往一样，愿与东北军一致。"

杨虎城说完，就请周恩来讲话。周副主席说："我们原来认为先撤兵而后设法救副司令的办法是对的。不过，你们两方面都有许多人坚决主张先救副司令后撤兵，为了'三位一体'的团结，也考虑到副司令在东北军和'三位一体'中的重要性，只要东北军、十七路军一致主张，一致坚持，我们可以改变我们原来的意见，和你们一致坚持。现在，你们两方面既然一致了，我们当然也和你们一致。"

在发言的最后，周恩来特别强调："请你们千万要注意内部的团结，设法说服你们的干部，否则会发生问题。"

1月31日，王宅举行的"三位一体"最高会议明确地重申了和平方案！

有人认为，是这次最高会议完全推翻了"渭南会议决议"。我们以为这说法不完全妥当。因为，"渭南会议决议"没有被拿到这次最高会议会场，会议中也没有人议论过"渭南会议决议"中的任何一句话。事实上，在于学忠来西安之前，少壮派自己已经放弃了"渭南会议决议"。当主战派和主和派一致同意让于学忠做主时，就等于双方都放弃各自的立场：于学忠怎么说就怎么办。从而，"渭南会议决议"不是最高会议必须讨论的议题。

"三位一体"对这个晚上会议过程的回忆，基本都略去了许多细节，而只简略记述各人发表的基本观点。其实这次会议开了很长时间，甚至延续了大半个夜晚，时间长达六个小时。当会议进行超过一半时间时，在外屋旁听的应德田、何镜华、张政枋、刘启文、杜维纲、刘佩苇、邓玉琢等"抗日同志会"的伙伴们，其内心痛苦已经到了无法坚持和忍耐的地步。他们太失望、太气愤了，但又不便于发作，只好忍住。他们一根接一根地猛抽着香烟，满屋烟雾弥漫，却没有人开口讲一句话。毕竟此处是王军长的私宅，院内两个班的警卫，个个脸色严肃，冷若冰霜。这些警卫似乎并不太认识这批年轻人，不知道他们在张少帅身边呼风唤雨的风光。今天，少壮派才体验到人在屋檐下，不得不低头的难受。此时只有忍住情绪不哭不吵，才是他们最好的选择。

王宅会议最后重申的和平立场，等于让刚诞生一天的"渭南会议决议"彻底夭折了。辛辛苦苦地努力，才在东北军内部形成这份决议，却在"三位一体"的最高会议遭到如此不堪的冷落和遗弃。这对少壮派军官来说是个多么严重的打击！原本他们的如意算盘是要利用这决议来实现夺权的梦想！

少壮派军官忍无可忍，对会上发言人均恨之入骨，其中尤以王以哲为甚。大家确信：王以哲就是横在他们面前最大的一块绊脚石！

他们感到侮辱，难以压住怒火！于是纷纷起身，弃下点燃在手指尖的香烟，离开王军长家，头也不回地走了！

失望，极度失望！

但这次，应德田等人极有男子汉气概，没人因此而掉落一滴眼泪。

从1月27日开始，以"三剑客"为代表的少壮派通过请愿和"兵谏"成功地取得杨虎城的支持，又得到中共代表团的理解，在西北人联合的"三位一体"中取得两分。他们再接再厉终于在渭南会议上获得多数军官签名的"渭南会议决议"。眼看，以"三剑客"为代表的东北军少壮派成为大西北最有决定权的政治军事集团！不料，王宅会议又一巴掌把少壮派从天上打落到地上，花了多少心血弄出来的"渭南会议决议"被当作一张废纸去进废纸篓，全部希望就此功败垂成，一切幻影就在这刹那间破灭，而所有这一切变化，全都因为王以哲和何柱国两位老顽固从中作梗！

会议结束，何柱国走了出来。他只见外屋满地都是烟灰烟头，有的熄了，有的正在冒烟。烟雾未散的桌边只剩下张政枋一个人正收起记录本子。张政枋对着何柱国郁郁地说："这边，昨天晚上让人把作战命令都起草好了，今天却来了个一百八十度的大转弯，太让人伤心了，伤心透顶！"说罢，也转身走了。何柱国连喊了他几声，他却头也不回。

少壮派与元老派就因这个"三位一体"的最高会议彻底分裂了。

对于元老派的这几个人，其实不用多做介绍。于学忠和何柱国都是领导自己的队伍坚持在敌后抗战八年的大英雄。七七事变后，于学忠奉命率部守卫山东海防。次年，他出任第三集团军总司令，率部先后参加津浦路南段战役、淮河战役、台儿庄战役及武汉保卫战，屡立战功，给日军以沉重打击。后来他任山东省主席，坚持在敌后打击日本侵略军。

抗日战争初期，何柱国任"中央军"骑兵第二军军长，坚持华北抗日。随后任国民党军第十战区副司令长官兼第十五集团军总司令，坚守豫皖苏边区。在1945年夏天，身陷中国泥潭的侵华日军总司令冈村宁次想从中国大陆脱身，派副参谋长今井武夫费尽周折跑到豫皖苏边区找何柱国，想通过何将军向重庆政府求和，以便从中国大陆退兵。对此，何柱国严正指出，日本只有接受《开罗宣言》一条路可走，"从满洲以致海外的全部兵力固不待言，朝鲜和台湾、库页岛等也非让与不可！这件事已经盟国协商完毕，所以没有再变更的余地"。何将军指出了盟国、盟军是一个整体，中国是盟国的代表，日本不能指望避开盟国与中国单独和谈，更不要对战争抱丝毫梦想！何柱国严厉警告说，日本因战败结果而灭亡之事，绝不是中国所希望的。

不知世界大势的日本人闻言，感到极端震撼，但他们不知抓紧最后的时期放下屠刀，主动与盟国洽谈如何实现体面的投降问题，以致一个月后连吞两颗原子弹，终成亡国奴！侵华日军头子与何柱国的这段交涉过程，几十年过去了，国人竟然无人提及，反倒是日本人在战后因追悔往事而回忆了出来。

而对于少壮派，其中一些人我们在前面已有介绍，特别是其中的"三剑客"。但对整个少壮派，我们不宜一概而论，多数人是不一样的。人生今后的路是靠自己走出来的，一时一事不等于终生。

一些对"三剑客"抱有崇拜心理的朋友，显然不知道抗日战争中"三剑客"与于学忠、何柱国等人截然不同的人生道路，混淆了英雄与汉奸的界限。

说完这些，我们继续回到王宅会议的现场。

会议散场时张政枋所说的，昨天是哪个司令部开了作战会议，起草了什么样的作战命令看来已经是无从查起了。他大步离开时，对何柱国的招呼回头不回头的事，看来也没有多少重要性。倒是几个"弃下大截没抽完的香烟离去"的人值得追踪一下。我们最关注的人是应德田、孙铭九、苗剑秋和何镜华。其实张政枋也正是紧追这些人而去的。

果然，这几人走后不久又凑在一起了。他们铁了心，要把屠刀砍向被称为东北军元老派的那班人马，"抗日同志会"的多数成员正是这些人长期栽培起来的。这些如今是绊脚石了。为此，他们连夜制定了谋杀自己顶头上司的具体实施细节。

参与这次聚会的究竟有多少人？当场没有留下记录。但事过十几年，新中国成立后，就有几个人先后回忆了他们碰头开会的情形，并留下了一些文字。这些文字没有原则上的矛盾，只有少数枝节问题有些含混不清。含混不清的问题中就有：多少人参加了聚会，又是谁起主导作用。回忆者中就有应德田这位重要人物，他的回忆记述了别的与会者的发言，但唯独不提他自己说了些什么。但从他的回忆我们可以确定"三剑客"和何镜华都参与了这次会议，而且参与者不少于四个。参考其他三人的回忆，我们可以知道，参与聚会的人起码有何镜华、苗剑秋、孙铭九、文英奇、孙聚魁等人，当然还有应德田自己。

应德田回忆提到，首先说话的人是何镜华。何镜华讲到自己刚才到过何柱国家，看到何军长的参谋刘本厚正在起草撤军命令。

原来，王宅会议散会后，何镜华就在第一时间去了何柱国家，这点很正常。因为他是何柱国的副官处处长，况且同姓何，还说不定彼此就是同乡本家。他自然算是何军座的亲信，何柱国不会对自己的副官掩饰什么机密。

这是紧急情况。显然，大家都知道，一旦这撤军命令一发布，就没有任何回头的余地了。为了制止这道撤军命令得到执行，何镜华建议："我们是不是找人去王以哲家中再向他谈谈呢？"

"太迟了！"苗剑秋马上表示反对，"大家再到王以哲家中去说，是没有用的，因为王以哲不会听大家的话，更不会听我们的话。"

劝又劝止不住，又有什么办法能阻止撤军命令的发布呢？好在，关键人物只有王以哲和何柱国两人，只要想出办法解决掉他们，一切问题就迎刃而解了。于是，大家议论纷纷，最后集思广益，他们想出几条对策。

一是绑架。像扣蒋介石那样把王以哲、何柱国两人骗进张公馆，然后扣押起来。

二是枪杀。把王以哲、何柱国两人全杀掉。

就如何杀掉两人的问题上，又提出明杀和暗杀的两种手段。

经过一番争论，最后觉得绑架两位军长难度太大，于是选择第二条：杀人！但又因为暗杀不容易掌握，他们就决定明杀！由于"抗日同志会"中，孙铭九是行动部部长，所以杀王以哲、何柱国两人的任务最后要由孙铭九主持实施。

不过，事情没有就此结束。

他们想杀的人也绝非只有两位军长。你想，军长不是其他什么人。他们人脉关系广，朋友多，上下级多，亲信死党一大批。杀掉两位军长，就难免要遭到两位军长亲信朋友的报复！所以必须先下手为强，要杀就必须把亲信朋友也一并解决。所以行动前就要开列出一份死亡黑名单，以免遗漏，留下后患！

其实，这夜参加会议的人也绝非"三剑客"加何镜华四人，而是比想象中的人数要多得多！于是，你一言我一语，一下子就添进许多要根除的目标。究竟最后定几个？我们深入地把应德田的回忆看下去就知道了。我们现在知道，当夜少壮派开出的死亡黑名单中有：王以哲、何柱国、缪澂流、刘多荃、米春霖、鲍文樾、李金洲、宋学礼、蒋斌、徐方、杨大实、谢珂等十余人，这些都是东北军主和派的高层。除东北军外，另外还有其他人，其中一位就是十七路军的孙蔚如。

但在具体决定执行死刑时遇到一些麻烦。比如，缪澂流、刘多荃带兵在外。还有，与"中央军"谈判的代表米春霖、鲍文樾、谢珂等人行止不定。对这五人的死刑执行就有很大的困难！从而，最终决定执行的是王以哲、何柱国两位军长，除此以外，宋学礼、蒋斌、徐方、杨大实等四人都分别安排好了死刑的执行人。

具体安排是这样的：文英奇杀东北军参谋处处长徐方；孙聚魁杀王以哲副官兼交通处副处长宋学礼、交通处处长蒋斌、骑兵军西安办事处处长杨大实；西北军三十八军长孙蔚如由西北军少壮派自行解决。就是说，这些人把1月27日开列的死亡黑名单重新回锅炒了一番，其中主要人物变成具体执行的对象。

除杀人外，还安排了四件事。

（一）派人看守住于学忠，防止他惊慌失措，飞返兰州。

（二）2月1日一早，在西安东城门设岗检查车辆人员进出，截留住赴潼关签字的和谈代表李志刚，让他老老实实回家。

（三）后半夜在主要街巷同时贴出"打倒王以哲、何柱国"等"锄奸"标语。

（四）准备下一步继续向杨主任、周副主席的请愿事宜。

这中间，不论绑架还是枪杀，都是严重的事件。所以，后来没人承认自己在这事件中的领导能力和丰功伟绩。特别是，"二二"流血兵变一发生，就震惊全国，案犯遭到全面的声讨与全国大通缉，得不到半句的同情！这样一来，中国自1937年以后，参与那夜密谋的人因名声扫地而不得不躲在黑暗中混过他们的后半生。新中国成立后，当这些人重新回忆"二二兵变"时，就发觉那不是功劳，而是罪恶！从而他们总是夸大别人的作用，而谦虚地把自己的功劳省略掉，或谦虚地列入末位。他们各自表明：自己绝不是主谋，所有坏主意都是别人出的！

显然，那与骊山"捉蒋"不同，蒋介石是大坏蛋，骊山"捉蒋"就是丰功伟绩，人人想捞一份功劳。就连新中国成立后定为"历史反革命"而被冷落一辈子的王玉瓒，临死前都要站出来与"捉蒋"英雄孙铭九辩个真假美猴王。而"二二兵变"策划者却不一样，因为他们或许知道，将要死在他们枪下的王以哲不是反动派，恰是中共党员。没人在新中国成立后还愿意承担谋害在东北军内位高权重的中共党员的罪责！

所以，我们很难从他们彼此之间互相推诿罪责而又互相矛盾的回忆中，确定谁是那起流血兵变事件的主谋，谁只是辅从。既然如此，我们也没必要把他们互相矛盾的回忆内容和盘推向读者。反正他们推来推去，没有牵涉更多别的人，而主使人只集中在"三剑客"与何镜华四个人身上。看来，我们可以这样假定：他们四人就是这起"二二"流血兵变的共同策划人。

据称这起事件的策划人都是响当当的主战派。但他们蓄意把阴谋的枪口对准王以哲，而正是王以哲在全面指挥西北战场对抗"中央军"的战斗。口头主战派公然要屠杀正在谋划战争的最高指挥官，这才是历史上最滑稽的一幕丑剧！

事实上，此时在会上持主和立场的王以哲，正是东北军内在东、西、中三条线对抗"中央军"的组织者和指挥员。当时，西安东临陈诚、顾祝同、刘峙等指挥的"中央军"最精锐部队的进逼；胡宗南主力则从西部发动攻势；咸阳驻扎的"中央军"万耀煌二十五军犹如一把尖刀扎在正当中！面对这种局面，王以哲承担着重大军事责任。他协调东线缪澂流、刘多荃的备战，此事有目共睹。

而在中部，为对付西安临近的咸阳万耀煌二十五军，王以哲是邀请彭德怀率中央红军进驻三原，有力地牵制着二十五军的动向。在陕甘交界处，胡宗南、曾万钟、毛炳文及关麟徵、杜聿明的十万"中央军"对"三位一体"构成巨大压力。目前胡宗南第一军正越过宝鸡向东进发，正面阻挡这路劲旅的正是老冤家王以哲的六十七军。就在 1 月 31 日王宅会议上，于学忠讲到的胡宗南过宝鸡进军凤翔的事，那就是冲着王以哲六十七军而来。胡宗南来势汹汹，他要找王以哲报山城堡战败的一箭之仇，还只是表面现象。攻陷西安与东面的陈诚、顾祝同争"头功"，才是胡宗南的最大目标。在大西北战场上，也就是王以哲与中共中央和红军能保持最密切的合作关系，毋庸置疑，此时王以哲是身跨国、共两党的党员。他所起的联络与调解作用无人可替代。

就在闹哄哄的所谓"渭南会议决议"形成以来的两昼夜中，病榻上的王以哲正与六十七军副军长吴克仁通过电函密切联系，详细策划对胡宗南的第一军进行还击。昨天，也就是 1 月 30 日，王以哲为打击胡宗南第一军的事，向毛泽东发电报求援。电文通报了胡宗南进攻的情况及他计划还击的方案，要求红军在西线予以策应。

当天毛泽东主席的回电是劝和的："此时兄我两部与胡军作战，均于大局不利，请兄速派员见胡，告以西安事变和平解决，两军再不宜冲突，还可供应胡军粮秣，第一着以力求不打为好，如彼一意孤行，敝部罗炳辉在盐池，徐海东在庆阳均可随时策应兄部。"（高存信，白竟凡：《王以哲》，《辽宁党史人物传》第九卷，中共辽宁省委党史研究室主编，2003 年）

毛主席的回电让王以哲想到，红军一定是有艰难之处，但胡宗南之敌又不得不面对。王以哲依然坚持向红军求援。但他也在考虑，万一联络不上红军，自己该如何独力反击胡宗南的问题，山城堡战役形成的双方恩怨总归要了结一下。

口口声声扬言要与"中央军"血战一场的"三剑客"与何镜华等少壮派，他们怎么回事？在一场东北军六十七军与"中央军"第一军之间的决战前夜，他们唯一想做的事却是在东北军内部大开杀戒！首先把阴谋的枪口对准这场决战的策划者和指挥者王以哲！

不知道胡宗南会怎么想"三剑客"与何镜华这些人，怎么看待这支秘密的地下"同盟军"？当然，在事实上，"三剑客"绝不是老胡的地下军！

何镜华与"三剑客"的聚会延续到下半夜，一起由法西斯主义小团体策划的暴乱阴谋，就这样初步成型。

## 粉巷胡同内的枪声 I

讲起来，西安事变的直接诱发因素可能是山城堡战役。王以哲与红军领导人毛泽东、彭德怀时刻秘密通话、打假仗、订立同盟协议，结果在 1936 年 11 月，山城堡一战，红军打败了"中央军"胡宗南第一军的一个旅，并将其半个旅的兵力消灭掉。恰好这一仗的"中央军"最高指挥是蒋介石。他在洛阳遥控指挥，并监听了王以哲与红军的全部秘密电报通信，发觉王以哲在战争中始终与红军秘密联络，在最后关头见死不救，听任红军包围并追歼胡宗南的半个旅。为此蒋介石恼羞成怒，甚至打算要拿王以哲"军法从事"！仅因左右担心激成事变，竭力劝阻，他才不了了之。到西安事变前两天，蒋介石为迫使王以哲就范，既拉又打，拿出山城堡之战中全程监听王以哲与红军秘密通信的记录进行威胁。这使张学良、王以哲都感到十分紧张，他们感到自己已经到了退无可退的地步。于是张学良最后决定在"双十二"举事，酿出了西安事变。

事变发生后，张学良把王以哲、何柱国、董英斌留在西安，直接协助处理军事要务。而王以哲的六十七军和何柱国骑兵军留平凉、固原一带，由六十七军副军长吴克仁暂时指挥。这两支原本与胡宗南等"联合剿共"的军队如今转而与红军公开结盟对抗胡宗南、曾万钟、毛炳文、关麟徵、李仙洲等各路"中央军"总共十万余人。这时，于学忠的五十一军集中兰州，缪澂流的五十七军及刘多荃的独立一〇五师集中西安周边。其中，刘多荃一〇五师是主力，被部署在临潼渭南一线准备应付"中央军"樊崧甫第四十六军及精锐的宋希濂三十六师和桂永清教导总队的进攻。缪澂流的五十七军布局高陵策应刘多荃，并防备咸阳万耀煌的第二十五军。由于局面危急，何柱国部属檀自新骑十师从陇东调到陕西助战。没料到老蒋当初把骑十师配给东北军，原本就是含有掺沙子的意图。如今东北军反抗"中央"，檀自新骑十师怎肯盲从？他们一到达陕西蒲城后，就酝酿举旗造反，效忠"中央"。此时，远在华北的万福麟五十三军已脱离东北军系统，于学忠的五十一军又偏师兰州。虽然王以哲的六十七军也在陇东，离西安有一段距离，但由于缪澂流和刘多荃与王以哲的关系特别密切，而且王以哲与何柱国相处得不错，一时间，王以哲无形中成了东北军的临时核心。

紧接在王宅会议之后的是少壮派的秘密集会。当夜，他们密谋的计划一直到下半夜才拍下板。果然不久，西安街头出现了"打倒王以哲、何柱国"的醒目标语。但其时，没人因为看到标语就向太严重的方向去想，甚至以为，倘若真有阴谋家想要杀人的话，就该是鬼鬼祟祟地进行，绝不至于如此张扬。

次日凌晨前夕，一〇五师长刘多荃接到一封由十七路军电台发来的电报。电报大意是称王以哲出卖东北军，已被处死，要前线部队服从命令等。电报末尾署名为子虚乌有的"西北抗日联军指挥部"，明眼人一看，就显然断定它只是一份匿名电报。

不过，刘多荃看到这封匿名电报后，仍然感到非常惊愕，立即向王以哲家中打电话询问。结果表明，王以哲家里并没有发生什么情况。于是他放下了心。此时高崇民正在一〇五师师部，他听到平安的回音后也定下心来。他们谁都没有想到问题真的会发展到这么严重的地步，只猜想到可能只是一份恐吓电报，目的是故意扰乱人心的。从而，刘多荃未加以追究，只是派自己的副官那宝刚持恐吓电报送给王军长看，请他严加戒备，或暂先躲避。那宝刚又名那维张，对这"那"姓，我们许多人是从一位女歌星的姓名才知道的。刘多荃派出那副官后，又拿起电话，把消息告诉给西安绥靖公署主任杨虎城，请他加强保护王以哲、何柱国、于学忠及各东北军高级领导人的安全。

几乎同时，高陵的五十七军军长缪澂流也收到一份同样的电报。他听到王以哲没事之后也未加仔细研究。他照样给杨虎城主任打了电话，请他保护王以哲、何柱国和于学忠的生命安全。西安是杨虎城大本营，在缪澂流和刘多荃面前，杨虎城是主，东北军是客，喧宾夺主是一件忌讳的事。所以，西安警备司令归杨虎城指挥，城内东北军领导班子的安全是交给杨虎城全面安排的。

此事，高崇民在当时也持那样的看法。但他在新中国成立后回忆这起事件时，重新做了分析。

他认为，那两封电报，显然是有计划、有目的预谋杀害王以哲的一个步骤。它可能是在向前方将领试探：如果王以哲被枪杀，他们会采取什么态度。高崇民甚至认为宋文梅等人与应德田、孙铭九、苗剑秋之间就杀人的事早有联系。那两份电报从西北军军部发过来，或许正说明宋文梅参与策划。但宋文梅是否参与1月31日夜里密会的事，没有得到直接的证实。因为，应德田、孙铭九与何镜华后来回忆1月31日晚上的谋杀会议时，都没有提到与会其他成员名单，没有额外提到西北军的宋文梅到场，也没有提到过利用西北军电台发出匿名电报的事。或许，与中心议题比，这些匿名电报、深更半夜派谁去贴标语以及是否邀请了宋文梅参加会议等问题，显得无足轻重。从而那些参与会议的人的回忆中忽略了这些细节。

2月1日一早，刘多荃的副官那宝刚从西安来电话，向刘多荃报告了他见到王以哲军长的情况。他报告中讲到，王军长不但不肯躲避，还轻蔑地说，"这些小孩子还真能打死我吗？我没做亏心事，我不怕他们"。刘多荃和缪澂流只好又分别向何柱国通报了险情。

杨虎城接到缪澂流、刘多荃的电话，他立即派人接王以哲、何柱国到新城大楼杨公馆暂避。虽然王以哲摇头，但何柱国还是听从杨虎城提出的避难建议，准备动身。这是因为，何柱国又从自己的副官长何镜华处间接得到了暗示。何镜华是何柱国的副官长，又是"抗日同志会"的军事部部长，他的劝告在何柱国耳中显然是最有分量的。

就在这时候，传来了令人紧张的消息：西安东城门口，十七路军原谈判代表李志刚再次遭武装扣押，同时遭阻挡的还有与他同行的中共代表李克农！扣留他们的不是别人，而恰是少壮派首领孙铭九指挥的卫队团。此时卫队团又叫特务团。

原来这天上午，杨虎城按昨天王宅会议的决定，派李志刚和李克农到潼关签署和平协议。但少壮派又根据昨晚秘密会议四点计划的第二点决定，派兵把守西安城门，阻挡和扣押杨虎城派出的和谈代表。把守西安城东门的官兵不是别人，正是孙铭九亲率的卫队团！毫不知情的谈判代表李志刚和中共代表李克农被当场扣下。

杨虎城、于学忠闻讯，大吃一惊，慌忙赶来。孙铭九看到两军巨头到达后，觉得还是给主帅提供一次改弦更张的机会更妥当。于是他再次拿出绝招，引导士兵向杨虎城、于学忠跪地啼哭请愿：我们不能不救张副司令啊！坚决不能与"中央军"签约！

杨虎城见状就表示：如果你们东北军愿意打，我也愿意打！

于学忠原本不肯说空头大话，但他被孙铭九等人的跪哭弄得手足无措。就在几乎要屈服的最后关头，何柱国也赶来了。

何军长高大威猛，为人丝毫不窝囊。他见状大怒，严厉斥责孙铭九太放肆，并威胁说要拿下军法从事，可以随时枪毙他们！

孙铭九被训得头脑发麻，急得手心冒汗，哭声戛然而止！于是态度来个一百八十度大转弯，连连表示悔改认错。接着他又哭了，照样是一把鼻涕一把眼泪地后悔个没完。最后他同意遵照和平方案，立即遵照何柱国的命令，将他所带的卫队团全部撤出西安，转移至邻县。

看到何柱国摆了摆手，孙铭九匆忙带人退下。

孙铭九一行被吓退。李志刚和李克农趁何柱国训话之际走脱。

何柱国回去后，考虑到孙铭九服从命令只是阳奉阴违的虚伪手段，他的特务团和"抗日先锋总队"还将继续赖在西安城内，而王以哲六十七军与自己的骑兵军都很遥远，调兵回城显然是来不及的。他头脑中不时闪现孙铭九两副不同的哭相：在杨虎城、于学忠面前是一种哭调；而一刻钟后因挨自己的训斥，又是另一种哭腔。这孩子太可怕了！

想到这里，何柱国马上到粉巷胡同找王以哲，建议他与自己一道暂避杨虎城家中。恰在此时，杨虎城第二次派人上门请王以哲、何柱国到新城公馆暂避风险。

王以哲依然不愿意躲避。他认为，自己主和是为东北军考虑，完全没有私心，根本不怕少壮派威胁。况且他认为自己对孙铭九等人非常了解，以为这些人没有胆量杀他。他说："我一心为了东北军，我不信那些小家伙敢打死我！"

何柱国当然不放心，坚持要王以哲一起走。但王军长仍是一个劲儿地摇头："我一个堂堂的军长，在自己部队里活到避难的地步，还有什么意思？你去，我不去，去了是天大的笑话。"

这当中，更重要的是王以哲对杨虎城有误会。这误会或许就源于张慕陶的秘密讲话不断被传出来。他觉察到杨虎城可能有借机吞掉东北军的野心，从而对其比较厌恶，不愿意受他的保护。他对何柱国说："住到杨家里去更危险，是送礼上门！"就这样，何柱国决定一个人住进新城杨公馆，而王以哲继续留在粉巷胡同27号自己家内。

当然，王以哲家的警卫也加强了。他特地在大门口对面安排了一个警卫排，并正对门口直接架起了机枪！卫队更是决定在夜间加强值班和警戒。他们以为，真要谋杀王军长，杀手夜间作案的可能性最大。

2月1日晚到2月2日晨，粉巷胡同27号王以哲宅内，卫队高度警惕地戒备了一个晚上，连重病在床的王以哲也没入睡，他侧着身子半躺着，王夫人更是不敢大意，她整夜不睡地守在边上。这情况不是王军长怕不怕死的问题，而是因为，既然各方面来的警报都集中在自己身上，而且又谢绝了杨虎城的好意，那自己就应该加强防备才是。不承想，结果是一夜无事，却闹得大家一夜无眠！

此时是2月2日清晨，天亮了。王以哲让一夜不敢闭眼的太太放心睡下，并派人问候辛苦一夜的警卫，劝他们也抓紧时间休息休息。安顿之后，他自己也躺下闭目养神，焦急地等待着自己部队的消息。西部战场上胡宗南"中央军"第一军的动向，令王以哲难以静心。

原来，昨天早上7时，王以哲正与副军长吴克仁商量部署军队在宝鸡、凤翔之间准备还击"中央军"胡宗南部的进攻。为争取得到红军的支援，他和吴克仁联名给"泽东同志"发出"万万火急"电报，希望红军罗炳辉部于2月3日晚开到麟游，与自己手下的骑三师和一〇六师联络。骑三师原本是属于何柱国指挥的，此时，为配合作战，在陇东一带的骑兵军正与六十七军协同作战。闭目静待的王以哲内心正十分焦急，他一边焦急地等待着前线的动态，一边盼着毛泽东主席的回电能早早传来。

不觉已是 2 月 2 日上午。此时离粉巷胡同不太远的西安启新巷孙铭九家门外，两个哨兵持枪站立。门内的两间堂房坐满了人，他们正在开会。

综合相关人员的回忆来看，这会议是早晨八九点钟开始的，参加的人除做东的应德田、孙铭九外，还有"设计委员会"的苗剑秋、一一五师师长刘启文、参谋处副处长邓玉琢、工兵团团长杜维纲、炮兵团团长刘佩苇、军警督察处督察长文英奇及"抗日先锋总队"的赵龙韬、乌庆霖、周锟、贾陶、黄冠南、商亚东、王协一、华国璋、于文俊、魏治国、朱云飞、孙聚魁、孙我权和孙东园等三十六人，几乎站满两间堂屋。

按理解，这会议可能是昨天夜间会议的继续。但人数起码是少了一个，此人就是何镜华。此事没有引起注意，其实也无关紧要。另外，这三十六人中是否包含了"抗日同志会"最早的全部十五名成员？还有就是高福源是否也在场？这后一个问题颇为重要。但新中国成立后对这起事件的回忆者中，几乎是人人都回避了这些问题，也没人愿意提及高福源。此外，"三剑客"等少壮派核心成员在回忆时，都谦虚地避而不说自己的作用。就连谁召集会议，谁主持会议这些基本问题都是尽可能谦虚地往别人身上推。这些首脑人物没一个"居功自傲"，是一大特色。这点与他们对于昨晚会议的回忆是一样的。不过，从多数的回忆中可发觉：他们公认的会议发起人是应德田！而孙铭九更一口咬定是应德田让他按名单逐个通知的。但应德田否认这点。他不承认是自己让孙铭九去通知有关人员来开会，还坚决举例说，刘启文、杜维纲、刘佩苇、邓玉琢、孙东园、贾陶、孙聚魁和商同昌等人都是自发来的。

各人回忆中都提到这个会场上最突出的特点又是痛哭流涕。这次哭的带头人又是工兵团团长杜维纲。哭声中，他发言了，表示要不惜牺牲一切，非把张副司令要回来不可。"抗日同志会"名单中原先没吸收这位杜少将。他是在最近受了苗剑秋的动员启发，才下决心积极争取入会的，他是会外积极分子。

或许是应了"物以类聚，人以群分"那句古话。不然，难以理解这些动不动爱哭的男人怎么就这样凑在一起啦？女人爱哭很正常，是天性，不难看更不难堪。在自然界，凡符合天性的现象，往往会认为是一种美！美女的落泪，其情其状楚楚动人，令人不由得在心灵深处产生酸楚和同情，由同情而产生爱怜。这就是美的力量，爱的力量！

　　照理，男人的天性正相反。坚强和刚毅的气质才能令人钦佩，令人向往。爱哭的男人总让人感到其女性气质太重，显得矫揉造作，阴阳倒置。阴阳倒置是异常啊！气质异常的男人，即使是内心世界全部隐藏在灵魂深处，也会有奇异的表现。典型代表莫过于宫廷太监或者南洋"人妖"。中国历史上，后宫的太监就是一群阴阳颠倒的男人。东汉的七常侍和明代的刘瑾、魏忠贤等就是那种代表。他们参政乱政的历史教训真不少哇！一群阴气太重却又刻意隐藏内心世界的男人凑在一起，那就更危险，他们最容易制造阴谋，酿成祸害。

　　只因为这又是一场男人的大哭，他们纷纷飘坠的眼泪实在令人困惑。我们不得不又发了一通有关"哭"的感慨。其实，这是出于预防，担心自己一旦盲目跟着去哭，心肝也会在不知不觉中随着眼泪而失！

　　就在这会上，"剑客"们的话题从营救张学良开始马上转向杀人夺权的问题。当时的情况，孙铭九归纳为："你言我语，都对王以哲、何柱国极为不满。大家都认为他们是出卖东北军、出卖张学良的。"

　　有人问："为什么他们不愿副司令回来呢？莫非他们俩真被蒋介石收买啦？"

　　"蒋介石骗他们说给他们省主席，他们就真不要副司令了。"

　　"杨主任还坚决要求副司令回来，他俩反而不愿意，到底是什么心！"

　　"共产党红军代表团都知道副司令重要，表示可以和我们一同坚持，王以哲、何柱国为什么就不能呢？"

　　"他们有什么理由不执行渭南决议？"

　　"他们违背渭南决议，就是反对东北军，我们不能答应！"

　　当时的情形，按应德田的话来说就是："这时候，大家痛恨王、何的心，真可以说是人同此心，心同此理。人声鼎沸，愤怒一浪高过一浪。"

　　会上不知是谁提出建议："太可恨了，我们应当惩治他们。"

　　马上有人附和："他们出卖副司令，出卖东北军，出卖我们，我们应当锄奸，杀掉他们。"

　　这"会上不知是谁"和"马上有人附和"是应德田回忆中的用语，他没指明对象是什么人，但商同昌的回忆却直指同一人，那就是应德田！商同昌指出，应德田的意见是杀掉王、何二位军长，其观点是，"杀了王以哲、何柱国，守住西安，就可以把张学良争取回来"。商同昌还提到苗剑秋对那样做的后果表示怀疑。苗剑秋的观点是："王以哲接受国民党中央的条件，大势已去，就算杀了王以哲、何柱国也不能扭转局势了。"

　　商同昌回忆中，应德田与苗剑秋两剑客就因此互相"亮剑"，争论了起来。但谁都无法说服对方。"三剑客"中的另一剑孙铭九没有主见，在会场上踱来踱去。他很烦躁："哎呀，倒是怎么办？我看我这个脑袋非叫你们弄掉不可！"到最后，苗剑秋决定收回自己的意见，少数服从多数，服从大家。他最终也同意杀掉王以哲、何柱国，守西安，争取张学良回来。

　　另外，商同昌还说，可能依然是应德田在会上提议，要把于学忠也一起做掉！但议论下来，大家都不同意，认为"杀了于学忠就没有人指挥东北军了"。

　　于是讨论到善后问题。杀掉王以哲之后吴克仁接替王以哲任六十七军军长，西安交给一〇五师师长刘多荃驻守。还有"抗日同志会"的一一五师刘启文师长及骑六师的刘桂五团长也应该调来守西安。苗剑秋表明，守住西安不是问题，因为红军是能够帮助我们的。

　　不过，随后，他们又把刘多荃等也列入被"锄奸"黑名单中。最终确定下来的死亡黑名单是：王以哲、何柱国、缪澂流、刘多荃、米春霖、鲍文樾、李金洲、蒋斌、徐方、谢珂等十余人。会上也有人提到西北军方面的孙蔚如等，但大家认为那事该归西北军方面自行解决。而本次会议决定：首先杀掉王以哲、何柱国等！

　　"锄奸"的决定就此拍板。会议的最后，应德田问大家："到底该怎么办呢？"

　　"杀掉他俩！"

应德田转身问孙铭九："照大家公意办，行吗？"

孙铭九说："好！"

"除掉王、何，拥护于学忠，执行渭南决议，坚持营救副司令，大家同意吗？"应德田拟出行动口号后，再一次问大家，以让大家确认。

几十年后，应德田回忆当时情形，仍记得是，"屋内一片齐呼：同意"。

"有人不同意吗？"应德田又一次发问。

"没有！"

于是，一次自发的秘密"立法会议"形成一件血腥的杀戮议案，它即将交付执行！

用应德田的话来说："就这样，一个不是正式会议的决定，在愤怒之中聚成的意志就要开始被执行了。"

接着，同一个"立法会议"摇身一变，就转化为执行决议的"行政会议"，继续讨论如何实施杀人计划。既当立法者又当执法者，自己立法自己执行，可省去许多中间环节，效率大大提高。信仰法西斯主义的年轻人最喜欢这种做法。

于是开始分工。"三剑客"中的应德田和苗剑秋玩的是"舌尖上的东北军"，他们擅长舞动的是唇枪舌剑，习惯于杀人不见血，但唇枪舌剑不能代替刺刀见红。至于动手杀人放血那买卖，不是他俩的特长。这下，他们自然该退后让贤。

"三剑客"中扣除应德田和苗剑秋后，只余下少将团座孙铭九。孙团长"双剑合一"、文武齐全，又身兼"抗日同志会"的行动部部长。面对如此重任，舍我其谁？该轮到他上阵了。

不过，孙铭九是个谦虚的人。他觉得，自己是"抗日同志会"的行动部部长不假，但何镜华是"抗日同志会"的军事部部长啊！他想客气一下，把即将到手的功劳与荣誉双手奉献给何镜华同志。但忽然间，他满眼望去，却看不到何镜华。这里，"三剑客"显然疏忽了：开会前居然没有进行过点名！通知开会的名单有何镜华，可他偏没来！

人们当时忘记了：何镜华是何柱国的随从副官长。一定意义上，他们同姓何，或许还是本族同乡。

我们或许可以联想，何镜华没有来，正是造成了这次会议要杀的第二个目标何柱国漏网的根本原因。

但此时孙团座没想到那么多，他眼睛继续转过去。他看到在座的还有一一五师师长刘启文。于是他提议刘师长去执行这项光荣的刺杀任务。道理很简单，师长比自己这个团长大。

这五十七军一一五师师长刘启文原先是吴佩孚队伍中的排长，后来投东北军董英斌部下，受董英斌器重而一再提拔。1934 年，一一五师师长姚东潘在大别山被红二十五军打败，刘启文终于得到师长的位置。西安事变后，为加强防卫，他被调到西安郊区。

说到刘启文，我们顺便提一下他为抗日而壮烈牺牲的事。王以哲被害后，或许因为刘启文参加过这次"锄奸会"，他被调出五十七军编入吴克仁六十七军，低就该军一〇八师三二二旅旅长。抗战爆发，吴克仁和刘启文参加上海八一三抗战，先后牺牲在上海松江的战场前线！

几句话交代完毕，我们回到"三剑客"主持的"锄奸"会场。

孙铭九的谦虚并没有得到与会者的支持。大家不认为刘启文比孙铭九更合适。因为刘启文从城外带兵进城动静太大，而且此时刘启文不是王以哲、何柱国的直接下属，不经他们的召见，就全副武装唐突地出现在两位军长面前，那还不是等于"图穷匕见"吗？相反，孙铭九的卫队成员就不一样。他们本是张学良的警卫，常替少帅向军长、师长传达命令，可以穿堂入室找王以哲和何柱国。因此，这些警卫出现在他们面前时，不会使任何人感到突然。

在解释的过程中，应德田好像理解到另一层意思：孙团座是否担心刺杀两位军长有点儿名不正言不顺？于是，他向孙铭九许诺：我先写下传单，宣布王以哲的罪状，说他出卖东北军，出卖副司令，是内奸！马上派人四处传播。这样一来，孙团长就师出有名，此行是为国"锄奸"，为民除害！孙将军是见义勇为的英雄了！

孙铭九是爽气人。话说到此地步，他再谦让下去，就说不过去了。他接受了最重要的任务：铲除王以哲和何柱国！

光荣的"锄奸"任务正式落实到特务团少将团座孙铭九肩上之后，"三剑客"

主持的"抗日同志会"的"行政会议"也就到了末尾，杀人行动开始了。

为防止有人通风报信，会议已有决定：在杀掉王以哲、何柱国二人之前，除了执行任务的人以外，所有与会人员毫无例外地留在会场。也就是说，全体与会人员不得离开孙铭九的家。于是，门外岗哨换入门内，孙铭九家的大门被严严实实地关了起来！

从外看，这里的人家大门紧闭，像是搬迁了。从内看，这里一大批人像是一群被"双规"的贪官，他们在接受"隔离审查"。当然，这只是一点儿小小的委屈，进入这里的人几乎个个都禁得起这种考验！

接下去，就是如何落实到具体杀手、组织实施的问题了。

杀王以哲和何柱国的任务由孙铭九接下了，但那不同时包含夺关斩将的攻坚任务。因为，与会者都知道，王军长除府内有一批持短枪的警卫外，门口还有一个持长枪的警卫排，甚至有一挺装好子弹的机关枪正对着大门口。当兵的都知，拿短枪的拼不过拿长枪的，更不是机关枪的对手！不解决机枪和警卫排的问题，孙铭九的任务是无从着手的。显然不管你有多大能耐，与警卫排发生武装冲突，其结果必定不妙。起码，只要门外机枪一响，王将军府必将大门紧闭。那时不论是谁，都休想跨进他家大门一步！这问题靠硬打是行不通的，而最好的解决办法就是让警卫排的上级指挥官到现场指挥，才能让士兵不警报，不开枪。

不知当天会上的首脑是如何研究这问题的，又是如何找到解决方案的。这细节没人交代。既然应德田、商同昌等与会者后来的回忆中均不提那事，不肯直接点穿，我们也就没必要凭想象去发挥了。这或许是一件需要继续保密的事。反正那事不属于孙铭九的职责范围，所以会议一结束，孙团座就发布命令：特务团手枪营代营长商同昌组织实施！

这手枪营即原来孙铭九任营长的卫队二营。王玉瓒自动退隐后，孙铭九顶替团长位置，商同昌就由"副营"转"代营"，略有提升。看到商同昌犹豫，孙铭九便说："这事不用你亲自动手，只要命令特务团第五连连长于文俊带一个排去杀王以哲，第七连连长王协一带一个排去杀何柱国，然后你就可等待胜利消息了。"

我们额外注意一下，在座的人当中有位是开着军警督察处专车来开会的。此人是新任东北军总部军警督察处处长文英奇。文英奇这个名字出现得比较晚，我们一直没对他进行过介绍。他是孙铭九最好的朋友，当然也是与会的"抗日同志会"的三十六名成员之一。我们知道，军警督察处处长原来是由东北军老将谢珂担任的。老将军谢珂曾经坚持在黑龙江抗日，与日本人打过大仗，是东北军的骄傲。由于谢珂出任与"中央军"谈判的代表，此时他正在潼关就和平解决西安事变问题进行最后磋商。但此时张学良不在西安，"三剑客"大权在握。应德田、苗剑秋和孙铭九等人就认定谢珂是主和派，主和派就一定是内奸，于是决定把军警督察处处长位置给了这位名不见经传的文英奇。

文英奇一定对冲进西北地区最有势力的王军长家杀人这桩"生意"感到十分神奇。他也预料到这桩买卖风险极大，莽撞不得。既然文督察长要事前开车到王军长家门口执行某项任务，于是就想到自己不妨让商同昌搭便车同行，先到王军长家门口"打打点""画画地图"。就是说，第一线指挥员要先去察看粉巷胡同的里里外外，调查清楚王家此时的形势和环境，才便于给部下分配任务。于是他主动提出，愿意同车搭商同昌一道去。

有件事，这些人在新中国成立后写的回忆录同样没说清：除文英奇、商同昌外，车上是否还有其他人？按猜想，文英奇的车应该是送一位重要人物到王将军府门口去才对，而同行的商同昌不过是搭一次便车而已。那人是谁？要去干什么？当场的人后来谁也不愿提及。

就这样，文英奇搭载着商同昌等人，开着汽车到粉巷27号王以哲门外停下来。完成任务之后，他又带着商同昌在门外兜了一圈。他们看清大门口有两个警卫，佩着手枪站岗。大门口对面一间房子，驻着一个排的兵力，机关枪装上了子弹匣。

看清前后左右的形势，文英奇转头告诉商同昌：进门以后的右手房间就是王以哲卧室。

他们马上回到原来开会的地方。商同昌就向卫队二营五连连长于文俊及戚排长传达孙铭九的命令：杀掉王以哲！

宣读命令后，商代营长问于文俊："你准备如何执行？"

"我想过，我带一排兵坐大卡车到粉巷胡同口下车。这一带每天早上都有操练跑步的队伍，我们列队唱歌通过他的大门，乘其不备，突然散开行动，打他个措手不及！"

"你知道王以哲的屋子吗？"

"王以哲是我的老师，以前进过他房间。"于文俊自信地回答。

于文俊带一排人出发后，商同昌加派了一批便衣武装，在粉巷附近巡风接应。

这里，商同昌和于文俊似乎已经觉得无须考虑一个面临的严重问题：文英奇和商同昌打前站回来时，已经提到大门口有佩手枪站岗的两位警卫，更严重的是大门对面有一个排的兵力，机关枪装上了子弹匣。王以哲家门口警卫排荷枪实弹、戒备森严是客观的事实，那挺一扣扳机就能扫射的机枪是绕不过去的，也是参加"锄奸会"的每个成员事先都清楚的。"锄奸队"如何避免与武装部队发生冲突？我们暂且看下去再说。

反正此时"三剑客"这边已是箭在弦上，他们杀气腾腾，一场杀戮就要发生。

而王以哲那边情况又如何？由于昨天一再传来凶险的消息，加上杨虎城及前线将领缪澂流和刘多荃的反复警告，王以哲府内的警卫人员处于高度戒备状态。入夜以来，他们在风声鹤唳、草木皆兵的精神状态下紧张了一夜。天亮了，警卫人员觉得平安了，但也疲劳了，个个眼皮发沉，直想打盹儿。听到门外传来出操队伍的脚步声和歌声，然后队伍从大门口经过……这一带，几乎每天都这样，太习以为常了。况且，守在大门对面的警卫排没有发出"敌情"警报，更没有响起枪声！

忽然，几秒钟之间，一群熟人不打招呼就拥进大院，院内睡眼蒙眬的警卫正待开口发问之际，他们的胸口顿时都被黑洞洞的枪口顶住了。只有一个身手敏捷的警卫及时拔枪，从侧面击中这批不速之客中一位的头部，子弹准确地横穿那暴徒的两颊而过，但这警卫也随即被冲进来的暴徒放倒了。就在枪响的同一秒钟，于文俊和戚排长已经闯进王以哲的卧室。卧病在床的王以哲听到枪响，知道杀手真的来了，于是索性坐起身，喝道："不要乱来！"

冲上前来的于文俊大喊了一声："军长，学生对不起啦！"说罢，与戚排长双枪齐发，王以哲身中九弹，倒在血泊中。此刻正是 1937 年 2 月 2 日上午 11 时。

成功了！于文俊和戚排长完成任务了。以"三剑客"为代表的东北军内法西斯秘密团体在 2 月 2 日发动叛乱，杀害东北军高级将领王以哲和一批东北军骨干的事变就这样发生了。这起法西斯叛乱，历史上称为"二二兵变"或"二二惨案"。

王以哲当时正在家等一份电报，他希望能得到中共中央军委主席毛泽东答应援兵的回电，以最后确定在宝鸡、凤翔一带反击胡宗南向东进攻西安的作战方案。可惜，他听到的是：抢先杀上门来的"三剑客"杀手于文俊他们的喊杀声和枪声！

不是说将军府大门正对面还有一个排的卫队吗？而且他们是上好子弹架着机枪对准将军府大门。为何这批警卫看到大队军人出现在将军府前没有出面吆喝阻止？看大群武装军人拥进王军长宅门而不开枪制止？只要枪声响起，不用十秒钟，那批不速之客必定尸横遍地，哪有刺客动手杀军长的机会？

在千钧一发之际，王以哲府内一位警卫在忙乱中尚能开枪，准确地打中一名刺客的口腔并穿透两腮，而门前卫队和机枪看着成群的暴徒闯进大门，竟然毫无反应！而且紧接着，王军长身中九弹！可见这枪声就不是一两声了。这门口警卫排还是毫无反应，他们究竟是怎么啦？

即使是门口警卫排都睡昏了，府内接连响起的枪声他们总归能听到吧？听到枪声马上行动，即使是救不成军长，也能击毙几个涉案暴徒而将功赎罪吧？为何毫无动静？

杀了王军长后，于文俊和戚排长还留下来，从从容容地将王府洗劫一通，然后扬长而去！这批暴徒不正是从从容容地从警卫排的机枪口下来了，又走了？

王以哲门口的警卫排怎么啦？

看来，这问题是一言难尽了，我们还是留到以后再说吧。

王军长遇难的这个白天，毛泽东主席还不知情。他正在为增援王以哲军与胡宗南开战的事而运筹帷幄。他亲笔拟定了给"鼎芳、克仁同志"的回电，当晚就传到王军长府中。电文告诉王以哲，红军罗炳辉部已按要求开往麟游。

王以哲字鼎芳，毛泽东主席电文中的"鼎芳、克仁同志"就是称呼他和六十七军副军长吴克仁。

可惜电报来迟了半天。王以哲已经看不到了。同时因王以哲的被害，六十七军突然改变主意，他们决定放过胡宗南不打，而掉转枪口，发誓要去西安平叛，为军长王以哲复仇！

## 粉巷胡同内的枪声Ⅱ

枪声响过，谭海一时不知情。他来不及反应。而留在城内的三团团长葛晏春所率的精锐部队在离城较远的西安机场。王将军府外的机枪哑了，警卫排瘫痪了。从而，执行凶杀任务的于文俊一伙有足够的时间继续抄王以哲的家。他们把军长府里里外外抄了个翻天。可是很失望，他们没有搜到南京政府"贿赂王以哲的六百万银圆"！洗劫一空的王以哲家全部钱财，最终落入于文俊这伙人手里。充其量也不过区区十根金条和六十七军军部的三万元经费。于文俊一行是提着脑袋来执行这项光荣任务的，这点蝇头小利，那远远不够辛苦费，实在令人失望。于是他们一股脑儿坐地分赃，一人一份地私分了。他们不知道：什么财都好发，此财偏是万万发不得的！

十几分钟后，副营长商同昌赶来验收胜利果实，看见王以哲卧在血泊中，上前验查，清点伤口，发觉他身中九枪，证实确实已经死亡！

大功告成的商同昌伸出一只手，拉被子遮住王以哲的尸体。回头出来，看见有个披头散发的女人被捆绑在院子里。她只穿着内衣，又吓又冻，在寒风下浑身瑟瑟发抖。于文俊报告说："这就是王军长的太太。"

"把她放开！"

几个兵奉命上前松绑。那女人泪流满面，无声地坐在冰冷的地面上。

"我们都是一块儿从东北来的，迫不得已打死军长，我们也都痛心！这事与你们家里人没有关系，你赶快到街上买口棺材把军长盛殓起来。"商同昌和气地解释着。看到营长的态度变和缓，一个兵从屋内拿出王军长的大衣，披在她身上。

王太太听了，一边哭一边说："我们没钱买棺材，钱都让你们拿去了，十条金子，三万八千元钱。"

商同昌后来回忆说，他闻此言，头嗡了一下。于是，他厉声责问于文俊："这是革命行动，绝不是来杀人抢劫的！"于文俊低头不语。

"你赶快查清楚，把钱和金子给王军长家找回来，否则你负这个责任。"商同昌严厉警告后转身对王太太说，"如果有这么一回事，钱我一定给你们找回来。"回营以后，商同昌召集第五连官兵训话："你们拿了王军长家里的金子和钱，张副司令回来我们怎么交代？赶快如数交还，给王家送回去。"当场士兵交回了七根金条和一万八千元现金。正待送回王家遗孀，立即遭到孙铭九的否决，还是不给王家送去！他决定把钱先存在手枪营营部，锁在商同昌的办公桌里。

想不到杀王以哲这事如此顺利，人也杀了，钱也捞到了。但要去验收第二项胜利成果时就遇到麻烦了。执行任务的王协一连长派人回来向孙铭九报告说，何柱国不在家，下落不明！

于是，孙团座指示商代营长赶过去看看。商同昌一行走到半路，他们就遇到一批四处散发传单的政治处参谋干事，他们都是新贵人应德田的跟班随从。商同昌接过一份传单一看，原来是应德田的名著"告东北将士书"。里面写道："张副司令能回来，一切都可以谈；张副司令不回来，只有去拼命，用武力叫汉奸们胆寒，迫使他们把张副司令送回西安……在现在的情况下，张副司令能否回来，只看我们是否有决心去拼命！"

其实这天中午，王协一连长与于文俊连长是同时率部队从特务团手枪营营部出发的。只是两人的结果不一样的。这位王协一连长，我们并不陌生，本书在议论骊山"捉蒋"时，就多次提到他。

王连长同样雷厉风行。他们一瞬间就制服了何柱国的警卫，并将他们全部缴械收押。但在何府里里外外搜了个遍，却没有找到何柱国本人！于是王协一把门口的哨兵换成自己的人。其余的士兵埋伏在院里，专等何军长一进门就开火！

商代营长赶到何府时，见到了门外与骑兵军炮兵营营长刘士玲谈话的何镜华。何镜华告诉商同昌"何军长不在家，刘士玲说是到杨主任公馆去了"。

何镜华还说，他正与刘士玲商量，让刘士玲把何柱国家里的枪支集合到一块儿，装箱交给王协一。商同昌找王协一来问话。王连长汇报的情况大致相同。于是商同昌赶回去向孙铭九汇报。似乎，这儿的情况与王以哲家里不一样。何柱国有准备，王协一因为遇到了何柱国手下骑兵军炮兵营营长刘士玲，没敢抄何柱国家，没捞到一文银两！而何镜华凑巧来此，似是在协调刘士玲与王协一，以达成折中。

这样，少壮派刺杀何柱国扑了个空。这或许与何镜华有点儿关系。几十年后，应德田可能想到这点，所以他在回忆中总一再强调1月31日晚是何镜华首先主张杀王以哲、何柱国。应德田还故意把何镜华的名字加在2月2日上午的"锄奸"会议上。然而事实上，何镜华并没有参加2月2日孙铭九家的会议。

2月2日早晨，何镜华一听到手枪营已出动的消息，就知道要出事了。他立即打电话到特务团找孙铭九，没有叫通。于是他直奔金家巷张学良公馆，只见戒备森严，大门已经关闭。手提机枪的门卫勒令何镜华停车下人。后经警卫长张学孟的同意，何镜华才能进公馆大院，只见院内各墙角和高台阶上都已架设了机枪，到处一派战争气氛。张学孟告诉何镜华："孙团长、应处长都不在这里。听说特务团发生了事情，已派部队去王军长公馆，详细情况我们都不知道，也不知将对于主席和谭副师长采取怎样行动。现在谭副师长已叫公馆里的警卫和刘凤德连长率他的手枪排将公馆警戒起来了。"

这里的于主席就是指甘肃省主席于学忠。谭副师长就是张学良的副官长谭海。谭海兼任一〇五师副师长，名义上是刘多荃副手。显然，谭海副师长跟前的刘凤德连长及公馆警卫属于自己指挥，而不属于孙铭九的特务团。谭海是厚道人，他指挥的部众，此时正在紧急戒备以防不测，最起码要保住自己，以及保证在金家巷公馆的张学良家属和于学忠军长的安全。

何镜华在何柱国家门前与刘士玲、商同昌交谈之后，趁王协一向商同昌继续汇报之际跑到孙铭九家。只见院门关闭，门外没有警卫。其实，当时是不许与会人员随便外出。通报后，何镜华被叫进内屋。他看见了特务团和"抗日先锋总队"的几个官佐，督察处的文英奇，还有刘佩苇等人都在那里。而孙铭九待在里屋卧室内，见到何副官长，就向他通报了自己派出部队去执行枪杀王以哲、何柱国任务的情况，并确认王以哲已被打死。

孙铭九还告诉何镜华："何柱国没有在家里，听说他昨晚去新城大楼，没有回去。派王连长去新城大楼找宋文梅营长接洽过。宋营长说他自己也不能进到屋里去打，而要等何柱国出来时再打，王连长现在在那里等着呢。"

由于何镜华的到来，证实了商同昌汇报的情况所言不虚，孙铭九确信何柱国躲在杨虎城的新城公馆内。于是他拉上何镜华持枪一道赶赴新城杨公馆。同时通过电话与十七路军的少壮派许权中、宋文梅、李振西等人联系，约他们各自持枪带人马集合在新城杨公馆外。宋文梅此时已经到新城公馆。他的特务营本就是负责新城公馆的警卫，关押老蒋的初期，就由他全面负责看管。熟门熟路的宋文梅本想带着几个士兵溜进大楼，试图将何柱国骗出来实施枪毙。但他的图谋被杨虎城卫士队队长白志钧识破，宋营长和他的士兵被拒之门外。

与白大队长好说歹说地纠缠了好一阵子，达成折中：宋文梅本人交出武器后，允许进门看看，但他在楼内没见到何军长，更没有见到想除掉的孙蔚如。无计可施的宋营长躺在白志钧的躺椅上，两手抱着头苦苦地想了半晌。眼看劫人无望，宋营长便立起身来要离开新城大楼。他出门后，卫兵把枪还给他，告诉他速速上车带兵离开。

其实，按1月31日制订的计划，宋文梅还负责对孙蔚如执行"锄奸"的任务。但孙蔚如也正在新城公馆内受白志钧的保护。从而，冲上门来的宋文梅正是白志钧的重点监视目标。宋文梅无奈，灰溜溜地走了。这位卫士队队长白志钧并不是陌生人，他就是西安事变那天，在临潼公路遇到来自洛阳的救蒋飞机的那位。驾小型飞机来救蒋的洛阳航空分校飞行教官蔡锡昌连人带机被白志钧生擒活拿。

孙铭九见宋文梅铩羽而归，不禁大怒，他把手枪一摆："跟我进去！"

一看这来势汹汹的架势，卫士队队长白志钧大喝一声：站住！

面对这群全副武装的不速之客，白志钧下令卫队举枪相对。他刚刚因粉巷胡同的枪响，带兵去巡视。只因胡同两头被孙铭九的部下封堵，白队长情知情况严重，没敢冒险去干预王以哲屋内事态，而匆忙赶回新城公馆，加强了杨公寓的警卫。这当儿，白队长与孙团座在新城门口耗上了。

孙铭九一干人马被迫止步于新城公馆门外，心有不甘，于是乱糟糟地叫嚷着，要求楼内交出何柱国，由他们当场杀死。须知，西安城是杨虎城的地盘，新城公馆就是杨虎城的官邸。听到外面闹哄哄的叫嚣声，楼内的杨虎城发怒了。他没有想到孙铭九居然在光天化日之下全副武装赶到本绥靖主任门前，竟敢在太岁头上动土，简直是狂妄至极！小小的孙铭九竟口吐狂言，以下犯上，叫嚣杀人，这不就是公然造反吗？是可忍，孰不可忍！

孙铭九这下一定是疯了，闹事闹到大名鼎鼎的"西北王"杨九娃头上！他也不想想，十四岁就当刀客闯江湖的杨九娃是何等人物！老杨家新城公馆大门口能容小无赖孙铭九撒泼？只是，以往"西北王"不想多干预东北军内部事务，对孙团座睁一只眼闭一只眼罢了。但如今狂妄过头了，折腾到本司令头上，岂能容你？

我堂堂的杨虎城主任，能把向自己求救的何柱国军长交给你孙铭九处死？

况且此时，还不是杨虎城出手救何柱国的问题，而是倒过来，是杨虎城主任为救母而有求于何柱国了！

原来，东北军五十七军沈克一〇六师和骑兵军的檀自新骑十师都已经脱离东北军，宣布效忠蒋委员长。沈克将杨虎城警备一旅全部缴械并扣留了旅长王俊。檀自新骑兵师更是占领了杨虎城老家蒲城，将全部民团实施缴械，同样关押了杨虎城的警备三旅旅长孙友仁。警备一旅、三旅随之土崩瓦解！更有甚者，檀自新还将杨虎城的老娘孙一莲和兄弟杨茂三扣为人质，围困在蒲城！

杨虎城是孝子，他恨不得把檀自新剁为肉酱，可眼下有这份能耐吗？人家檀自新可拥有一个野战骑兵师，杨虎城如今只有孙蔚如的第十七师。打不打得过是另一回事。况且，孙蔚如本人为逃避孙铭九、宋文梅的谋杀，如今就躲在新城公馆内，出不了门。拿什么去跟檀自新较量？杨虎城万般无奈，求檀自新的顶头上司何柱国军长出手相救。为此，何柱国正派出自己的亲信杨大实，独自闯关到蒲城营救杨虎城母亲和兄弟。

但是，利令智昏的孙铭九依然不知道其中的利害关系而继续纠缠着。

让"西北王"杨虎城交出何柱国？小毛虫一般的孙铭九难道真是吃了熊心豹子胆不成？

就在这时，一个军人模样的人出现在新城大楼门口，只听得他一声断喝：

"大胆！什么人敢在我的家门口放肆！"

众人抬头望去，只见来人没戴军帽，却一身军装，左手叉腰，右手前指。

那不就是杨虎城？

孙铭九、何镜华、商同昌、王协一等人顿时傻了眼。他们一下子全被吓呆了，个个紧闭嘴巴，动也不敢动一下。原西北军的几个虾兵蟹将眼尖，他们发现得早，不知何时早就逃得无影无踪了。

杨虎城继续厉声怒斥："谁敢继续喧闹，我马上下了你们的枪！"

第二声斥喝终于惊醒了孙铭九一伙。他们一看苗头不对，纷纷钻进各自的汽车，一溜烟儿就逃之夭夭。杨虎城此举堪称为国为民族立下了大功一桩。因为他救下的何柱国，后来是抗日战场的一名战区副司令兼集团军总司令，一名真正坚持敌后抗战达八年之久的英雄！

何柱国因此大难不死。事后，为表达感激之情，他赠送杨虎城一只银鼎。鼎上刻有"再生之德"四字。

杨虎城吓退了孙铭九，但"剑客"们没有因此收手。相反，东北军少壮派杀人行动才刚开始。首批要拿来开刀问斩的还有四个。

第一个是西北"剿总"参谋处处长徐方，罪名是他向南京秘密联系。文英奇来到张公馆参谋处找到徐方。不知道自己被列入死亡黑名单的徐方根本就没想到要回避，他不知文英奇为什么而来。就这样，徐方莫名其妙地被文英奇当场杀死。

第二个是西北"剿总"交通处副处长兼王以哲副官宋学礼。杀宋学礼的理由很简单，只因他是王以哲的心腹。还说是有人向孙铭九举报："宋学礼与陈诚勾结，到潼关去联络'中央军'，应当派人去监视他，以防意外。"在场的孙聚魁连长自告奋勇地表示愿带人去查看。孙铭九欣然同意，把光荣任务交给孙连长。果然不一会儿，孙聚魁不辱使命，他顺利回来报功："去了以后，见宋学礼带着手枪，怕吃亏就先下手为强，掏出枪来把宋学礼打死了。"

我们知道，宋学礼是中共和红军的朋友。陕北红军采购军需，就是通过他协助进行的，多数还是经他的手组织车队运送到根据地。中央红军代表刘向三和苏维埃贸易总局局长、红军军需部的负责人钱之光就长期以宋学礼的场所为活动中心。许多红军领导来西安，比如，叶剑英、邓发、彭雪枫、朱理治也到宋学礼处暂住。宋学礼作为西北"剿总"交通处副处长，或许有权力怀疑别人为何进出潼关，但不至于以为自己那样做有什么问题。他是军人，进出带枪是习惯。还不知此时他是否得到王军长被害的传闻，但绝没料到黑暗中，一个枪口已经瞄上了自己！他之所以被杀，仅仅是因为"三剑客"担心，在西安城内，宋学礼有立刻为王以哲报仇的实力和能量！

宋学礼的死，着实让他的诸多朋友难以接受。

第三个是西北"剿总"交通处前处长蒋斌。他被疑为奸细，不用说，是必死无疑的。处死他的手段非常残忍。蒋斌被处死前大骂孙铭九等人叛乱，恼羞成怒的孙铭九从侧面对着蒋斌的口舌连连开枪，为的是不伤大脑，让他领受死的滋味！蒋斌嘴巴被打烂，牙齿几乎全被打飞，接着胸部又挨数枪！蒋斌还没有断气，就被拖去活埋。蒋斌被诬赖在西安事变中用电台通敌，故意扣押西安事变"八项主张"通电不发。但事实表明，黄永安告密倒是千真万确的。是黄旅长的叛变，使西安事变从一开头就处处被动。当时，全国除兰州响应西安事变外，其他全部奉命封堵了西安的电信往来。所以，西安事变当天上午，"八项主张"通电一字也未能发出，直到下午才通过兰州向外地发出去。"中央军"各方也都从不同渠道得到西安事变蒋介石被扣押的完整情报，唯独没有丝毫来自蒋斌的信息。所谓西安事变中"蒋斌通敌"确系"莫须有"。其实到2月2日，黄永安变节已是路人皆知的事实。"三剑客"故意将错就错，继续用残酷手段折腾死蒋斌，太不人道了。

西北"剿总"总部在晏道刚手下的交通处和参谋处成为杀戮的重点，两位处长都被杀了。交通处则更彻底：正副处长都杀。这不是说，别的处就不重视了。其实，"三剑客"早就对西北"剿总"的各处进行过多次扫描，最后才定下名单。原本最被重视的莫过于政训处了。可是，王以哲等人同意释放中央大员时，政训处处长曾扩情就被放走了。副处长黎天才后来小心谨慎早就退在一边，他没有成为目标。此外，还有军警督察处处长谢珂。老将谢珂本就被列入死亡名单，只是目前在潼关当谈判代表，"三剑客"鞭长莫及，暂把他脑袋留在项上，但处长职务已经被剥夺了。最后就是粮秣处处长张政枋，张政枋是"抗日同志会"骨干，是自己人，不能杀。

于是，第四个轮到东北骑兵军驻西安办事处处长杨大实。杨大实这人此时虽流落在东北军，但他是辛亥的老革命、中国同盟会老会员。早年，他毕业于日本法政大学，为响应辛亥革命，他回辽宁组织革命党机构"急进会"，在辽宁庄河率先发动起义，打响了东北的辛亥革命第一枪。"三剑客"要杀杨大实，就只因为他是何柱国的朋友和部属，且此公为人仗义！"三剑客"既然追杀何柱国，就不能不提防杨大实。与其夜长梦多，还不如乘其不备，先杀之了事。

可是，"三剑客"在西安城到处搜查杨大实时，他偏不在。因为，"三剑客"不知道，杨大实此时正受何柱国之托冒险到叛军檀自新控制的蒲城，从事一桩救人的大事。

原来，杨虎城老娘孙一莲及亲弟杨茂三住在陕西蒲城甘北村老家。西安事变发生时，他们以为城内可能比农村安全，所以就迁到蒲城城内东槐园的家中居住。不料，檀自新发动叛乱，公开宣布脱离东北军转而效忠蒋介石，将西北军的地方部队全部解除武装，并将杨母所在的东槐园包围实施软禁。杨虎城是孝子，闻讯后十分焦急，便找何柱国军长商量。何柱国考虑一阵，决定让杨大实去蒲城当说客找檀自新商量，设法营救杨老太太母子。杨大实是檀自新同乡，平时相处得较好。杨大实二话没说，带了个警卫员，驾车直奔蒲城。一路上兵荒马乱、劳顿颠簸自不用说，在城门口更是遭叛军鸣枪拦堵。这枪不是朝天放的，而是朝驾驶室打的，好在既没有夺去人命，也没伤着人，但那整得杨大实靠前不得。不得已，杨大实写信交给卫兵转送檀自新。费了一番周折后，檀自新念过去的交情，同意见面。杨大实如实说明来意，并求释放杨母。但这事，檀自新没有当场决定，而是与亲信经过一夜的辩论后，次日才放人！杨大实焦急地经过一整夜的煎熬，天亮才知情。

他见到杨家母子后，劝他们抛弃一切家产立即逃命！经杨大实的一路护送，孙老太太回到了杨虎城最后的据点三原东里堡。

这天正是 1937 年 2 月 2 日，西安城的"三剑客"勇士正在四处抓捕杨大实。但"剑客"们手长莫及，拿不到奔波在蒲城—三原道上忙于救人的老杨。"剑客"们无可奈何只好作罢。杨大实只因执行救人的任务而离开西安，避免了一场血光之灾。此堪称是因救人而救己！

2 月 3 日一早，杨虎城从西安赶到三原迎接老妈，目不识丁的乡下老太太孙一莲见到到场的杨虎城时，脸色顿时阴沉下来。杨虎城慌忙上前请安。不料，老太太挥了挥手中的拐杖，差点迎头打来！

"作孽呀！亏你还五马长枪，打了几十年的仗！"老太太转而把拐棍在地上敲得当当作响，"你们这是放虎归山！捉了蒋介石，你还敢放？"老太太的怒斥，把周围的人都惊呆了！杨虎城也不敢吱声，只是低头忍受着老母的大脾气！

由于杨大实大智大勇，从檀自新手中救回杨老太太孙一莲及杨虎城兄弟杨茂三。杨家一门上下对见义勇为的杨大实十分感激，老太太当场认杨大实为干儿子。还因西安的流血兵变尚未见眉目，杨虎城不能不去处理。于是，他力劝杨大实暂时留在三原自己家，并委托他照顾老娘。

晚年，杨大实一直留任陕西省政协。

按 1 月 31 日夜开列的死亡黑名单，要被杀头的东北军元老和西北军头领是一串串的。只因为杨虎城坐镇西安，西北军少壮派不敢乱动。西北军的孙蔚如等人才安然无恙。更因为"剑客"们被张依中的悲惨下场吓得胆寒，没人敢在冯钦哉这位太岁爷头上动土。冯司令稳占渭河流域，西北军内部也没发生屠杀。东北军内部虽说很血腥，但多数人还是漏网了。死亡黑名单中的东北军元老，不少人或统军在外，或借劝说刘多荃、缪澂流罢兵为借口公出不归，还有预先知情而藏匿，或乘出使潼关当签约代表的机会溜之大吉的，这些人成为"二二兵变"血腥屠杀中漏网的幸运之鱼。

孙铭九先生是高喊抗日口号的，他亲手用严厉手段惩罚和消灭那些被说成"不抗日"的人，他极像个英雄好汉！但在历史上完全相反，他当伪山东保安副司令，替日本侵略军镇压中国抗日军民。他才是个地地道道的汉奸，此时却在冒充抗日英雄！与孙铭九相似，一道当了汉奸的还有应德田、杜维纲等。而逃脱这次屠杀的多数人后来却出现在抗日战场上，其中不少是抗战英雄。这现象太有讽刺意义了！

就在孙铭九指挥杀完了对手后，情况发生了变化。让"剑客"们感到不安的消息来了，一〇五师第三团团长葛晏春奉命弃守西安机场，率部分人马进了西安城。

原来，葛晏春的东北军一〇五师第一旅第一团除负责西安机场外，还兼城内张公馆和其他东北军高级官员的安全。守卫王以哲家大门口的警卫排就属于葛晏春团。警卫排的失职让刺客冲进王以哲府内，导致王以哲遇害。这消息传到团长葛晏春耳中，立即惊出一身冷汗，这罪责太大了！

提起葛晏春，我们就会想起解放战争中华北野战军的"杨罗耿"兵团（即中国人民解放军第十九兵团）。这兵团司令、政委、参谋长分别是杨得志、罗瑞卿和耿飚。葛晏春就是"杨罗耿"兵团的副司令，堪称是这个兵团前三的领导。是他率这支国民党军起义，参加了解放军。直到抗美援朝时，他依然是中国人民志愿军第十九兵团在沈阳留守处的负责人。不过，在西安事变时，他只是东北军的一名团长。当然，团长地位也不算低，共和国的首批上将在抗日战争前期也只是八路军的团长、副团长。

葛晏春团长没参加"抗日同志会"，不属于少壮派这个团体，与"三剑客"没有政治交集，也没多少私情。所以，这支开进西安城的葛团官兵发出声音：要查出真相！

这对少壮派来说，那是一种挑战，也蕴含巨大威胁！

于是，少壮派又来到中共代表团所在的地方。他们刚刚杀完人就持着枪来到周恩来的办公室，说是来汇报，实质上是企图挟持中共代表团，要中共立即表态支持他们。也就是说，他们要给世人一种假象：中共正在替他们站台，为他们的所有暴乱行为背书！

根据党外左派革命人士高崇民等人的回忆，那时的情况是这样的，周恩来见来人，猜到他们可能是来"兵谏"的。他霍地站起来，把桌子一拍，大声斥责道："你们要干什么？你们以为这样干就能救张副司令回来吗？不！这恰恰害了张副司令，你们破坏了团结，分裂了东北军，你们在做蒋介石想做而做不到的事情，你们是在犯罪！"周恩来的愤慨是必然的，中共中央的态度是鲜明的。据说，红军最高领导闻讯，十分愤怒：制造这起严重事变的人，哪怕是左派，也应该枪毙！

少壮派是否知道，他们屠杀的东北军元老王以哲不只是国民党员，更是按照中共中央指示办事的中共党员。和平解决西安事变，正是中共中央的主张。这事，中共方面岂能容忍他们如此胡作非为？

不过，考虑到当时复杂的局面，周恩来转过话头：蒋介石杀害了无数的红军将士，我的头颅就是在蒋的屠刀下滚过来的，我们对蒋的仇恨比你们不知要大多少倍；我们与张副司令结下了血肉难分的关系，我们对他的感情丝毫不下于你们。然而，日本要灭亡中国，国家民族的根本利害重于个人、团体甚至阶级的感情，我们应当识大体，顾大局，相忍为国！

气焰嚣张的少壮派遭到周恩来严厉的谴责，几个为首分子滑脚溜了。据说，余下几个听了周恩来这番肺腑之言，惭愧得泪流满面，跪下向周恩来认错请罪。

这些人的双手都已经是血淋淋的了，此时继续装哭还有什么意思？

在这关键时刻，周恩来及时觉察到：这起事件的罪魁祸首正就是企图破坏和平解决西安事变的托派分子张慕陶！于是，他告诫这些人要远离托派分子，谨防他们的挑拨离间！经周恩来这么一指点，这些曾经自以为是的暴乱分子意识到：自己上托派分子的当了。杀自己长官也是有点儿问题的，但要负主要责任的人是站在背后指使自己犯罪的托派分子张慕陶！

就这样，周恩来临危不乱地化解了一场危机。不过，更大的一场危机马上降临了。潜伏在西安城内外的特务故意造谣惑众，致使西安城内外的普通人不知道真相，以为中共代表团是这起血腥暴乱的后台。

葛晏春团长进城了。他火速带兵从机场赶到粉巷胡同，驱散外人，控制了王军长府。

他发誓要为王军长报仇，于是决定通过审判来破案。根据府内亲属和卫兵的指证，凶手非常熟悉且明确：于文俊和他的部下。他们执行的是孙铭九的指令！这些人当然是葛团长想追究的主要罪犯，但具体该怎么追查，他还是不能自行其是，而要请示上级才能定夺。

然而，王军长的卫队负有保卫长官安全的责任，关键时刻形同虚设，葛团长感到负有严重的失职责任。因为孙铭九的任何指令对这些警卫是无效的。这些卫队归葛团长指挥，必须接受团长的命令。葛晏春对王军长遇难感到内疚，所以他决定要查清卫队内部有无内奸。要是没有内奸，凭王军长卫队的实力，于文俊这伙人是不能得逞的。

第一批被审查的对象是守卫在门口的警卫排。警卫排首当其冲被解除武装，并挨个接受审问追查。他们必须人人过关！葛团长要从中查出内奸。

审查过程中，这些当兵的众口一词，咬定高福源旅长当时就恰在府前的粉巷胡同指挥他们！

警卫排属于一〇五师第一旅第三团，团长是葛晏春，旅长就是高福源！这种场合，高福源能指挥得动的对象恰就是一〇五师第一旅第三团的这个警卫排，而不是于文俊那批武装杀手！高福源也的确是"抗日同志会"最早的十五名发起人之一。如果高福源以旅长身份管束了警卫排，那的确可以令机枪响不起来，于文俊这批暴徒可以畅行无阻，王军长就没救了。

可这说法疑点甚多。那就是高福源怎么就这么凑巧，恰在此时到现场指挥？此事着实令人难以置信。这份审讯口供会不会是大家统一口径，趁机把责任赖到新科旅长高福源头上啦？王以哲警卫排都属于葛晏春团，而葛晏春团又属于高福源旅。如果王军座遇难的责任算在高旅长头上，那葛晏春以下各人包括警卫排成员自然就不要承担责任了。从而，不管真相究竟如何，所有警卫员有可能众口一词，说同样的话了。甚至就连葛晏春团长本人也十分愿意接受那种说法。

新中国成立后，那场事变的各有关参与者也分别回忆了当年"二二兵变"的情形。但所有对"二二血案"的回忆中，人人均忽略了门口警卫排在事变中的任何细节，几乎没人提到过军长府门外警卫排与于文俊连长的"锄奸队"面对面时发生过什么互动。同时，各种涉及每次"锄奸会"参与者名单时，几乎罕有人谈到有无高福源到会。特别是2月2日早晨在孙铭九、应德田家召开的行动会议上，均忽略了高福源是否在座。既然行动会上都不能确定有无高旅长参加，那怎么在王军长遇难之际，他却恰巧在门口指挥呢？

如果王军长遇害时高福源恰在门口指挥的证据，只建立在警卫排全体成员供词的基础上，那显然存在着严重漏洞。

供词可信吗？会不会，这些警卫人员仅仅为了推卸自己的责任而联合起来嫁祸于高福源呢？这堪称历史之谜。

当然，面临如此众口交谪的局面，即使高福源活到如今，恐怕也是百口莫辩了。

葛晏春团长的审讯很快就理出一份责任者名单。他迅速上报给一〇五师师部刘多荃师长。这当中就有高福源旅长。王军长卫队指控，当王以哲遇难时，一〇五师第一旅少将高旅长就在王军长大门口的粉巷胡同指挥！

与诸多当事人的想象相反，远离西安的刘师长消息并不闭塞。他照样从许多方面得到有关王军长遇难的消息。有些消息比葛晏春团长的报告来得更早，只是没有葛团长的消息那么详细具体。这只因为葛晏春报告来自现场，来自第一时间，来自对相关人员的直接审讯。

其实此时，五十七军、六十七军和一〇五师部已经分别从其他途径获得噩耗。设在西安六国饭店的六十七军办事处火速将"三剑客"屠杀王以哲、宋学礼的消息，通过电报传到甘肃平凉的六十七军军部吴克仁副军长手里，一直协同六十七军作战的骑兵军各师从而也得到噩耗。这些军头也正频繁地交换着消息。

还有，昨天因谣言盛传，王以哲有被枪杀的危险。为此，刘多荃特地派副官那宝刚到西安来提醒王以哲。那宝刚在闻知王以哲被害的第一时间，就向刘多荃做了电话汇报。五十七军军长缪澂流也从自己的内线系统得到消息。

来自葛晏春团长的这份翔实的报告和审讯记录对东北军的军头来说，简直是火上浇油！元老个个怒不可遏！

形势急转直下。经长官一番鼓动，整个东北军一时间大哗，纷纷表示要为王军长报仇，各军各师先后宣布出兵讨伐叛乱，他们发誓要擒拿凶手，杀孙铭九、应德田等人的头，挖他们的心，为王以哲将军报仇。

恰在此前，五十七军的沈克师和骑兵军檀自新的骑十师先后趁机宣布脱离东北军，宣誓效忠"中央军"。沈克和檀自新率部叛变，脱离东北军，原本这是属于大逆不道的行为，理应要受到吴克仁、刘多荃、缪澂流这些军头严厉惩罚。但这次，他们被忽略了。军头吴克仁、刘多荃、缪澂流等人的怒火全部烧向"抗日同志会"的少壮派！应德田、孙铭九、苗剑秋这"三剑客"成了众矢之的，西安成了进攻的首要目标！

离西安最近的刘多荃独立一〇五师，立即下令渭南前线指挥官唐君尧旅长率先头部队向西安进发，首先占领西安东大门临潼。这唐君尧旅长我们不陌生，他就是东北军闻名的"唐二虎"！西安事变中，就是他的旅戒严临潼、包围华清池和骊山，并由他亲自把老蒋送到西安。看来，"三剑客"与少壮派盲目迷信自己在西安事变以来一个月中获得的权势，低估了王以哲、何柱国在东北军内的号召力与影响力。他们的行动是冒天下之大不韪，犯了极其严重的错误，他们成为万怒之源、众矢之的！

西安的局势十分严重。

东北军一〇五师第三团在当天午后已弃守机场，而把兵力调进城内。那时离王以哲被杀不到一个钟头。进城的葛团官兵是怀着强烈的报仇情绪而来的。此刻他们已经控制王以哲的府邸，正在搜索证据！首先得到的证据就是：杀手是于文俊和他的手枪连！他们是受孙铭九指派的！进城东北军人数虽然不太多，但也够令"剑客"们麻烦了。因为此时西安城内并没有任何红军的武装部队，而孙铭九那个特务团虽说人多势众、装备优良，但没有经历过战场，显然是不敢叫板正规军第三团。

特别是因误会，一〇五师第三团官兵对中共的敌视态度十分明显，与孙铭九那帮人更是势不两立！只因西安是杨虎城地盘，他们即使想采取行动，也要等待上级命令。三团这些官兵才没有采取激烈行动，严重的事态并没有立即发生。

由于漫天飞的谣传，误会重重的东北军也把矛头指向了中共和红军！

参与西安事变的高崇民回忆表明：那是由于潜伏西安城内的一些人故意指鹿为马、混淆是非，散布怀疑，说应德田是中共党员，还造谣说孙铭九等也都是中共党员，他们是受中共代表团的指使而滥杀东北军高官！这样一来，"二二"流血兵变的脏水就直接泼向了中共中央代表团，甚至影射中共是"二二兵变"的后台。东北军对中共的仇恨被挑动了起来！

这种情况下，大家都对中共代表团与周恩来的安全担忧。周恩来也看到局势十分严重，立即做出决定："代表团大部分同志进行转移，暂时移到云阳镇红军驻地待命。一部分同志留下，继续坚持做好东北军的工作，竭尽全力维护'三位一体'的团结。"

至于留谁的问题，多数认为周副主席目标大，处境最危险。"谁都可以留下来，就是周副主席不能留。"

但周恩来果断宣了紧急应变计划：（一）代表团迅速撤到云阳镇待命；（二）周恩来和叶剑英等同志留下来继续工作；（三）代表团撤退之前，全体成员要做的第一件事：先去粉巷，吊唁王以哲军长。

周恩来的决定是及时的，而且完全正确，但要冒极大的风险！特别是他亲自出马去吊唁王以哲军长这一条！要知道，自孙铭九手下的手枪连杀了王以哲后，东北军一〇五师第一旅三团的葛晏春团长手下接管了王军长府，驱赶了孙铭九的士兵。这些人以为"三剑客"和"抗日同志会"成员都是共产党员，从而中共领导就是屠杀王以哲的凶手"三剑客"的后台！代表团最高领导人此去还不等于自投罗网？但周恩来顾不了许多，他要亲自带队去吊唁王将军！

这天，是西安入冬以来最寒冷又最阴森的一天，西安全城处处充斥着血腥传闻，四面弥漫着恐怖气氛。街上行人稀少，路边树枝萧条，凛冽的寒风像针刺刀割，似乎要将野外的游魂野鬼都赶进城来，古城外只留下寒鸦绝望地哀嚎，喧嚣着悲凉。

2月2日下午，此时离王以哲被杀大约三个钟头。周恩来罩着灰色的外衣，左臂上缠着黑纱，领着中共代表团抬着祭奠花圈，向南院门粉巷胡同缓缓走去。当时控制了王将军府的一〇五师三团士兵持枪握刀，杀气腾腾，因误会而对中共代表团表达出强烈的敌意！

这是自王以哲军长遇难以后，第一支来吊唁的队伍。军长遗孀王夫人此时悲愤至极，她不愿意惨死的丈夫连丧礼会再次因一场血腥的屠杀而无法进行。她制止了兄弟和东北军官兵报复的冲动，并派人把周恩来率领的中共代表团接进将军府。当时王以哲灵堂尚在布置中，周恩来一进屋就亲自动手帮助布置灵堂。

然后周恩来领着中共代表团重新缓缓地进了灵堂，敬上祭品，向王以哲的遗像深深地鞠了三个躬！周恩来静静地凝视着王以哲将军的遗像，热泪长流。

吊唁完毕，周恩来对哽咽不已的王夫人沉痛地诉说王以哲将军的功劳及与中共的深厚感情。中共代表团第一个赶来吊唁王将军，使王以哲家属和东北军上层人士减缓了对中共的误解。这也有助于化解东北军将士因少壮派"三剑客"的胡作非为而对中共的敌意。

刚迁进延安一个月左右的中共中央，稍后也得到王以哲被害的消息。2月4日，毛泽东、朱德知道后，立即致电王将军家属，尊称王将军为爱国人民之领袖：

> 鼎芳先生遇难，不胜惊悼。鼎芳先生努力于抗日民族统一战线，不但是国家民族之干城，亦爱国人民之领袖。此次主持和平，力求统一，乃见恶于少数不顾大局之分子，遽以身殉。苏区军民同声悼惜。（毛泽东、朱德致王以哲家属悼唁，载1937年2月6日《新中华报》）

## 最后的"三剑客"

后来，王以哲的灵柩移送到北平市安葬。一路上十分肃穆隆重，他得到极高的礼遇。1984年，全国政协在北京北山公墓重新为王以哲墓立碑，并由邓颖超题写"爱国将领——王以哲烈士墓"。

西安事变的事，讲到此，可以结束了。王以哲的故事到此，也就说完了。

如果还想再多说几句话，一定显得多余。多余的话，就是画蛇添足。有足的蛇就是四脚蛇呀，四脚蛇很丑！

不过，话说到这里，有些事不做些交代，也实在说不过去。四脚蛇就让它四脚蛇，丑就让它丑去吧！

可悲的少壮派"三剑客"，杀死王以哲等人以后，居然不知道已经大祸临头，反而沉浸在一片初战告捷的气氛中。

孙铭九忙着杀人，其他人享受着杀人后的胜利喜悦，他们一时忘乎所以。倒是何镜华最早醒悟过来。他提醒"三剑客"：趁早向东北军的高层和杨虎城通个气，诉说他们杀长官的苦衷。最要紧的是要乘势震住于学忠等一批不知所措的人，不让他们逃离西安。不但不让他们逃走，还要诱迫他们露面，让他们自觉为"二二兵变"站台，让他们替谋杀王以哲、何柱国等人的行为背书！同时更要通过杨虎城和于学忠，稳住离西安最近的缪澂流和刘多荃两位军头，以免不测！

果然是当参谋、当副官出身的何镜华有点眼光！

"三剑客"一下子就全领悟过来了。于是，孙铭九与何镜华一道去找于学忠军长、"剿总"副参谋长兼东北军参谋长董英斌及一〇五师副师长谭海，向他们细诉苦衷。让他们马上向"中央军"宣战，救出张少帅！

这里，地位最高的就是于学忠了。但此时，于学忠虽然是个军长，却是身边连一兵一卒都没有，是光杆司令！他的防区在甘肃，他所能指挥的五十一军也远在兰州。面对这帮胆敢对两位最有权势的军长说杀就杀的年轻人，于学忠发觉自己已无能力应对。他只能战战兢兢地听任这批年轻人摆布。不过，他还是拿定主意，不单独签署对"中央军"作战的命令。

于学忠解释说："我签了也没用，前线的刘多荃、缪澂流不听怎么办？更怕是驻在平凉六十七军副军长吴克仁误会，后方要发生兵乱的。"

参谋长董英斌也责怨应德田、孙铭九在进行杀人这种重大事情前不予告知。不过于学忠、董英斌两人没能在"三剑客"面前坚持多久，在少壮派的威逼之下，最终还是屈服了。他们后退一步说："要签的话，还是到杨虎城的新城公馆那边，一道商量决定。"

应德田无奈，就领着刘启文、苗剑秋、杜维纲、何镜华、邓玉琢等八九个人拥着这两军头，一起到新城公馆开会。这九对二的一路陪送，分明是严加管束，不许两大头开小差！他们一行见到杨虎城后，应德田就主动报告了对王以哲实施"正法"的情形，并请老杨下命令：不许前线撤兵！

杨虎城咨询于学忠、董英斌两人意见后，接受了应德田的要求。可是，当老杨拿起话筒与前线联系时就发现：正如于学忠预言的那样，前线指挥缪澂流军长和独立一〇五师师长刘多荃根本就不理睬杨虎城、于学忠、董英斌的来电。杨主任不但听不到缪军长、刘师长的声音，就连他们参谋、副官的口气也很生硬。

尽管前线态度不明，东北军参谋处副处长邓玉琢还是当场就按"三剑客"的意见起草了电文，命令缪澂流军长和独立一〇五师刘多荃师长等前方将领"坚持不退，要求张副司令回来"。我们知道，徐方刚被"正法"，副处长邓玉琢就是此处的老大。他当然必须积极带头！

杨虎城、于学忠明知道这游戏已经不起作用了，但又碍着面子，一时不便一语道破险情！压不住苗头的"三剑客"依然趾高气扬、踌躇满志。他们见杨虎城、于学忠如此优柔寡断，便再次施展屡战屡胜的法宝：哭！

禁不住少壮派的哭闹，军头们最终还是同意签发命令。三人各自在参谋处副处长邓玉琢起草的命令书上签字画押。

杨虎城知道，这一纸命令对前线这批强兵悍将来说可能只是一张废纸。于是他不再隐瞒自己的观点而直接点破那层窗户纸。他告诉应德田、孙铭九：那命令起不了丝毫作用！要制止撤兵，只得派人到前线去劝说。老杨说："说好吧，你们研究派人到前线阻止撤兵。"

杨虎城把这事推还给东北军少壮派：你们自己努力吧！我该忙的都忙完了。

的确，从前线来的消息与少壮派的愿望截然相反。刘多荃与缪澂流已经联手下令，立即从前线向后撤军。这撤军时间比"潼关协议"约定的还要提早一天。他们退兵路线是：刘多荃一〇五师向缪澂流五十七军的驻地高陵靠拢。而另派一路以平定西安叛乱为名，率先占领西安的东大门临潼。这支部队就是由一〇五师第二旅唐君尧旅长带领。唐旅长决定率一个团的兵力，奉命继续向西安进逼，凡遇到抵抗，不论是谁，打了再说！

雷厉风行的唐君尧火速占领临潼，随即向西安发起攻势！一场血战眼看在所难免。

这样一来，前线军队的行动不是奉"三剑客"之命去向"中央军"作战的问题，而是倒过来，要拿"三剑客"的人头开刀问斩了！

你"三剑客"会在渭南会议上作假，唱哭戏，我五十七军和一〇五师的与会者同样是逢场作戏。但今天这戏退场了，上场的是真刀真枪，玩的是兵戎相见！

虽说东北军是常败之师，但在内部评论谁好英雄谁好汉，谁孬种谁王八？还是有三六九等级区分的。唐君尧这人打起仗来不要命，执行命令不走样，他被喻为"唐二虎"，是东北军出了名的猛将！历史上东北军内有位闻名绿林的"汤二虎"。此人就是张大帅的拜把兄弟七爷，大名汤玉麟。他是个敢伸手下油锅捞秤砣的猛汉，闻者无不胆战心惊！唐君尧这"二虎"的称呼恰又是老帅张作霖起的。在东北军内与汤七爷并称"二虎"，可见这唐君尧的名声。唐君尧手下那支劲旅的狠劲，在东北军内部是无人不知的。猛将"唐二虎"率兵攻西安的消息传来，西安城内的军政大员顿时都成了哑巴！

此时，东北军除了远水不解近渴的五十一军，其余兵马均已站在敌对的那一边。到此地步，于学忠只好硬着头皮主持局面。他绞尽脑汁，通过多方磋商，最后决定采取以柔克刚的手法应付。那就是靠嘴炮去平息钢炮。具体行动是，派出两拨人马，分头到前线去做兵头将脑的思想工作：一路由马占山、鲍文樾、刘伟、张政枋组成，先去渭南说服刘多荃独立一〇五师和缪澂流的五十七军；另一路由前西北"剿总"办公厅二科上校科长陈昶新独当一面，让这个东北军的特工大头目去平凉说服吴克仁的六十七军和骑兵军。这样一来，东北军卖不卖杨主任及于主席面子，就全部取决于铁嘴马占山、鲍文樾、刘伟、张政枋及特工头子陈昶新的能耐了。

可是，2月2日当晚，严重的消息传到西安，在前线与"中央军"对峙的东北军已经全线撤军。刘多荃领兵杀回来了！既然如此，杨主任及于主席知道和平的生米已成熟饭，想反悔也反不成。他俩只好宣布与"中央军"讲和，接受与"中央军"的和平条件，签署"潼关协议"。杨虎城和于学忠再次指定李志刚、鲍文樾为签字代表，星夜赴潼关，找顾祝同表示遵守"潼关协议"：接受甲案，和平撤军！

但为时已晚，刘多荃杀回来的消息太让人恐慌了。

"剑客"们想到，此前派出的说客是无法改变一〇五师行动的。要使一〇五师的兵马止步，只能兵来将挡，水来土掩，调动军队与之对阵。西安事边发生以来，一一五师也被调到西安城郊助威。"三剑客"想到一一五师师长刘启文是"抗日同志会"成员，这次针对王以哲、何柱国等人开的"锄奸会"，刘启文都是参加者。让一一五师刘启文上阵挡一挡一〇五师总可以吧？可不料，此时已是"英雄无觅刘启文处"了。原来，一一五师刘启文归五十七军缪澂流指挥。缪澂流发布的一纸电报军令已早早到达了刘启文手里。刘师长被镇住了！好在，此时"三剑客"能调得动的实权军官中，正好还有一位高福源少将。高旅长是"抗日同志会"十五位发起人之一，现在是一〇五师第一旅的少将旅长。于是，"三剑客"决定派高福源到渭南前线对付刘多荃，不管采用何种手段，都要阻止刘多荃进军西安。

的确，一〇五师第一旅就有一个团在西安城内，还有一团就在近郊的王曲一带。但高福源接到"三剑客"命令正想调一些兵马时，却遭遇大麻烦：原本归自己指挥的一〇五师第一旅的各团长、营长今天都特别忙，没有丝毫回音。高旅长不但没有调集到自己所需的帮手，连原来在身边服侍自己的勤务兵也不知什么候失踪了。这勤务兵不知是接到了谁的命令？还是因恐惧而自作主张逃啦？反正他离开旅长自己走了。

事情也难怪，第一旅负责张学良及东北军总部警卫，名义上归高旅长指挥，但其实高旅长上头还有张学良副官谭海副师长，副官谭海兼一〇五师副师长是必然的事。所以，谭海随时可能成为一〇五师第一旅的真正指挥官，高旅长想调动自己的旅，近要看谭海副官的脸色，远要有刘多荃的命令！

高福源想避开刘多荃和谭海来调动这个第一旅的一兵一卒，那太难了。倘若不是"三剑客"闯了祸，倘若不是刘多荃发了禁令，谭海倒也没有必要出头为难高旅长。但是，眼下大不相同了。况且，平时谭海历来比"三剑客"位高一级，"三剑客"恣意妄为时却从不把谭海放在眼里。谭海凭什么要在如此险恶的关头，出头替"三剑客"背书？他何必冒险去背叛刘多荃师长？而且谭海知道，此时刘多荃已发令讨伐西安，他的电令已下达各旅、各团。刘师长还能允许别人轻易调动他的一兵一卒？高旅长没有本事调到兵，谭海更没必要冒险去帮高福源旅长！

连勤务兵都失踪的高福源，凭什么去抵挡刘师长或唐旅长的军队？

武力对抗不行，那能否凭自己与刘师长的上下级关系，凭人情去劝刘师长或唐旅长服从大局？那就是说，高福源充当"三剑客"的谈判代表或人情代表，去劝退讨伐部队。高旅长明知自己与占领临潼的唐旅长交情不深，却又不得不硬着头皮向临潼出发。但他一到前线，就发现情势不妙。刘多荃的军事行动不是闹着玩的，他的平叛命令是真刀真枪的。高福源从遇到的士兵那儿知道：从几天前到现在，自己没有请假而私自脱岗的事已被刘师长知道。此前，刘师长正因军事行动而查岗点名，在全师查找高福源。高旅长顿时感到形势严重，事情复杂：不请假私自离岗本身就是很严重的事件。特别是，在上级长官发布战争命令的情况下，下级指挥员临阵"失联"，那等于是拿自己的生命去开玩笑！此时，不论是见了唐旅长还是刘师长，绝对没有好脸色看，不被立即拉去枪毙就算命大，更不用指望他们会把自己当作"敌方"的谈判代表。

高福源越想越怕，不敢去见刘师长或唐旅长，更不敢向刘师长讲明原委，便慌忙转身回到西安。

高福源并不知道，此时的他已经成为追捕对象。事实上我们已知道，刘多荃在追查高福源下落的同时，就得到葛晏春团长交上来的审讯报告和"二二兵变"中残害王军长的暴徒名单。除于文俊和戚排长等众人目睹的杀人犯外，高福源也赫然名列其中！

这里，我们再叙述一下这个一○五师。我们已经多次讲到，刘多荃的这个师是个相当于军编制的独立师，人员精干，武器精良。其战斗力，相对于"中央军"或日本侵略军来说，虽不敢恭维，但在东北军内部，却绝不输于东北军任何一个军。它其实是广义的张学良警卫部队，一○五师的主力也总是布置在张学良的身边，其亲信副官谭海，就身兼一○五师副师长。一○五师有三个旅，第一旅、第二旅、第三旅的旅长分别是董之芳、唐君尧、赵国屏。我们记得那位赵国屏在九一八事变时，就曾是王以哲一○七旅的参谋长。西安事变前夕，张学良派第一旅旅长董之芳出使新疆，空出第一旅旅长位置由高福源顶替。高福源因这机会提升为少将旅长。与高福源同时晋升为少将的就是那位在洛阳叛变的炮六旅旅长黄永安！

自西北"剿总"在西安成立，一〇五师第一旅就安排在西安和近郊，其第三团就负责西安机场及金家巷张公馆的警戒。王以哲的卫队也正好就是从第一旅派出来的。这次，王军长被害，刘多荃要进西安平叛，讨伐谋杀犯及凶手，为王军长报仇。他原本首先想到的就是命令离西安最近的第一旅采取行动。不承想，关键时候，发现旅长高福源私自离岗且下落不明，这不能不引起他高度的警觉！于是，刘多荃从对抗"中央军"的渭南前线，把第二旅旅长唐君尧调下来组织部队进攻西安，并跳过高福源直接把命令下达第一旅的各团、营。刘多荃在第一旅的影响力根深蒂固，团、营长均是他亲信。于是刘师长命令一竿子扎到底！相反，刚上任两个月的高旅长，根基太浅。况且他此时还被刘师长视为临阵脱岗的逃兵。在毫无感觉的情况下，高福源已经失去了任何身份，成了孤家寡人。

从而，刚一脚踏上临潼前线的高福源，听说刘多荃查岗，就慌不择路，落荒而逃！假如此时高福源不逃跑而主动上前向刘师长认错受罚，那情形或许就不一样了。反正，如果高福源身正就不怕影子歪，哪怕自己的确有点儿什么不清不楚的事，而说点儿假话掩盖一下，刘师长也不至于会轻易取下一个旅长的性命。况且，对于投案自首的少将高旅长，其生杀大权还操在张学良手里。为了对张少帅负责，刘师长也应该认真调查口供的真假，查清杀害王以哲军长时，高福源是否真的在粉巷现场进行指挥。只要挨过了要害的几天审查，或许高旅长就没有性命之忧了。

但高福源没那样做，却鬼使神差地出现在"下级"葛晏春团长面前。他没料到葛晏春曾对警卫排搞人人过关的审讯！他更不知道，就在前天，刘师长一看到葛晏春团长上交的审讯报告和名单，立即密令葛团长捕杀高福源！

刘师长发命令时，团长葛晏春当然是已经坐镇西安城内。他打听到高福源从临潼回西安的消息后，立即派卫兵拿着请柬寻找上司高旅长，请他赴饭局！刚从临潼回来的高福源没有完成阻止刘多荃进军的任务，无法向"三剑客"交差，同时又害怕刘师长的处罚而不敢贸然归队。他正因无所着落而惶恐不安。既然本旅下属的葛晏春团长请自己吃饭，就说明此君不忘旧情。是呀，高福源没当旅长前，与葛晏春一样是团长，只是分别属于刘翰东和刘多荃两位不同的师长而已，彼此谈得来，也常有酒饭来往。所以高旅长见邀请，没有丝毫戒心。他正想从葛团长口中听听风声。他甚至还希望能通过葛团长从中撮合，或许可以解除刘师长对自己的误会。

高福源不敢主动直接去见刘多荃是他的第一个大错。而他居然接受葛晏春的宴请则是致命的错误。他也不想想，自己的勤务兵为何失踪啦？这位勤务兵会不会已经跑到葛晏春那边去啦？

其实此时，高福源还有两条正确的出路。一是回归红军队伍。他本可以去找的人，近有在西安中共中央代表团的李克农，稍远些，还有在云阳的彭德怀和刘向三。回归红军队伍，当然是安全的。如果还想观望一下的话，他还有第二条路可走。那就是他完全可以找个秘密地点躲起来。躲过几天，等顾祝同进城。那时东北军已动身开往安徽、江苏，不再有人计较那些芝麻绿豆般大小的往事。事实上，后来"三剑客"没有一个人落到葛晏春手里，没有一个遭遇麻烦。顾祝同一进城，为了谈判方便，还欢迎红军把办事处设在西安城内！顾祝同不会为了东北军内部的陈芝麻烂谷子之事而穷追一个没多少名气的高福源。

不知为何，高福源居然没能想到这些出路。

高福源一见到葛晏春，马上发觉上当受骗了。是呀，哪来的免费晚餐？何况自己是一个被列入黑名单中的人！

高福源发现葛团长不是请自己赴宴的老朋友，更不是听命于自己的部下，而是一尊六亲不认的煞神！他想回避已经太迟了。只听得一声吆喝，高福源就被葛团长当场拿下，并被五花大绑了起来，然后被推到城墙根一枪解决了。还有一个说法是，高福源在饭店餐厅先遭葛晏春连击三枪，尸体被别人拉到城墙根，胡乱埋在城墙与护城河间的一堆瓦砾下。按后一种说法，可能产生这样一种血淋淋的场景：从约定赴宴的饭店到城门墙根下，一路血迹斑斑！那是多数人都比较忌讳的场面。反正，高福源就这样不明不白地死了。

自1936年12月1日，少帅宣布晋升高福源为少将到一〇五师第一旅以来至今，他总共任了两个来月的旅长！1937年1月下旬，就是发生"二二兵变"前后几天，高福源"奉命"留在西安忙碌。只是，他奉的不是主官刘多荃的命令，也不是谭海的命令，而是刘多荃视为"叛逆势力"的"三剑客"的秘密命令。作为一支非独立军队的指挥官，高福源不是坚守在旅部而是秘密听从别人命令而脱岗，这未经请假私自脱岗是一起严重行为！其本身就隐含了巨大的风险。特别在东北军这种来源于家族性军阀的部队来说，军事主官宣布进入战争状态之际，擅自脱岗失联的下属极有可能被主官追捕处决！

但从后来各人的回忆来判断，高福源直接死因不是简单的脱岗问题，而是被疑为参与谋杀上官王军长而致罪。他是否真的到粉巷胡同指挥而控制了警卫排，致使暴乱分子得以横行无忌？那事还是有待进一步查清。但直接开枪杀害王以哲的人是于文俊和戚排长，他俩的所作所为，受孙铭九指挥，而不是高福源直接指挥的。况且，高福源本人没到王军长的牺牲现场！这样说来，即使罪犯得逞是高福源控制了警卫排而造成的，但直接杀人的罪依然摊不到高福源头上。所以，可以说，刘多荃、葛晏春尽管有自己的理由要杀高福源，但没走公开的法律程序，没有经历对证质证过程，没对高福源进行公正的审判，这执法过程就显得有些草率行事！

说高福源丧心病狂，参与策划了谋杀并亲身出现在粉巷胡同指挥屠杀王以哲军长的行动，这点或许有人还将抱怀疑态度。王以哲军长是高福源的老上级，高福源被红军俘虏后又放回来，王以哲不但没处罚他，还向张学良举荐，从而有高福源后来的提升机会。这样说来，王以哲军长有大恩于高福源。高福源这样的人不至于会沦落为一个恩将仇报的小人。他的死，很可能是因为刘多荃、缪澂流误信了流言："三剑客"是中共成员，"三剑客"策划"二二兵变"残杀王以哲，是得到了中共的背后支持！于是，他们一下子把高福源视为祸根！或者，他们还以为去年就因高福源从中牵线搭桥，张学良、王以哲才可能与红军结盟。

所以，王以哲遇害的时候，不论高福源是否出现在粉巷胡同指挥控制了警卫排和机枪，掩护了凶手穿堂入室的屠杀，他都一样会被处于困惑中的东北军官兵视为罪魁祸首！这样说来，高旅长可能是受委屈了。只可惜，又是一条年轻的性命！

以上提到高福源在"二二兵变"中的经历和惨死的过程，基本上是见录于一些历史人物的回忆。除了有关人物后来指点的埋葬地点在护城河间一堆瓦砾中是确实无误外，其余依然是未解之谜。如今当事人葛副司令与他的三团旧部也基本全部归天了，许多秘密看似只能让它继续保持下去了。

但整个过程还是清晰的。"二二兵变"一发生，高福源就第一个奉命出阵要与刘多荃过招，结果还没在战场上见到面，就出师未捷身先死，令人嗟叹不已。一年前，张学良亲口交代高福源："你今后可放心做这一工作，如果你遇有不测，你的家属生活和子女教育都由我和王军长负责。"可惜呀！此时张学良自己失去了自由，自身难保，而王军长已经遇害。高福源"不测"之后的家属和子女后况如何？堪忧！

但有一个人一直牢记高福源的家属，并在20世纪70年代时过境迁之际，就指示有关人员查找高福源后人的下落。那人就是周恩来。终于到了1981年，那是周恩来逝世后的第五年，也是高福源死后四十四年。此时，历史的恩怨已经风轻云淡，彼此间的纠葛早已冰融雪消。高福源终于恢复了名誉，有关部门也追认他为革命烈士。虽然迟到了四十四年，高福源一生的委屈总算解除。同时连带查清了，高福源后妻因不堪精神重负，当时已吞金自杀。而前妻高许氏却顽强地领着四子一女生活。抗日战争一发生，她的长子、次子先后投笔从戎，进入抗日正面战场：长子当空军飞行员，在战争中牺牲；次子参军当电信报务员，坚持到抗战胜利。新中国成立后，旧军人出身的次子背着沉重的历史包袱在长春第三货运公司当工人。高许氏本人也不亢不卑地活到1963年。当然，突然出现的烈士父亲之荣誉略微改变了那位货运工人的晚年生活。

"三剑客"派高福源与刘多荃进行较量的第一阵失利了。接下来的第二阵也不妙。据说，马占山、鲍文樾、刘伟、张政枋及同行的刘澜波出了东门，刚到临潼即遭唐君尧扣留。这也就难怪高福源一到临潼就逃。他能与马占山、鲍文樾、刘伟、张政枋及刘澜波比吗？马占山、鲍文樾、刘伟在东北军内是老资格，唐君尧不买账。你老资格？我奉命抓你老资格。唐二虎只认命令不认关系，哪怕你是皇亲国戚，照样抓！遇到这种人，前面提到的那位高福源能不逃？

张政枋与刘澜波被唐君尧就地关押，马占山、鲍文樾、刘伟三人被押送着去见刘多荃。随后得到西安的快电通知：鲍文樾要代表东北军去潼关与"中央军"

顾祝同签和约。于是，他一个人被放行去了潼关。

这说法是否全面有待继续核实。不过，这事挺滑稽，鲍文樾刚才出来时，他的身份是与马占山、刘伟、张政枋、刘澜波一道当说客。他们要劝刘多荃和缪澄流誓死坚守阵地与中央血战到底。他半路又改为去向顾祝同求和签约，宣布同意撤军接受甲案。他的身份一下子从"游说"刘多荃和缪澄流与"中央军"决一死战的身份，转一百八十度成为屈辱的"城下之盟"的签字人！从"主战"改"主和"，从"血战到底"到"屈服退兵"都由你鲍文樾一张嘴随便翻！这种身份还能胜任充当说客吗？这样一来，马占山、鲍文樾、刘伟这批铁嘴，不就要在刘多荃和缪澄流面前出尔反尔，自打嘴巴了吗？

不过，刘多荃没有难为鲍文樾。或许说不定，正是刘多荃把他火速送到潼关去执行谈判签字的使命。鲍文樾一到潼关就求见顾祝同，在协议书上签上自己的名字，然后递给顾长官。

顾祝同拿过东北军代表签过字的"潼关协议"后，就在上面只签一个"阅"字便搁在一旁。后来人们说他傲慢，其实事情可能并非如此。此时签字，在顾祝同看来是脱了裤子放屁，多此一举。兵不早就撤了吗？再说，据他所知，东北军独立一〇五师、五十七军、六十七军和骑兵军都已拒绝甲案而决定选择乙案。东北军五十七军、六十七军、骑兵军和独立一〇五师就基本概括了东北军的全部主力，此时按甲案来执行的"潼关协议"不已是一份毫无价值的废案了吗？废案上签字不签字，已经毫无意义。

西行的特工头子陈昶新上校不知道东面一路的马占山、鲍文樾、刘伟、张政枋那些滑稽遭遇。不过据他所说，他一到平凉，也遭遇麻烦了。六十七军的军官，特别是和王以哲有直接关系的军官，个个对他咬牙切齿、怒目相视！陈特务官不吃枪子、不挨刀子就算命大，哪还轮得到他动口劝降？当然，特务头子陈昶新早已与蓝衣社头子戴笠、毛人凤颇有交情，他与"三剑客"本质上不是一类人，他当说客不过是逢场演戏而已。他当然熟知玩弄两面三刀的手法保护自己。其实，陈昶新是不会吃亏的，真有风险，他是不会来的。别看此时他只是小小的上校，其实他在东北军内的根基很深：其长兄陈再新是张作霖大帅手下名将，当年郭松龄叛乱以惨败收场，就有陈再新的一份功劳。六十七军代军长吴克仁就与陈昶新交情很深，他不至于在六十七军内吃亏。陈昶新后来回西安汇报了六十七军吴克仁的蛮横态度及准备纵兵西安的情报！那些消息足够让杨虎城及"三剑客"丧魂失魄了。

被关押一天的张政枋和刘澜波获释了。唐君尧在临潼把张政枋与刘澜波关押起来，只是做做样子。刘多荃和唐君尧虽对他们不能不做做样子，却不能太绝情。但事后，整个东线的四个说客只有张政枋一人回西安。原本上了死亡黑名单的鲍文樾在顾祝同办公室签了字之后，就拉着马占山、刘伟借此机会逃离陕西去了北平。此时，刘多荃一〇五师驻渭南的部队全部渡过渭河开返高陵。他与缪澂流在高陵召开军事会议，高调宣布接受乙案。2月3日晚，占领临潼的唐君尧部，剑指西安。而同时"中央军"重新占领渭南城。

西安，此时已经门户洞开。

在向西安开进的同时，刘多荃因听信"二二兵变"受中共幕后策划的传言而彻底转向反共立场。他以为应德田、孙铭九等人都是中共成员，怀恨"三剑客"在东北军内制造分裂。于是他下令逮捕一〇五师中的万毅、康鸿泰等具有中共身份的团级军官，扣押了驻一〇五师的中共代表邹鲁风。

刘多荃挥师杀来，令孙铭九等人肝胆俱裂。他们向中共中央代表团求援。

这过程，根据高崇民的回忆是这样的。孙铭九在苗剑秋的怂恿下来找周恩来，下跪叩头求救说："请周先生帮助解决吧，我做错了，请宽恕！请周先生为和平继续进行谈判。"

"这是谁搞的？"

"应德田和我，还有何镜华，开会时还有刘启文师长等决定的。"

周恩来问他们有何打算时，孙铭九表示，他们要么自杀，要么由杨、周审判，要么把他们送到苏区去。

周恩来没说什么，他要找杨虎城商量对策。

卢广绩先到杨虎城办公室探口风。一进门，只见杨虎城坐在沙发上，闭着两眼。

"杨主任，下一步可怎么办哪？"卢广绩问。

杨虎城动也不动，眼也不睁，半天没吭声。卢广绩怕来得不是时候，正想退出。

"我正想问你。他们几个人自己怎么想？刘多荃师长打电话给我的秘书，说是'杨主任绝不能保护叛徒'！"杨虎城睁眼开口了。

"副司令走时，叫我们听杨主任的命令。我想，他们三个都是血性之人，你叫他们今天死，他们不会活到明天早上。"卢广绩这样保证。

杨虎城坐正了身子摇了摇头："他们能自杀吗？只怕事到临头，他们不肯！"

杨虎城是从尸山血海中走出来的，阅历无数，什么事没见识过，什么人没领教过？他肯信卢广绩这话？

自"三剑客"在他杨公馆大摆号啕阵以来，他早就看不惯这批阴气十足的少壮派。他们高呼的满口爱国是假，抗日更假！连口口声声吹嘘自己崇拜日本"二二六"法西斯主义"英雄"也是假！杨虎城看透了。

周恩来正巧赶到。他听后，提议说此事要从长计议。

但杨虎城依然摇摇头，不无讽刺地接着说："他们可以学日本武士道，剖腹自杀，或者出面自首。"

这点，周恩来表示不能同意。杨虎城可以甩手不管，中共代表团可不能没有担当精神。周恩来拉杨虎城到一旁交换意见。

最后两人经商量后，一致认为这几个人不能杀。

对他们进行审判也不行："而要是交付审判的话，孙铭九、应德田、苗剑秋等人都是'抗日同志会'的骨干，知道很多东北军、西北军和红军三支军队内部的秘密。一旦审问起来，怕是会审出来很多秘密，结果更不好。所以看起来只能将他们送到苏区。"

把祸根弄到苏区去，洗刷了"二二兵变"与自己的干系，那正是杨虎城乐于见到的局面。于是击掌为定！

决定之后，周恩来回到金家巷张公馆东楼会议室。周恩来、刘鼎正和应德田、苗剑秋坐在一起谈话。见卢广绩进来，周恩来示意他一起坐下。周恩来对应德田说："你和苗剑秋、孙铭九必须马上退出西安，先到云阳镇红军中去。"

应德田还莫名其妙："我们搞掉王以哲，是要坚持营救副司令回来，怎么要去云阳镇呢？"

苗剑秋不耐烦地驳他："现在祸起萧墙，刘多荃向西安回兵要杀我们，还营救什么副司令呢！周先生要我们避避，现在没工夫跟你解释。"

苗剑秋头脑清醒，他一点儿也不昏。营救什么副司令？原本那口号就是喊给别人听的，是为了夺权而亮出来的旗号，是鼓动别人在前面冲锋陷阵，而不是让自己去挨枪子，在如今这个紧要时刻，你还真把它当一回事呀？放聪明点儿，逃命去吧！

应德田闻言，十分沮丧。一天前信誓旦旦要与几十万"中央军"血战到底的"三剑客"英豪，此时被三十公里外刘多荃的隔空吆喝声吓得魂飞魄散，急着要逃命了！

周恩来的决定，让卢广绩感到担心："他们这样一走，周先生可要冒袒护杀人犯的嫌疑！"

"这是没办法的事，蒋介石用权术把我们一步一步地逼到这般田地，最后一步棋，只能这样走了。"

孙铭九冲进门，一下跪倒在周恩来面前："我错了！请周先生宽恕我！"

刘鼎说："既然人都在场，收拾一下快点儿动身。方才接到情报，蒋介石已下令通缉你们三位。再迟疑就走不脱了。"

这蒋先生真够滑头！他一度因山城堡事件而对王以哲咬牙切齿，要拿王军长军法从事。如今"三剑客"做了他想做而没做成的事，他却反过头来主持公道，通缉"三剑客"！

2月4日，杨虎城、于学忠、孙蔚如、何柱国、董英斌领衔向全国发表了《和平宣言》，其中称：

> 虎城、学忠等，追随张副司令参与双十二之举，自信心地光明，绝无权利思想，只以不甘国土之日蹙，不忍国力之自摧，感于张副司令之至诚，因

而不辞鲁莽，附骥其后。（西安事变研究会：《杨虎城文集》，北京：中国文史出版社，2013 年）

《和平宣言》还称：

际此民族存亡之紧要关头，适开决定大计之三中全会，所冀举国上下，共矢团结之诚，速作抗御之计，并力和衷，共信共谅，虎城、学忠等誓以张副司令之心为心，竭其全力，为国效死，苟有一毫之私伪，必为天地所不容，谨此宣言。（西安事变研究会：《杨虎城文集》，北京：中国文史出版社，2013 年）

这表明，除"竭其全力，为国效死"外，东北军和西北军已放弃对南京的一切条件和要求。不曾参与《和平宣言》起草的缪澂流和刘多荃，他们的名字也由别人代署上了。

就是这天，应德田、孙铭九、苗剑秋、文英奇，还有"抗日同志会"的孙聚魁、孙殿科、孙我权及五六个士兵，由刘鼎陪同，分乘三辆汽车连夜赶到了云阳镇红军司令部，队伍中没有高福源，也没有于文俊。

第二天，即 2 月 5 日，西安市公安局发出了对"三剑客"应德田、孙铭九、苗剑秋等人的通缉令。中共中央因忍辱负重，承诺收容"三剑客"，这就等于为他们三人背了黑锅。

刘多荃一〇五师麾下各部其实没进西安城。他只命令原来就在城里的一〇五师第一旅第三团团长葛晏春奉命办事。主犯于文俊已被拿获，下场惨不忍睹。前面已说过，没直接进入王军长家的高福源也悲惨地遭枪杀。此时匆忙逃命的"三剑客"忘记了于文俊和高福源。这批原本感情充沛的好汉随即知道了于文俊和高福源的悲惨结局，但他们之中没人落泪，没人哭！因为他们此时最需要做的是：逃命去！更需要撇清与这二人的关系！

西安城内还有一个奉刘多荃命令行事的人，其身份远不具备团长的资格。他就是特务团六连连长刘凤德。他此前一度受谭海节制，驻守张公馆。所以他没有参加"二二兵变"，没有卷入屠杀。他有理由为自己站队正确而自豪。加上是刘多荃的刘氏家族的族亲，他可以借刘多荃牌头，采用"三剑客"同样的手法扬言清算"三剑客"的罪行！别看他只是连长，却照样能搅得特务团和"抗日先锋总队"鸡犬不宁：团副贾陶、营长商同昌及黄冠南对他均束手无策；就连拿着于学忠令牌要接管特务团的何镜华也回避不迭。只见刘凤德大发威风，威胁要抓、要砍、要杀，吓得特务团和"抗日先锋总队"的成员纷纷开小差逃跑。来不及逃跑的王甲昌、商同昌、张哲、陈大章等人也遭刘凤德缉拿。还好这位刘连长处事比较小心，嘴巴虽凶，但行动谨慎，最终没弄出人命事故。随后风声过去，刘凤德奉命恢复全部被捕人员的自由，连孙铭九等人的家属也全释放了。但"抗日先锋总队"还是在刘凤德的威胁下解除武装，集中进行整训。然后是于学忠出面把他们改编为五十一军新编——〇师，张政枋任师长。1937 年 5 月，新编——〇师奉蒋介石命令随于学忠转移到江苏省睢宁县后，一份来自南京的电令宣布取消番号，就地解散！"三剑客"直属的特务团和"抗日先锋总队"这股带有法西斯色彩的武装曾经风光无限，不承想最终就此分崩离析。

顺便提一下，东北军第五十一军这支部队连同它的番号一直保持到 1949 年上海解放前夕。彼时，五十一军副官处处长就是那位刘凤德先生。在战上海的最后关头，经刘副官穿针引线，成功协助防守苏州河北岸的五十一军末任军长刘昌义将军率部起义，为上海城区的和平解放，做出了一份贡献。老电影《战上海》主持守军起义的将领刘义就是刘昌义。

我们在这里拿刘凤德的结局对比其他人的后半生，就可以发现：各人的命运的确是因人而异，随机遇而不同。刘凤德先生交了好运！

2 月 5 日开始，西安局面渐趋缓和，刘多荃见事态趋于平静，就下令释放了万毅、康鸿泰、王甲昌、商同昌、张哲、陈大章等人。他们当中，贾陶、黄冠南等人回归东北军的原部队参加抗日战争，其他人则选择离开。

接着，于学忠和何柱国也到达高陵，他们与吴克仁、缪澂流、刘多荃会合，诸位军座宣布放弃甲案，接受乙案。他们放弃大西北联手东去。东北军、西北军从此各奔东西，先后进入了抗日战争的战场，不再接受单独指挥。吴克仁后来参加上海八一三抗战，虽然死得蹊跷，但依然可认为是中国第一位因抗战而牺牲的军长。其手下刘启文的确是战死在松江战场！

杨虎城挥泪告别自己苦心经营了十几年的西安城，到自己的发家地三原暂避风头。此前，他的西北军已经瓦解了。

软禁在奉化的少帅张学良闻讯，悲痛欲绝。他知道，没了东北军，他这辈子就永无出头之日了。

2月6日到8日，宋希濂和顾祝同先后率军进驻西安。周恩来率领的中共代表团先是与顾祝同、张冲、贺衷寒，接着与蒋介石、张冲等进行了艰苦的谈判，最终达成国共合作、一致抗日的民族大团结协议。

这年7月7日，七七事变发生，中华民族出现了团结一致、共同抗日的伟大局面。

# 附录：部分参考文献

1. 西安事变史领导小组：《西安事变简史》，中国文史出版社，1996年12月

2. 《西安事变资料》第一辑、第二辑，人民出版社，1980年11月

3. 吴福章：《西安事变亲历记》，中国文史出版社，1986年12月

4. 张学良自述，唐德刚整理：《张学良口述历史》，中国档案出版社，2007年7月

5. 何柱国：《忆张学良将军》，载《西安事变资料》第2辑，人民出版社，1981年4月

6. 蒋介石：《西安半月记》，西北大学历史系中国现代史教研室、西安地质学院中共党史组、八路军西安办事处纪念馆合编的《西安事变资料选辑》，1979年4月

7. 李云汉：《西安事变始末之研究》，台湾近代中国出版社，1985年

8. 李立：《亲历西安事变》，团结出版社，2007年11月

9. 李金洲：《西安事变亲历记》，传记文学出版社，1982年再版

10. 杨中州：《西安事变》，上海人民出版社，1979年

11. 高崇民：《西安事变杂谈》，载《西安事变资料》第2辑

12. 申伯纯：《西安事变纪实》，人民出版社，1979年11月版

13. 卢广绩：《回忆高崇民同志》，载《沈阳文史资料》第1辑

14. 张同新：《国民党新军阀混战史略》，黑龙江人民出版社，1982年11月

15. 西安事变研究会、十七路军军史研究委员会：《十七路军军史资料》，西安市政协文史资料委员会，2008年

16. 刘多荃：《二二事件的回忆》，全国政协存档，1963年12月

17. 卢广绩：《二二事件及其他》，载《辽宁文史资料》第21辑，1978年

18. 应德田：《张学良与西安事变》，中华书局，1980年12月

19. 何镜华：《双十二事变回忆录》

20. ［英］J.M. 贝特兰：《一个西方记者眼中的西安事变》，东方出版中心，2000年

21. 中国人民政治协商会议辽宁省委员会文史资料研究委员会：《在同张学良相处的日子里》，辽宁人民出版社，1986年10月

22. 西安事变研究会资料室：《西安事变电文选》，陕西师范大学出版社，1986年

23. 郑定于、王吉呈：《在风云突变的年月：周副主席和平解决西安事变的故事》，陕西人民出版社，1980年

24. 李传信：《端纳其人》，载1987年9月5日《团结报》

25. 黄仁霖：《黄仁霖回忆录》，团结出版社，2006年1月

26. 王凤起：《我所知道的王以哲将军》，载吉林《文史资料》第1辑，1987年5月

27. 程敏、顾龙生：《王以哲将军》，载《人物》杂志1980年第4期

28. 张克侠：《忆王以哲将军并缅怀周恩来》，载《老人天地》1985年第11期

29. 王秦：《为促进第二次国共合作献身的爱国将领——王以哲》，载1986年4月27日《人民日报》

30. 徐向前：《历史的回顾》，解放军出版社，1985年

31. 孙达生：《从上海到西安》，载《西安事变资料》第2辑，人民出版社，1981年4月

32. 钱之光：《洛川会谈前后》，载《中共党史资料》第10辑

33. 高存信：《回忆家父高崇民在西安事变前后》，载《铁岭文史资料》第1辑

34. 赵镇藩：《日军进攻北大营亲历记》，载《文史资料选辑》第6辑

35. 洪钫：《九一八事变时的张学良》，载《文史资料选辑》第6辑

36. 姜明文：《陆军独立步兵第七旅沿革》，载《辽宁文史资料》，1986年

37. 杨虎城领衔之《歌电》，载1937年1月6日《解放日报》

38. 蒋介石致刘峙、顾祝同电，载《民国档案》1986年第4期

39. 张学良致马占山、王以哲等函，致杨虎城等函，载《民国档案》1986年第4期

40. 1937 年 1 月 27 日蒋介石致顾祝同转东北军将领电，载《民国档案》1986 年第 4 期

41. 张学良致米春霖、谢珂转前方将领电，载《民国档案》1986 年第 4 期

42. 张学良致于学忠等函，载《民国档案》1986 年第 4 期

43. 毛泽东、朱德致王以哲家属悼唁，载 1937 年 2 月 6 日《新中华报》

44.《王以哲烈士传略》，载 1937 年 2 月 23 日《救国时报》